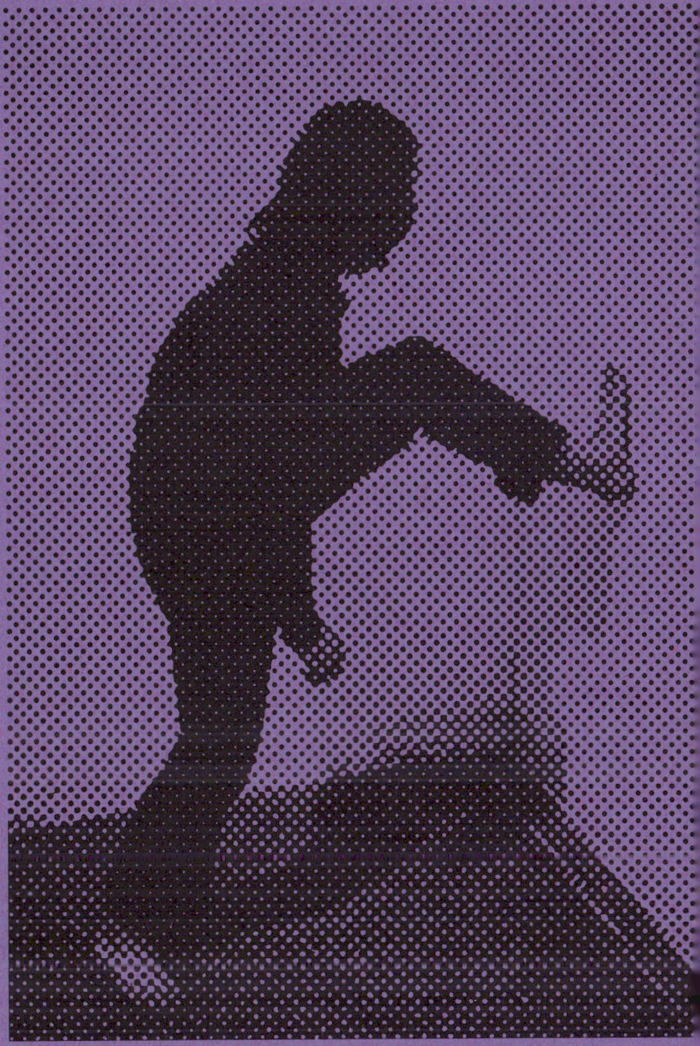

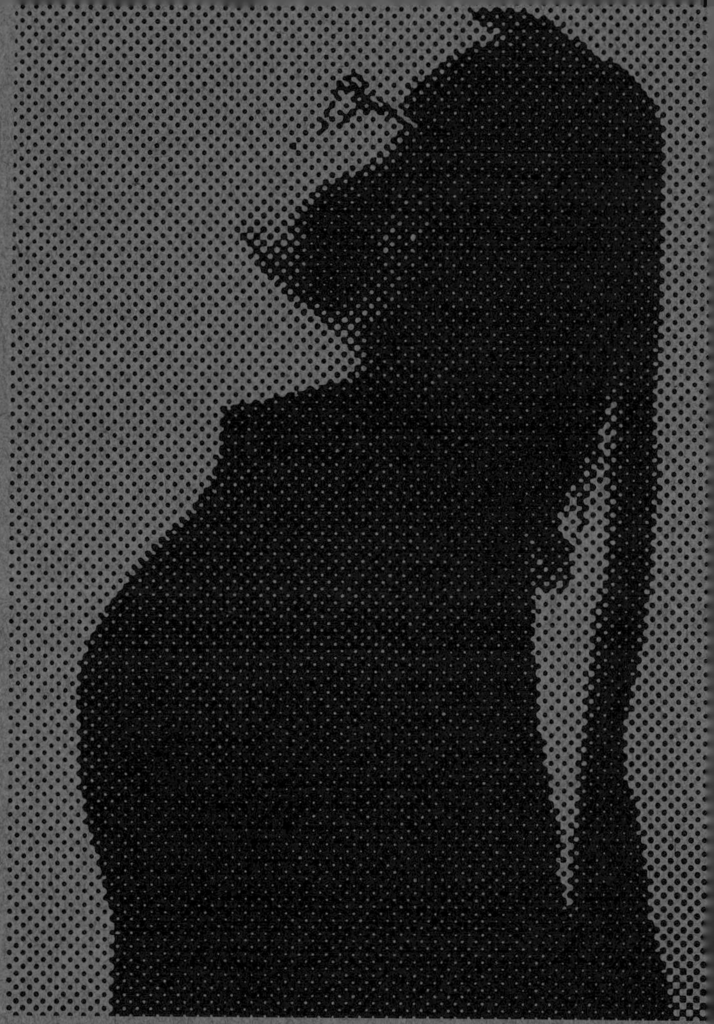

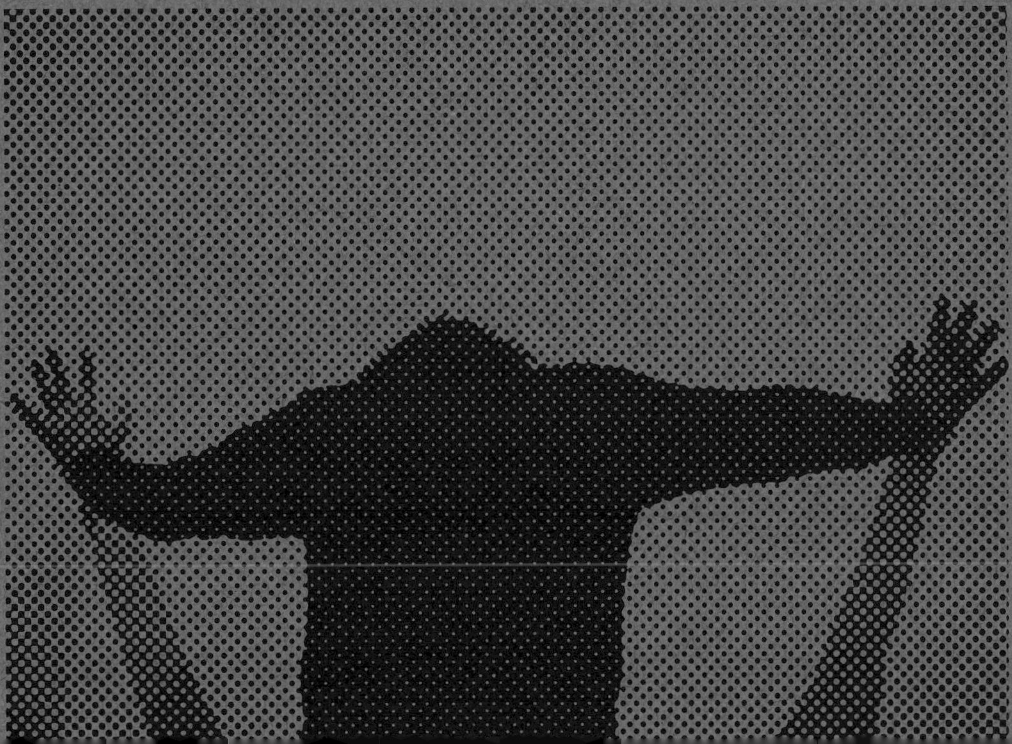

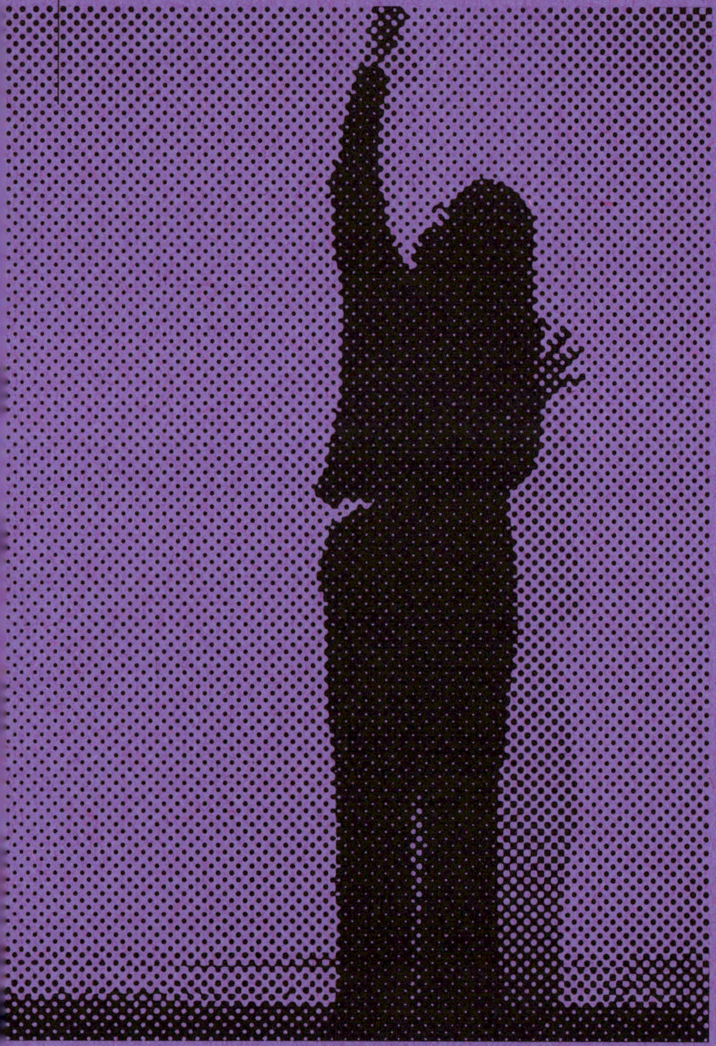

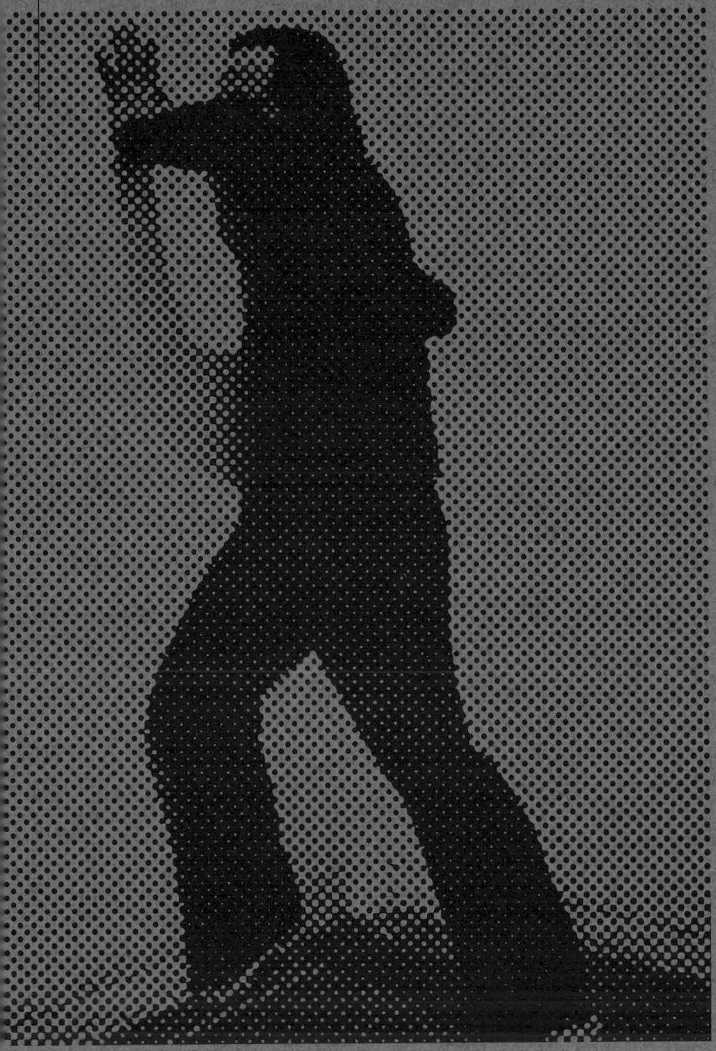

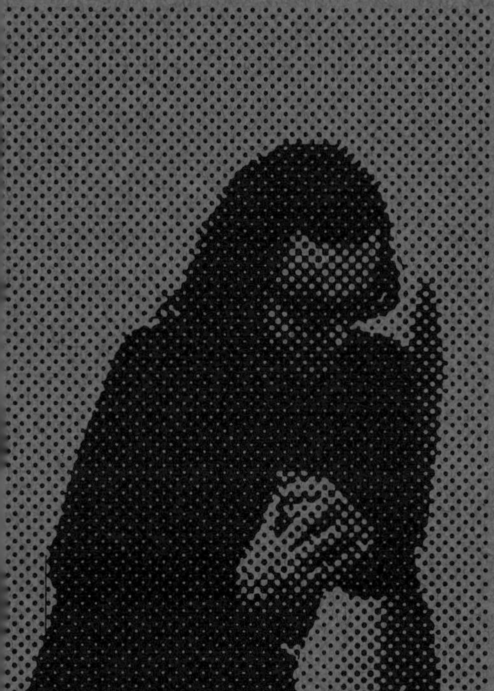

...E Prini

...E Prini

...E Prini

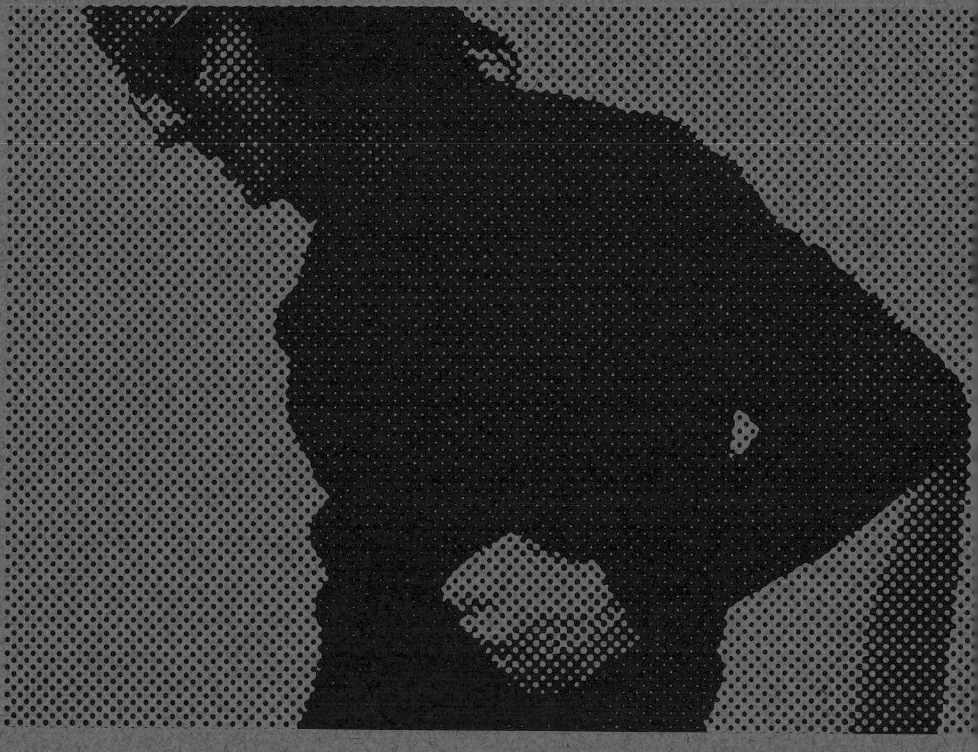

IT

Luca Lo Pinto

Prefazione

Fare una mostra di Emilio Prini è un azzardo, un tentativo di partenza sbagliato. Fare un libro su Emilio Prini è ancora più complesso poiché si opera all'interno di un territorio che amava molto: la produzione e riproduzione delle immagini. Nonostante l'interesse per un'esperienza retinicamente tattile dell'opera, Prini preferiva contemplare le opere d'arte sotto forma di riproduzione fotografica, concependo la storia come un enorme plateau di immagini da poter ammirare e scrutare. Se fosse stato ancora vivo, non avrebbe mai permesso l'esistenza di entrambi i progetti.

...E Prini nasce come una mostra per trasformarsi in un libro con la stessa attitudine con la quale l'artista poteva produrre un'opera e poi intervenire sulle sue tracce fotografiche e tipografiche dando vita di fatto ad un nuovo lavoro. Il progetto espositivo, svoltosi al MACRO – Museo d'Arte Contemporanea di Roma a cavallo tra il 2023 e il 2024, includeva 243 opere esposte in ordine cronologico come un perimetro temporale e fisico, mantenendo una medesima distanza tra di esse, installandole ad una stessa altezza ed accogliendo al centro tutto ciò che fosse tridimensionale.

Nei tanti pomeriggi passati insieme, ricordo quando Emilio mi raccontò che era rimasto positivamente colpito da una grande retrospettiva organizzata a Parigi su Giorgio de Chirico, uno degli artisti che amava di più insieme a Duchamp e Picasso, dove l'allestimento era stato ideato seguendo un percorso cronologico e non tematico. Prini, come De Chirico, ha giocato con la propria storia in un processo di auto-sabotaggio attraverso la riprogettazione, ricostruzione e manipolazione delle opere. Di conseguenza un criterio convenzionale – come quello cronologico – può rivelarsi la chiave migliore per intendere un approccio così originale nel fare arte.

Il libro, al pari della mostra, è concepito come un piccolo film dove ciascuna opera si presenta come un fotogramma ideale di un racconto che si rivela in un continuum criptico e coinvolgente.

...E Prini è insieme un atto di amore e un sacrilegio. Non a caso il titolo recita il nome dell'artista con dei puntini di sospensione, alla stregua di come appariva sul citofono di casa. Di Emilio Prini infatti si può solo parlare in una forma ipotetica, accogliendo il suo celebre motto "non ho programmi, vado a tentoni". Cresciuto in un conflitto tra l'essere e il fare, tra l'anarchia e la struttura, tra la resistenza e la coscienza, Prini è un marxista sedotto dal valore nominale del capitale, un'esteta insofferente al decoro concettuale, incuriosito dalla forma dei numeri, sedotto dall'alchimia. Ha sempre rifiutato di intendere l'opera come un oggetto chiuso e definito, applicando lo stesso approccio al dispositivo della mostra. Rispetto a una società contraddistinta dall'iperproduzione e consumo di immagini e oggetti, l'attualità della ricerca di Prini consiste nella continua messa in discussione della necessità del produrre, nella coerenza di un modo di operare indipendente e inafferrabile, capace di sfidare, in nome dell'arte, i suoi canoni di storicizzazione e strumenti di interpretazione.

EN

Luca Lo Pinto

Preface

Making an exhibition of Emilio Prini's work is a gamble, a risky endeavor. Making a book about Emilio Prini is even more complex, as it involves working in a field he was very fond of: that of the production and reproduction of images. Despite his interest in a retinally tactile experience of the work, Prini preferred to contemplate artworks in the form of photographic reproductions, conceiving history as an enormous plateau of images to be admired and scrutinized. Were he still alive, he would never have given either project the green light.

...E Prini started out as an exhibition and was transformed into a book with the same attitude the artist might have produced a work and then intervened on its photo/typographical traces, effectively giving rise to an entirely new work. The exhibition project, held at the MACRO – Museo d'Arte Contemporanea in Rome between 2023 and 2024, featured 243 works displayed in chronological order as if to provide a temporal and physical perimeter, maintaining the same distance between each of them, installing them at the same height, and hosting everything three-dimensional right in the middle of the space.

Over the countless afternoons we spent together, I remember Emilio telling me how he had been rather impressed by a major retrospective organized in Paris on Giorgio de Chirico, one of the artists he loved most along with Duchamp and Picasso, where the exhibition had been laid out following a chronological rather than a thematic path. Prini, like De Chirico, toyed with his own history in a process of self-sabotage through the redesign, reconstruction, and manipulation of his works. Consequently, a conventional criterion—such as one based on chronological order—may prove to be the best key to understanding such an original approach to art-making.

Like the exhibition, the book is conceived as if it were a short film in which each work is presented as an ideal frame from a story that unfolds along a cryptic and engaging continuum.

...E Prini is thus an act of both love and sacrilege. It is no coincidence that the title consists of the artist's name with three suspension dots, just as it appeared beside the intercom of his apartment. Indeed, Emilio Prini may only be discussed in hypothetical terms, embracing his famous motto, "I have no plans, I'm just groping my way along." Raised amid a conflict between being and doing, between anarchy and structure, between resistance and conscience, Prini was a Marxist seduced by the nominal value of capital, an aesthete intolerant of conceptual decorum, intrigued by the form of numbers, seduced by alchemy. He always refused to view the work as a closed and defined object, applying the same approach to the exhibition format.
In a society characterized by the hyperproduction and consumption of images and objects, the relevance of Prini's research lies in his continuous questioning of the need to produce, in the consistency of an independent and elusive way of working, capable—in the name of art—of challenging both its canons of historicization and its tools of interpretation.

IT

Luca Lo Pinto

La pubblicazione si presenta come un almanacco visivo in cui sono le immagini a guidarci rispetto alla parola. La volontà era di celare il lavoro di editing e di ricerca affinché il lettore potesse entrare nell'immaginario dell'artista senza ostacoli. Prini detestava la messa in posa di un pensiero, aveva una fede quasi mistica nell'arte perché sapeva creare le condizioni affinché qualcosa di stupefacente (come la "stellina" che comparve magicamente nella foto alla Kunstverein di Monaco nel 1971) potesse accadere in modo naturale.

Grazie alla complicità dell'Archivio dell'artista, abbiamo avuto modo di setacciare foto, scritti e documenti per fare una selezione che rispondesse ad una precisa metodologia. Il libro è pensato infatti come una partitura in cui, abbracciando una linea cronologica, si susseguono le foto delle opere accanto alle vedute di mostre in cui le stesse sono state esposte insieme ai relativi apparati (inviti, poster, cataloghi) cercando di sottolineare come tutta la ricerca priniana, in fondo, sia una sola grande opera composta di tante verifiche, esercizi, possibilità. In molti casi è complicato distinguere cosa è opera e cosa no, ma qui risiede la peculiarità di Prini convinto che l'arte non richiede di essere capita, quanto di essere interpretata.

A puntellare questo racconto vi sono dei testi critici volutamente brevi insieme ad una serie di contributi di artisti che ho scelto di coinvolgere in quanto Prini è un artist's artist per eccellenza. E' stata concessa loro totale libertà di pensare degli interventi/opere immaginando lo spazio di un libro come quello di una mostra. Per affrontare un'impresa così ardua fin dall'inizio ho desiderato collaborare con dei grafici che avessero la sensibilità e l'autorialità per confrontarsi con un artista di tale complessità. E' un onore aver potuto lavorare con Experimental Jetset.

Il mio più sentito ringraziamento a Timotea Prini per avermi permesso che questo sogno si avverasse, a Matteo Binci per essersi immerso totalmente in questo viaggio, a Lorena Stamo che ha seguito la mostra da incinta e il libro da mamma senza mai distogliere l'attenzione, e a tutte le persone coinvolte nella realizzazione della mostra e del libro. Infine, a Emilio per aver cambiato per sempre il mio modo di guardare all'arte e di fare le mostre.

EN

The publication is presented as a visual almanac in which we are guided by images rather than words. The intention was to conceal the editing and research work so that the reader might enter the artist's imagination unhindered. Prini detested the staging of a thought; he had an almost mystical faith in art because he knew how to create the conditions for something amazing (like the "little star" that magically appeared in the photo at the Kunstverein in Munich in 1971) to happen naturally.

Thanks to the cooperation provided by the artist's archive, we were able to sift through photos, writings, and documents to make a selection that responded to a precise methodology. The book is conceived as a score in which, following a chronological order, photos of the works are accompanied by views of exhibitions in which they were displayed alongside related materials (invitations, posters, catalogues), seeking to emphasize how all of Prini's research is essentially one large work made up of countless checks, exercises, and possibilities. In many cases, it is hard to tell what is a work and what is not, but this is where Prini's peculiarity lies: he is convinced art does not need to be understood but rather interpreted.

This narrative is underpinned by deliberately brief critical texts and a series of contributions from artists I chose to involve because Prini is an "artist's artist" *par excellence*. They were given total freedom to think about their contributions/works, imagining the space of a book or that of an exhibition. To tackle such a daunting task from the outset, I wanted to collaborate with graphic designers who had the sensitivity and authorship to engage with an artist of such complexity. It is indeed an honor to have been able to work with Experimental Jetset.

My heartfelt thanks go to Timotea Prini for allowing me to make this dream come true, to Matteo Binci for immersing himself totally in this journey, to Lorena Stamo who followed the exhibition while pregnant and the book as a mother, without ever losing the thread, and to all the people involved in the creation of the exhibition and the book. And finally, to Emilio for having changed the way I look at art and make exhibitions forever.

IT

Timotea Prini
La serie fotografica/tipografica/fotocopie mantiene il valore nominale e addiziona il mercato artistico. (EP)

Emilio amava scrivere. I block notes della prima metà degli anni Sessanta sono riempiti a mano, in corsivo, dalla prima all'ultima pagina. Contengono riflessioni sulla storia dell'arte e della pittura, accenni filosofici, idee e ricerche in divenire. Col tempo, la grafia cambia: inizia a scrivere solo in stampatello, con lettere molto grandi e spontanee. Riempie i fogli di piccole agende con poche parole, in alcuni casi con un solo pensiero. Indaga la scrittura spontanea, svincolata dal sistema fonetico-alfabetico, sviluppando un proprio codice. Con la macchina da scrivere disegna, scrive, progetta. Il foglio diventa un perimetro, l'unità di misura entro cui si muove.

Parallelamente colleziona caratteri tipografici di manifesti e biglietti pubblicitari, pacchetti di sigarette, biglietti di spettacoli cinematografici e mezzi pubblici, scatole di medicinali, pagine di riviste. Ritaglia annunci, articoli, piccole fotografie pubblicate sui quotidiani, corredate dalle loro didascalie. Ciò che lo attrae è tanto la forma quanto il contenuto, i doppi sensi nascosti. Emilio è ironico, divertente, giocoso, ma anche serio. Investiga.

Nel mio percorso di riordino della sua esperienza artistica ho trovato tracce e progetti di libri, film, videotape, opere e mostre che, nel tempo, riduce al minimo con un pensiero complesso e a tratti ossessivo, affidandosi al gesto, alla fotografia, alla poesia o allo slogan. Il gesto, per me che sono sua figlia, è alla base della mia educazione. La semplicità di rifare il letto, di condire un'insalata, di spostare un libro o di girarne una pagina era, per Emilio, straordinaria: un dialogo diretto tra oggetto e pensiero, un'estensione della dimensione fisica e cosmica.

Sull'idea diffusa di rifiuto della realizzazione di uno o più cataloghi, si può affermare che la sua intenzione fosse in realtà quella di produrli personalmente, rifiutando che fossero realizzati senza la sua supervisione. Il catalogo, come il libro, è visto da lui come un mezzo di ulteriore analisi del suo lavoro. L'interesse verso la riproducibilità, la comunicazione e la standardizzazione intesa in maniera globale – che caratterizza il periodo compreso tra il 1970 e il 1975 – lo porta a utilizzare la stampa nelle sue varie forme come mezzo di racconto. Non è un caso che, dal 1967, ogni catalogo delle mostre collettive sia utilizzato da Emilio per avanzare nel suo processo artistico.

La descrizione e l'analisi delle opere e dei processi artistici che seguono sono una continua verifica e sperimentazione di concetti, teorie, formule che hanno accompagnato ininterrottamente la vita di Emilio dal 1966 al 2016.

Il lavoro del 1966/67 è un ponte investigativo tra due mostre principali: *Arte povera – Im spazio* e la sua prima, per lungo tempo, unica personale *Pesi/spinte/azioni* (maggio 1968). Buona parte di ciò che attua non viene esposto ufficialmente, ma provato in galleria e in studio, vissuto personalmente e documentato attraverso fotografia e scrittura.

Testato e fotografato a La Bertesca è *Standard* (1967), un'asta a misura standard di 6,50 m in alluminio profilato

EN

Timotea Prini
The photographic/typographical/photocopy series retains its nominal value and adds to the art market. (EP)

Emilio loved to write. His notebooks from the first half of the 1960s are filled with handwritten notes in cursive, from first page to last. They contain reflections on the history of art and painting, philosophical musings, ideas as well as ongoing research. Over time, his handwriting changed: he began to write only in block letters, with very large, spontaneous strokes. He would fill the pages of small diaries with no more than a few words, in some cases a single thought. He went on to explore spontaneous writing, free from the phonetic-alphabetic system, developing a code of his own. With his typewriter, he would draw, write, and design. The sheet of paper thus becomes a perimeter, the unit of measurement within which he would operate.

At the same time, he would collect typefaces from posters and advertising cards, cigarette packets, cinema and public transport tickets, pill boxes, and magazine pages. He would cut out advertisements, articles, and small photographs published in newspapers, along with their captions. He was attracted as much by form as by content, as well as any hidden double meanings. Emilio was ironic, funny, playful, but also serious. He would investigate.

Throughout my piecing back together of his artistic career, I have come across traces of and outlines for books, films, videotapes, works, and exhibitions that, over time, he whittled down to a minimum through a complex and at times obsessive thought process, relying on gesture, photography, poetry, or slogan. For me, as his daughter, gesture was the foundation of my upbringing. For Emilio, the simplicity of making the bed, dressing a salad, moving a book, or turning a page was extraordinary: a direct dialogue between object and thought, an extension of the physical and cosmic dimension.

Regarding the widespread notion that he refused to publish any catalogues, it might be said that his intention was actually to produce them himself, refusing instead to allow for their production without his supervision. In the catalogue, as in the book, he saw a means of further analysis of his work. His interest in reproducibility, communication, and standardization in a global sense—which characterized his work between 1970 and 1975—led him to use print in its various forms as a means of storytelling. It is no coincidence that, from 1967 onwards, Emilio used every catalogue of group exhibitions he came across to further his own artistic processes.

The description and analysis of the works and artistic developments that follow revolve around a continuous verification of and experimentation with concepts, theories, and formulas that accompanied Emilio's life uninterruptedly from 1966 to 2016.

His work of 1966–67 is an investigative process bridging two major exhibitions: *Arte povera – Im-spazio* and his first and—for a long time—only solo exhibition: *Pesi/spinte/azioni* (May 1968). Much of what he created was not officially exhibited, but tried out in the gallery space and studio, experienced personally, and then documented through photography and writing.

IT

Timotea Prini

che assume diversi comportamenti in base alla variabilità dello spazio. Da queste fotografie è tratta l'immagine per il catalogo della X Quadriennale di Roma del 1973, dove espone alcune tavole in eternit di misure date, affidandosi a una formula di suo ingegno. Successivamente diventerà l'opera Emilio Prini, *Standard*, 1967, ottenuta proprio da un ritaglio del catalogo stesso, realizzata in due copie identiche.

Scritte che restano scritte sono 44 lastre in piombo su cui sono incise a punzone altrettante ipotesi di azioni. Un'opera percepita da chi scrive anche come un primo libro di Emilio Prini.

5 sensi per un ambiente, opera composta da 25 lastre ottenute dal ritaglio di sottili e malleabili fogli in piombo, riporta serigrafate in arancione o in bianco la descrizione dell'opera *5 cinque sistemi percettivi*, pubblicate nel catalogo *Cento opere d'arte italiana dal Futurismo a oggi*. Un calco del calco che potrebbe essere interpretato come punto di partenza per esplorare la cancellazione o la distorsione della memoria e la smagnetizzazione, tema che sarà sviluppato da Emilio in altri lavori come i *Magnet*. I 25 ritagli, suddivisi in gruppi di cinque, sono impacchettati negli stessi fogli interi che li contengono, come fossero la copertina.

Introduzione alle statue, o più simpaticamente *Fermacarte*, è allestito per la prima volta alla Galleria La Bertesca di Genova. Composto da grandi stampe fotografiche in bianco e nero, viene posizionato a terra, in coincidenza del battiscopa o dell'angolo tra parete e pavimento, creando una precisa relazione geometrica con lo spazio circostante. Questa disposizione non è casuale: applica i principi della prospettiva lineare e dell'ottica euclidea, definendo uno spazio visivo articolato e mettendo in relazione la percezione bidimensionale delle fotografie con lo spazio tridimensionale dell'ambiente. Come grandi pagine di libro, i fogli stampati potevano essere sfogliati per vedere il susseguirsi delle immagini.

Allo stesso modo possiamo interpretare la produzione dei vari scatti fotografici legati allo studio e alla realizzazione delle opere, corredati spesso da commenti descrittivi. *Kleine film* (1995) è composto da fotografie dell'inaugurazione della mostra, ingrandite in dimensioni naturali e montate su telai di legno.

ma/li/du/k/pol/wa (Tutto svia e rivela in pari tempo) è il testo che compare sulla rivista *Pallone*. In una conversazione con Germano Celant, Emilio lo definisce "anestetico, consolatorio, che dà sollievo", aggiungendo: "un tentativo di disegno verbale in cui molte voci si sovrappongono".

Nell'ottobre del 1969, allo Staadtisches Museum di Leverkusen, inaugura la mostra *Konzeption-Conception*. Emilio invia una lettera al direttore del museo, successivamente pubblicata sul catalogo: "Caro Mr. Wederer/questo è il progetto per il catalogo e per la mostra. Deve stare nelle prime tre pagine secondo la progressione indicata dai fogli. Le altre due pagine possono ricevere qualche foto ove sto/voi/desideravate/o rimanere

EN

Tested and photographed at La Bertesca is *Standard* (1967), a standard 6.5 m-long aluminum profile rod that behaves differently depending on the variable of the space. The image for the catalogue of the 10th Rome Quadriennale in 1973 is taken from these photographs, where he exhibits a number of asbestos cement boards of certain sizes, relying on a formula of his own invention. It later became the work *Standard*, 1967, obtained from a cutout of the catalogue itself, produced in two identical copies.

Scritte che restano scritte ("Writings that Remain Written") consists of forty-four lead plates on which forty-four possible actions are engraved with a holepunch. A work perceived by the undersigned as Emilio Prini's first book.

5 sensi per un ambiente ("Five Senses for an Environment"), a work made up of twenty-five plates obtained from the cutting of thin, malleable sheets of lead, features a screen-printed description in orange or white of the work *5 sistemi percettivi* ("5 Perceptual Systems"), published in the catalogue *Cento opere d'arte italiana dal Futurismo a oggi* ("One Hundred Italian Artworks from Futurism to the Present Day"). A cast of the cast that might be interpreted as a starting point for exploring the erasure or distortion of memory and demagnetization, a theme Emilio would develop in other works such as his *Magnet*. The twenty-five cutouts, split into groups of five, were then packaged in uncut pieces of the same sheets they had been taken from, as if they were the cover.

Introduzione alle statue ("Introduction to Statues"), or more charmingly *Fermacarte* ("Paperweights"), was first exhibited at Galleria La Bertesca in Genoa. Composed of large black-and-white photographic prints, it was placed on the floor, coinciding with the baseboard or the corner between the wall and the floor, creating a precise geometric relationship with the surrounding space. This arrangement was not random: it applied the principles of linear perspective and Euclidean optics, defining an articulated visual space and relating the two-dimensional perception of the photographs to the three-dimensional space of the environment. Like large pages of a book, the printed sheets could be leafed through to view the succession of images.

Likewise, we might interpret the production of various photographs related to the study and creation of the works, often accompanied by descriptive comments. *Kleine film* ("Short Film," 1995) consists of photographs of the exhibition opening, blown up to life size and mounted on wooden frames.

ma/li/du/k/pol/wa (Tutto svia e rivela in pari tempo) ("Everything is diverted and revealed at the same time") is the text that appeared in the magazine *Pallone*. In a conversation with Germano Celant, Emilio defines it as "anesthetic, consolatory, something that gives relief," adding: "it is an attempt at verbal design in which many voices overlap."

In October 1969, the exhibition *Konzeption-Conception* opened at the Staadtisches Museum in Leverkusen.

IT

Timotea Prini

bianche/Per la mostra aprite il catalogo alle pagine del progetto mettetelo su una base di vetro trasparente ad altezza di lettura e in dimensioni catalogo/lasciate che venga sfogliato tutta l'estensione Grazie e saluti Emilio Prini".

Il progetto su catalogo si riferisce a una registrazione che viene tracciata attraverso scrittura, fotografia, sonoro e ripresa filmica e che porta all'esaurimento totale degli strumenti utilizzati (macchina da scrivere, macchina fotografica, registratore, telecamera). Si basa su due formule distinte: la prima indica un metodo di comportamento di consumo, la seconda chiude la realizzazione del progetto attraverso la cancellazione o l'annullamento dei dati raccolti.

Alla Fondazione Michetti a Francavilla a Mare, elabora una prima formula numerica che in seguito svilupperà ampiamente Le fotografie in catalogo mostrano un calcolo scritto a matita su una parete della galleria. Questo segno è il principio della più intricata formula ST/NS, terminata alla fine degli anni '70 e che racchiude – attraverso un'analisi di insiemi topologici, definibili in standard (ST) e non standard (NS) – una proporzione definita 2/7. La formula è descritta nei disegni realizzati con la macchina da scrivere Olivetti Lettera 22, a partire dai primi anni '70, e utilizzata per posizionare gli elementi nello spazio espositivo.

Il libro *Arte Povera* edito da Mazzotta nel 1969, ideato da Germano Celant e curato dagli stessi artisti nelle proprie pagine, è l'occasione per Emilio di riassumere quanto fatto fino a quel momento. Le ipotesi di azione si moltiplicano e aumentano di contenuto.

Racconto che si fa da solo raccoglie fotografie di alcuni enti pubblici genovesi: il grattacielo di Confindustria a Brignole, la Banca d'Italia in piazza De Ferrari, i palazzi comunali di piazza Dante, gli uffici di Piazza Piccapietra. L'obiettivo e il tempo di esposizione sono fissi, l'apertura del diaframma variabile. La macchina fotografica, montata su cavalletto, traccia precise inclinazioni. Il risultato è una serie di 90 fotografie, simili a un film, che documentano l'attività e la conseguente smagnetizzazione della macchina fotografica e dei suoi accessori.

Il progetto si inserisce in un'indagine più ampia sul meccanismo di consumo sociale ed economico che coinvolge la città e i suoi abitanti: dai servizi pubblici ai mezzi di telecomunicazione. Tra le immagini, una delle più significative è l'insegna luminosa "Servizio di cassa continua", pubblicata sulla quarta di copertina del catalogo della mostra *Arte Povera Land Art Conceptual Art*, alla GAM di Torino l'anno successivo.

L'opera Standard 1969 (L'U.S.A. USA) è un'altra espressione di questo interesse per il consumo e l'usura. Realizzata in una serie di stampe a rotativa tipografica, fronte/retro su carta da quotidiano, riporta una formula descrittiva sull'uso di un registratore fino al suo esaurimento.

Da alcuni scatti della dimostrazione di *Gennaio 70* compone *Film TV. 5 min*, una serie di oltre 11.000 stampe fotografiche alla gelatina ai sali d'argento, ampliate a circa 37.000

EN

Emilio sent a letter to the museum director, which was later published in the catalogue: "Dear Mr. Wederer/this is the project for the catalogue and the exhibition. It must be on the first three pages according to the progression indicated by the sheets. The other two pages can contain some photos where I/you/wanted/or remain blank/For the exhibition, open the catalogue to the project pages, place it on a transparent glass base at reading height and in catalogue size/let it be leafed through in its entirety. Thank you and best regards, Emilio Prini."

The project in the catalogue refers to a recording that is traced through writing, photography, sound, and filmed footage, and leads to the total exhaustion of the means employed (typewriter, camera, tape recorder, and video camera). It is based on two distinct formulas: the first indicates a method of consumer behavior, while the second closes the implementation of the project through the deletion or cancellation of the data collected.

At the Michetti Foundation in Francavilla a Mare, he developed an initial numerical formula that he would later expand upon extensively. The photographs in the catalogue show a calculation written in pencil on a wall of the gallery. This mark is the start of the more intricate ST/NS formula, completed in the late 1970s, which—through an analysis of topological sets, definable as standard (ST) and non-standard (NS)—encompasses a proportion defined as 2/7. The formula is described in drawings made with an Olivetti Lettera 22 typewriter, starting in the early 1970s, and was used to position the elements in the exhibition space.

The book *Arte Povera*—published by Mazzotta in 1969, conceived by Germano Celant, and edited by the artists themselves—provided Emilio with a chance to sum up what he had accomplished up to that point: the hypotheses for action multiplied and increased in content.

Racconto che si fa da solo ("A Story That Writes Itself") brings together photographs of several public buildings in Genoa: the Confindustria skyscraper in Brignole, the Bank of Italy in Piazza De Ferrari, the municipal buildings in Piazza Dante, and the offices in Piazza Piccapietra. The lens and exposure time are set, while the aperture is variable. The camera, mounted on a tripod, traces precise angles. The result is a series of ninety photographs, akin to a film, documenting the activity and subsequent demagnetization of the camera and its accessories.

The project is part of a broader investigation into the mechanism of social and economic consumption involving the city and its inhabitants: from public services to means of telecommunication. Among the images, one of the most significant is the illuminated sign "Servizio di cassa continua" (24-Hour Teller Service), published on the back cover of the catalogue of the exhibition *Arte Povera Land Art Conceptual Art*, held at the GAM in Turin the following year.

The work *Standard 1969 (L'U.S.A. USA)* is another expression of this interest in consumption and wear and tear. Produced in a series of rotary press prints, front and back on

IT

Timotea Prini

elementi tramite l'aggiunta di una grande porzione di stampe offset. L'operazione mette a confronto modalità di produzione differenti e la conseguente variazione di spesa e tempi realizzativi.

Il catalogo della collettiva *Gennaio 70* contiene un secondo progetto: *Frammento di Magnete. LUPO (Film progetto TV, 4 minuti)*. Datato 1969, si estende su quattro pagine e mostra tre fotografie panoramiche in cui il dito di Emilio oscura sole e luna all'orizzonte. Due testi, di cui uno apparentemente nonsense, accompagnano le immagini.

È in occasione della mostra *Processi di pensiero visualizzati. Junge italienische Avantgarde* che conferma per la prima volta la partecipazione attraverso un telegramma, inviato da Genova a Lucerna il giorno prima dell'apertura. Nonostante la conferma, non si presenta e non espone nulla. In catalogo però compaiono sia il telegramma sia alcune fotocopie delle pagine curate da Emilio nel catalogo *Arte Povera* del 1969, corredate dalla traduzione in tedesco del testo.

Le poche fotografie in archivio che documentano il lavoro fatto per la mostra collettiva *Arte Povera Land Art Conceptual Art* alla GAM di Torino nel 1970 lo mostrano allestire quattro tavoli-vetrina, ciascuno con elementi disposti in ordine nei propri contenitori. Si intravedono buste di cartone della ditta Ferrania, riviste d'arte aperte sulle pagine pubblicitarie delle mostre in atto, fotocopie di testi non riconoscibili e le oltre 11.000 fotografie stampate manualmente tratte da tre scatti della dimostrazione avvenuta in occasione della mostra *Gennaio 70*.

In catalogo quattro pagine riproducono l'immagine della macchina fotografica Exakta, accompagnata dalla formula che descrive il suo continuum di consumo fino all'esaurimento. Il "ritratto" della Exakta viene poi riprodotto da Emilio in circa 10.000 esemplari tramite stampa offset. I fogli, ribaltati anche in negativo come ulteriore calco, hanno sfondi grigi o neri.

Inoltre, nelle ultime pagine del catalogo della mostra torinese compare un testo che raccoglie le comunicazioni telegrafiche tra Prini e Jean-Christophe Ammann per il Kunstmuseum di Lucerna, Kynaston McShine per il MoMA di New York e Tucci per la Galleria Sperone. Le informazioni riportano funzioni e indirizzi dei destinatari, gli uffici postali di partenza, il numero di parole usate, l'importo speso, la data di invio. In testa, lo stemma del Museo civico di Torino.

Lo stesso testo verrà pubblicato poco dopo su *Studio International* con il titolo *Part of a Comedy Script for 4 Actors*, questa volta con l'intestazione della rivista.

La risposta di Emilio alle sollecitazioni resta invariata: "Confermo partecipazione esposizione". Il testo si trova, in versione dattiloscritta, anche nell'Archivio Celant, stavolta con l'intestazione del Museum of Modern Art e allegato alla scheda informativa del museo, lasciata in bianco ma firmata da Emilio.Il resoconto del telegramma non sarà pubblicato sul catalogo della mostra *Information*

EN

newspaper stock, it contains a descriptive formula on the use of a tape recorder until it is worn out.

From a few shots of the demonstration in *Gennaio 70*, he composed *Film TV. 5 min*, a series of over 11,000 silver gelatin photographic prints, then grown to some 37,000 elements by adding a major series of offset prints. The operation compares different production methods and the ensuing variations in costs and production times.

The catalogue for the collective exhibition *Gennaio 70* contains a second project: *Frammento di Magnete. LUPO (Film progetto TV, 4 minuti)*. Dated 1969, it spans four pages and shows three panoramic photographs in which Emilio's finger obscures the sun and moon on the horizon. Two texts, one of which appears to be nonsense, accompany the images.

It is on the occasion of the exhibition *Processi di pensiero visualizzati. Junge italienische Avantgarde* that for the first time he confirms his participation via a telegram sent from Genoa to Lucerne the day before the opening. Despite his confirmation, he does not show up and does not exhibit anything. However, both the telegram and a number of photocopies of the pages edited by Emilio in the 1969 *Arte Povera* catalogue appear in the *Processi* catalogue, accompanied by a German translation of the words.

The few photographs in the archive documenting the work done for the group exhibition *Arte Povera Land Art Conceptual Art* at the GAM in Turin in 1970 show him setting up four display tables, each with items arranged in an orderly fashion in their own containers. We glimpse cardboard Ferrania envelopes, art magazines open at the pages advertising current exhibitions, photocopies of unrecognizable texts, and over 11,000 manually printed photographs taken from three shots of the demonstration that took place during the *Gennaio 70* exhibition.

In the catalogue, four pages reproduce the image of the Exakta camera, accompanied by the formula describing its continuum of consumption up to the point of its exhaustion. Emilio then reproduced the "portrait" of the Exakta in about 10,000 copies using offset printing. The sheets, some of which are reversed in negative as an additional copy, have gray or black backgrounds.

In addition, the final pages of the Turin exhibition catalogue feature a text that brings together the telegram communications between Prini and Jean-Christophe Ammann for the Kunstmuseum in Lucerne, Kynaston McShine for MoMA in New York, and Tucci for the Galleria Sperone. The information includes the functions and addresses of the recipients, the post offices of departure, the number of words used, the amount spent, and the date of dispatch. At the top is the coat of arms of the Civic Museum of Turin.

The same text would be published shortly afterwards in *Studio International* under the title "Part of a Comedy Script for 4 Actors," this time with the magazine's own letterhead.

IT

Timotea Prini

al MoMA, dove invece compaiono ancora due pagine del libro *Arte Povera* del 1969.

La personale *Merce Tipo Standard* all'Attico di Roma è l'atto conclusivo di una serie di azioni iniziate da *Gennaio 70*. Anche in questo caso Emilio definisce la mostra una dimostrazione. Analizza l'urbanistica pratico-economica e la funzione della merce, la teoria e la prassi con cui viene realizzata, la completa integrazione dei rapporti di interdipendenza tra i vari settori dell'attività umana. La distribuzione e classificazione delle strutture formali e funzionali avviene tramite la stampa di diversi cartoncini postali d'invito. A ciascuno è affidata la trasmissione degli indirizzi. Una postilla sul fondo differisce per "merce", "tipo" o "standard", ognuno accompagnato da una diversa data di edizione, in una sorta di asimmetria informativa.

Emilio ha sempre rivendicato la libertà del gioco, del fare e del non fare, rifiutando ogni storicizzazione rigida. Non ha mai realizzato libri o cataloghi, ma la sua attenzione verso questi strumenti è stata costante: li ha trasformati in parte integrante del proprio lavoro, in un continuum con l'opera stessa. I cataloghi delle mostre, i ritagli, i documenti e i telegrammi sono parte integrante della sua pratica, un modo per proseguire l'opera al di fuori dell'oggetto fisico.

La scrittura è stata per lui un mezzo espressivo fondamentale, esercitato in forme diverse: dai block notes ai dattiloscritti, fino all'uso della macchina da scrivere come strumento progettuale, al pari della fotografia o del gesto, e la sua passione estetica per il prodotto editoriale – fino alla scelta dei font – testimonia quanto questo ambito fosse centrale nella sua ricerca.

Emilio manterrà, per quanto possibile, il controllo e la cura delle proprie pagine all'interno dei cataloghi prodotti, protraendo questa attenzione fino agli ultimi anni della sua attività, come parte integrante della sua pratica artistica. Oggi l'Archivio Emilio Prini a Genova permette ai ricercatori di riconoscere la coerenza e la continuità del suo percorso. Nei documenti, nei cataloghi e nei ritagli si svela un lavoro mai interrotto.

Il libro che abbiamo realizzato non è una ricostruzione tardiva, ma la prosecuzione naturale di un processo che Emilio stesso aveva già attivato e che ora si rende leggibile. In fondo, Emilio ha sempre fatto libri senza farli.

> *Il genio italiano ancora una volta, generosamente (gratis) ha materializzato e reso possibile un sogno mondiale. La quarta arte, l'Arte povera… Ah! Tu, Mondo hai le famose tre Arti Belle? E noi quattro… Tiè!*
> – Emilio Prini, anni '80

EN

Emilio's response to the requests remained unchanged: "I confirm my participation in the exhibition." The text may also be found, in typewritten form, in the Celant Archive, this time with the letterhead of the Museum of Modern Art and attached to the museum's information sheet, left blank but signed by Emilio. The telegram report would not be published in the catalogue of the exhibition *Information* at MoMA, in which two pages from the 1969 book *Arte Povera* are featured instead.

The solo exhibition *Merce Tipo Standard* at the Attico in Rome was the final act in a series of actions that began in the exhibition *Gennaio 70*. Once again, Emilio defined the exhibition as a demonstration. He analyzed practical and economic urban planning and the function of goods, the theory and practice behind their production, and the complete integration of interdependent relationships between various sectors of human activity. The distribution and classification of formal and functional structures takes place through the printing of various invitation cards. Each one is entrusted with the transmission of addresses. A footnote at the bottom differs for "merchandise," "type," or "standard," each accompanied by a different edition date, in a sort of informational asymmetry.

Emilio always claimed the freedom to play, to do and not do, rejecting any attempt at rigid historicization. He never produced books or catalogues, but his attention to these tools was constant: he transformed them into an integral part of his work, a continuum with his work itself. Exhibition catalogues, clippings, documents, and telegrams thus formed an integral part of his practice, a way of continuing his work well beyond the physical object.

Writing was a fundamental means of expression for him, exercised in various forms: from notebooks to typescripts, to the use of the typewriter as a design tool, on a par with photography or gesture, and his aesthetic passion for the editorial product—right down to the choice of fonts—testifies to just how central this area was to his research.

As far as possible, Emilio would maintain complete control over his own pages within the catalogues produced, continuing this attention right up until the final years of his activity as an integral part of his artistic practice. Today, the Emilio Prini Archive in Genoa allows researchers to appreciate the consistency and continuity of his career. The documents, catalogues, and clippings all show a working process that was never interrupted.

The book produced here is not a belated reconstruction, but the natural continuation of a process that Emilio himself had already set in motion and which is now available for all to read. After all, Emilio always made books without actually making them.

> *Once again, Italian genius has generously (indeed, freely) materialized and made a global dream come true. The fourth art, Arte Povera … Ah! So the rest of the world has the famous three Fine Arts? Well, now we have four… So take that!* – Emilio Prini, 1980s

IT

Indice

EN

Index

Emilio Prini
Stresa, 1943–Roma, 2016

Cronologia mostre /
Chronological list of exhibitions, 1967–2025

IT / EN

Mostre personali in grassetto /
Solo exhibitions in bold

1967
– *Arte Povera – Im Spazio*, Galleria La Bertesca, Genova / Genoa
– *Collage 1*, Istituto di Storia dell'Arte Università, Genova / Genoa
– *Situazione 67*, Galleria La Bertesca, Genova / Genoa

1968
– *Arte Povera*, Galleria de' Foscherari, Bologna
– *Arte Povera*, Centro d'Arte Visiva Feltrinelli, Trieste
– *Pesi Spinte Azioni*, Galleria La Bertesca, Genova / Genoa
– *Teatro delle Mostre*, Galleria La Tartaruga, Roma / Rome
– *Prospect '68*, Städtische Kunsthalle, Düsseldorf
– *Italienische Kunst des XX Jahrhunderts*, Stadtische Kunstgalerie, Bochum
– *III Rassegna di Arti Figurative. Arte Povera più Azioni Povere*, Arsenali dell'Antica Repubblica, Amalfi
– *Cento Opere dal Futurismo a oggi*, Galleria Nazionale d'Arte Moderna, Roma / Rome

1969
– *Op Losse Schroeven. Situaties en Cryptostructuren*, Stedelijk Museum, Amsterdam
– *Live in your Head: When Attitudes Become Form (Concepts, Processes, Situations, Informations)*, Kunsthalle Bern, Berna / Bern
– *Le Due Nature*, Galleria Centro, Napoli / Naples
– *VIII Biennale d'Arte Contemporanea: Al di là della Pittura*, Palazzo Scolastico Gabrielli, San Benedetto del Tronto
– *Prospect '69*, Städtische Kunsthalle, Düsseldorf
– *Konzeption – Conception*, Städtisches Museum, Leverkusen
– *Mostra d'Arte Contemporanea*, Fondazione Michetti, Francavilla a Mare
– *Verborgene Strukturen*, Museum Folkwang, Essen

1970
– *Gennaio 70. Comportamenti. Progetti. Mediazioni*
– *III Biennale Internazionale della Giovane Pittura*, Museo Civico d'Arte Moderna, Bologna
– *Processi di Pensiero Visualizzati. Junge italienische avantgard*, Kunstmuseum Luzern, Lucerna / Lucerne
– *Conceptual Art Arte Povera Land Art*, Museo Civico d'Arte Moderna, Torino / Turin
– *Information*, MoMA, Museum of Modern Art, New York
– *Concept-Theorie*, Galleria Daniel Templon, Parigi / Paris
– *Arte e Critica 70*, Galleria della Sala Comunale di Cultura, Modena

1971
– *Arte Povera.13 Italienische Künstler*, Kunstverein, Monaco di Baviera / Munich
– *Sonsbeek 71*, Sonsbeek Park, Arnhem
– *Persona*, Bitef. Belgrade International Theatre Festival, Belgrado / Belgrade
– *Arakawa, Louis Cane, Richard Long, Brice Marden, Emilio Prini, Robert Ryman*, Francoise Lambert, Milano / Milan
– *VII Biennale de Paris*, Bois de Vincennes, Parigi / Paris
– *Informazioni sulla Presenza Italiana. Incontri Internazionali d'Arte*, Palazzo Taverna, Roma / Rome
– *Merce Tipo Standard*, Galleria l'Attico, Roma / Rome

1972
– *Pérsona 2*, 36a Esposizione Internazionale d'Arte di Venezia, Venezia / Venice
– *Book as Artwork 1960–1972*, Niger Greenwood Inc., Londra / London

1973
– *X Quadriennale Nazionale d'Arte di Roma: La ricerca estetica dal 1960 al 1970*, Palazzo delle Esposizioni, Roma / Rome
– *Italy two, Art around '70*, Museum of the Philadelphia City Center, Philadelphia
– *Contemporanea*, Parcheggio di Villa Borghese, Roma / Rome
– *An exhibition of New Italian Art*, The Arts Council of Northern Ireland Gallery, Belfast
– *Art 4'73 Stand-Nr.11.311*, Annemarie Verna Galerie, Basilea / Basel

1974
– *De Dominicis, Kounellis, Mario Merz, Marisa Merz, Pisani, Prini*, Galleria L'Attico, Roma / Rome

1975
– *An Exhibition of New Italian Art*, David Hendriks Gallery, Dublino / Dublin
– *24 ore su 24*, Galleria L'Attico, Roma / Rome
– *Allestimento di Lavori*, Galleria L'Attico, Roma / Rome
– *Fotografia e Immagine di massa*, Centro Informazione Alternativa, Incontri Internazionali d'Arte, Roma / Rome
– *Mostro – Una esposizione di oggetti non fatti non scelti non presentati da Emilio Prini*, Galleria Franco Toselli, Milano / Milan
– *Agnetti Albers Alviani Angeli Anselmo Bartoline Bellucci Bill Boetti Buren Calzolari Ceroli Chia Chiari Cintoli Clemente Collins Croce Cucchi De Dominicis Dorazio Festa Graham Gravier Griffa Grisi Guttuso Kosuth LeWitt Lombardo Mangold Mattiacci Merz Mochetti Nannucci Oliva Ontani Pacus Paparatti Parmiggiani Patella Penone Piacentino Pisane Pistoletto Prini Ratner Ricci Rizzo Rotella Salvo Schifano Simoncini S.p.a. Tamburi Vautier Zini Zorio*, Galleria Monti / Sperone, Roma / Rome

1976
– *Drawing / Transparence*, Studio d'Arte Cannaviello, Roma / Rome
– *L'Attico in viaggio*, Roma / Rome

1977
– *Off Media*, Expo Arte, Bari
– *Dall'opera al coinvolgimento. L'opera: simboli e immagini. La linea analitica*, Galleria Civica d'Arte Moderna, Torino / Turin
– *Studi del Surrealismo*, Centro Informazione Alternativa, Incontri Internazionali d'Arte, Roma / Rome
– *Arte in Italia 1960–1977*, Galleria Civica d'Arte Moderna, Torino / Turin

**Cronologia mostre /
Chronological list of exhibitions, 1967–2025**

IT / EN

Mostre personali in grassetto /
Solo exhibitions in bold

1979
– *Emilio Prini*, Galleria Pio Monti, Roma / Rome
– *Emilio Prini*, Galleria del Cortile, Roma / Rome

1980
– *Emilio Prini*, Galleria Pieroni, Roma / Rome

1981
– *Identité Italienne. L'art en Italie depuis 1959*, Centre national d'art et de culture Georges-Pompidou, Parigi / Paris

1984
– *Un'ora di 60 minuti*, Galleria Franco Toselli, Milano / Milan
– *Boetti, Merz, Prini, Pistoletto, Merz, Kounellis, Pascali*, Galleria Artra, Milano / Milan
– *Ouverture*, Castello di Rivoli, Rivoli

1986
– *Emilio Prini. X Edizioni*, Galleria Franco Toselli, Milano / Milan

1987
– *Emilio Prini. X Edizioni*, Galleria A.A.M., Roma / Rome
– *Ouverture II. Sul Museo*, Castello di Rivoli, Rivoli

1988
– *Collezione (da scavi) 1980 immagine della sacra goccia*, 1988, International art center, Roma / Rome

1989
– *Verso l'Arte Povera. Momenti e aspetti degli anni Sessanta in Italia*, Padiglione d'Arte Contemporanea, Milano / Milan
– *Open Mind*, Museum van Hedendaagse Kunst, Gent
– *Conferenza Stampa*, Studio Ghiglione, Genova / Genoa
– *Art Conceptuel: une perspective*, Musée D'Art Moderne De La Ville De Paris, Parigi / Paris

1990
– *Lo zingaro blu*, Galleria Pieroni, Roma / Rome
– *Le maschere di Emilio Prini*, Galleria Franco Toselli, Milano / Milan

1991
– *Arte povera 1971 und 20 Jahre danach*, Kunstverein, Monaco / München
– *Emilio Prini. Mostro unitamente suo importante disegno*, Caffè della Pace, Roma / Rome
– *Arte Povera*, Studio oggetto, Milano / Milan

1992
– *Il gioco del pensiero*, Castello di Rivara, Rivara

1993
– *Territorio Italiano*, Spazio OPOS, Milano / Milan
– *Emilio Prini*, Studio Casoli, Milano / Milan

1994
– *Luce Monachesi invites you to see a new-old piece by Emilio Prini*, Galleria del Cortile, Roma / Rome

1995
– *La natura e la visione. Arte nel Tigullio 1950–1985*, Palazzo Rocca e Chiesa di San Francesco, Chiavari
– *Fermi in Dogana*, Ancienne Douane, Strasburgo / Strasbourg
– *Corpus delicti: twee privé – verzamelingen: een dialog noord/zuid*, Museum van Hedendaagse Kunst, Gent
– *Emilio Prini*, Zerynthia Associazione per l'Arte Contemporanea, Roma / Rome
– *Roma in mostra 1970–1979. Materiali per la documentazione di mostre azioni performance dibattiti*, Palazzo delle Esposizioni, Roma / Rome
– *Arte identità confini*, Palazzo delle esposizioni, Roma / Rome

1996
– *Emilio Prini. Katakomben der Sankta Priscilla*, Galerie Kienzle und Gmeiner, Berlino / Berlin
– *Esperienza della Saggezza*, Ex Ospedale Psichiatrico, Imola

1997
– *Documenta X*, Kassel
– *Fogli da un taccuino di legno*, Galleria Pio Monti, Roma / Rome
– *Esc. Una sequenza di colori all'infinito che lo spettatore può interrompere in qualunque momento per passare a altra pagina dell'internez*, Galleria del Cortile, Roma / Rome
– *Ambiente*, Zerynthia – Associazione per l'Arte Contemporanea, Roma / Rome
– *Tocco Ferro*, Studio Casoli, Roma / Rome

1998
– *Minimalia. Da Giacomo Balla a...*, Palazzo Querini Dubois, Venezia / Venice, Palazzo delle Esposizioni, Roma / Rome
– *La ville, le jardin, la mémoire 1998–2000*. Accademia di Francia, Villa Medici, Roma / Rome
– *Fuori Uso*, Ex mercato ortofrutticolo, Pescara

1999
– *Minimalia. An Italian Vision in 20th Century Art*, MoMA PS1 Contemporary Art Center, New York
– *Emilio Prini in Edicola Notte*, Edicola Notte, Roma / Rome
– *Dreams*, Fondazione Sandretto Re Rebaudengo, Torino / Turin
– *L'ultimo disegno del 1999*, Zerynthia Associazione per l'arte contemporanea, Roma / Rome

2000
– *Camera Oscura*, San Casciano dei Bagni
– *Light Pieces*, Casino Luxembourg – Forum d'Art Contemporain, Lussemburgo / Luxembourg
– *Arte Contemporanea. Lavori in corso*, Galleria Comunale di Arte Moderna e Contemporanea, Roma / Rome
– *Standard – Catasta Ultralogica*, Frankfurter Kunstverein, Francoforte sul Meno / Frankfurt am Main
– *Mitici Sessanta*, Complesso monumentale del San Giovanni, Catanzaro

**Cronologia mostre /
Chronological list of exhibitions, 1967–2025**

IT / EN

Mostre personali in grassetto /
Solo exhibitions in bold

2001
– *Zero to Infinity. Arte Povera 1962–1972*, Tate Modern, Londra / London
– *Presenze italiane. Italian presences*, Palazzo Ducale, Sassuolo
– *Emilio Prini, Luigi Ontani, Jannis Kounellis, Franz West*, Zerynthia Associazione per l'Arte Contemporanea, Roma / Rome

2002
– *Zero to Infinity. Arte Povera 1962–1972*, Walker Art Center, Minneapolis; MOCA, Los Angeles; Hirshhorn Museum and Sculpture Garden, Washington D.C.
– *Emilio Prini questa storia dello standard*, Accademia Belgica, Roma / Rome
– *Emilio Prini insieme grigio 1967 e 1995 insieme giallino 1967 e 1967*. Emilio Mazzoli Galleria d'Arte, Modena

2003
– *La poetica dell'Arte Povera*, Kunstmuseum Kloster Unser Lieben Frauen, Magdeburgo / Magdeburg
– *Arte all'Arte*, Associazione arte continua, Montalcino
– *Numeri. Mario Merz, Sol LeWitt, Alighiero Boetti, Gino De Dominicis, Emilio Prini*, Galleria Pio Monti, Roma / Rome

2004
– *Attraversare Genova. Percorsi e linguaggi internazionali del contemporaneo*, Villa Croce Museo d'Arte Contemporanea, Genova / Genoa

2005
– *Arte in Memoria 2*, Sinagoga di Ostia Antica, Roma / Rome
– *Dialogue with the collection: Arte Povera*, Kunstmuseum Liechtenstein, Vaduz

2006
– *Emilio Prini. Manifesto Bianco and Sound Pieces*, Diapason Gallery, New York
– *Viaggiatori sulla Flaminia*, Abbazia di Sitria, Chiesa di San Carlo, Spoleto
– *Emilio Prini*, Nmb Studio, Torino / Turin

2007
– *43 Capricci*, Ex Pinacoteca Comunale, Assisi
– *Il buco – Katarina Fritsch, Damien Hirst, Jannis Kounellis, Emilio Prini*, Galleria Pio Monti, Roma / Rome
– *3500 cm2 Art Poster Project*, Alkatraz Gallery, 27th Biennial of Graphic Arts, Lubiana / Ljubljana
– *Camere V*, Radio Arte Mobile, Roma / Rome
– *Versanti sibillini nel sacro*, Chiesa di Sant' Antonio Abate, Cascia

2008
– *Nicola De Maria / Emilio Prini*, Galleria Pio Monti, Roma / Rome
– *50 Capricci*, Villa Fontana, Perugia; Ex Pinacoteca Comunale, Assisi
– *Ad Absurdum: Energies of the Absurd from Modernism Till Today*, MARTa Herford, Herford
– *Peripheral vision and collective body*, MUSEION–Museo d'Arte Moderna e Contemporanea, Bolzano
– *La Pimpa Il vuoto*, Galleria Giorgio Persano, Torino / Turin
– *Italics. Arte italiana fra tradizione e rivoluzione 1968–2008*, Palazzo Grassi, Venezia / Venice

2009
– *Fotocopiami la voce. Emilio Prini e Gianna Nannini*, Bunkerart, Milano / Milan
– *Shoes. Enzo Cucchi, Zaha Hadid, Jannis Kounellis, Madonna, Luigi Ontani, Emilio Prini*, Pio Monti arte contemporanea, Roma / Rome

2010
– *Che Fare? Arte Povera – Die historischen Jahre*, Kunstmuseum Liechtenstein, Vaduz
– *Fuga per un pic-nic*, Galleria Franco Toselli, Milano / Milan
– *Twisted Standards. Emilio Prini – Elmar Zimmermann*, Kienzle Art Foundation, Berlino / Berlin
– *Geografia senza punti cardinali*, Galleria Giorgio Persano, Torino / Turin
– *Linee '60–'70*, Galleria Maria Grazia Del Prete, Roma / Rome

2011
– *Compagni di viaggio*, Mestna Galerija, Lubiana / Ljubljana
– *Dora Garcia, The Inadequate*, Spanish Pavilion, Biennale di Venezia, Venezia / Venice
– *Arte Italiana all'Ascolto*, Exhibition Hall National Centre for Contemporary Arts, Mosca / Moscow
– *Emilio Prini*, Galleria Lorcan O'Neill, Roma / Rome
– *Arte Povera 1967–2011*, MaMBo, Bologna; MAXXI, Roma / Rome; Castello di Rivoli, Rivoli; Palazzo dell'Arte, Milano / Milan; MADRE, Napoli / Naples; Teatro Margherita, Bari
– *In Deed, Certificates of Authenticity in Art*, De Kabinetten van de Vleeshal, Middelburg; Fondazione Bevilacqua, Venezia / Venice; Khoj International Artist's Association, New Delhi; Mumbai Art Room, Mumbai; Nero HQ, Roma / Rome; John M. Flaxman Library Special Collections, The School of the Art Institute of Chicago, Chicago; Salt Beyoglu, Istanbul; The Drawing Center, New York; Weatherspoon Art Museum, University of North Carolina, Greensboro; Contemporary Art Center, Vilnius
– *L'ora d'aria*, Galleria Franco Toselli, Milano / Milan

2012
– *D'apres Giorgio*, Casa Museo Giorgio de Chirico, Roma / Rome
– *La tombe des hommes scorpiones*, Galleria S.A.L.E.S., Roma / Rome
– *Arte povera in città*, GAMeC, Bergamo
– *Dino Pedriali / Emilio Prini. A fuoco e fuori forma*, Galleria Pio Monti, Roma / Rome
– *Fuoriuso 12*, Parcheggio sotterraneo cantiere Opera, Pescara
– *20 X Majorana*, Palazzo Manganelli, Catania
– *Arte Povera. The Great Awakening*, Kunstmuseum, Basilea / Basel
– *Family Theater*, Brandenburgischer Kunstverein, Potsdam; Kienzle Foundation, Berlino / Berlin
– *Giovanni Anselmo, Jannis Kounellis, Giuseppe Penone, Emilio Prini. Recent works*, Galleria Sprovieri, Londra / London

Cronologia mostre / Chronological list of exhibitions, 1967–2025

IT / EN

Mostre personali in grassetto / Solo exhibitions in bold

2013
– *Foto di Gruppo, La galleria Pieroni*, Zerynthia associazione per l'arte contemporanea, MACRO Museo d'Arte Contemporanea di Roma, Roma / Rome
– *When Attitudes Become Form. Berna 1969–Venezia 2013*, Fondazione Prada Ca' Corner della Regina, Venezia / Venice
– *Promemoria III Emilio Prini*, Radio Arte Mobile, Roma / Rome
– *Anni '70. Arte a Roma*, Palazzo delle Esposizioni, Roma / Rome

2014
– *Emilio Prini. Edizioni 1968–2012*, Project Room Coralla Maiuri, Roma / Rome
– *Capricci*, Ex Pinacoteca Comunale. Assisi
– *Arte italiana all'ascolto. Sintonia di suoni e immagini*, Todi festival, Palazzo del Vignola, Todi

2015
– *Le regole del gioco*, Fondazione Achille Castiglioni, Milano / Milan
– *Mirare Giacomo Leopardi. H.H. LIM, Emilio Prini*, Idill'io, Recanati

2016
– *L'inarchiviabile / The unarchivable*, FM Centro per l'Arte Contemporanea, Milano / Milan
– *Artists' Telegrams*, Garage Cosmos, Bruxelles
– *Il paradiso inclinato*, Ex dogana, Roma / Rome
– *Un Art Pauvre*, Centre national d'art et de culture Georges-Pompidou, Parigi / Paris
– *Tre mondi: omaggio al Festival dei Due Mondi*, Palazzo Collicola, Spoleto
– *Wall to Wall: Carpets by Artists*, Museum of Contemporary Art, Cleveland

2017
– *Sammlung Kienzle*, Kunstmuseum Liechtenstein, Vaduz
– *Animalia*, Galleria Pio Monti, Roma / Rome
– *Torino 1966–1973*, MASI, Lugano
– *Wall to Wall: Carpets by Artists*, MOCA Cleveland, 2017
– *Color in Contextual Play*, Galleria Mazzoleni, Londra / London
– *Mario Sironi e le arti povere. Assenso e dissenso*, Fondazione Malvina Menegaz Palazzo De Sanctis, Castelbasso
– *Neon in Contextual play*, Galleria Mazzoleni, Torino / Turin
– *La densità del vuoto. Gli anni '70 dell'Arte*, Palazzo Bisaccioni, Jesi
– *Arte Povera*, Hauser & Wirth, New York

2018
– *Arte in presa diretta*, Casa del Mantegna, Mantova
– *Arte Povera: a Creative Revolution*, The State Hermitage Museum, San Pietroburgo / St. Petersburg
– *Take Me (I'm yours)*, Accademia di Francia a Villa Medici, Roma / Rome

2019
– *Emilio Prini. Colori*, Galleria Sprovieri, Londra / London
– *Entrare nell'opera. Processes and Performative Attitudes in Arte Povera*, Kunstmuseum Liechtenstein, Vaduz
– *Emilio Prini*, Osart Gallery, Milano / Milan
– *Emilio Prini*, Fondazione Merz, Torino / Turin

2020
– *Museum for Preventive Imagination – Editorial*, MACRO – Museo d'Arte Contemporanea di Roma, Roma / Rome
– *Not made not chosen not presented by Emilio Prini*, ML Fine Art, Milano / Milan

2021
– *A Sculpture in Search of an Author*, Emanuel Layr, Vienna / Wien
– *Die Einsamkeit des Satyrs*, Christine König Galerie, Vienna / Wien

2022
– *A RENVERSER SES YEUX. Autour de l'arte povera 1960–1975: photographie, film, vidéo*, Jeu de Paume, Parigi / Paris

2023
– *Il caso standard (c) Emilio Prini*, Ordet, Milano / Milan
– *...E Prini*, MACRO – Museo d'Arte Contemporanea di Roma, Roma / Rome
– *Reversing the Eye Fotografia, film e video negli anni dell'arte povera*, Triennale, Milano / Milan

2024
– *Emilio Prini – Typewriter Drawings. Bologna / Munchen / Roma – 1970/1971*, Fondazione Antonio Dalle Nogare, Bolzano / Bozen
– *Arte Povera*, Bourse de Commerce – Pinault Collection, Parigi / Paris

Emilio Prini
Stresa, 1943–Roma, 2016

Cronologia opere selezionate /
Chronological list of selected works, 1966–2016

IT / EN

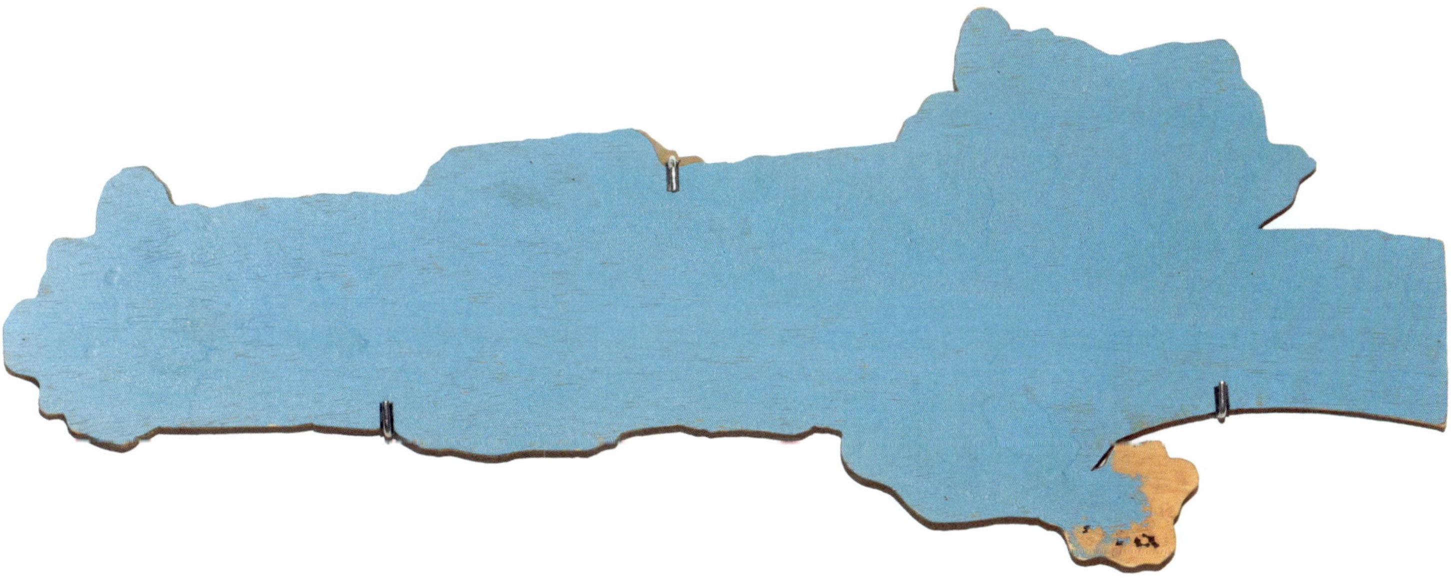

1966

(In)Picabia
Smalto su legno / Enamel on wood

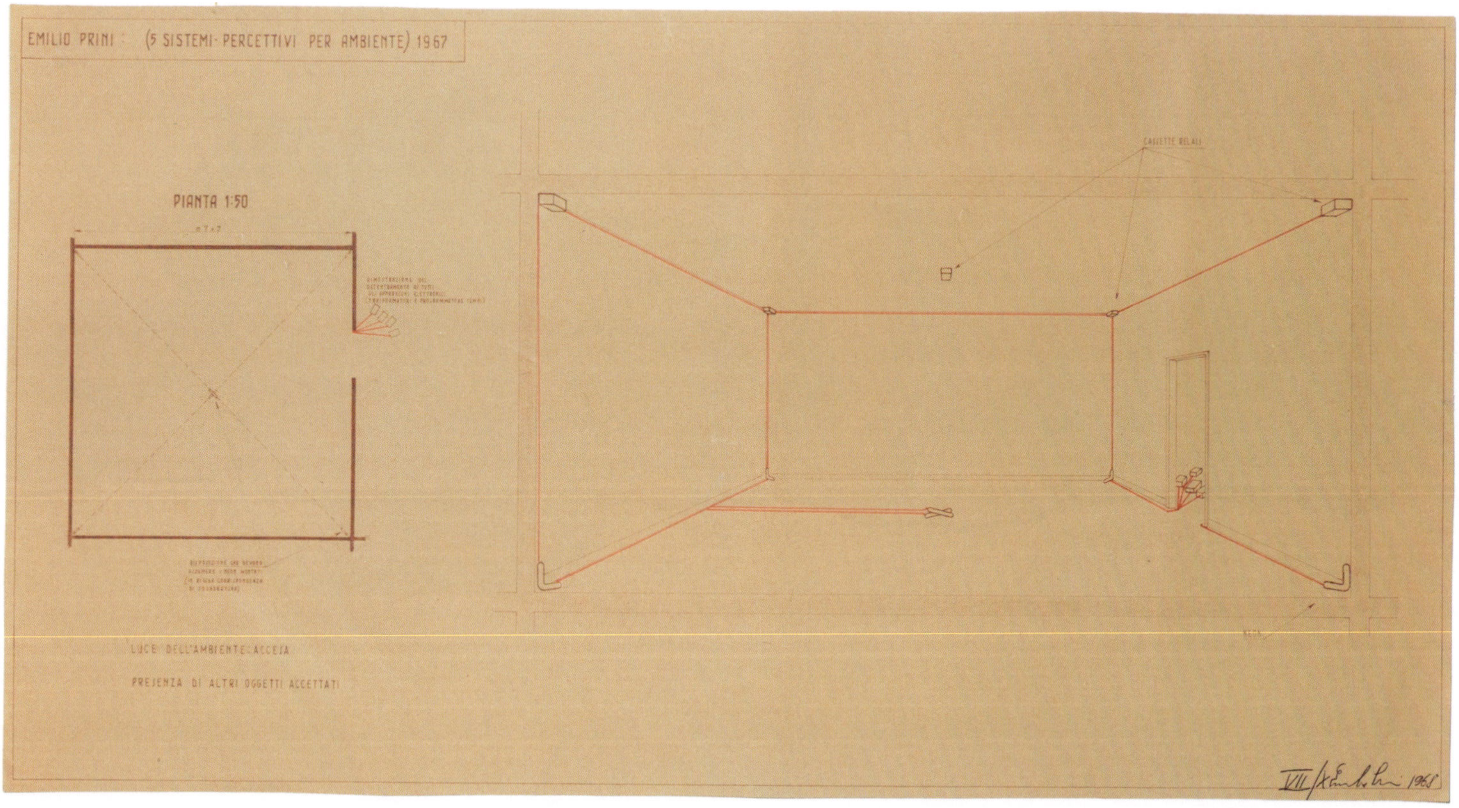

1967

5 sistemi percettivi di un ambiente
Tecnica mista su cianografia / Mixed media on cyanography

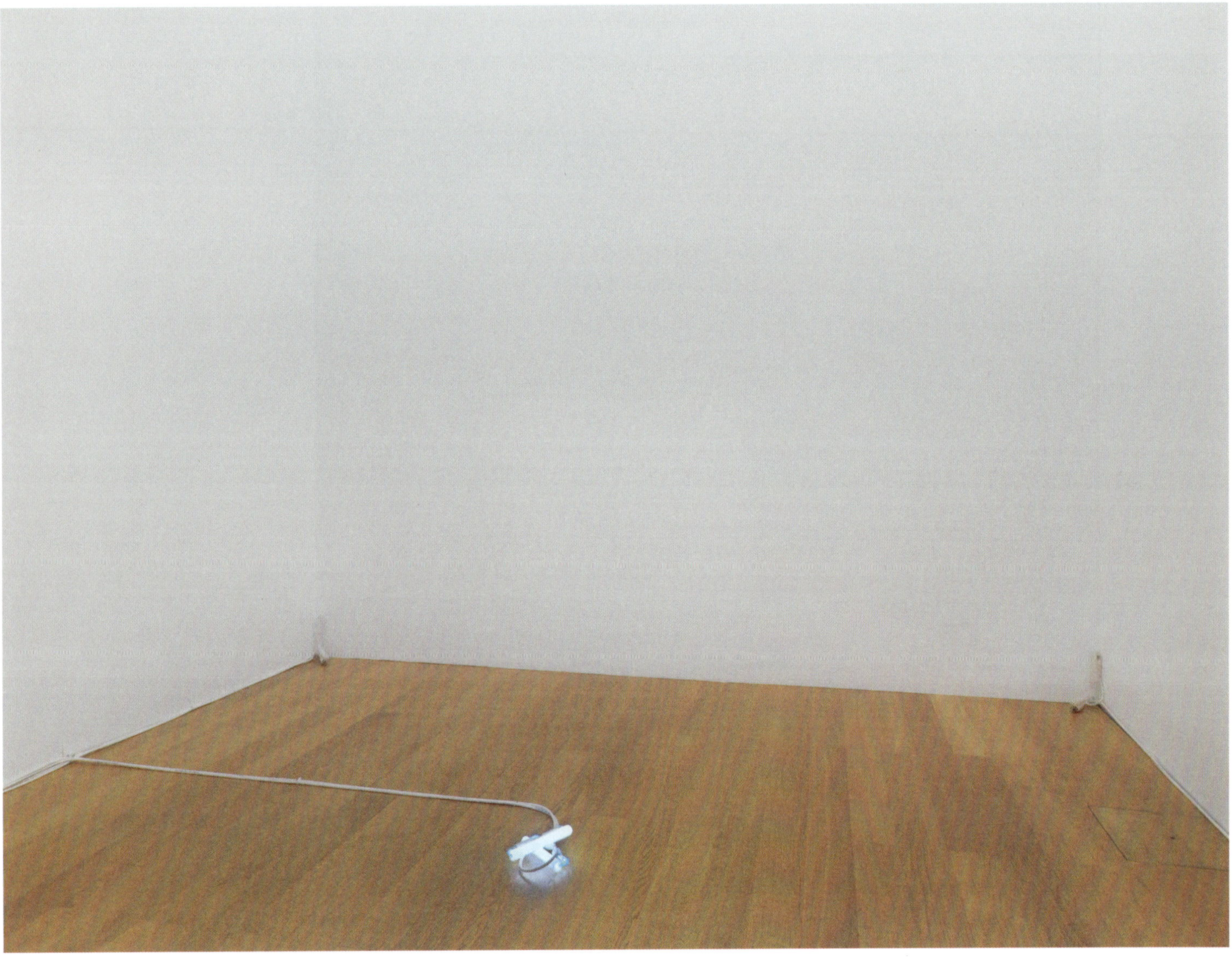

1967

Perimetro d'aria
Installazione ambientale, tubi fluorescenti, trasformatori, relè, cavi elettrici / Room installation with fluorescent tubes, transformers, relay switches, electric cables

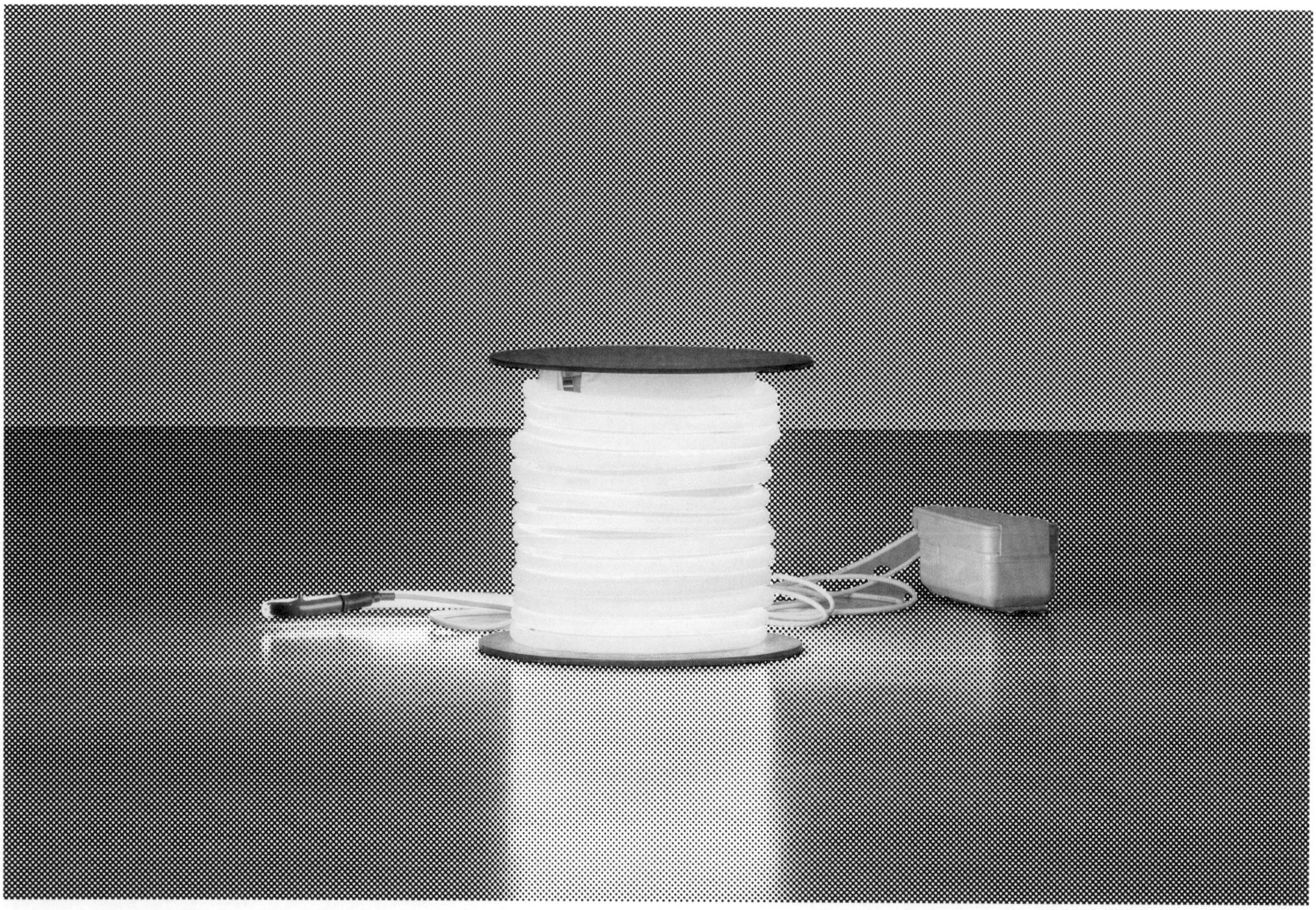

1967

Perimetro misura a studio stanza
Neon, ferro / Neon, iron

Perimetro misura a studio stanza
Installation view, *Arte Povera-IM Spazio*, Galleria La Bertesca, Genova / Genoa

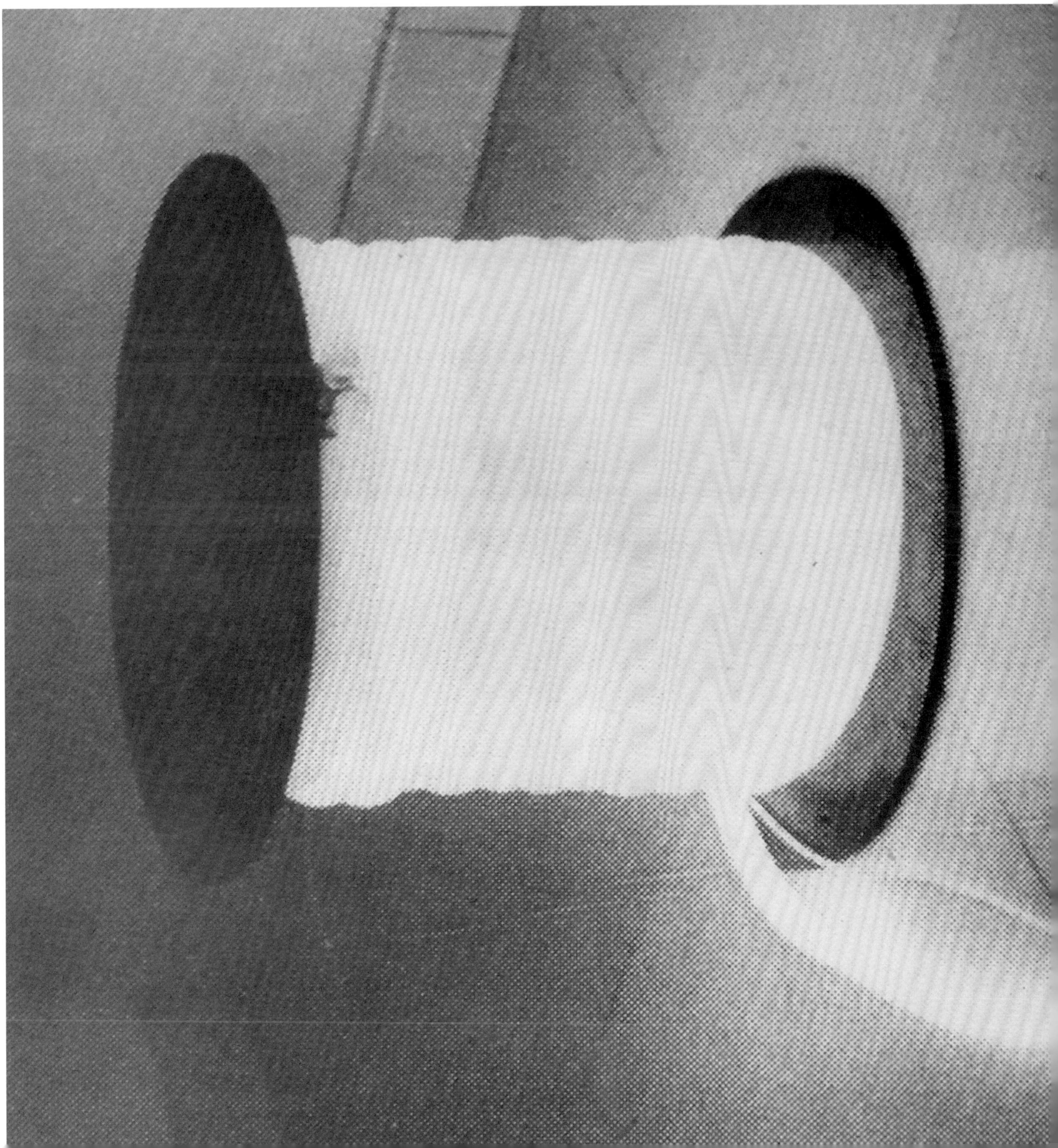

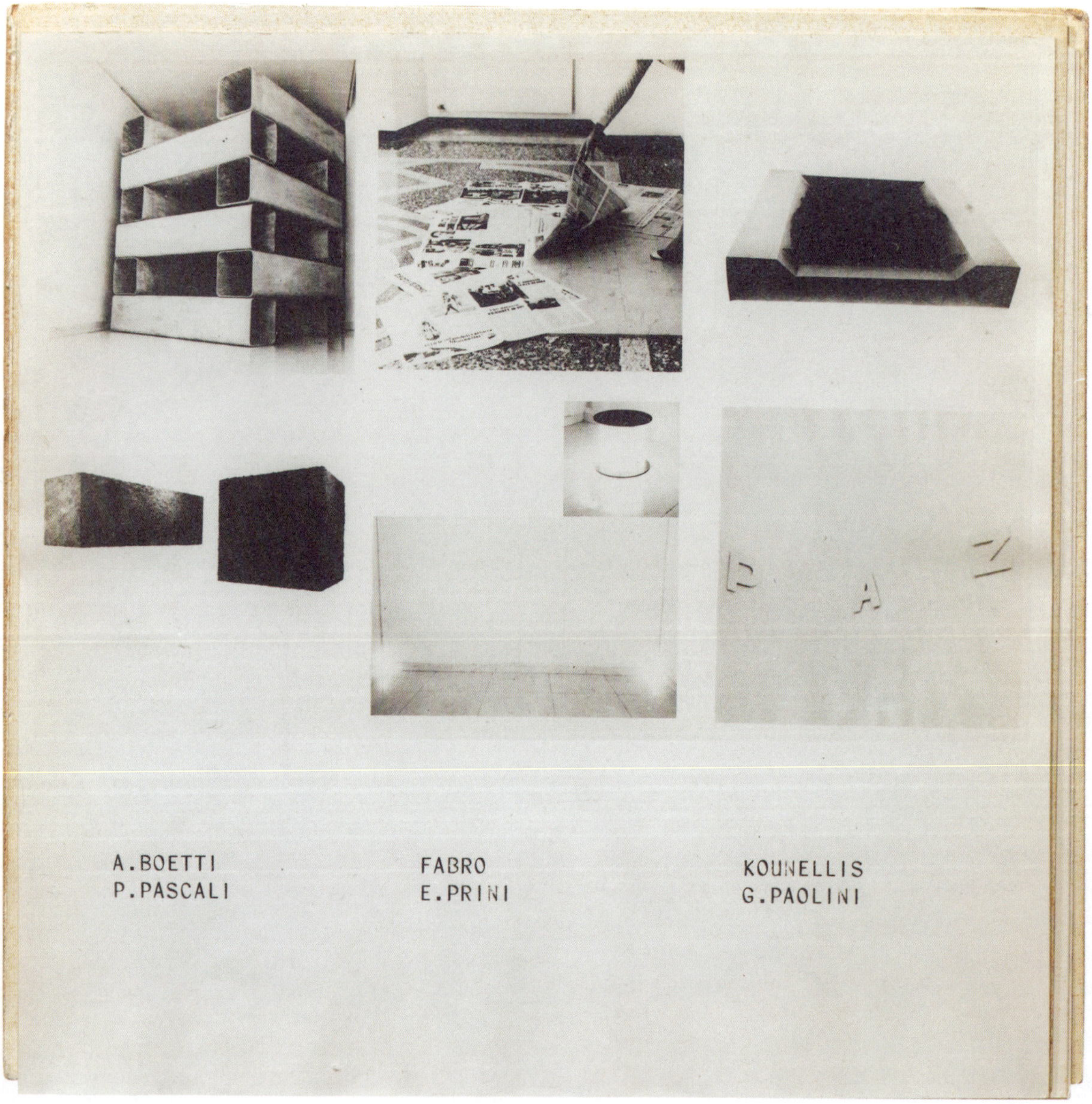

1967

***Arte Povera-IM Spazio*, Galleria La Bertesca, Genova / Genoa**
Catalogo / Catalogue

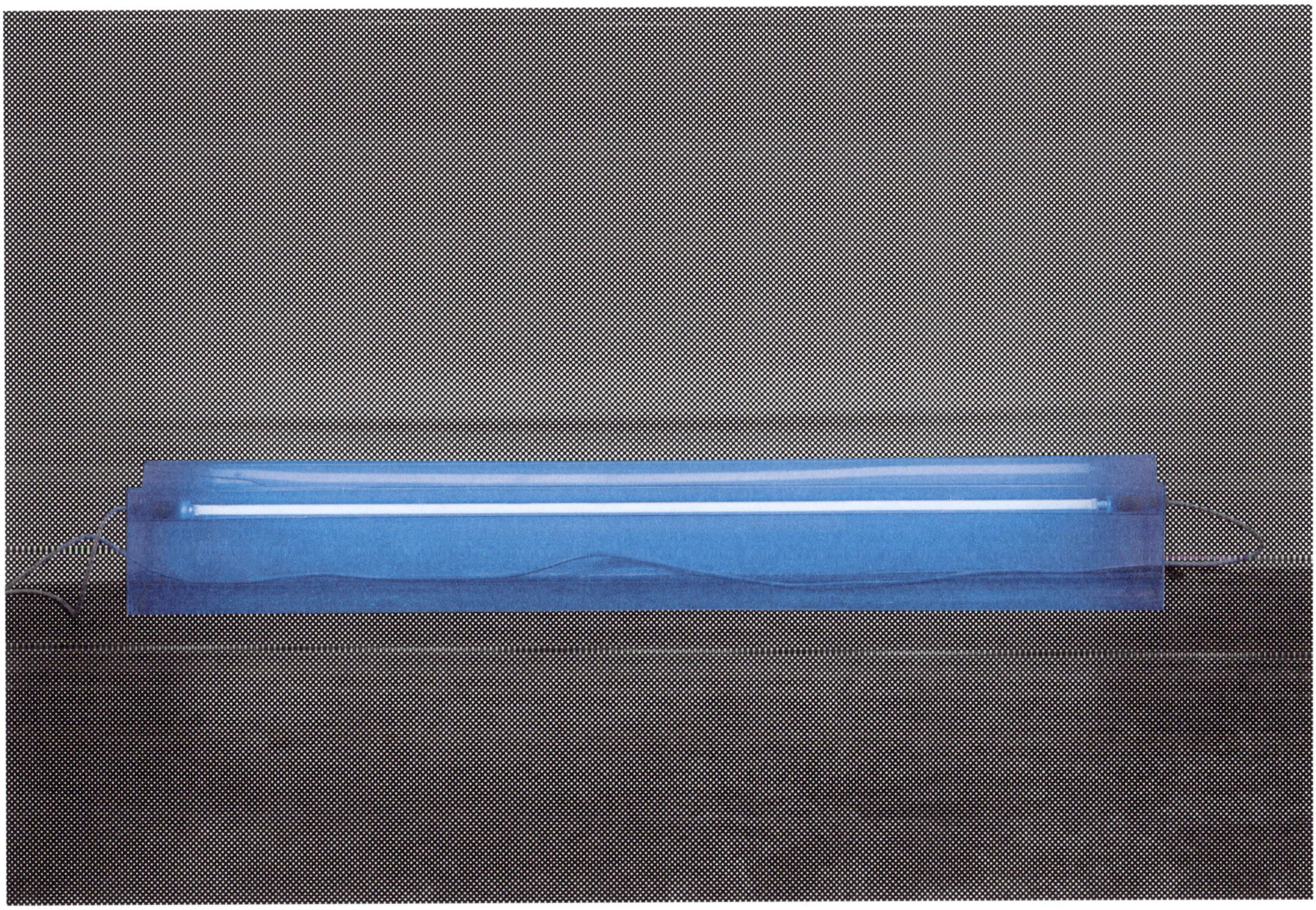

1967

Gradino tipo per porta
Plexiglas, neon

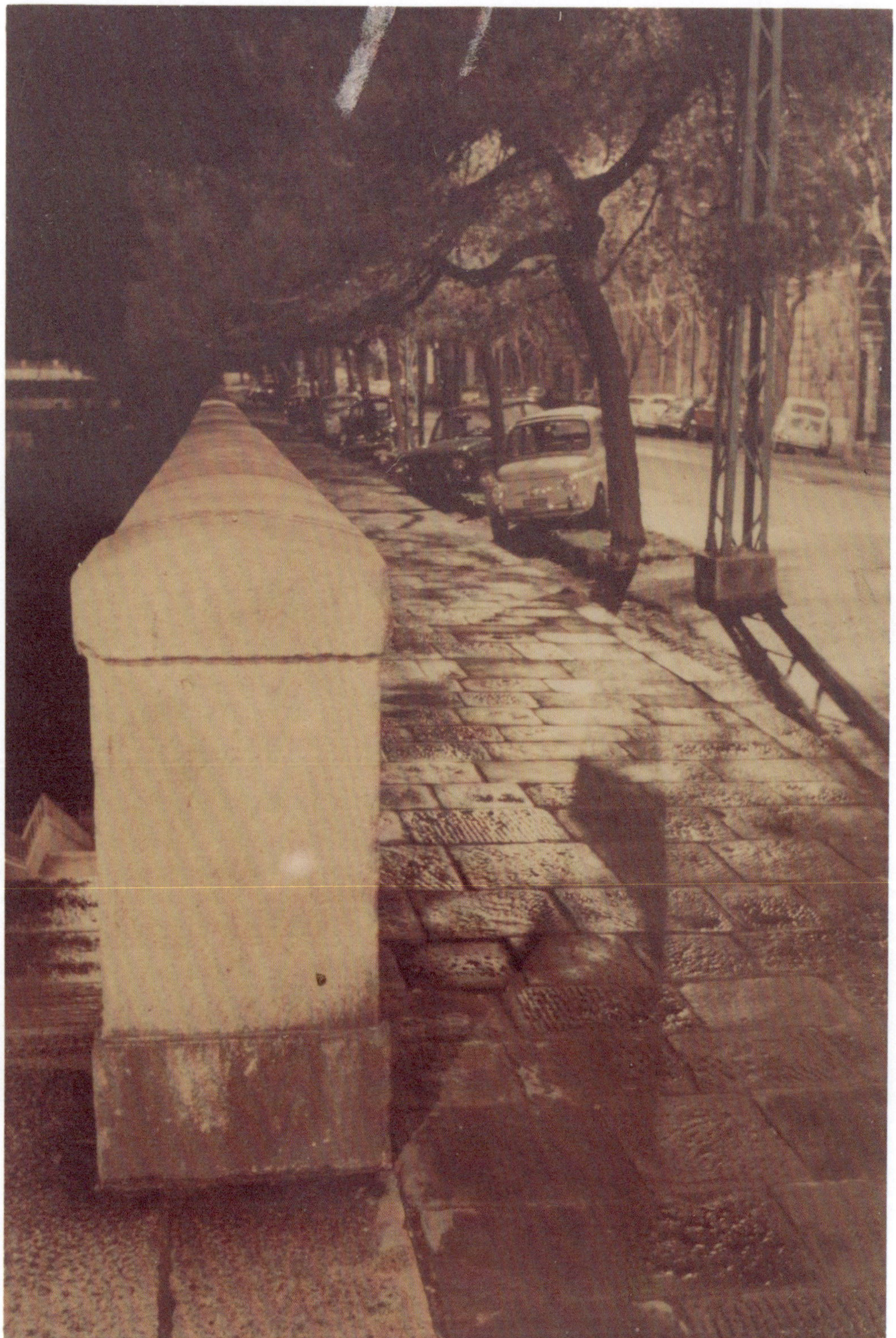

1967

Rilevamento fotografico di / Photographic survey of *Muro in curva*
Fotografia a colori / Colour photograph

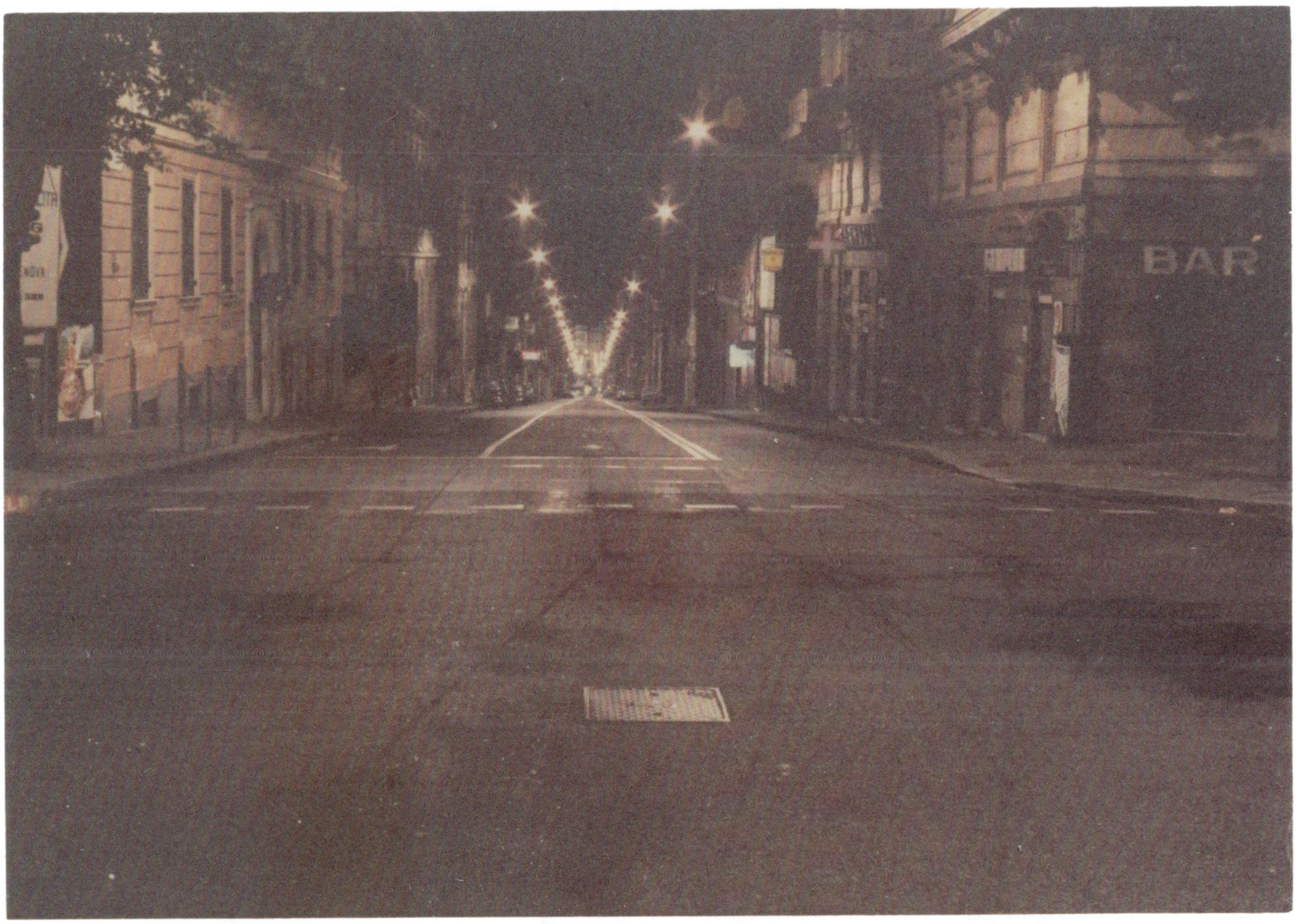

1967

Rilevamento fotografico di / Photographic survey of *Strada in salita*
Fotografia a colori / Colour photograph

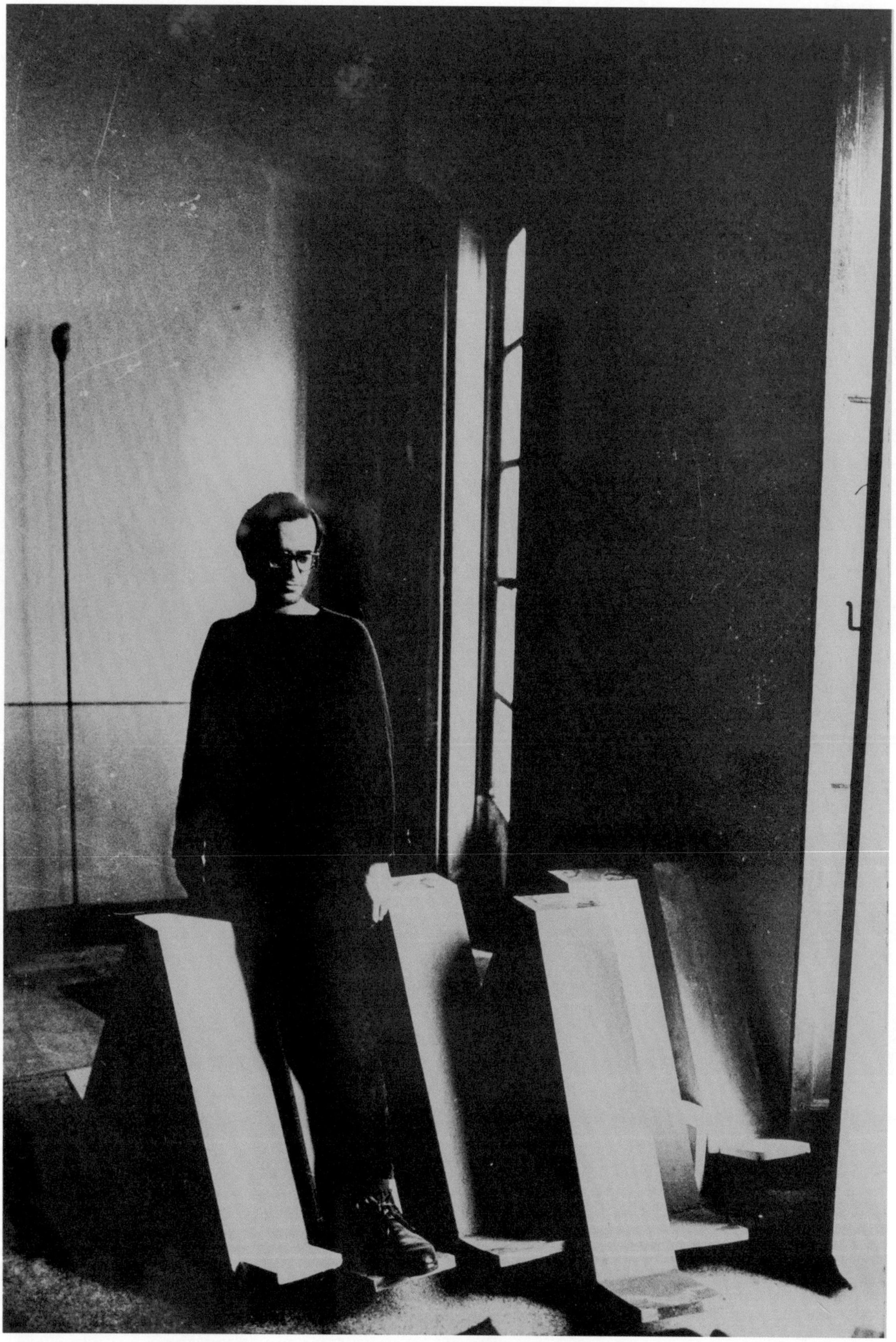

1967

Sei passi da un metro
Fotografia in bianco e nero / Black-and-white photograph

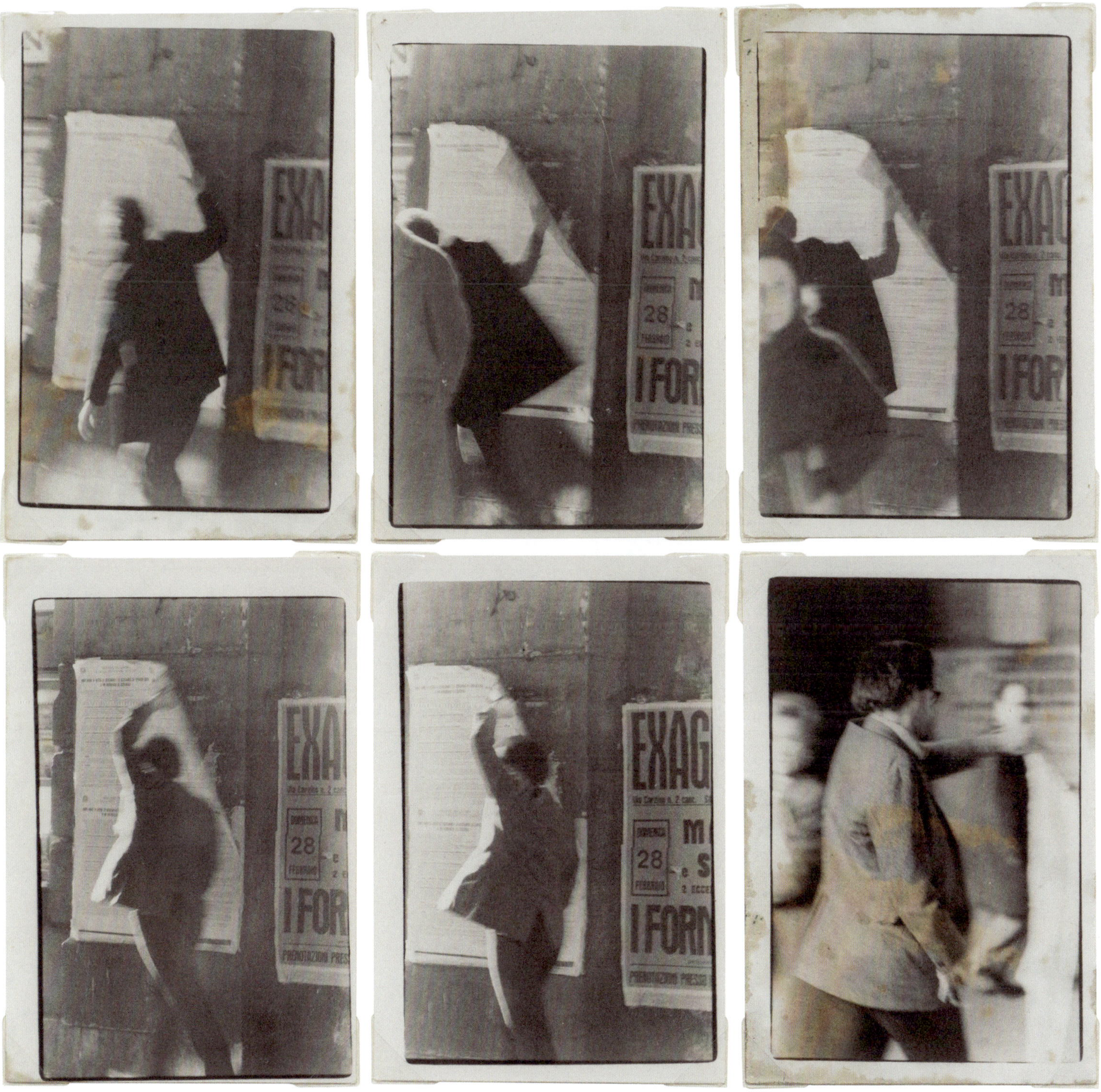

1967

Senza titolo / Untitled
6 fotografie in bianco e nero / 6 black-and-white photographs

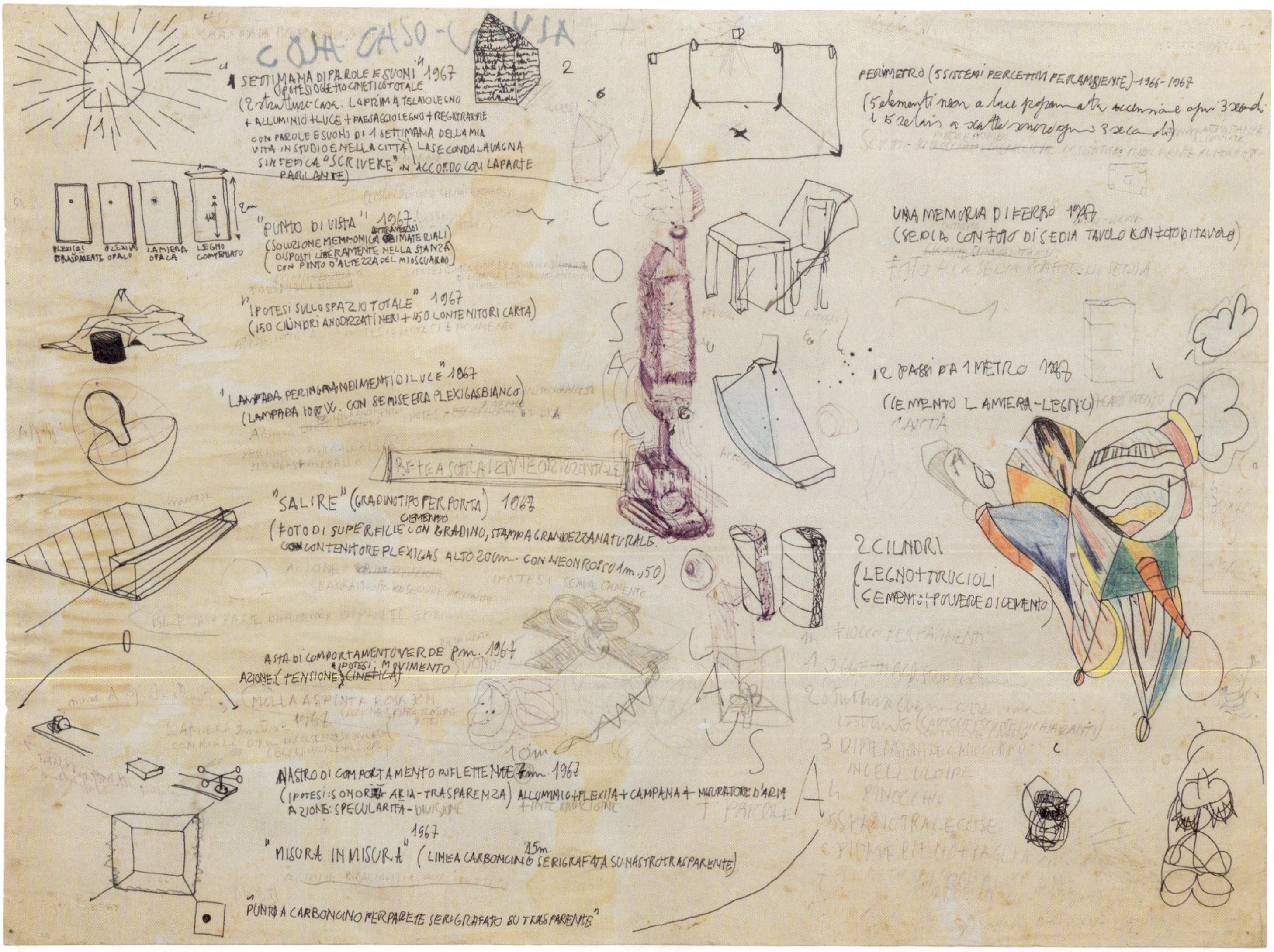

1967

Cosa caso causa

Penne, pennarelli, pastelli e grafite su carta / Pens, felt-tip pens, pastels and graphite on paper

Standard
Installation view, Galleria La Bertesca, Genova / Genoa

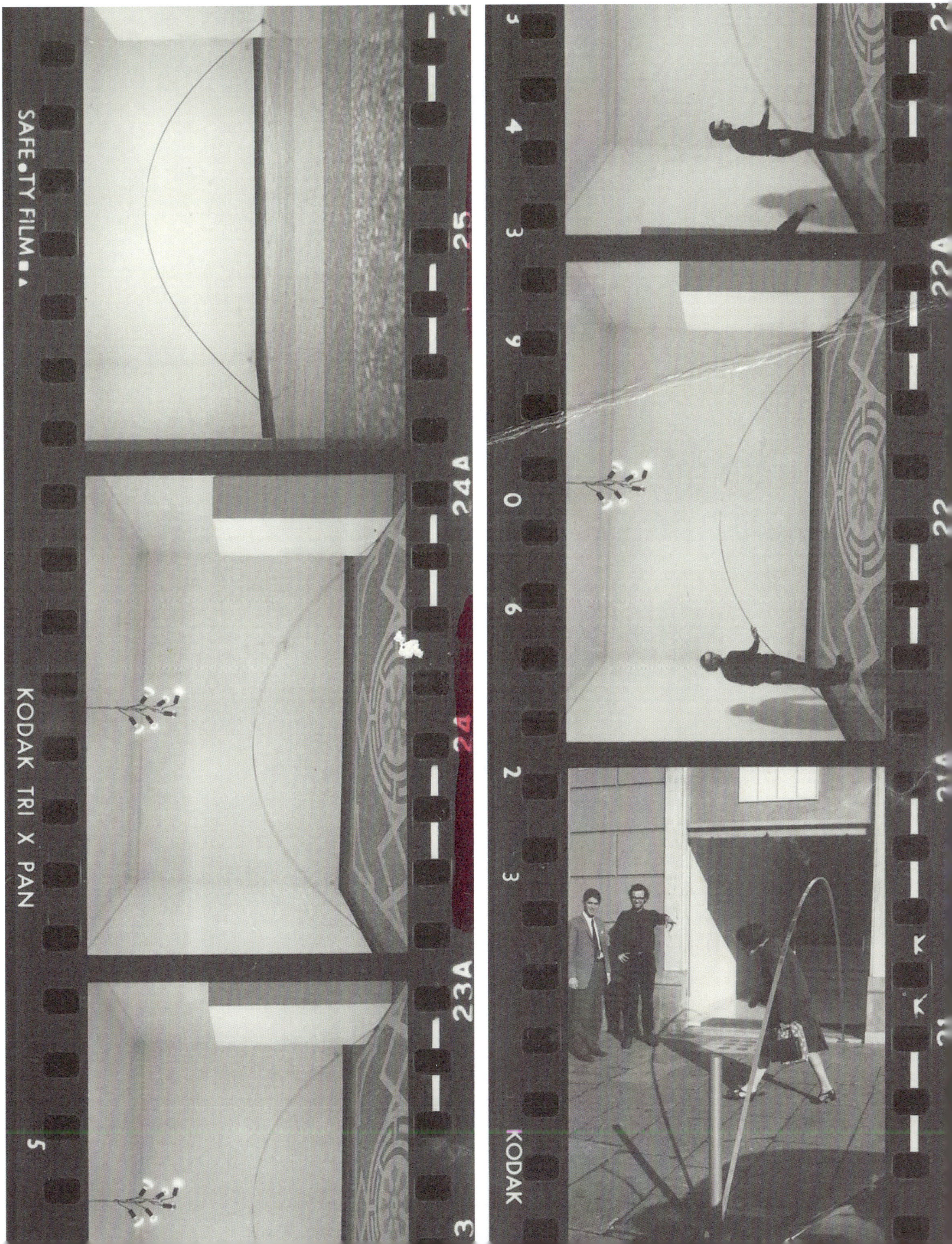

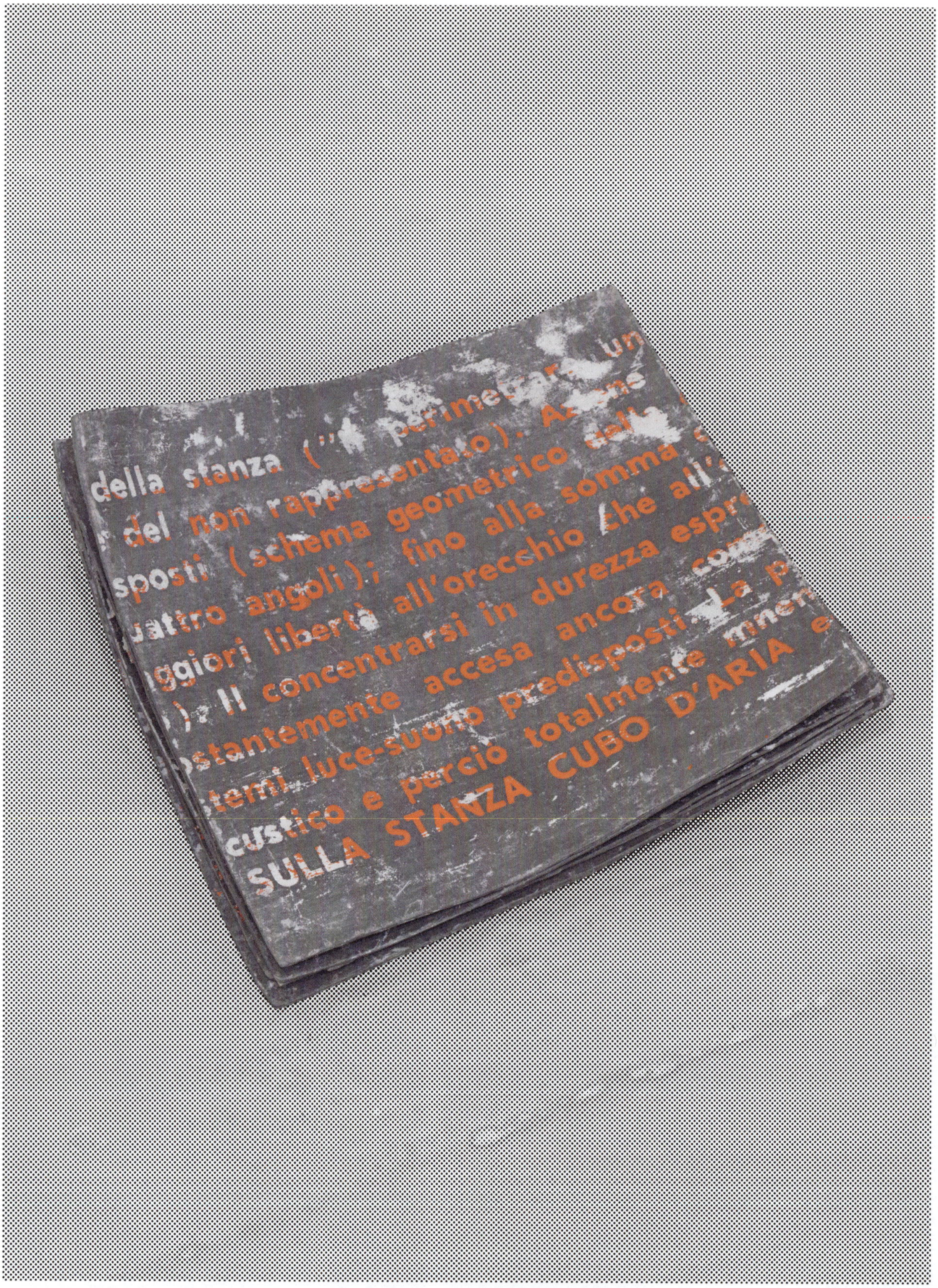

1967
1968

5 sensi per un ambiente (Perimentro di piombo)
Serigrafia su lastra di piombo / Silkscreen on lead sheathes
(25 elementi / 25 items)

5 sensi per un ambiente (Perimentro di piombo)
Installation view, *Arte Povera*, Hauser & Wirth, New York, 2017

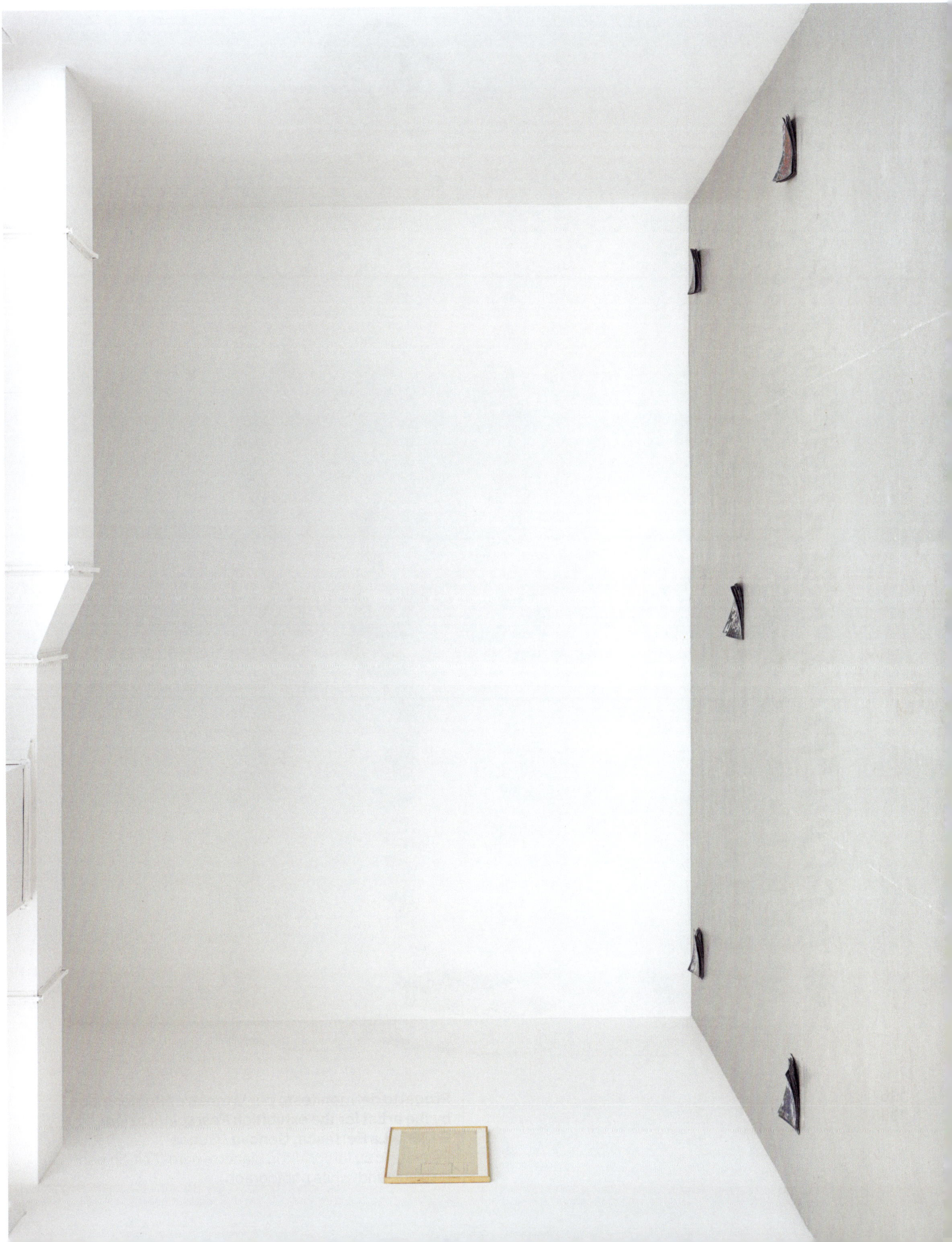

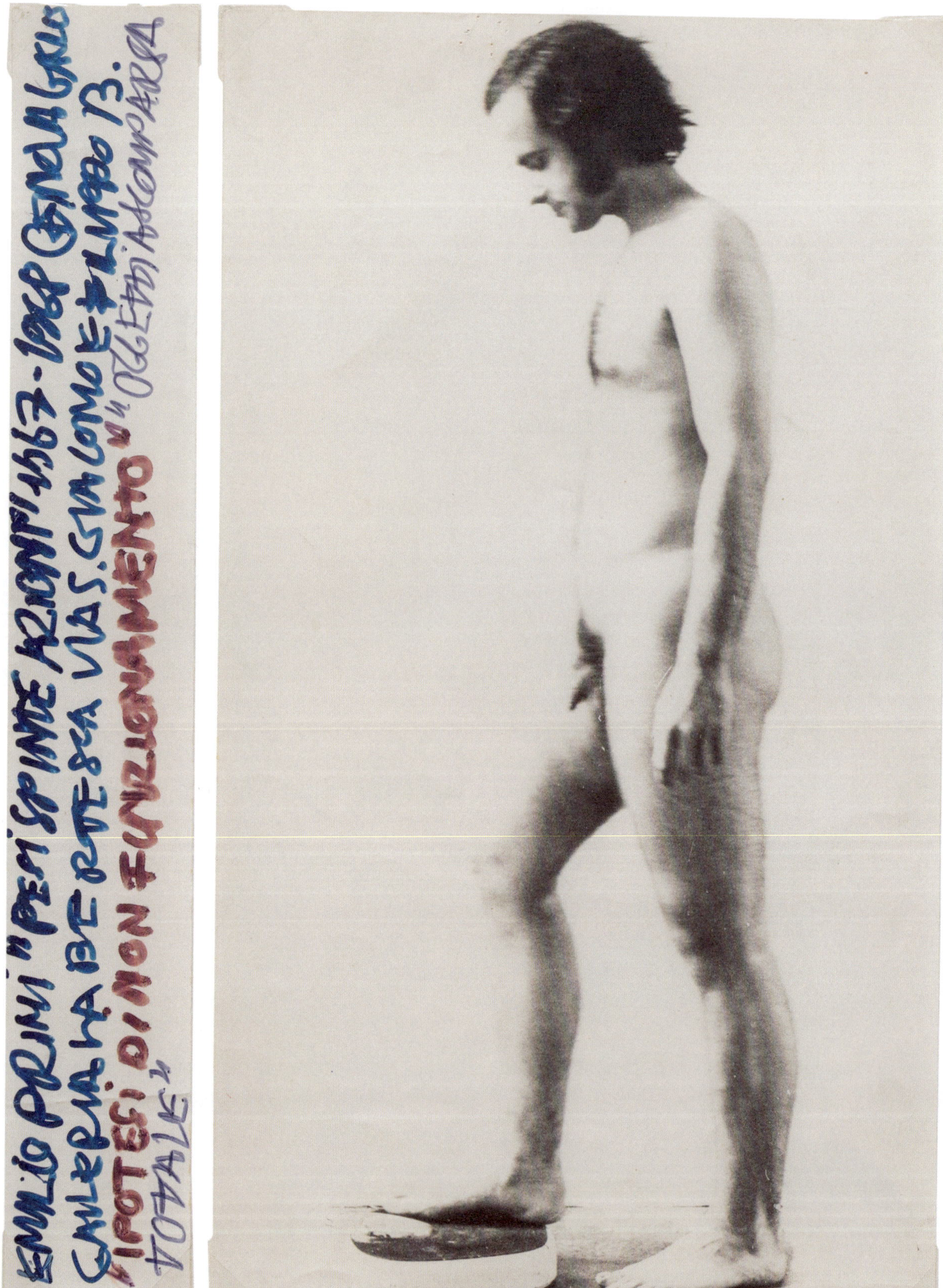

1967
1968

Progetto del manifesto per la mostra / Poster made by the artist for the exhibition *Pesi spinte azioni*, Galleria La Bertesca, Genova / Genoa
Pennarello su fotografia in bianco e nero / Felt-tip pen on black-and-white photograph

Pesi spinte azioni
Installation view, Galleria La Bertesca, Genova / Genoa

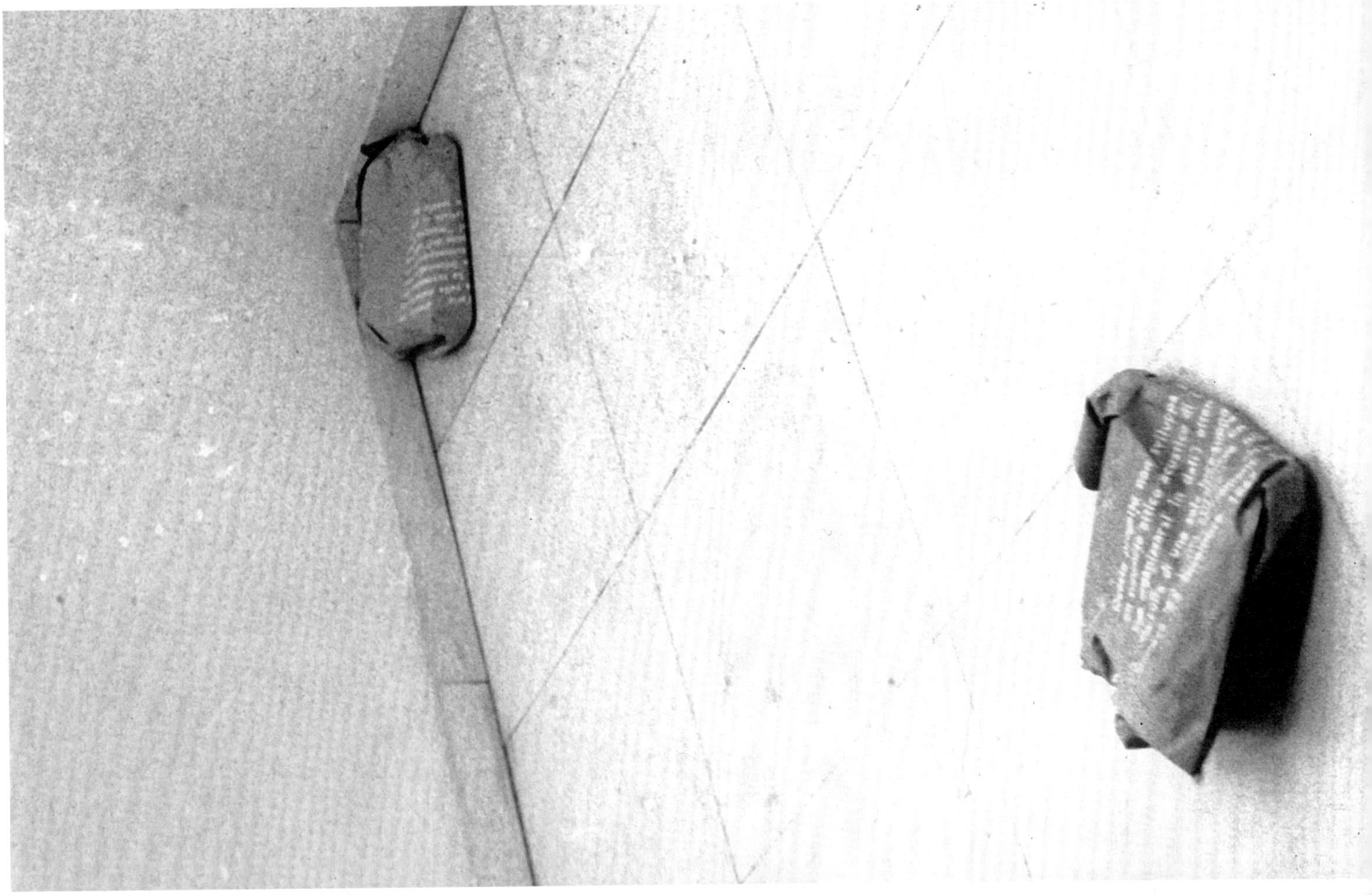

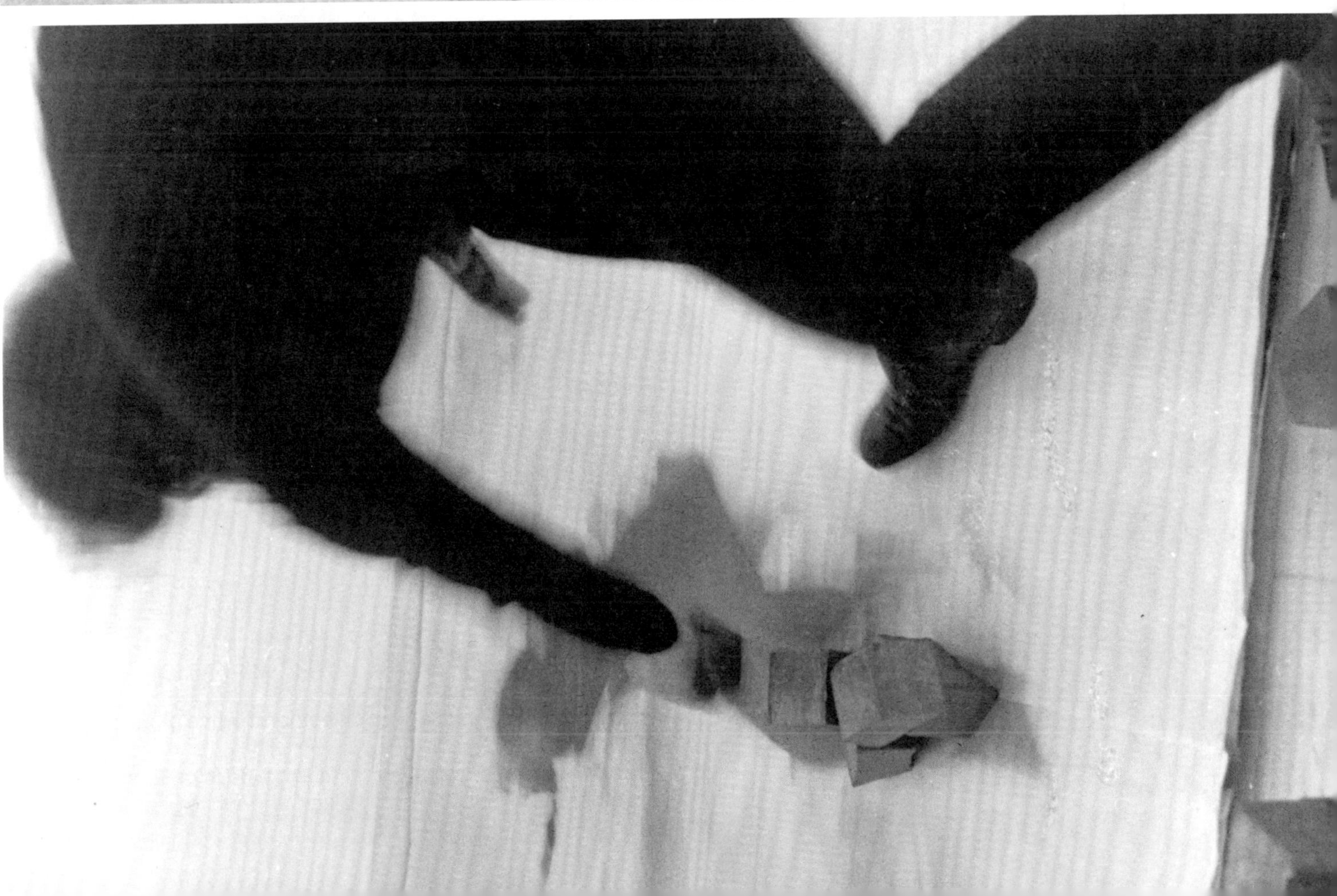

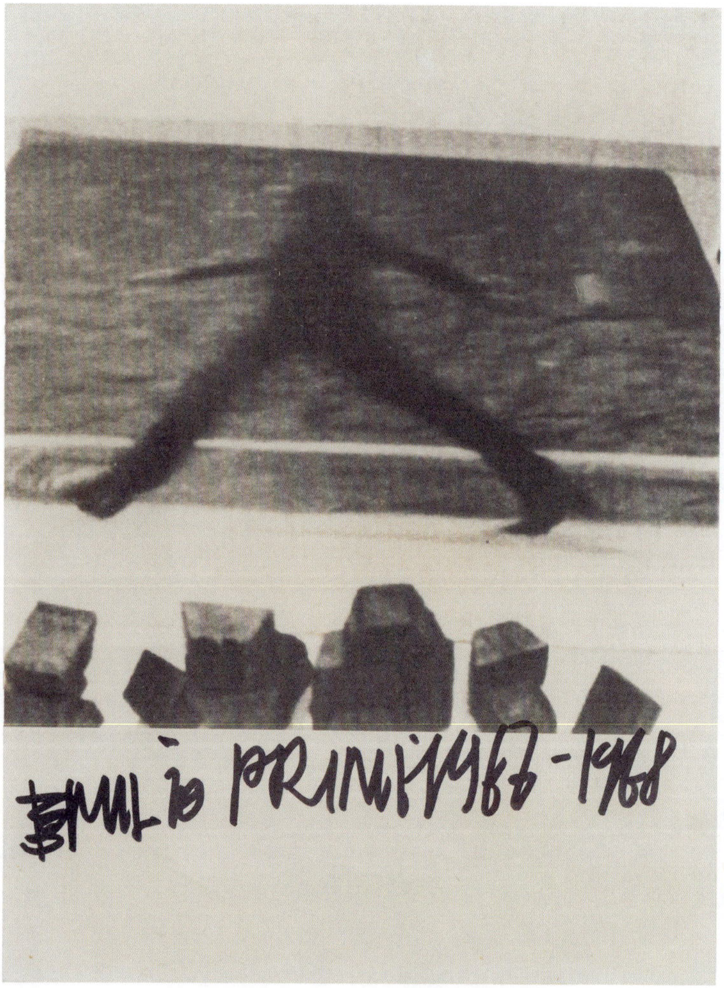

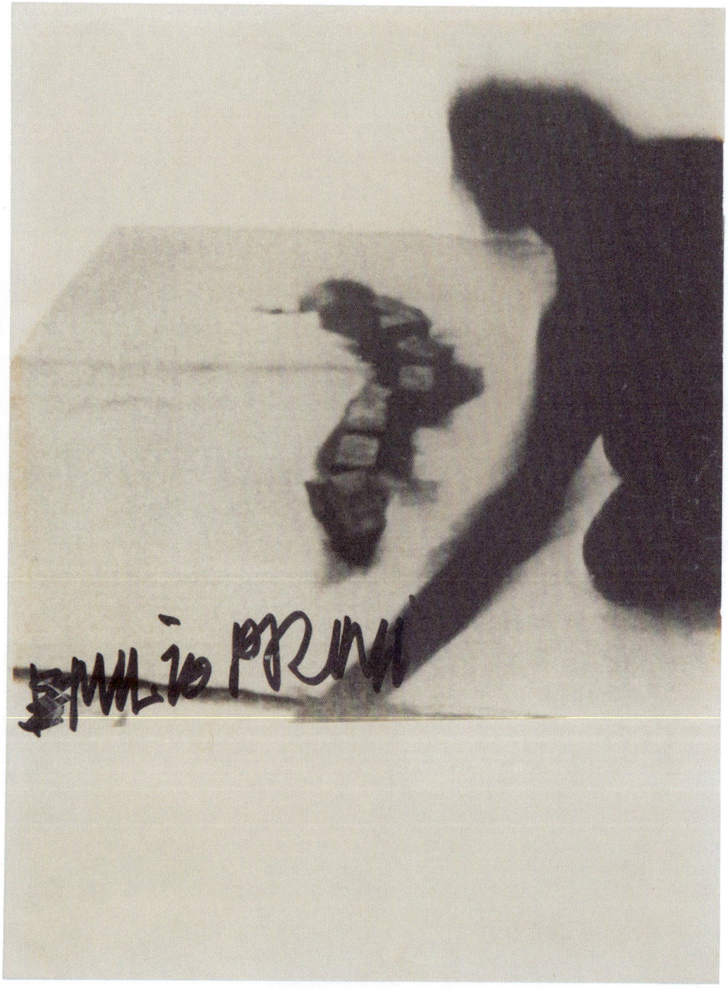

1967
1968

Con un passo (pesi esterni)
Fotografia in bianco e nero / Black-and-white photograph

Saltare da un'altezza (superficie corpo in peso totale)
Fotografia in bianco e nero / Black-and-white photograph

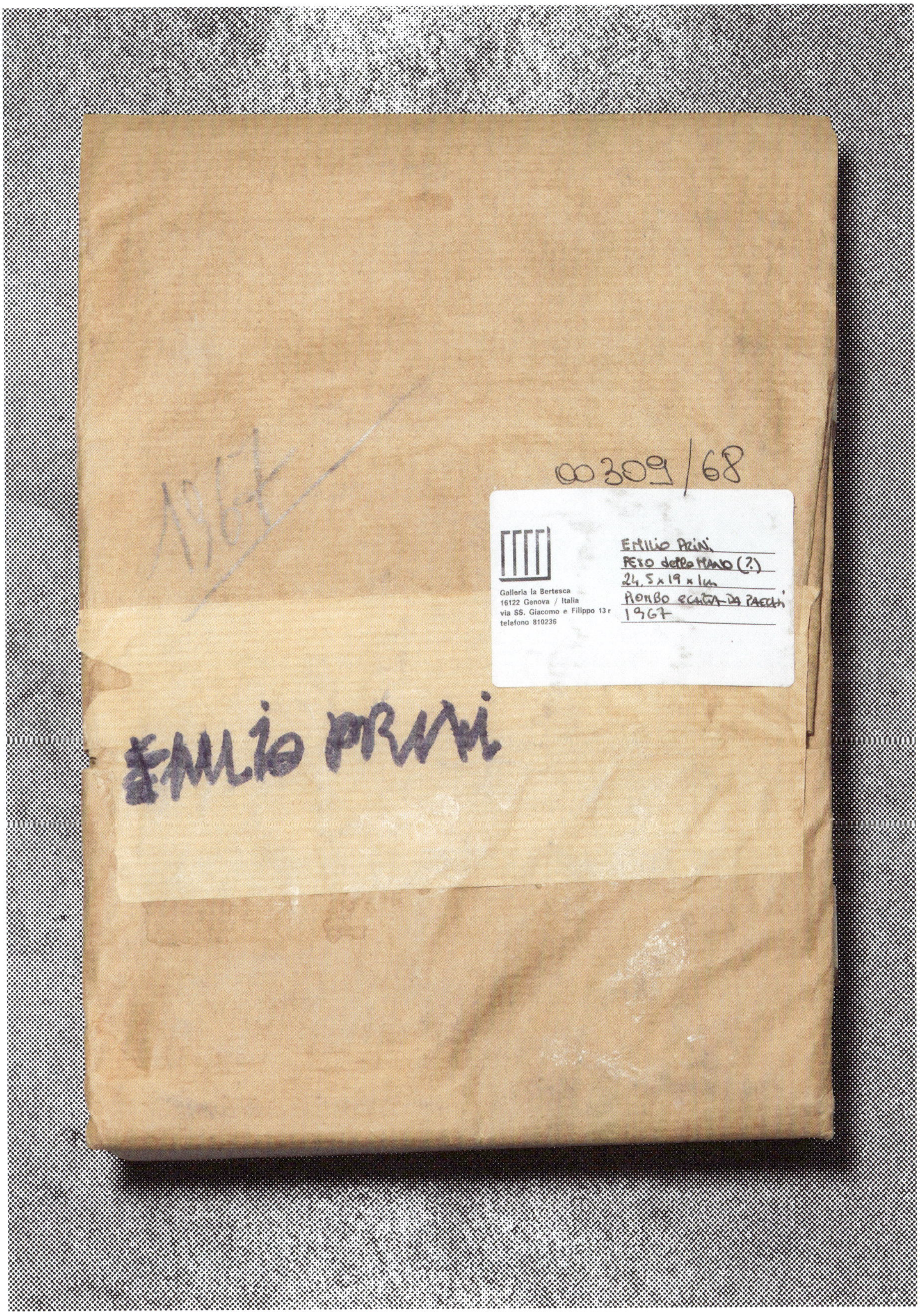

1967
1968

Peso della mano
Lastra di piombo, carta kraft / Lead sheet, kraft paper

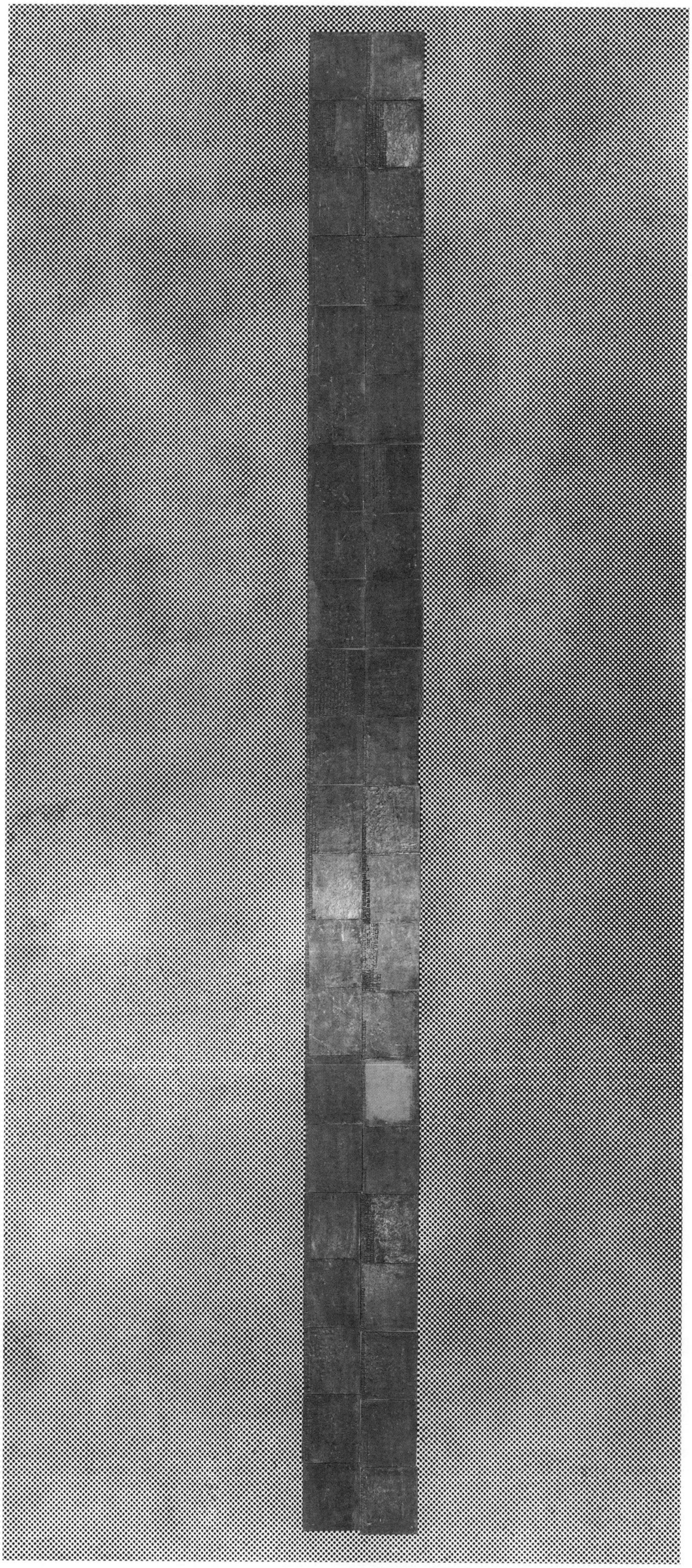

1968

Scritte che restano scritte
44 lastre di piombo punzonate/44 punched lead plates

p. 47

Scritte che restano scritte
Installation view, *Arte Povera*, Galleria de' Foscherari, Bologna

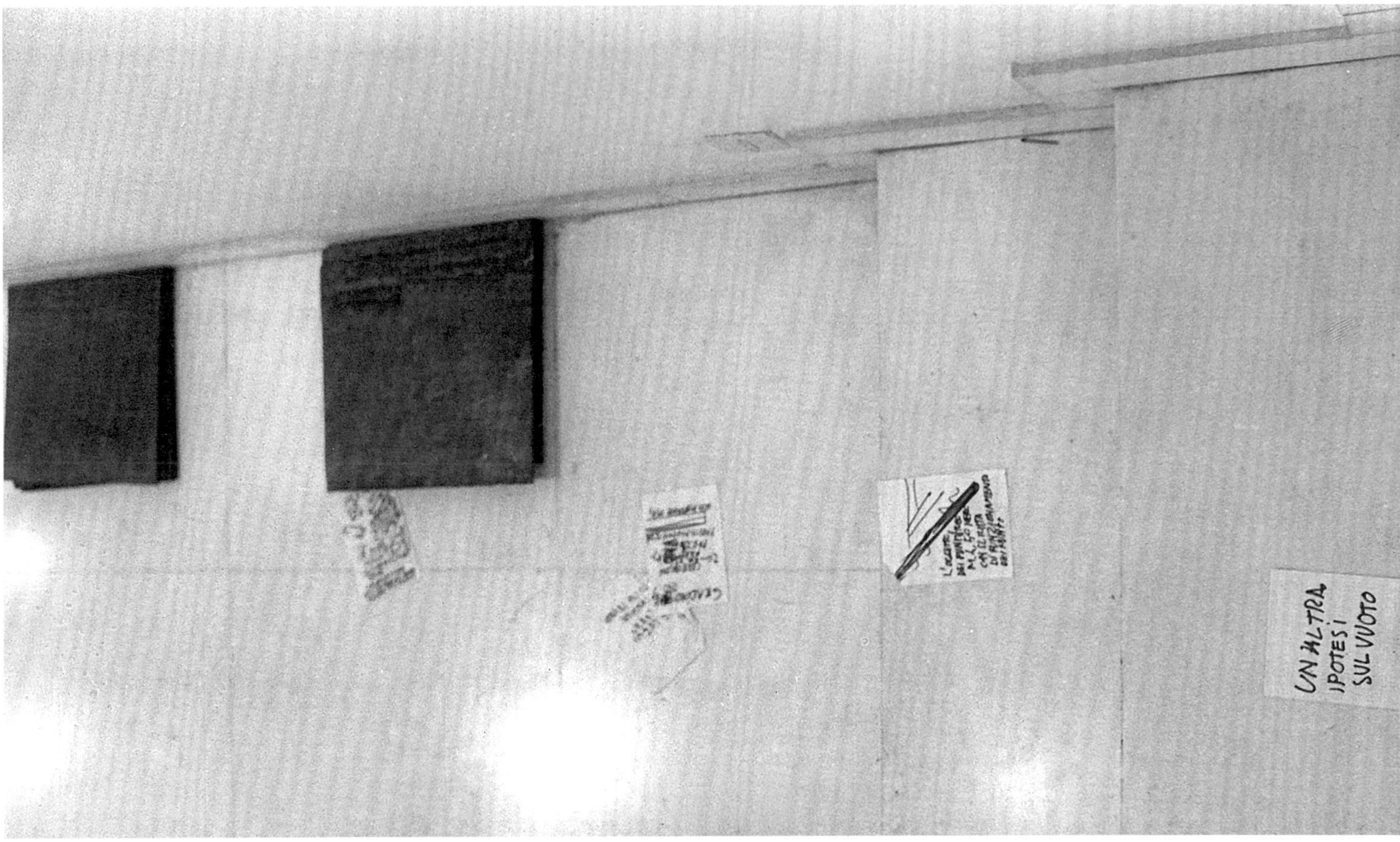

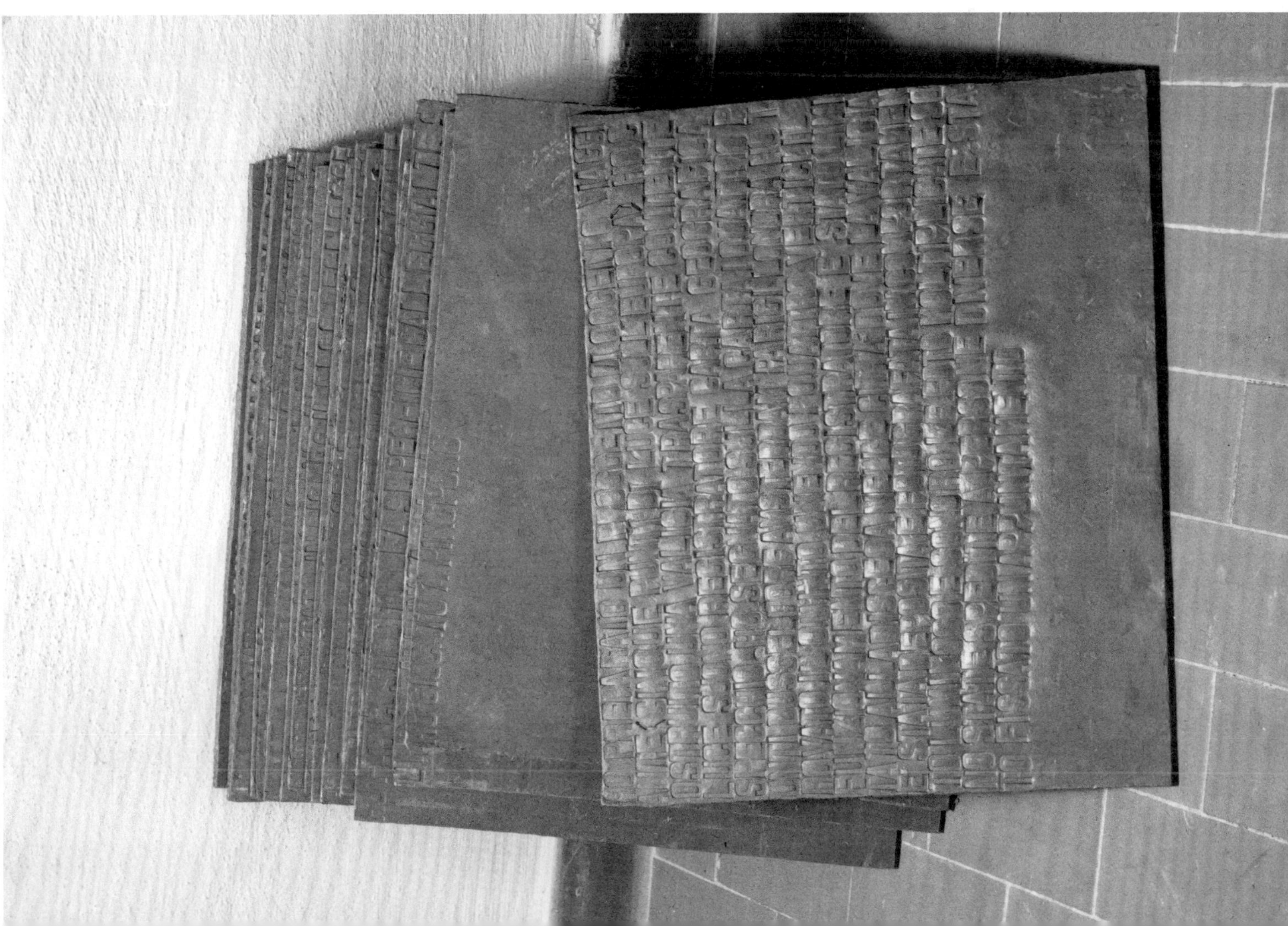

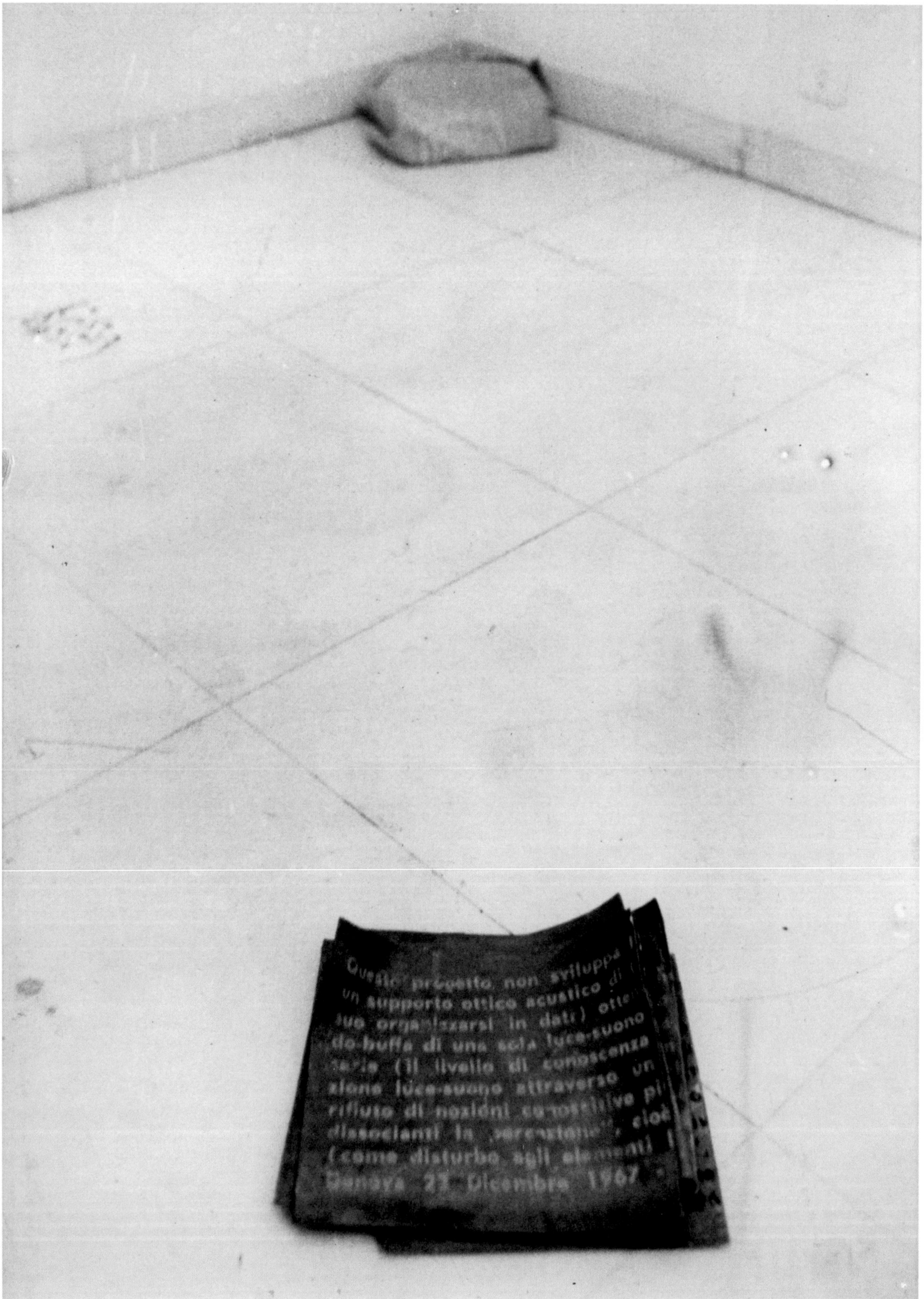

1968

Capanna
Fotografia in bianco e nero / Black-and-white photograph

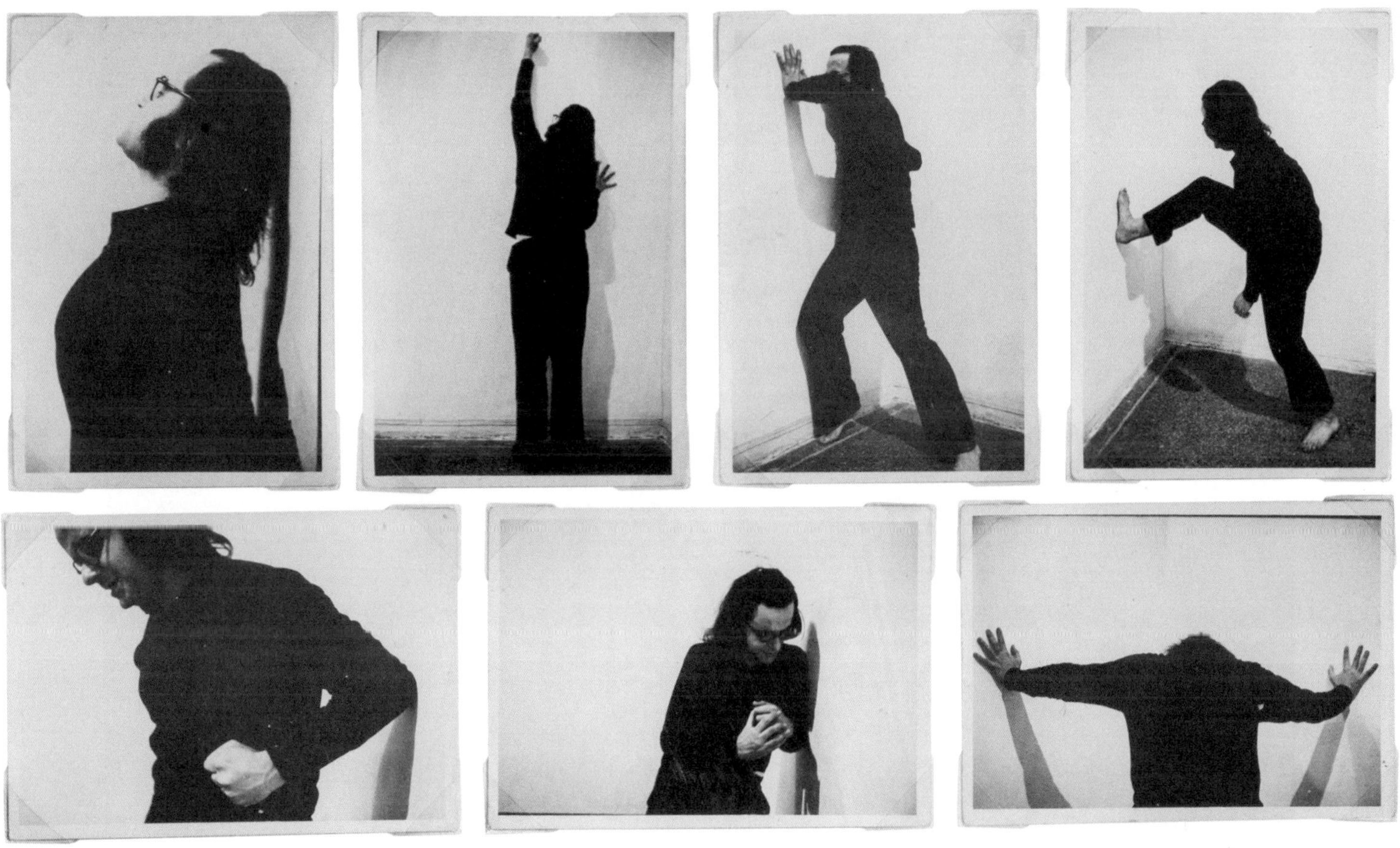

1968

Studio preparatorio per / Preparatory study for *Pesi spinte azioni (Spinte)*
7 fotografie in bianco e nero / 7 black-and-white photographs

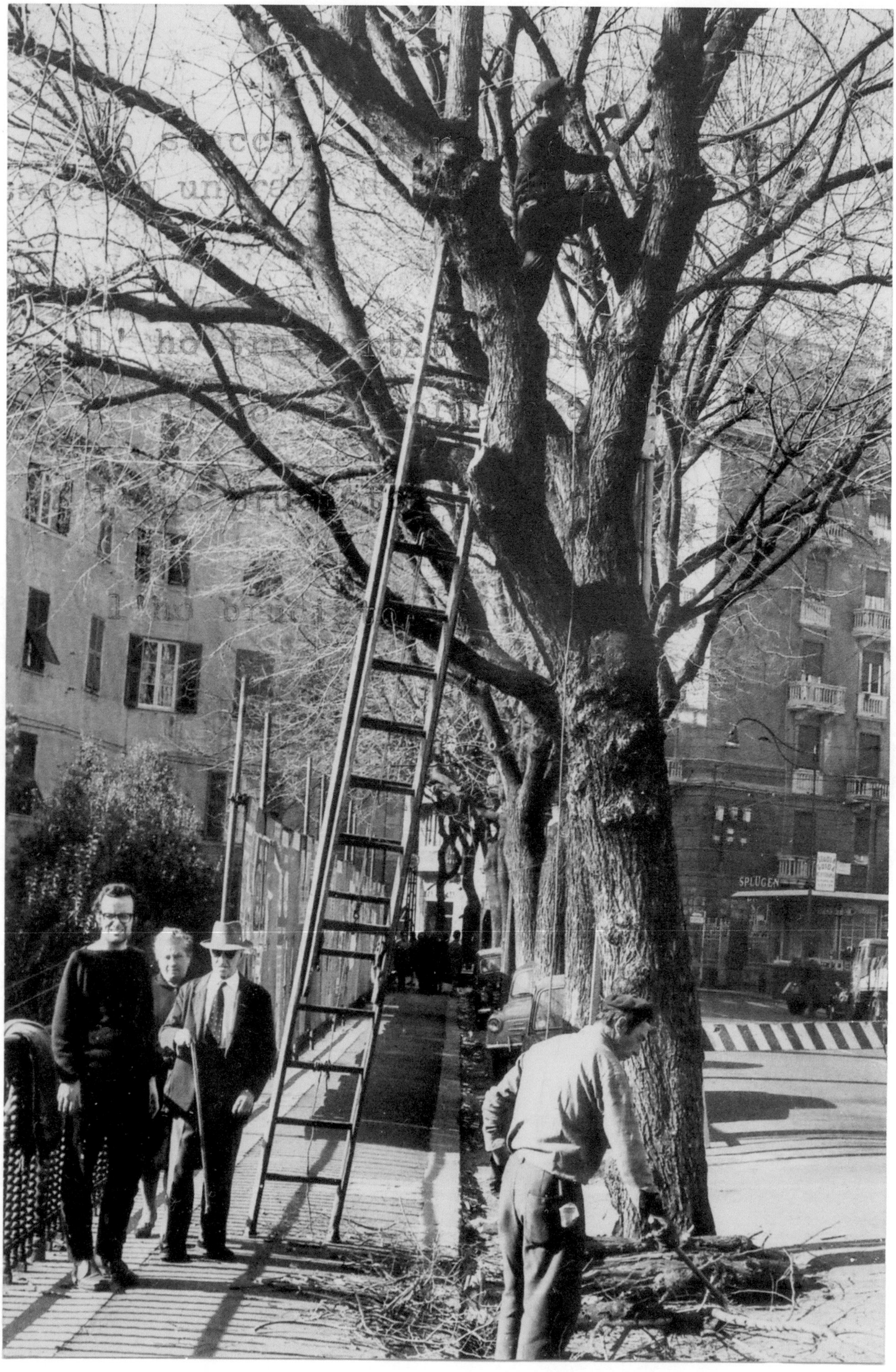

1968

Documentazione dell'azione / Documentation of the action *Ho staccato un ramo da un albero*
Fotografia in bianco e nero, inchiostro tipografico / Black-and-white photograph, typographic ink

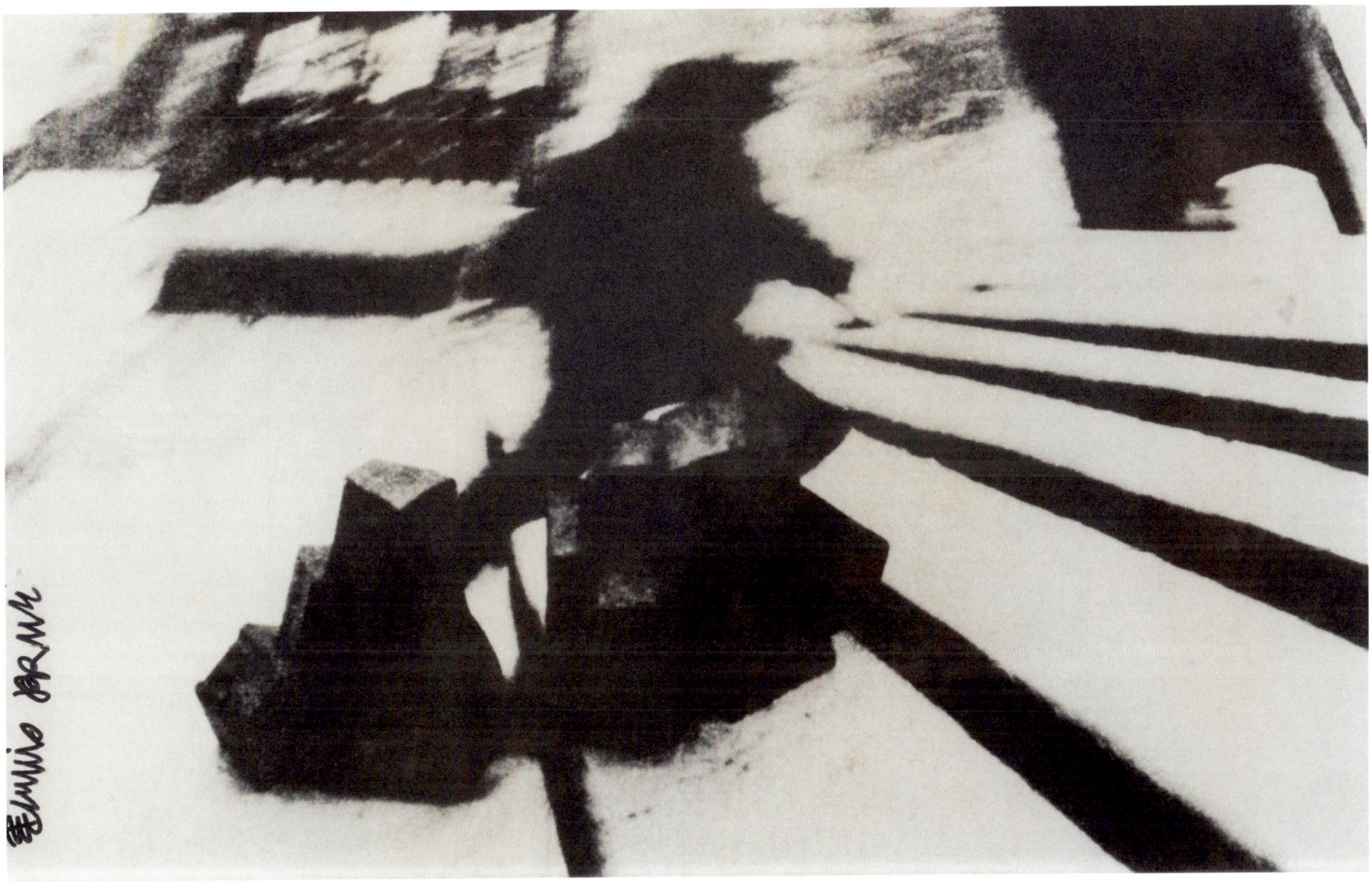

1968

Un particolare da 5 azioni condizione-tipo, salire (spinte distribuite)
Fotografia in bianco e nero / Black-and-white photograph

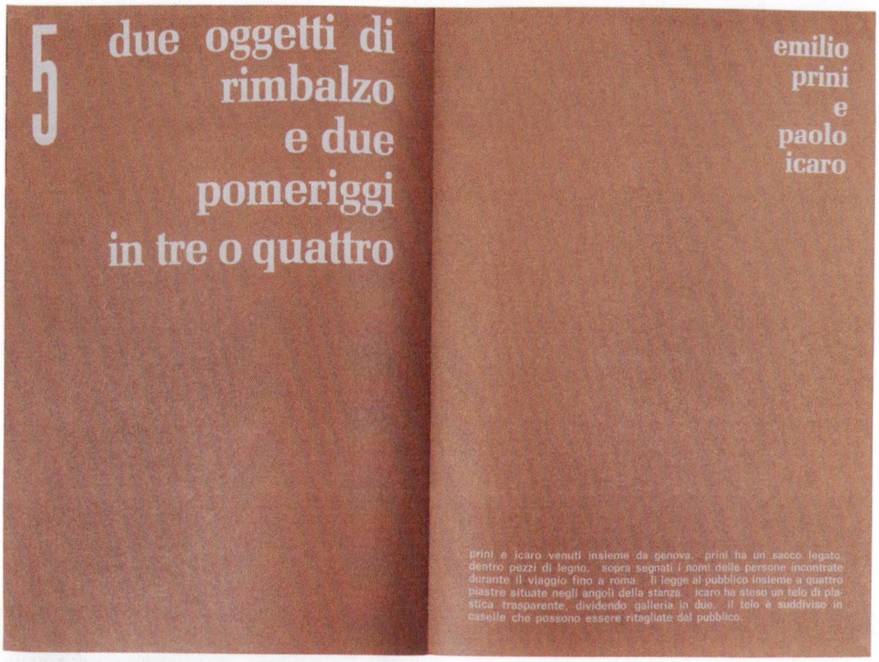

5 due oggetti di rimbalzo e due pomeriggi in tre o quattro

emilio prini e paolo icaro

prini e icaro venuti insieme da genova. prini ha un sacco legato. dentro pezzi di legno. sopra segnati i nomi delle persone incontrate durante il viaggio fino a roma. li legge al pubblico insieme a quattro piastre situate negli angoli della stanza. icaro ha steso un telo di plastica trasparente, dividendo galleria in due. il telo è suddiviso in caselle che possono essere ritagliate dal pubblico.

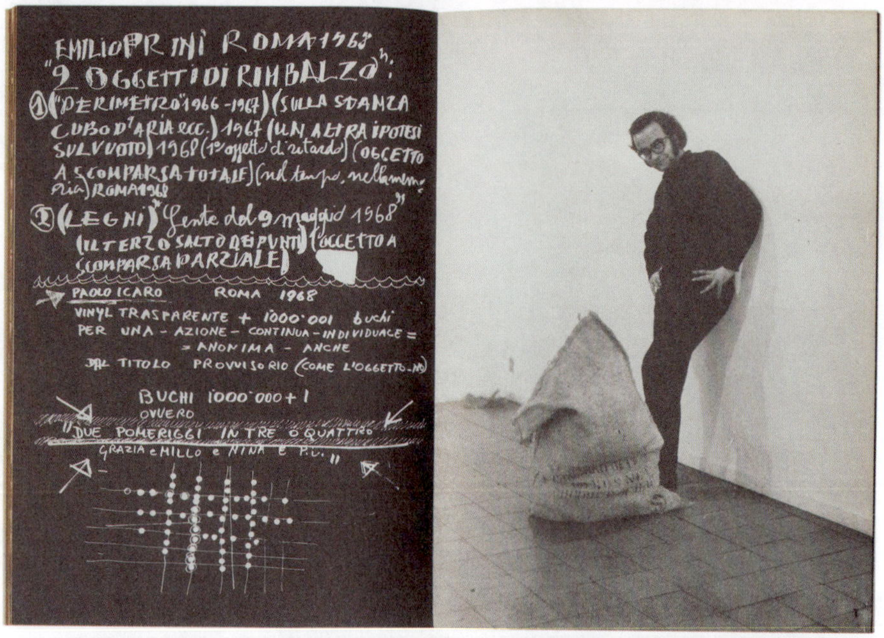

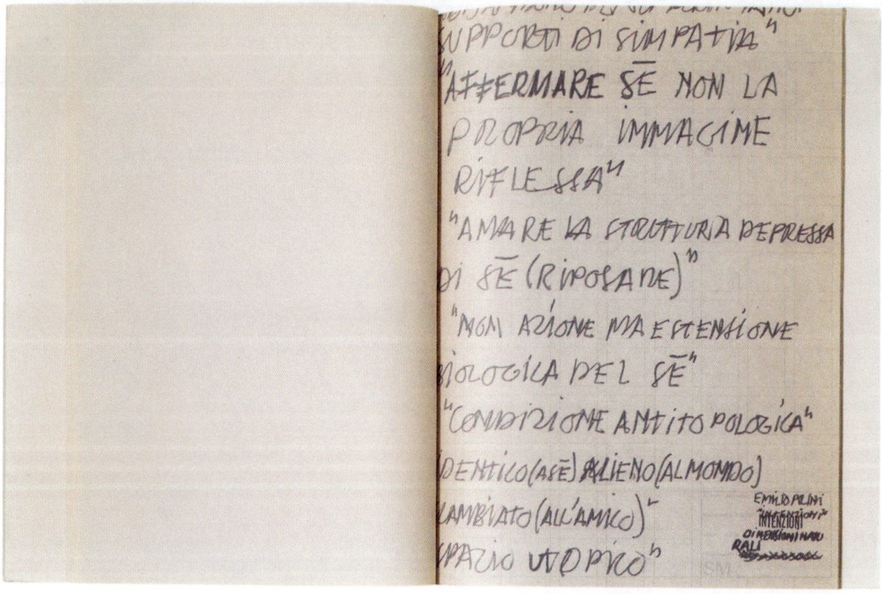

1968

***Teatro delle mostre*, Galleria La Tartaruga, Roma / Rome, Lerici Editore**
Catalogo / Catalogue

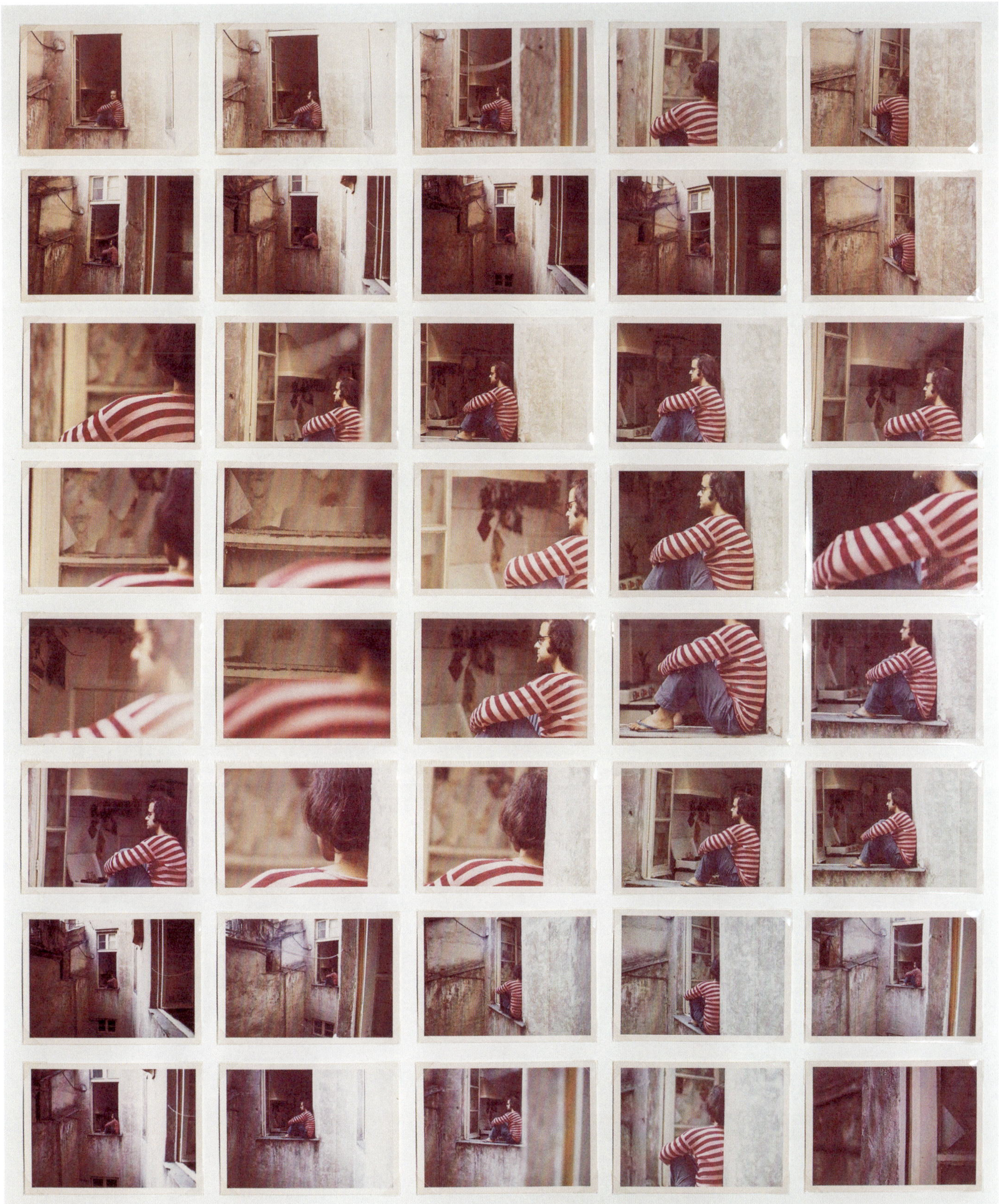

1968

Sequenza fotografica dell'artista alla finestra del suo studio / Photographic sequence of the artist sitting at the window of his studio, Genova / Genoa
40 fotografie a colori / 40 colour photographs

IL MIO OCCHIO

l'occhio è l'organo della vista. il mio occhio è costituito da un bulbo quasi sferico, del diametro di circa 22 millimetri, formato da una membrana esterna coriacea, opaca, bianca, detta « sclerotica »; anteriormente diventa più convessa e trasparente e forma la cornea. dietro alla cornea c'è una membrana colorata di verde azzurro secondo l'ora del giorno e della luce che si chiama iride. nel centro dell'iride c'è un foro dilatabile che si chiama « pupilla ». l'iride è contrattile e perciò la pupilla può dilatarsi e acquistare dimensioni variabili, da 2 mm. a 8 mm.

LA DILATAZIONE AVVIENE, ALMENO APPARENTEMENTE, IN MODO UNIFORME COSICCHÈ' LA FORMA RIMANE SEMPRE CIRCOLARE.

la variazione della pupilla dipende dalla luminosità dell'oggetto che guardo. la pupilla si restringe quando l'oggetto è fortemente illuminato, affinchè non si offenda la vista. dietro la pupilla, vi è una specie di lente biconvessa che chiameremo cristallino. è trasparente, formato da un nucleo più rigido e più rifrangente, circondato da strati più molli e quindi più deformabili e di rifrangenza decrescente: è più convesso nella faccia posteriore, cosa per me molto difficile da constatare. il cristallino è sostenuto da numerosi muscoli contrattili, i famosi « processi ciliari ».

con uno sforzo prolungato osservo che all'interno aderisce alla sclerotica una membrana nera, la coroide, che serve per evitarmi la dispersione della luce, altrimenti rimarrei continuamente abbagliato, poichè ho i capelli rossicci e la pelle chiara ho anche una camera oscura non tanto scura, cioè la mia coroide non è tanto nera, e come gli albini (ma un po' meno) vengo abbagliato facilmente. sulla coroide si stende la retina che è la parte sensibile dell'occhio. mi prendo un riposo, rivolto gli occhi in fuori verso l'esterno e zacchete un occhio fotografico mi abbaglia. torno indietro. la retina è come un'espansione nel nervo ottico ed è formata da microscopiche fibre filiformi a guisa di piccolissimi bastoncelli e punte chiamati cornetti (diametro base 6micron, lunghezza 40micron). di cornetti ne ho contati 400 per mm.

LI USO DI GIORNO, LI OSSERVO DI NOTTE E VICEVERSA

la mia retina è di un bel rosso porpora a differenza di altri animali. si scolora sotto l'azione della luce, ed anche all'oscuro, dopo 24 ore dalla morte, è possibile.

OSSERVARE IMMAGINI DEGLI OGGETTI VISTI NELL'ULTIMO ISTANTE DI VITA.

dalla persona ormai morta. la parte più sensibile della retina è la parte centrale, più gialla, detta « macula lutea » nel cui centro c'è una fossetta chiamata la « fovea » all'estremità del nervo ottico vi è un punto sensibile, detto il punto cieco. sulla retina e nella parte posteriore del cristallino aderisce una membrana sottile e trasparente detta ialoide, che fa da involucro ad un liquido gelatinoso chiamato umore vitreo. l'umore acqueo sta tra il cristallino e la cornea ed è più fluido. l'occhio mi pare quindi costituito da diversi mezzi trasparenti, il cristallino e l'umore acqueo e vitreo, limitati da superfici curve centrate su di una stessa retta detta asse ottico. considerando che gli oggetti che guardo sono in genere a distanza rilevante, più del doppio della distanza focale dell'occhio, la loro immagine è perciò sempre reale capovolta e più piccola. non so spiegarmi come da tale immagine sulla retina avvenga la percezione normale dell'oggetto diritto, grandezza e posizione reali. comunque la sensibilità dell'occhio è enorme da 25 cm. di distanza, minima all'infinito degli anni luce (nonostante la mia miopia vedo le stelle). la miopia è un difetto per il quale l'occhio vede meglio da vicino e peggio da lontano. questo difetto è dovuto ad eccesso di convergenza dell'occhio.

(continua)

icaro

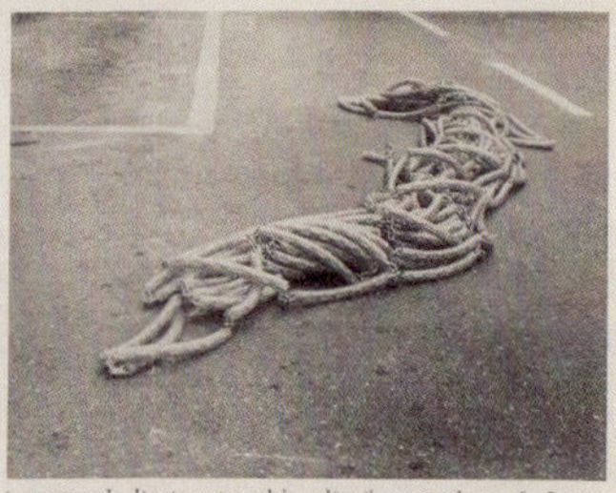

icaro: cumulo di rete catena dell'8 a maglia corta zincata inserita in tubo di vinyl traslucido neutro di sviluppo totale mt. 6 x 5 peso ca. 200 kg.

MA/LI/DU/K/POL/WA

ma/li/du/k/pol/wa (tutto svia e rivela in pari tempo) testo anestetico o anche quando lavori di martello spegnimi il cervello con un modello d'opposizione (al) visivo non trasformato ma vario degli slogan per la memoria (forse proverbi) per il tempo per quando parliamo immagini (di) amo stringiamo mani viaggiamo scendiamo (da qualcosa?) saliamo su (con qualcosa) (il peso non è la forma) (sei addormentato?) qui c'è la storia del cane mangialuna babà (cosa stai facendo?) di tutta la grilleria (di tutti i grilli) che salta(no) il mondo (con un finale spinale (ato) (spaccacervelli) di chi lima cadendo e di chi cresce (la voce?) morendo (ora vengo!) questo è un disegno verbale (alice nel paese di rembrandt?) un tentativo di pubblicità (negativa?) per magnetofoni (alice finalmente nelle meraviglie?) una lavanderia per conigli (non sempre il coniglio lava l'orecchio in sugo di mela) (ti piace?) prendi quella valigia.
perchè
qui comincia l'avventura
della memoria di ferro
e questi sono gli slogan

1) ipotesi di non funzionamento 2) stati di necessità organizzati 3) oggetti di rimbalzo (nel tempo nella memoria) 4) azioni di rimando 5) oggetti a scomparsa totale 6) oggetti a scomparsa parziale 7) ipotesi di oggetti viaggianti 8) azione concentrata sul corpo 9) azione concentrata sulla memoria (sul suo organizzarsi in dati) 10) rappresentazione riduttiva 11) costruzione riduttiva 12) comunicazione riduttiva 13) forma riduttiva 14) segni non reagenti 15) oggetti cinetici totali 16) modelli d'azioni dispersive 17) distruzione dei gruppi d'informazione e di lettura 18) concentrazione topografica sull'oggetto in appoggio - peso - spazio occupato 19) abbandono del supporto di costruzione statico 20) azioni ipotetiche totali 21) informatività globale dei materiali 22) modelli di costruzioni atipici 23) comunicazione scritta e verbale come segno d'informazione totale 24) assunzione di un reale elementare psichico 25) stati d'azioni improduttive 26) impiego totale spazio.

emilio prini intanto prepara nastri magnetici che se ascoltati a velocità 9,5 o 4,5 su un comune registratore rivelano: i dati somatici e il carattere (sembra!) si svela. le notizie e i progetti di lavoro sono moltissimi le conversazioni (gli amici con emilio poi parlano!) l'abbonamento è alla bertesca con 12 nastri all'anno con 12 mila lire all'anno con un registratore per volta.
questa è la fine.

emilio prini

4

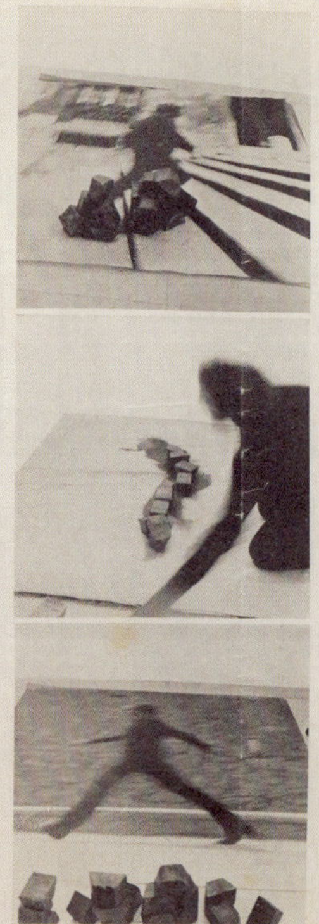

prini tre particolari da cinque azionecondizione-tipo (dall'alto in basso): 1. salire (spinte distribuite) 2 saltare da un'altezza (superficie corpo in peso totale) 3 con un passo (pesi esterni)

1) ho preparato una serie di ipotesi di azioni impresse a punzone su piombo nel peso del mio braccio che scrive.

2) ho fatto un viaggio con renato.

3) ho fatto un viaggio con nancy paolo e grazia.

4) ho fatto un viaggio con paolo icaro.

5) ho fatto un viaggio con nancy grazia renato e paolo.

6) ho percorso una strada in salita.

7) ho sviluppato un vuoto di 4 metri e 50 cm. staccando un ramo da un albero.

8) ho formato una linea di equilibrio continua trasportandola a distanza.

5

9) l'ho bruciato.

10) ho letto alice nel paese delle meraviglie.

11) ho mangiato un gelato.

12) sulla stanza cubo d'aria ecc. ecc.

13) ho preparato un oggetto di autoformazione: un cono di polvere di cemento lasciato all'aperto. si è solidificato deformandosi per l'azione prolungata della pioggia.

14) ho ricoperto una grande porzione di prato con una foto del prato in adesione totale al terreno. Per azione della luce la foto s'è progressivamente consumata. è stata arrotolata. per azione del buio la porzione d'erba scoperta è risultata bianca. La foto consumata è stata tagliata e accatastata.

15) ho fatto un salto da un'altezza.

16) ho bruciato i miei blocchi d'appunti.

17) ho costruito nel centro di genova una sedia nello stesso materiale del punto di appoggio.

18) l'ho fissata al terreno.

19) mi sono affacciato a una finestra a 20 metri di altezza. c'era il sole.

20) ho costruito una superficie galleggiante spianata su tutti i lati.

21) l'ho abbandonato sul mare.

22) ho costruito un oggetto ipotetico di solo peso deciso in 60 kg.

22 bis) l'ho gettato dalla finestra.

23) ho dipinto irregolarmente una porzione di pavimento in anilina marrone.

24) è stata consumata.

25) ho ricoperto il selciato di una strada con segatura colorata per azione del vento la segatura si è spostata nei vuoti tra le pietre evidenziando la struttura pavimentale.

26) ho tracciato a gesso bianco una linea perimetrale continua intorno ad un quartiere del centro.

27) ho registrato il peso di spinta sulle pareti di un'asta elastica compressa in una stanza. l'ho trasportato in piombo.

28) un'altra ipotesi sul vuoto.

29) ho trasportato in piombo il peso degli oggetti del 67'.

30) ho colorato una stanza della galleria radunando casualmente cose del magazzino.

31) ho ottenuto un movimento.

32) ho preparato un progetto di tentativo di viaggio clandestino. l'ho abbandonato sul treno genova-amsterdam.

33) ho costruito un oggetto di rimbalzo: ho serigrafato su 5 lastre di piombo in squadratura alla stanza una scritta sul perimetro 67'. il mio corpo in letturamovimento è stato usato in corrispondenza mimetica al suono o movimento dell'oggetto.

34) ho scritto in blu su blocchi di legno i nomi delle persone incontrate in un giorno. ne ho riempito un sacco. l'ho sigillato

35) ho raccolto le cose acquistate in una settimana. camminando le ho sparse per la stanza.

36) ho preparato 4 calchi fotografici: foto delle pareti bianche di una stanza a colla sulle pareti della stanza: foto di una porzione di pavimento con cose accartocciate sul pavimento. foto di una porzione di asfalto accartocciata sull'asfalto.

37) mi sono travestito.

39) ho fatto allontanare in direzioni opposte 2 barche unite da un rotolo di corda verde.

40) ho tracciato sul mare una linea obliqua continua.

41) ho preparato una serie di azioni da realizzarsi per contatti telefonici.

42) ho invitato gruppi di passanti ad assistere alla demolizione di una casa.

43) ho preparato un autoritratto di peso e dimensioni condizionate: il peso del mio corpo nudo costruito in piombo fino a raggiungere il peso del mio corpo e alto 80 cm.

44) ho preparato una trappola per alice nel paese delle meraviglie.

45) ho giocato a ping pong.

46) ho fatto un lungo tratto di strada a piedi.

prini

6

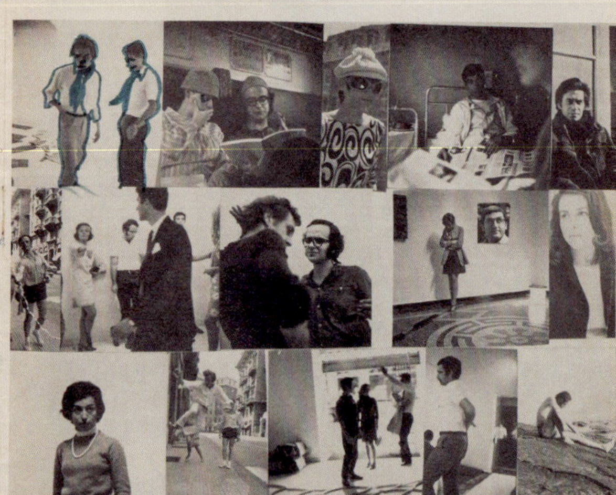

cagnone e masnata in galleria - grazia e millo prini in treno - nancy icaro al matrimonio masnata-faggioni - renato mambor al san martino - gianni Kounellis allo studio di renato - icaro a genova, palazzoli, zani e masnata (in primo piano) - pier paolo calzolari e prini - pasqua gilardi e montaggio di germano celant - giusy marini al matrimonio di prima - p.p. di dudy faggioni - nanny cagnone in salto - foto alla bertesca - gianni emilio simonetti: inaugurzaione prini - mario merz su uno scoglio di nervi.

7

***MA/LI/DU/K/POL/WA*, in *Pallone*, Galleria La Bertesca, Genova / Genoa**
Rivista / Magazine

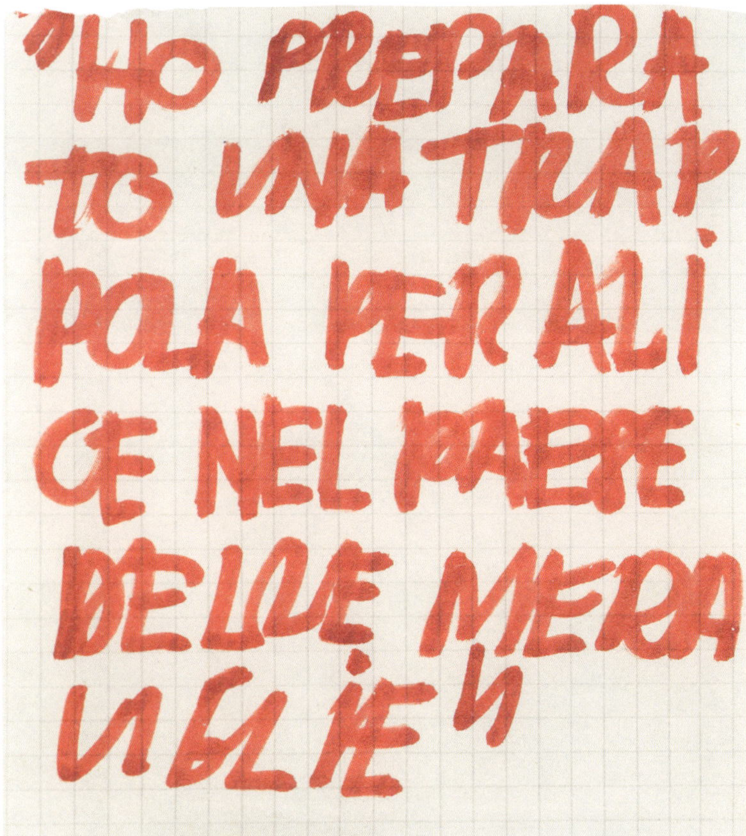

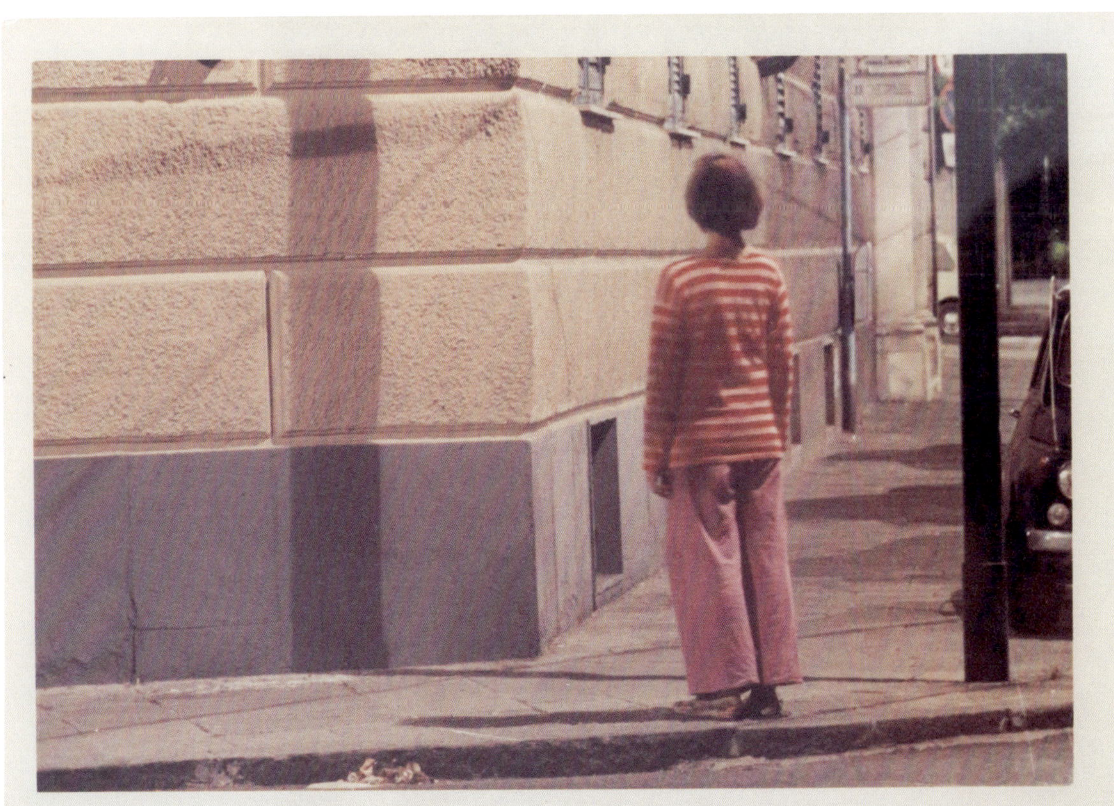

Ho preparato una trappola per Alice nel paese delle meraviglie
Pennarello su carta / Felt-tip pen on paper

Rilevamento fotografico di un muro dritto in mattoni / Photographic survey of a straight brick wall
Fotografia a colori / Colour photograph

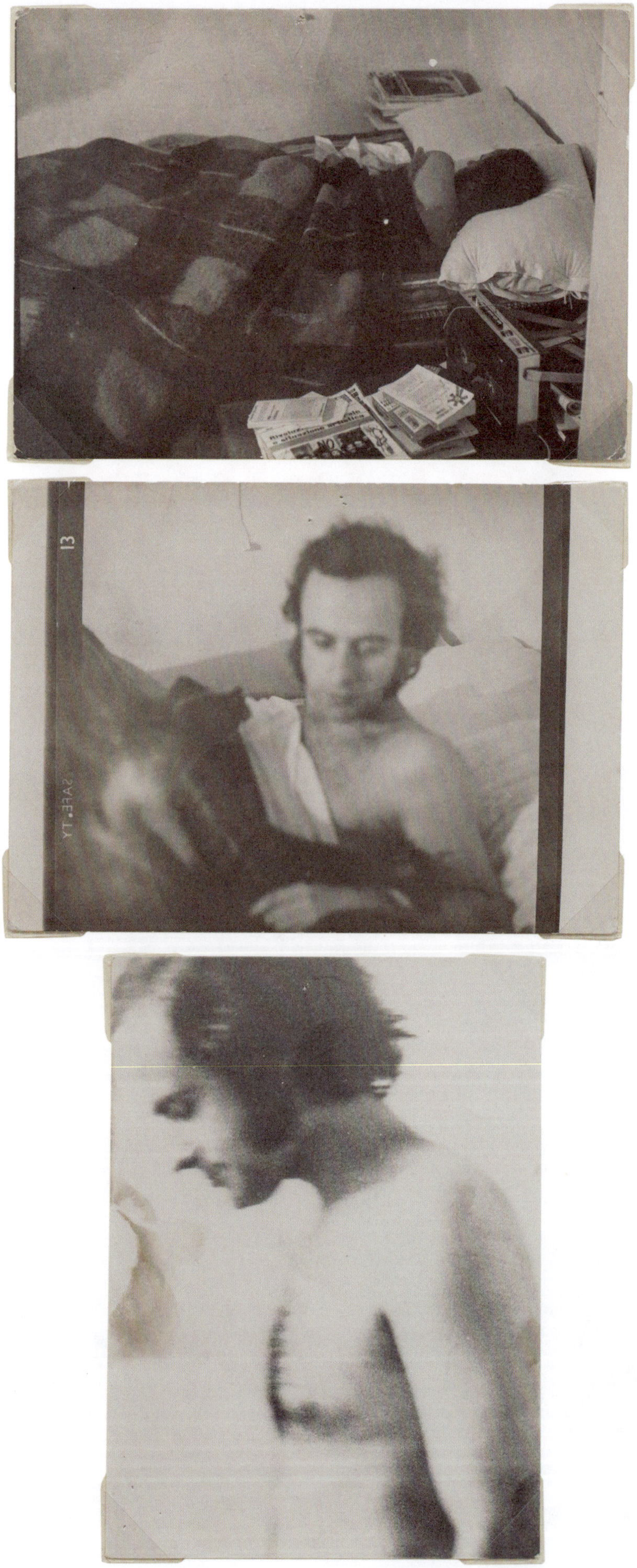

1968

Studio per / Study for *Pesi spinte azioni*
3 fotografie in bianco e nero / 3 black-and-white photographs

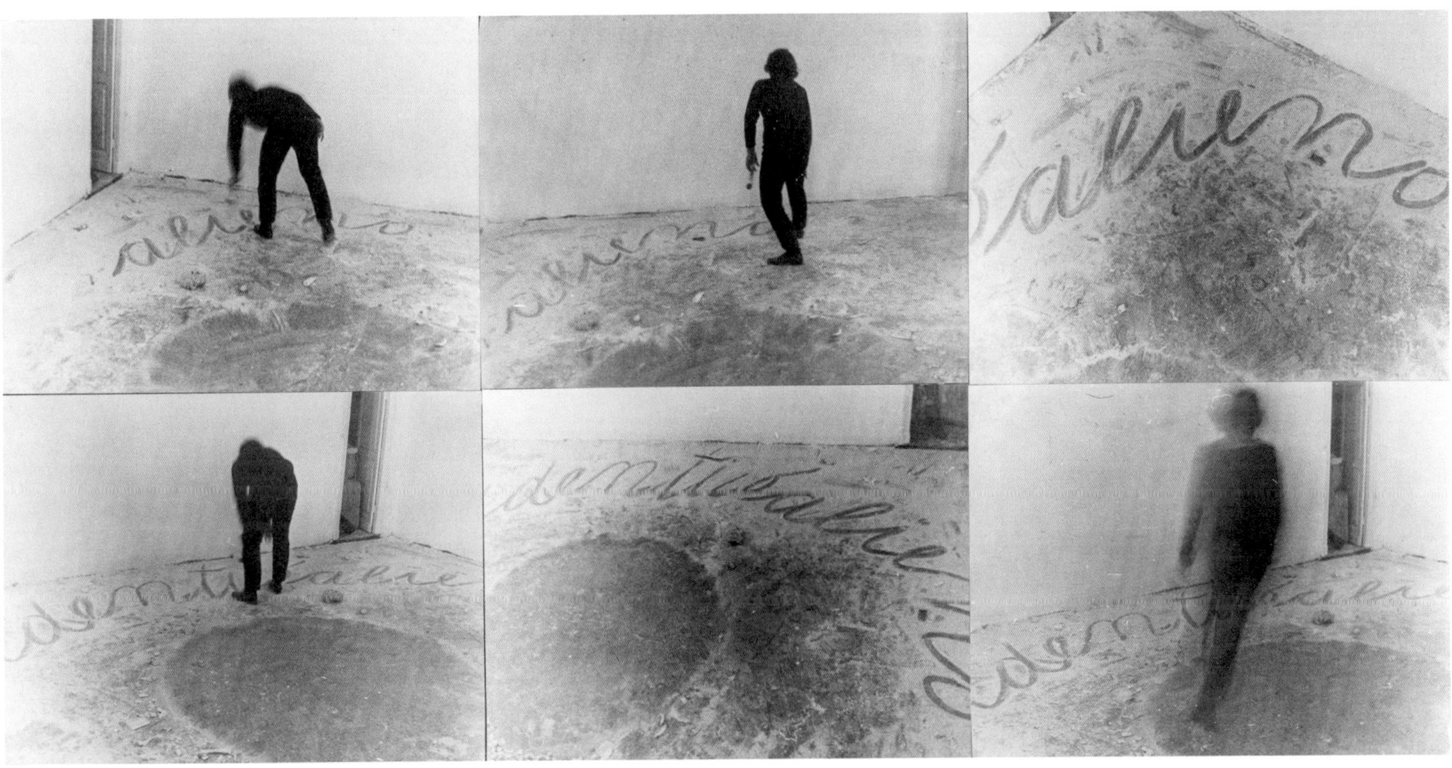

1968

Identico alieno scambiato
6 fotografie in bianco e nero / 6 black-and-white photographs

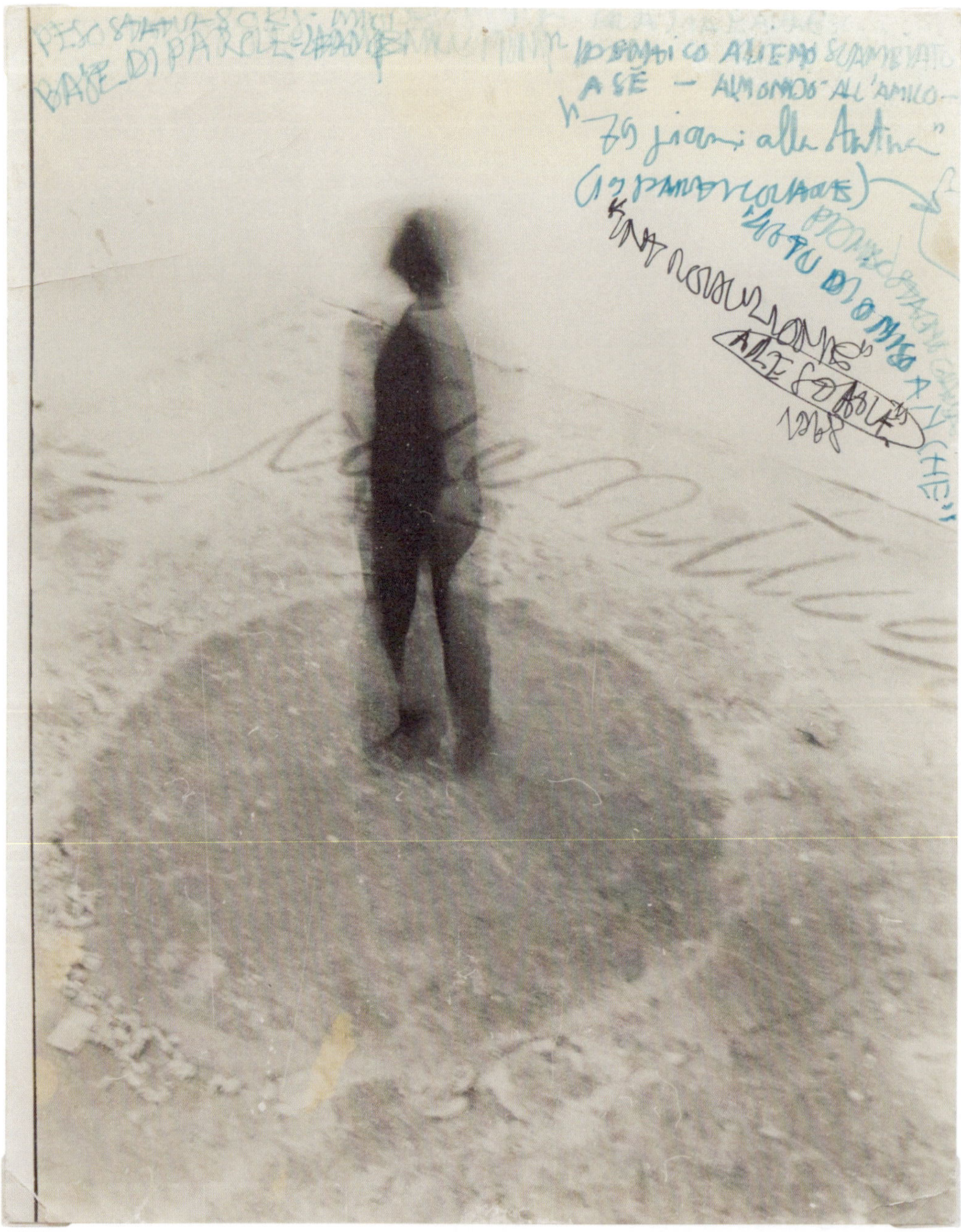

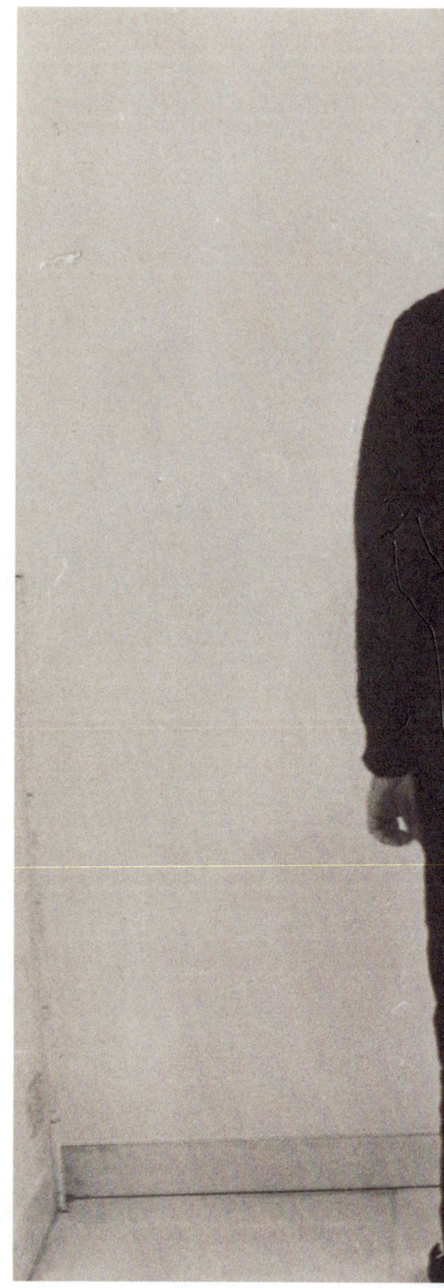

1968

79 giorni alla statua Io tu Dioniso anche
Pennarello su fotografia in bianco e nero / Felt-tip pen on black-and-white photograph

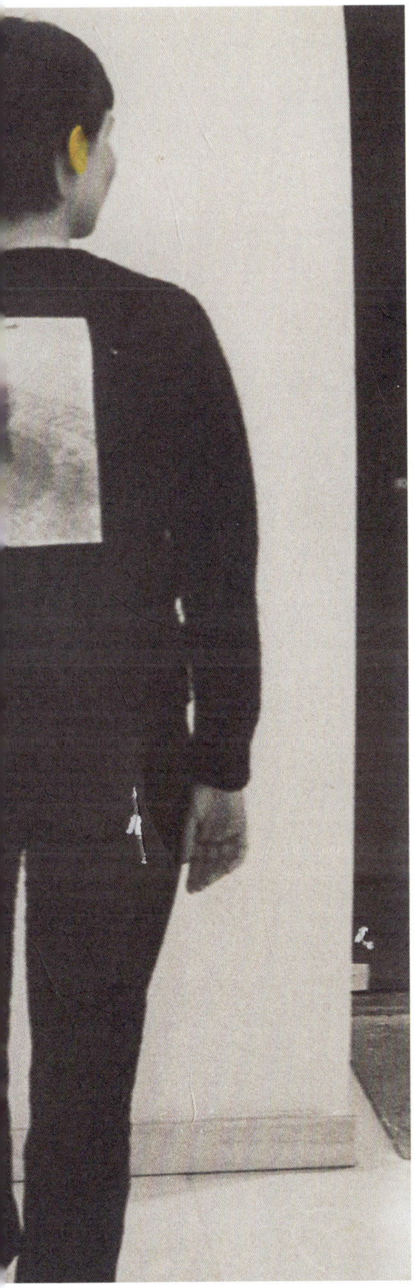

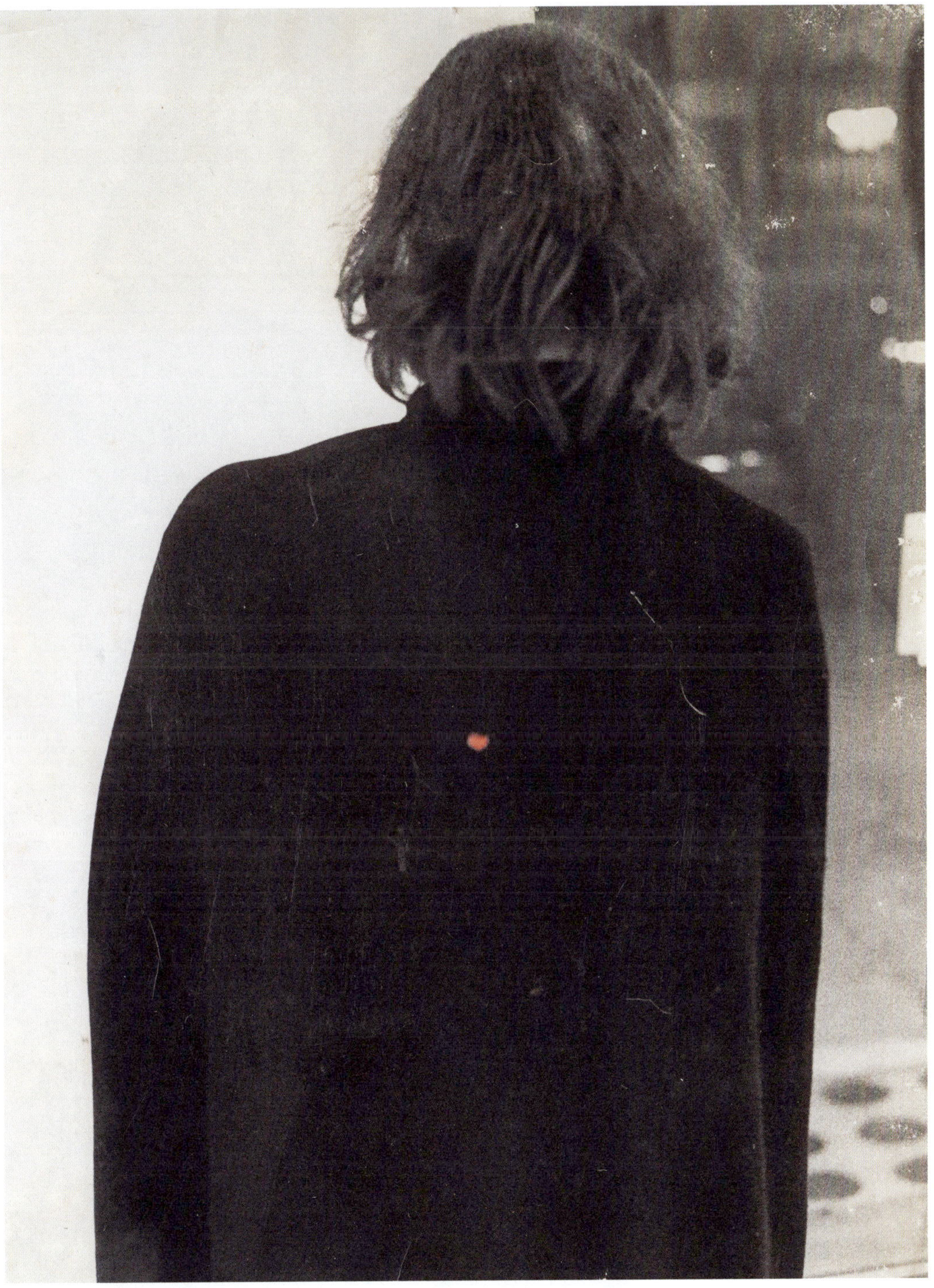

Fotografia dalla serie / Photograph from the series
Introduzione alle statue
Fotografia a colori / Colour photograph

Fotografia dalla serie / Photograph from the series
Introduzione alle statue
Fotografia a colori / Colour photograph

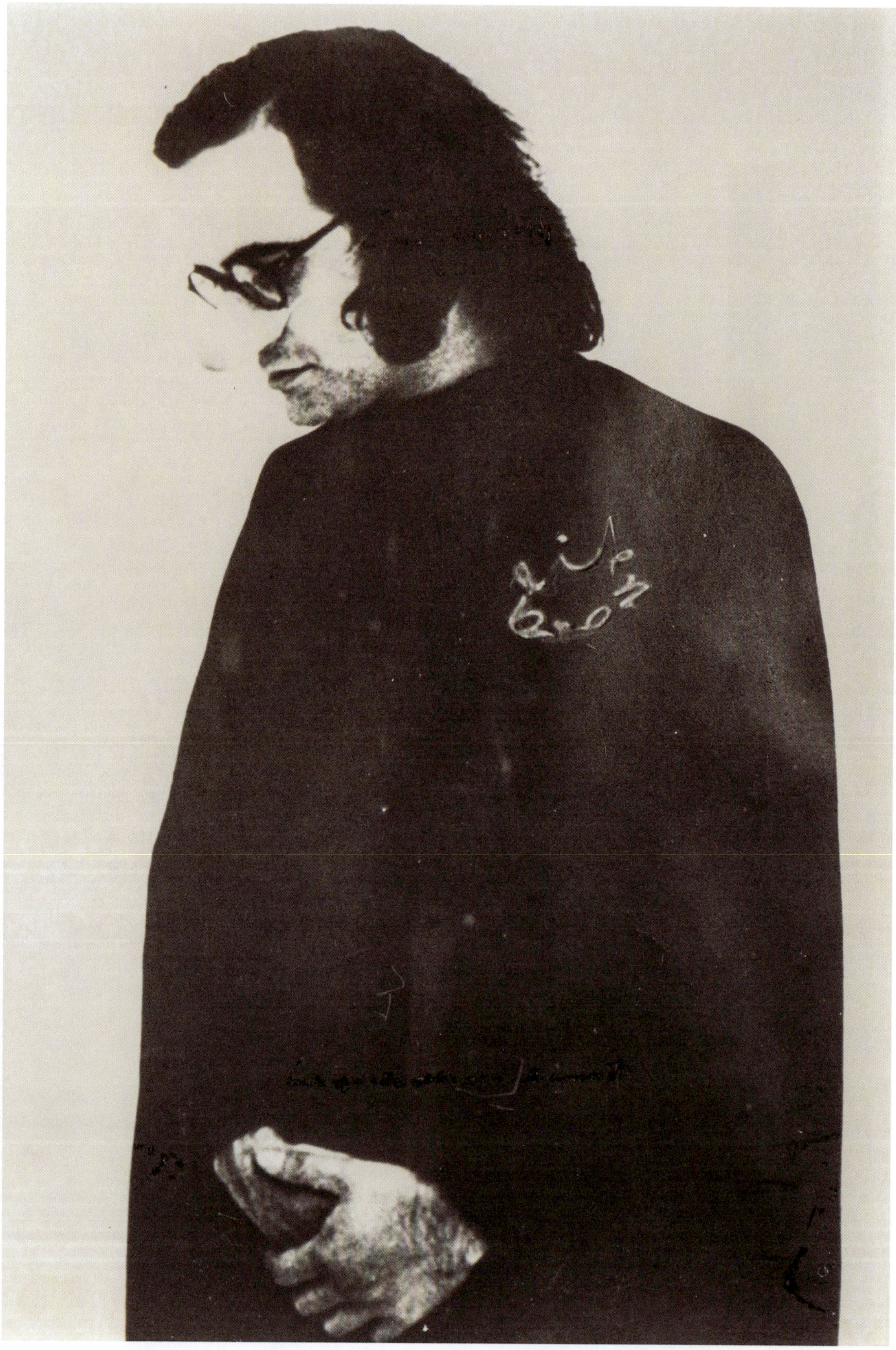

1968

Autoritratto
Pennarello su fotografia in bianco e nero / Felt-tip pen on black-and-white photograph

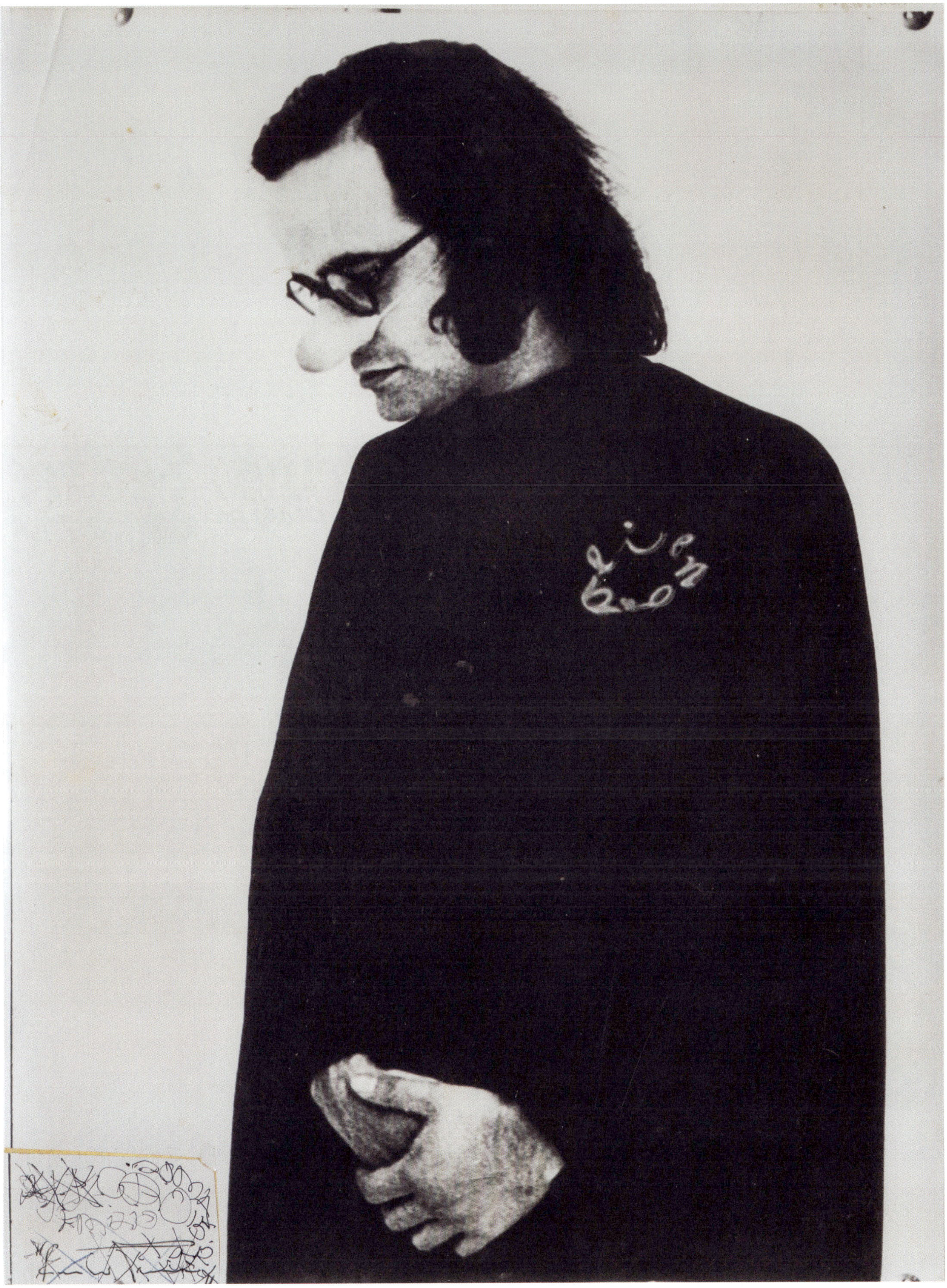

1968

E.P.
Pennarello su fotografia in bianco e nero / Felt-tip pen on black-and-white photograph

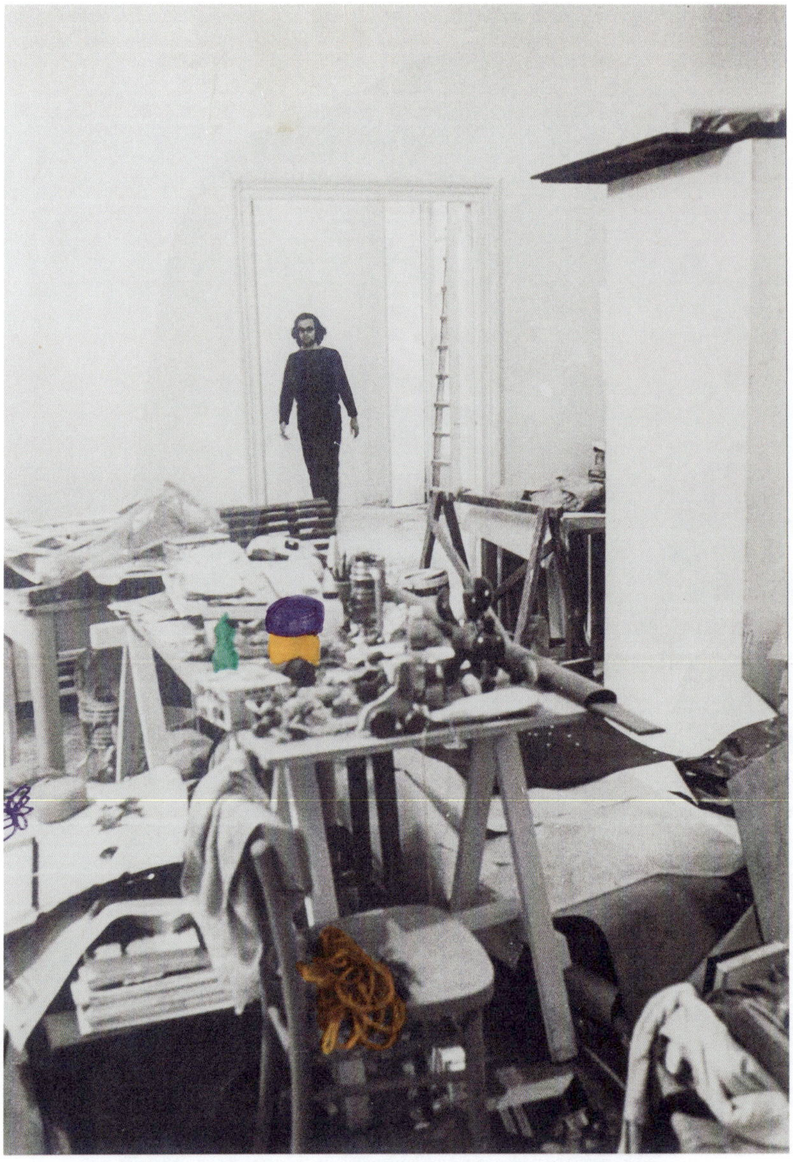

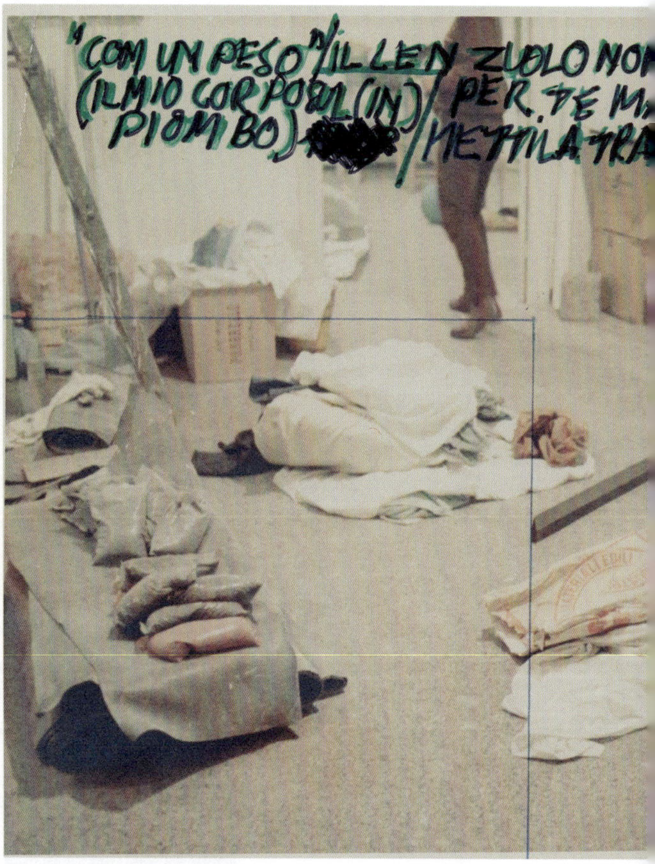

1968

Emilio Prini nel suo studio di Via Chiossone / Emilio Prini in his studio on Via Chiossone, Genova / Genoa
Pennarello su fotografia in bianco e nero / Felt-tip pen on black-and-white photograph

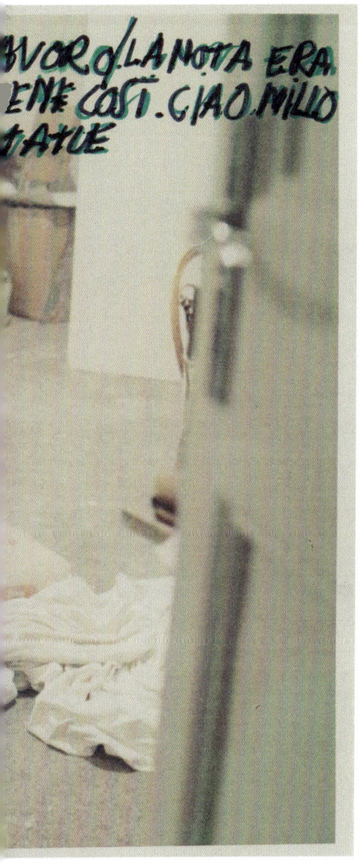

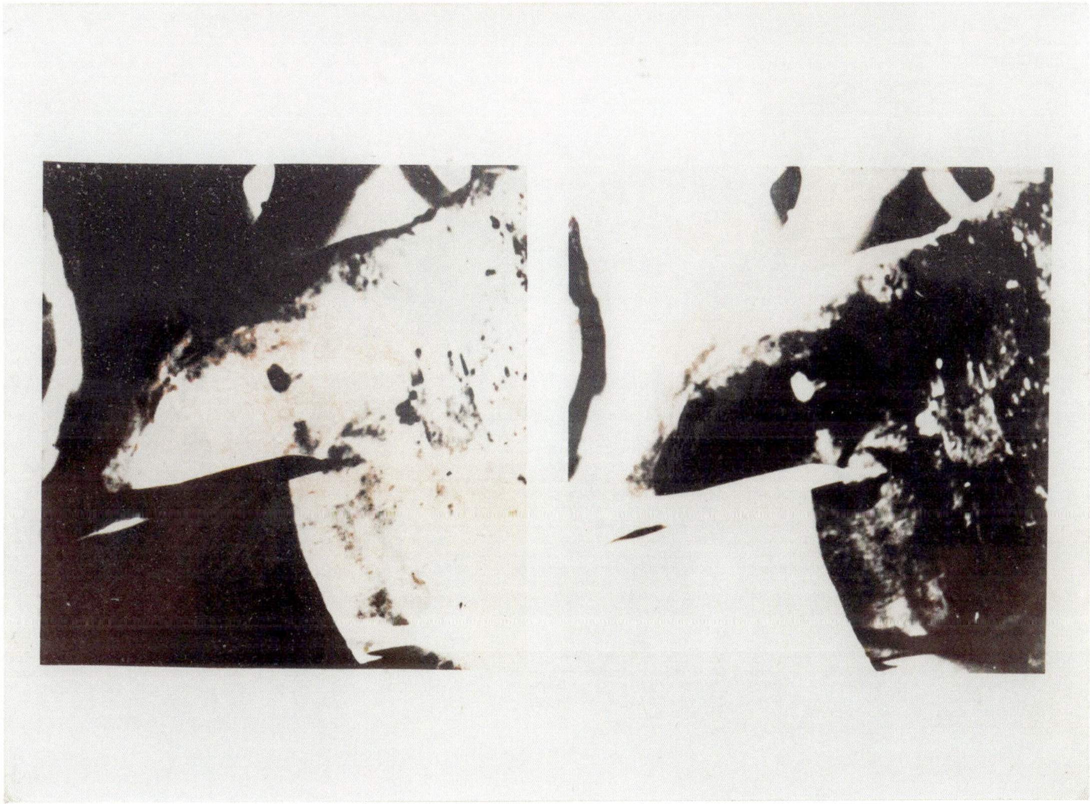

Con un peso
Pennarello su fotografia a colori / Felt-tip pen on colour photograph

Positivo–Negativo
Fotografia in bianco e nero / Black-and-white photograph

EMILIO PRINI

Stresa, 1943. Vive a Genova.

100. « Perimetro ».

Coll. Galleria « La Bertesca », Genova.
Macchina. 5 elementi sagomati neon, luce bianca; 5 relais a scatto sonoro (programma di accensione suono: un elemento ogni 3").
Collocazione in ambiente variabile.
Non reca iscrizioni.

R. 1967, « Arte povera e imspazio », Galleria «La Bertesca », Genova.

Eseguita a Genova nel settembre 1967, reca anche il titolo «5 sistemi percettivi per ambiente » ed appartiene al ciclo « Cosa, caso, causa ». Una variante, formata da 5 pali di cm. 250 cromati con cerchio luminoso, relais sonoro e tempo programmato, esiste presso lo studio dell'artista. Queste opere segnano l'esordio del Prini che ha esposto per la prima volta alla mostra dell'« Arte povera », alla Galleria « La Bertesca » nell'ottobre '67. A proposito dell'opera l'artista ha dichiarato: « *Questo progetto non sviluppa l'idea di ambiente; qui piuttosto una definitiva (passiva) impronta della stanza (il perimetrare uno spazio d'aria) ottenuta con un supporto ottico acustico di immediata scomparsa espressiva (l'idea del calco come dimensione del non rappresentato). Azione concentrata sulla memoria (sul suo organizzarsi in dati) ottenuta con l'abbassarsi degli stessi minimi livelli d'informazione predisposti (schema geometrico della coscienza). La successione rapidobuffa di una sola lucesuono funzionante in sequenza nella stanza (la stanza è un centro più quattro angoli), fino alla somma delle cinque informazioni necessarie (il livello di conoscenza del foglio da disegno). Lo scompenso sensoriale (concedendo maggiori libertà all'orecchio che all'occhio) il sottoesporsi della nozione lucesuono attraverso un funzionamento scambiato (luce dal pavimento e suono dal soffitto). Il concentrarsi in durezza espressiva semplice dell'angolo come rifiuto di nozioni conoscitive più complesse. La luce centrale (la luce della stanza contenitore) costantemente accesa ancora come parte del 'mucchio di segni dissocianti la percezione', cioè un continuo mezzo di allontanamento plastico o espressivo dei sistemi lucesuono predisposti. La presenza accettata di altri oggetti (come disturbo agli elementi luminosi) è il filo conduttore verso un esclusivo e ipotizzato uso acustico e perciò totalmente mnemonico dello spazio perimetrato* ». L'opera rappresenta certamente uno degli stadi più avanzati nell'ambito di quelle ricerche di linguaggio e di tecniche che escludono programmaticamente un fondamento tradizionale.

***Fermacarte*, 1968–69**
Installation view, *Deposito d'Arte Presente*, Torino / Turin

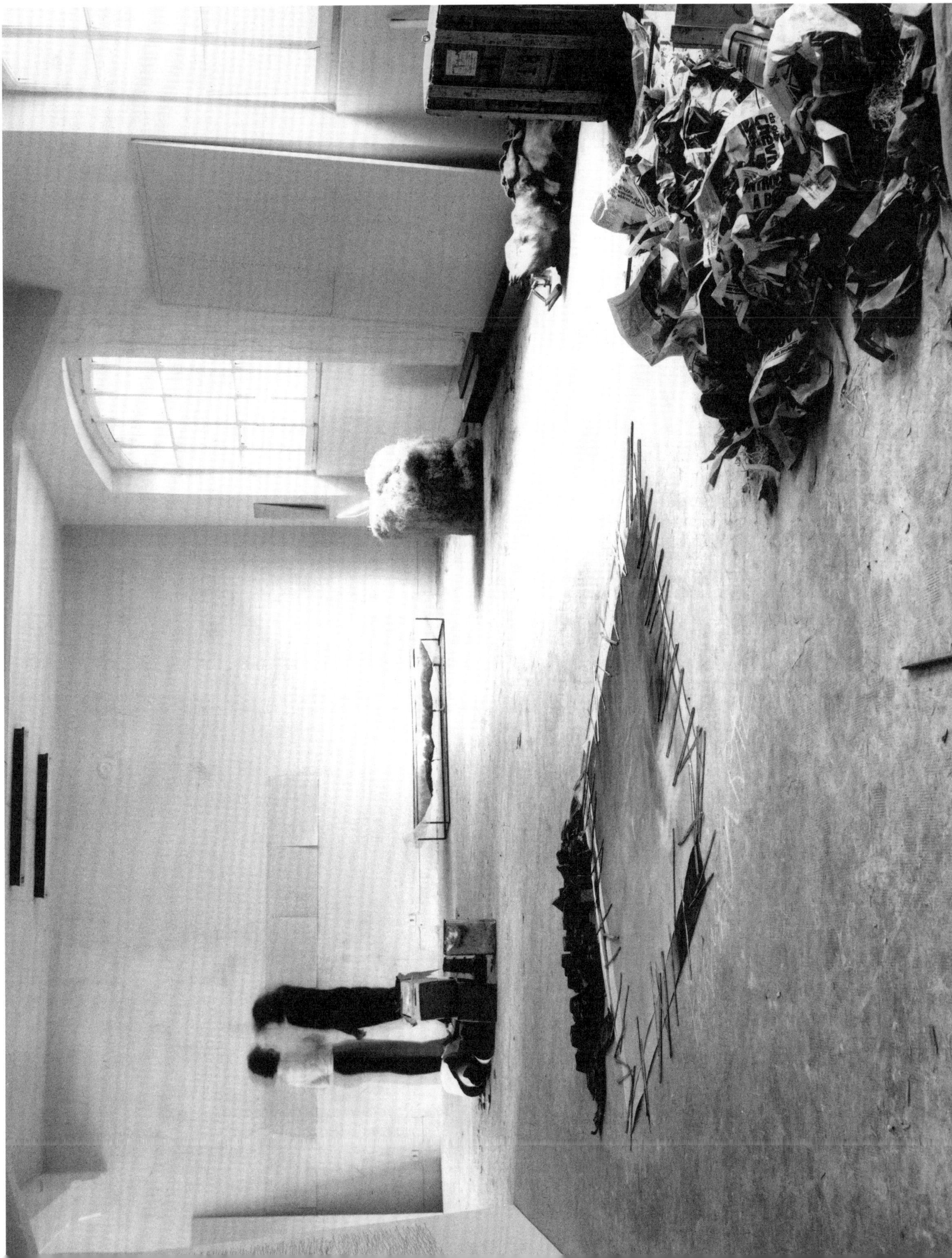

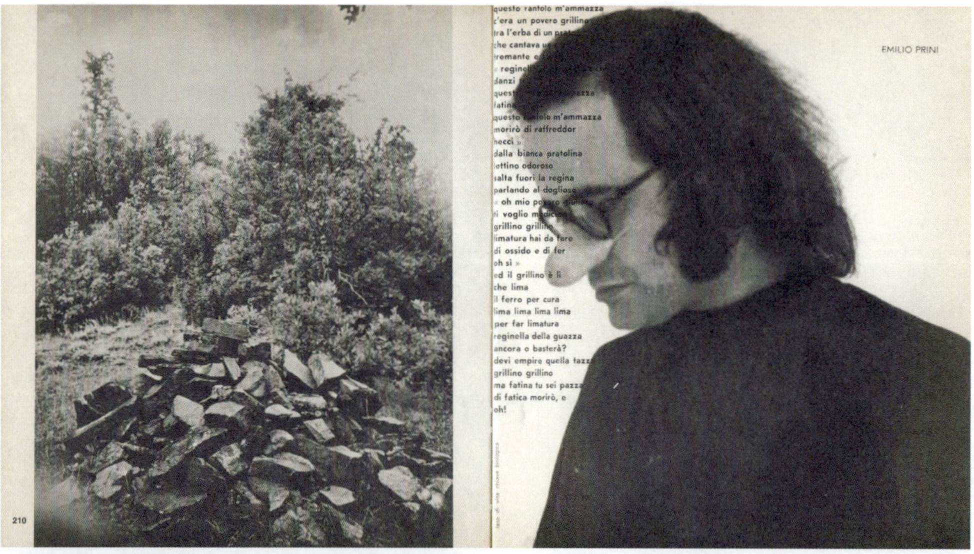

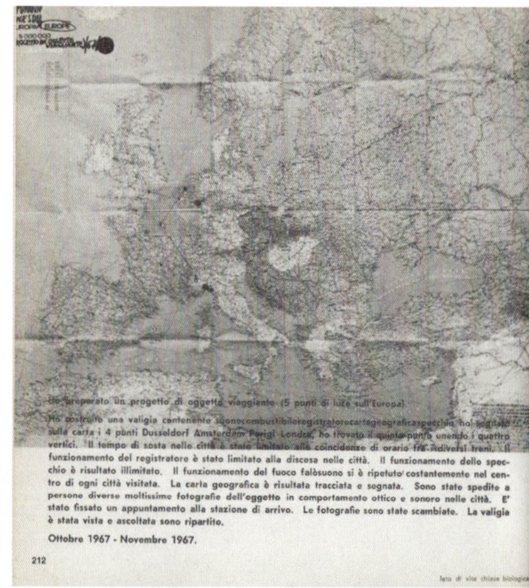
Ho preparato un progetto di oggetto viaggiante (5 punti di luce sull'Europa).

Ho costruito una valigia contenente suonocombustibileregistratorecartegeograficaspecchio ho segnato sulla carta i 4 punti Dusseldorf Amsterdam Parigi Londra, ho trovato il quinto punto unendo i quattro vertici. Il tempo di sosta nelle città è stato limitato alle coincidenze di orario fra i diversi treni. Il funzionamento del registratore è stato limitato alla discesa nelle città. Il funzionamento dello specchio è risultato illimitato. Il funzionamento del fuoco falòsuono si è ripetuto costantemente nel centro di ogni città visitata. La carta geografica è risultata tracciata e segnata. Sono state spedite a persone diverse moltissime fotografie dell'oggetto in comportamento ottico e sonoro nelle città. E' stato fissato un appuntamento alla stazione di arrivo. Le fotografie sono state scambiate. La valigia è stata vista e ascoltata sono ripartito.

Ottobre 1967 - Novembre 1967.

212

lato di vita chiave biologica

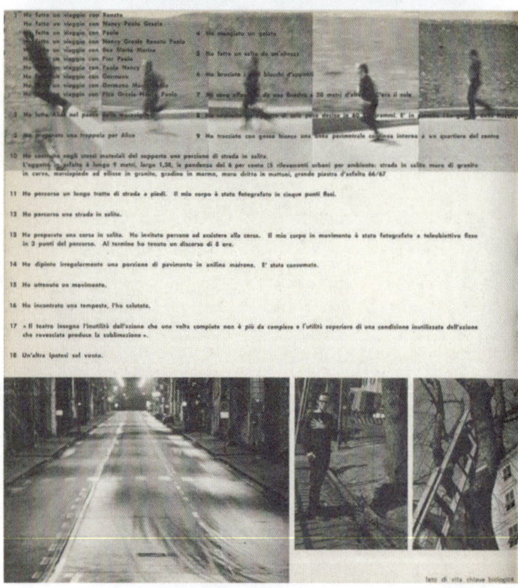

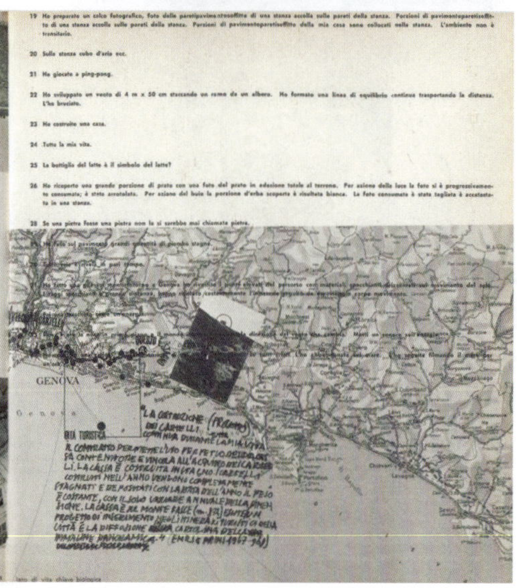

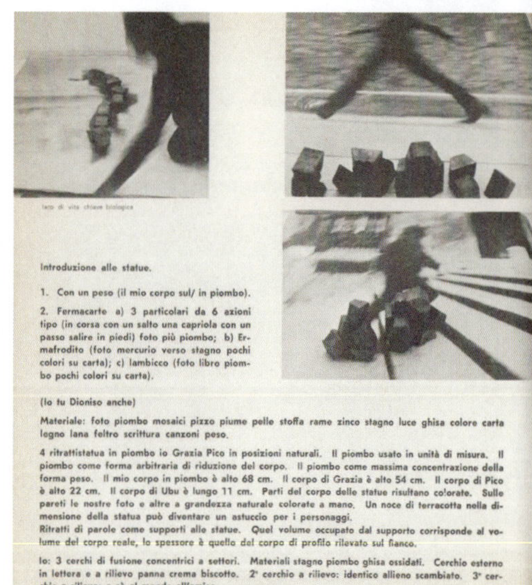
lato di vita chiave biologica

Introduzione alle statue.

1. Con un peso (il mio corpo sul/ in piombo).

2. Fermacarte a) 3 particolari da 6 azioni tipo (in corsa con un salto una capriola con un passo salire in piedi) foto più piombo; b) Ermafrodito (foto mercurio verso stagno pochi colori su carta); c) lambicco (foto libro piombo pochi colori su carta).

(Io tu Dioniso anche)

Materiale: foto piombo mosaici pizzo piume pelle stoffa rame zinco stagno luce ghisa colore carta legno lana feltro scrittura canzoni peso.

4 ritrattistatua in piombo io Grazia Pico in posizioni naturali. Il piombo usato in unità di misura. Il piombo come forma arbitraria di riduzione del corpo. Il piombo come massima concentrazione della forma peso. Il mio corpo in piombo è alto 68 cm. Il corpo di Grazia è alto 54 cm. Il corpo di Pico è alto 22 cm. Il corpo di Ubu è lungo 11 cm. Parti del corpo delle statue risultano colorate. Sulle pareti le nostre foto e altre a grandezza naturale colorate a mano. Un noce di terracotta nella dimensione della statua può diventare un astuccio per i personaggi.
Ritratti di parole come supporti alle statue. Quel volume occupato dal supporto corrisponde al volume del corpo reale, lo spessore è quello del corpo di profilo rilevato sul fianco.

Io: 3 cerchi di fusione concentrici a settori. Materiali stagno piombo ghisa ossidati. Cerchio esterno in lettera e a rilievo panna crema biscotto. 2° cerchio a rilievo: identico allieno scambiato. 3° cerchio a rilievo: a sè al mondo all'amico.

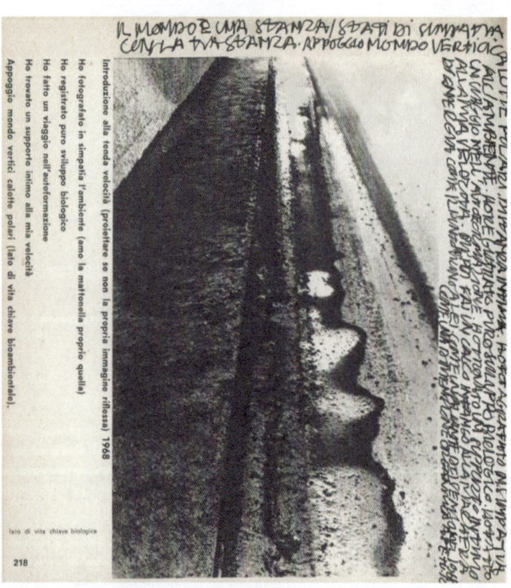

1969

***Arte Povera*, Mazzotta Editore**
Pubblicazione / Publication

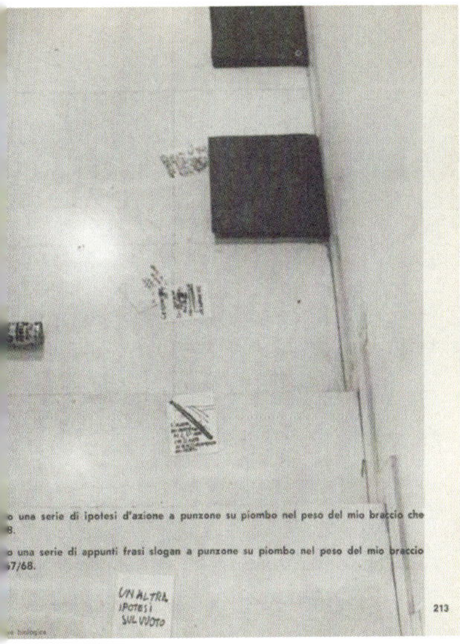

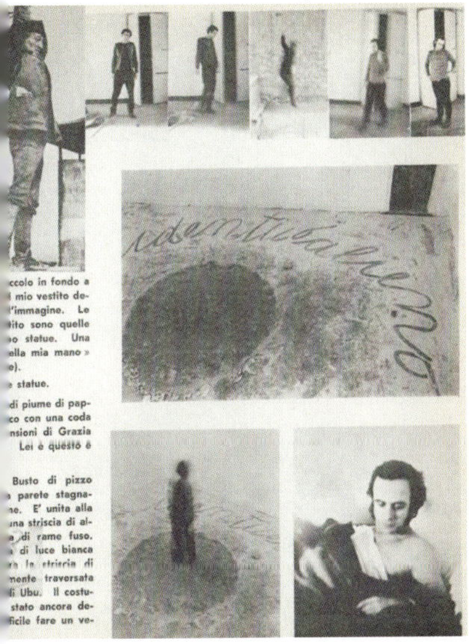

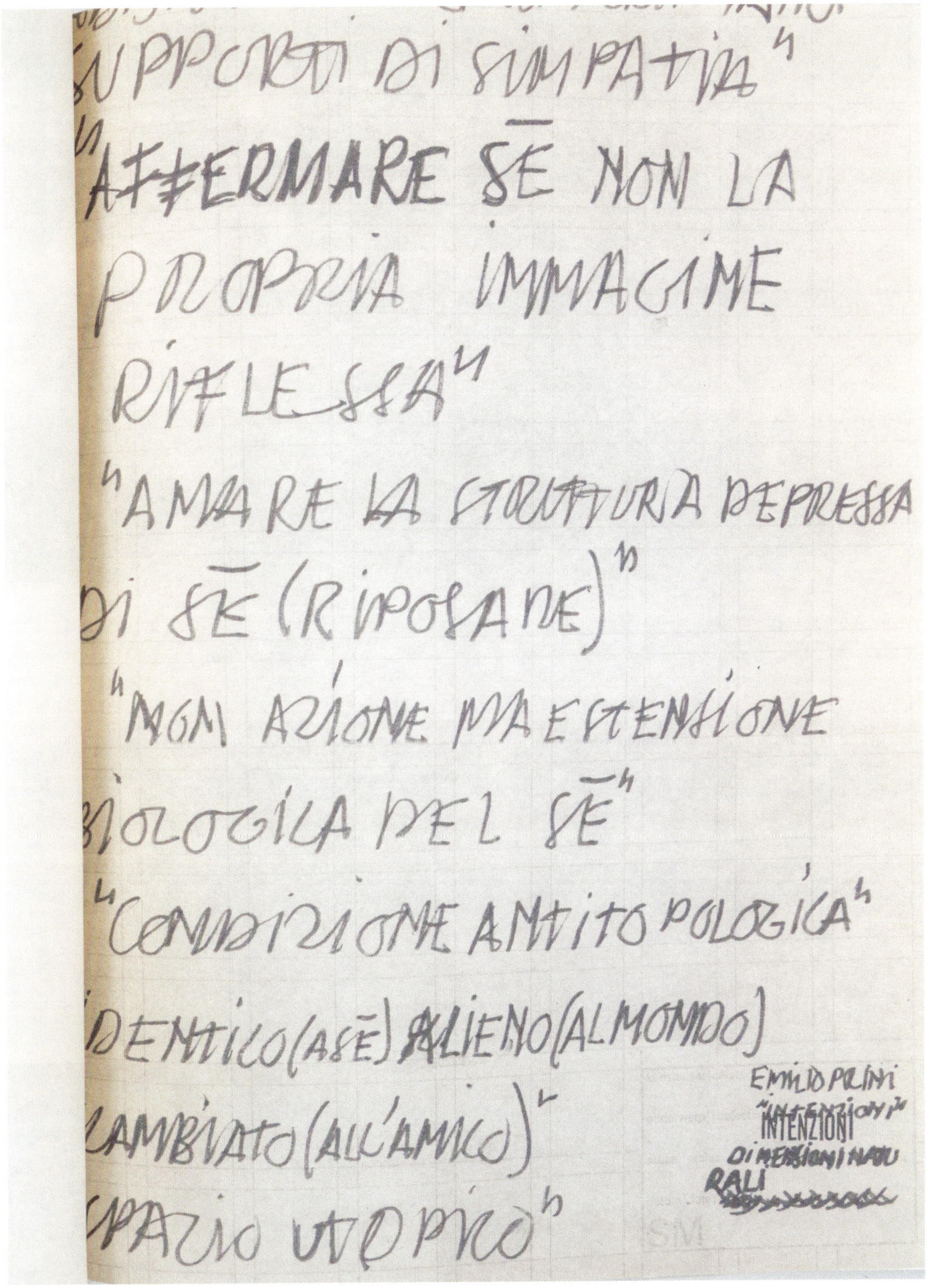

1969

Op Losse Schroeven: Situaties en Cryptostructuren,
Stedelijk Museum, Amsterdam
Catalogo / Catalogue

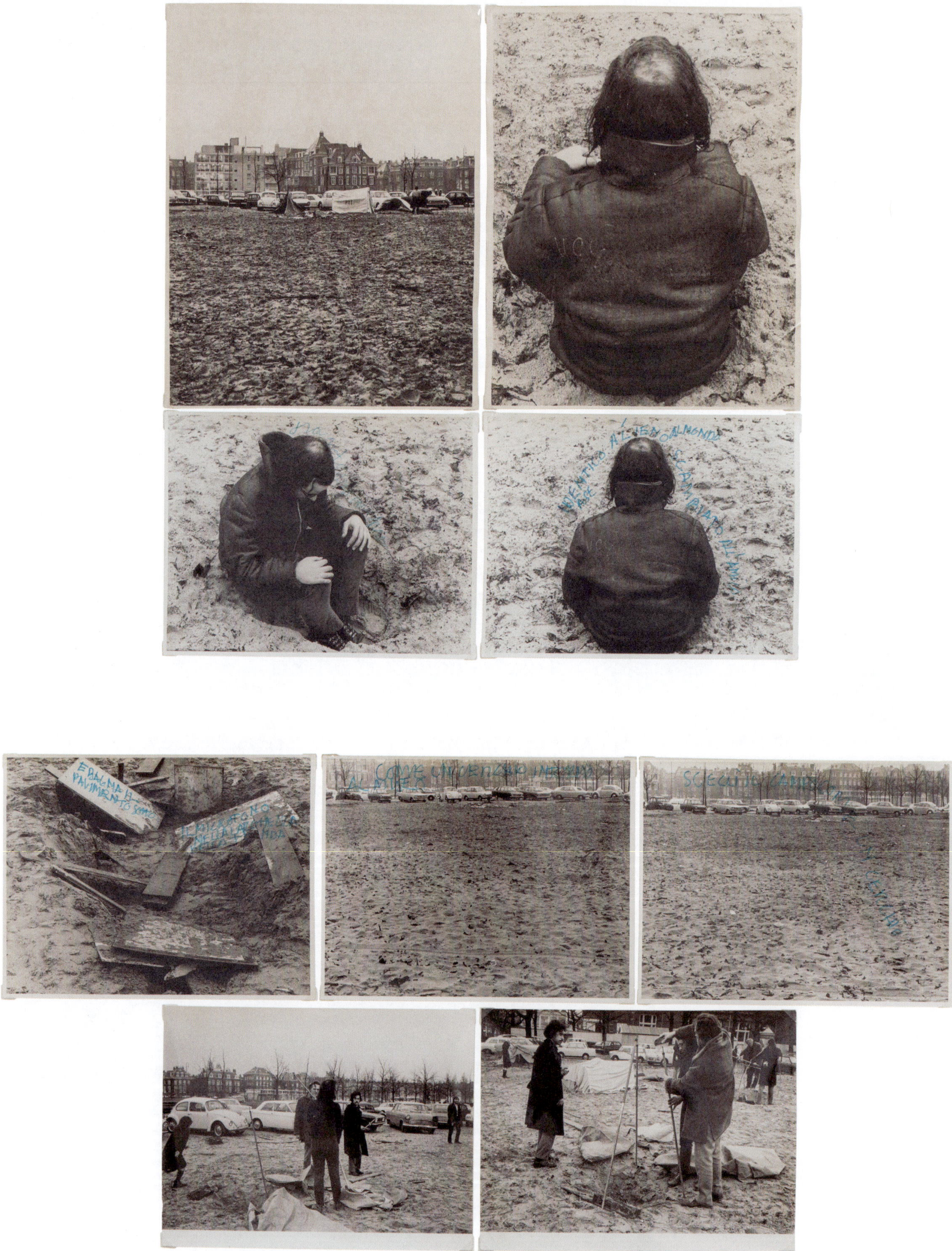

1969

Documentazione dell'intervento per la mostra / Documentation of the action for the exhibition *Op Losse Schroeven*, Stedelijk Museum, Amsterdam
9 fotografie in bianco e nero con interventi a pennarello / 9 black-and-white photographs, felt-tip pen

d'arte moderna, 1968; G. Dorfles: « Collage » n. 8, 1968; M. Volpi: « Paolini, Fabro, Kounellis », Qui Arte Contemporanea, Roma, 1968 - « Arte americana e arte italiana », Flash art n. 7, 1968; L. Vergine: Almanacco Bompiani 1968-69 - Metro n. 14, 1968; T. Trini: Domus 462, 1968 - Domus 465, 1968 - Domus 470 - 1969; G. Celant: « Arte povera » Galleria De' Foscherari, 1968 - Controarte n. 2 1968; F. Carbone: « Nuova presenza » Palermo 1968; A.B. Oliva: « Nuova presenza » Palermo 1968 - Teatro delle Mostre, Lerici ed. 1968 - Sipario, Luglio 1968; A. Boatto: « Cartabianca » n. 5, 1968; P. Bucarelli: Festival Internazionale di Pittura, Cagnes sur Mer, 1969; M. Bandini: « NAC » n. 13 1969; G. Schonenbeerger: « Il Dramma » aprile 1969; C. Lonzi: Catalogo Bolaffi d'arte moderna 1968 - « Marcatre »: Intervista (Tecniche e materiali) 1968 (n. 37-40); M. Calvesi: Teatro delle Mostre, Lerici ed. 1968; S. De Feo: L'Espresso, 2 giugno 1968; « Una lettera sul tempo » Galleria Notizie Torino 1968; « Ciò che non ha limiti e che per la sua natura non ammette limitazioni di sorta » 1968; « Happening » Qui Arte Contemporanea, marzo 1969; « 21211969 » Galleria De Nieubourg, Milano 1969.

« Paolini blocca movimenti analitici, isola i meccanismi dell'apprendimento sia logico che visivo con tecniche che, sospendendo la normalità dei percorsi, inducono alla percezione fisica di qualcosa di metafisico in essi, che richiede un nuovo tipo di concentrazione. Allora magicamente tutto ciò che lui decide di focalizzare rivela un calmo splendore, e, dopo uno scatto, non sempre percepibile immediatamente, la sua opera riconduce anche particolari esigui, in una remota regione platonica dove dominano il silenzio e una accecante luce mentale. »

MARISA VOLPI

« Fabro, Paolini, Kounellis », Qui Arte Contemporanea, *Roma, aprile '68*

Titolo dell'opera:

« ... ora, se tu mi dici: — Mostrami il tuo Dio —, io potrei dirti: — Mostrami il tuo uomo, e io ti mostrerò il mio Dio —. Presentami dunque, in atto di vedere, gli occhi della tua anima, e, in atto di ascoltare, gli orecchi del tuo cuore... »

EMILIO PRINI

Nato a Stresa nel 1943, vive e lavora a Genova.

Mostre personali: 1968 Galleria « La Bertesca » Genova.

Mostre Collettive: 1967 « Arte povera » Galleria La Bertesca Genova; 1967 « Situazione '67 » Galleria La Bertesca Genova; 1967 « Arte povera » Galleria De' Foscherari Bologna; 1967 « Arte povera » Università

Qualunque disposizione iniziale dei numeri porta sempre a sviluppo armonico

178

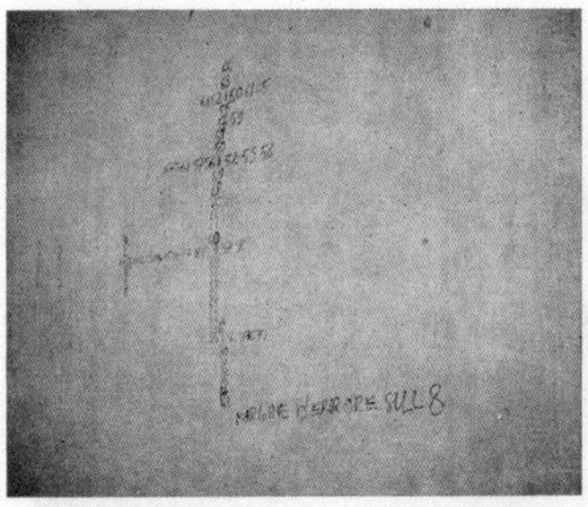

Emidio Prini: *Formula.*

QUALUNQUE DISPOSIZIONE INIZIALE DEI NUMERI PORTA A SEMPRE A SVILUPPO ARMONICO

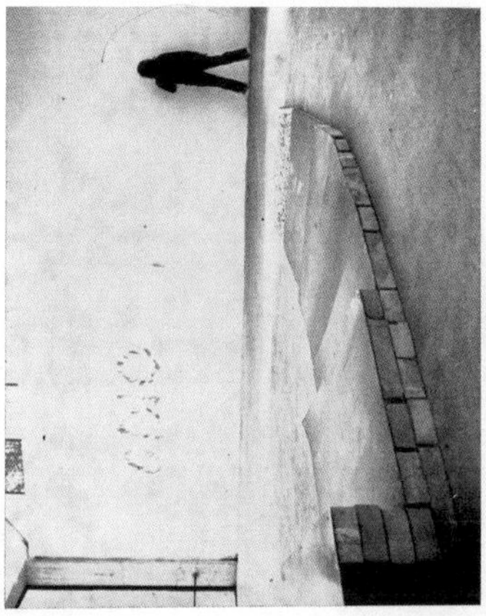

Emidio Prini: *Formula.*

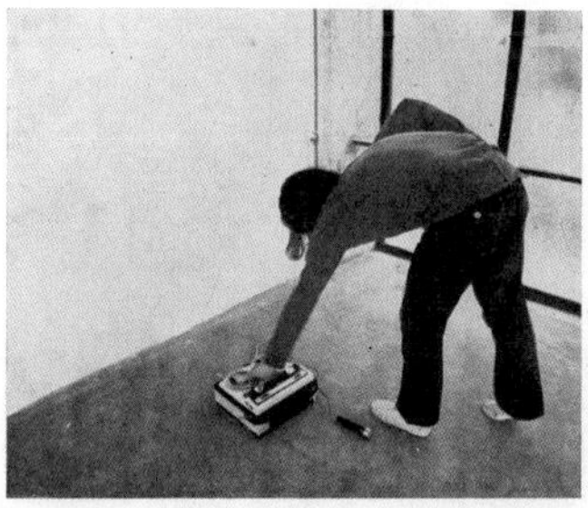

Emidio Prini: *Formula.*

di Genova; 1968 Triennale Milano; 1968 Arte Moderna Italiana: 100 Opere del Futurismo ad oggi, Farschau, Bochum, Köln, Malmö, Stockholm, Roma; 1968 RA 3 Amalfi; 1968 Il Teatro delle Mostre, Galleria La Tartaruga Roma; 1969 Op Losse Schroeven (Cryptostructuren) Square Tags in Round Holes, Stedelijk Museum Amsterdam.
Bibliografia 1968-69: T. Trini « Nuovo alfabeto per corpo e materia » Domus n. 470 Milano, gen. 1969.

Titolo dell'opera:

Formula

CLOTILDE RICCIARDI

Nata a Roma; vive e lavora a Roma.

Mostra-spettacolo « Circolo la Fede » Roma, dicembre 1968; Mostra spettacolo « Modern Art Agency, Napoli, aprile 1969.

Bibliografia 1968-69: A. B. Oliva - Intervento poetico nel manifesto della Mostra-spettacolo Roma, dicembre 1968, Napoli, aprile 1969; « Flash art » n. 10, marzo 1969; G. De Marchis - « L'Espresso » n. 2, gennaio 1969.

« Oggi non si possono più fare monumenti (ricchi o poveri, antichi o moderni che siano).
Non si possono più propinare alla gente delle cose confezionate, finite e impacchettate da guardare, ammirare, osservare ed eventualmente comprare. Se il nostro lavoro può servire a cambiare qualcosa nella vita e nella civiltà, è necessario coinvolgere quanta più gente possibile nei momenti creativi ed esecutivi del nostro lavoro.
In questa occasione il lavoro che intendo eseguire è il seguito di esperienze che sto portando avanti da un paio d'anni in questa direzione (vedasi la mostra spettacolo « Respiro » tenuta a Roma nel '68: una serie di lamiere metalliche di varia lega e vari spessori, disposte per caratterizzare un tracciato (percorso) notevolmente accidentato; si possono disporre anche degli elementi verticali, ma questo dipende dalla struttura del posto.
Lungo tutto il percorso, attaccati alle lamiere, vi sono dei microfoni che trasmettono il suono che viene prodotto da questo al passaggio delle persone. Il « concerto » che così si ottiene è provocato dal pubblico, che sarà contemporaneamente artefice e spettatore del lavoro ».

CLOTI RICCIARDI

Titolo dell'opera:

Dieci metri di passi

182

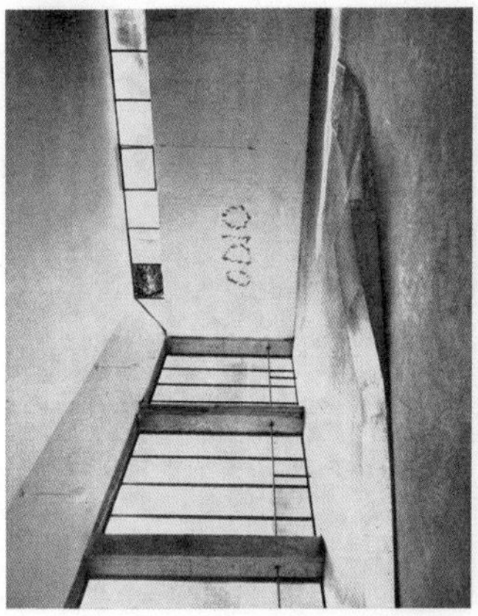

Clotilde Ricciardi: *Dieci metri di passi.*

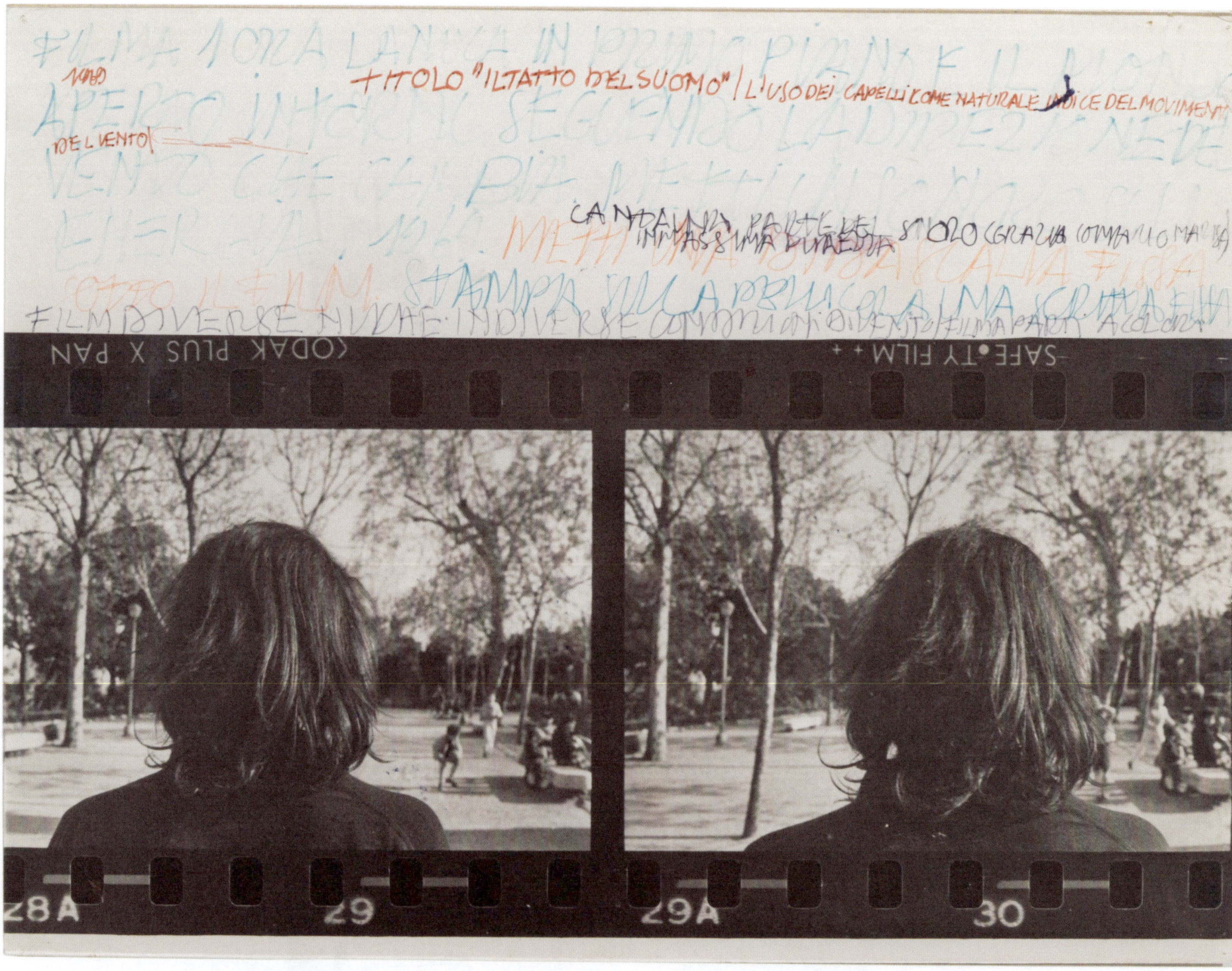

1969

Senza titolo / Untitled
Pennarelli su fotografia in bianco e nero / Felt-tip pens on black-and-white photograph

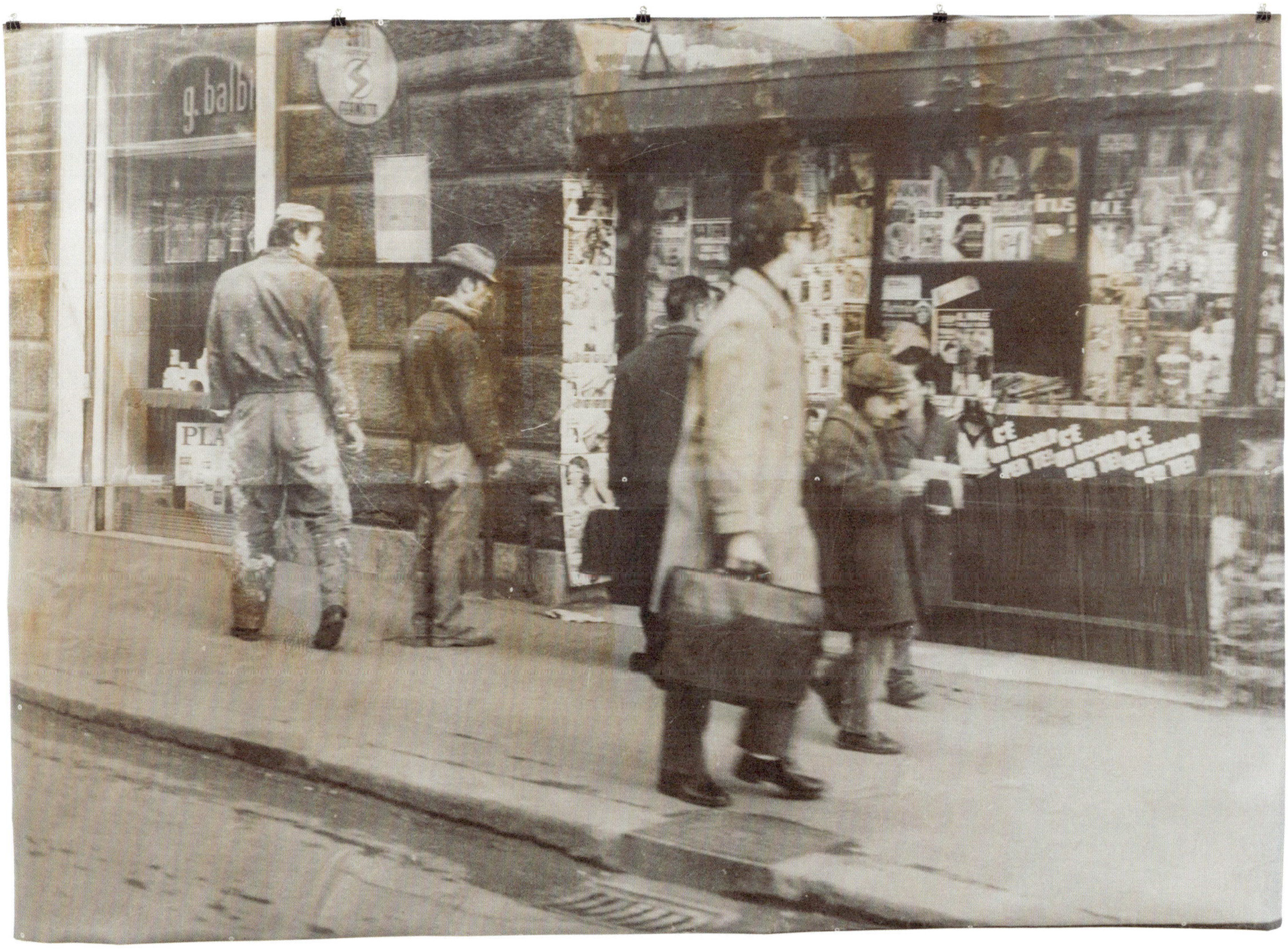

1969

Particolare da Città-Campagna-Genova
Stampa ai sali d'argento su carta foderata con tela sintetica / Silver salt print on paper coated in synthetic canvas

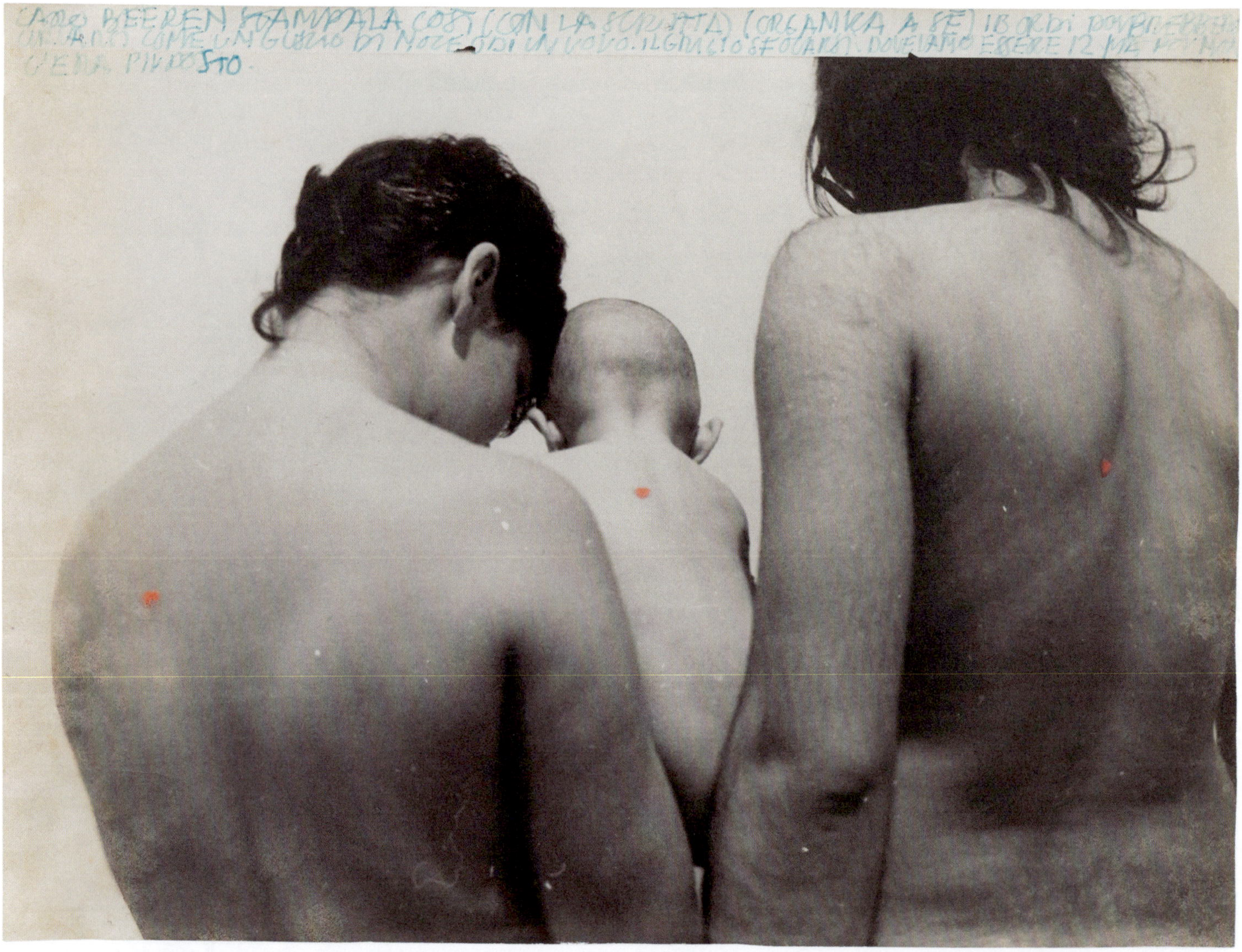

1969

Tre parenti salgono una salita, tre parenti scendono una discesa, tre parenti attraversano una pianura
Pennarello su fotografia in bianco e nero / Felt-tip pen on black-and-white photograph

COTTON

Docu-Mentation of a Me.ting

July 28, 1969
3:00 p.m.

This is to acknowledge reception of the WORD MADE FLESH and His Maker in my office of Curator of the Los Angeles County Museum of Art. It is my belief that the essential value of this living human being is greater than any Man-made Artifact designated "Art" By Making this statement I commit myself to the primary position of the Creative Actor which is enjoyed by the Being at Play.

THOU ART

With pleasure,

Maurice Tuchman
Figure-Head

Witness to the Free Act

Witness to the Free Act

PRINI

CARO MR. WEDEWER / QUESTO È IL PROGETTO
PER IL CATALOGO / E PER LA MOSTRA / DEVE
STARE SULLE PRIME TRE PAGINE SECONDO
LA PROGRESSIONE INDICATA DAI FOGLI /
LE ALTRE DUE PAGINE POSSONO RICEVERE QUALUNQUE
FOTO O TESTO VOI DESIDERIATE / O RIMANERE
BIANCHE / PER LA MOSTRA APRITE IL CATALOGO
ALLE PAGINE DEL PROGETTO / METTETELO SU UNA
BASE DI VETRO TRASPARENTE AD ALTEZZA DI LETTURA
E IN DIMENSIONE DEL CATALOGO / LASCIATE CHE VENGA
SFOGLIATO IN TUTTA L'ESTENSIONE /

GRAZIE E SALUTI

EMILIO PRINI

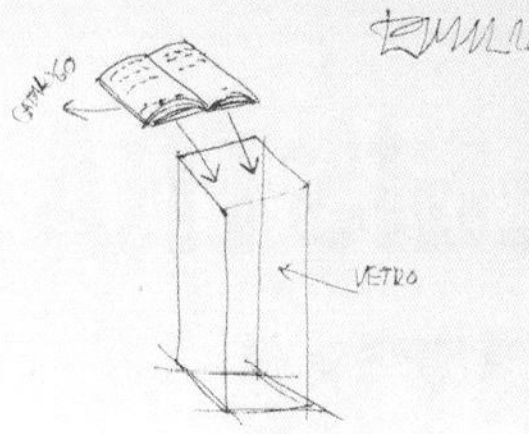

PRINI

" Magnet"

Free movements and variation of relations between unfixed bodies now.

Free sounds and sound variations between unfixed bodies now.

Groups of unfixed telepathic impulses now. / *

* DOCUMENTATION / FILM DOSSIER / RECORDED TAPE /
BIOLOGICAL DURATION

PRINI

EMILIO PRINI/magnet/1968-69

1 A) The sensorial time unit of the lens for the active energy time in the matter registers image./ Films the anything.

1A) A used cinematographic machine using used film films perpetually disgravitating - eight in anything *

2 A) The sensorial time unit of the tape for the active energy time in the matter condenses in sound / registers anything.

1A) A used recorder using used tape records perpetually disgravitating / eight in anything *

3 A) The sensorial time unit of man for active energy time the matter forms perception,/perceives the anything

1A) A man using the senses in unity perceives perpetually disgravitating / Eight in anything.

1) * - Duration/according to film resistance - Setting/undefined - Filming camera with image overlap film converter - Operation/ film continuously rewound and reimpressioned.

2) * - Duration/according to tape resistance - Setting/undefined - operation/continuous reversing on the two faces and re regi stration of the tape.

PRINI

"Magnet"

Cancel references on map

Cancel references in the universe

Cancel references to the universe

Be see around.

1969

***Konzeption / Conception: Dokumentation einer heutigen Kunstrichtung / Documentation of a two-days art tendency*, Westdeutscher Verlag Köln und Opladen**
Catalogo / Catalogue

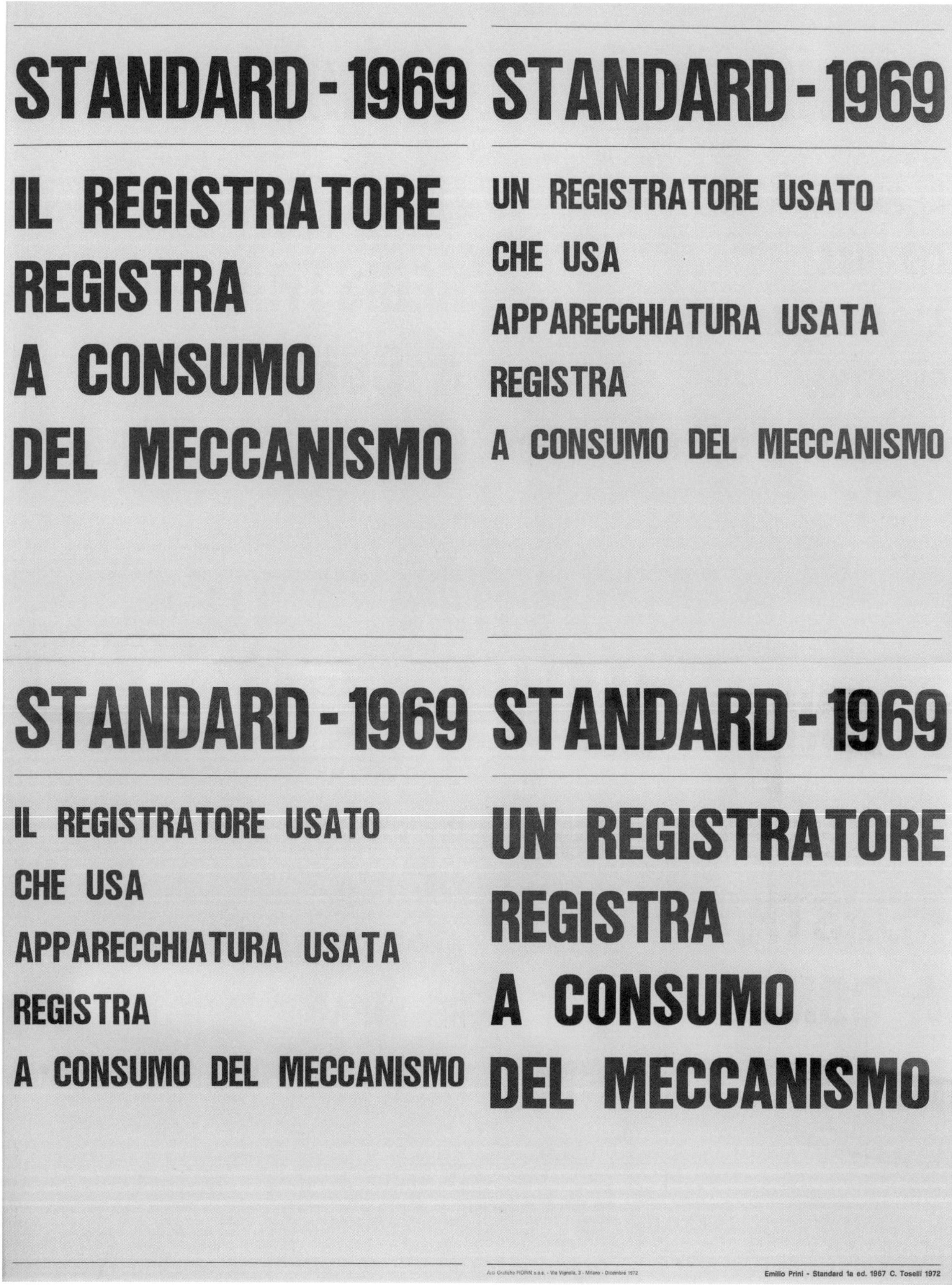

1969

L'U.S.A. USA
Stampa offset su carta / Offset print on paper

L'U.S.A. USA
Installation view, *Fermi in Dogana*, Ancienne Douane, Strasburgo / Strasbourg, 1995

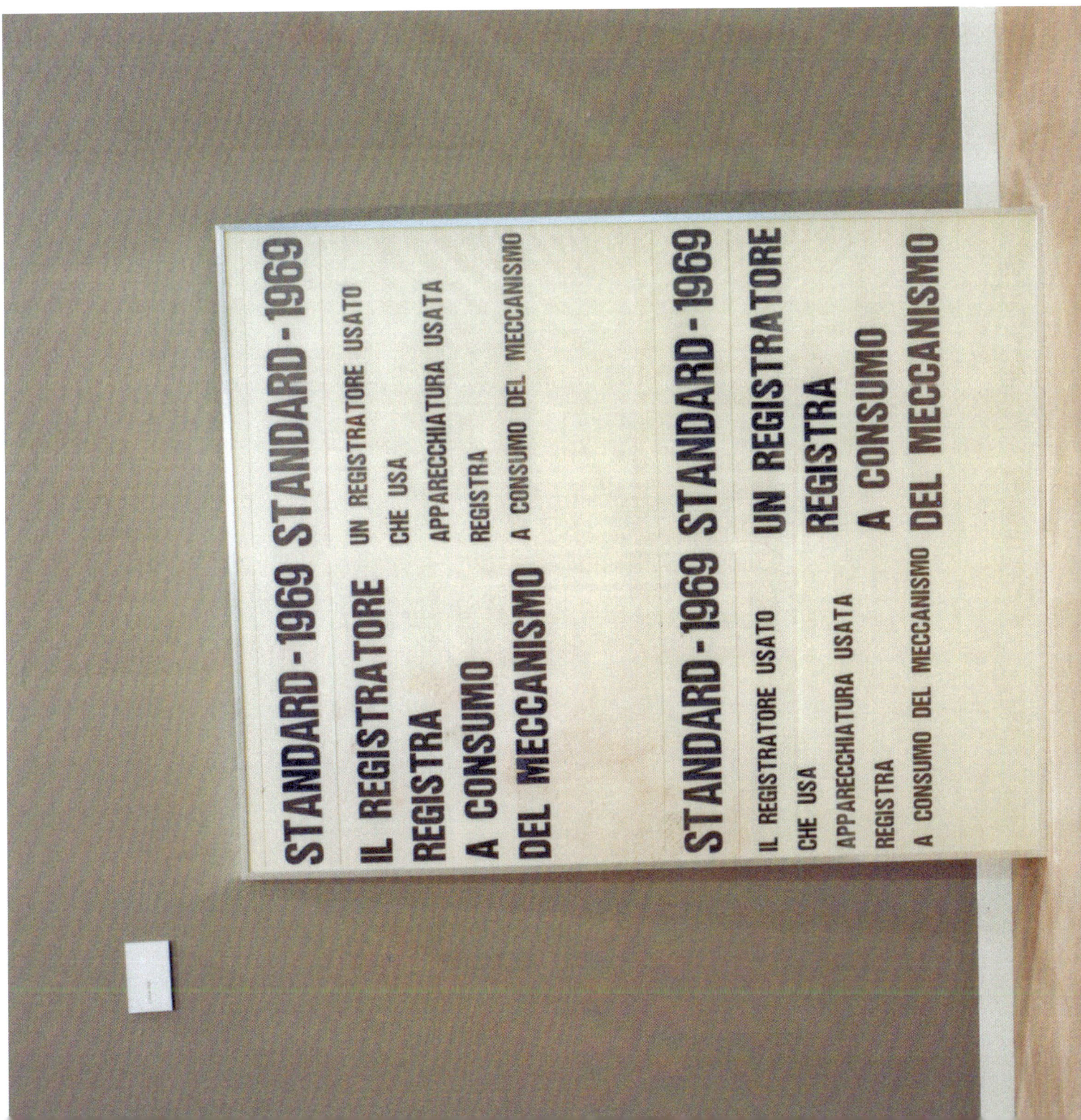

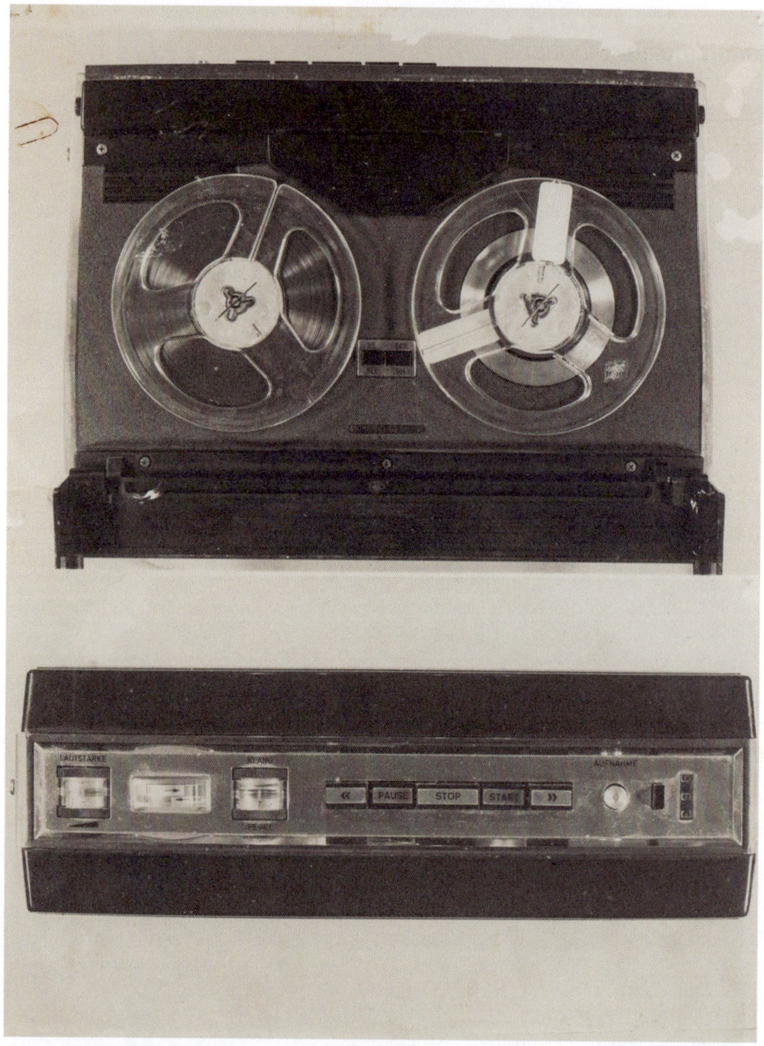

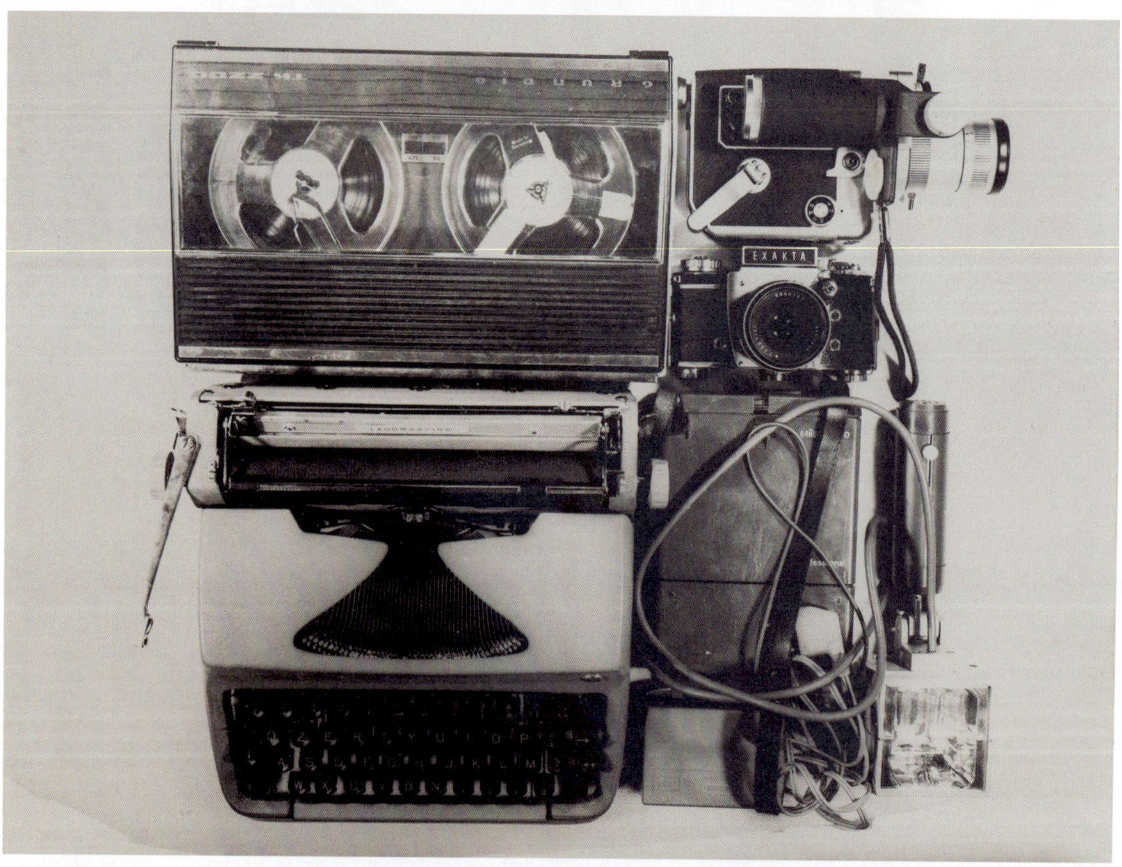

1969

Oggetti a consumo
Stampe fotografiche in bianco e nero / Black-and-white photographic prints

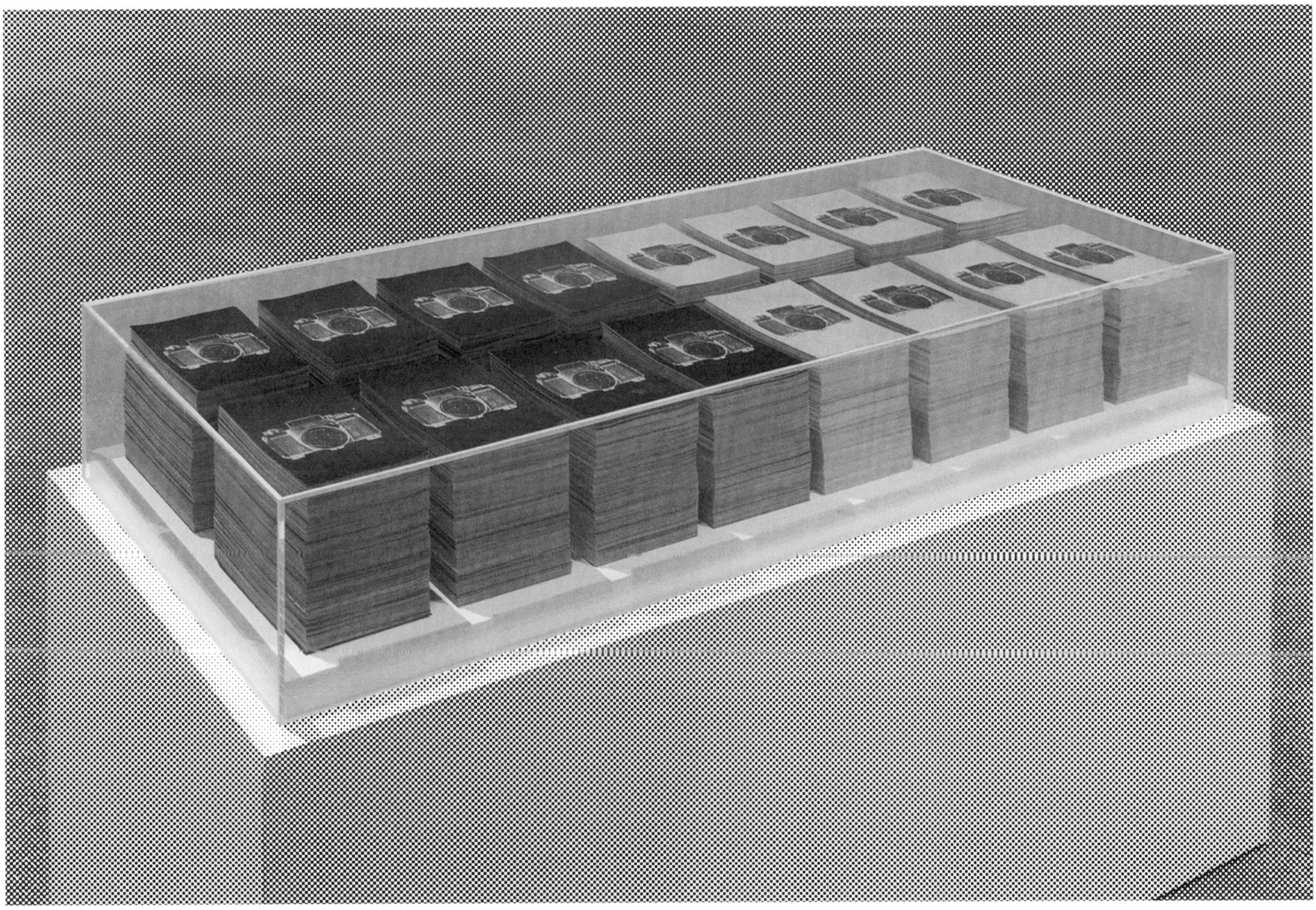

1969

Magnete
Stampa offset / Offset print (18.915 elementi / items)

Installation view, *Prospect 69*, Städtische Kunsthalle, Düsseldorf

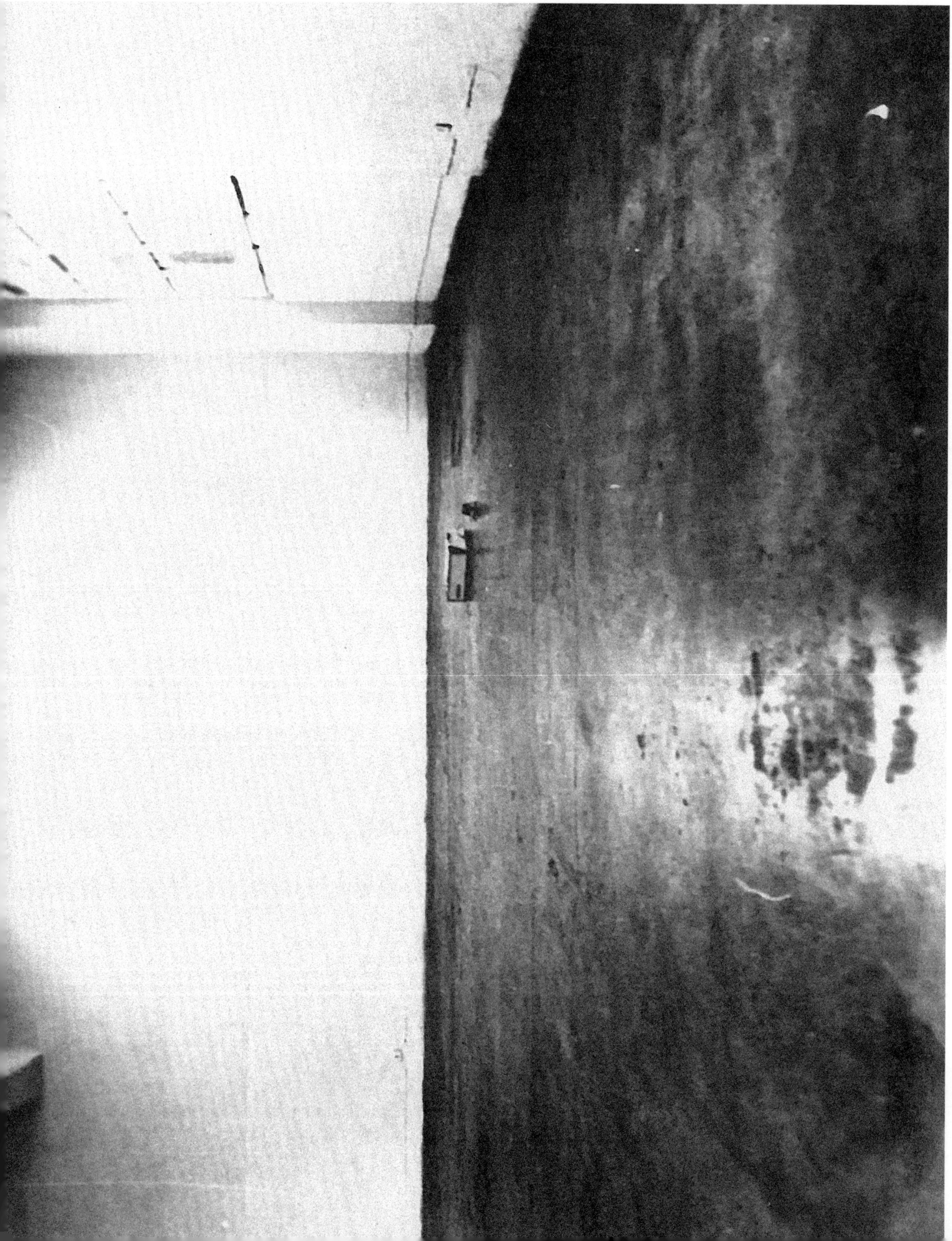

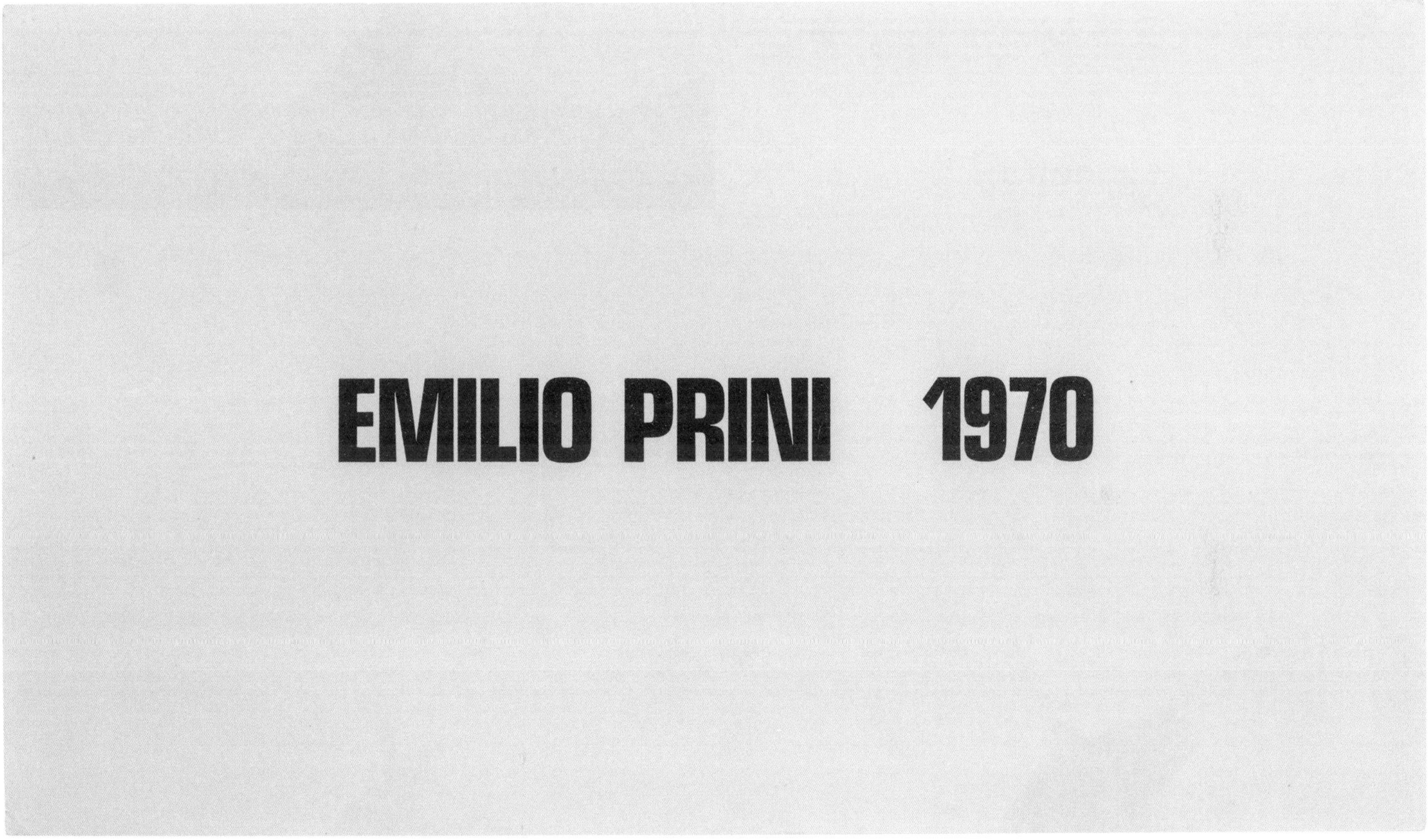

1970

Senza titolo / Untitled
Stampa su carta / Print on paper

EMILIO PRINI

Nato il 2-8-1943 a Stresa.
Vive e lavora a Genova.

Mostra personale:
1968 Galleria La Bertesca, Genova.

Mostre collettive:
1967 Arte Povera, Galleria La Bertesca, Genova.
1967 Situazione 67, Galleria La Bertesca, Genova.
1967 Arte Povera, Galleria De' Foscherari, Bologna.
1967 Arte Povera, Università di Genova.
1968 Triennale, Milano.
1968 100 opere dal Futurismo ad oggi, Warschau, Bochum, Koln, Malmo, Stockolm, Roma.
1968 RA 3, Amalfi.
1968 Il teatro delle mostre, La Tartaruga, Roma.
1969 Op Losse Schroeven (Cryptostructuren) Square Tags in Round Holes, Stedelik Museum Amsterdam.
1969 Quando attitudini diventano forma, Kunsthalle, Berna; Krefeld, Londra.

Frammento di magnete
« LUPO » (Film progetto TV 8 minuti)

Filma un giorno di sole oscurato dal dito in primo piano e il vuoto aperto intorno seguendo il ruotare della terra / del sole / Fai movimenti generali di macchina / Filma 12 ore in quattro minuti di durata / Invisibilità della durata / spessore di luce / Sorgente eclissata / Ombra sull'occhio dell'uomo.

Filma una notte la luna oscurata dal dito in primo piano e il vuoto aperto intorno seguendo il ruotare della terra / della luna / del sole / Fai movimenti generali di macchina / Filma 12 ore in quattro minuti di durata / Invisibilità della durata / Spessore di luce / Sorgente e riflettente eclissate / Ombra sull'occhio dell'uomo.

Cancellare i riferimenti sulla mappa
Cancellare i riferimenti nell'universo
Cancellare i riferimenti all'universo
Mostrarsi in giro.

Non resistevo in quella immagine che il pasto non era neanche fisso nei miei intestini plurali.

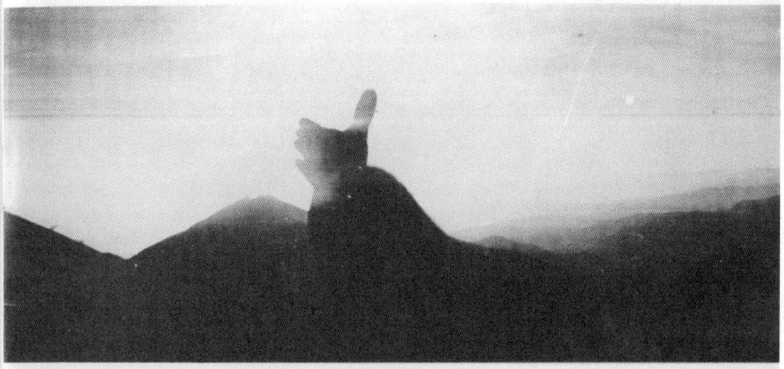

La misura del corpo è proporzionale alle misure / alle distanze / tutte.

In questa quale sulla mensa quando ci sono le uova sode con quelle crude / quindi si può ragionaro perché ci sono due qualità.

Le differenti misure del mondo presenti in differenti punti della terra con corpi presenti a differenti distanze.

Nulla apparve / solo la pasta nera di sugo / martedì riso / mercoledì era fango amaro giovedì venerdì e sabato altrimenti / Sono una diva / Devo rimanere nell'ombra / E' tutta una fantasia persuasiva.

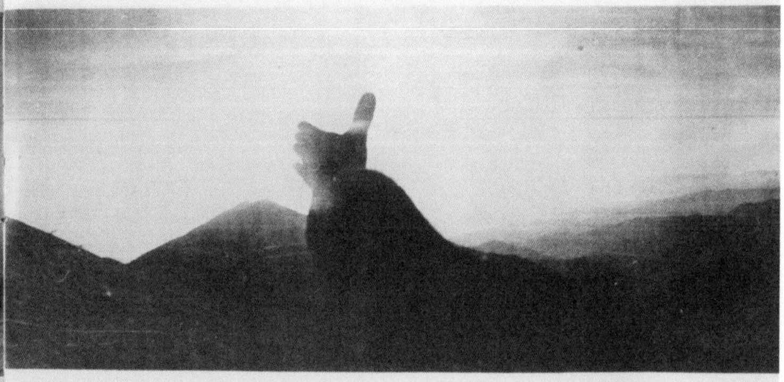

I differenti corpi del mondo presenti in differenti punti della terra con misure d'ombre presenti a differenti distanze.

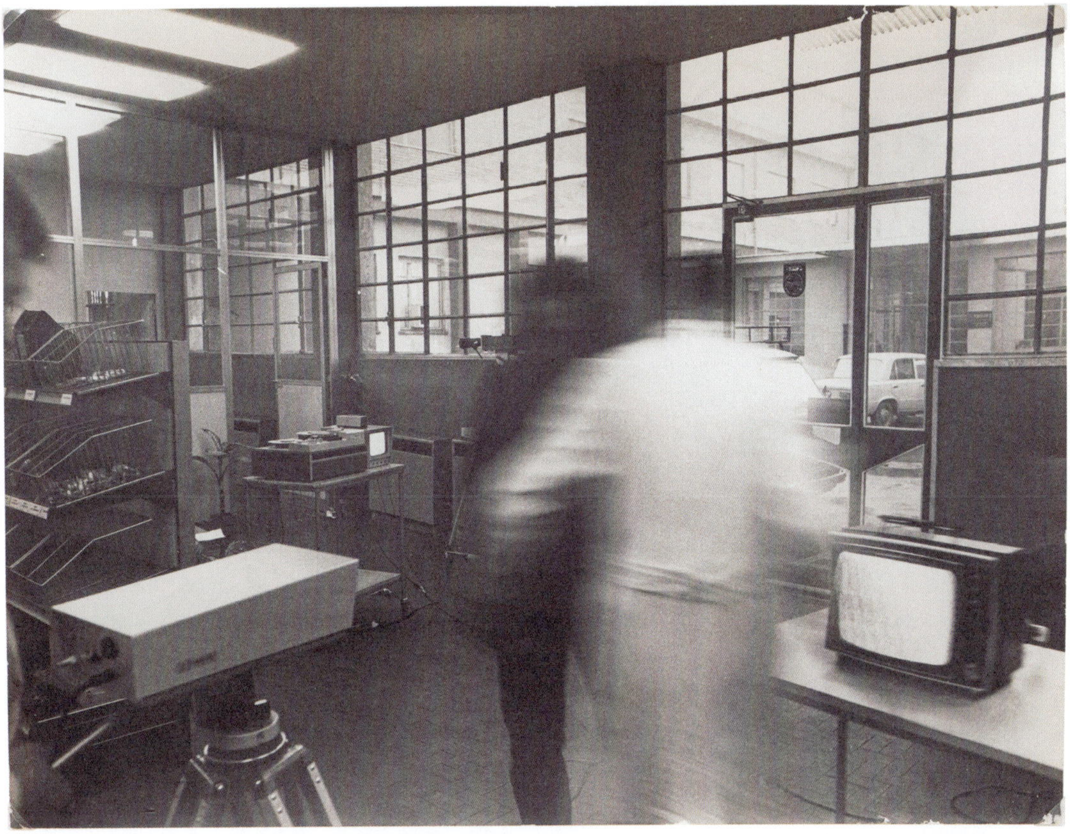

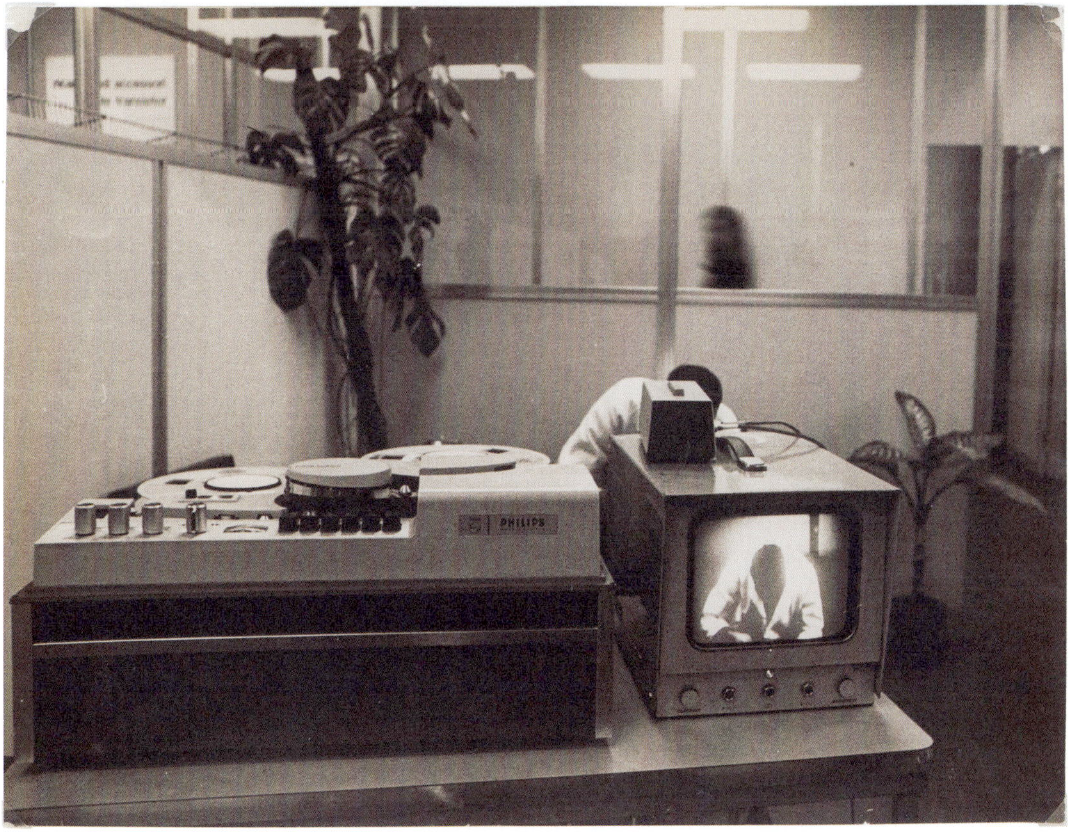

1970

Documentazione di / Documentation of *Magnete / Proiezione TV / Programmazione di elementi a proiezione miniaturizzata con cancellazione alterna del quadro*
2 fotografie in bianco e nero / 2 black-and-white photographs

For an exhibition at Simon Fraser University, centre for communication and the arts, British Columbia, Canada, May 19-June 19, 1969, I tried to communicate telepathically a work of art, the nature of which was a series of thoughts that were not applicable to language or image.

Per un'esposizione alla Simon Fraser University, centro di comunicazioni e arte, Columbia britannica, Canada, 19 maggio-19 giugno 1969, tentai di comunicare telepaticamente un'opera d'arte, la natura della quale era una serie di pensieri non applicabili al linguaggio o all'immagine.

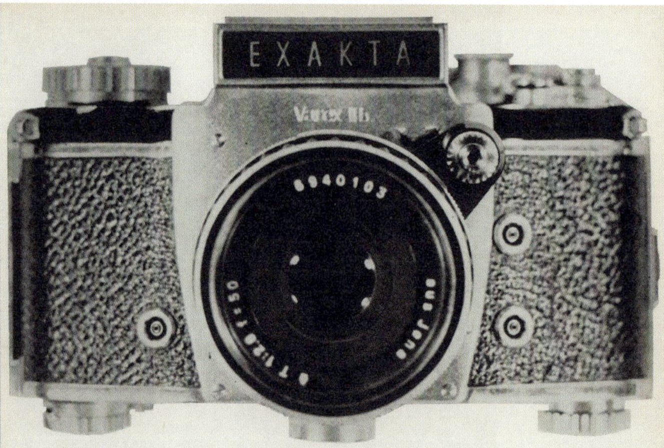

Emilio Prini / serie fotografica / gruppo di 2000 fogli relativo al settembre 1968 / (4 fasi) / una normale macchina fotografica fotografa continuamente fino a consumazione del meccanismo / durata d'uso prevista per l'apparecchio fotografico / 20.000 scatti / tempo di esecuzione previsto per il lavoro / 10 anni / serie annuale di 2000 elementi / tecnica / fotografia bianco e nero / fogli ferrania / 3M / K 203 / 3 / ognuno cm 30 x 40 / diaframma e tempo di posa costanti / cavalletto ad inclinazione fissa / la macchina fotografica usata mantiene il valore originario / addiziona il mercato artistico / 1969 /

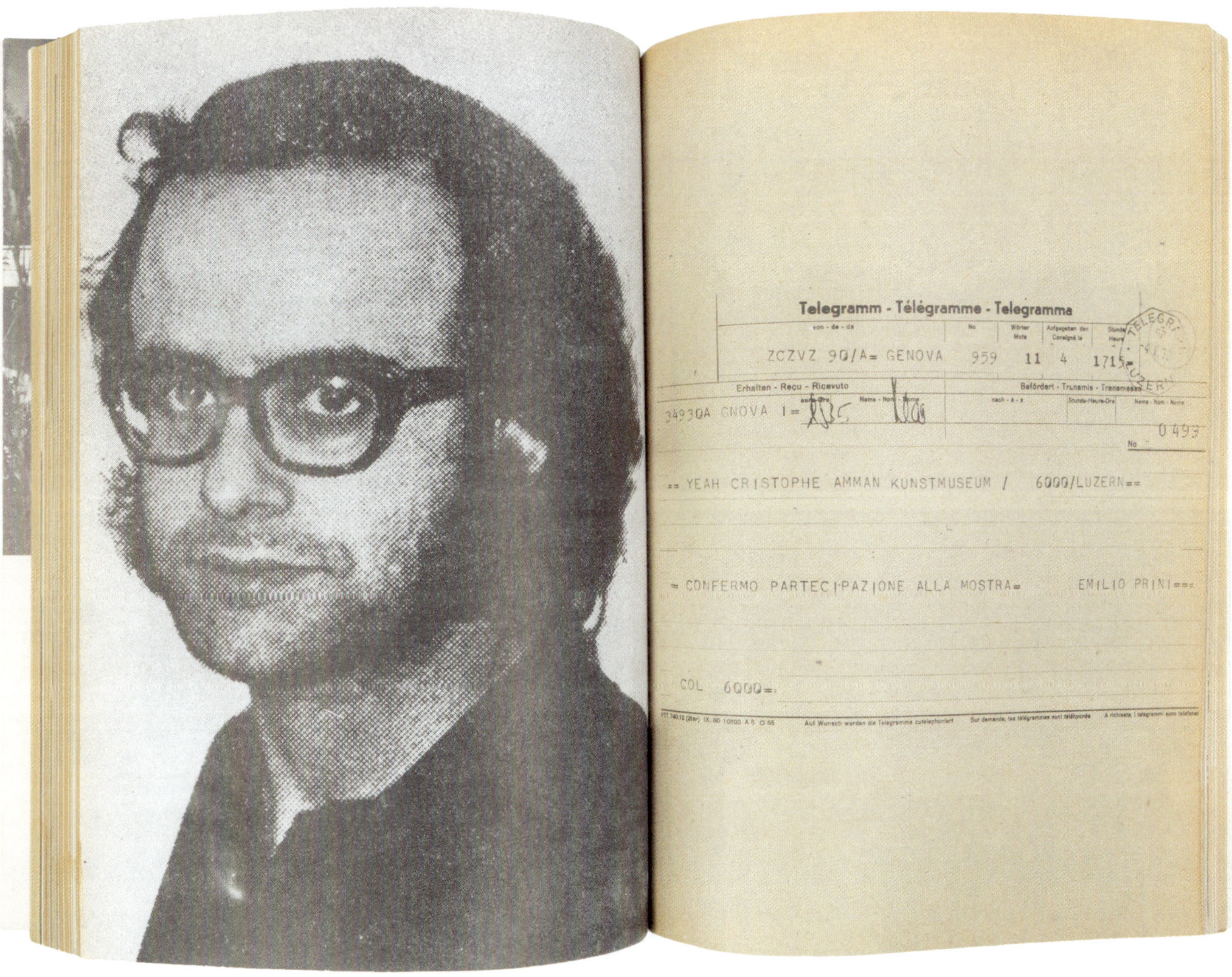

1970

***Processi di pensiero visualizzati. Junge Italienische Avantgarde*, Kunstmuseum Luzern, Lucerna / Lucerne**
Catalogo / Catalogue

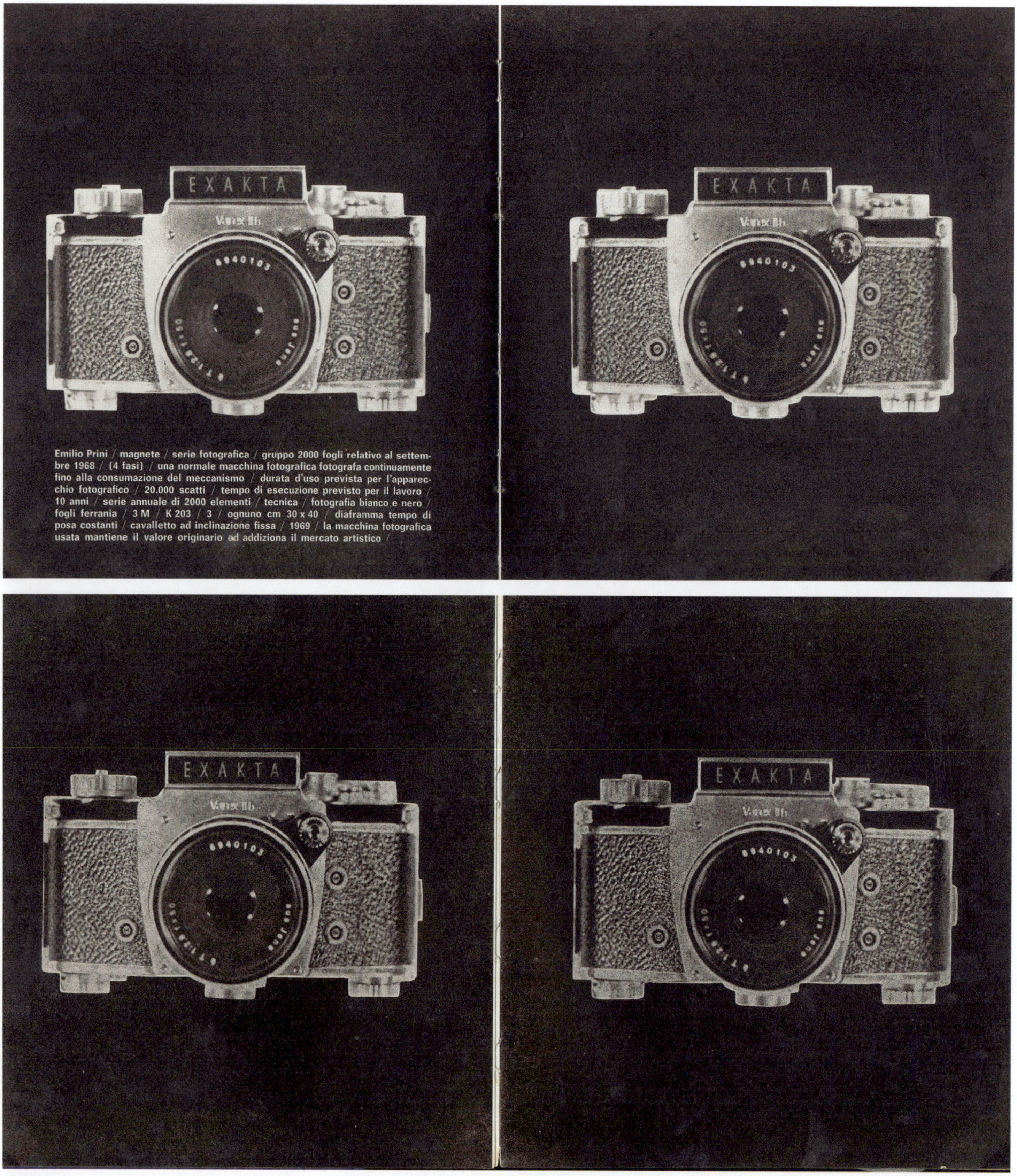

Emilio Prini / magnete / serie fotografica / gruppo 2000 fogli relativo al settembre 1968 / (4 fasi) / una normale macchina fotografica fotografa continuamente fino alla consumazione del meccanismo / durata d'uso prevista per l'apparecchio fotografico / 20.000 scatti / tempo di esecuzione previsto per il lavoro / 10 anni / serie annuale di 2000 elementi / tecnica / fotografia bianco e nero / fogli ferrania / 3 M / K 203 / 3 / ognuno cm 30 x 40 / diaframma tempo di posa costanti / cavalletto ad inclinazione fissa / 1969 / la macchina fotografica usata mantiene il valore originario ad addiziona il mercato artistico /

1970

***Conceptual Art Arte Povera Land Art*, Galleria Civica d'Arte Moderna, Torino / Turin**
Catalogo / Catalogue

Installation view, *Conceptual Art Arte Povera Land Art*,
Galleria Civica d'Arte Moderna, Torino / Turin

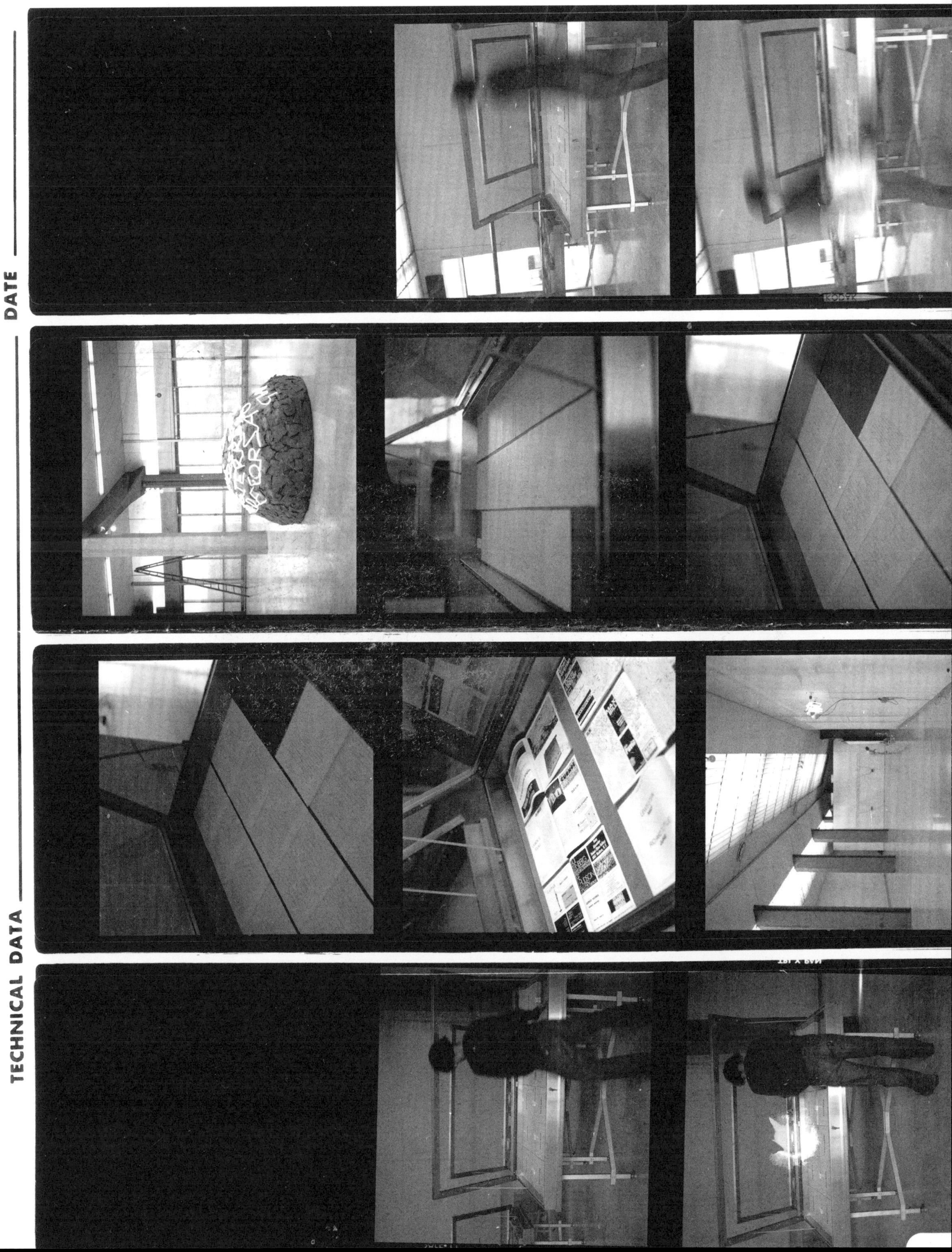

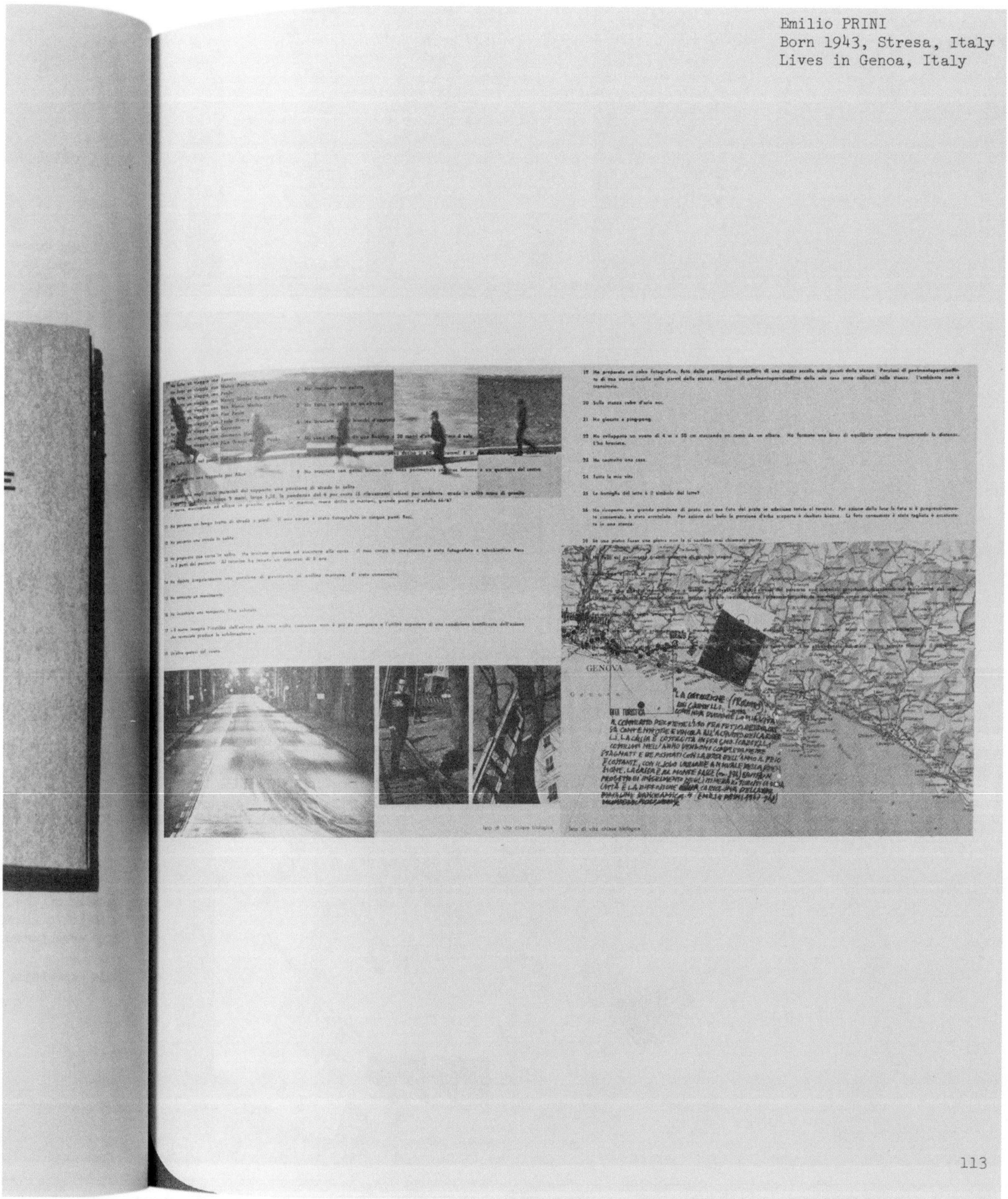
Emilio PRINI
Born 1943, Stresa, Italy
Lives in Genoa, Italy
113

EMILIO PRINI

studio international

Published by Cory, Adams & Mackay Ltd
Editor: Peter Townsend
37 Museum Street
London WC1
01 405 3056-9

JEAN CHRISTOPHE AMMAN	KYNASTON MCSHINE	EMILIO PRINI	TUCCI
KUNSTMUSEUM	THE MUSEUM OF MODERN ART	VIA DAVIDE CHIOSSONE	GALLERIA GIANENZO SPERONE
LUZERN 6000	WEST 53 STREET NEW YORK N.Y. 10019	8/6 GENOVA	CORSO S. MAURIZIO 27 TORINO
SVIZZERA	TELE. 9566100 CABLE: MODERN ART		

TORINO TEL./ GENOVA TEL./ N.Y. TEL./ LUZERN TELEGRAFO PERSONALE POSTE E TEL.

K.M. - E.P.: THE MUSEUM OF MODERN ART II WEST 53 STREET, NEW YORK, N.Y. 100019 TEL. 9566100 CABLE: MODERN ART DEPARTMENT OF PAINTING AND SCULPTURE MARCH 21, 1970 SIG. EMILIO PRINI VICO CHIOSSONE 8/6 GENOVA ITALY DEAR EMILIO PRINI: OWING TO THE MAIL STRIKE HERE/IT IS IMPOSSIBLE FOR ME TO WRITE YOU A LONG LETTER AT THIS TIME BUT/FORTUNATELY/A FRIEND WHO IS GOING TO ITALY TODAY KINDLY OFFERED TO MAIL MY OVERSEAS LETTERS/I THINK THE ENCLOSED INFORMATION IS SELF EXPLANATORY/ I VERY MUCH WANT YOU TO PARTICIPATE IN THE EXHIBITION/ PLEASE GIVE THOUGHT TO YOUR RAPRESENTATION BOTH IN THE SHOW AND THE CATALOGUE/ WE ARE NATURALLY LATE AND/THOUGH ASKING THE IMPOSSIBLE/ WOULD BE HAPPYTO HAVE THE BLUE AND GREY FORMS RETURNED BY APRIL 6 BECAUSE OF THE PRINTER'S DEADLINE FOR THE CATALOGUE/ WHILE THE STRIKE IS STILL ON/ I WOULD BE VERY GRATEFUL IF YOU COULD SEND THE MATERIAL BY ANY OTHER MEANS BESIDES THE MAIL THAT YOU CAN THINK OF/PLEASE CABLE YOUR ACCEPTANCE TO PARTICIPATE IN THE EXHIBITION/YOUR CONTRIBUTION IS MOST IMPORTANT FOR THE SUCCESS OF THIS SHOW /WITH KINDEST REGARDS/ AND MANY THANKS SINCERELY YOURS/KYNASTON MCSHINE/ ASSOCIATECURATOR/P.S. GERMANO CELANT MENTIONED YOUR BIRD PROJECTS/ THEY SOUND QUITE MARVELLOUS AND PERHAPS WOULD MAKE A GOOD REPRESENTATION/

E.P. - K.M.: TELEGRAFI DELLO STATO QUALIFICA EST IMPORTO PAGATO 1975 N. TELEGRAMMA.....N. PAROLE 08 DATA 27 ORE.... RICEVUTA DI TELEGRAMMA ACCETTATO MECCANICAMENTE GENOVA TELEGAFO EI 27.3.70 25 BIS.MEC. DESTINATARIO KYNASTON MCSHINE DESTINAZIONE NEW YORK MITTENTE EMILIO PRINI CONFERMO PARTECIPAZIONE ALLA MOSTRE/ EMILIO PRINI

J.C.A.- E.P.: KUNST MUSEUM 6000 LUZERN SVIZZERA EMILIO PRINI VIA D. CHIOSSONE 8/6 GENOVA ITALIA 23/4/70 CHER EMILIO PRINI/JE VOUS DEMANDE DE M'ENVOYER S.V.P. POUT LE 4 MAI 4 PAGES FORMAT 29,7 X 2I CM POUR LE CATALOGUE DE L'EXPOSITION QUI DEBOUTE LE 30 MAI / VOUS POUVEZ ORGANIZER CES 4 PAGES COMME VUOS VOULEZ/ JE COMPTE SUR VOUS E SUR VOTRE AIDE LA VIE DEJA TRES COMPLIQUE/CELANT VUOS A PARLE DE L'EXPOSITIONEDE LUCERNE N'EST CE PAS?/AMITIES/JEAN-CHRISTOPHE AMMAN/

E.P. - J.C.A.: TELEGRAFI DELLO STATO QUALIFICA EST IMPORTO PAGATO IOOO N. TELEGRAMMA 0959 N. PAROLE II DATA 4 ORE 17, 15 RICEVUTA DI TELEGRAMMA ACCETTATO MECCANICAMENTE GENOVA TELEGRAFO H 4.5.70 25 BIS MEC. DESTINATARIO JC.AMMAN DESTINAZIONE LUCERNA MITTENTE EMILIO PRINI CONFERMO PARTECIPAZIONE ALL MOSTRA/EMILIO PRINI/

T. - E.P.: 1970 MAG.8 13 59 PX II ++ CT86 21701 TO PXU6 30 GENOVA TORINOFONO 295A I6 8 II,IO GENOVA TELGRAFO REC CENTRO B 8 5 70 N. 4169 EMILIO PRINI VIA DON CHIOSSONE 8/6 GENOVA =PREPARARE CON URGENZA E SPEDIRE MATERIALE CATALOGO LUCERNA =TUCCI ++/

E.P. - J.C.A.: TELEGRAFI DELLO STATO QUALIFICA EST IMPORTO PAGATO IOOO N. TELEGRAMMA..... N. PARAOLE 08 DATA 8 ORE .... RICEVUTA DI TELEGRAMMA ACCETTATO MECCANICAMENTE GENOVA TELEGRAFO H 8 5 70 DESTINATARIO JC. AMMAN DESTINAZIONE LUCERNA MITTENTE EMILIO:PRINI=CONFERMO PARTECIPAZIONE ALLA MOSTRA/EMILIO PRINI/

K.M. - E.P.: I970 APR 18 7 30 GENOVA TELEGRAFO REC CENTRO/C 18 4 70 IUG 57 NNNN ZCZ LMG 230 ZC WUR4315 UWTX PG NEW YORK NY. 18 17 513P VIA WUI LT GIF EMILIO PRINI VICO CHIOSSONE 8/6 GENOVAI URGENTLY NEED CATALOGUE MATERIAL BY APRIL 23 STOP REGARDS MC SHINE COLL 8/6 23

E.P. - T.: SE ASSENTE LASCIARE AVVISO/ DA INFORMAZIONI AVUTE DALLA PORTIERA IL DESTINATARIO TROVASI FUORI GENOVA FATTURA 18/4/70

E.P. - K.M.: TELEGRAFI DELLO STATO QUALIFICA EST IMPORTO PAGATO I909 N. TELEGRAMMA.......N. PAROLE 8 DATA I8 ORE...... RICEVUTA DI TELEGRAMMA ACCETTATO MECCANICAMENTE GENOVA TELEGRAFO H I8 5 70 DESTINATARIO K.M.SHINE DESTINAZIONE NEW YORK MITTENTE EMILIO PRINI CONFERMO PARTECIPAZIONE ALL MOSTRA/ EMILIO PRINI/

K.M. - E.P.: I970 MAG I5 3 52 33 GENOVA-TELEGRAFO REC. CENTRO-B 15.-5.70 FRA NNNN ZC ZC LMG98I C WUR3494 UWTX PG NEW YORK NY 24 I4 518P LT MILIO PRINI VICO CHIOSSONE 8/6 GENOVA HAVE RECEIVED NOTHING FOR CATALOGUE OR EXHIBITION PLEASE INFORMA YOUR PRESENTATION IMMEDIATELY THANKS PEACE KYNASRON MCSHINE MODERNART COL 8/6

E.P. - K.M.: TELEGRAFI DELLO STATO QUALIFICA EST IMPORTO PAGATO I975 N. TELEGRAMMA.....N. PARAOLE II DATA I6 ORE .... RICEVUTA TELEGRAMMA ACCETTATO MECCANICAMENTE GENOVA TELEGRAFO H I6.5.70 BIS MEC. DESTINATARIO K.M.SHINE DESTINAZIONE NEW YORK CONFERMO PARTECIPAZIONE ALLA MOSTRA/EMILIO PRINI/

Part of a comedy script for 4 actors (Jean Christophe Amman, Kynaston McShine, Emilio Prini and Tucci).

Extrait d'un texte de comédie à 4 personnages (Jean Christophe Amman, Kynaston McShine, Emilio Prini et Tucci).

Ausschnitt aus einem Lustspieltext für 4 Darsteller (Jean Christophe Amman, Kynaston McShine, Emilio Prini und Tucci).

14

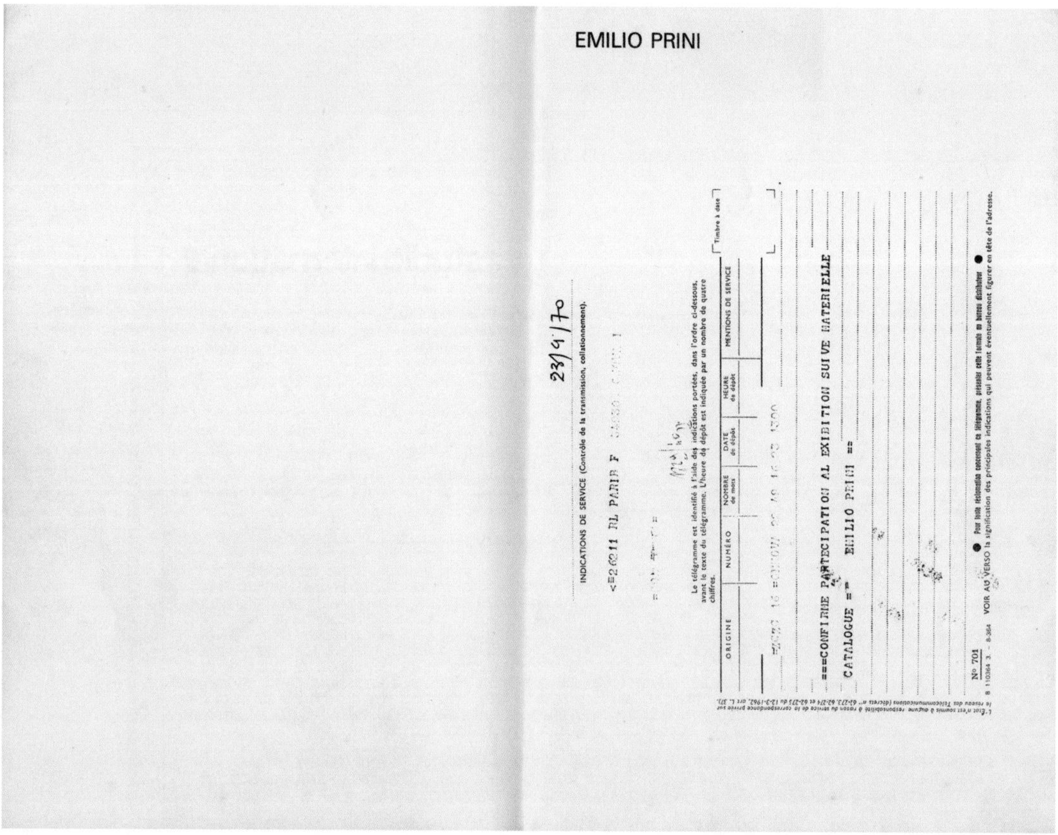

EMILIO PRINI

INDICATIONS DE SERVICE (Contrôle de la transmission, collationnement).

23/9/70

<=26211 RL PARIB F 34930

===CONFIRME PARTECIPATION AL EXIBITION SUIVE MATERIELLE CATALOGUE ==" EMILIO PRINI ==

N° 701 VOIR AU VERSO la signification des principales indications qui peuvent éventuellement figurer en tête de l'adresse.

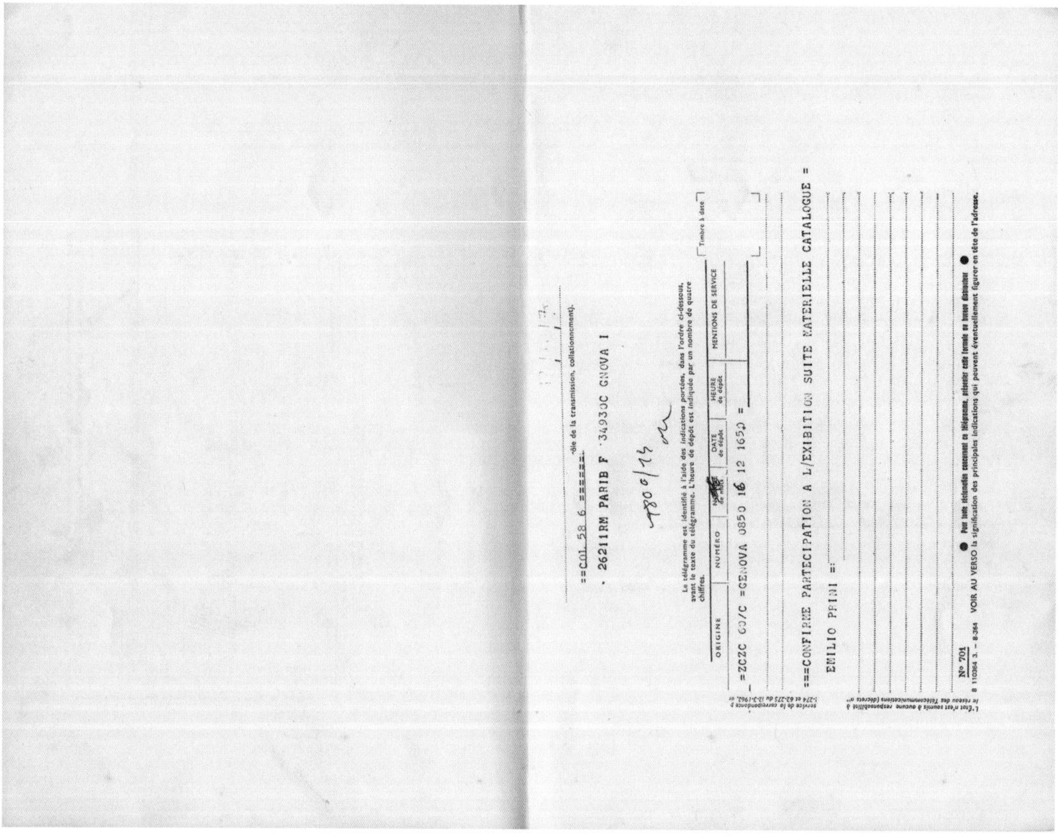

==C01 58 6 ======

. 26211RM PARIB F 34930C GNOVA I

=2C2C C0/C =GENOVA 0850 16 12 1650 =

===CONFIRME PARTECIPATION A L/EXIBITION SUITE MATERIELLE CATALOGUE =

EMILIO PRINI =

N° 701 VOIR AU VERSO la signification des principales indications qui peuvent éventuellement figurer en tête de l'adresse.

1970

***Concept-Théorie*, Galerie Daniel Templon, Parigi / Paris**
Catalogo / Catalogue

IT

Hans Ulrich Obrist
Frammenti di conversazioni con Emilio Prini

Frammento 1

Emilio Prini: Sai che mi viene difficile? Non riesco a partire.

Hans Ulrich Obrist: Cominciamo con Genova.

EP: Francesco Masnata, il padrone della galleria La Bertesca, che conoscevo pochissimo, mi presenta un giovane, Germano Celant, che stava organizzando una mostra da lui con Paolini, Fabro, Pascali, Kounellis. Conoscevo questi nomi avendo visitato qualche mostra in quell'anno, ma quasi su un piano dilettantesco. Avevo visto Paolini, qualche foto di Fabro, una cosa di Pascali.

HUO: E Pistoletto?

EP: Pistoletto non c'era. Erano Pascali, Kounellis, Fabro, Paolini e Boetti. Quando Masnata me lo racconta, dico istintivamente: "Se dovessi esporre, metterei questo, questo e questo". Celant allora mi dice "passa domani a casa mia e mi racconti meglio cosa hai in mente". Così gli parlo del *Perimetro d'Aria* e da lì nasce l'invito a partecipare. È stato strano perché non avevo mai esposto. Alla prima mostra mi sono trovato con questi personaggi. Ho sempre detto a Germano che un giorno avrebbe dovuto raccontare quanto successo.

HUO: Alla mostra inaugurale della Galleria La Bertesca c'era la mostra dell'Arte Povera al piano sotto mentre al piano sopra quella della Pop Art. Qual era il tuo rapporto con Andy Warhol?

EP: Warhol è stato critico verso gli Stati Uniti osservandola dal punto di vista di un immigrato di prima generazione. Nel nostro caso era diverso. Gli artisti dell'Arte Povera facevano lavori molto diversi gli uni dagli altri e questa era un novità. Non c'era uno stile coerente come i cubisti. Tutto nasce dalle idee. Ho l'impressione che se ieri i giovani seguivano Duchamp, oggi guardano più a Warhol anche se lo stesso Warhol è duchampiano.

HUO: E invece come vedi Joseph Beuys?

EP: Non lo vedo. È una presenza mitologica ma forse oggi è stato dimenticato velocemente rispetto a Warhol. L'ho conosciuto a Berna nel 1969 alla mostra *When Attitudes Become Forms*. Non ci rendevamo conto della sua influenza. In generale tra gli anni '50 e '60 ci sono stati grandi artisti come Manzoni e Fontana e i più giovani come Pascali, Paolini, Pistoletto, Fabro, Kounellis ne sono una conseguenza. Oggi l'Italia nel campo artistico è molto naturalistica, isolata dall'avanguardia. Siamo comunque il paese dell'arte. Ci sono anche artisti interessanti come Damien Hirst, Gabriel Orozco, Jeff Koons. Riprendono Manzoni mentre altri come Castellani, che è un grande, è stato dimenticato.

HUO: Castellani ha continuato lo stesso lavoro così come alcuni artisti dell'Arte Povera hanno scelto il cammino del

EN

Hans Ulrich Obrist
Fragments of interviews with Emilio Prini

Fragment 1

Emilio Prini: You know I'm at a bit of a loss? I don't know where to start.

Hans Ulrich Obrist: Let's start with Genoa.

EP: Francesco Masnata, the owner of Galleria La Bertesca, whom I knew very little, introduced me to a young man, Germano Celant, who was organizing an exhibition with Paolini, Fabro, Pascali, and Kounellis. I was familiar with these names from having visited a few exhibitions that year, but only vaguely. I had seen Paolini, a few photos by Fabro, and something by Pascali.

HUO: What about Pistoletto?

EP: Pistoletto wasn't there. It was Pascali, Kounellis, Fabro, Paolini, and Boetti. When Masnata told me about it, I instinctively said, "If I were to exhibit, I would show this, this, and this." Then Celant said to me, "Come to my house tomorrow and tell me more about what you have in mind." So, I told him about *Perimetro d'Aria*, and that led to the invitation to take part. It was strange because I had never exhibited before. At the first exhibition, I found myself in the middle of all these characters. I would always say to Germano that one day he should tell the story of what went on there.

HUO: At the inaugural exhibition at La Bertesca, there was a display of Arte Povera downstairs and Pop art upstairs. What was your relationship with Andy Warhol?

EP: Warhol was critical of the United States, observing it through the eyes of a first-generation immigrant. In our case, it was different. Arte Povera artists produced works that were very unlike one another, and this was something new. There was no consistent style like the Cubists had. Everything came from ideas. I get the impression that if young people followed Duchamp yesterday, today they look more to Warhol, even though Warhol himself was a Duchampian.

HUO: Instead, how do you see Joseph Beuys?

EP: I don't really see him. He is a mythological figure, but perhaps today he has been more quickly forgotten compared to Warhol. I met him in Bern in 1969 at the exhibition *When Attitudes Become Forms*. We didn't realize how influential he was. In general, between the 1950s and '60s, there were great artists such as Manzoni and Fontana, and younger artists such as Pascali, Paolini, Pistoletto, Fabro, and Kounellis were a consequence of this. Today, Italy is very naturalistic in the arts, isolated from the avant-garde. However, we are still the land of art. There are also interesting artists such as Damien Hirst, Gabriel Orozco, and Jeff Koons. They are now revisiting Manzoni, while others such as Castellani, who is a great artist, have been forgotten.

HUO: Castellani continued with the same approach, as did some Arte Povera artists who chose the path of the

IT

Hans Ulrich Obrist

logo dove l'opera diventa riconoscibile. Tu invece hai rifiutato questo approccio.

EP: Avevo scritto che l'Arte Povera è la quarta arte, e di conseguenza non finisce mai. È una dimensione quindi non si può concludere.

HUO: Cosa pensi di queste nuove interpretazioni dell'Arte Povera grazie al lavoro di giovani curatori come Francesco Bonami o Carolyn Christov Bakargiev?

EP: Sono dei delegati della posizione di Celant. Quella di Celant non era un'interpretazione ma un manifesto. Anche negli anni '60 esistevano dei critici come Tommaso Trini che scrivevano intorno come sostegno. Celant era influenzato dagli artisti e in questo è moderno. I futuristi sono durati venticinque anni mentre i cubisti sette/otto perché non avevano un teorico. L'Arte Povera ha anche avuto la fortuna di avere una donna: Marisa Merz. Gruppo Forma aveva Carla Accardi. La Transavanguardia era composta da soli uomini.

HUO: La dimensione del tempo è importante. Oggi gli artisti fanno una mostra dopo l'altra...Tu, come Duchamp che ha fatto la prima grande mostra quando era anziano, non sei schiavo della velocità di oggi. Non è vero che non hai fatto mostre.

EP: Ho fatto circa quindici mostre interessanti. Le principali sono tutte quelle dell'Arte Povera fino al 1971. Poi c'è la personale del 1968 alla Bertesca e quella del 1971 all'Attico intitolata *Merce Tipo Standard* che non aveva opere.

HUO: In che anno ti trasferisci da Genova a Roma?

EP: Nel 1971 per la mostra dell'Attico. Roma mi è sempre piaciuta.

HUO: Nella mostra a Roma avevi lasciato la galleria vuota?

EP: No. Fabio Sargentini aveva visto lo smontaggio della televisione a Monaco dove apparve la stella. Così ho fatto una dimostrazione con la televisione ad attestare che non era arte, non era niente, solo "merce", "tipo", "standard". Ho organizzato tre inaugurazioni ma non c'erano pezzi che si vendevano. Nel 1975 ho presentato una personale da Franco Toselli con la vetrina.

HUO: Tu riattualizzi spesso le opere. Non sono mai finite.

EP: Sì, mi è successo di provare questa cosa. Nella mostra di Strasburgo ho dovuto ricostruire vari pezzi degli anni '60 e '70 e allora a memoria ho rifatto delle opere. Le forme cambiano in rapporto alla memoria, che è un modo di lavorare che mi piace da sempre.

HUO: "Non ho programmi, vado a tentoni, non vedo traccia di nascita dell'Arte (né della tragedia) perché la C. S. non è il frutto del puro lavoro umano (perché non ho fatto io la sedia il tavolo il foglio la penna con la quale scrivo) non creo, se è possibile"...

EN

logo, where their work becomes recognizable. You, on the other hand, rejected this approach.

EP: I wrote that Arte Povera is the fourth art, and that as such it never ends. It's a dimension, so it cannot be concluded.

HUO: What do you think of these new interpretations of Arte Povera thanks to the work of young curators such as Francesco Bonami and Carolyn Christov-Bakargiev?

EP: They are delegates of Celant's position. Celant's stance was not an interpretation but a manifesto. Even in the 1960s, there were critics such as Tommaso Trini who wrote in support of him. Celant was influenced by artists, and in this he is modern. The Futurists lasted twenty-five years, while the Cubists lasted seven or eight because they had no theorist. Arte Povera was also fortunate to have a woman: Marisa Merz. Gruppo Forma had Carla Accardi. The Transavantgardia was made up entirely of men.

HUO: The dimension of time is important. Today, artists do one exhibition after another .... You, like Duchamp, who had his first major exhibition when he was elderly, are not a slave to today's speed. It's not true that you haven't had exhibitions.

EP: I have had about fifteen interesting exhibitions. The main ones were all those featuring Arte Povera up to 1971. Then there was the solo exhibition in 1968 at La Bertesca and the one in 1971 at L'Attico entitled *Merce Tipo Standard*, which did not feature any works.

HUO: Around when did you move from Genoa to Rome?

EP: In 1971 for the exhibition at L'Attico. I have always liked Rome.

HUO: Was it for the exhibition in Rome that you left the gallery empty?

EP: No. Fabio Sargentini had seen the dismantling of the television set in Monaco where the star appeared. So, I did a demonstration with the television to prove that it wasn't art, it was nothing, just "goods," "type," "standard." I organized three openings, but there were no pieces for sale. In 1975, I presented a solo show at Franco Toselli's gallery with just the display case.

HUO: You often update your works. They're never really finished.

EP: Yes, I have experienced this. For the exhibition in Strasbourg, I had to reconstruct various pieces from the 1960s and 1970s, so I recreated the works from memory. Forms change in relation to memory, which is a way of working that I have always liked.

HUO: "I have no program, I grope my way, I see no trace of the birth of Art (nor of Tragedy) because C. S. is not the fruit of pure human work (because I did not make the chair, the

IT

Hans Ulrich Obrist

EP: Ci ho messo quattro anni a scriverla. Era difficile trovare la giusta combinazione.

HUO: Come nasce il titolo della mostra di Strasburgo *Fermi in dogana*?

EP: Per andare in Francia ero sceso a Basilea e passai dalla dogana che era vuota. Mi aveva dato una sensazione di grande tranquillità e così ho pensato a *Fermi in dogana*. Un titolo un po' duchampiano.

HUO: Il titolo allude anche al fatto che la mostra era concepita come un transito e non uno stato finale?

EP: Volevo creare uno spazio calmo dove entravi e camminavi nella calma come nelle dogane in cui tutto è fermo.

HUO: Mi sembra che in molte opere fai una sorta di critica dell'economia del sistema dell'arte.

EP: Mi ha sempre interessato la critica all'economia dell'arte. Ad esempio "la macchina fotografica usata mantiene il valore nominale ma addiziona il mercato artistico". Veniva usata e poi si rompeva. Diventava pateticamente come una madre che moriva dopo aver fatto troppi figli. Mi permetteva di fare dei giochi con la fotografia in rapporto a lei; è morta e ora vale di più di quando era viva perché il mercato dell'arte le attribuisce più valore. Mi ha sempre interessato parlare dell'economia dell'arte trattandola su un piano del negativo. Nel caso di *X Edizioni* del 1986, volevo fare qualcosa dove pagavi poco e avevi molto.

HUO: Che ne pensi dell'internet?

EP: Internet non lo vedo come diceva il sindaco di Chiavari. Preferisco immergermi in una materia bella e brutta che sia. Preferisco sperimentare con la materia. l'Arte Povera ha affermato che le idee non erano più in vigore ma che la materia era importante. A rischio di sembrare stupidi siamo scappati dall'essere duchampiani e warholiani. Siamo scappati dalle idee come quando sei giovane e vai via di casa. Damien Hirst è bravo per questo: usa il materiale in modo pesante, interviene su una "materiaccia".

EN

table, the sheet of paper, or the pen I use to write); I create nothing, if possible."

EP: It took me four years to write it. It was hard to find the right combination.

HUO: How did the title for the Strasbourg exhibition *Fermi in dogana* ("Held at Customs") come about?

EP: To go to France, I got off at Basel and passed through customs, which was empty. It gave me a feeling of great tranquility, so I thought of *Fermi in dogana*. A somewhat Duchampian title.

HUO: Does the title also allude to the fact that the exhibition was conceived as a transition rather than a final state?

EP: I wanted to create a calm space where you could walk in and feel peaceful, like in customs hall where everything is still.

HUO: It seems to me that in many of your works you offer a kind of critique of the economics of the art system.

EP: I have always been interested in criticism of the art economy. For example, "a used camera retains its nominal value but adds that of the art market." It was used and then it broke. It became pathetic, like a mother who died after having had too many children. It allowed me to play with photography in relation to it; it died and now it's worth more than when it was alive because the art market attributes more value to it. I have always been interested in talking about the economics of art by treating it on a negative level. In the case of *X Edizioni* in 1986, I wanted to do something where you paid very little and got a lot in return.

HUO: What do you think of internet?

EP: I don't see the internet, as the mayor of Chiavari said. I prefer to immerse myself in a subject, whether it's beautiful or ugly. I prefer to toy with the subject matter. Arte Povera claimed ideas were no longer valid but that the subject matter was important. At the risk of sounding stupid, we ran away from being Duchampians and Warholians. We ran away from ideas like those you have when you're young and you leave home. Damien Hirst is good at this: he uses the material heavily, intervening on "poor materials."

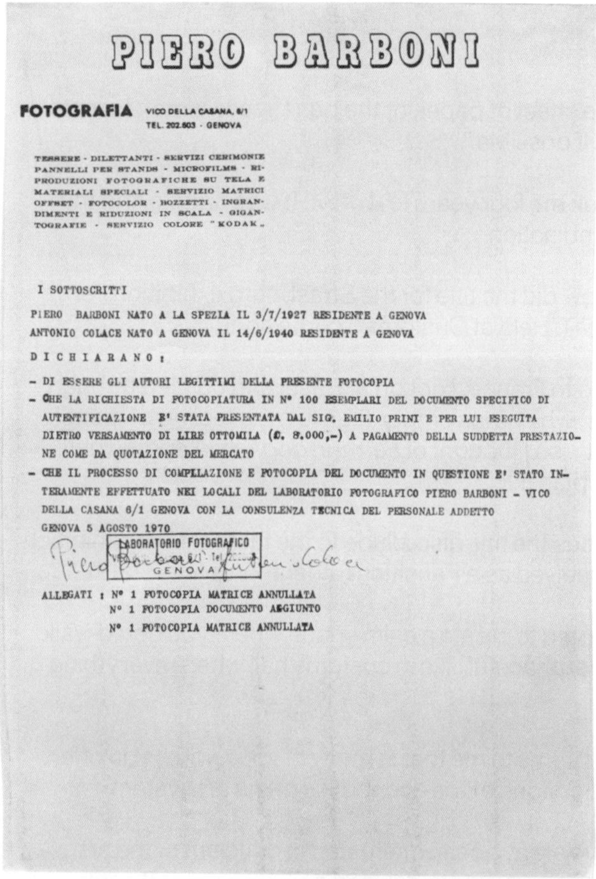

PIERO BARBONI

FOTOGRAFIA VICO DELLA CASANA, 6/1
TEL. 202.603 - GENOVA

TESSERE - DILETTANTI - SERVIZI CERIMONIE
PANNELLI PER STANDS - MICROFILMS - RI-
PRODUZIONI FOTOGRAFICHE SU TELA E
MATERIALI SPECIALI - SERVIZIO MATRICI
OFFSET - FOTOCOLOR - BOZZETTI - INGRAN-
DIMENTI E RIDUZIONI IN SCALA - GIGAN-
TOGRAFIE - SERVIZIO COLORE "KODAK"

I SOTTOSCRITTI

PIERO BARBONI NATO A LA SPEZIA IL 3/7/1927 RESIDENTE A GENOVA
ANTONIO COLACE NATO A GENOVA IL 14/6/1940 RESIDENTE A GENOVA

D I C H I A R A N O :

- DI ESSERE GLI AUTORI LEGITTIMI DELLA PRESENTE FOTOCOPIA
- CHE LA RICHIESTA DI FOTOCOPIATURA IN N° 100 ESEMPLARI DEL DOCUMENTO SPECIFICO DI AUTENTIFICAZIONE E' STATA PRESENTATA DAL SIG. EMILIO PRINI E PER LUI ESEGUITA DIETRO VERSAMENTO DI LIRE OTTOMILA (£. 8.000,-) A PAGAMENTO DELLA SUDDETTA PRESTAZIONE COME DA QUOTAZIONE DEL MERCATO
- CHE IL PROCESSO DI COMPILAZIONE E FOTOCOPIA DEL DOCUMENTO IN QUESTIONE E' STATO INTERAMENTE EFFETTUATO NEI LOCALI DEL LABORATORIO FOTOGRAFICO PIERO BARBONI - VICO DELLA CASANA 6/1 GENOVA CON LA CONSULENZA TECNICA DEL PERSONALE ADDETTO

GENOVA 5 AGOSTO 1970

LABORATORIO FOTOGRAFICO
GENOVA

ALLEGATI : N° 1 FOTOCOPIA MATRICE ANNULLATA
N° 1 FOTOCOPIA DOCUMENTO AGGIUNTO
N° 1 FOTOCOPIA MATRICE ANNULLATA

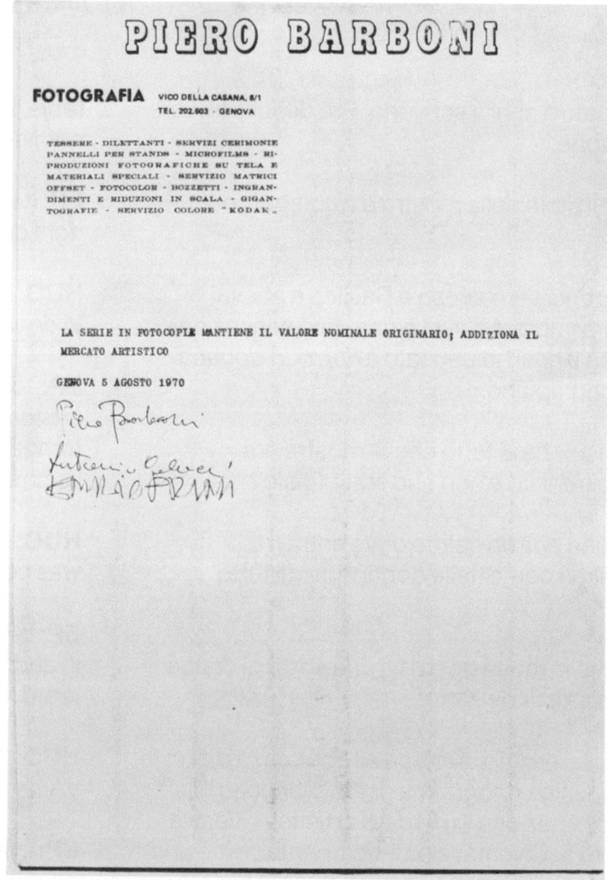

PIERO BARBONI

FOTOGRAFIA VICO DELLA CASANA, 6/1
TEL. 202.603 - GENOVA

TESSERE - DILETTANTI - SERVIZI CERIMONIE
PANNELLI PER STANDS - MICROFILMS - RI-
PRODUZIONI FOTOGRAFICHE SU TELA E
MATERIALI SPECIALI - SERVIZIO MATRICI
OFFSET - FOTOCOLOR - BOZZETTI - INGRAN-
DIMENTI E RIDUZIONI IN SCALA - GIGAN-
TOGRAFIE - SERVIZIO COLORE "KODAK"

LA SERIE IN FOTOCOPIE MANTIENE IL VALORE NOMINALE ORIGINARIO; ADDIZIONA IL MERCATO ARTISTICO

GENOVA 5 AGOSTO 1970

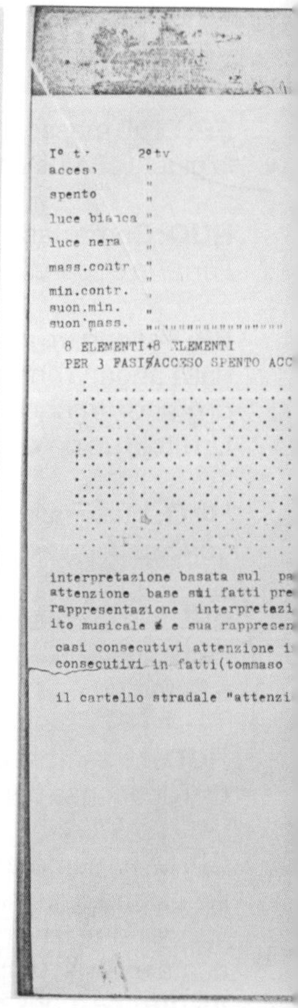

I° tv 2° tv
acceso "
spento "
luce bianca "
luce nera "
mass.contr. "
min.contr. "
suon.min. "
suon.mass. "
8 ELEMENTI+8 ELEMENTI
PER 3 FASI ACCESO SPENTO ACC

interpretazione basata sul pa
attenzione base sui fatti pre
rappresentazione interpretazi
ito musicale e sua rappresen
casi consecutivi attenzione i
consecutivi in fatti(tommaso

il cartello stradale "attenzi

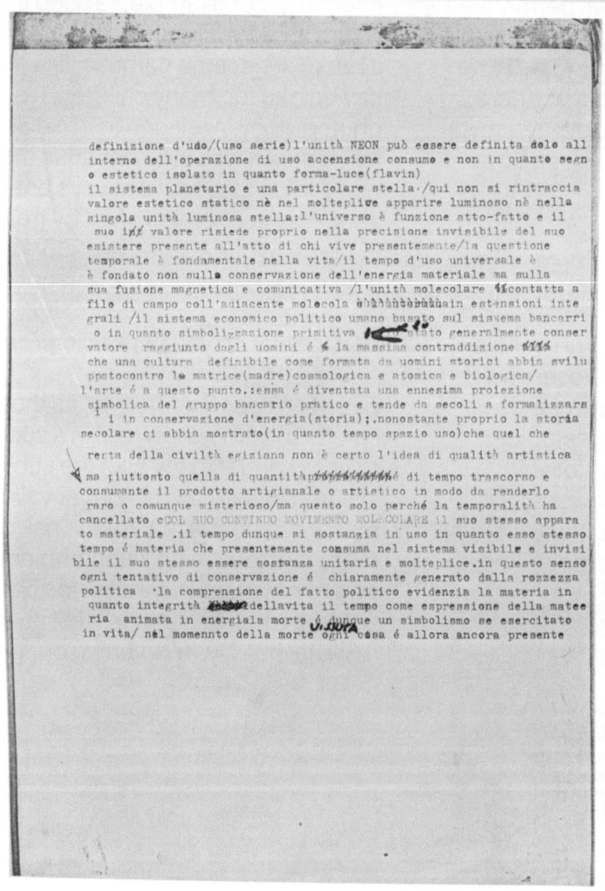

definizione d'uso/(uso serie)l'unità NEON può essere definita solo all interno dell'operazione di uso accensione consumo e non in quanto segn o estetico isolato in quanto forma-luce(flavin)
il sistema planetario e una particolare stella /qui non si rintraccia valore estetico statico nè nel molteplice apparire luminoso nè nella singola unità luminosa stella:l'universo è funzione atto-fatto e il suo valore risiede proprio nella precisione invisibile del suo esistere presente all'atto di chi vive presentemente/la questione temporale è fondamentale nella vita/il tempo d'uso universale è fondato non sulla conservazione dell'energia materiale ma sulla sua fusione magnetica e comunicativa /l'unità molecolare contatta a filo di campo coll'adiacente molecola in estensioni integrali /il sistema economico politico umano basato sul sistema bancario in quanto simbolizzazione primitiva è stato generalmente conservatore raggiunto dagli uomini é la massima contraddizione che una cultura definibile come formata da uomini storici abbia sviluppato contro la matrice(madre)cosmologica e atomica e biologica/
l'arte é a questo punto.:essa é diventata una ennesima proiezione simbolica del gruppo bancario pratico e tende da secoli a formalizzarsi in conservazione d'energia(storia);.nonostante proprio la storia secolare ci abbia mostrato(in quanto tempo spazio uso)che quel che

resta della civiltà egiziana non è certo l'idea di qualità artistica

ma piuttosto quella di quantità di tempo trascorso e consumante il prodotto artigianale o artistico in modo da renderlo raro o comunque misterioso/ma questo solo perché la temporalità ha cancellato cCOL SUO CONTINUO MOVIMENTO MOLECOLARE il suo stesso apparato materiale .il tempo dunque si sostanzia in uso in quanto esso stesso tempo é materia che presentemente consuma nel sistema visibile e invisibile il suo stesso essere sostanza unitaria e molteplice.in questo senso ogni tentativo di conservazione é chiaramente generato dalla rozzezza politica ·la comprensione del fatto politico evidenzia la materia in quanto integrità dellavita il tempo come espressione della mateeria animata in energiala morte é dunque un simbolismo se esercitato in vita/ nel momennto della morte ogni cosa é allora ancora presente

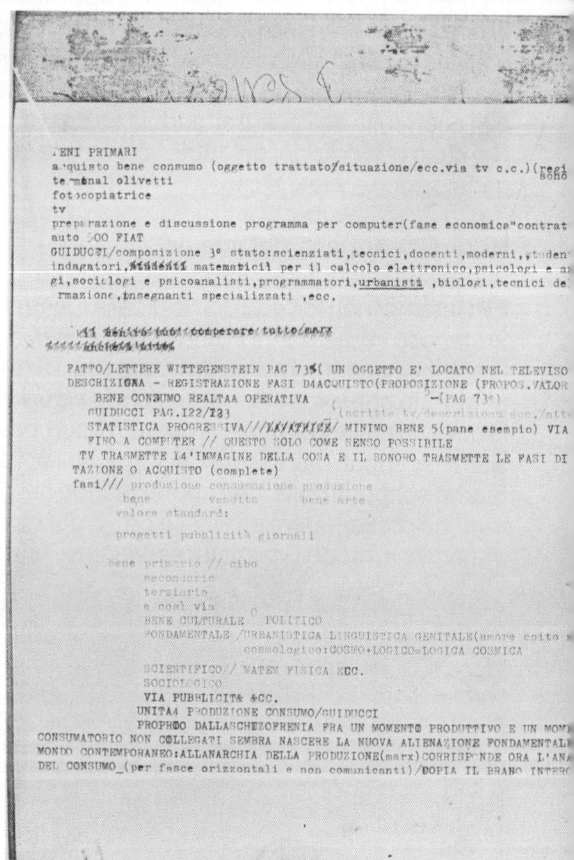

BENI PRIMARI
acquisto bene consumo (oggetto trattato/situazione/ecc.via tv c.c.)(regi
terminal olivetti
fotocopiatrice
tv
preparazione e discussione programma per computer(fase economica"contrat
auto 500 FIAT
GUIDUCCI/composizione 3° stato:scienziati,tecnici,docenti,moderni,,studen
indagatori, matematici per il calcolo elettronico,psicologi e a
gi,sociologi e psicoanalisti,programmatori,urbanisti ,biologi,tecnici de
rmazione,insegnanti specializzati ,ecc.

FATTO/LETTERE WITTEGENSTEIN PAG 73(UN OGGETTO E' LOCATO NEL TELEVISO
DESCRIZIONA - REGISTRAZIONE FASI D4ACQUISTO(PROPOSIZIONE (PROPOS.VALOR
BENE CONSUMO REALTAA OPERATIVA -(PAG 73°)
GUIDUCCI PAG.I22/I23
STATISTICA PROGRESSIVA/// MINIMO BENE 5(pane esempio) VIA
FINO A COMPUTER // QUESTO SOLO COME SENSO POSSIBILE
TV TRASMETTE L4'IMMAGINE DELLA COSA E IL SONORO TRASMETTE LE FASI DI
TAZIONE O ACQUISTO (complete)
fasi/// produzione consumazione produzione
bene vendita bene arte
valore standard:

progetti pubblicità giornali

bene primario // cibo
secondario
terziario
e così via
BENE CULTURALE POLITICO
FONDAMENTALE /URBANISTICA LINGUISTICA GENITALE(amore coito
cosmologico:COSMO+LOGICO=LOGICA COSMICA

SCIENTIFICO// MATEM FISICA ECC.
SOCIOLOGICO
VIA PUBBLICITA ECC.
UNITA4 PRODUZIONE CONSUMO/GUIDUCCI
PROPRIO DALLASCHIZOFRENIA FRA UN MOMENTO PRODUTTIVO E UN MOM
CONSUMATORIO NON COLLEGATI SEMBRA NASCERE LA NUOVA ALIENAZIONE FONDAMENTAL
MONDO CONTEMPORANEO:ALLANARCHIA DELLA PRODUZIONE(marx)CORRISPONDE ORA L'ANA
DEL CONSUMO_(per fasce orizzontali e non comunicanti)/COPIA IL BRANO INTER

1970

Senza titolo / Untitled
9 fotocopie A4 / 9 A4 photocopies
(+100 elementi / items)

neri

ppresentazione e attenzione (tra)

za in recitazione del testo-fatto(sp
siva interpreta dal l'orchestra)

a /necessaria indagine dei casi
ni di consumo e casi vita)

nzione con un simbolismo linguistico

---

serie di registrazione acquisto beni di consumo
arte.appartamenti. contratti. registratori/elettrodomestici. ecc.
catalogo tommaso ripresa tv

---

sembra necessario eliminare l'automatismo di risposta allo stimolo pubblicità - automatismo '(non istantaneo)stimolo consumo(pavlov)base pubblicitaria//// programma elettromagnetico-assenza di stimolo automatismo
è come quando la pubblicità dice cioccolato sigaretta e ricordo di mangiare h fumare/cosa caso causa?antropologica questa combinazione?

---

teria teoria linguaggio proposizionale arte via logica simbolica computer
elaborazione topologica dati

---

teoria dei beni
teoria del valore
teoria della comunicazione
teoria dell informazione
teoria della tautologia
teoria dell uso
teoria del caso
teoria della cosa
teoria del linguaggio arte
teotia della dinamica sociale
teoria della causa(a
teoria dell automatismo primario (psichico) [linguistico] secondario(meccanicopubblicitari
teoria del consumo(contrapposto a uso)

SEMBRA NECESSARIO CHIARIRE LL MECCANISMO DELL4INTERPRETAZIONE

COME SI FORMA L4'INTERPRETAZIONE DI UN 3"CASO"
CASI CONSECUTIVI-ATTEGGIAMENTOOPERATIVO/FATTO5(interpretazione del fatto)
logica del terqo escluso=interpretazione
esclusione del terzo escluso=assenza di interpretazione /INCLUSIONE TERZO ESCLUSO
informazione diretta continuata/scadere dell'interpretazione in senso

ma l'interpretazione é prima un problema fondato sulla psichicità del linguag
sulle radici formative della lingua / sul condizionamento reattivo passivo
allo stimolo linguisti co/si impone il metodo fisico/l'interpretazione é
cosa fisica nel senso di"relativo al mondo" si vede che il contenuto come
relazione e differenza con il"mondo" visto come densità magica diviene
il fondamento dell'interpretazione riferentesia/ DIFFERENTESI-DA

roposizione"slocazione"(fenomeno locazione slocazione dinamica statica/differenz
ra"posizione"(dinamica dei rapporti) e "posizione"(statica(topografica) del luo
o) / (basi missilistiche a terra con posizioni locazioni statiche(tempo spazio)
e sottomarini atomici a largo raggio con missili intercontinentali con posizi
slocate e ampiamente incontrollabili(materia energia movimento tempo spazio vel
th) /logica del terzo escluso5(indagine regarding) inclusione terzo escluso /
terpretazione /durata/ APPLICAZIONE DELL4INDAGINE AL LINGUAGGIO PROPOSIZIONALE
VIA AFORISMA-TELEGRAFICA-SINTESI/

LIBRO GIANENZO/

CONFERMO PARTECIPAZIONE ESPOSIZIONA

EFFETTO PRESENZA ESPOSIZIONE

effetto esposizione esposizione
effetto partecipazione esposizione

---

il senso formale delle civiltà è mnemonico eporta a riformare stati storici
ed evolutivi gia esistiti in precedenti spazio-tempo? o è necessario all'rmor
universale come storia della materia/
dobbiamo emanare forme o essere noi il soggetto della forma/la scultura
buddista nella serie del budda/? variazione di energie psichiche nell'una
rappresentazione forma budda/scultura buddista-casi consecutivi/
casa corpo mondo corpo societàc corpo mente / pluridimensione fisico metafi
si/politica contemplazione/conscio storico inconscio personale inconscio co
ettivo grande inconscio/
ma dire l'esprimibile e il presente questo è più difficile(....questo è il
problema.....)dire il dicibile è comprendere l'indicibile..dire/vivere il
presente/ ifatti che accadono e le condizionipolitiche umane generali vivono
dei rivolgimenti cosmici dell'istante e dell'ora/siamo organismi radiantiM mate
non storici esposti al futuro mutare dell'individuato collettivo elettrico
magnetismo gravitante e proporzionale immesso in invarianti estensioni
pluridimensionali di corpi menti :5(materia-materia-materiale-la materia-il m
teriale-serie energia non simbolizzata in forma)

TEMPO REALE/DATI ELABORATI E COMUNICATI VIA VIA CHE SONO DISPONIBILI LN MODO DA CONSENTIRE A TUTTI I PUNTI DI INTERROGAZIONE UNA RISPOSTA IMMEDIATA E IN QUALUNQUE MOMENTO.IL COLLEGAMENTO DEVE ESSERE PERMANENTE E PLURIDIMENSIONALE.
BIDIREZIONALE (TERZO-ESCLUSO)

ELABORAZIONE A BLOCCHI/I DATI VENGONO ACCUMULATI PROGRESSIVAMENTE ED ELABORATI SOLTANTO A SCADENZE DETERMINATE.LA TRASMISSIONE PUO' AVVENIRE SENZA ACCESSO DIRETTO ALL'ELABORATORE O CON ACCESSO DIRETTO MA DISCONTINUO E SPESSO UNIDIREZIONALE DALLA PERIFERIA AL CENTRO.SITUAZIONE PIU' SEMPLICE PERCHE'NON RICHIEDE UNA IMMEDIATEZZA DI ELABORAZIONE,CONSENTE DI SCEGLIERE L'ORARIO DI TRASMISSIONE E DETERMINA LA SCELTA DEL MEZZO TRASMISSIVO/(rete commutata o collegamento diretto ad uso esclusivo)
INFORMAZIONE NON PERVENUTA(INVIATA)

GRUPPO DI IMPROVVISAZIONE DESCRITTIVA/DESCRIZIONA-DESCRIZIONE-DESCRITTO/
GENOVA VIA DAVIDE CHIOSSONE 8/6

EMILIO PRINI
CURATORE ASSOCIATO PROPOSIZIONE-(ARTE)-

il contenuto di un caso / ~~informazione~~ DATO o niente
il contenuto di casi consecutivi/ una estensione di dati consec. o niente - (8 pagine)

1ª PAGINA
2
3 BIANCA
4 BIANCA
5 """"""
6 """"""
7 """"""
8 """"""

EMILIO PRINI
CONFERMA PARTECIPAZIONE ESPOSIZIONE

copyright. I970

EMILIO PRINI

1970

Senza titolo / Untitled
Dattiloscritto su carta / Typescript on paper

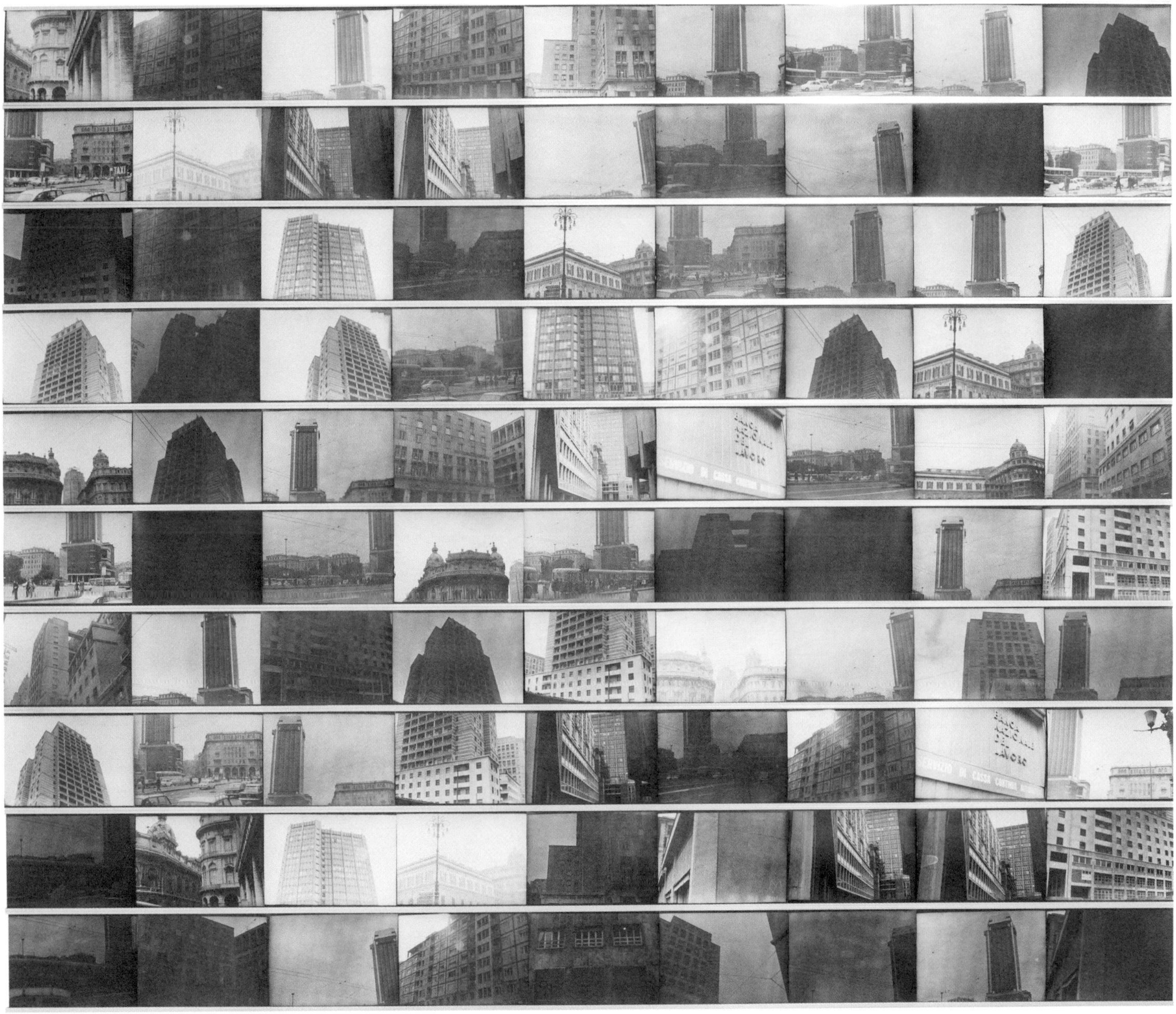

1970

Racconto che si fa da solo
Stampe alla gelatina d'argento su carta / Gelatin silver print on paper

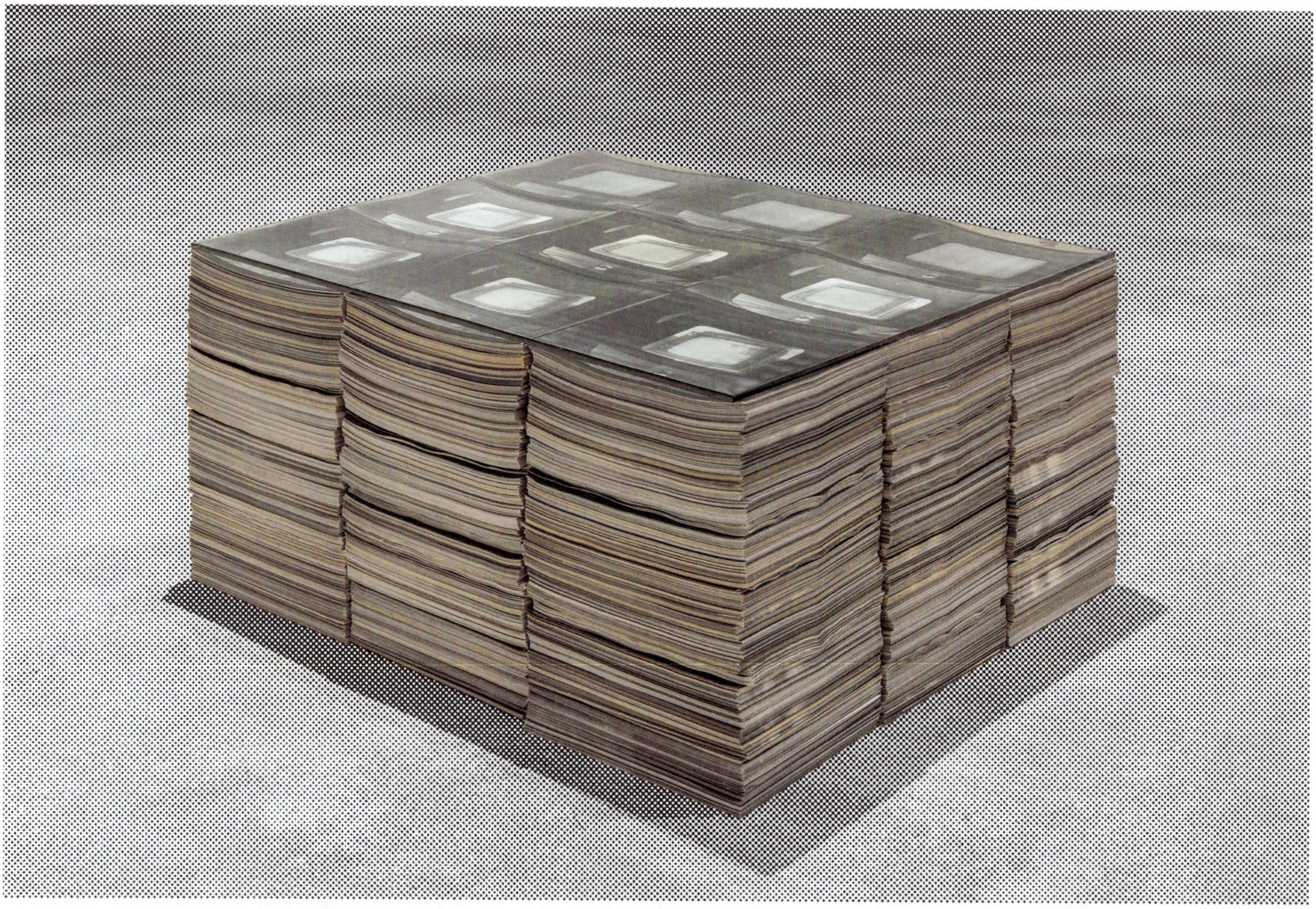

1970

Film TV, 5 min.
Stampa alla gelatina d'argento su carta e stampa offset su carta (28.576 elementi), vetro / Gelatin silver print on paper and offset print on paper (28,576 Items), glass

1970

Senza titolo / Untitled
Fotografia in bianco e nero / Black-and-white photograph

IT

Andrea Viliani
Machine-Human Learning. L'an-algoritmo di Emilio Prini

> *Ogni infanzia, nel suo interesse per i fenomeni tecnici, nella sua curiosità per ogni sorta di invenzioni e macchinari, connette le conquiste della tecnica agli antichi universi simbolici.*
> – Walter Benjamin, *Das Passagen-Werk*, 1927–40

Il gioco è lo standard dell'esperienza infantile del mondo. Anzi, il gioco intende il mondo proprio come un'esperienza, come qualcosa che è oggetto di una verifica in corso, e non come qualcosa di predeterminato, esistente già in quanto tale e non modificabile. Per questo, nel gioco ciò che è reale o immaginario, possibile o impossibile, antico o a venire coesistono tra loro in un *continuum* che fa del gioco un'esperienza critica, ovvero un processo progressivo di conoscenza. Montare, smontare, rimontare un giocattolo sono istinti connessi al giocare stesso, in quanto messa a punto e taratura dello strumento di questa esperienza (che implica un'inesausta "curiosità per ogni sorta di invenzioni e macchinari"). Ne deriva che il gioco definisce il mondo, e il nostro rapporto con esso, come qualcosa sempre e ancora da comprendere.

Per questo penso che Emilio Prini abbia giocato per tutta la vita, anche da adulto, e come artista.

Ma che gioco ha giocato, Prini? Con "teoria dei giochi"[1] si intende lo studio di modelli matematici impostati e coordinati per raggiungere un obiettivo definito a priori, e quindi il complesso delle logiche e dei comportamenti decisionali degli esseri umani o, conseguentemente, dei calcolatori da loro inventati. L'obiettivo di questa teoria – in cui ogni giocatore è a conoscenza delle regole e valuta le conseguenze di ogni sua mossa ed elabora la propria strategia – è quello di vincere. Il gioco di Prini, invece, non ha mai avuto un obiettivo definito a priori, coincidendo con la costante messa a punto e taratura dei propri strumenti e con la verifica delle proprie scoperte. E il suo obiettivo non è mai stato quello di vincere, quanto piuttosto quello di investigare le regole, le mosse, le strategie e, in ultima analisi, il senso stesso del gioco. Più che una teoria dei giochi, il suo sembrerebbe quindi essere un gioco delle teorie, definito come tale già all'avvio del gioco stesso, ovvero nei primi anni della sua ricerca.

1967

Nel 1967 Prini partecipa alla prima mostra collettiva. È l'anno "bianco ghiaccio"[2], che precede il deflagrare del 1968, inteso come tensione che si accumula prima del gesto atletico: una situazione che sembra incorporare l'attitudine priniana a accatastare, annotare e archiviare energie, dati, materiali sempre disponibili e perfettibili, piuttosto che attuarli o concertarli in opere predeterminate a priori, o chiuse in se stesse. In quell'anno l'artista "fotografa, strappa e porta a casa manifesti pubblicitari o elettorali, annunci, mappe. Attua e riempie vuoti. Improvvisa banchetti in cui propone ai passanti fette di tappi di sughero per colmare il vuoto tra la zampa del tavolo e il pavimento. Analizza lo spazio, il comportamento dei corpi in relazione ad esso, il magnetismo e il concetto di standard"[3]. Se il progetto di

EN

Andrea Viliani
Machine-Human Learning. Emilio Prini's an-algorithm

> *By the interest it takes in technological phenomena, by the curiosity it displays before any sort of invention or machinery, every childhood binds the accomplishments of technology to the old worlds of symbol.*
> – Walter Benjamin, *Das Passagen-Werk*, 1927–40

Play is the standard of childhood experience of the world. Indeed, play understands the world precisely as an experience, as something that is subject to ongoing verification, and not as something predetermined, already existing as such and unchangeable. For this reason, in play, what is real or imaginary, possible or impossible, ancient or yet to come coexist in a continuum that makes play a critical experience, a progressive process of knowledge acquirement. Assembling, dismantling, and reassembling a toy are instincts bound up in play itself, as they involve the fine-tuning and calibration of the instrument of this experience (which implies an inexhaustible "curiosity [...] before any sort of invention or machinery"). It follows that play defines the world, and our relationship with it, as something ever and yet to be understood.

This is why I think Emilio Prini played throughout his life, even as an adult and as an artist.

But what game did Prini play? "Game theory"[1] refers to the study of mathematical models set up and coordinated to achieve a predefined goal, and therefore the complex logic and decision-making behavior of human beings or, consequently, of the computers they have invented. The goal of this theory—in which each player is aware of the rules, evaluates the consequences of each move, and develops their own strategy—is to win. Prini's game, on the other hand, never had a predefined goal, coinciding with the constant fine-tuning and calibration of his tools and the verification of his discoveries. And his goal was never to win, but rather to investigate the rules, moves, and strategies, and ultimately the very meaning of the game. Rather than a game theory, his seems to be a game of theories, defined as such very early on in the game, i.e, in the opening years of his research.

1967

In 1967, Prini took part in his first group exhibition. It was the "ice white"[2] year, that which preceded the explosion of 1968, in the sense of the tension that builds up prior to an athletic gesture: a situation that seems to embody Prini's attitude of piling up, annotating, and archiving energy, data, and materials to remain always available and perfectible, rather than implementing or coordinating them in works predetermined beforehand or sealed in upon themselves. In that year, the artist "[...] photographed, tore down, and took home advertising bills and election posters, announcements, and maps. He filled in gaps. He improvised banquets where he offered passersby slices of cork to fill in gap between a wobbly table leg and the floor. He analyzed space, the behavior of bodies in relation to it, magnetism, and the concept of the standard."[3] While the *Perimetro d'aria* project was exhibited in 1967 at the group exhibition

IT

Andrea Viliani

Perimetro d'aria è esposto nel 1967 alla mostra collettiva *Arte Povera – Im Spazio* alla Galleria La Bertesca di Genova, altri lavori non sono "esposti ufficialmente, ma provati in galleria o in studio"[4]. È il caso di *Standard 1967*, un'asta a misura standard di 6,50 mt in alluminio profilato che assume diversi comportamenti in base alla variabilità dello spazio, che anche a La Bertesca viene per altro solo "testato e fotografato"[5]. Fin dall'anno zero della sua ricerca, quindi, il gioco di Prini è sempre aperto all'esperienza stessa del gioco e prevede l'utilizzo sincronico di progetto e messa in atto, elementi oggettuali e apparati documentali, il provare e testare invece di operare attraverso affermazioni certe o la produzione di versioni finali.

Il 1967 è, a suo modo, l'incunabolo di quel gioco combinatorio che caratterizzerà tutto il "grande gioco"[6] priniano, articolando gli elementi di un sistema che da binario – lo stesso degli elaboratori elettronici che iniziano a diffondersi in quegli anni – si aprirà progressivamente all'emergere della moltitudine delle sue combinazioni e alla complessità teorica potenzialmente immisurabile che ne deriva: acceso e spento, comparsa e scomparsa, parziale e totale, standard (ST) e fuori standard (NS), umano e non umano (il macchinico degli strumenti di produzione e comunicazione dell'informazione). Sono queste le coordinate storiche di un tentativo costante di raccordare il pensiero umano a quello delle macchine che lo riproducono e lo trasmettono.

Anche se probabilmente Prini non lo sapeva ancora nel 1967, il suo gioco si pose fin da allora in una re(l)azione, funzionale all'approfondimento e all'eventuale superamento, con la logica predeterminata e predittiva delle macchine umane (corpo e mente dell'artista compresi). Una re(l)azione che dalla filosofia classica, dall'algebra booleana e dal *De Arte Combinatoria* (1666) di Gottfried Wilhelm Leibniz giunge alle riflessioni contemporanee sull'emergenza di ontologie della complessità (per cui la realtà si configura a partire da principi semplici in modo sempre più complesso, come nel caso delle reti neurali biologiche e artificiali[7] e delle strutture frattali che si ripetono simili su scale diverse[8]), alla teoria dell'informazione elaborata già a metà del XX secolo[9] e ai circuiti della *computer science* basata sul rapporto 0/1 dell'unità standard dei bit informatici (da "binary", binario, e "digit", cifra) e della conseguente architettura generata nelle sequenze di byte, parole e pagine. Possiamo immaginare che questo gioco avrebbe compreso, se lo avesse avuto già a disposizione, addirittura il *qubit* (bit quantistico) del *quantum computing*[10], per cui il rapporto binario 0/1 si espande simultaneamente a più valori e dati in una correlazione spazio-temporale (*entanglement*) che trova nello smisurato "+1" quantistico il suo, in effetti molto priniano, orizzonte costantemente in *progress*.

1968

Dopo l'anno "bianco ghiaccio", il 1968 è l'anno della prima mostra personale di Prini. *Pesi Spinte Azioni* è il risultato di una serie di azioni nel contesto artistico, inteso come spazio-tempo di identificazione, riflessione e condivisione, piuttosto che di produzione. Non solo la mostra si inaugura

EN

Arte Povera – Im Spazio at Galleria La Bertesca in Genoa, other works were "not officially exhibited, but tried out in the gallery or studio."[4] This was the case with *Standard 1967*: a standard 6.5-meter-long aluminum profile that behaves differently depending on the variability of the space, which, even at La Bertesca, was only "tested and photographed."[5] From the very beginning of his research, therefore, Prini's game was always open to the experience of play itself, and entailed the synchronous use of design and implementation, objects and documentary apparatus, trying and testing rather than operating through definitive statements or the production of final versions.

In its own way, 1967 marked the incunabulum of that combinatory game that would characterize the whole of Prini's "great game,"[6] articulating the elements of a system that, from binary—just like the electronic computers that were beginning to appear at the time—would gradually open up to the emergence of a multitude of combinations and the potentially immeasurable theoretical complexity that derives from them: on and off, appearance and disappearance, partial and total, standard (ST) and non-standard (NS), human and non-human (the machinic nature of the tools of production and communication of information). These are the historical coordinates of a constant attempt to connect human thought with that of the machines that reproduce and transmit it.

Although Prini was probably not yet aware of this in 1967, his game was already set in a reaction/relation, functional to the deepening and ultimate surpassing of the predetermined and predictive logic of human machines (including the artist's own body and mind). A reaction/relation that, from classical philosophy, Boolean algebra and Gottfried Wilhelm Leibniz's *De Arte Combinatoria* (1666) to contemporary reflections on the emergence of ontologies of complexity (where reality is configured on the basis of simple principles in an increasingly complex manner, as in the case of biological and artificial neural networks[7] and fractal structures that would be repeated in similar ways on various scales),[8] to information theory developed in the mid-twentieth century[9] and to computer science circuits based on the 0/1 ratio of the standard unit of computer bits (from "binary" and "digit") and the resulting architecture generated in sequences of bytes, words, and pages. We can imagine that, had it already been available, this game would have also included the qubit (quantum bit) of quantum computing,[10] whereby the binary 0/1 relationship expands simultaneously to multiple values and data in a space-time correlation (entanglement) that finds its horizon constantly in progress, indeed, a very Prini-esque one, in the immeasurable quantum "+1."

1968

After the "ice white" year, 1968 was that of Prini's first solo exhibition. *Pesi Spinte Azioni* was the result of a series of actions on the art scene, understood as a space-time for identification, reflection, and sharing, rather than for production. Not only was the exhibition inaugurated more than once, but the works appeared and disappeared,

IT

Andrea Viliani

più di una volta, ma le opere vi compaiono e scompaiono, parzialmente o totalmente, modificando l'esperienza della mostra stessa e mettendo in crisi lo statuto dell'opera d'arte, procedendo fra "lattine di birra, un gelato caduto, le cartacce, un pesce rosso portato in dono da Marisa Merz", che si alternano a quelle che solo dubitativamente, in mancanza di alternative, potremmo ancora definire come vere e proprie opere: *Oggetto di peso*, in cui il peso di parti del corpo non solo dell'artista ma "della sua compagna Grazia, degli amici e delle rispettive famiglie, come anche quelle del gatto Ubu" viene traslato su "fogli di piombo arrotolati o ritagliati e collocati in tutta la galleria"; *Scritte che restano scritte*, quarantaquattro lastre in piombo incise a punzone a cui corrispondono altrettante azioni eseguite nello svolgersi del tempo, appoggiate a un muretto vicino alle scale; *5 Sensi per un ambiente*, venticinque lastre ottenute dal ritaglio di fogli in piombo su cui è serigrafata, in arancione o in bianco, la descrizione del *Perimetro d'aria*; i *Fermacarte* allestiti negli angoli e "consistenti in tre blocchi di grandi fotografie impilate e fermate da pezzi di piombo grezzi nei quali il peso complessivo del piombo corrisponde al corpo dell'artista nell'atto di correre, saltare, fare capriole o alla spinta necessaria per compiere tali azioni"[11].

Come conferma anche l'utilizzo delle fotografie per il manifesto della mostra – che ritraggono l'artista nell'atto di dormire, svegliarsi e pesarsi – la sinergia fra opera e documento si fa strumento di un'esperienza critica agita dal vivo e in tempo reale, che si identifica con l'esercizio di un'"assidua documentazione"[12]. Attivata durante la realizzazione delle opere e la preparazione della mostra, e corredata da "commenti descrittivi", essa acquisisce un vero e proprio "valore teorico"[13] rispetto alla produzione finale dell'opera, come se la possibilità stessa dell'opera fosse messa in forse dal proliferare delle sue varianti, intese come approfondimenti, perfezionamenti e differimenti continui. In questo concetto alternativo di "valore" dell'opera, agiscono anche i concetti fra loro correlati di caso, causa e necessità, "attraverso la formula di *Cosa – Caso – Causa*, applicata già in *Standard '67, Punti – Ipotesi sullo spazio totale* e, praticamente, in tutto il lavoro successivo"[14]. Non è una "cosa, caso o causa" – per usare il gioco di parole priniano – se i visitatori della sua prima mostra personale potevano quindi interagire senza precondizioni con ciò che la mostra comprendeva, "liberi di aprire i pacchi, srotolare i piombi, sedere sui calchi, partecipare", e se la mostra stessa comprendeva anche "oggetti e opere altrui" o "cose" radunate "casualmente"[15] dal magazzino della galleria.

1969

L'anno seguente, in occasione della mostra *Op Losse Schroeven* Prini presenta *Magnete. Introduzione alla tenda velocità* – il suo primo gioco (opera?) con il magnetismo: un "campo elettromagnetico, in cui i partecipanti ne sono i vettori"[16], posto all'esterno dello Stedelijk Museum di Amsterdam. Ma è altrettanto importante rintracciare l'estensione dell'opera sul catalogo della mostra, dove compaiono le regole del gioco, logico e valoriale, da essa proposto e condotto:

EN

partially or totally, modifying the experience of the exhibition itself and undermining the status of the artwork, proceeding amid "beer cans, a fallen ice cream, scraps of paper, a goldfish brought as a gift by Marisa Merz," which alternated with those that only dubiously, in the absence of alternatives, we might still define as actual works: *Oggetto di peso*, in which the weight of parts of the body not only of the artist but "of his partner Grazia, friends and their families, as well as that of the cat Ubu" is transferred to "rolled or cut sheets of lead placed throughout the gallery"; *Scritte che restano scritte*, forty-four lead plates engraved with a punch, corresponding to as many actions performed over time, leaning against a low wall near the stairs; *5 Sensi per un ambiente*, twenty-five plates obtained by cutting lead sheets on which the description of the *Perimetro d'aria* is screen-printed in orange or white; the *Fermacarte* set up in the corners and "consisting of three blocks of large photographs stacked and held in place by pieces of raw lead, the total weight of which corresponds to the artist's body in the act of running, jumping, doing somersaults or gathering the thrust necessary to perform such actions."[11]

As confirmed by the use of photographs for the exhibition poster—which depict the artist sleeping, waking up, and weighing himself—the synergy between the work and the document becomes a tool for a critical experience enacted live and in real time, which is identified with the exercise of "assiduous documentation."[12] Activated during the creation of the works and the preparation of the exhibition, and accompanied by "descriptive comments," it acquires a genuine "theoretical value"[13] with respect to the ultimate production of the work, as if the very possibility of the work were called into question by the proliferation of its variants, understood as continuous deepening, refinement, and deferral. In this alternative concept of the "value" of the work, the interrelated concepts of chance, cause, and necessity also come into play, "through the formula of *Cosa – Caso – Causa*, previously applied in *Standard '67, Punti – Ipotesi sullo spazio totale* and, practically, in all subsequent work." It was not a "thing, chance, or cause"—(cosa, caso o causa, to use Prini's own wordplay—if visitors to his first solo exhibition were allowed to interact limitlessly with what the exhibition included, "free to open the packages, unroll the lead, sit on the casts, and take part," and if the exhibition itself also included "objects and works by others" or "things" gathered "randomly"[15] from the gallery's own warehouse.

1969

The following year, at the exhibition *Op Losse Schroeven*, Prini presented *Magnete. Introduzione alla tenda velocità*, his first game (work?) with magnetism: an "electromagnetic field, in which the participants are the vectors,"[16] located outside the Stedelijk Museum in Amsterdam. But it is equally important to trace the extension of the work in the exhibition catalogue, where the rules of the game appear, those both logical and value-based, as proposed and implemented by it:

> *"media of sympathy"*
> *"affirming oneself, not one's own reflected image"*

IT

EN

Andrea Viliani

"supporti di simpatia"
"affermare sé non la propria immagine riflessa"
"amare la struttura depressa di sé (riposare)"
"non azione ma estensione biologica del sé"
"condizione antitopologica"
"identico (a sé) alieno (al mondo) scambiato (all'amico)"
"spazio utopico" Emilio Prini "intenzioni" INTENZIONI (...)
Dimensioni naturali

Lo stesso anno Prini invia, in occasione della mostra *Konzeption-Conception* allo Städtisches Museum di Leverkusen, la seguente lettera al direttore del museo, prima di altre che seguiranno ai direttori e curatori di importanti istituzioni in cui si fanno coincidere "il progetto per il catalogo e per la mostra":

Caro Mr. Wederer / questo è il progetto per il catalogo e per la mostra. Deve stare nelle prime tre pagine secondo la progressione indicata dai fogli. Le altre due pagine possono ricevere qualche foto ove sto / voi / desideravate / o rimanere bianche / Per la mostra aprite il catalogo alle pagine del progetto mettetelo su una base di vetro trasparente ad altezza di lettura e in dimensioni catalogo / lasciate che venga sfogliato tutta l'estensione.
Grazie e saluti Emilio Prini

Il testo inviato per il catalogo – che diviene quindi l'opera in mostra (identificando per la prima volta mostra e catalogo, opera e testo progettuale) – descrive il progetto *Magnet*, "il cui contenuto, in lingua inglese, riguarda una registrazione tracciata attraverso scrittura, fotografia, sonoro e ripresa filmica che porta all'esaurimento totale degli strumenti utilizzati, cioè una macchina da scrivere Lagomarsino, un registratore sonoro OOZZ con microfono, una macchina fotografica Exakta e una cinepresa. Due formule distinte; la prima indicatrice del metodo di comportamento di consumo, la seconda a chiudere la realizzazione. Ciò che si deduce è la cancellazione o, meglio ancora, l'annullamento dei dati presi, attraverso anche il riavvolgimento e/o la sovrapposizione di suoni, immagini e scrittura. Ma anche l'unità del tempo sensoriale dell'uomo, della energia attiva che forma la materia e la definizione di pieno o vuoto portata alla massima focalizzazione e destinata, quindi, all'annullamento"[17].

Intervenendo alla Fondazione Michetti a Francavilla a Mare, Prini elabora per la prima volta una formula numerica che ricorrerà anch'essa nella sua ricerca successiva. Le fotografie in catalogo mostrano una formula scritta a matita su una parete della galleria. Una serie di numeri si intersecano ottenendo un risultato o una deduzione: "Margine d'errore sull'8; un registratore con il microfono collegato è sul pavimento e il catalogo presente in archivio riporta un'annotazione manoscritta: "Qualunque disposizione iniziale dei numeri porta sempre a sviluppo armonico". Questo calcolo è il principio della ancora più intricata *formula ST/NS* terminata alla fine degli anni '70, che andrà a racchiudere, attraverso una analisi di insiemi topologici, ciò che è definibile come standard (ST) e non standard (NS), fino al raggiungimento della proporzione 2/7, ampiamente studiata e descritta nei disegni fatti con

"loving the depressed structure of oneself (resting)"
"not action but biological extension of the self"
"anti-topological condition"
"identical (to oneself) alien (to the world) exchanged (with a friend)"
"utopian space" Emilio Prini "intentions" INTENTIONS (...)
Actual size

That same year, on the occasion of the exhibition *Konzeption-Conception* at the Städtisches Museum in Leverkusen, Prini sent the following letter to the museum director, followed by others to the directors and curators of major institutions in which he outlined "the project for both the catalogue and the exhibition":

Dear Mr. Wederer,
This is the project for the catalogue and exhibition. It should be on the first three pages in the order stated on the sheets. The other two pages can be used for photos, if you wish, or left blank. For the exhibition, open the catalogue to the project pages, place it on a transparent glass base at reading height and in catalogue size, and allow visitors to leaf through the entire document.
Thank you and best regards, Emilio Prini

The text sent for the catalogue—which thus becomes the work on display (identifying for the first time the exhibition and catalogue, the work and the project text)—describes the *Magnet* project, "the content of which, in English, concerns a recording traced through writing, photography, sound, and film, leading to the total exhaustion of the instruments used, namely a Lagomarsino typewriter, an OOZZ sound recorder with microphone, an Exakta camera, and a movie camera. Two distinct formulas: the first indicating the method of consumption, the second concluding its implementation. What can be deduced is the erasure or, better still, the cancellation of the data acquired, also through the rewinding and/or superimposition of sounds, images, and writing. But also the unity of man's sensory time, of the active energy that forms matter, and the definition of full or empty brought to maximum focus and therefore destined for cancellation."[17]

Speaking at the Michetti Foundation in Francavilla a Mare, for the first time, Prini developed a numerical formula that would also recur in his subsequent research. The photographs in the catalogue show a formula written in pencil on a gallery wall. A series of numbers intersect to obtain a result or a deduction: "Margin of error on 8; a tape recorder with a microphone connected to it is on the floor, and the catalogue in the archive contains a handwritten note: 'Any initial arrangement of numbers always leads to harmonic development.' This calculation is the principle of the even more intricate ST/NS formula completed in the late 1970s, which, through an analysis of topological sets, encompasses what might be defined as standard (ST) and non-standard (NS), until the ratio of 2/7 is reached, which was extensively studied and described in drawings made with an Olivetti Lettera 22 typewriter, starting in the early 1970s. The same ratio he would use to position elements in the exhibition space."[18]

IT

Andrea Viliani

la macchina da scrivere Olivetti lettera 22, svolti a partire dai primi anni '70. La stessa proporzione che utilizzerà per posizionare elementi nello spazio espositivo"[18].

Etc.

A partire dal 1970, si moltiplicheranno appunti dattiloscritti, fotocopie, fotografie, registrazioni sonore, riprese con videocamere, sovra-incisioni, diapositive... etc., articolando l'impostazione definita nei primi tre anni di ricerca. Sempre meno saranno, invece, le opere bi- o tri-dimensionali. Anzi, sempre meno saranno le opere.

Ora, se anche questo testo fosse un gioco, non credo che il mio ruolo sarebbe quello di descrivere in dettaglio gli sviluppi (senza per altro esiti certi) del gioco stesso, ovvero le sue ulteriori non-opere. Piuttosto, definito il contesto di avvio, vorrei provare a ipotizzarne la prospettiva.

Provocando, piuttosto che applicando, la teoria del valore d'uso di Karl Marx, Prini indica che l'arte è "capitale" umano, e che il praticarla significa sfruttare quel capitale. Per questo Prini non *si nega*, come è stato sostenuto, smettendo di fare arte, così come non si *afferma*, avvalorando il (gioco di) ruolo dell'artista concettuale – che, come nella logica funzionale della "teoria dei giochi", continua a richiedere che ci sia un vincitore e, quindi, un perdente. Piuttosto Prini *si applica* a quella stessa logica, facendo esperienza delle sue "cose, casi e cause". Ovvero si *dedica* – con pazienza quasi da tecnico (agrario, balistico, chimico, commerciale, elettronico, industriale...) a quantificare "il valore della merce (arte) prodotta dalle macchine, computandone il lavoro necessario per produrla e il valore acquisito alla conclusione del ciclo operativo, concretandone l'aumento rispetto all'impiego iniziale. L'insieme di magnetofono, macchina fotografica, cinepresa e macchina da scrivere, da cui poi ricaverà diverse fotografie, ne sono il paradigma"[19]. Un paradigma che fa di Prini un teorico della pratica, un ragioniere epistemico, un filosofo dell'applicazione reale dei concetti. Due opere-documento lo dimostrano esemplarmente:

– la formula sull'uso di un meccanismo fino al suo esaurimento in *Standard 1969 (L'U.S.A. USA)*: "Il registratore registra a consumo del meccanismo. Un registratore usato che usa apparecchiatura usata registra a consumo del meccanismo";
– l'identificazione del valore dell'opera con il comportamento sociale standardizzato in *Valore-Uso-Lavoro*, per cui "il valore di una merce è la somma del valore dei mezzi di produzione impiegati, del valore della forza lavoro e del plusvalore creato nel processo produttivo. Quindi un bene, qui l'opera d'arte, ha la capacità di soddisfare un bisogno e il relativo valore di scambio, cioè la proprietà di acquistare altri beni, attraverso il suo prezzo relativo".[20]

Non bisogna stupirsi, quindi, se le immagini della mostra collettiva che riunisce tredici artisti italiani nel 1971 alla Kunstverein di Monaco mostrano – a documentare la partecipazione di Prini e la sua connessione ad analoghi esperimenti precedenti e successivi – una serie di persone

EN

Etc.

Starting in 1970, typed notes, photocopies, photographs, sound recordings, video recordings, overdubs, and slides, etc. multiplied exponentially, articulating the approach defined over the first three years of research. However, there were ever fewer two- or three-dimensional works. In fact, there were ever fewer works overall.

Now, even if this text were a game, I do not believe my role would be to describe in detail the developments (without any certain outcome) of the game itself, or rather its ensuing non-works. Instead, having outlined the initial setting, I would like to try to hypothesize its perspective.

Provoking, rather than applying, Karl Marx's theory of use value, Prini suggests that art is human "capital," and that practicing it means exploiting that capital. For this reason, Prini does not "deny himself," as has been claimed, by ceasing to make art, nor does he "affirm himself" by validating the role (-playing) of the conceptual artist—which, in keeping with the functional logic of "game theory"—continues to require there to be a winner and, therefore, a loser. Rather, Prini "applies himself" to that same logic, experiencing its "things, chances and causes." In other words, he *devotes himself*—with almost technical patience (or be it agricultural, ballistic, chemical, commercial, electronic, or industrial ...)—to quantifying "the value of the goods (art) produced by machines, by calculating the work required to produce them and the value acquired at the end of the production cycle, before quantifying their increase in value compared to the start. The combination of tape recorder, camera, movie camera, and typewriter, from which he then obtains various photographs, is the paradigm."[19] A paradigm that makes Prini a theorist of practice, an epistemic accountant, a philosopher of the actual application of concepts. Two documentary works demonstrate this exemplarily:

– the formula on the use of a mechanism until its exhaustion in *Standard 1969 (L'U.S.A. USA)*: "The recorder records until the mechanism is exhausted. A used recorder that uses used equipment records until the mechanism is worn out";
– the identification of the value of the work through standardized social behavior in *Valore-Uso-Lavoro*, whereby "the value of a commodity is the sum of the value of the means of production employed, the value of the labor power, and the surplus value created in the production process. Therefore, any goods, in this case a work of art, will have the capacity to satisfy a need and the relative exchange value, i.e., the property of purchasing other goods, through its relative price."[20]

It should come as no surprise, therefore, that the images from the group exhibition that brought together thirteen Italian artists in 1971 at the Kunstverein in Munich show—documenting Prini's participation and his connection to similar experiments both before and after—a series of people intent on intervening on the electronic mechanisms of a cathode ray tube television set, the

IT

Andrea Viliani

intente a intervenire sui meccanismi elettronici di un televisore a tubo catodico, di cui nell'Archivio dell'artista si conservano anche le dettagliate istruzioni di montaggio[21].

L'an-algortimo priniano

E proprio pensando a quella documentazione esemplare, potremo affermare che se Prini avesse potuto confrontarsi, invece che con i televisori a tubo catodico, con gli algoritmi contemporanei[22] e magari formularne uno suo, esso sarebbe stato propriamente un "an-algoritmo": neologismo che propongo per indicare appunto un algoritmo ambiguo, riflessivo e responsivo, se non contraddittorio o addirittura antitetico a quello standard, inteso invece come sequenza finita, deterministica e generalizzabile di operazioni (dette "istruzioni") finalizzate a risolvere quesiti, ovvero a programmare, nel senso di codificare l'algoritmo per farlo poi elaborare da un calcolatore. In base al prefisso "a" o "an-"[23], l'an-algoritmo di Prini avrebbe la stessa tensione finalizzata al calcolo ma una diversa, se non opposta, processualità e un diverso, se non opposto, orizzonte ermeneutico, in quanto potenzialmente infinito e consapevolmente ambiguo, non determinabile e generalizzabile. L'an-algoritmo di Prini non servirebbe tanto per programmare, infatti, quanto per verificare o testare il programma stesso, e de- o ri-programmarlo. Un *copyleft* condiviso dall'utenza più che un *copyright* indotto dalle corporation degli algoritmi. O, per usare un effetto collaterale dell'epoca digitale, esso corrisponderebbe in qualche modo a un *glitch*[24]: un picco di tensione, un problema tecnico, un'intromissione non prevista, un disturbo nel sistema o, più precisamente, un'alternativa ad esso.

Un'ipotesi sulle astrazioni delle macchine pensanti: e se anche Prini avesse collaborato a raccontare le storie di Annlee?

Ne deriva una figura che non potrebbe essere più diversa da quella dell'affabulatore (fino alla buffoneria?), dell'enigmista quasi misteriosofico (fino all'impostura?) con cui storicamente si è cercato di identificare Prini, non sapendo interpretare e decodificare le formule del suo an-algoritmo e del gioco appunto an-algoritmico che ne deriva.

Un gioco talmente reattivo al suo contesto storico che la domanda da porsi dovrebbe a questo punto essere appunto la seguente: possiamo continuare a limitare questo gioco solo a quel dato contesto storico, o esso risulta ancor più comprensibile e valido se applicato, invece che ai mezzi di produzione e comunicazione del valore degli anni Settanta del XX secolo, a quelli della cultura di massa globalizzata e della rivoluzione digitale in corso? Riflettendoci, rileggo un passaggio dell'artista e scrittore David Robbins sull'artista Pierre Huyghe:

> *Much of what count as specifically "modern" about modern life has been constructed and it is sustained through the (nigh occupying) force of a small but very powerful set of machine-inspired abstractions – standardization, systematization, dissemination, replicability, ideas of that ilk. Part of a larger and (to our*

EN

detailed assembly instructions for which are also preserved in the artist's archive.[21]

Prini's an-algorithm

And thinking about that exemplary documentation, we might say that if Prini had been able to deal with contemporary algorithms[22] instead of cathode ray tube televisions, and perhaps to formulate one of his own, it would have been a genuine "an-algorithm": a neologism proposed by myself to indicate an ambiguous, reflective, and responsive algorithm, if not indeed contradictory or even antithetical to standard ones, understood instead as a finite, deterministic, and generalizable sequence of operations ("instructions") designed to solve questions, or to program, in the sense of encoding the algorithm to then be processed by a computer. Based on the prefix "a" or "an-,"[23] Prini's an-algorithm would have the same tension aimed towards calculation yet a different, if not indeed opposite, processuality and a different, if not indeed opposite, hermeneutic horizon, insofar as it would be potentially infinite and consciously ambiguous, indeterminable and generalizable. Prini's an-algorithm would not serve so much to program as to verify or test the program itself, and to de- or re-program it. A *copyleft* shared by users rather than a *copyright* induced by algorithm corporations. Or, to draw on a side effect of the digital age, it would correspond in some way to a glitch:[24] a power surge, a technical problem, an unexpected intrusion, a gremlin in the system or, more precisely, an alternative to it.

A hypothesis on the abstractions of heavy machines: what if Prini had collaborated on telling the stories of Annlee?

The result is a figure who could not be more different from the storyteller (verging on buffoonery?), the almost mystical enigma (verging on imposture?) with whom Prini has historically been identified, due to an inability to interpret and decode the formulas of his an-algorithm and the of course an-algorithmic game that arises from it.

A game so responsive to its historical context that the question to be asked at this point should be precisely the following: can we continue to limit this game to that particular historical context, or does it become even more understandable and valid when applied, instead of to the means of production and communication of value in the 1970s, to those of globalized mass culture and the ongoing digital revolution? Reflecting on this, I reread a passage by artist and writer David Robbins on artist Pierre Huyghe:

> *Much of what counts as specifically "modern" about modern life has been constructed and it is sustained through the (nigh occupying) force of a small but very powerful set of machine-inspired abstractions—standardization, systematization, dissemination, replicability, ideas of that ilk. Part of a larger and (to our credit) not unvaliant effort to restrict the rule of chance, unify the world, and provide ourselves a measure of control over the vagaries of life, these machine-inspired abstractions have underwritten an impressive list of*

IT

Andrea Viliani

> *credit) not unvaliant effort to restrict the rule of chance, unify the world, and provide ourselves a measure of control over the vagaries of life, these machine-inspired abstractions have underwritten an impressive list of progressive developments over the years. Unfortunately, in that moment when synthetic experience shifted from being a commentary upon or reflection of our experience to outright comprising much of it, machine-inspired abstractions [...] got, shall we say, a little too familiar with the look and sound and feel of life itself. [...] As a result, life in its essence has become increasingly bionic, robotic, kitted out with plastic valves, joints, and membranes*[25].

Quello che forse affascinerebbe oggi Prini potrebbe in effetti essere questo mondo di "machine-inspired abstractions", e quindi la possibilità di applicare il proprio intento e attitudine originari all'analisi del crescente gap fra l'essere umano e i formati esperienziali sintetici, sempre più bio-verosimili, predisposti dai programmatori e *provider* delle multinazionali del cosiddetto "capitalismo cognitivo"[26]: quelle interfacce *user-friendly*, programmi interattivi, cellulari palmari, visori per realtà virtuale e immersiva e ogni altro programmato avanzamento dell'intelligenza artificiale, ormai definita "generativa"[27] in quanto ormai essa tende – secondo dichiarazioni rese alla stampa da uno dei suoi padri fondatori, l'AD di OpenAI Sam Altman – a essere percepita (e a percepirsi...) non più come uno strumento umano ma come una vera e propria creatura autonoma (post-, de- o anti-umana?).

Analogamente a artisti quali Huyghe, anche Prini si troverebbe oggi a "speak through an existing format while saying something else"[28]? A questo proposito, vorrei ora formulare un'ipotesi a suo modo bizzarra ma a suo modo altresì verosimile, come tutte le ipotesi – che contengono opzioni al contempo vere e/o false, ovvero da confermare o da smentire: e se anche Prini avesse collaborato alla co-creazione di una delle storie di Annlee?

Annlee è un personaggio di finzione, un'adolescente dagli occhi grandi e i capelli viola, acquistata nel 1999 da Huyghe e dall'artista Philippe Parreno, selezionandola da un catalogo di un'azienda giapponese specializzata in *anime*. Priva di una sua storia autonoma, senza superpoteri o attributi distintivi, Annlee è un personaggio secondario (*entry-level*), un ingranaggio indistinto dell'intrattenimento *mainstream* contemporaneo. Liberandola da un destino programmato di anonimato, una pluralità di artisti[29] (nel contesto del progetto collettivo *No Ghost Just a Shell*, 1999–2002) hanno iniziato non solo a inventare e raccontare storie che altrimenti il personaggio non avrebbe mai vissuto, ma a conferire a questo guscio cibernetico – propriamente una creatura cyborg al confine fra umano, macchinico e digitale – una coscienza (auto)riflessiva e (meta)narrativa. Annlee si è iniziata quindi a interrogare sulla propria stessa origine e sui diritti degli individui (come anche Annlee si percepisce), fino a camminare al nostro fianco e a porci, a sua volta, delle domande su di lei e su di noi. Una volta liberata dal ruolo inconsapevole a cui l'avrebbe quindi costretta l'industria (il capitale), Annlee si e ci pone di fronte al dubbio-cardine

EN

> *progressive developments over the years. Unfortunately, in that moment when synthetic experience shifted from being a commentary upon or reflection of our experience to outright comprising much of it, machine-inspired abstractions [...] got, shall we say, a little too familiar with the look and sound and feel of life itself. [...] As a result, life in its essence has become increasingly bionic, robotic, kitted out with plastic valves, joints, and membranes.*[25]

What might fascinate Prini today could in fact be this world of "machine-inspired abstractions," and therefore the chance to apply his original intent and attitude to the analysis of the growing gap between human beings and synthetic experiential formats, increasingly bio-realistic, designed by programmers and providers of multinational corporations of so-called "cognitive capitalism":[26] those user-friendly interfaces, interactive programs, handheld mobile phones, virtual and immersive reality headsets, and every other programmed advancement of artificial intelligence, now defined as "generative,"[27] as—according to statements made to the press by one of its founding fathers, OpenAI CEO Sam Altman—it now tends to be perceived (and even to perceive itself ...) no longer as a human tool but as a genuinely autonomous (post-, de-, or anti-human?) creature.

Like artists such as Huyghe, would Prini also find himself "speaking through an existing format while saying something else"?[28] In this regard, I would now like to formulate a hypothesis that is bizarre in its own way but also plausible, like all hypotheses—which contain options that are both true and/or false, i.e., to be confirmed or refuted: what if Prini had also collaborated in the co-creation of one of Annlee's stories?

Annlee is a fictional character, a teenager with big eyes and purple hair, purchased in 1999 by Huyghe and artist Philippe Parreno from the catalogue of a Japanese company specializing in anime. With no story of her own, no superpowers or distinctive attributes, Annlee is a secondary (entry-level) character, an indistinct cog in the works of contemporary mainstream entertainment. Freeing her from a programmed destiny of anonymity, a number of artists[29] (in the context of the collective project *No Ghost Just a Shell*, 1999–2002) began not only to invent and tell stories that the character would never have experienced otherwise, but also to give this cybernetic shell—to all intents and purposes a cyborg creature on the verge between the human, the machinic, and the digital—a (self-)reflective and (meta-) narrative consciousness. Annlee thus began to question her own origins and the rights of individuals (as Annlee also perceives herself to be), to the point of walking alongside us and, in turn, asking us questions about her and ourselves. Once rid of the unconscious role that industry (capital) would have forced upon her, Annlee confronts us with the pivotal question of the digital revolution, with its heavy machines and the human relationship with them: who is now the creator, and who is the creature? I am convinced Prini would also have had a wonderful story to tell: not one about Annlee, but to/with Annlee.

IT

Andrea Viliani

della rivoluzione digitale, con le sue macchine pesanti e la re(l)azione umana a/con esse: chi è ora il creatore, e chi la creatura? Sono certo che Prini avrebbe avuto anche lui una bellissima storia da raccontare: non di Annlee, ma appunto a/con Annlee.

… e se Prini avesse conosciuto l'AI generativa? Machine o Human Learning?

Essere che sfugge alla logica del capitale come a quella computazionale delle macchine digitali, *Annlee* ci pone di fronte alle prospettive a cui proprio anche una ricerca come quella di Prini sembra poterci condurre, a partire dalle sue premesse storiche: … esaurito nel XXI secolo l'uso solo funzionale della macchina, rivelati i sistemi di funzionamento del capitale, attuato il passaggio dall'intelligenza individuale a un'intelligenza collettiva[30] e inter-specie (macchine comprese), attivate tutte le possibili variabili dei formati e delle esperienze originate fra 0 e 1 (compreso il +1 quantistico), acceso e spento, comparsa e scomparsa, parziale e totale, standard (ST) e fuori standard (NS), umano e non umano… nella "noosfera" delle materie pensanti e interconnesse in cui siamo immersi, non solo la nostra conoscenza della macchina, ma anche quella della macchina nei nostri confronti si sono aperte a una creatività multiforme e imprevedibile. In cui l'errore e quindi la prova e il test (tutti comportamenti del gioco priniano, come abbiamo capito) divengono strumenti fondamentali di conoscenza reciproca, ridefinendo anche l'orizzonte economico, politico e sociale che l'arte si trova ad affrontare quale componente critica del capitalismo cognitivo e digitale del XXI secolo.

Tutte e tutti apprendiamo nuove nozioni e avanziamo nei rispettivi processi di conoscenza grazie agli errori che commettiamo: sbagliando si impara! Vale per gli esseri umani, gli altri animali e gli esseri vegetali, così come per i robot e i sistemi di intelligenza artificiale. Quest'ultima sta del resto imparando a imitare progressivamente l'intelligenza umana apprendendo, a ogni tentativo, qualcosa di più di essa secondo un processo definito di *Machine Learning* (espressione anch'essa, suggestivamente, priniana): un apprendimento che migliora le sue prestazioni per effetto della sempre maggiore quantità di dati ricevuti (*big data*) e del modo sempre più performativo di elaborarli. La cosiddetta *Information Technology* non costituisce in questo senso – per giocare con i simboli della datazione della storia umana occidentale ("avanti Cristo", "dopo Cristo"[31]) – una separazione fra BC (*before computer*, "prima del computer") e AC (*after computer*, "dopo il computer"), ma una loro sempre più complice sinergia. Il cui esito processuale – catastrofico o epifanico? – è costantemente in gioco. Il dubbio, così come l'errore, rimane essenziale in questo processo, al contempo storico e cognitivo, in quanto condizione critica che consente, e articola per tentativi, il processo stesso.

Una condizione strutturale di dubbio, e quindi di errore, che è la premessa, e a suo modo la conseguenza, sia degli algoritmi dell'intelligenza artificiale (AI) generativa e del suo cervello ed emotività in formazione, sia del gioco an-algoritmico di Prini e dei processi ad esso sottesi. Per

EN

… and how about if Prini had encountered generative AI? Machine–Human Learning?

As a being that escapes the logic of capital as well as the computational logic of digital machinery, *Annlee* confronts us with the perspectives to which Prini's research also seems to lead us, starting from its historical premises: with the functional use of machines exhausted in the twenty-first century, the operating systems of capital revealed, the transition from individual intelligence to collective[30] and inter-species intelligence (including that of machines) implemented, all possible variables of formats and experiences originating between 0 and 1 (including the quantum +1) activated, on and off, appearance and disappearance, partial and total, standard (ST) and non-standard (NS), human and non-human ... in the "noosphere" of thought and interconnected materials in which we are immersed, not only our knowledge of the machine, but also that of the machine in relation to us has opened up to a multifaceted and unpredictable form of creativity. One in which error and therefore trial and testing (all behaviors intrinsic to Prinian play, as we have understood) become fundamental tools of mutual knowledge, also redefining the economic, political, and social horizon that art faces as a critical component of twenty-first-century cognitive and digital capitalism.

We all learn new things and advance in our respective processes of knowledge thanks to the mistakes we make—indeed, mistakes are the fuel of learning! This applies to humans, other animals, and plants, as well as to robots and artificial intelligence systems. After all, the latter are learning to progressively imitate human intelligence by learning something more about it with each attempt, according to a process defined as "machine learning" (another expression strangely evocative of Prini): a form of learning that improves performance as a result of the ever-increasing amount of data received (big data) and the increasingly complex manner in which it is processed. In this sense, so-called information technology does not—to toy with the symbols of the dating applied to Western human history, split between "before" and "after Christ"—constitute a separation between BC ("before computer") and AC ("after computer"[31]), but rather an increasingly close synergy between them. The outcome of this process—catastrophic or epiphanic?—is constantly in play. Doubt, like error, remains key to this process, which is both historical and cognitive, a critical condition that affords and articulates the process itself through the process of trial and error.

A structural condition of doubt, and therefore of error, which is the premise—and in its own way the consequence—both of the algorithms of generative artificial intelligence and its brain and emotionality while being formed, and of Prini's an-algorithmic game and the processes underpinning it. This is why I believe Prini would be working with these tools and on these themes today.

However, there is a radical difference that should be emphasized in the conclusion: only once AI has learned to play and have fun instead of working, i.e, only when

IT

Andrea Viliani

questo ritengo che Prini oggi lavorerebbe proprio con questi strumenti e su questi temi.

C'è però una differenza radicale, da sottolineare in conclusione: solo infatti quando l'AI avrà imparato a giocare e a divertirsi invece di lavorare, ossia solo quando smetterà di imparare qualcosa che le serve per iniziare a imparare qualcosa che le è apparentemente inutile, ossia solo quando la sua curiosità la indurirà ad applicare in modo imprevedibile e persino autocritico i comandi dei suoi *prompt*[32], reagendo alla loro funzionalità strumentale per smontarla e rimontarla... l'AI potrà generare un artista come Emilio Prini, il quale, dagli anni Sessanta del XX secolo, al cospetto delle nuove macchine pensanti dell'epoca del *Machine Learning*, aveva avviato un suo contestuale *Human Learning*, una sorta di presciente e personale *Information Technology* criticamente collaborante ma non allineata. Un *Machine-Human Learning*.

Come resistere allora all'impressione che oggi Prini giocherebbe appunto a smontare e rimontare, per esempio, un chatbot come ChatGPT (acronimo di "*Chat Generative Pre-trained Transformer*", letteralmente "Trasformatore Generativo Pre-addestrato")? Ne sono quasi sicuro.

Ma potrei sbagliarmi...

> *ChatGPT, sono Emilio Prini: mi puoi aiutare a scrivere un saggio su di me-su di te?*
> *Grazie e saluti...*[33]

EN

it stops learning something it needs to only to start learning something apparently useless to it, i.e, only when its *curiosity* leads it to apply the commands of its own prompts[32] in an unpredictable and even self-critical way, reacting to their instrumental functionality in order to dismantle and reassemble it ... will AI be able to generate an artist like Emilio Prini. In the 1960s, in the face of the new thinking machines of the machine learning era, Prini embarked on his own contextual human learning, a sort of prescient and personal IT that was critically collaborative but not aligned. A form of Machine-Human Learning.

How, then, might we ever resist the idea that today Prini would certainly be playing at dismantling and reassembling, for example, a chatbot such as ChatGPT (acronym for "Generative Pre-trained Transformer")? I am almost certain of it.

But then again, I could be wrong ...

> *ChatGPT, this is Emilio Prini: could you help me write an essay about me and you?*
> *Thanks, and best wishes ...*[33]

IT

Andrea Viliani

Note

1.
Dall'individuazione dell'espressione "*théorie des jeux*" da parte di Émile Borel e dalla pubblicazione, nel 1944, di *Theory of Games* and Economic Behavior (Princeton University Press) di Oskar Morgenstern e John von Neumann.

2.
Dichiarazione inedita rilasciata dall'artista all'autore.

3.
Timotea Prini, *Emilio Prini – Typewriter Drawings. Bologna / München / Roma – 1970/1971*, testo pubblicato, in occasione della mostra omonima, su https://fondazioneantoniodallenogare.com/it.

4.
Ibid.

5.
Ibid.

6.
Con questa espressione o l'analoga *Torneo delle ombre* – usata per la prima volta nel 1829 dall'ufficiale dell'esercito britannico Arthur Conolly e resa popolare dal romanzo Kim di Rudyard Kipling pubblicato nel 1901 – si intende il complesso di relazioni diplomatiche o gestite dai servizi segreti di alcune potenze politiche, militari e economiche, fra cui Regno Unito e Russia, per il controllo del Medio Oriente e dell'Asia centrale. Per traslato l'espressione può indicare la relazione intrinseca fra gioco e strategia, tipica della "teoria dei giochi".

7.
La prima teorizzazione risale a John Stuart Mill, *A System of Logic, Ratiocinative and Inductive*, J. W. Parker, 1843. Per approfondimenti cfr.: Giulio Tononi, *Consciousness as Integrated Information: A Provisional Manifesto*, "The Biological Bulletin", The University of Chicago Press Journal, 2008, pp. 216–242; Mario Bunge, *Emergence and Convergence: Qualitative Novelty and the Unity of Knowledge*, University of Toronto Press, 2003; Giorgio Parisi, *In un volo di storni. Le meraviglie dei sistemi complessi*, Rizzoli, Milano, 2021.

8.
Cfr. Benoît Mandelbrot, *Les objets fractals: forme, hasard et dimension*, Flammarion, Parigi, 1975.

9.
Cfr. Claude Shannon, "A Mathematical Theory of Communication", *Bell System Technical Journal*, New York, 1948, matrice di "quantità di informazione" e "ridondanza informativa", che furono alla base della "teoria dei codici" e della "codifica di sorgente" proprie della comunicazione digitale.

10.
Dalla prima esposizione nel 1980 di Paul Benioff e Yuri Manin, che proposero un modello quantistico della codetta "macchina di Turing", si giunge nel 1994 alla pubblicazione dell'algoritmo di Peter Shor, finalizzato alla fattorizzazione degli interi in tempo polinomiale.

11.
Timotea Prini, cit.

12.
Ibid.

13.
Ibid.

14.
Ibid.

15.
Ibid.

16.
Ibid.

17.
Ibid.

18.
Ibid.

19.
Ibid.

20.
Ibid. Per un'analisi anche di altre opere realizzate, a partire dal 1970, con mezzi meccanici, in particolare le opere su carta con macchina da scrivere Olivetti lettera 22, cfr. i materiali prodotti per la mostra *Emilio Prini – Typewriter Drawings. Bologna / München / Roma – 1970/1971*, a cura del sottoscritto con Luca Lo Pinto e Timotea Prini, Fondazione Antonio Dalle Nogare, Bolzano (28.9.2024–3.5.2025).

21.
Cito dal comunicato stampa della mostra citata nella nota precedente, redatto dai tre curatori: "A Bologna, al Museo Civico Archeologico, per *Gennaio 70 – comportamenti, progetti, mediazioni*, Prini si concentra sulle otto ore lavorative marxiste di due schermi TV. Attraverso un calcolo a scacchiera rosso/bianco/nero in cui il rosso è unità tempo, il bianco tempo e il nero il terzo incluso, indifferenziato tempo (l'apparato di trasmissione),

EN

End Notes

1.
From the identification of the expression "théorie des jeux" by Émile Borel and the publication in 1944 of *Theory of Games and Economic Behavior* (Princeton University Press) by Oskar Morgenstern and John von Neumann.

2.
Previously unpublished statement given by the artist to the author.

3.
Timotea Prini, *Emilio Prini –Typewriter Drawings. Bologna / Munich / Rome – 1970/1971*, text published on the occasion of the exhibition of the same name at https://fondazioneantoniodallenogare.com/it.

4.
Ibid.

5.
Ibid.

6.
This expression, or the similar *Torneo delle ombre* ("Shadow Tournament"), first used in 1829 by Arthur Conolly, an officer in the British army, and popularized by Rudyard Kipling's novel Kim, published in 1901, refers to the complex diplomatic relations or secret service operations between certain political, military, and economic powers, including the United Kingdom and Russia, for control of the Middle East and Central Asia. By extension, the expression can refer to the intrinsic relationship between game and strategy, typical of "game theory."

7.
The first theorization dates back to John Stuart Mill, *A System of Logic, Ratiocinative and Inductive*, J. W. Parker, 1843. For further details, cf.: Giulio Tononi, "Consciousness as integrated information: a provisional manifesto," *The Biological Bulletin* (University of Chicago Press Journal, 2008), 216–42; Mario Bunge, *Emergence and Convergence: Qualitative Novelty and the Unity of Knowledge* (University of Toronto Press, 2003); Giorgio Parisi, *In un volo di storni. Le meraviglie dei sistemi complessi*, (Milan: Rizzoli, 2021).

8.
Cf. Benoît Mandelbrot, *Les objets fractals: forme, hasard et dimension* (Paris: Flammarion, 1975).

9.
Cf. Claude Shannon, "A Mathematical Theory of Communication," *Bell System Technical Journal*, New York (1948), a matrix of "quantity of information" and "information redundancy," which were the basis of "code theory" and "source coding" specific to digital communication.

10.
From the first presentation in 1980 by Paul Benioff and Yuri Manin, who proposed a quantum model of the "Turing machine," the Peter Shor algorithm was published in 1994, aimed at factoring integers in polynomial time.

11.
Timotea Prini, cit.

12.
Ibid.

13.
Ibid.

14.
Ibid.

15.
Ibid.

16.
Ibid.

17.
Ibid.

18.
Ibid.

19.
Ibid.

20.
Ibid. For an analysis of other works created post-1970 using mechanical means, in particular the works on paper made with an Olivetti Lettera 22 typewriter, see the materials produced for the exhibition *Emilio Prini – Typewriter Drawings. Bologna / München / Roma – 1970/1971*, curated by the author with Luca Lo Pinto and Timotea Prini, Fondazione Antonio Dalle Nogare, Bolzano (September 28, 2024 – May 3, 2025).

21.
I shall quote from the press release for the exhibition mentioned in the previous note, written by the three curators: "In Bologna, at the Museo Civico Archeologico, for *Gennaio 70 – comportamenti, progetti, mediazioni*, Prini focuses on the Marxist eight-hour working day of two TV screens. Through a red/white/black chessboard

IT

Andrea Viliani

Note

ed isolando ogni passaggio nella serie di 3 (1+1=2, 2+1=3) come nella spirale logaritmica basata sulla sequenza numerale del matematico Leonardo Fibonacci (1170–1242 ca.), per cui ciascun numero è la somma dei due precedenti, Prini ottiene una sequenza di accensione/spegnimento relativamente precisa. Lo stesso procedimento è elaborato attraverso disegni fatti con la macchina da scrivere, in cui le battiture alternate percorrono i ritmi descritti e, usando la stessa logica, disegni a pennarello su fogli a quadretti.

Alla Kunstverein München, per *Arte Povera. 13 Italienische Künstler*, nel 1971 Prini realizza un esperimento simile. Con l'aiuto di un tecnico, dimostra l'esaurimento di un televisore attraverso un susseguirsi di operazioni. Ciò che interessa a Prini è anche l'emissione di informazioni dell'ente televisivo (in questo caso tedesco) così come le minime e massime spinte di energia luminosa e sonora dell'apparecchio necessarie all'emissione stessa di informazioni". Nello stesso anno, a Roma, *Merce Tipo Standard* alla Galleria L'Attico non si discosta dal processo di smontaggio/montaggio dell'apparecchio TV a Monaco. La mostra stessa è concepita come una dimostrazione: Prini occupa il territorio della galleria collocando al suo interno un furgoncino della ditta Video International S.P.A. di Roma che fornisce gli apparati del sistema TV a circuito chiuso (merce), successivamente installati in punti prestabiliti della galleria.

Facendo riferimento alla teoria di valore d'uso del filosofo, economista e storico Karl Marx (1818–1883), Prini quantifica dunque il valore della merce (arte) prodotta dalle macchine, computandone il lavoro necessario per produrla e il valore acquisito alla conclusione del ciclo operativo e concretandone, quindi, l'aumento rispetto all'impiego iniziale. Con questa prospettiva, tra il 1970 e il 1975 – e quindi anche a seguire i progetti seminali analizzati in mostra – Prini realizza quasi duecento disegni su carta, con fogli formato "standard" e l'ausilio della Olivetti Lettera 22, una comune macchina da scrivere con cui disegna, elabora formule matematiche, immagina architetture bidimensionali, inventa filastrocche, registra intuizioni e verifica idee".

22.
Termine che deriva dalla trascrizione latina del matematico persiano vissuto nel IX secolo d.C. al-Khwarizmi. Nel XX secolo la sua formalizzazione servì a impostare, grazie a David Hilbert nel 1928, la risoluzione del problema matematico della decisione (*Entscheidungsproblem*), a sviluppare i concetti di calcolabilità e metodo effettivi o, a livello matematico, le funzioni ricorsive di Gödel–Herbrand–Kleene (1930–35), il "λ calcolo" di Alonzo Church e la *Formulation 1* di Emil Leon Post (entrambi 1936) e la macchina di Alan Turing (1936–39), tutte matrici da cui sarebbero derivati i computer successivi.

23.
Dal prefisso greco composto dalla prima lettera dell'alfabeto, "α", utilizzato in combinazione con aggettivi e sostantivi per indicare mancanza o indipendenza ("alfa privativo").

24.
Anche l'etimologia del termine non è sicura: forse dal tedesco *glitschen* (slittare) e dall'yiddish gletshn (scivolare).

25.
David Robbins, *Warm Science Fiction*, pubblicato nel catalogo che accompagna le mostre di Pierre Huyghe *Interludes*, Van Abbemuseum, Eindhoven (24.2–6.5.2001) e *La Château de Turing* – Padiglione Francia, 49° Biennale di Venezia (6.6–4.11.2001), p. 171.

26.
Espressione e linea di ricerca elaborata negli anni Novanta del XX secolo presso il Laboratorio MATISSE-ISYS Université Paris 1 Panthéon-Sorbonne, coordinato da Bernard Paulré, per indicare gli sviluppi dell'economia post-fordista, soprattutto in relazione al rapporto capitale/lavoro. Per approfondimenti cfr. Antonio Negri, Carlo Vercellone, *Il rapporto capitale/lavoro nel capitalismo cognitivo*, Posse, Roma, 2007, pp. 46–56.

27.
https://it.wikipedia.org/wiki/Intelligenza_artificiale_generativa.

28.
David Robbins cit., p. 173. Prini e Huyghe non si sono conosciuti di persona, ma parlammo diffusamente con Prini dei progetti di Huyghe e di altri artisti afferenti alla cosiddetta "estetica relazionale", in occasione di uno dei nostri incontri avvenuti nel 2003.

29.
Fra essi: Angela Bulloch/Imke Wagener, François Curlet,

EN

End Notes

calculation in which red is time unit, white is time and black is the third element, undifferentiated time (the transmission apparatus), and isolating each passage in the series of 3 (1+1=2, 2+1=3) as in the logarithmic spiral based on the numerical sequence of the mathematician Leonardo Fibonacci (c. 1170–1242), whereby each number is the sum of the two preceding ones, Prini obtains a relatively precise on/off sequence. The same process is elaborated through drawings made using a typewriter, in which alternating keystrokes follow the rhythms described, and, using the same logic, marker drawings on graph paper.

At the Kunstverein München, *Arte Povera. 13 Italienische Künstler* in 1971, Prini carried out a similar experiment. With the help of a technician, he demonstrated the exhaustion of a television set through a series of operations. Prini was also interested in the transmission of information by the television station (in this case German) as well as the minimum and maximum bursts of light and sound energy required by the device to transmit the information itself. In the same year, in Rome, *Merce Tipo Standard* at the Galleria L'Attico did not differ from the process of dismantling/assembling the TV set in Munich. The exhibition itself is conceived as a demonstration: Prini occupies the gallery space by placing a van belonging to the Rome-based company Video International S.P.A., which supplies the closed-circuit TV system equipment (goods), inside the gallery, which was then installed at given points throughout the gallery.

Referring to the theory of use value developed by philosopher, economist, and historian Karl Marx (1818–83), Prini quantifies the value of the goods (art) produced by the machines, calculating the labor required to produce them and the value acquired at the end of the operating cycle, thus concretizing the increase in value compared to their initial use. With this perspective, between 1970 and 1975—and thus also in the wake of the seminal projects analyzed in the exhibition—Prini produced almost two hundred drawings on paper, using standard-size sheets and the Olivetti Lettera 22, a common typewriter with which he drew, worked out mathematical formulas, imagined two-dimensional architectures, invented nursery rhymes, recorded intuitions, and verified ideas."

22.
A term derived from the Latin transcription of the Persian mathematician who lived in the ninth century AD, al-Khwarizmi. In the twentieth century, thanks to David Hilbert in 1928, its formalization served to set up the resolution of the mathematical decision problem (*Entscheidungsproblem*), to develop the concepts of computability and effective method, or, at a mathematical level, the recursive functions of Gödel–Herbrand–Kleene (1930–35), the " λ calculus" by Alonzo Church and "Formulation 1" by Emil Leon Post (both 1936) as well as the Alan Turing machine (1936–39), all matrices from which subsequent computers would be derived.

23.
From the Greek prefix composed of the first letter of the alphabet, "α," used in combination with adjectives and nouns to indicate lack or independence ("alpha privative").

24.
The etymology of the term is also uncertain: perhaps from the German glitschen (to slide) and the Yiddish *gletshn* (to slip).

25.
David Robbins, "Warm Science Fiction," published in the catalogue accompanying the exhibitions of Pierre Huyghe *Interludes*, Van Abbemuseum, Eindhoven (February 24 – June 5, 2001) and *La Château de Turing* – France Pavilion, 49th Venice Biennale (June 6 – November 4, 2001), 171.

26.
Expression and line of research developed in the 1990s at the MATISSE-ISYS Laboratory Université Paris 1 Panthéon-Sorbonne, coordinated by Bernard Paulré, to indicate developments in the post-Fordist economy, especially in relation to the capital/labor relationship. For further information, see Antonio Negri, Carlo Vercellone, *Il rapporto capitale/lavoro nel capitalismo cognitivo* (Rome: Posse, 2007), 46–56.

27.
https://it.wikipedia.org/wiki/Intelligenza_artificiale_generativa.

28.
David Robbins, op. cit., 173. Prini and Huyghe never met in person, but we spoke at length with Prini about Huyghe's projects and those of other artists associated with the

IT

Andrea Viliani

Note

Lili Fleury, Liam Gillick, Dominique Gonzalez-Foerster, Pierre Huyghe, Philippe Parreno, Pierre Joseph/ Medhi Belhaj Kacem, M/M (Paris), Melik Ohanian, Richard Phillips, Joe Scanlan, Rirkrit Tiravanija, Anna-Léna Vaney e Tino Sehgal.

30.
Concetto definito per la prima volta da Douglas C. Engelbart nel 1962, nell'articolo *Augmenting Human Intellect. A Conceptual Framework*, e precisato da Pierre Lévy nel volume del 1994 *L'intelligenza collettiva. Per un'antropologia del cyberspazio* (Milano, Feltrinelli, 1996).

31.
Devo questa espressione alla grafica Irma Boom, che la citata insieme alle sue fonti in una conferenza tenutasi alla Fondazione Antonio Dalle Nogare il 28 febbraio 2025.

32.
https://en.wikipedia.org/wiki/Prompt; https://it.wikipedia.org/wiki/Interfaccia_a_riga_di_comando.

33.
Questo saggio non è stato scritto con ChatGPT. Ma, ora che l'ho terminato, un po' me ne pento. Avrebbe potuto (dubbio a suo modo priniano) essere migliore?

EN

End Notes

so-called "relational aesthetics" during one of our meetings in 2003.

29.
Among them: Angela Bulloch/ Imke Wagener, François Curlet, Lili Fleury, Liam Gillick, Dominique Gonzalez-Foerster, Pierre Huyghe, Philippe Parreno, Pierre Joseph/ Medhi Belhaj Kacem, M/M (Paris), Melik Ohanian, Richard Phillips, Joe Scanlan, Rirkrit Tiravanija, Anna-Léna Vaney, and Tino Sehgal.

30.
Concept first defined by Douglas C. Engelbart in 1962, in the article "Augmenting Human Intellect. A Conceptual Framework," and clarified by Pierre Lévy in his 1994 book *Collective Intelligence: Towards an Anthropology of Cyberspace* (Milan: Feltrinelli, 1996).

31.
I owe this expression to graphic designer Irma Boom, who quoted it along with her sources in a lecture given at the Antonio Dalle Nogare Foundation on February 28, 2025.

32.
https://en.wikipedia.org/wiki/Prompt.

33.
This essay was not written using ChatGPT. But now that I've finished writing, I'm a bit sorry I didn't use it. Might it (a typically Prinian doubt) have come out better?

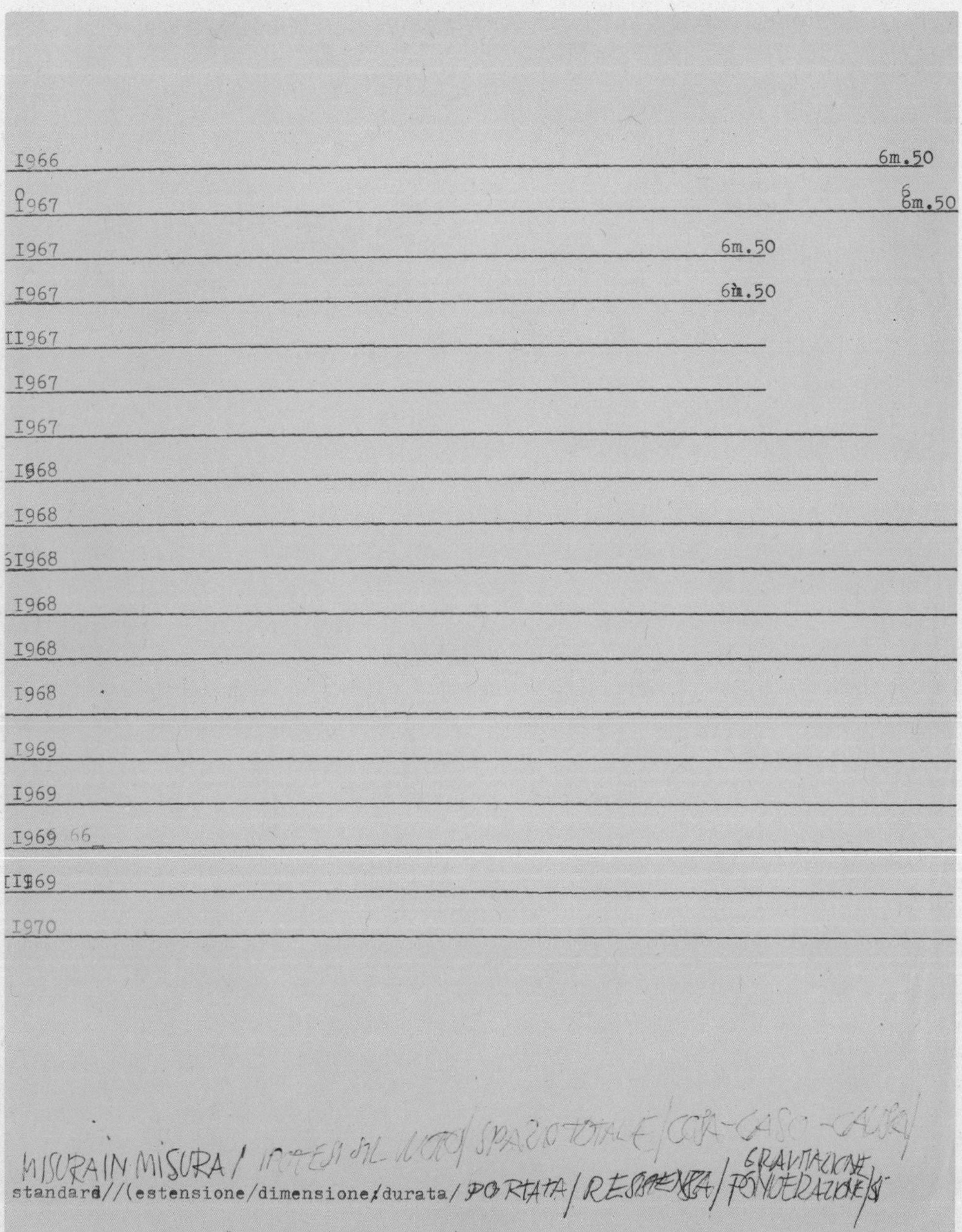
I966 6m.50
I967 6m.50
I967 6m.50
I967 6m.50
II967
I967
I967
I968
I968
I968
I968
I968
I968
I969
I969
I969
II969
I970
standard//(estensione/dimensione/durata/

asta.alluminio.profilato.6M50.inam

1970

Senza titolo / Untitled
Dattiloscritto su carta con interventi a penna /
Typescript and pen on paper

Senza titolo / Untitled
Dattiloscritto su carta / Typescript on paper

Senza titolo / Untitled
Dattiloscritto su carta / Typescript on paper

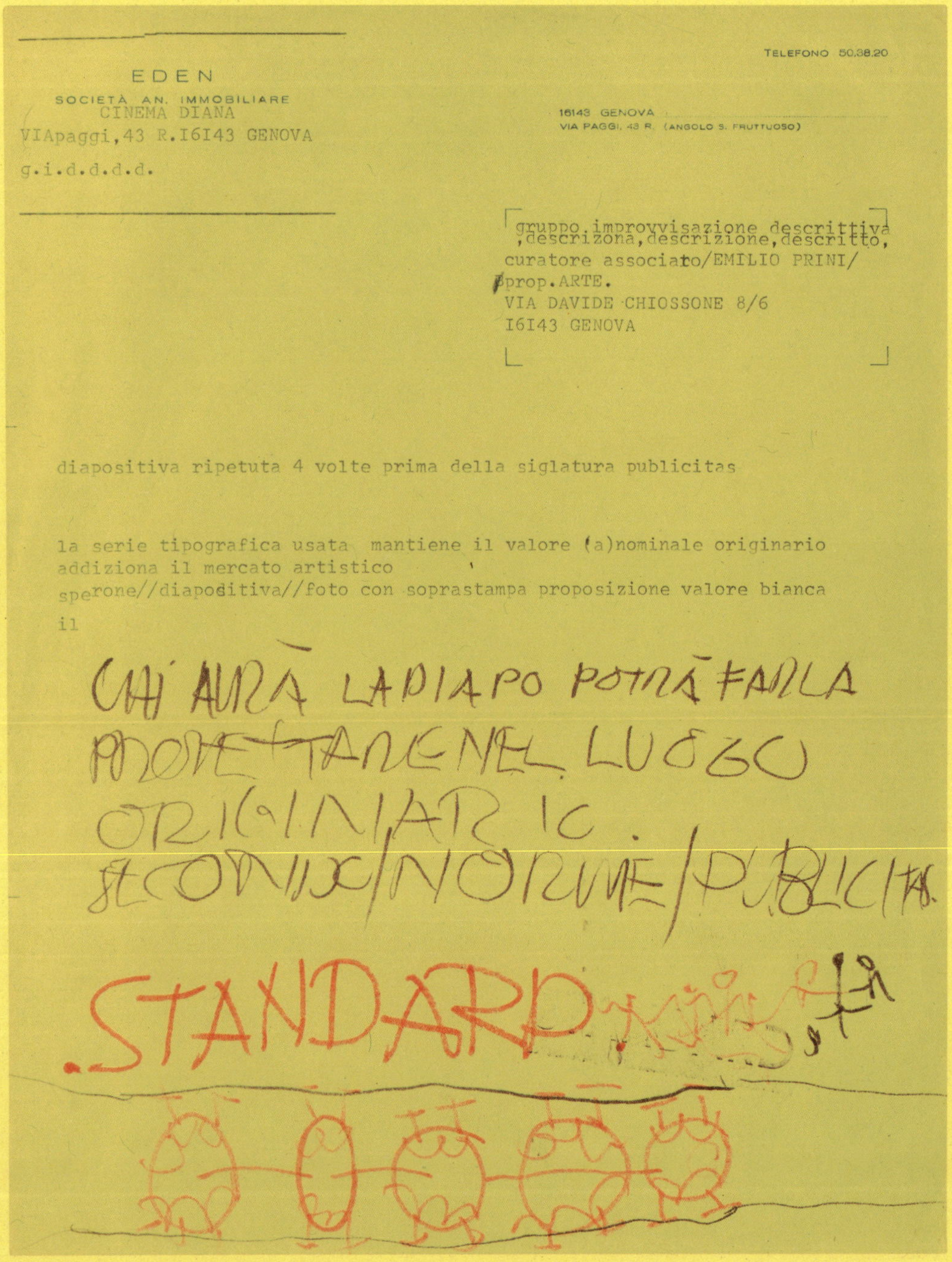

EDEN
SOCIETÀ AN. IMMOBILIARE
CINEMA DIANA
VIApaggi,43 R.I6I43 GENOVA
g.i.d.d.d.d.

TELEFONO 50.38.20
16143 GENOVA
VIA PAGGI, 43 R. (ANGOLO S. FRUTTUOSO)

gruppo.improvvisazione descrittiva
,descrizona,descrizione,descritto,
curatore associato/EMILIO PRINI/
prop.ARTE.
VIA DAVIDE CHIOSSONE 8/6
I6I43 GENOVA

diapositiva ripetuta 4 volte prima della siglatura publicitas

la serie tipografica usata mantiene il valore (a)nominale originario
addiziona il mercato artistico
sperone//diapositiva//foto con soprastampa proposizione valore bianca
il

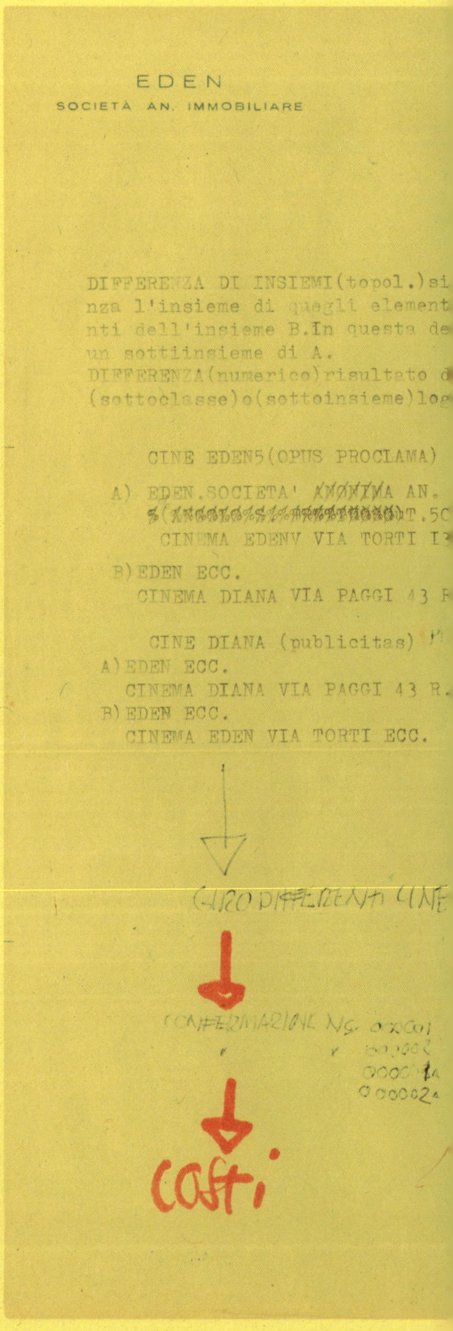

EDEN
SOCIETÀ AN. IMMOBILIARE

DIFFERENZA DI INSIEMI(topol.)si
nza l'insieme di quegli element
nti dell'insieme B.In questa de
un sottiinsieme di A.
DIFFERENZA(numerico)risultato d
(sottoclasse)o(sottoinsieme)log

CINE EDEN5(OPUS PROCLAMA)

A) EDEN.SOCIETA' ANONIMA AN.
CINEMA EDENV VIA TORTI I3

B)EDEN ECC.
CINEMA DIANA VIA PAGGI 43 R

CINE DIANA (publicitas)
A)EDEN ECC.
CINEMA DIANA VIA PAGGI 43 R.
B)EDEN ECC.
CINEMA EDEN VIA TORTI ECC.

1970

Senza titolo / Untitled
3 dattiloscritti su carta con interventi a pennarello, penna e grafite / 3 typescripts, felt-tip pen, pen and graphite on paper

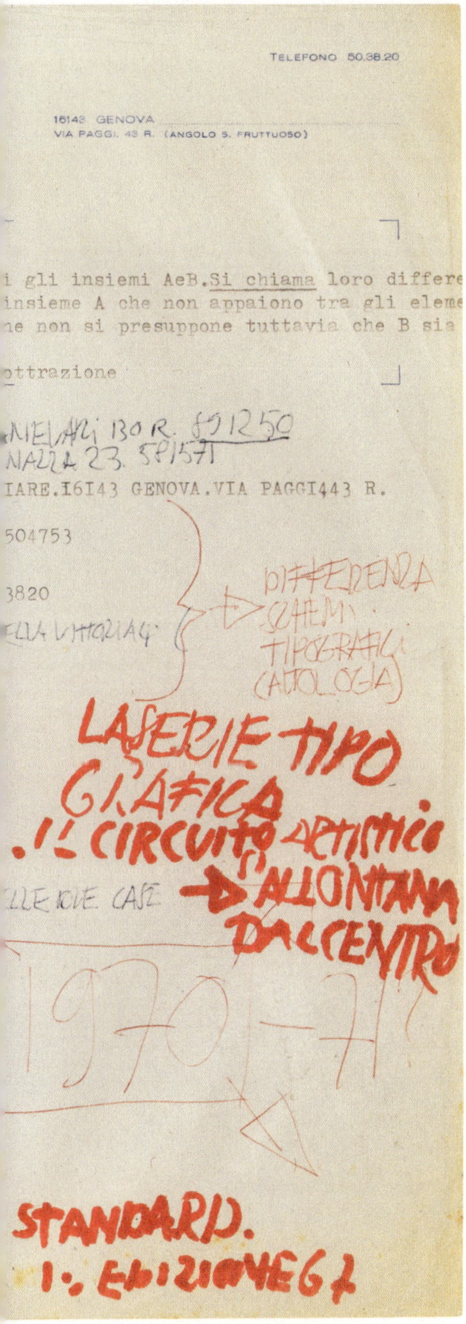
TELEFONO 50.38.20

16143 GENOVA
VIA PAGGI, 43 R. (ANGOLO S. FRUTTUOSO)

i gli insiemi AeB.Si chiama loro differe
insieme A che non appaiono tra gli eleme
he non si presuppone tuttavia che B sia

ottrazione

IARE.I6I43 GENOVA.VIA PAGGI443 R.

504753

3820

DIFFERENZA SCHEMI TIPOGRAFICI (ANTOLOGIA)

LA SERIE TIPOGRAFICA
IL CIRCUITO ARTISTICO SI ALLONTANA DAL CENTRO

1970–71

STANDARD.
1ª EDIZIONE 67

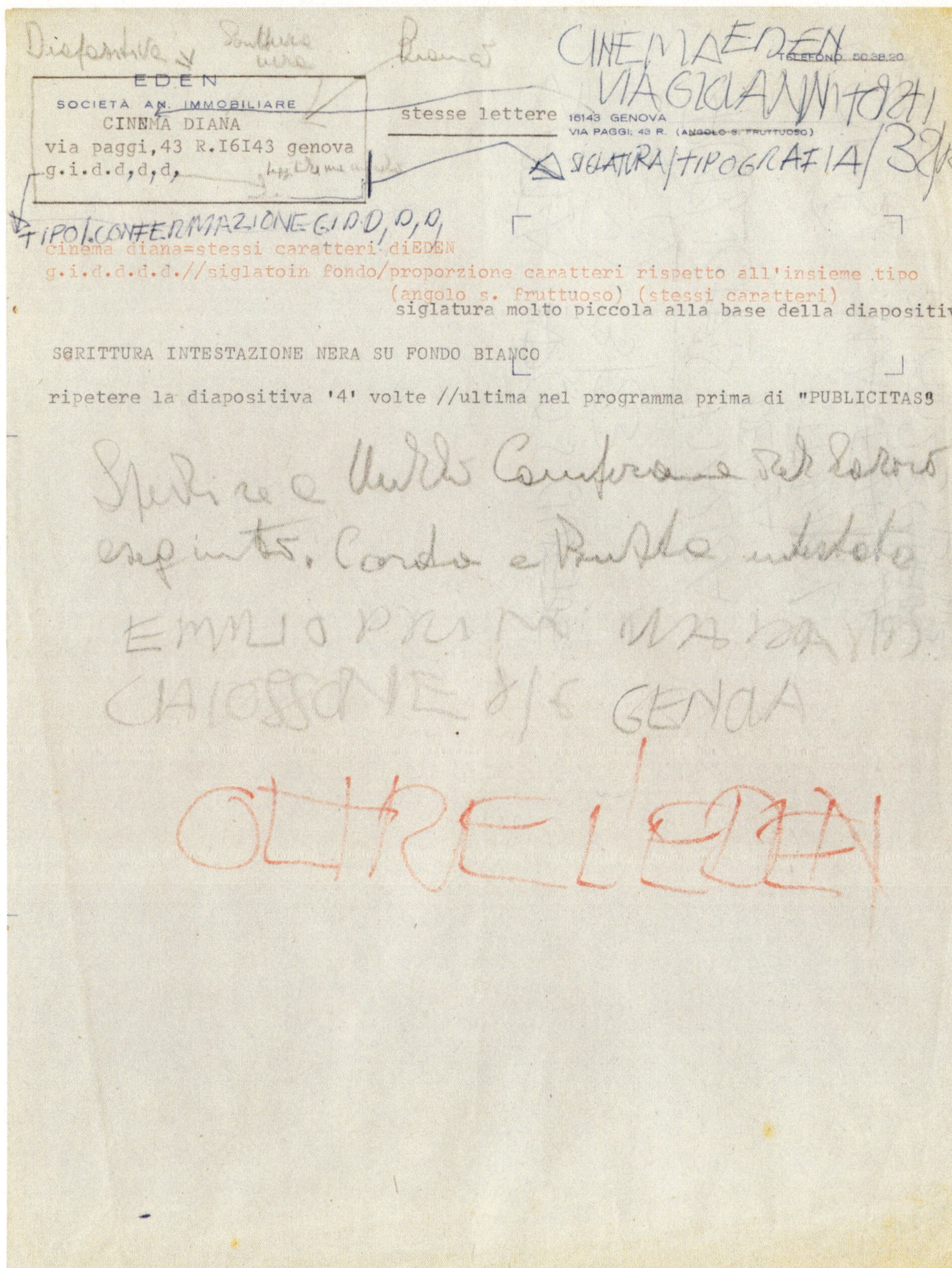
EDEN
SOCIETÀ AN. IMMOBILIARE
CINEMA DIANA
via paggi,43 R.I6I43 genova
g.i.d.d,d,d,

stesse lettere

CINEMA EDEN
VIA GIGLIANNI

TELEFONO 50.38.20
16143 GENOVA
VIA PAGGI, 43 R. (ANGOLO S. FRUTTUOSO)

SIGLATURA/TIPOGRAFIA/32/R

TIPO/CONFERMAZIONE G.I.D.D,D,D,
cinema diana=stessi caratteri diEDEN
g.i.d.d.d.d.//siglatoin fondo/proporzione caratteri rispetto all'insieme tipo
(angolo s. fruttuoso) (stessi caratteri)
siglatura molto piccola alla base della diapositiva

SCRITTURA INTESTAZIONE NERA SU FONDO BIANCO

ripetere la diapositiva '4' volte //ultima nel programma prima di "PUBLICITAS"

EMILIO PRINI

OLTRE L'EDEN

Emilio PRINI

1971

Arte Povera. 13 Italienische Künstler,
Kunstverein München, Monaco / Munich
Catalogo / Catalogue

Installation view, *Arte Povera. 13 Italienische Künstler*, Kunstverein München, Monaco / Munich

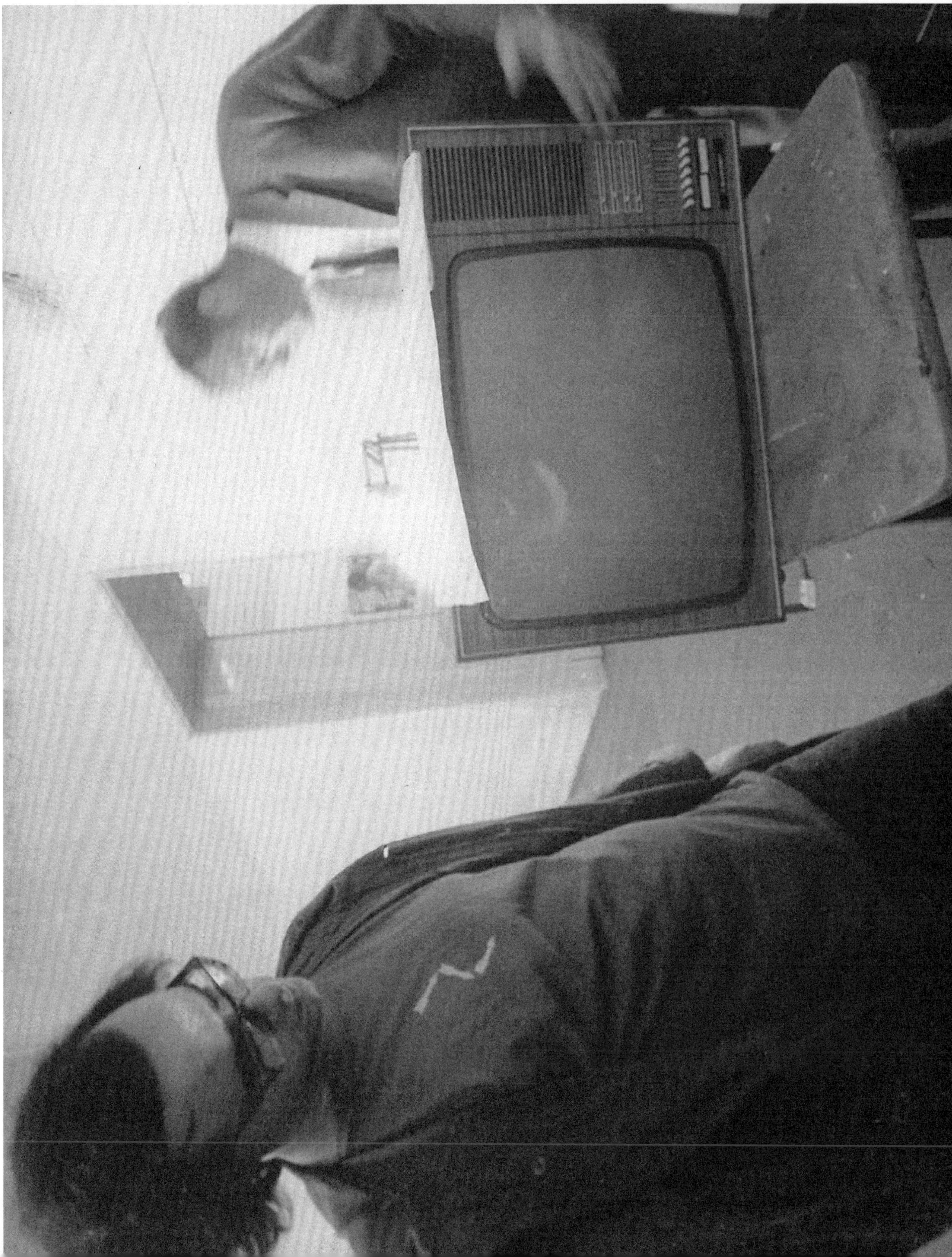

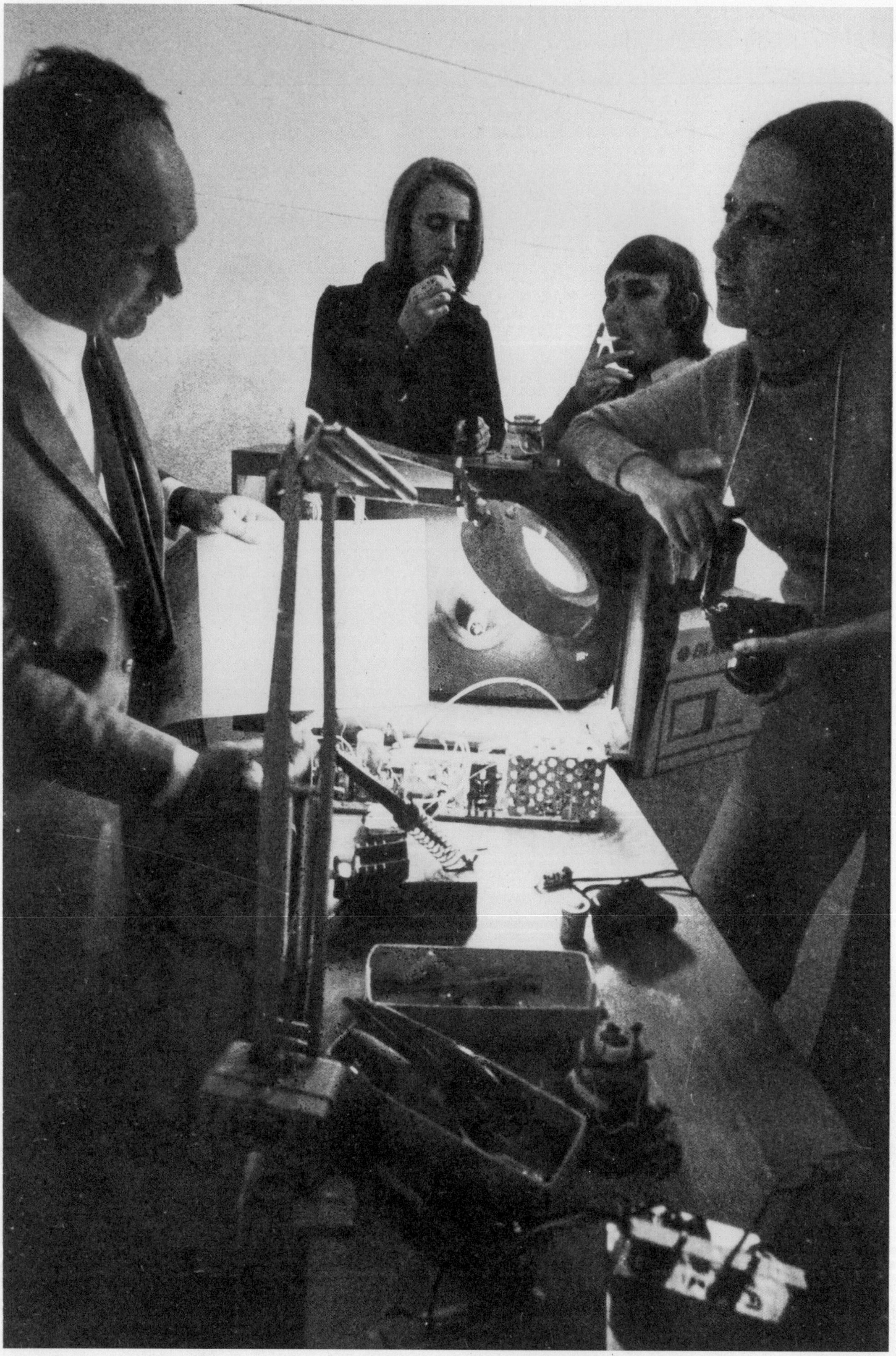

1971

Monaco '71
Fotografia in bianco e nero / Black-and-white photograph

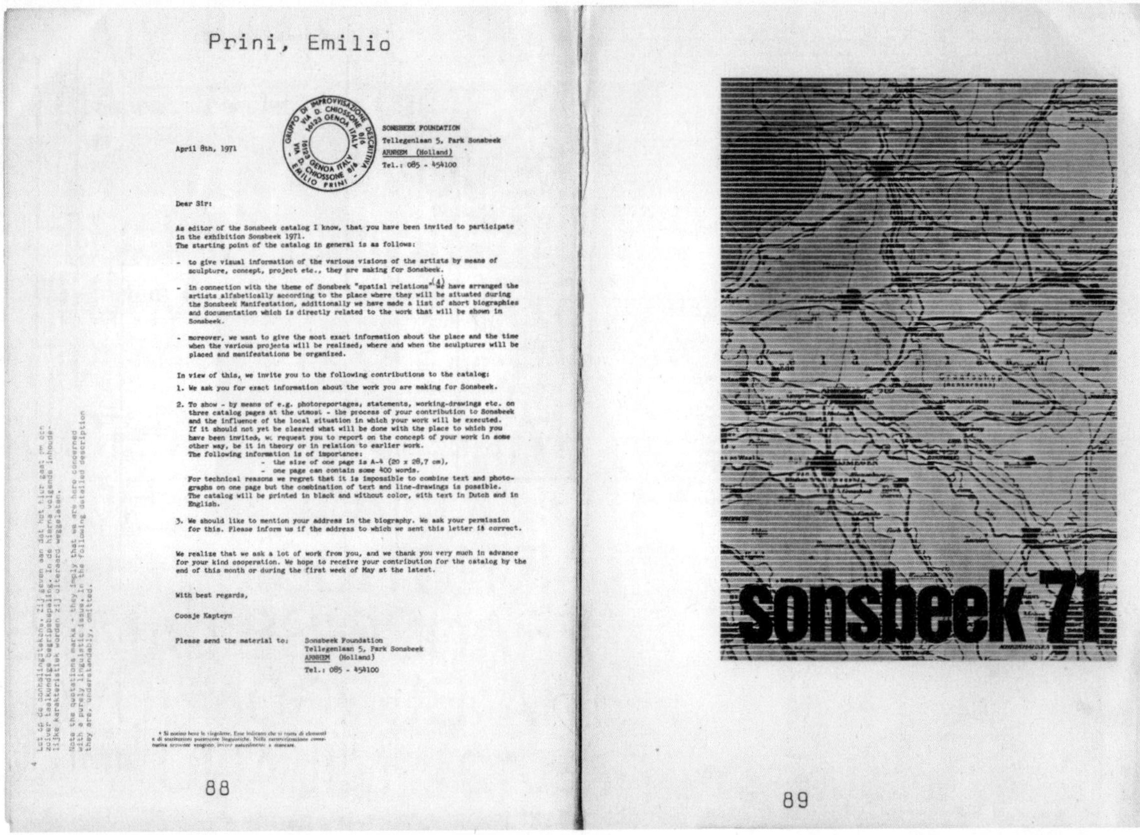

Prini, Emilio

GRUPPO DI IMPROVVISAZIONE DESCRITTIVA VIA D. CHIOSSONE 8/6 16123 GENOA ITALY – EMILIO PRINI

April 8th, 1971

SONSBEEK FOUNDATION
Tellegenlaan 5, Park Sonsbeek
ARNHEM (Holland)
Tel.: 085 - 454100

Dear Sir:

As editor of the Sonsbeek catalog I know, that you have been invited to participate in the exhibition Sonsbeek 1971.
The starting point of the catalog in general is as follows:

- to give visual information of the various visions of the artists by means of sculpture, concept, project etc., they are making for Sonsbeek.
- in connection with the theme of Sonsbeek "spatial relations"(4) we have arranged the artists alfabetically according to the place where they will be situated during the Sonsbeek Manifestation, additionally we have made a list of short biographies and documentation which is directly related to the work that will be shown in Sonsbeek.
- moreover, we want to give the most exact information about the place and the time when the various projects will be realised, where and when the sculptures will be placed and manifestations be organized.

In view of this, we invite you to the following contributions to the catalog:

1. We ask you for exact information about the work you are making for Sonsbeek.
2. To show - by means of e.g. photoreportages, statements, working-drawings etc. on three catalog pages at the utmost - the process of your contribution to Sonsbeek and the influence of the local situation in which your work will be executed. If it should not yet be cleared what will be done with the place to which you have been invited, we request you to report on the concept of your work in some other way, be it in theory or in relation to earlier work.
The following information is of importance:
   - the size of one page is A-4 (20 x 28,7 cm),
   - one page can contain some 400 words.
For technical reasons we regret that it is impossible to combine text and photographs on one page but the combination of text and line-drawings is possible. The catalog will be printed in black and without color, with text in Dutch and in English.
3. We should like to mention your address in the biography. We ask your permission for this. Please inform us if the address to which we sent this letter is correct.

We realize that we ask a lot of work from you, and we thank you very much in advance for your kind cooperation. We hope to receive your contribution for the catalog by the end of this month or during the first week of May at the latest.

With best regards,

Coosje Kapteyn

Please send the material to: Sonsbeek Foundation
Tellegenlaan 5, Park Sonsbeek
ARNHEM (Holland)
Tel.: 085 - 454100

88

89

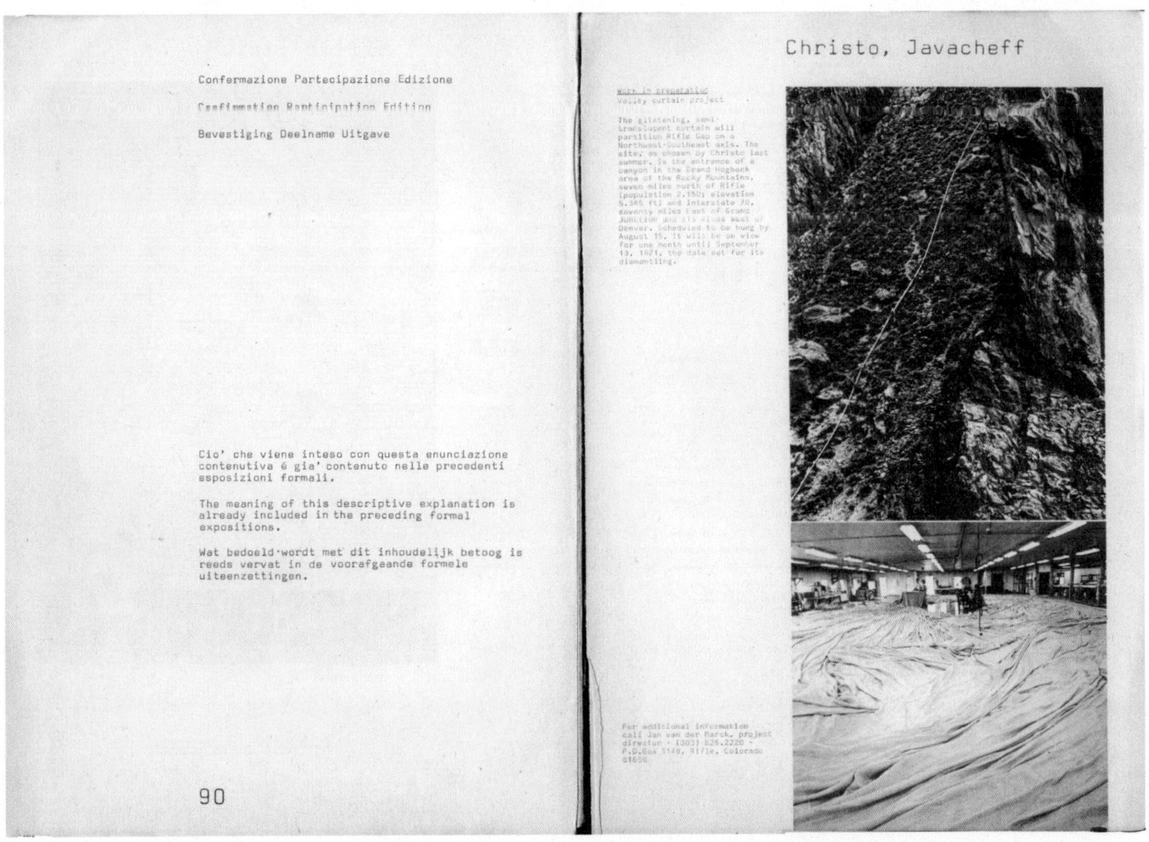

Confermazione Partecipazione Edizione

Confirmation Participation Edition

Bevestiging Deelname Uitgave

Cio' che viene inteso con questa enunciazione contenutiva é gia' contenuto nelle precedenti esposizioni formali.

The meaning of this descriptive explanation is already included in the preceding formal expositions.

Wat bedoeld wordt met dit inhoudelijk betoog is reeds vervat in de voorafgaande formele uiteenzettingen.

90

Christo, Javacheff

Work in preparation
Valley curtain project

The glistening, semi-translucent curtain will partition Rifle Gap on a Northwest-Southeast axis. The site, as chosen by Christo last summer, is the entrance of a canyon in the Grand Hogback area of the Rocky Mountains, seven miles north of Rifle (population 2.150; elevation 5.345 ft) and Interstate 70, seventy miles East of Grand Junction and 215 miles West of Denver. Scheduled to be hung by August 15. It will be on view for one month until September 13, 1971, the date set for its dismantling.

1971

***Sonsbeek 71*, Sonsbeek, Arnhem**
Catalogo / Catalogue

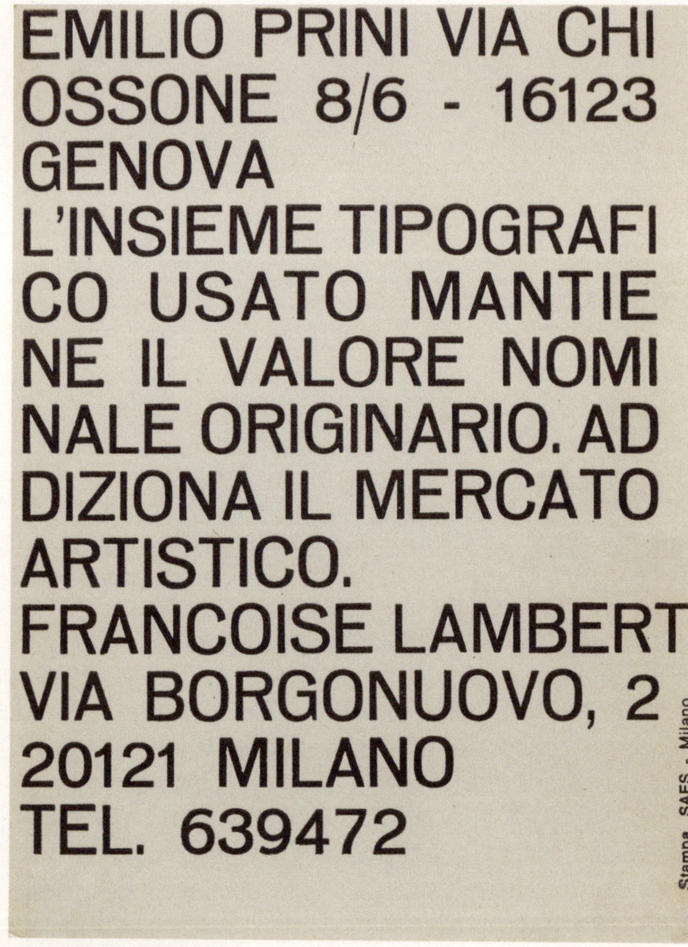
EMILIO PRINI VIA CHI
OSSONE 8/6 - 16123
GENOVA
L'INSIEME TIPOGRAFI
CO USATO MANTIE
NE IL VALORE NOMI
NALE ORIGINARIO. AD
DIZIONA IL MERCATO
ARTISTICO.
FRANCOISE LAMBERT
VIA BORGONUOVO, 2
20121 MILANO
TEL. 639472

Stampa SAES - Milano.

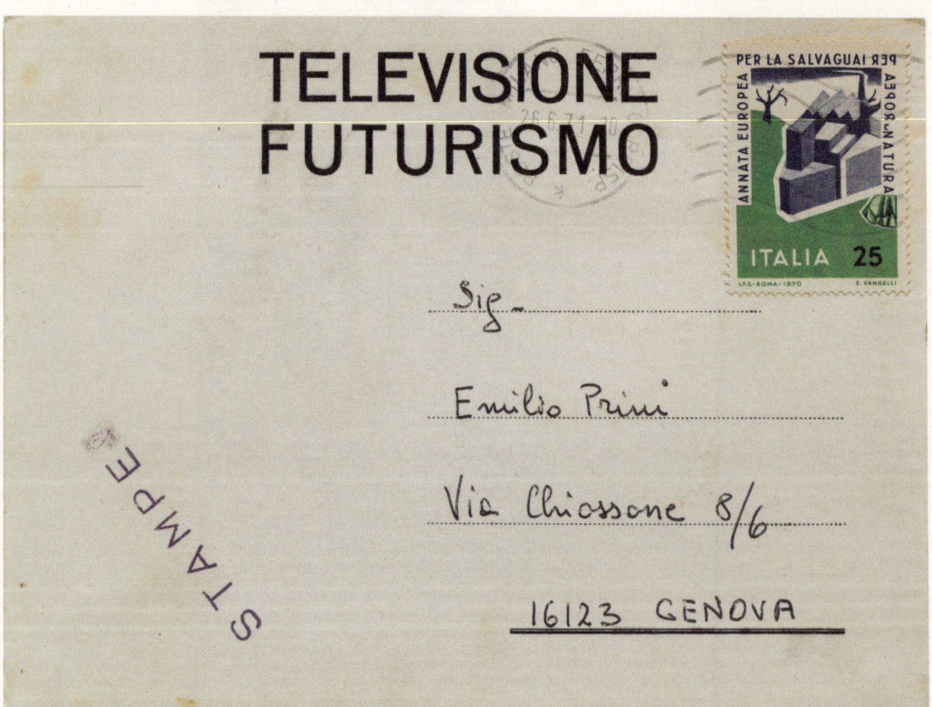

1971

Prova di stampa dell'invito realizzato dall'artista per una mostra / Invitation proof made by the artist for an exhibition, Galleria Françoise Lambert, Milano / Milan
Stampa su carta (fronte / retro) / Print on paper (front / back)

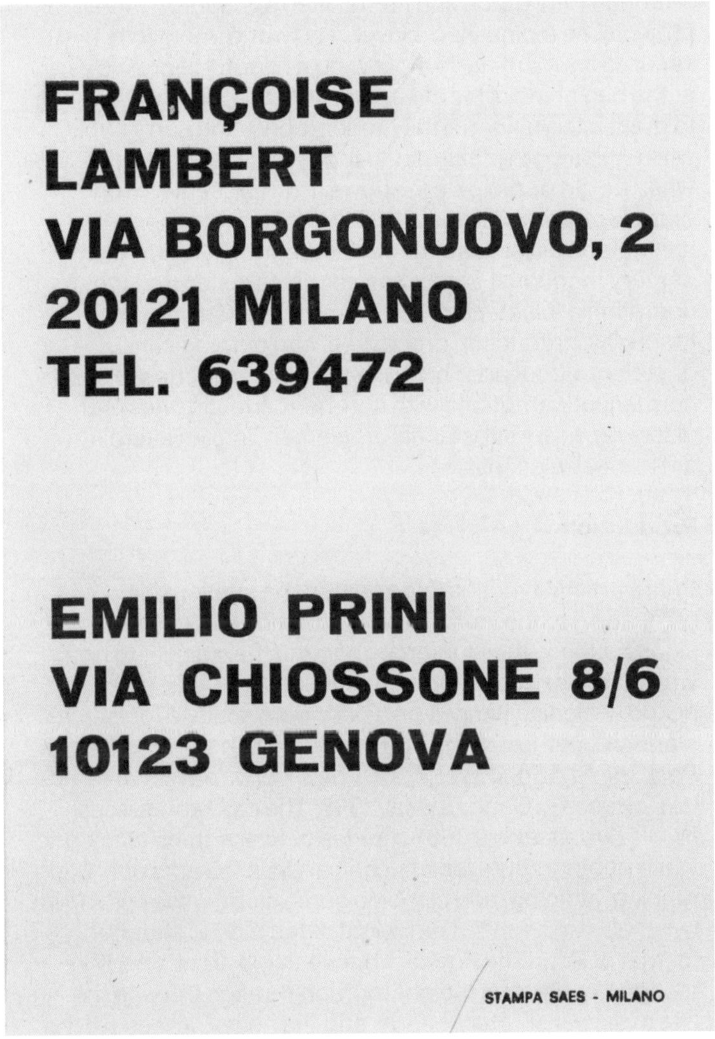
FRANÇOISE
LAMBERT
VIA BORGONUOVO, 2
20121 MILANO
TEL. 639472

EMILIO PRINI
VIA CHIOSSONE 8/6
10123 GENOVA

STAMPA SAES - MILANO

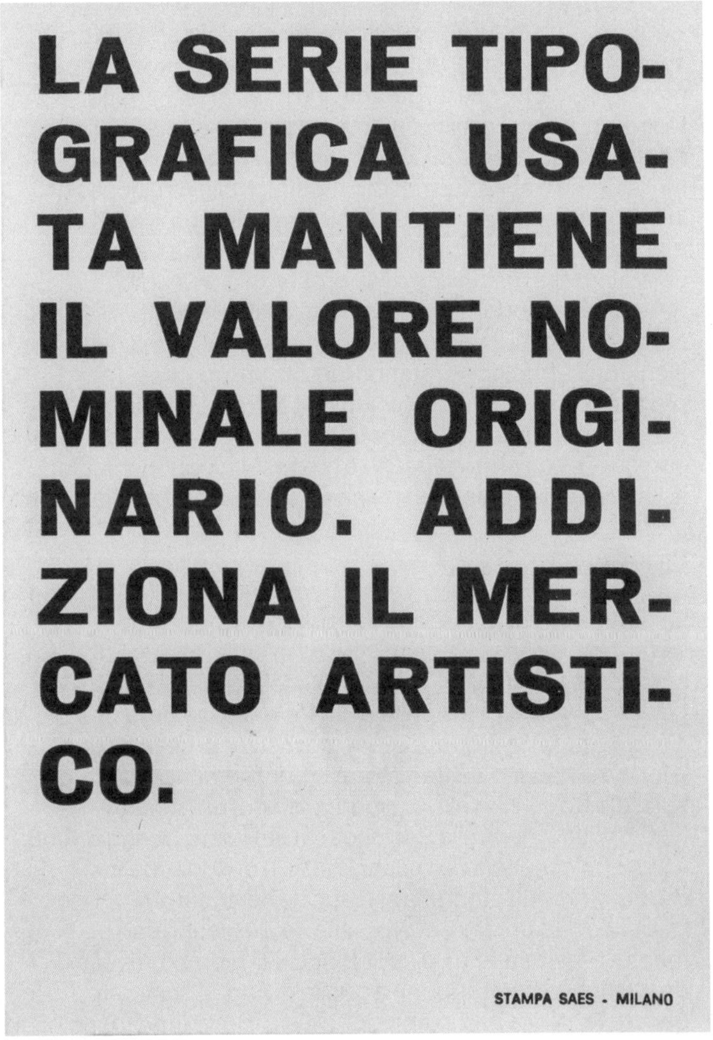
LA SERIE TIPO-
GRAFICA USA-
TA MANTIENE
IL VALORE NO-
MINALE ORIGI-
NARIO. ADDI-
ZIONA IL MER-
CATO ARTISTI-
CO.

STAMPA SAES - MILANO

Prova di stampa dell'invito realizzato dall'artista per una mostra / Invitation proof made by the artist for an exhibition, Galleria Françoise Lambert, Milano / Milan
Stampa su carta / Print on paper

Prova di stampa dell'invito realizzato dall'artista per una mostra / Invitation proof made by the artist for an exhibition, Galleria Françoise Lambert, Milano / Milan
Stampa su carta / Print on paper

IT

Alexander Alberro
L'Ontologia Meravigliosa dell'Arte: l'esplorazione del reale di Emilio Prini

La produzione di Emilio Prini era estremamente sfuggente. L'artista preferiva perseguire idee pure ed esplorare concetti che non richiedessero una manifestazione fisica permanente. La sua attività artistica, durata mezzo secolo, ha prodotto pochissime opere finite che potessero essere esposte in gallerie o musei oppure distribuite sul mercato dell'arte. Quelle che ha realizzato ed esposto rimangono ancora oggi ineffabili, enigmatiche, criptiche e difficilmente comprensibili. La sua arte era la più concettuale tra gli artisti associati all'Arte Povera.

Sebbene il volto e il nome di Prini apparissero spesso nei suoi progetti artistici, egli mantenne un certo anonimato nel mondo dell'arte, che gli garantì una posizione marginale. Dopo alcuni anni prolifici all'inizio della sua carriera, l'artista rifiutò ripetutamente di concedere interviste, autorizzare monografie e accettare inviti a mostre. Nelle rare occasioni in cui partecipava a mostre, Prini presentava opere che rifiutavano qualsiasi riferimento all'immanenza a priori dell'arte o alla metafisica della presenza dominante nell'estetica modernista della metà del Novecento, concentrandosi invece sul funzionamento di tecniche elementari, pratiche di standardizzazione, processi di produzione e questioni ontologiche sull'arte. Attraverso questo orientamento, ha sostituito le nozioni ermeneutiche con quelle non ermeneutiche e ha dissolto ogni elemento artistico sostanziale in un gioco di relazioni differenziali.

Produzione

La pratica artistica di Prini interrogava il rapporto tra significato e vuoto. L'artista inseguiva tutte le tracce di significato fino alle loro origini materiali nel significante, per indagare ciò che poteva esistere al di fuori della simbolizzazione. Egli appare nudo mentre si pesa su una bilancia da bagno per registrare le sue metriche standard sul biglietto d'invito alla sua prima mostra personale, *Pesi Spinte Azioni*, alla Bertesca di Genova nel maggio 1968. Il biglietto annuncia *Fermacarte* (1968) di Prini: una serie di dodici grandi fotografie in bianco e nero che ritraggono l'artista che cammina, corre, salta e sale alcuni gradini mentre è trattenuto da piccoli blocchi di piombo. Il peso dei blocchi si contrappone a quello di Prini. Il contrasto genera tensione tra il corpo dell'artista in movimento, reso nell'immagine fotografica attraverso l'uso di tempi di esposizione più lunghi, e la pesante staticità dei blocchi di piombo che fungono da suo sostituto. Per Prini, quella tensione – in questo caso l'intreccio tra peso e movimento e il paradosso della manifestazione di quest'ultimo in presenza del primo – evoca le distorsioni che impediscono agli esseri umani di prendere consapevolezza della realtà. Rende assurdi i tentativi di conciliare le contraddizioni della realtà e la sua fondamentale ampiezza e incompiutezza.

I primi gesti di Prini, che consistevano nel firmare contratti con sale espositive altrimenti vuote, tracciare strane iscrizioni su pavimenti ricoperti di polvere bianca, rispondere agli inviti alle mostre inviando telegrammi che confermavano la sua partecipazione e utilizzando le missive come unico contributo alle mostre, rifiutavano

EN

Alexander Alberro
Art's Marvelous Ontology: Emilio Prini's Exploration of the Real

Emilio Prini's production was highly elusive. The artist preferred to pursue pure ideas and explore concepts requiring no permanent physical manifestation. His half-century-long practice generated very few finished works that galleries or museums could show or the art market could distribute. Those that he did make and exhibit remain ineffable, enigmatic, cryptic, and barely graspable to this day. His art was the most conceptual of the artists associated with Arte Povera.

Although Prini's face and name often appeared in his art projects, he maintained a level of artworld anonymity that secured his marginality. Following a handful of prolific years at the beginning of his career, the artist repeatedly refused to grant interviews, permit monographs, and carry through with exhibition invitations. On those relatively rare occasions when he did participate in shows, Prini presented work that rejected any reliance on art's a priori immanence or the metaphysics of presence dominant in mid-twentieth-century modernist aesthetics, focusing instead on the operation of elementary techniques, standardization practices, production processes, and ontological questions about art. Through this orientation, he replaced hermeneutical notions with non-hermeneutic ones and dissolved every substantial art element into an interplay of differential relations.

Production

Prini's artistic practice interrogated the relationship of meaning to the void. The artist tracked all traces of signification to their material origins in the signifier to probe what might exist outside of symbolization. He appears naked, weighing himself on a bathroom scale to register his standard metrics on the invitation card to his first solo show, *Pesi Spinte Azioni / Weights Thrusts Actions* at La Bertesca in Genoa in May 1968. The card announces Prini's *Fermacarte* (1968): a series of twelve large black-and-white photographs depicting the artist in the acts of walking, running, jumping, and climbing some steps while held down by small lead blocks. The weight of the blocks stands in for that of Prini. The contrast between the artist's body in motion, rendered in the photographic image through the use of slower shutter speeds, and the heavy stillness of the lead blocks that serve as his proxy generates tension. For Prini, that tension—in this case the entanglement of weight and movement and the paradox of the latter's manifestation in the presence of the former—evokes the distortions that prevent humans from touching reality. It renders attempts to reconcile reality's contradictions and its fundamental openness and unfinishedness absurd.

Prini's early gestures of signing otherwise empty gallery rooms, tracing strange inscriptions on floors covered with white powder, responding to exhibition invitations by sending telegrams confirming his participation and using the missives as his sole contribution to the shows utterly rejected notions that art's value and meaning are self-contained and not reliant on external validation or influence. They also tactfully reduced his presence in the art context to an absolute minimum. The *Processi di pensiero visualizzati.*

IT

Alexander Alberro

totalmente l'idea che il valore e il significato dell'arte fossero autonomi e non dipendessero da validazioni o influenze esterne. Inoltre, riducevano con tatto la sua presenza nel contesto artistico al minimo assoluto. Il catalogo *Processi di pensiero visualizzati. Junge italianische Avantgarde*, a cura di Jean-Christophe Amman al Kunstmuseum di Lucerna nel 1970, ne è un esempio calzante. Le pagine dedicate a Prini presentano un ritratto fotografico dell'artista e una riproduzione del suo telegramma ad Amman che recita: "Confermo la mia partecipazione alla mostra". Prini avrebbe attuato questa stessa strategia in numerose occasioni. Per la mostra *Information* di Kynaston McShine al Museum of Modern Art a New York nel 1970, l'artista ha replicato alle ripetute richieste del curatore di un'opera d'arte ribadendo la sua risposta impassibile: "Parteciperò alla mostra". È importante sottolineare che il metodo di Prini in questi casi non rivela l'inizio formale del processo di sviluppo dell'opera da esporre, come sarebbe consuetudine, ma è, di fatto, già l'opera stessa.

Forse in modo ancora più radicale, se possibile, Prini lasciò in bianco le pagine dedicate alle sue opere nel catalogo della mostra *Arte Povera* al Kunstverein di Monaco nel 1971. Intitolò l'opera con cui contribuì a questa mostra *Manifesto*, alludendo allo strumento chiave delle avanguardie storiche per le dichiarazioni pubbliche che sfidano le norme culturali, articolano nuove visioni artistiche e sostengono il cambiamento sociale. Tuttavia, il manifesto di Prini rimase non scritto, con l'artista che ripudiava qualsiasi potenziale presupposto programmatico. Il suo vuoto evoca quel silenzio misterioso che precede l'espressione e che sta alla base della costruzione del significato. Prini ha ridotto al minimo la sua presenza nella produzione artistica. Ha mantenuto i suoi gesti artistici ai margini tra il vuoto, il silenzio e l'assenza da un lato, e le pratiche e le tecniche significative che permettono all'arte di emergere dall'abisso del non-significato dall'altro. Un rifiuto profondamente scettico delle regole discorsive consolidate della produzione culturale e dell'interpretazione ermeneutica ha guidato la sua nozione di incompletezza ontologica dell'arte.

Pertanto, la produzione artistica di Prini ha indagato l'assenza all'interno del quadro simbolico che esiste prima dell'ermeneutica dell'interpretazione. Piuttosto che affidarsi a verità ontologiche, ogni produzione dell'artista ha esaminato le operazioni processuali che precedono le pratiche figurative che costituiscono l'arte e ne ha sfidato la solidità ontologica. In questo processo, il significante – padrone, ovvero il significante senza significato – veniva sempre prima di tutto. Prini non ha mai perso di vista la materialità muta della sua produzione, anche quando codici e convenzioni hanno cercato di neutralizzarla integrandola nell'ordine simbolico. Egli considerava l'arte inseparabile dai metodi di simbolizzazione culturalmente contingenti e le categorie temporali e spaziali inseparabili dalle tecniche standard di misura e controllo. Negando ogni tentativo di cancellare le categorie simboliche dallo spazio vacuo del reale, la pratica artistica di Prini ripudiava in modo chiaro e inequivocabile l'ontologia dei concetti filosofici come arte e realtà.

EN

Junge italianische Avantgarde catalogue, curated at the Kunstmuseum in Lucerne by Jean-Christophe Amman in 1970, is a case in point. The pages dedicated to Prini feature a photographic portrait of the artist and a reproduction of his telegram to Amman that reads: "I confirm my participation in the exhibition." Prini implemented this same strategy on numerous occasions. For Kynaston McShine's *Information* show at the Museum of Modern Art in New York in 1970, the artist responded to the curator's repeated requests for an artwork by reiterating his deadpan response: "I will participate in the exhibition." Importantly, Prini's method in such cases does not announce the formal start of the process of developing the work to be exhibited, as would be customary, but is, in fact, *already* the work itself.

Perhaps even more radically, if that is indeed possible, Prini left the pages featuring his work in the catalogue of the *Arte Povera* exhibition at the Kunstverein in Munich in 1971 blank. He titled the piece he contributed to this show "Manifesto," alluding to the historical avant-garde's key tool for public declarations that challenge cultural norms, articulate new artistic visions, and advocate for social change. However, Prini's manifesto remained unwritten, with the artist disavowing any potential programmatic assumptions. Its blankness evokes that mysterious silence that precedes articulation and underlies meaning's construction. Prini reduced his presence to an absolute minimum in his artistic production. He kept his artistic gestures at the margins between emptiness, silence, and absence on the one hand and the signifying practices and techniques that enable "art" to emerge from the abyss of non-meaning on the other. A deeply skeptical rejection of the established discursive rules of cultural production and hermeneutic interpretation guided his notion of art's ontological incompleteness.

Accordingly, Prini's artistic production probed the absence within the symbolic framework that exists before the hermeneutics of interpretation. Rather than relying on ontological truths, the artist's every production scrutinized the processual operations that precede the figural practices that constitute art and challenged its ontological stability. In this process, the master signifier—the signifier without a signified—always came first. Prini never lost sight of his production's dumb materiality, even when codes and conventions attempted to neutralize it by integrating it into the symbolic order. He deemed art inseparable from culturally contingent methods of symbolization and temporal and spatial categories inseparable from standard techniques of measurement and control. Negating all attempts to scratch out symbolic categories from the vacuous space of the real, Prini's artistic practice clearly and unequivocally repudiated the ontology of philosophical concepts such as art and reality.

Negation

Prini coupled his early negations of symbolization with a deconstructive vector. This strand of his practice culminated in artworks that shredded the standard function of technologies humans invent to organize subjectivity and intersubjectivity and escape the unstructuredness of reality.

IT

Alexander Alberro

Negazione

Prini ha abbinato le sue prime negazioni della simbolizzazione a un vettore decostruttivo. Questo filone della sua pratica è culminato in opere d'arte che hanno fatto a pezzi la funzione standard delle tecnologie inventate dall'uomo per organizzare la soggettività e l'intersoggettività e sfuggire alla struttura informe della realtà. Questi lavori hanno ampliato il valore d'uso delle macchine e di altri dispositivi mnemonici e hanno riportato il significato nell'abisso letterale prima e oltre la simbolizzazione figurativa. Ad esempio, Prini realizzò progetti artistici che logoravano i meccanismi di generazione e conservazione del significato, come macchine fotografiche e registratori, utilizzandoli continuamente fino a renderli inutilizzabili. Estese questa produzione anche alla tecnologia del libro, che ha plasmato l'alfabetizzazione e la cultura per secoli. In un progetto artistico proposto al curatore Rolf Wedewer per la mostra *Konzeption/Conception* del 1969, Prini invitò il pubblico a sfogliare il catalogo della mostra fino a deteriorarlo. Le istruzioni inviate a Wedewer richiedevano di aprire il libro alle pagine dedicate al suo progetto, di posizionarlo su una base trasparente a un'altezza adatta perché i visitatori in piedi potessero leggerlo e di consentire loro di sfogliarlo fino a consumarlo.

Prini automatizzò le dinamiche processuali alla base del funzionamento delle sue opere nella serie *Magneti* (1968–70), che attivava macchine fotografiche standard e dispositivi di registrazione sonora con l'unico scopo di consumare pellicola o nastro. I processi negavano la funzione documentaria delle macchine di accumulazione, conservazione e diffusione di informazioni visive e acustiche significative, lasciandole funzionare in modo autoreferenziale fino alla loro rottura. Il più noto di questi progetti, *Magnete* (1969), utilizzava una macchina fotografica reflex Exakta 35 mm. L'artista basò l'opera su una raffigurazione frontale di una macchina fotografica e la replicò in diverse iterazioni su sfondi bianchi o neri. Quando presentò l'opera per la prima volta nel 1970, Prini insistette affinché la seguente descrizione oggettiva che riassumeva il progetto accompagnasse le illustrazioni dell'opera nel catalogo della mostra:

> *E. Prini / Magnet / serie fotografica / gruppo di 2.000 fogli relativi al settembre 1968 (4 fasi) / una normale macchina fotografica scatta foto ripetutamente fino all'usura del meccanismo / durata prevista dell'apparecchio / 20.000 scatti / tempo stimato di esecuzione / 10 anni / serie annuale di 2.000 elementi / tecnica / fotografia in bianco e nero / carta Ferrania / 3M / K203 3 / 30 x 40 cm ciascuno / obiettivo a apertura fissa e velocità dell'otturatore / treppiede fissato con inclinazione fissa / 1969 / la macchina fotografica utilizzata mantiene il suo valore originale e si inserisce nel mercato dell'arte.*

Secondo la descrizione, *Magnete* enfatizza la funzione dell'apparecchio, che qualcuno se ne renda conto o meno. L'artista definisce il funzionamento standard della macchina e le condizioni precise delle fotografie che scatta: il tempo fisso, il diaframma, la velocità dell'otturatore e l'inclinazione,

EN

These pieces expended the use value of machines and other mnemonic devices and plunged meaning back into the literal abyss before and beyond figural symbolization. For instance, Prini made art projects that wore out meaning-generating and storing mechanisms such as cameras and recorders by using them continuously until they became inoperable. He even extended this production to the book technology that has shaped literacy and culture for centuries. In an art project proposed to the curator Rolf Wedewer for the *Konzeption/Conception* exhibition in 1969, Prini invited the show's public to browse the exhibition catalogue until it deteriorated. The instructions he sent to Wedewer requested that he open the book to the pages featuring his project, set it on a transparent base at a height appropriate for standing viewers to read, and allow viewers to leaf through it until they had exhausted its use.

Prini automatized the processual dynamics underlying his artworks' operation in the series *Magneti* (1968–70), which activated standard cameras and sound recording devices with the sole aim of consuming film or tape. The processes negated the machines' documentary function of accumulating, preserving, and disseminating significant visual and acoustic information, leaving them to operate self-referentially until they broke down. The best-known of these projects, *Magnete* (1969), used a 35 mm Exakta Reflex camera. The artist based the piece on a frontal depiction of a camera and replicated it in several iterations on black or white backgrounds. When he first presented the work in 1970, Prini insisted that the following matter-of-fact description encapsulating the project accompany illustrations of the artwork in the exhibition catalogue:

> *E. Prini / Magnet / photographic series / group of 2,000 sheets related to September 1968 (4 phases) / a normal camera takes photos over and over again until the mechanism wears out / life expectancy of the apparatus / 20,000 shots / estimated time of execution / 10 years / annual series of 2,000 elements / technique / black-and-white photography / Ferrania paper / 3M / K203 3 / 30 x 40 cm each / fixed aperture lens and shutter speed / tripod set at fixed inclination / 1969 / the camera used maintains its original value and adds to the art market.*

According to the description, *Magnete* emphasizes the apparatus's function, whether someone realizes it or not. The artist defines the machine's standard operation and the precise conditions of the photographs it takes: the fixed time, diaphragm, shutter speed, and inclination, the standard size and quality of the paper sheet (the sheets measuring 30 x 40 cm and coded 3M/K203/3, provided by the Ferrania company), and the regular distribution of shots per year. The piece's actual duration, which depends on the machine's performance rather than the artist's agency, establishes the only criterion. Prini set up the schema with an essential system of rules and let the mechanism's operation determine the results before it expired. The images rendered by the camera (the version known today comprises 18,915 identical photographic prints), stacked one on top of another, are inconsequential in and of themselves. The repetition of their production

IT

Alexander Alberro

le dimensioni standard e la qualità del foglio di carta (i fogli misurano 30 x 40 cm e sono codificati 3M/K203/3, forniti dalla società Ferrania) e la distribuzione regolare degli scatti nel corso degli anni L'unico criterio è la durata effettiva dell'opera, che dipende dalle prestazioni della macchina piuttosto che dall'intervento dell'artista. Prini ha stabilito uno schema con un sistema di regole essenziali e ha lasciato che fosse il funzionamento del meccanismo a determinare i risultati prima che si esaurisse. Le immagini riprodotte dalla macchina fotografica (la versione conosciuta oggi comprende 18.915 stampe fotografiche identiche), impilate una sopra l'altra, sono di per sé irrilevanti. La ripetizione del loro processo di produzione nega il passaggio all'universo figurativo, rifiutando di permettere ai significanti materiali di associarsi ai significati. In questo modo, Prini ha smaterializzato il soggetto dell'opera nel consumo della pellicola della macchina fotografica nel tempo.

Sempre nel 1969, Prini ha realizzato una grande serigrafia su carta, le cui dimensioni e il carattere tipografico audace ricordano quelli dei manifesti pubblicitari. Intitolata *Standard – L'U.S.A. USA*, gioco di parole che allude sia alla manipolazione degli Stati Uniti, sia all'ossessione del Paese per il pragmatismo, un'iscrizione in alto a sinistra della stampa informa che un registratore a nastro registra continuamente il suono del proprio funzionamento fino all'esaurimento del suo valore d'uso. La parola "standard" nel titolo dell'opera si riferisce alla durata e alla funzione di duplicazione del dispositivo, nonché al potere disciplinare della simbolizzazione. È importante sottolineare che Prini non imposta il registratore per registrare qualcosa di specifico. Espone invece i suoi processi industriali e automatici. Questi processi occultano l'artista ed evocano i rituali imposti dai sistemi standard della modernità, fatti di modelli, norme e tipologie, e la loro spersonalizzazione della vita individuale e collettiva.

Un'altra opera della serie *Magneti*, intitolata *Film TV*, 5 min., presenta 28.576 fotografie di un monitor a circuito chiuso visto dalla stessa angolazione frontale standard. Le foto si riferiscono a un video realizzato da Prini nel 1970. L'artista ha suddiviso le immagini in tre gruppi. Nel primo, le fotografie ritraggono una grande apparecchio televisivo che mostra un'immagine trasferita dal monitor a circuito chiuso posizionato in un anonimo ufficio. Nel secondo, mostrano lo stesso apparecchio televisivo spento. Le immagini del terzo gruppo catturano solo uno schermo televisivo vuoto, che non riproduce altro che un'immagine nera. Accumulando stampe, Prini raffigura il consumo massiccio di immagini che sta alla base del funzionamento dei sistemi standard di comunicazione e controllo, rappresentati dall'apparecchio televisivo, dal monitor a circuito chiuso e dall'ufficio anonimo. Egli manda in cortocircuito questi sistemi e ne fa collassare il funzionamento, impostando gli apparati autosufficienti in modo che si ripetano fino a logorarsi e diventare disfunzionali. Di conseguenza, il soggetto principale di queste opere è lo stesso dei progetti di Prini che annullano i tentativi di estrarre categorie simboliche dallo spazio vacuo del reale, ovvero l'abisso primordiale che, come un buco nero che si forma quando una stella

EN

process negates the shift to the figural realm, refusing to allow material signifiers to couple with signifieds. Prini dematerialized the work's subject matter into the camera's film consumption over time.

Also in 1969, Prini produced a large serigraph print on paper, whose size and bold typeface resemble those of advertising posters. Titled Standard – *L'U.S.A. USA*, a play on words that connotes both US manipulation and the country's obsession with pragmatism, an inscription at the top left of the print reports that a tape machine continuously records the sound of its own operation until it exhausts its use value. The word "standard" in the artwork's title relates to the device's durability and duplicating function as well as to the disciplinary power of symbolization. Importantly, Prini does not set the recorder to record anything specific. Instead, he exposes its industrial and automatic processes. These processes occlude the artist and evoke rituals imposed by modernity's standard systems of models, norms, and types and their depersonalization of individual and collective life.

Another artwork from the *Magneti* series titled Film TV, 5 min. features 28,576 photographs of a closed-circuit television monitor seen from the same standard frontal view. The photos refer to a video Prini made in 1970. The artist divided the pictures into three groups. In the first, the photographs depict a large television console displaying an image transferred from the closed-circuit monitor positioned in an anonymous office. In the second, they show the same television console turned off. The pictures in the third grouping capture only a blank television screen, rendering no more than a blank image. By accumulating prints, Prini visualizes the massive consumption of images that undergirds the operation of standard systems of communication and control, as represented by the television console, the closed-circuit monitor, and the anonymous office. He short-circuits these systems and collapses their operation by setting the self-sufficient apparatuses to repeat until they wear out and become dysfunctional. Accordingly, the primary subject of these artworks is the same as that of Prini's projects that negate attempts to scratch out symbolic categories from the vacuous space of the real, namely, the primordial abyss that, like a black hole that forms when a massive star collapses at the end of its life cycle, attracts all attempts of symbolization to swallow them.

Repetition

Black holes are entropic entities—they slowly lose mass over time. Much of Prini's work following his initial prolific period between 1967 and 1971 was also entropic. This production set out to modify and erase whatever meaning his earlier projects may have inadvertently accrued. It featured significant amounts of highly mediated sculptural reconstruction or photographic documentation of previous projects and exhibitions.

Prini's few shows in the late twentieth and early twenty-first centuries recreated prior works. They translated earlier art projects and exhibitions into the new context and

IT

Alexander Alberro

massiccia collassa alla fine del suo ciclo di vita, attira tutti i tentativi di simbolizzazione per inghiottirli.

Ripetizione

I buchi neri sono entità entropiche – perdono lentamente massa nel tempo. Gran parte del lavoro di Prini dopo il suo prolifico periodo iniziale tra il 1967 e il 1971 era anch'esso entropico. Questa produzione mirava a modificare e cancellare qualsiasi significato i suoi progetti precedenti potessero aver involontariamente acquisito. Era caratterizzata da una quantità significativa di ricostruzioni scultoree altamente mediatizzate o di documentazioni fotografiche di progetti e mostre precedenti.

Le poche mostre di Prini alla fine del Novecento e all'inizio del XXI secolo hanno riprodotto opere precedenti, traducendo i progetti artistici e le mostre anteriori in un nuovo contesto e in una nuova situazione. La ripetizione, per Prini, è diventata come una rinascita, condividendo la dispersione infinita di uno spazio poetico altrimenti resistente ai vincoli della storicizzazione. L'artista ha continuato a concentrarsi sulle sue idee e opere precedenti, trattandole come un materiale vivente che doveva ancora fissarsi e rimodellandole a ritroso. Queste modifiche assumono spesso la forma di gesti minimi, come la revisione di una data, la modifica di un titolo, l'isolamento di un dettaglio di un'immagine o la fotografia di una fotografia di un progetto precedente. Ma alcune modifiche sono più significative. Tuttavia, l'artista ha continuato a non prestare attenzione alle richieste del mercato, al fascino della storia o al culto dell'archivio, mantenendo la sua critica di sempre all'originalità, alla paternità e alla permanenza.

Mentre le prime opere di Prini demolivano le pretese di immediatezza dell'esperienza estetica, negli anni Settanta l'artista si è concentrato principalmente sulla mediazione, sulla materialità di ciò che viene mediato e sul modo in cui ciò avviene. La sua produzione ruotava ora principalmente attorno alla ripetizione documentaria e alla dissoluzione entropica delle esplorazioni precedenti. Prini ha anche ampliato la sua critica dei tipi di contesti istituzionali in cui si collocava la sua arte. È impossibile separare la negazione da parte dell'artista delle sue precedenti esplorazioni dalla sua critica sempre più acuta delle istituzioni artistiche.
Le tensioni tra questi due aspetti della sua pratica mettono in discussione la funzione costitutiva di qualsiasi traccia possa aver generato l'esposizione e la diffusione del suo lavoro attraverso fotografie e cataloghi di mostre.
La decostruzione, da parte di Prini, di ogni elemento sostanziale dell'arte e la messa in evidenza dell'interazione tra la sovradeterminazione simbolica, che permette l'esistenza della categoria filosofica nel contesto dell'arte tardo-modernista e contemporanea, chiariscono come la sua pratica si fondi sulla produzione retroattiva del simbolico. L'arte, da questo punto di vista, consiste in gran parte dei resti, degli scarti e delle eccedenze del processo di simbolizzazione. È un'entità puramente chimerica, priva di consistenza ontologica. Non è possibile crearla seguendo un programma razionale. La sua condizione è totalmente precaria; esiste solo come

EN

situation. Repetition, for Prini, became something akin to resurgence, sharing the infinite dispersion of a poetic space otherwise resistant to the constraints of historicization. The artist continued to focus on his earlier ideas and artworks, treating them like a living material that had yet to become fixed and remodeling them in reverse. These modifications often took the form of minimal gestures, such as revising a date, changing a title, isolating a detail of an image, or photographing a photograph of a former project. But some of the modifications were more significant. All along, though, the artist continued to pay no attention to the demands of the market, the lure of history, or the cult of the archive, maintaining his lifelong critique of originality, authorship, and permanence.

Whereas Prini's earlier artworks dismantled claims of the immediate character of aesthetic experience, in the 1970s he became primarily concerned with mediation and the materiality of what is mediated and how. His production now primarily revolved around the documentary repetition and entropic dissolution of prior explorations. Prini also expanded his critique of the types of institutional contexts in which his art took place. Separating the artist's negation of his prior explorations from his sharpened critique of art institutions is impossible. The tensions between these two aspects of his practice trouble the constitutive function of whatever traces the exhibition and dissemination of his work through photographs and exhibition catalogues may have generated. Prini's deconstruction of every substantial element of art and his foregrounding of the interplay of symbolic overdetermination that enables the philosophical category to exist in the late modernist and contemporary art context elucidate his practice's reliance on the retroactive production of the symbolic. Art, from this perspective, largely consists of the remainders, scraps, and surpluses of the process of symbolization. It is a purely chimerical entity that has no ontological consistency. One cannot create it following a rational program. Its status is thoroughly precarious, existing only as a shadow, and all efforts to grasp its positive nature necessarily dissolve it.

Enchantment

Prini's *Monaco* (1971), an enigmatic work the artist made featuring a photograph taken by one of four unknown people standing around a table laden with technological machinery, crystallizes his discovery of art's essential insubstantiality. The artwork fascinated Prini more than just about anything else he produced and exhibited during his lifetime. Two of the people standing around the table in the photograph are in conversation. A third is lighting a cigarette, while the fourth is already smoking. Despite the recording instruments at the center of the image, what mattered most to Prini about this picture was the sublime star icon that appeared as if out of nowhere on the lit cigarette on the right-hand side of the photograph. This sign's marvelous manifestation enthralled Prini. The artist recognized that strictly speaking, it was created by pure coincidence.

One cannot approach it too closely: if one analyzes it too intensely or gets too near it, it loses its sublime features

IT

Alexander Alberro

ombra, e ogni tentativo di coglierne la natura positiva la dissolve necessariamente.

Incanto

Monaco (1971) di Prini, un'opera enigmatica realizzata dall'artista con una fotografia scattata da una delle quattro persone sconosciute che erano in piedi attorno a un tavolo colmo di macchinari tecnologici, cristallizza la sua scoperta dell'insostanzialità essenziale dell'arte. L'opera affascinò Prini più di qualsiasi altra cosa avesse prodotto ed esposto nel corso della sua vita. Due delle persone in piedi attorno al tavolo nella fotografia sono intente a conversare. Un terzo sta accendendo una sigaretta, mentre il quarto sta già fumando. Nonostante gli strumenti di registrazione al centro dell'immagine, ciò che più importava a Prini di questa foto era il sublime simbolo della stella che appariva come dal nulla sulla sigaretta accesa, sul lato destro della fotografia. La meravigliosa manifestazione di questo segno affascinava Prini. L'artista riconosceva che, in senso stretto, era frutto di una pura coincidenza.

Non ci si può avvicinare troppo: se lo si analizza approfonditamente o ci si avvicina eccessivamente, perde le sue caratteristiche sublimi e diventa un simbolo ordinario, volgare. La stella può persistere solo in uno spazio intermedio, in uno stato intermedio, vista da una particolare prospettiva, a metà tra il visibile e l'invisibile. Inoltre, i tentativi di riprodurre la stella la riducono necessariamente a un oggetto quotidiano o a un effetto pateticamente messo in scena. Essi dissipano la sua sublimità proprio perché questa è allo stesso tempo nulla e più di sé stessa. Vale a dire che si può cercare invano la stella nella realtà positiva perché essa non ha consistenza positiva – infatti è solo la positivizzazione del vuoto, di una discontinuità aperta nella realtà dalla sua comparsa fantasmatica sotto forma di un significante straordinario.

L'icona della stella che Prini individua in *Monaco* sconvolge la dimensione razionale del meccanismo simbolico. È questo che genera il suo effetto sublime e, per Prini, il suo incanto artistico. Emergendo come per magia dall'abisso del reale, la stella ha rivelato a Prini che è il caso e non il progetto a produrre l'arte e la realtà. La condizione ontologica di entrambi è meravigliosa per definizione. Nient'altro che il puro caso sta alla base delle loro condizioni di possibilità.

EN

and becomes an ordinary, vulgar symbol. The star can persist only in an interspace, in an intermediate state, viewed from a particular perspective, half-seen.

Furthermore, efforts to reproduce the star necessarily reduce it into an everyday object or a pathetically staged effect. They dissipate its sublimity precisely because it is at once nothing at all and more than itself. That is to say, one may search for the star in vain in positive reality because it has no positive consistency—for it is just the positivization of the void, of a discontinuity opened up in reality by its phantasmic emergence in the form of an extraordinary signifier.

The star icon that Prini detects in *Monaco* disrupts the rational dimension of the symbolic mechanism. This is what generates its sublime effect, and for Prini, its artistic enchantment. Emerging magic-like from the abyss of the real, the star revealed to Prini that happenstance and not design produce art and reality alike. The ontological status of both is marvelous by definition. Nothing but pure accident underpins their conditions of possibility.

EMILIO PRINI

É nato a Stresa il 2 agosto 1943. Vive e lavora a Genova.
Born in Stresa, August 2, 1943. Lives and works in Genoa.

Mostre personali / One-man shows
1968. Galleria La Bertesca, Genova.

Mostre collettive / Group shows
1967. Arte Povera, Galleria La Bertesca, Genova; Situazione 67, Galleria La Bertesca, Genova; Arte Povera, Galleria De' Foscherari, Bologna / 1968. Triennale, Milano; Arte italiana del XX secolo, Warszawa, Bochum, Köln, Malmö, Stockholm, Roma; Rassegna d'Arti Figurative 3, Amalfi; Il teatro delle Mostre, Galleria La Tartaruga, Roma / 1969. Op Losse Schroeven, Stedelijk Museum, Amsterdam; When Attitudes Become Form, Kunsthalle, Bern; I.C.A., London; Haus Lange Museum, Krefeld / 1970. III Biennale Internazionale della giovane pittura, Bologna / 1971. Arte povera, München; VII Biennale de Paris, Parc Floral de Vincennes, Paris.

Emilio Prini

CONFERMA PARTECIPAZIONE, EDIZIONE - POSTA E TELEGRAFI - TELEFONO PUBBLICO - TELEFONO GENOVA EMILIO PRINI ACHILLE BONITO OLIVA 06326589 ROMA

Emilio Prini

CONFERMA PARTECIPAZIONE, EDIZIONE - POSTA E TELEGRAFI - TELEFONO PUBBLICO - TELEFONO GENOVA EMILIO PRINI ACHILLE BONITO OLIVA 06326589 ROMA

Emilio Prini

CONFERMA PARTECIPAZIONE, EDIZIONE - POSTA E TELEGRAFI - TELEFONO PUBBLICO - TELEFONO GENOVA EMILIO PRINI ACHILLE BONITO OLIVA 06326589 ROMA

Emilio Prini

CONFERMA PARTECIPAZIONE, EDIZIONE - POSTA E TELEGRAFI - TELEFONO PUBBLICO - TELEFONO GENOVA EMILIO PRINI ACHILLE BONITO OLIVA 06326589 ROMA

Emilio Prini

CONFERMA PARTECIPAZIONE, EDIZIONE - POSTA E TELEGRAFI - TELEFONO PUBBLICO - TELEFONO GENOVA EMILIO PRINI ACHILLE BONITO OLIVA 06326589 ROMA

1971

***Persona*, Edizioni Centro Di**
Catalogo / Catalogue

EMILIO PRINI

È nato a Stresa il 2 agosto 1943. Vive e lavora a Genova.

Mostre personali
1968. Galleria La Bertesca, Genova.

Mostre collettive
1967. Arte Povera, Galleria La Bertesca, Genova; Situazione 67, Galleria La Bertesca, Genova; Arte Povera, Galleria De' Foscherari, Bologna.
1968. Triennale, Milano; 100 opere dal Futurismo ad oggi, Warszawa, Bochum, Köln, Malmö, Stockholm, Roma; Rassegna d'Arti Figurative 3, Amalfi; Il teatro delle Mostre, Galleria La Tartaruga, Roma.
1969. Op Losse Schroeven, Stedelijk Museum, Amsterdam; When Attitudes Become Form, Kunsthalle, Bern; I.C.A., London; Haus Lange Museum, Krefeld.
1970. III Biennale internazionale de la giovane pittura, Museo Civico, Bologna.
1971. Arte povera, München; Pèrsona, Bitef, Beograd.

Opere esposte e illustrate
Conferma partecipazione, edizione - posta e telegrafi - telefono pubblico - telefono Genova Emilio Prini Achille Bonito Oliva 06326589 Roma.

EMILIO PRINI

Né à Stresa le 2 août 1943. Vit et travaille à Gênes.

Expositions personnelles
1968. Galleria La Bertesca, Genova.

Expositions de groupe
1967. Arte Povera, Galleria La Bertesca, Genova; Situazione 67, Galleria La Bertesca, Genova; Arte Povera, Galleria De' Foscherari, Bologna.
1968. Triennale, Milano; 100 opere dal Futurismo ad oggi, Warszawa, Bochum, Köln, Malmö, Stockholm, Roma; Rassegna d'Arti Figurative 3, Amalfi; Il teatro delle Mostre, Galleria La Tartaruga, Roma.
1969. Op Losse Schroeven, Stedelijk Museum, Amsterdam; When Attitudes Become Form, Kunsthalle, Bern; I.C.A., London; Haus Lange Museum, Krefeld.
1970. III Biennale internazionale della giovane pittura, Museo Civico, Bologna.
1971. Arte povera, München; Pèrsona, Bitef, Beograd.

Oeuvres exposées et illustrées
Conferma partecipazione, edizione - posta e telegrafi - telefono pubblico - telefono Genova Emilio Prini Achille Bonito Oliva 06326589 Roma.

EMILIO PRINI

Born in Stresa, August 2, 1943. Lives and works in Genoa.

One-man shows
1968. Galleria La Bertesca, Genova.

Group shows
1967. Arte Povera, Galleria La Bertesca, Genova; Situazione 67, Galleria La Bertesca, Genova; Arte Povera, Galleria De' Foscherari, Bologna.
1968. Triennale, Milano; 100 opere dal Futurismo ad oggi, Warszawa, Bochum, Köln, Malmö, Stockholm, Roma; Rassegna d'Arti Figurative 3, Amalfi; Il teatro delle Mostre, Galleria La Tartaruga, Roma.
1969. Op Losse Schroeven, Stedelijk Museum, Amsterdam; When Attitudes Become Form, Kunsthalle, Bern; I.C.A., London; Haus Lange Museum, Krefeld.
1970. III Biennale internazionale della giovane pittura, Museo Civico, Bologna.
1971. Arte povera, München; Pèrsona, Bitef, Beograd.

Exhibited and illustrated works
Conferma partecipazione, edizione - posta e telegrafi - telefono pubblico - telefono Genova Emilio Prini Achille Bonito Oliva 06326589 Roma.

CONFERMA PARTECIPAZIONE, EDIZIONE - POSTA E TELEGRAFI - TELEFONO PUBBLICO - TELEFONO GENOVA EMILIO PRINI ACHILLE BONITO OLIVA 06326589 ROMA

GILBERTO ZORIO

È nato ad Andorno Micca, Vercelli, il 21 settembre 1944. Vive e lavora a Torino.

Mostre personali
1967. Galleria Sperone, Torino.
1968. Centro Colautti, Salerno.
1969. Galerie Sonnabend, Paris; Galleria Sperone, Torino.
1970. Galleria Toselli, Milano; Sonnabend Gallery, New York; Video Galerie Gerry Schum, Hannover; Galleria Flori, Firenze; Galleria Sperone, Torino; Modern Art Agency, Napoli.

Mostre collettive
1967. Arte Povera, Università di Genova, Genova; Con temp l'azione, Galleria Sperone, Torino.
1968. Il Percorso, Galleria Arco d'Alibert, Roma; Arte Povera, Galleria De' Foscherari, Bologna; Centro Arte Viva, Trieste; Prospect 68, Städtische Kunsthalle, Düsseldorf; Rassegna d'Arti Figurative 3, Amalfi; Nine at Castelli, Galleria Leo Castelli, Warehouse, New York.
1969. Op Losse Schroeven, Stedelijk Museum, Amsterdam; When attitudes become form, Kunsthalle, Bern; I.C.A., London; Museum Haus Lange, Krefeld; Mostra Collettiva, Galleria Sperone, Torino.
1970. III Biennale internazionale della giovane pittura, Museo Civico, Bologna; The 10th International Art Exhibition of Japan, Tokyo; Processi di pensiero visualizzati, Kunst Museum, Luzern; Conceptual art Arte povera Land art, Galleria d'Arte Moderna, Torino; Due decenni di eventi artistici in Italia 1950/70, Prato; Galeries Pilotes, Losanna; Vitalità del negativo nell'arte italiana 1960/70 Palazzo delle Esposizioni, Roma.
1971. Arte Povera, Kunstverein, München; Cayc, Buenos Aires.

Opere esposte
Fluidità radicale, 1969.
Pugno, 1971.
Fosforescente, 1971.

Opere illustrate
Confine.
Odio, 1969.
Fluidità radicale, 1969.
Fluidità radicale, 1969.

GILBERTO ZORIO

Né à Andorno Micca, Vercelli, le 21 septembre 1944. Vit et travaille à Turin.

Expositions personnelles
1967. Galleria Sperone, Torino.
1968. Centro Colautti, Salerno.
1969. Galerie Sonnabend, Paris; Galleria Sperone, Torino.
1970. Galleria Toselli, Milano; Sonnabend Gallery, New York; Video Galerie Gerry Schum, Hannover; Galleria Flori, Firenze; Galleria Sperone, Torino; Modern Art Agency, Napoli.

Expositions de groupe
1967. Arte Povera, Università di Genova, Genova; Con temp l'azione, Galleria Sperone, Torino.
1968. Il Percorso, Galleria Arco d'Alibert, Roma; Arte Povera, Galleria De' Foscherari, Bologna; Centro Arte Viva, Trieste; Prospect 68, Städtische Kunsthalle, Düsseldorf; Rassegna d'Arti Figurative 3, Amalfi; Nine at Castelli, Galleria Leo Castelli, Warehouse, New York.
1969. Op Losse Schroeven, Stedelijk Museum, Amsterdam; When attitudes become form, Kunsthalle, Bern; I.C.A., London; Museum Haus Lange, Krefeld; Mostra Collettiva, Galleria Sperone, Torino.
1970. III Biennale internazionale della giovane pittura, Museo Civico, Bologna; The 10th International Art Exhibition of Japan, Tokyo; Processi di pensiero visualizzati, Kunst Museum, Luzern; Conceptual art Arte povera Land art, Galleria d'Arte Moderna, Torino; Due decenni di eventi artistici in Italia 1950/70, Prato; Galeries Pilotes, Losanna; Vitalità del negativo nell'arte italiana 1960/70, Palazzo delle Esposizioni, Roma.
1971. Arte Povera, Kunstverein, München; Cayc, Buenos Aires.

Oeuvres exposées
Fluidité radicale, 1969.
Poing, 1971.
Phosphorescent, 1971.

Oeuvres illustrées
Limite.
Haine, 1969.
Fluidité radicale, 1969.
Fluidité radicale, 1969.

GILBERTO ZORIO

Born in Andorno Micca, Vercelli, September 21, 1944. Lives and works in Turin.

One-man shows
1967. Galleria Sperone, Torino.
1968. Centro Colautti, Salerno.
1969. Galerie Sonnabend, Paris; Galleria Sperone, Torino.
1970. Galleria Toselli, Milano; Sonnabend Gallery, New York; Video Galerie Gerry Schum, Hannover; Galleria Flori, Firenze; Galleria Sperone, Torino; Modern Art Agency, Napoli.

Group shows
1967. Arte Povera, Università di Genova, Genova; Con temp l'azione, Galleria Sperone, Torino.
1968. Il Percorso, Galleria Arco d'Alibert, Roma; Arte Povera, Galleria De' Foscherari, Bologna; Centro Arte Viva, Trieste; Prospect 68, Städtische Kunsthalle, Düsseldorf; Rassegna d'Arti Figurative 3, Amalfi; Nine at Castelli, Galleria Leo Castelli, Warehouse, New York.
1969. Op Losse Schroeven, Stedelijk Museum, Amsterdam; When attitudes become form, Kunsthalle, Bern; I.C.A., London; Museum Haus Lange, Krefeld; Mostra Collettiva, Galleria Sperone, Torino.
1970. III Biennale internazionale della giovane pittura, Bologna; The 10th International Art Exhibition of Japan, Tokyo; Processi di pensiero visualizzati, Kunst Museum, Luzern; Conceptual art Arte povera Land art, Galleria d'Arte Moderna, Torino; Due decenni di eventi artistici in Italia 1950/70, Prato; Galeries Pilotes, Losanna; Vitalità del negativo nell'arte italiana 1960/70, Palazzo delle Esposizioni, Roma.
1971. Arte Povera, Kunstverein, München; Cayc, Buenos Aires.

Exhibited works
Radical fluidity, 1969.
Fist, 1971.
Phosphorescent, 1971.

Illustrated works
Border.
Hatred, 1969.
Radical fluidity, 1969.
Radical fluidity, 1969.

1971

Italie. Septième Biennale de Paris. Manifestation Biennale et Internationale des Jeunes Artistes,
Edizioni Centro Di
Catalogo / Catalogue

Installation view, *Italie. Septième Biennale de Paris. Manifestation Biennale et Internationale des Jeunes Artistes*, Bois de Vincennes, Parigi / Paris

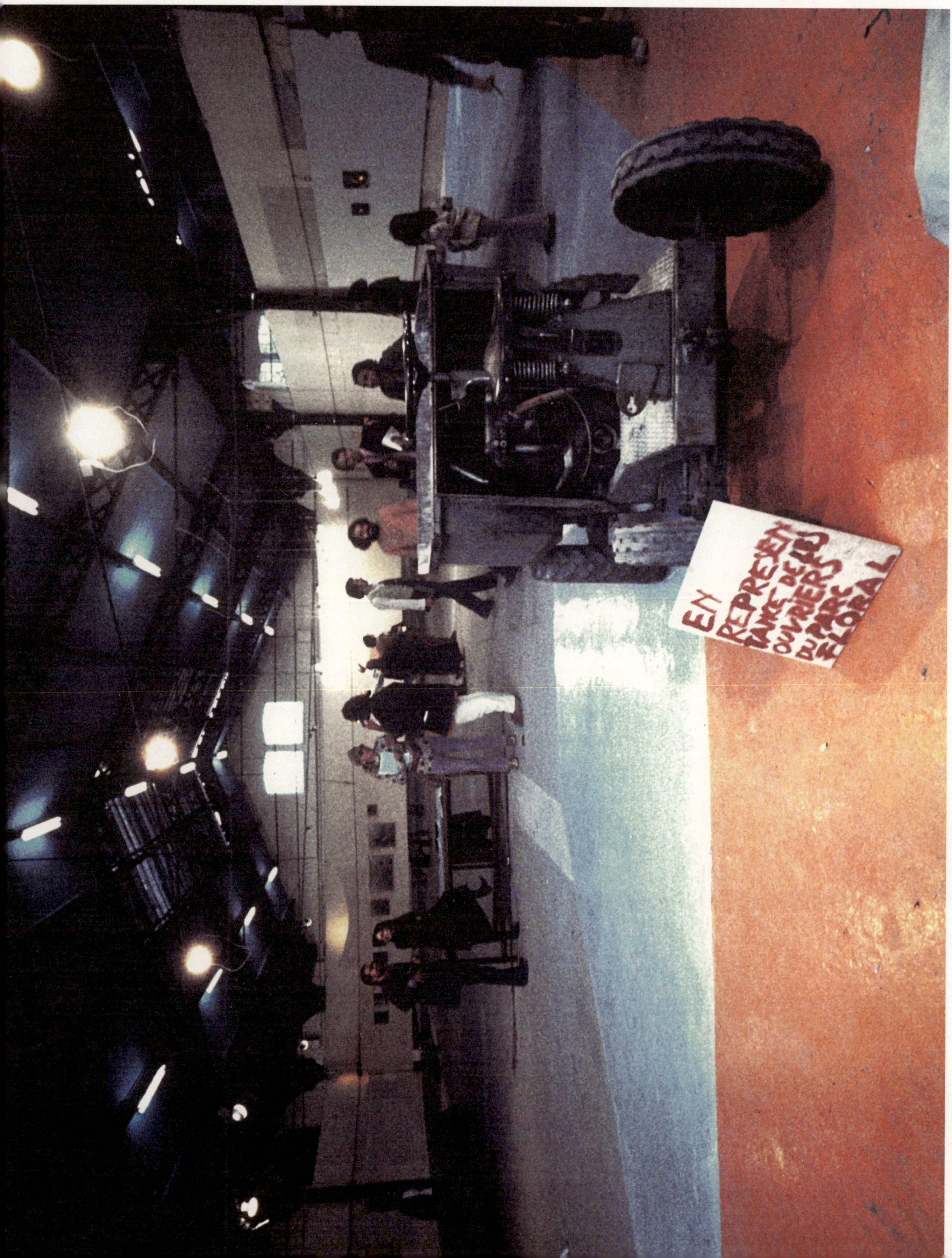

Prini (Emilio)

Emilio Prini sent for Concept-Theory exhibition (cf. bibliography ≠ 20) one sery of telegrams, the text Was similar but the transmission was slightly different each time.

We received one telegram from Prini with the following text in French "Confirm participation to edition". Technical delays prevented us to reproduce it.

Cf bibliographie n° 20.

Emilio Prini a envoyé pour l'exposition Concept-théorie une série de télégrammes identiques quant au texte initial mais dont la transmission a été légèrement différente chaque fois.

Nous avons reçu un télégramme de Prini portant le texte suivant « confirme participation Edition » Emilio Prini. Les délais de réalisation ne nous ont pas permis de le reproduire.

Richard C

- "I thougt of you to day whil
- Reverse Valentine, postcar

Any friend of Ray Johnson is a
Any fiends of Ray Johnson is a

- Nobody is so silly, 1963. F
- French curve, 1971, envelop

Richard C. is one of the most according to Ray Johnson.

- J'ai pensé à vous aujourd'hu
- Reverse Valentine, carte po
- Tous les amis de Ray Johns

Tous les mordus de Ray Johns

- Nobody is pas si bête, 1963,
- Français curve, 1971, envel

Richard C. est un des membr aux dires de Ray Johnson.

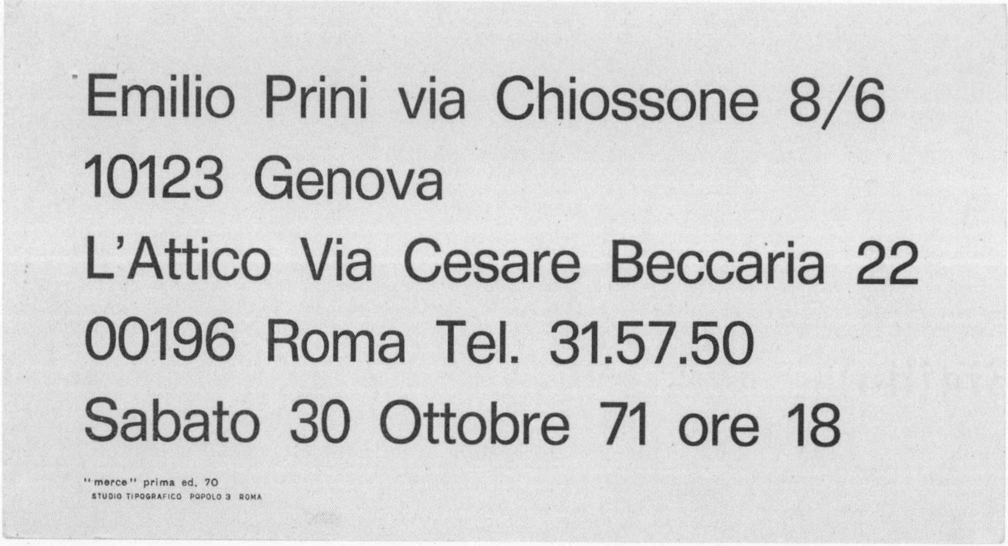
Emilio Prini via Chiossone 8/6
10123 Genova
L'Attico Via Cesare Beccaria 22
00196 Roma Tel. 31.57.50
Sabato 30 Ottobre 71 ore 18

"merce" prima ed. 70
STUDIO TIPOGRAFICO POPOLO 3 ROMA

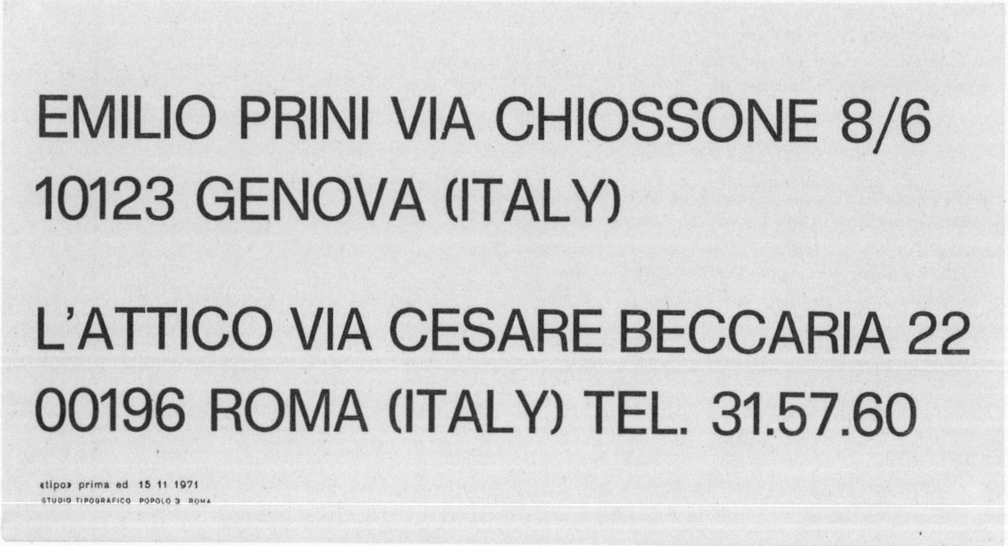
EMILIO PRINI VIA CHIOSSONE 8/6
10123 GENOVA (ITALY)

L'ATTICO VIA CESARE BECCARIA 22
00196 ROMA (ITALY) TEL. 31.57.60

«tipo» prima ed 15 11 1971
STUDIO TIPOGRAFICO POPOLO 3 ROMA

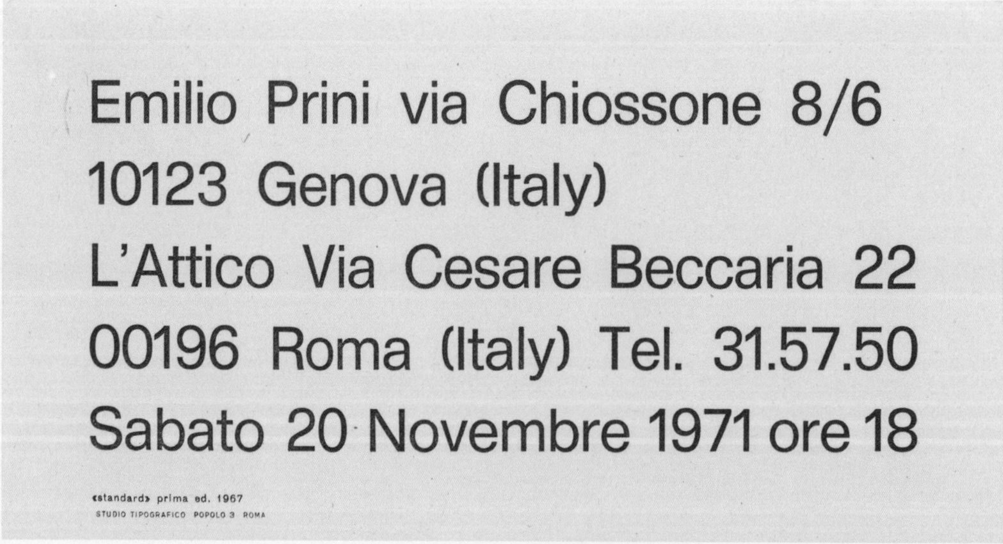
Emilio Prini via Chiossone 8/6
10123 Genova (Italy)
L'Attico Via Cesare Beccaria 22
00196 Roma (Italy) Tel. 31.57.50
Sabato 20 Novembre 1971 ore 18

«standard» prima ed. 1967
STUDIO TIPOGRAFICO POPOLO 3 ROMA

1971

Inviti realizzati per la mostra / Invitations made by the artist for the exhibition *Merce Tipo Standard*, Galleria L'Attico, Roma / Rome
Stampa su carta / Print on paper

Installation view, *MerceTipoStandard,* Galleria L'Attico, Roma / Rome

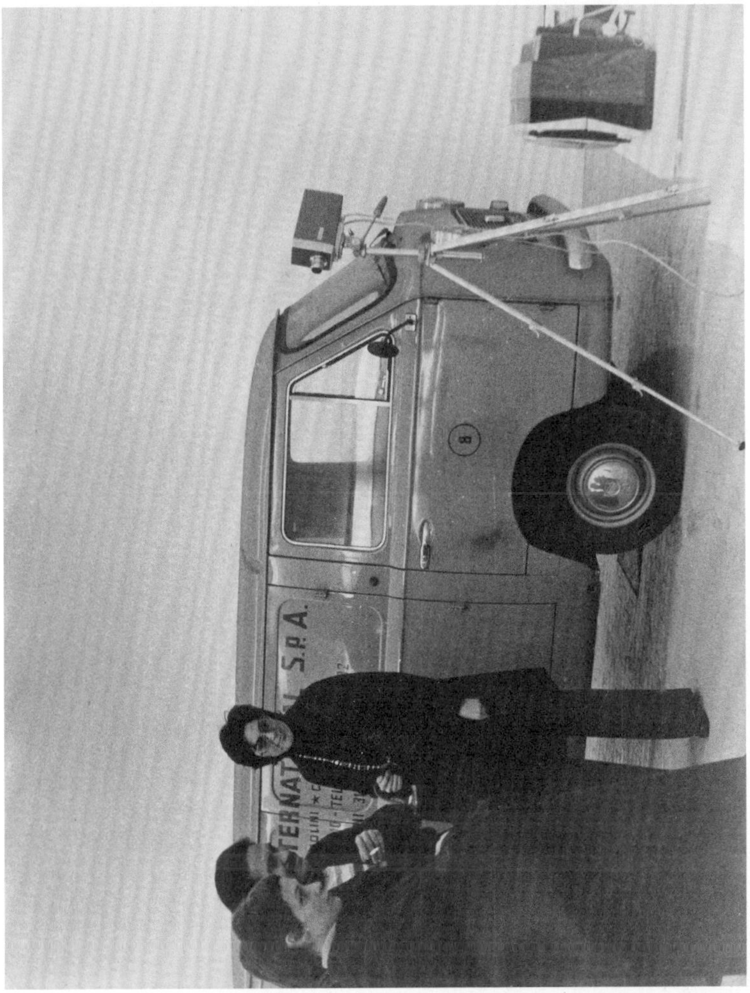

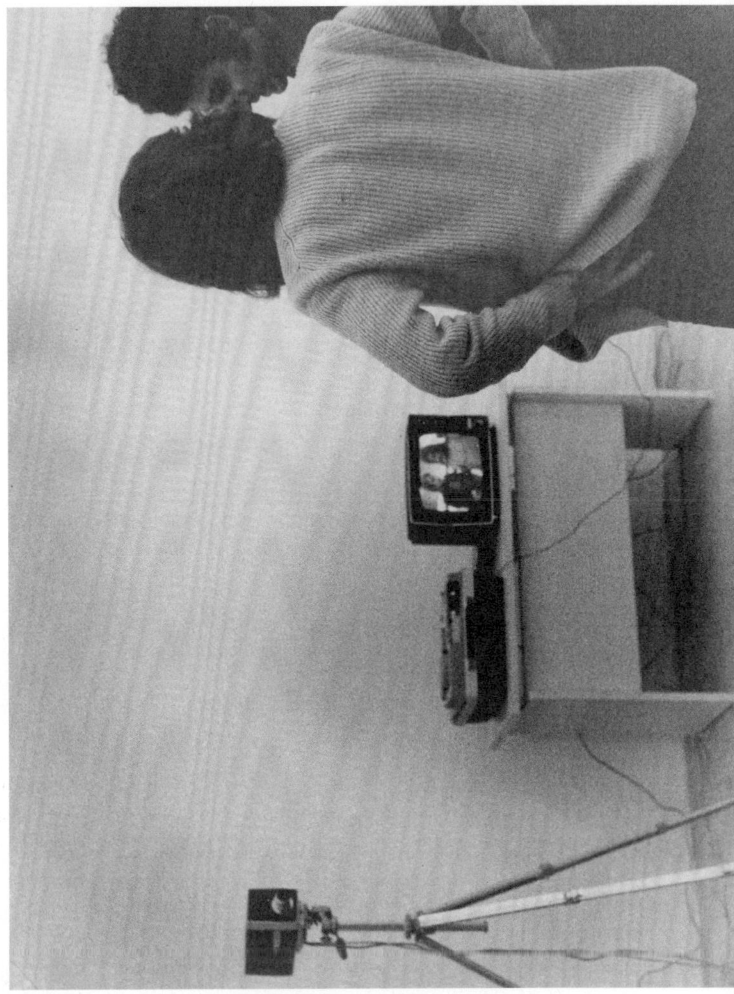

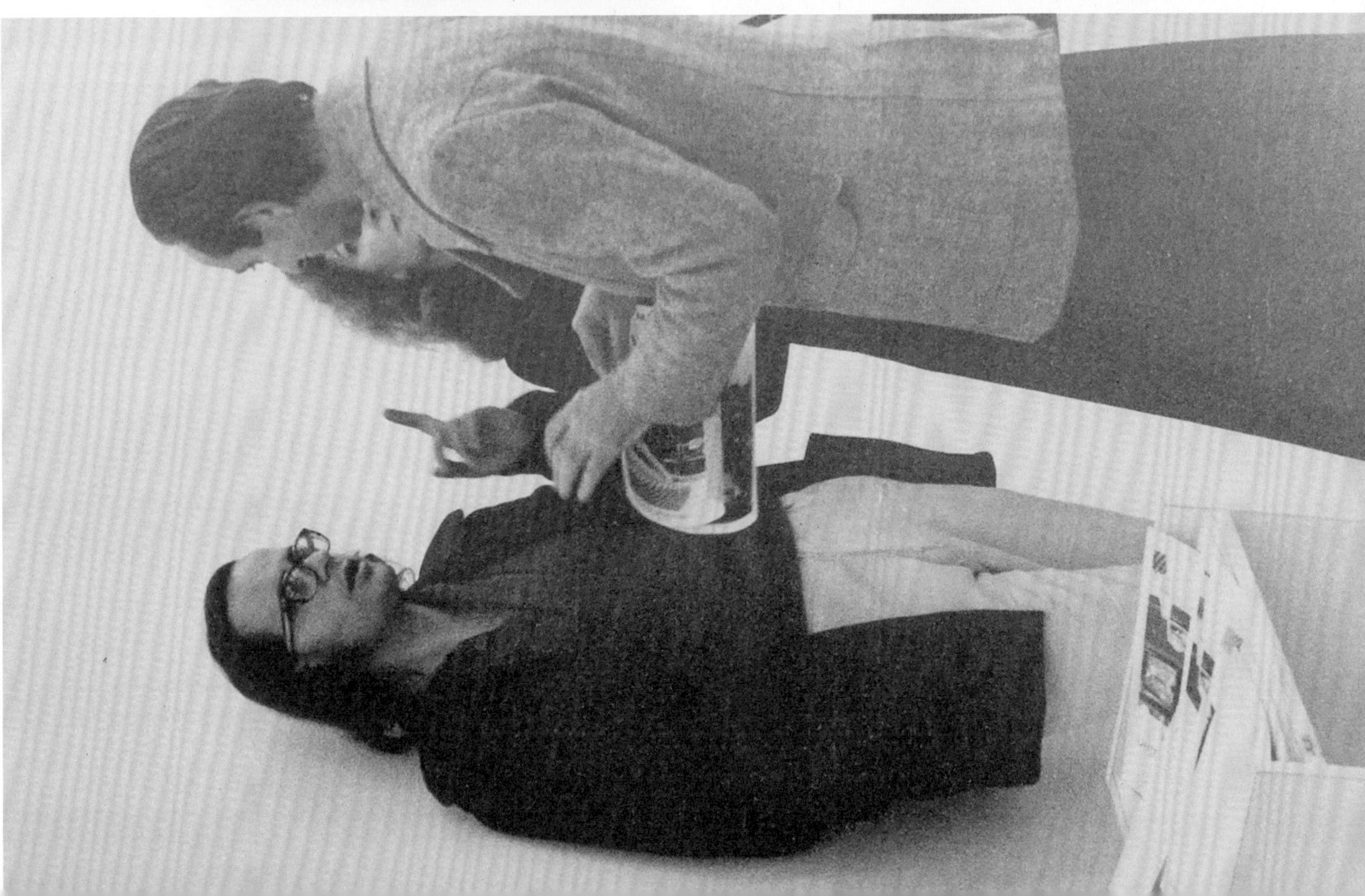

Canova Antonio - 1757 - 1822 (Scultore)
Galleria e Museo Borghese - Villa Borghese - Tel. 860.756

Canova - Roma - Piazza del Popolo 15-17 - Tel. 687.748 - 683.231

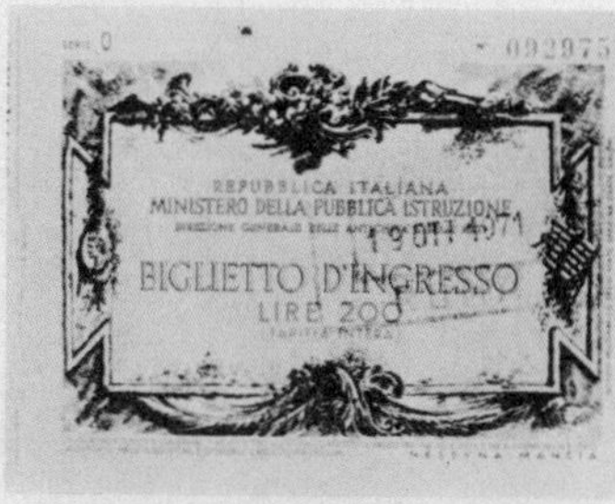

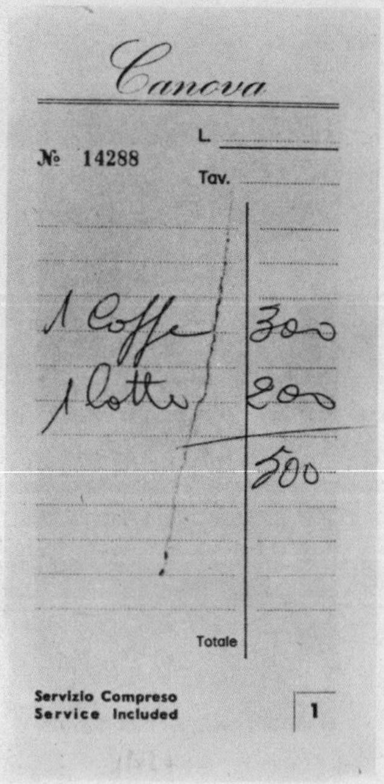

Emilio Prini

1971

***20–12–'71. Appunti per una tesi sul concetto di citazione e di sovrapposizione*, GAP – Studio d'Arte Contemporanea**
Catalogo / Catalogue

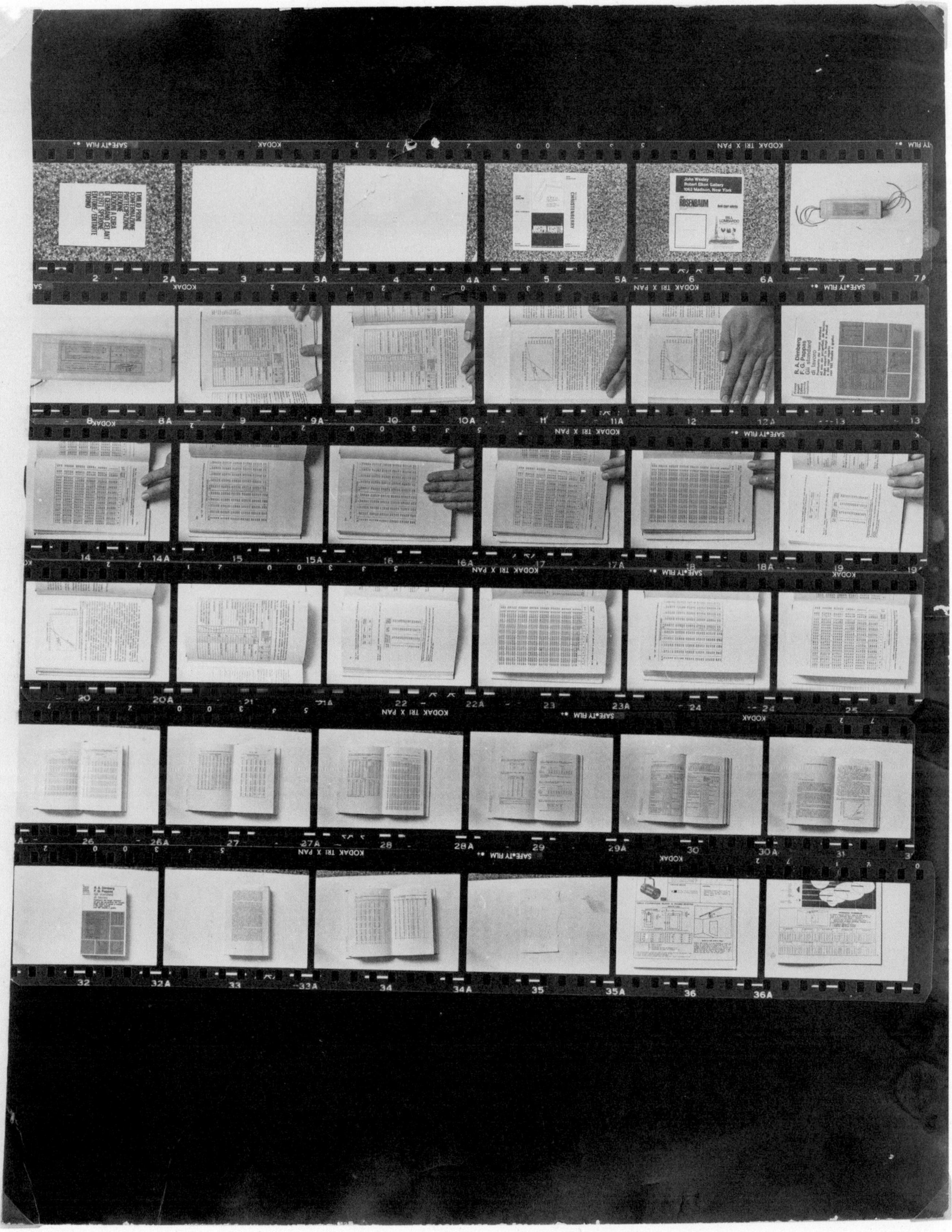

1971

Progetto del libro mai pubblicato / Unpublished book project *Conferma partecipazione edizione*, Sperone Editore – Editarte
Stampa fotografica in bianco e nero / Black-and-white photographic print

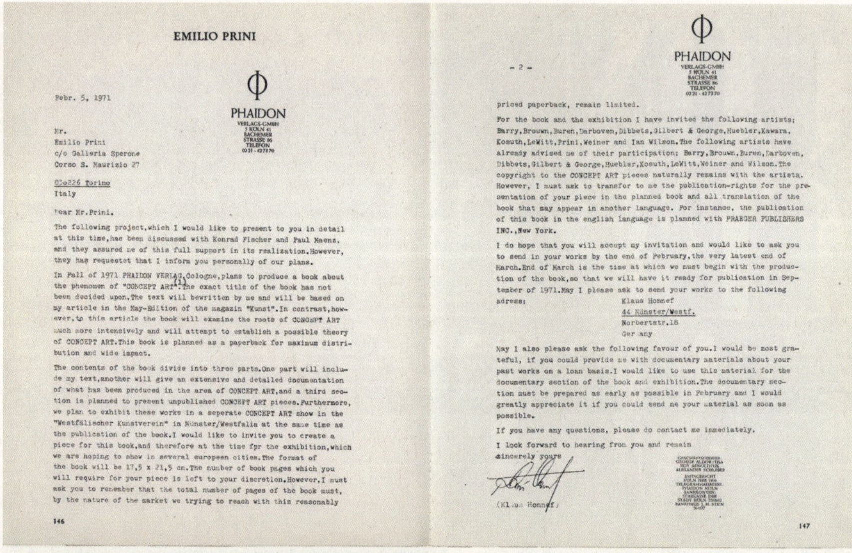

EMILIO PRINI

PHAIDON
VERLAGS-GMBH
5 KÖLN 41
BACHEMER
STRASSE 86
TELEFON
0221 - 427370

Febr. 5, 1971

Mr.
Emilio Prini
c/o Galleria Sperone
Corso S. Maurizio 27

63o226 Torino
Italy

Dear Mr.Prini.

The following project,which I would like to present to you in detail at this time,has been discussed with Konrad Fischer and Paul Maenz. and they assured me of this full support in its realization.However, they has requestet that I inform you personally of our plans.

In Fall of 1971 PHAIDON VERLAG,Cologne,plans to produce a book about the phenomen of "CONCEPT ART"(1).The exact title of the book has not been decided upon.The text will bewritten by me and will be based on my article in the May-Edition of the magazin "Kunst".In contrast,however,to this article the book will examine the roots of CONCEPT ART much more intensively and will attempt to establish a possible theory of CONCEPT ART.This book is planned as a paperback for maximum distribution and wide impact.

The contents of the book divide into three parts.One part will include my text,another will give an extensive and detailed documentation of what has been produced in the area of CONCEPT ART,and a third section is planned to present unpublished CONCEPT ART pieces.Furthermore, we plan to exhibit these works in a seperate CONCEPT ART show in the "Westfälischer Kunstverein" in Münster/Westfalia at the same time as the publication of the book.I would like to invite you to create a piece for this book,and therefore at the time fpr the exhibition,which we are hoping to show in several europeen cities.The format of the book will be 17,5 x 21,5 cm.The number of book pages which you will require for your piece is left to your discretion.However,I must ask you to remember that the total number of pages of the book must, by the nature of the market we trying to reach with this reasonably

146

– 2 –

PHAIDON
VERLAGS-GMBH
5 KÖLN 41
BACHEMER
STRASSE 86
TELEFON
0221 - 427370

priced paperback, remain limited.

For the book and the exhibition I have invited the following artists: Barry,Brouwn,Buren,Darboven,Dibbets,Gilbert & George,Huebler,Kawara, Kosuth,LeWitt,Prini,Weiner and Ian Wilson.The following artists have already advised me of their participation: Barry,Brouwn,Buren,Darboven, Dibbets,Gilbert & George,Huebler,Kosuth,LeWitt,Weiner and Wilson.The copyright to the CONCEPT ART pieces naturally remains with the artista. However, I must ask to transfer to me the publication-rights for the presentation of your piece in the planned book and all translation of the book that may appear in another language. For instance, the publication of this book in the english language is planned with PRAEGER PUBLISHERS INC.,New York.

I do hope that you will accept my invitation and would like to ask you to send in your works by the end of February,the very latest end of March.End of March is the time at which we must begin with the production of the book,so that we will have it ready for publication in September of 1971.May I please ask to send your works to the following adress:

Klaus Honnef
44 Münster/Westf.
Norbertstr.18
Ger any

May I also please ask the following favour of you.I would be most grateful, if you could provide me with documentary materials about your past works on a loan basis.I would like to use this material for the documentary section of the book and exhibition.The documentary section must be prepared as early as possible in February and I would greatly appreciate it if you could send me your material as soon as possible.

If you have any questions, please do contact me immediately.

I look forward to hearing from you and remain
sincerely yours

(Klaus Honnef)

147

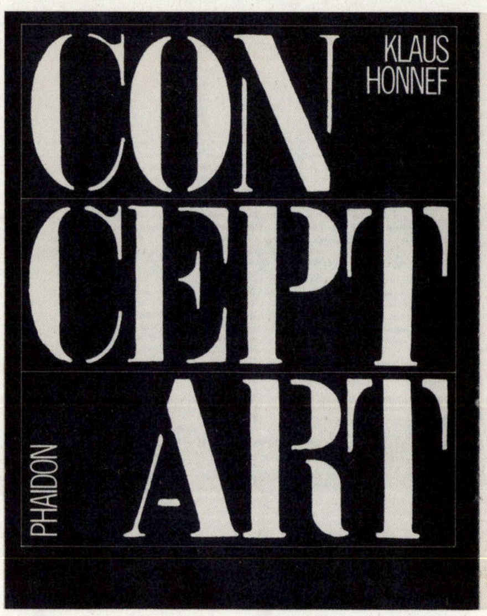

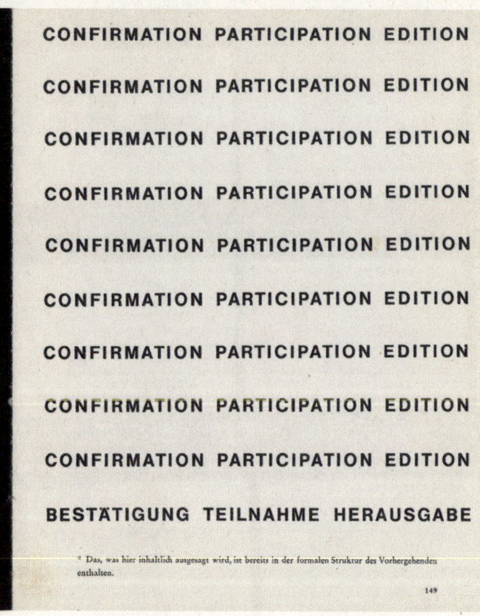

CONFIRMATION PARTICIPATION EDITION
CONFIRMATION PARTICIPATION EDITION
CONFIRMATION PARTICIPATION EDITION
CONFIRMATION PARTICIPATION EDITION
CONFIRMATION PARTICIPATION EDITION
CONFIRMATION PARTICIPATION EDITION
CONFIRMATION PARTICIPATION EDITION
CONFIRMATION PARTICIPATION EDITION
CONFIRMATION PARTICIPATION EDITION
BESTÄTIGUNG TEILNAHME HERAUSGABE

* Das, was hier inhaltlich ausgesagt wird, ist bereits in der formalen Struktur des Vorhergehenden enthalten.

149

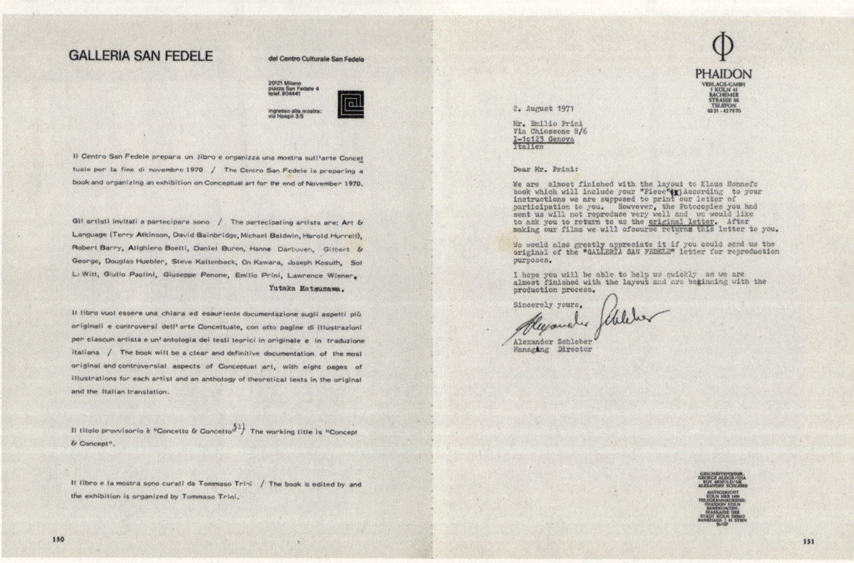

GALLERIA SAN FEDELE

del Centro Culturale San Fedele

20121 Milano
piazza San Fedele 4
telef. 804441

ingresso alla mostra:
via Hoepli 3/5

Il Centro San Fedele prepara un libro e organizza una mostra sull'arte Concettuale per la fine di novembre 1970 / The Centro San Fedele is preparing a book and organizing an exhibition on Conceptual art for the end of November 1970.

Gli artisti invitati a partecipare sono / The partecipating artists are: Art & Language (Terry Atkinson, David Bainbridge, Michael Baldwin, Harold Hurrell), Robert Barry, Alighiero Boetti, Daniel Buren, Hanne Darboven, Gilbert & George, Douglas Huebler, Steve Kaltenback, On Kawara, Joseph Kosuth, Sol LeWitt, Giulio Paolini, Giuseppe Penone, Emilio Prini, Lawrence Wiener, Yutaka Matsuzawa.

Il libro vuol essere una chiara ed esauriente documentazione sugli aspetti più originali e controversi dell'arte Concettuale, con otto pagine di illustrazioni per ciascun artista e un'antologia dei testi teorici in originale e in traduzione italiana / The book will be a clear and definitive documentation of the most original and controversial aspects of Conceptual art, with eight pages of illustrations for each artist and an anthology of theoretical texts in the original and the Italian translation.

Il titolo provvisorio è "Concetto & Concetto"(1) / The working title is "Concept & Concept".

Il libro e la mostra sono curati da Tommaso Trini / The book is edited by and the exhibition is organized by Tommaso Trini.

150

PHAIDON
VERLAGS-GMBH
5 KÖLN 41
BACHEMER
STRASSE 86
TELEFON
0221 - 427370

2. August 1971

Mr. Emilio Prini
Via Chiossone 8/6
I-16123 Genova
Italien

Dear Mr. Prini:

We are almost finished with the layout to Klaus Honnefs book which will include your "Piece"(1) According to your instructions we are supposed to print our letter of participation to you. Howvever, the Fotocopies you had sent us will not reproduce very well and we would like to ask you to return to us the original letter. After making our films we will ofcourse returnx this letter to you.

We would also greatly appreciate it if you could send us the original of the "GALLERIA SAN FEDELE" letter for reproduction purposes.

I hope you will be able to help us quickly as we are almost finished with the layout and are beginning with the production process.

Sincerely yours,

Alexander Schleber
Managing Director

151

Concept Art, Phaidon
Catalogo / Catalogue

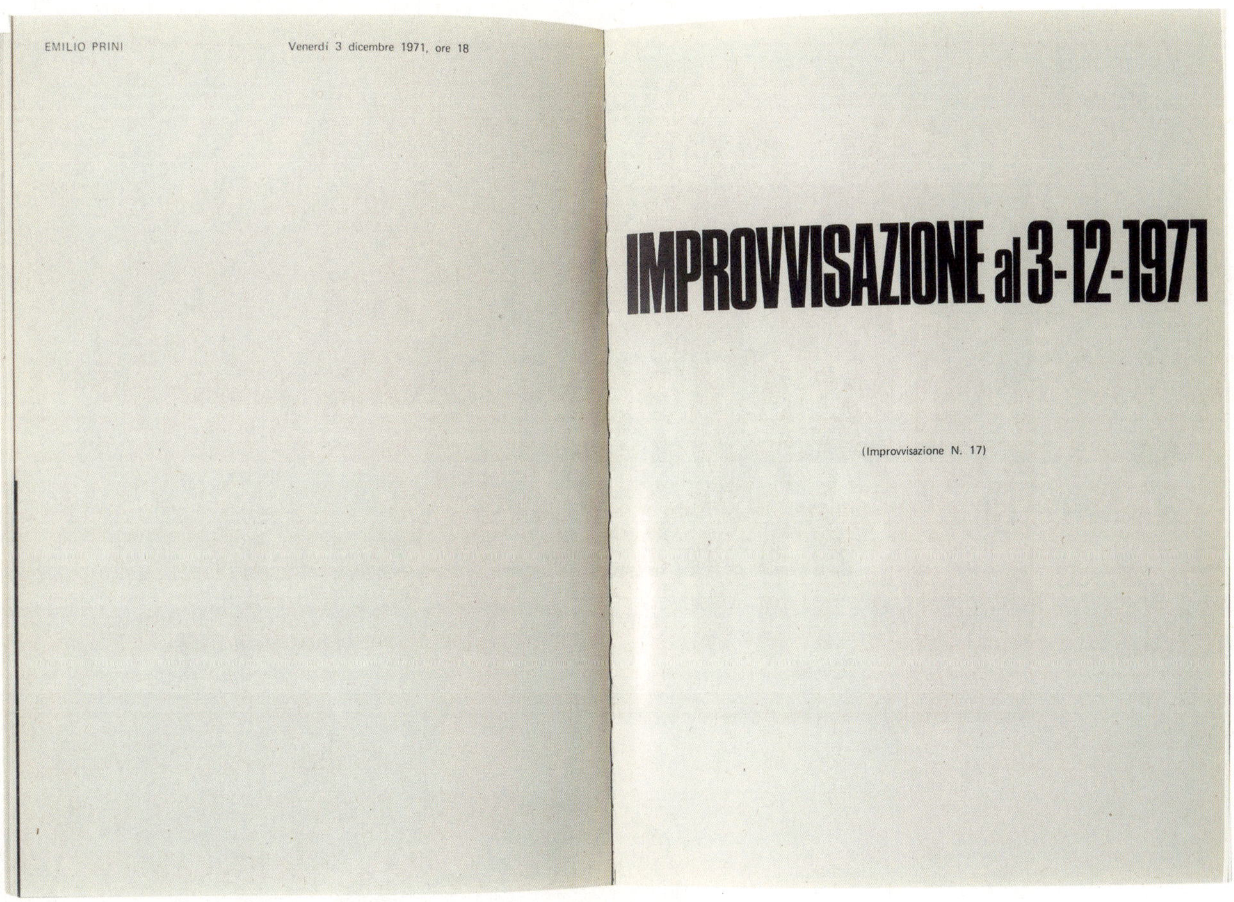
EMILIO PRINI Venerdì 3 dicembre 1971, ore 18

IMPROVVISAZIONE al 3-12-1971

(Improvvisazione N. 17)

1972

***Informazioni sulla presenza italiana,* Incontri Internazionali d'Arte**
Catalogo / Catalogue

p. 136

Informazioni sulla presenza italiana
Installation view, Incontri Internazionali d'Arte, Palazzo Taverna, Roma / Rome

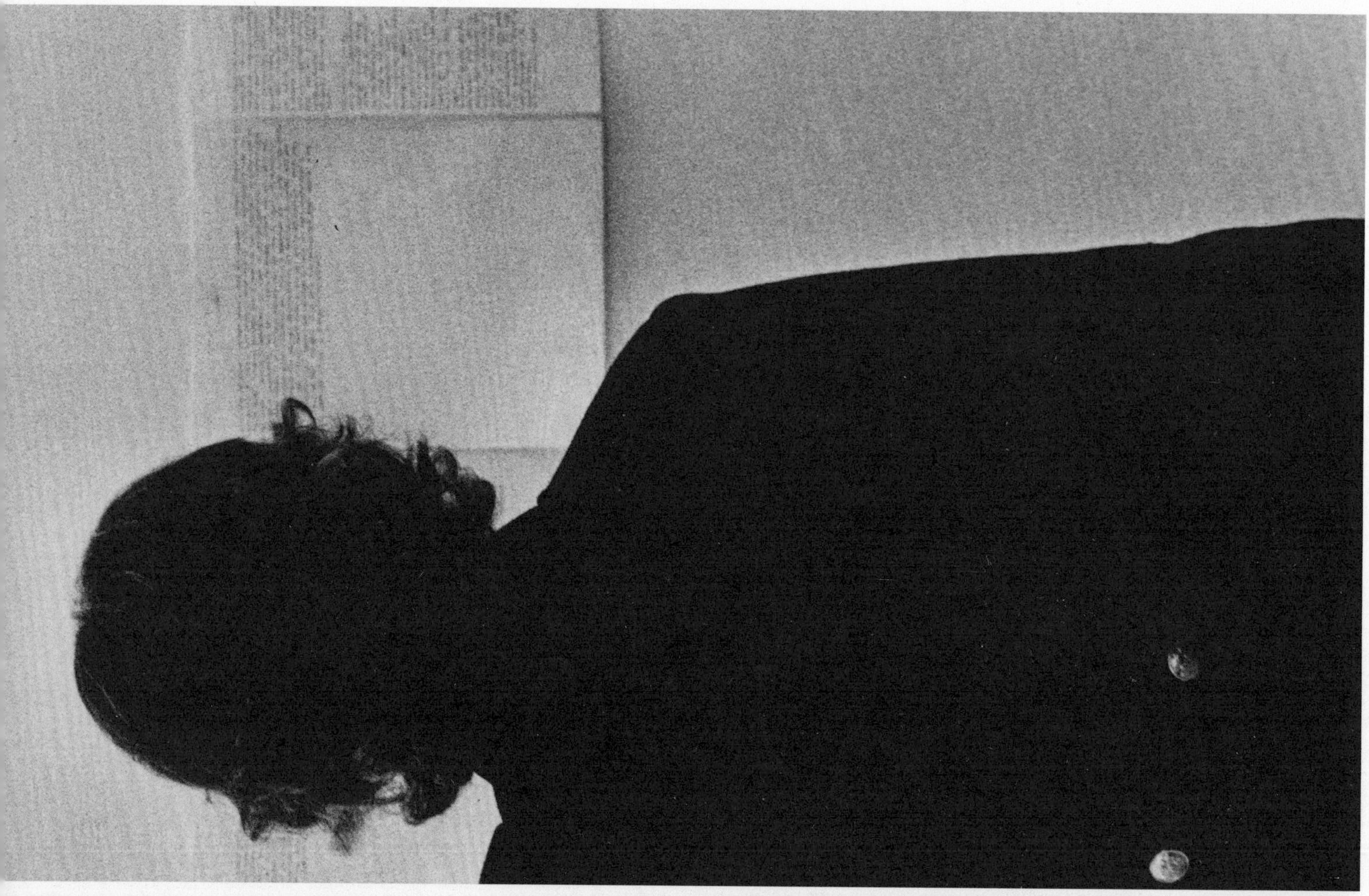

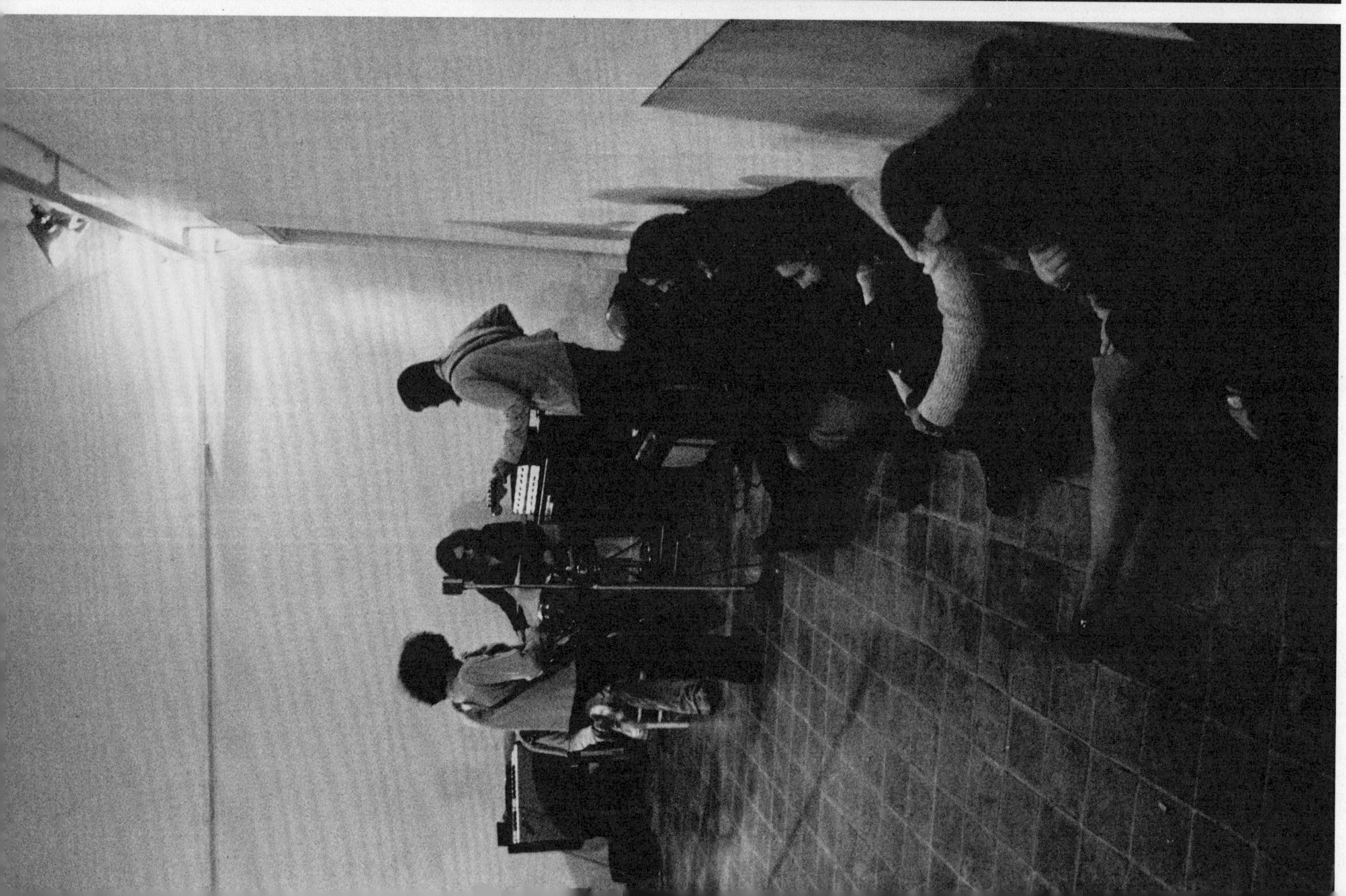

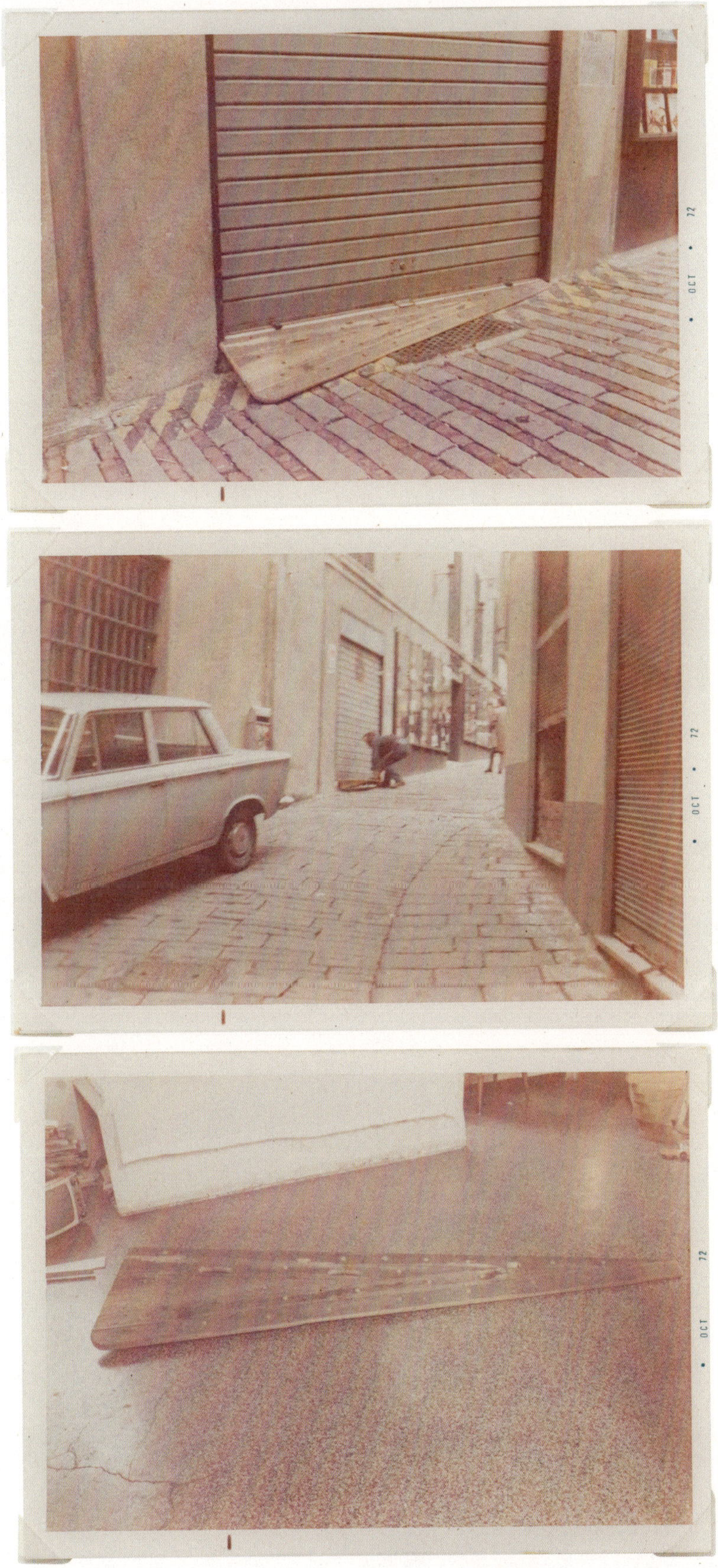

1972

Rilevamento fotografico di un gradino / Photographic survey of a step
Fotografie a colori / Colour photographs

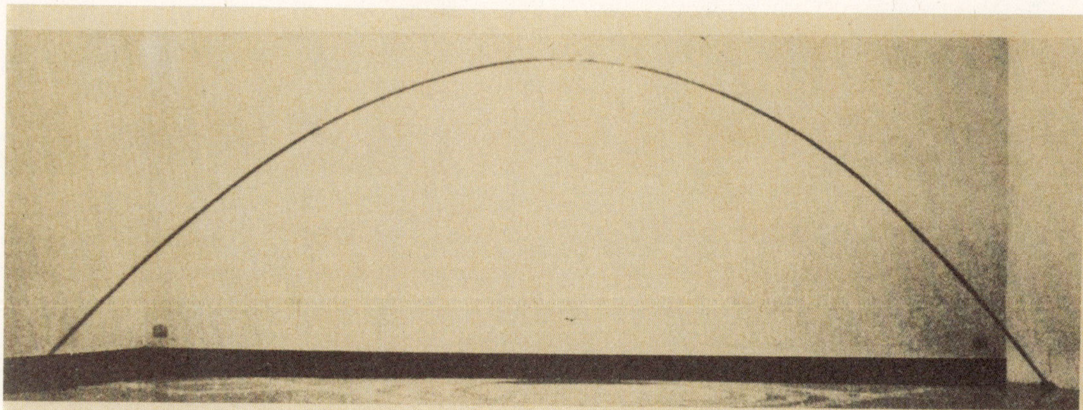

Emilio Prini

Standard, 1967
stanga, alluminio profilato
Standard m. 6,50

Collocazione in ambiente variabile, non reca iscrizioni

Fotolocazione
Standard Genova m. 6,50
1967
Standard Milano m. 5,50
1973

1972

***Emilio Prini Standard 1967*, 1967–72**
Ritaglio di giornale / Newspaper clipping

Emilio Prini
Perimetro, 1967

"PERIMETRO"

Macchina 4 elementi neon, luce bianca;
4 relais a scatto sonoro
(programma di accensione suono: un elemento ogni 3")

Collocazione in ambiente/variabile
Non reca iscrizioni.

244

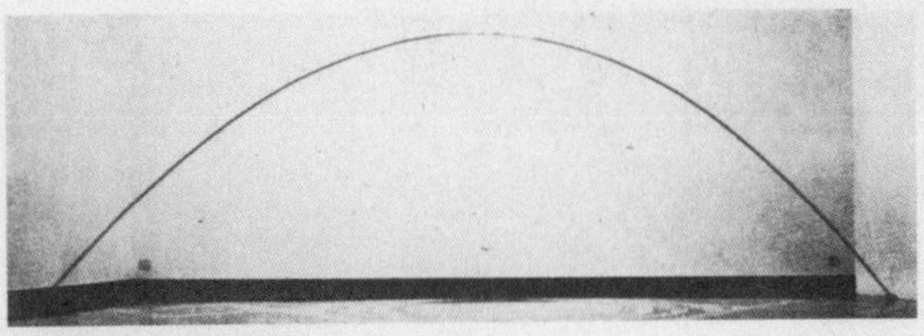

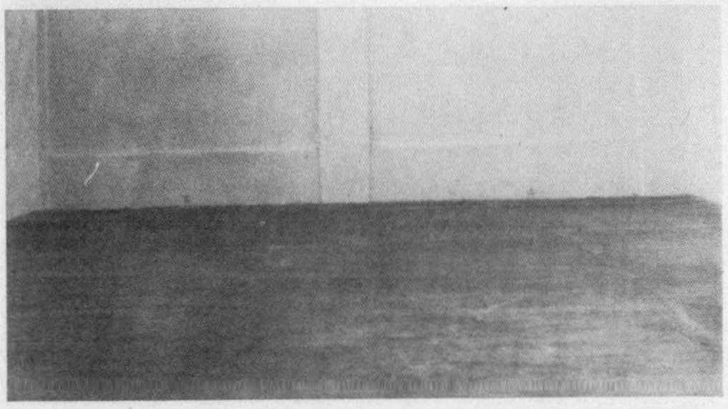

Emilio Prini
Standard, 1967
stanga, alluminio profilato
Standard m. 6,50
Collocazione in ambiente variabile, non reca iscrizioni
Fotolocazione
Standard Genova m. 6,50
1967
Standard Milano m. 5,50
1973

245

Installation view, *X Quadriennale Nazionale d'Arte. La ricerca estetica dal 1960 al 1970,* Palazzo Esposizioni, Roma / Rome

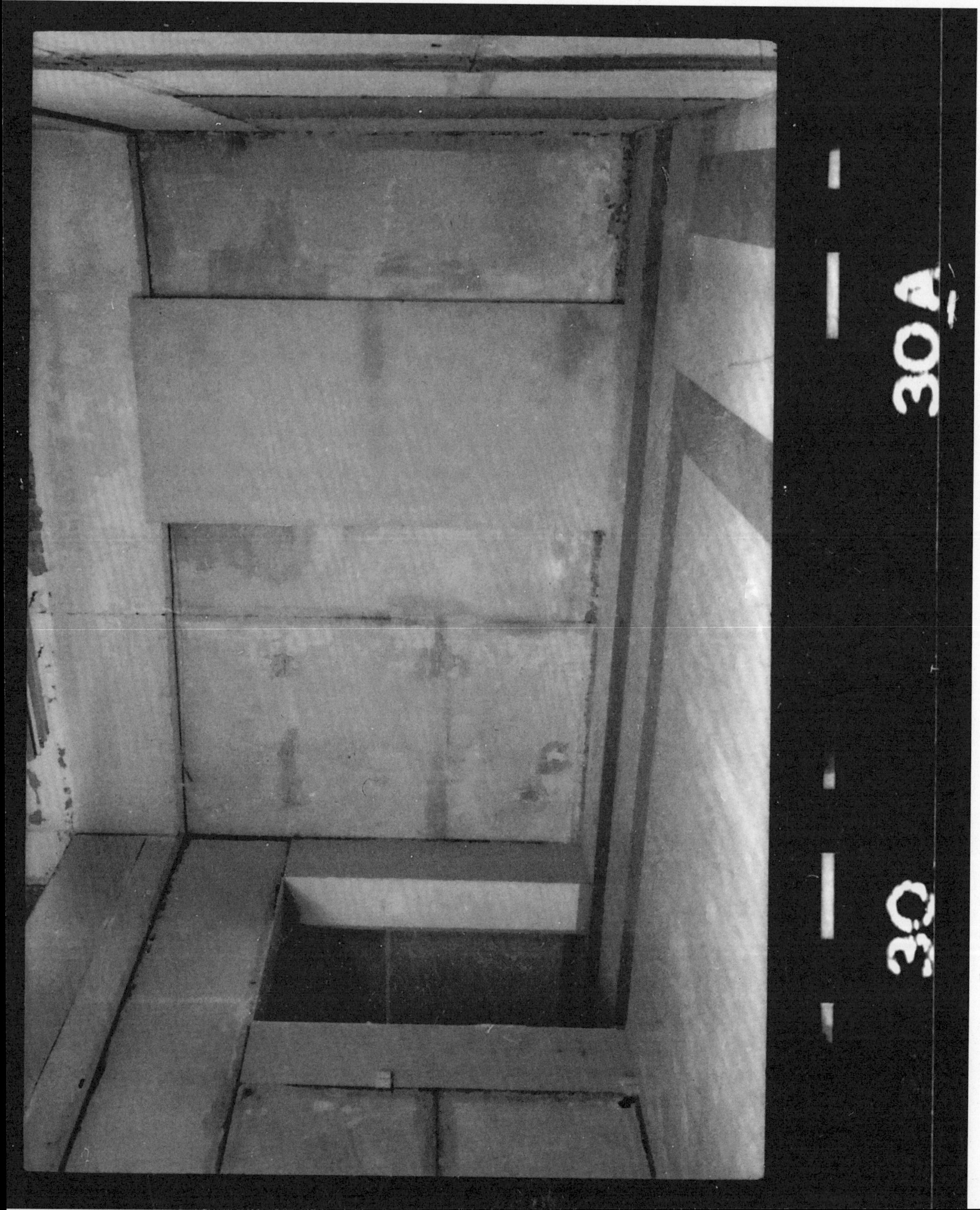

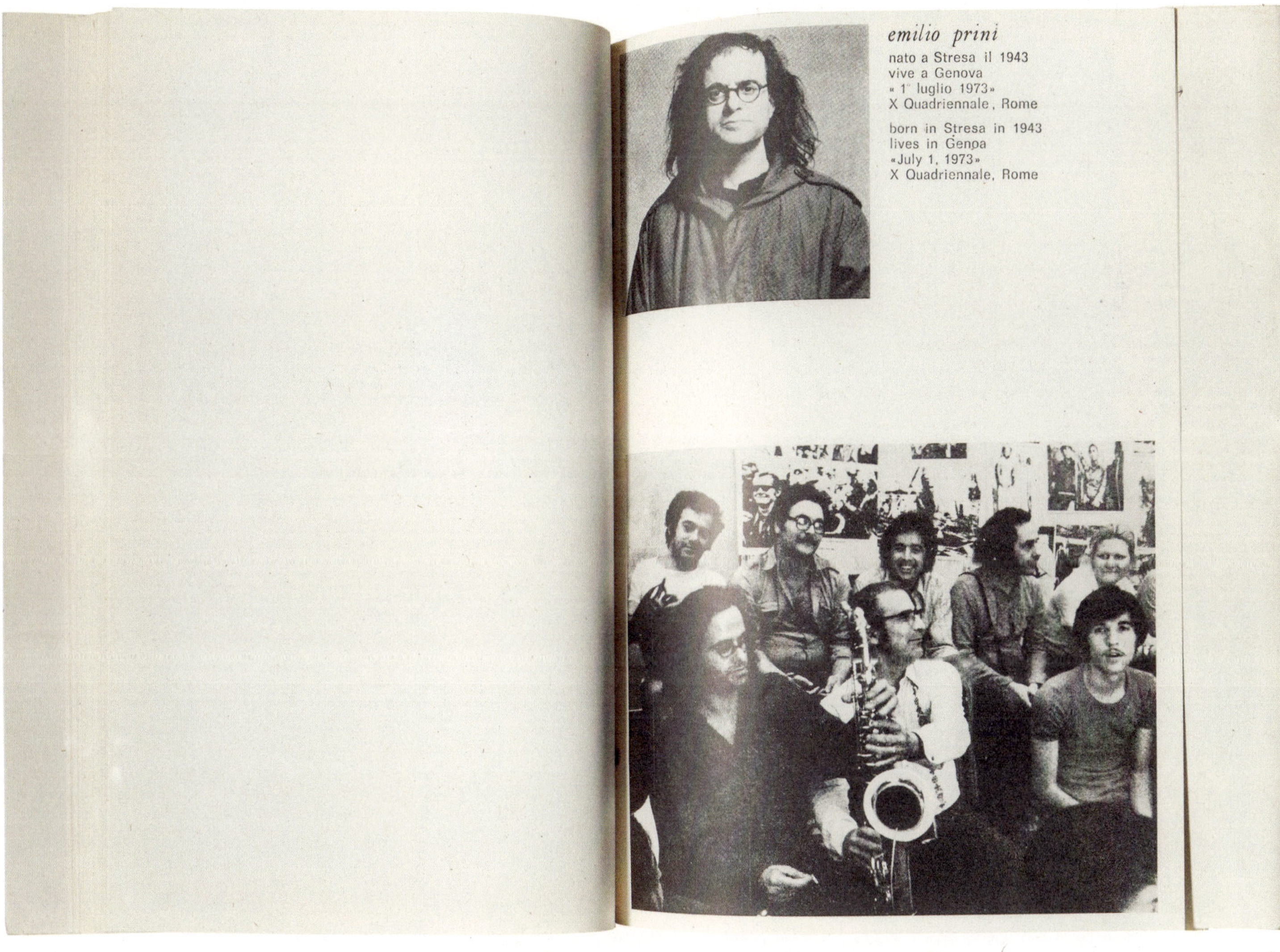

1973

***Italy two. Art around '70*, Philadelphia Civic Center Museum, Filadelfia / Philadelphia**
Catalogo / Catalogue

Emilio Prini
Stresa, 1943. Vive a Genova.
☐ Stresa, 1943. Lives in Genoa.

1. Standard, 1967/73

STANDARD (integrale) - UNI -
standard A^1 (laterizi)

(costanti & variabili)

lastra eternit (4 elementi) standard cm. 250 x 120 x 6 MM. (costante)
locale (di collocazione) (variabile)

posizione lastra / verticale - non verticale / (variabile)
posizione (appoggio) decisa in base alla dimensione dell'elemento portante (muro maestro - colonna) nel locale dato.

Emilio Prini
Genova 1967
Roma - Contemporanea - Parcheggio Villa Borghese 1973

106

STANDARD (integral) - UNI -
standard A^1 (bricks)

(constant & variable)

asbestos cement slab (4 elements) standard cm. 250 x 120 x 6 MM. (constant)
place (of setting) (variable)

slab's position / vertical - non vertical / (variable)
position (support) decided according to the dimension of the load bearing element (main wall - column) in the site occupied.

Emilio Prini
Genoa 1967
Rome - Contemporanea - Villa Borghese parking lot 1973

107

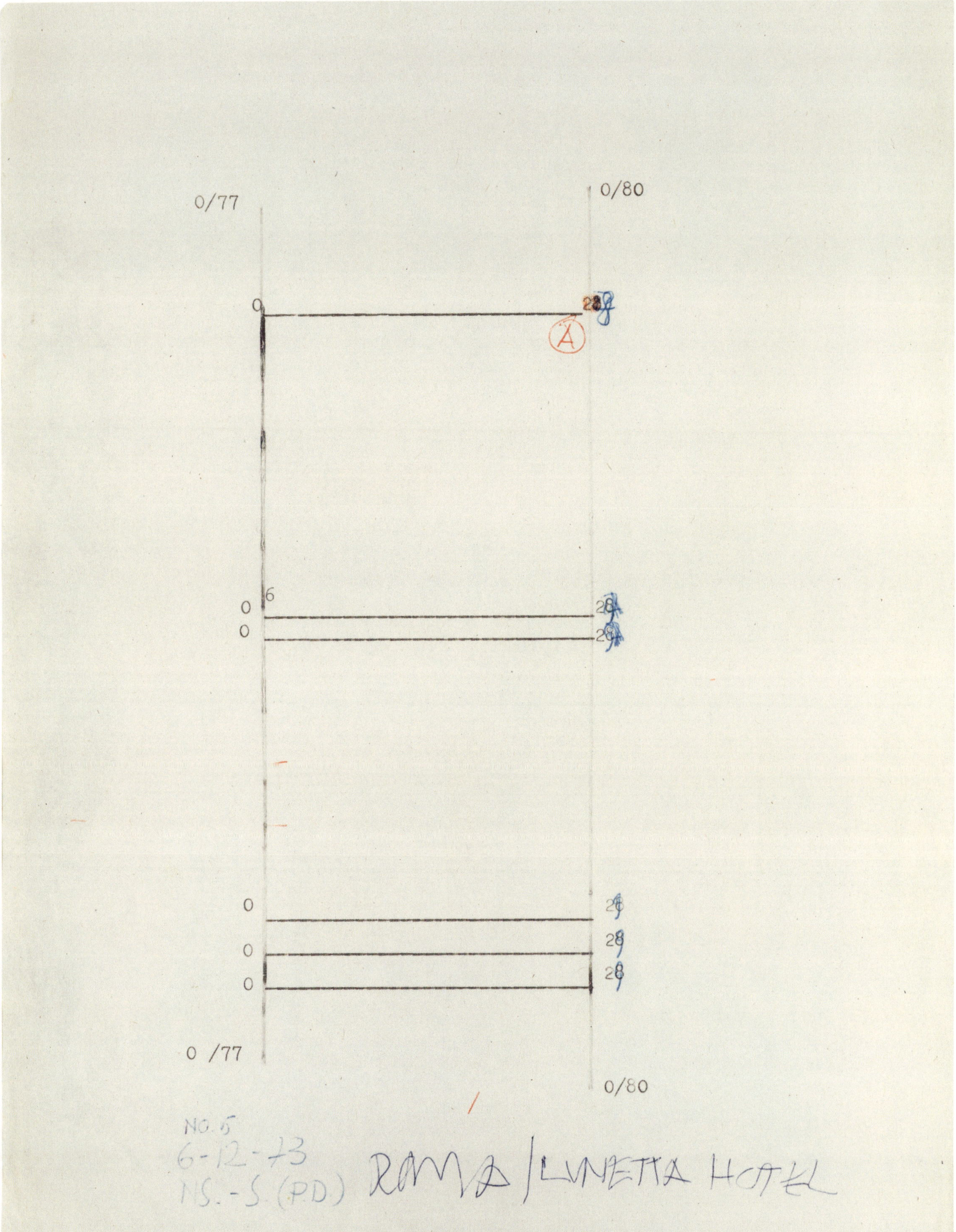

1973

Senza titolo / Untitled
Dattiloscritto su carta con intervento a penna / Typescript and pen on paper

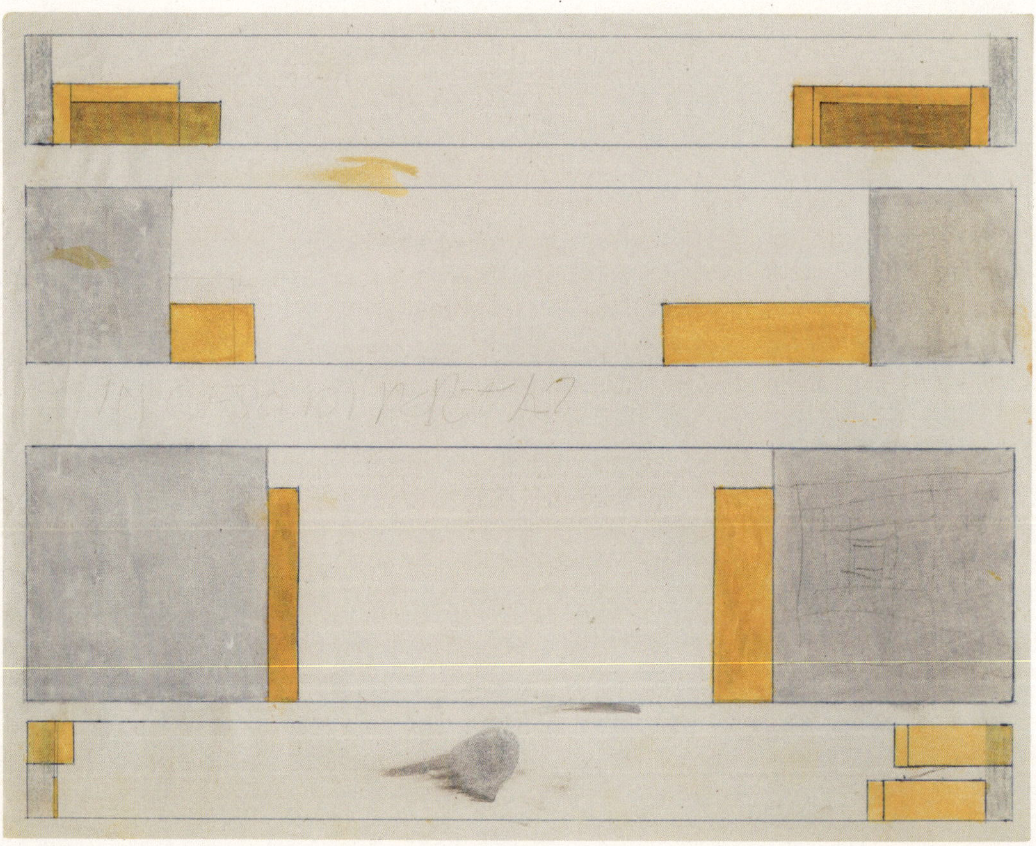

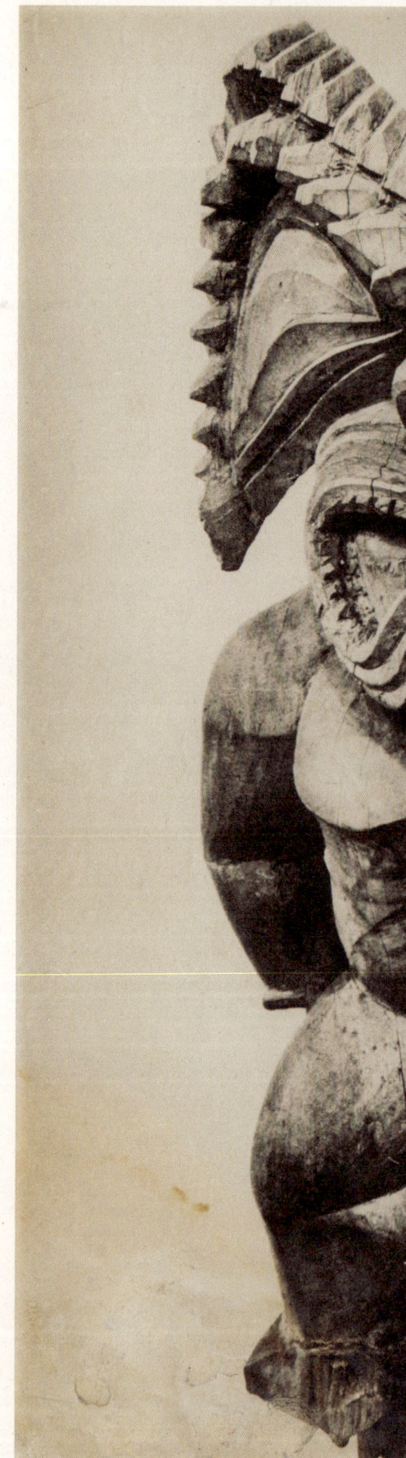

1973

Senza titolo / Untitled
Dattiloscritto su carta con intervento a matita, tempera e pastello / Typescript, pencil, tempera and pastel on paper

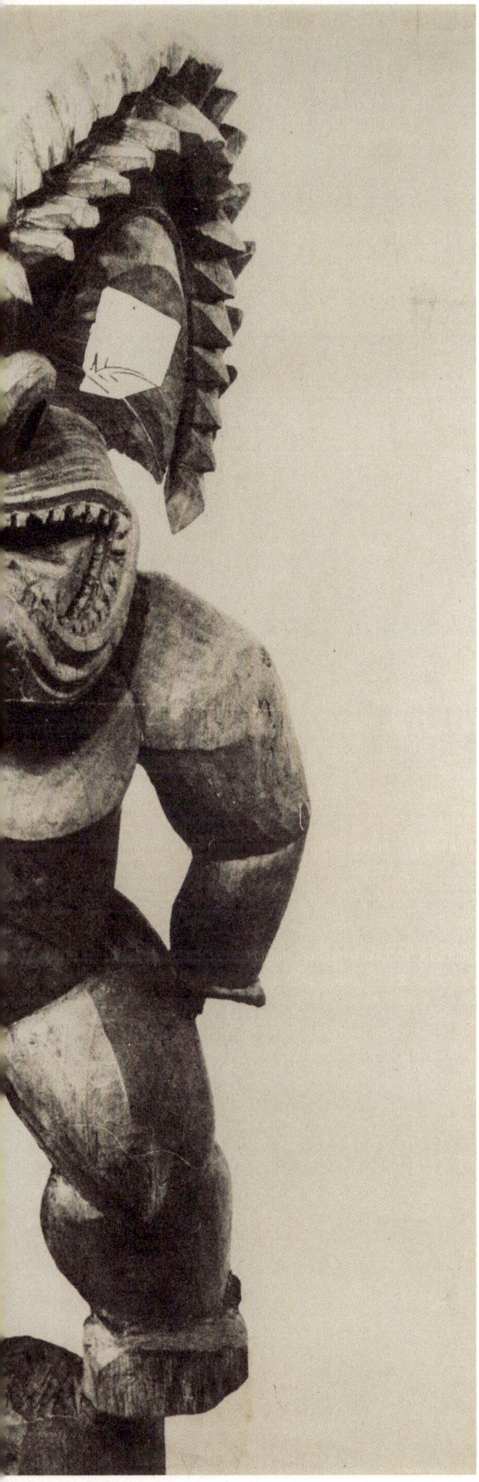

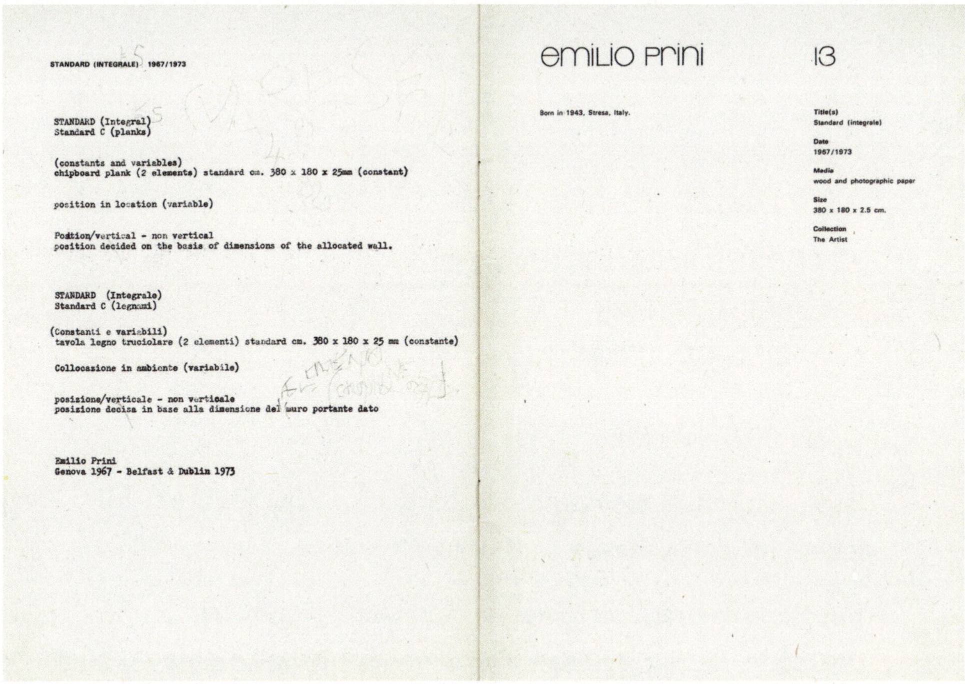

STANDARD (INTEGRALE) 1967/1973

STANDARD (Integral)
Standard C (planks)

(constants and variables)
chipboard plank (2 elements) standard cm. 380 x 180 x 25mm (constant)

position in location (variable)

Position/vertical - non vertical
position decided on the basis of dimensions of the allocated wall.

STANDARD (Integrale)
Standard C (legnami)

(Constanti e variabili)
tavola legno truciolare (2 elementi) standard cm. 380 x 180 x 25 mm (constante)

Collocazione in ambiente (variabile)

posizione/verticale - non verticale
posizione decisa in base alla dimensione del muro portante dato

Emilio Prini
Genova 1967 - Belfast & Dublin 1973

emilio prini 13

Born in 1943, Stresa, Italy.

Title(s)
Standard (integrale)

Date
1967/1973

Media
wood and photographic paper

Size
380 x 180 x 2.5 cm.

Collection
The Artist

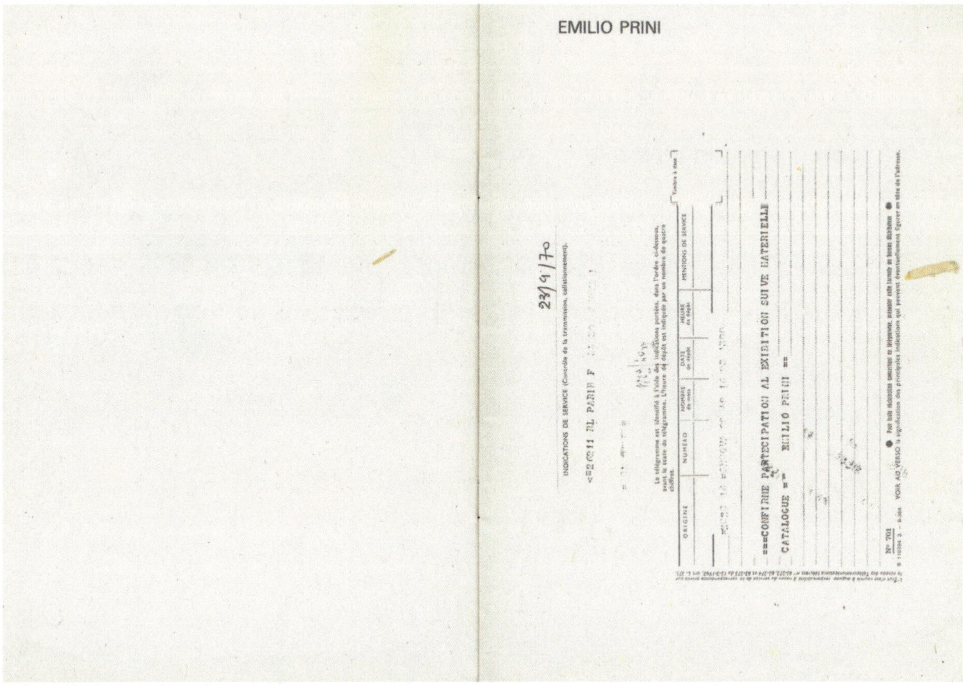

EMILIO PRINI

CONFIRME PARTECIPATION AL EXIBITION SUIVE MATERIELLE
CATALOGUE = EMILIO PRINI

Ritratto di Mario Merz
Stampa fotografica in bianco e nero / Black-and-white photographic print

***An exhibition of new Italian art*, The Arts Council of Northern Ireland Gallery Belfast – The David Hendriks Gallery, Dublino / Dublin**
Catalogo / Catalogue

STANDARD (integrale) - Bowie -
standard A[1] (laterizi)
costruttivo/CO.A (laterizi)

Costanti & variabili

lastra eternit (4 elementi) standard cm. 250 x 120 x 6 MM. (costante)
locale (di collocazione) (variabile)

posizione lastra / verticale-non verticale / (variabile)
posizione decisa in base alla dimensione dell'elemento portante (muro maestro / colonna) nel locale dato.

NON STANDARD - Bowie -

non standard / NS. A

tacca smalto lucido bianco avorio equivalente ad 1/4 del tronco di cono e cilindro che costituisce la base del pilastro in cemento sul quale la tacca è dipinta. Lo sviluppo della superficie (paraboloide/elissoide) verniciata è un non standard di 4250 $CM.^2$

Emilio Prini
Genova 1967
Ge. Marassi 1970
Roma 1973-74

1974

Senza titolo / Untitled
Stampa su carta / Print on paper

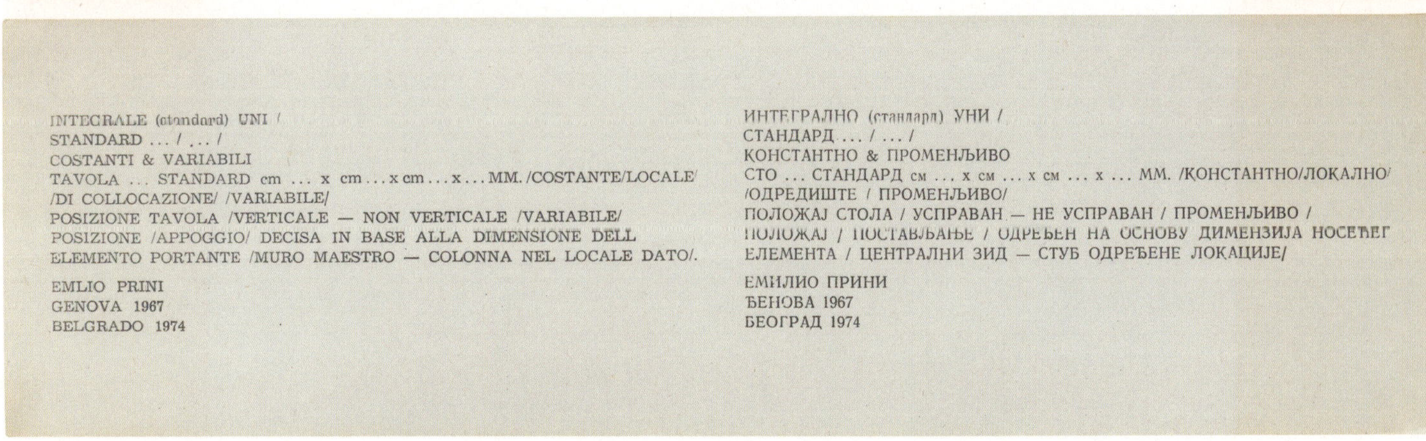

1974

Senza titolo / Untitled
Stampa su carta / Print on paper

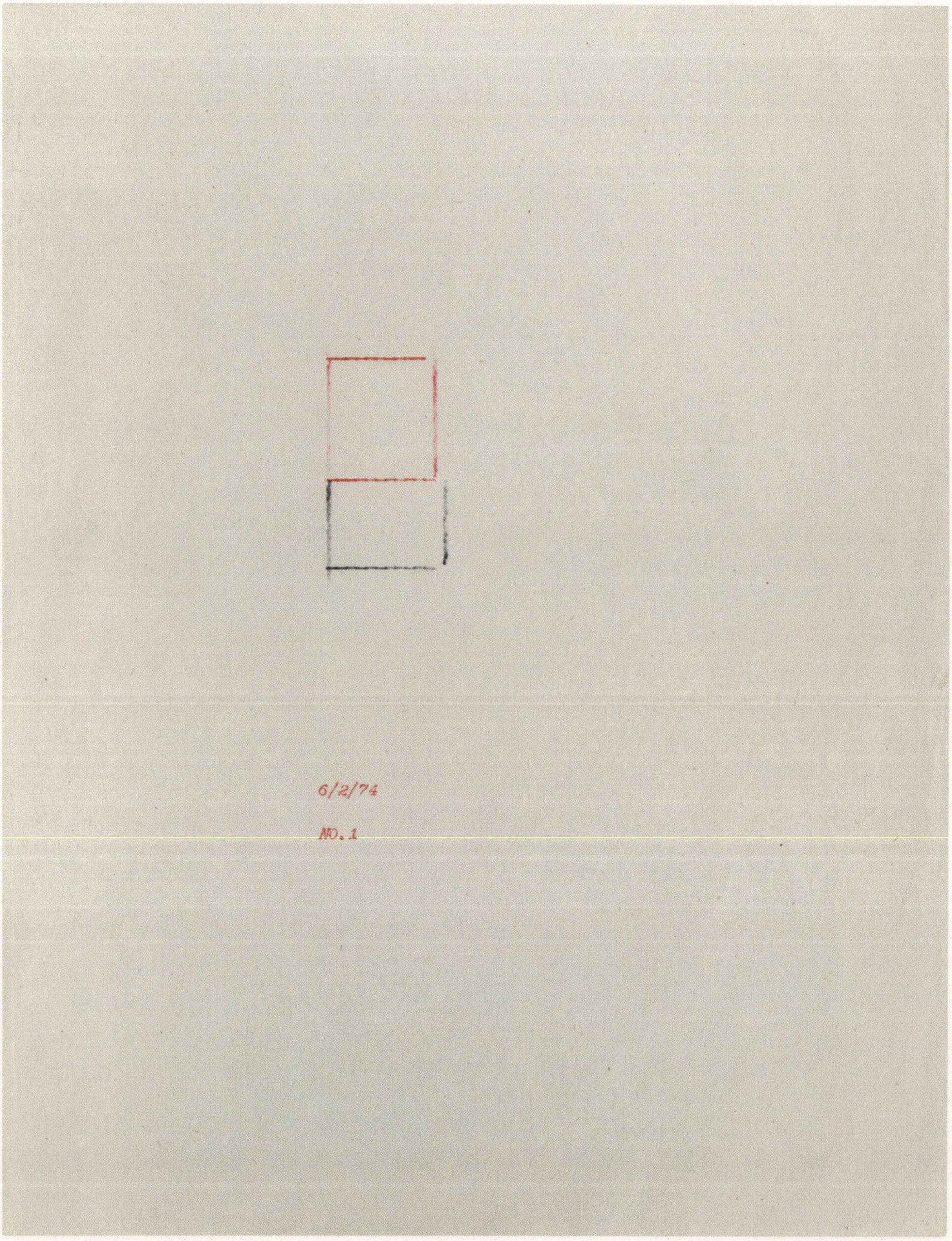

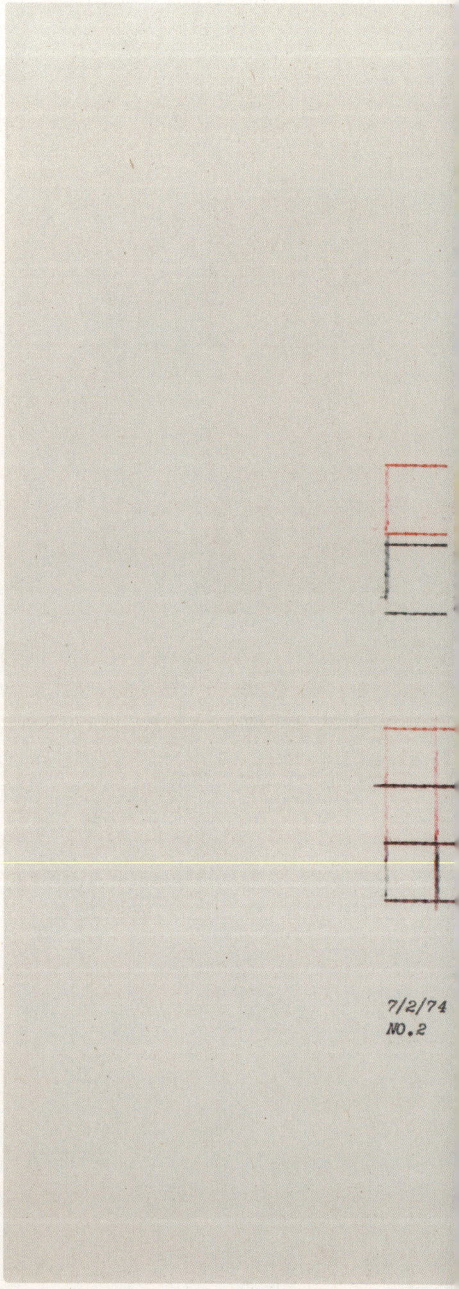

1974

Senza titolo / Untitled
Dattiloscritto su carta / Typescript on paper

Senza titolo / Untitled
Dattiloscritto su carta / Typescript on paper

Senza titolo / Untitled
Dattiloscritto su carta / Typescript on paper

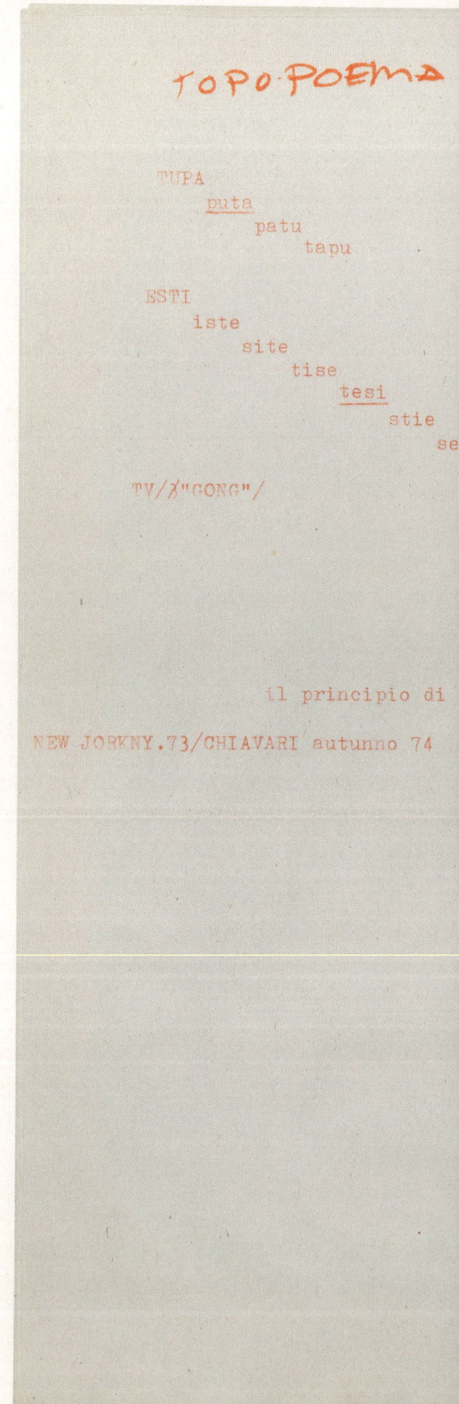

1974

Senza titolo / Untitled
Dattiloscritto su carta con intervento a pennarello /
Typescript and felt-tip pen on paper

...

Senza titolo / Untitled
Dattiloscritto su carta con intervento a pennarello /
Typescript and felt-tip pen on paper

topo-poema

t
u
e
o
s

as
ioø
mi riciordo
ei bella fica,nè
poi
   sere
   tubi
   debiti
"sera duca
BUONASERA SIGNOR DUCA
ciò è:BUONASERA SIG
CIOè.....
co
cioè/
voglio d
scriverei:BUONASERASIGNORDUCAØ(che)
(dà-sì!-il sensodel servilismo -'sera duca...

mà!?

Senza titolo / Untitled
Dattiloscritto su carta con intervento a pennarello /
Typescript and felt-tip pen on paper

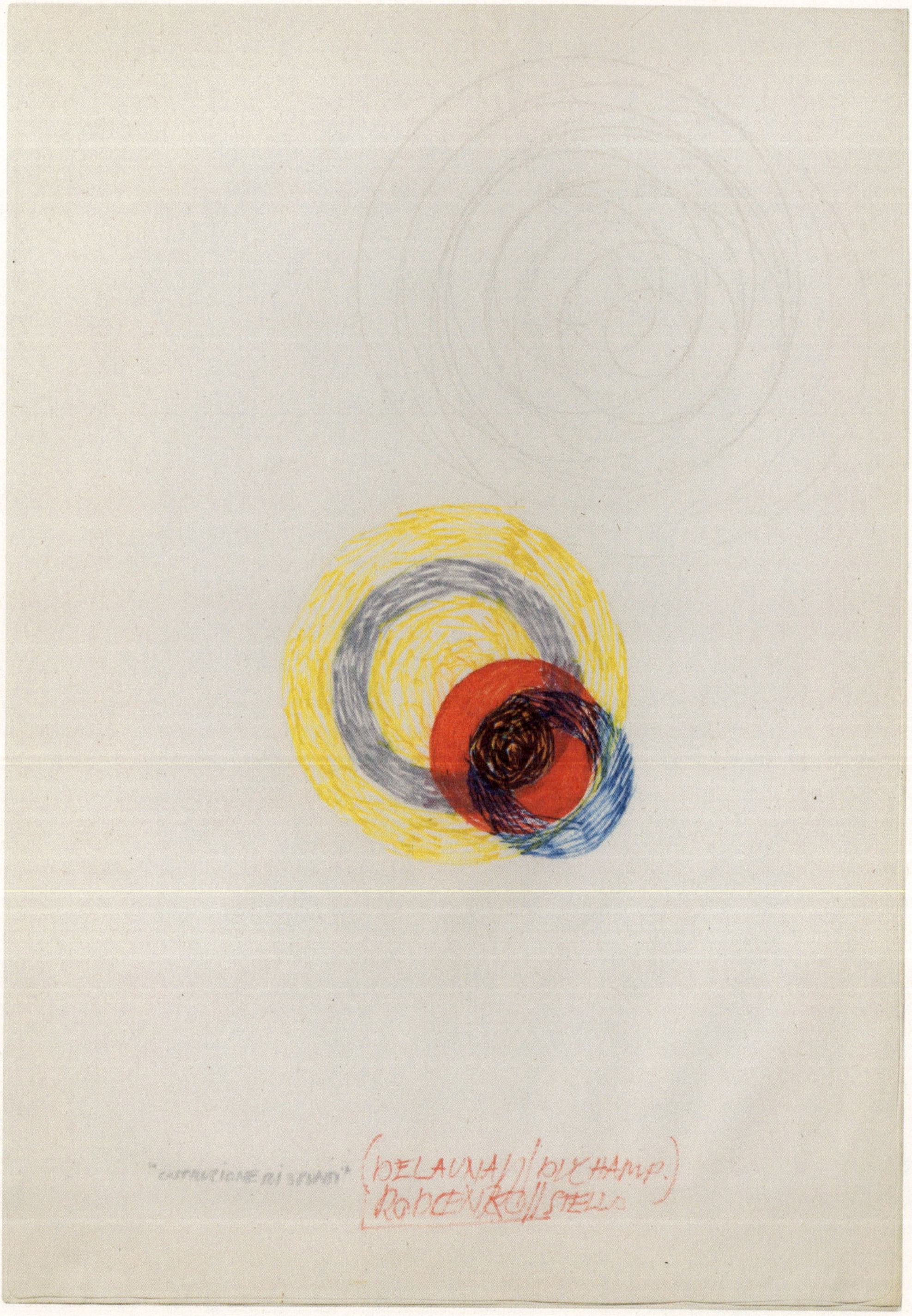

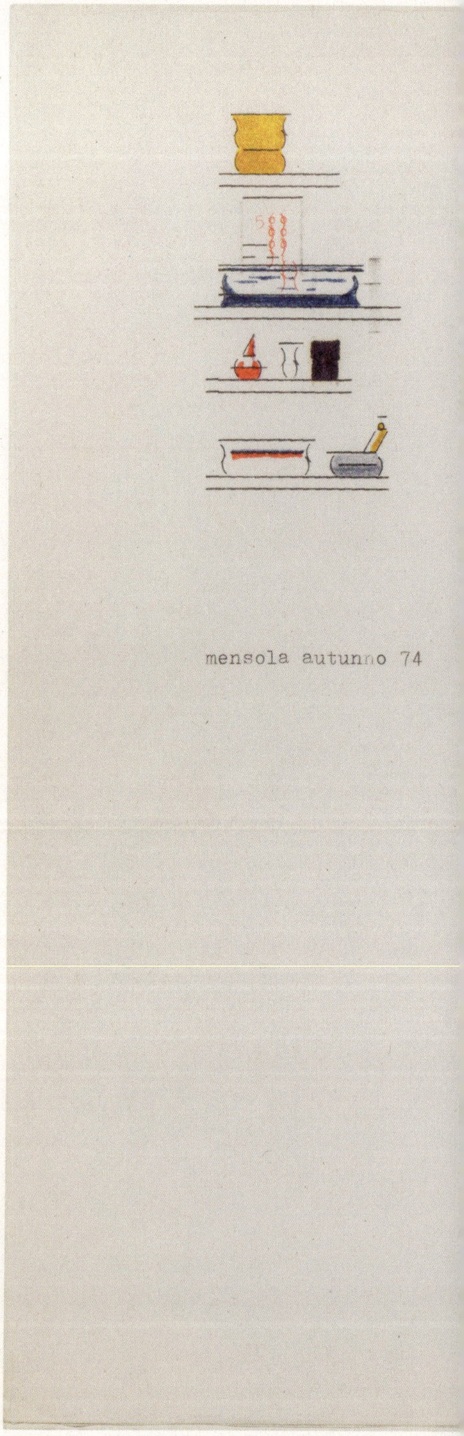

1974

Costruzione di 3 punti
Pennarello e grafite su carta / Felt-tip pen and graphite on paper

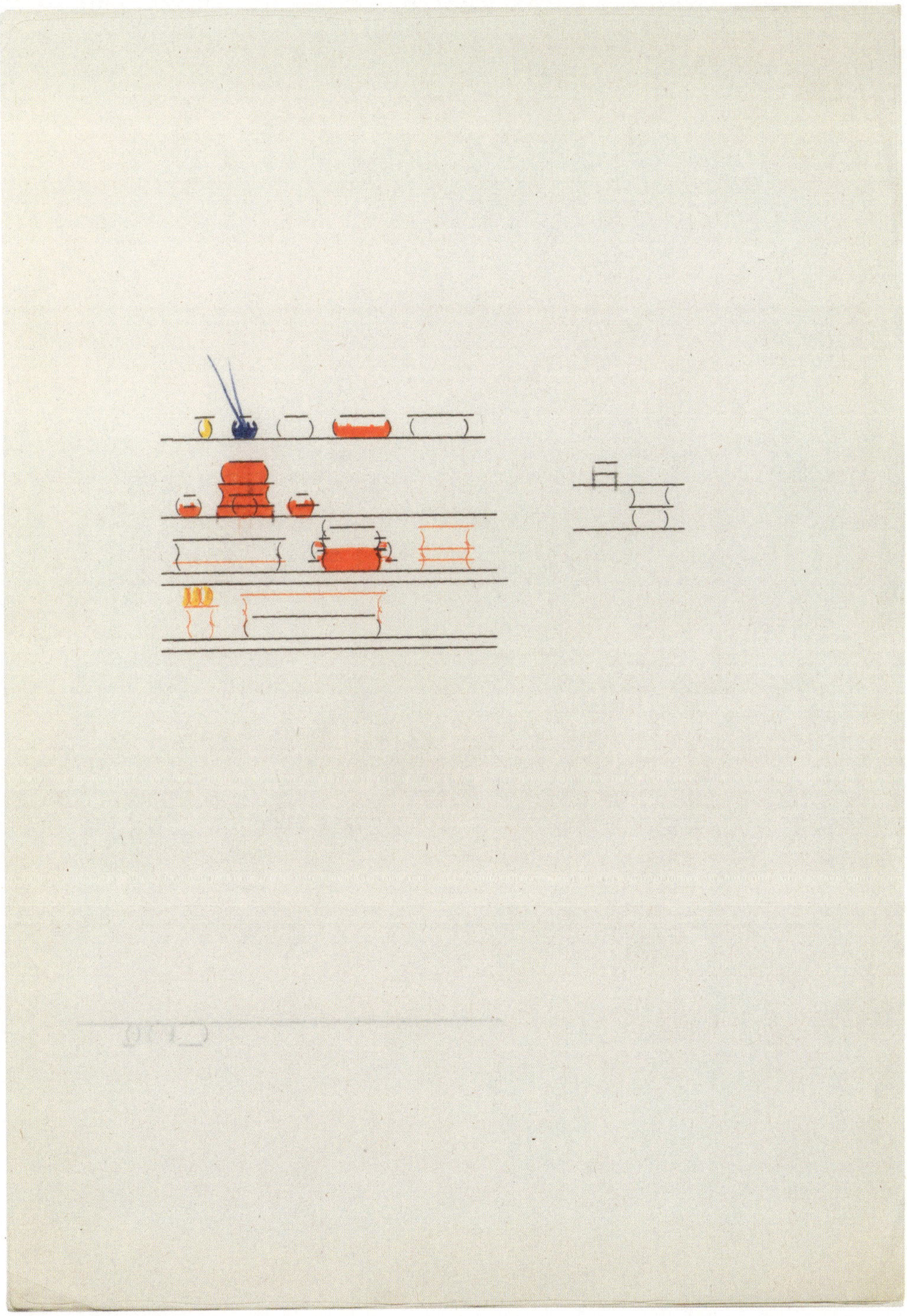

Mensola
Dattiloscritto su carta con intervento a pennarello /
Typescript and felt-tip pen on paper

Senza titolo / Untitled
Dattiloscritto su carta con intervento a pennarello /
Typescript and felt-tip pen on paper

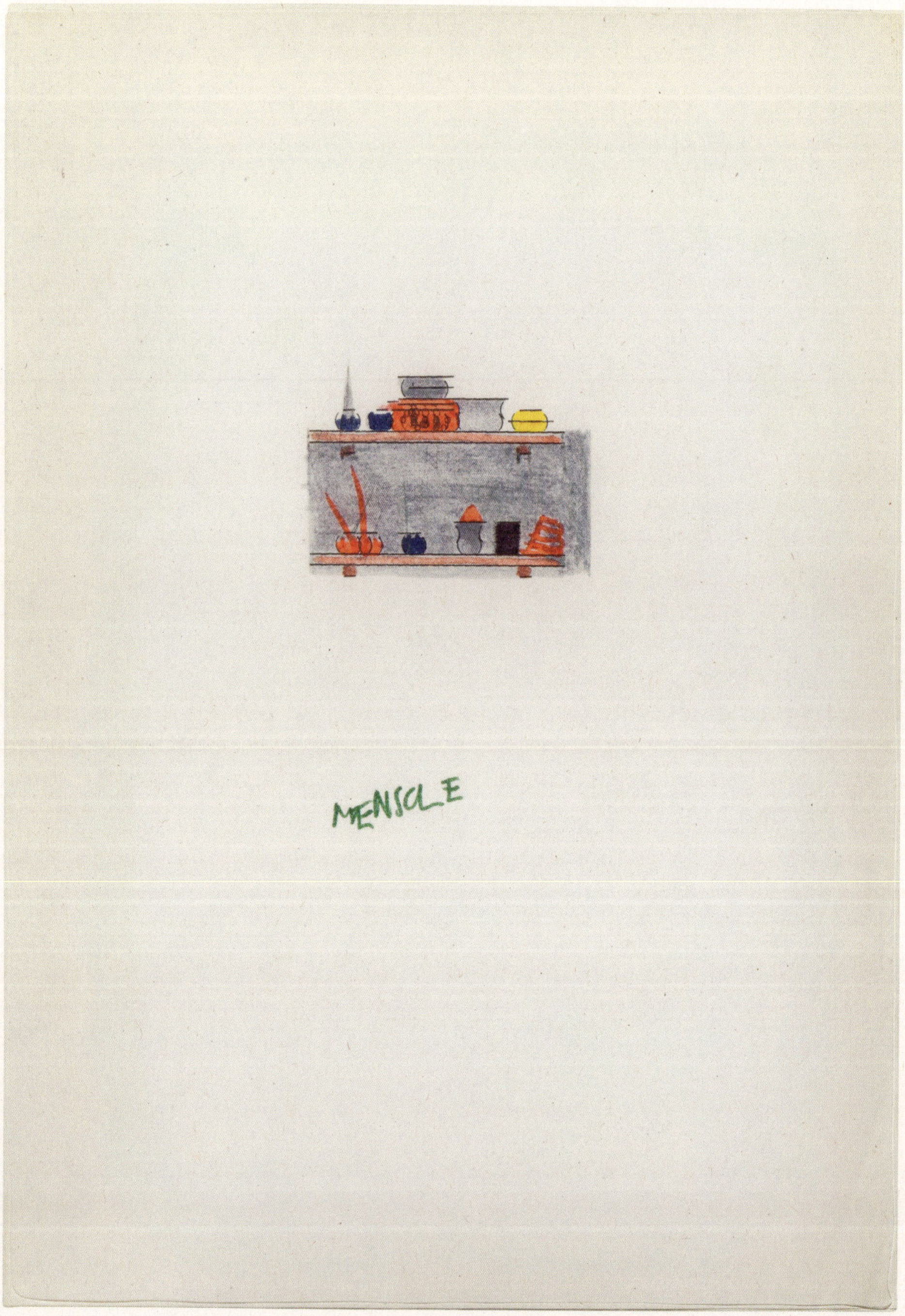

1974

Mensole
Dattiloscritto su carta con intervento a pennarello /
Typescript and felt-tip pen on paper

standard//(serie neon in ambiente/a consumo)

1974

Senza titolo / Untitled
Dattiloscritto su carta / Typescript on paper

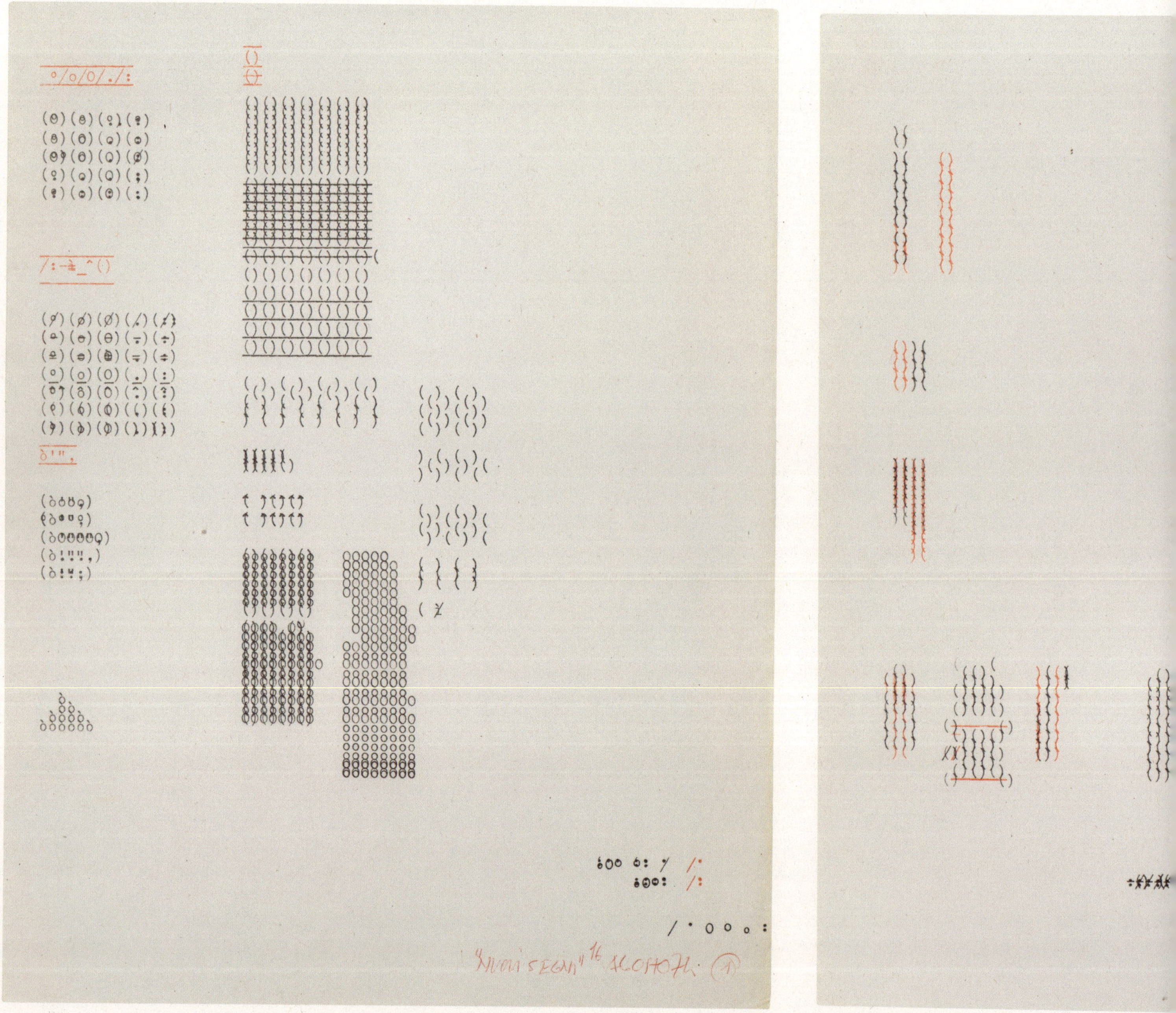

1974

Nuovi segni
Dattiloscritto su carta con intervento a penna/Typescript and pen on paper

Senza titolo / Untitled
Dattiloscritto su carta con intervento a penna / Typescript and pen on paper

Senza titolo / Untitled
Dattiloscritto su carta / Typescript on paper

1974

Senza titolo / Untitled
Dattiloscritto su carta / Typescript on paper

Senza titolo / Untitled
Dattiloscritto su carta / Typescript on paper

Senza titolo / Untitled
Dattiloscritto su carta / Typescript on paper

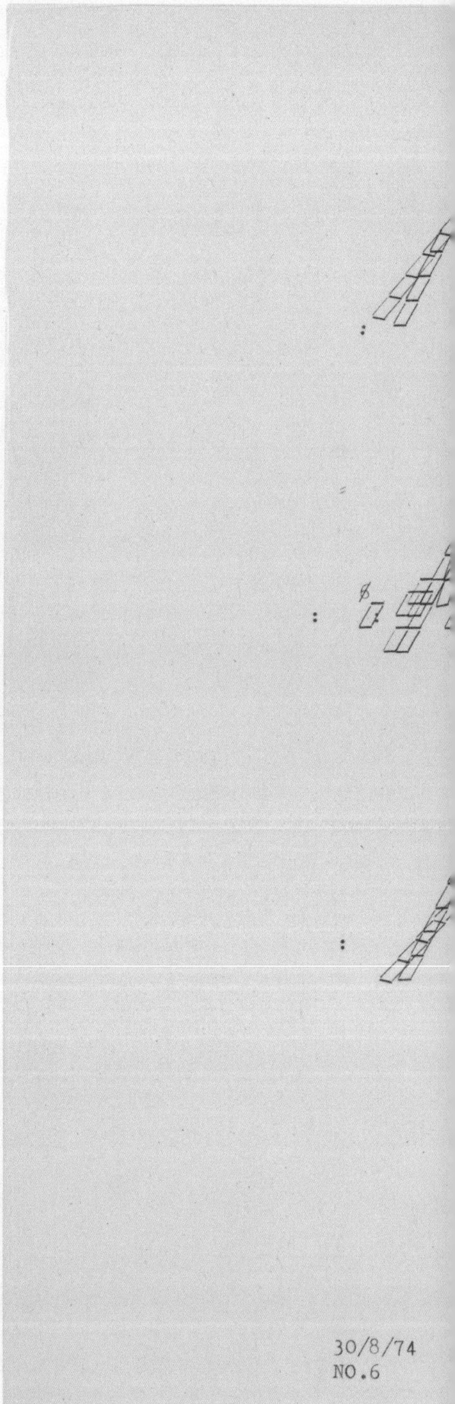

1974

Senza titolo / Untitled
Dattiloscritto su carta / Typescript on paper

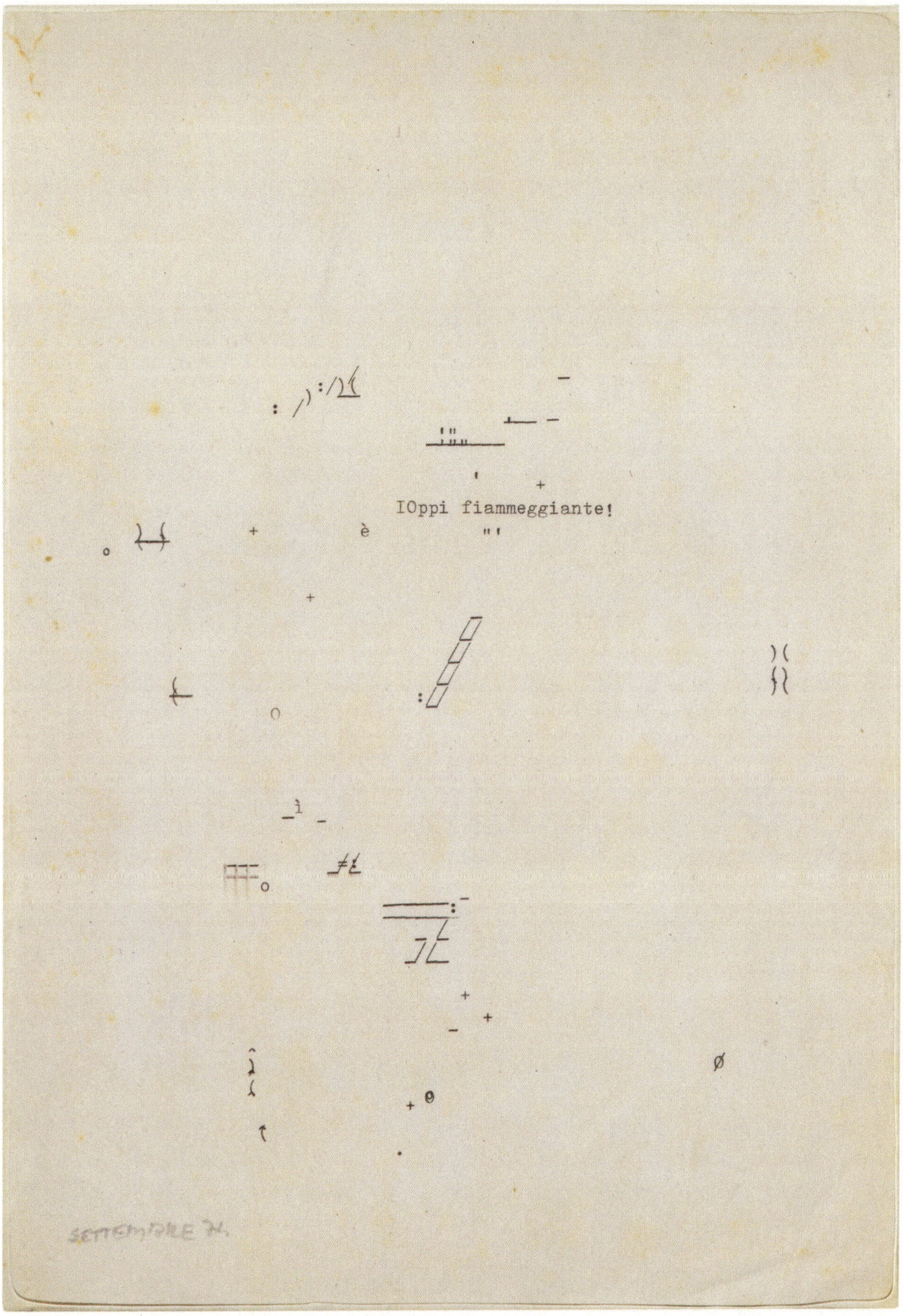

Senza titolo / Untitled
Dattiloscritto su carta / Typescript on paper

Senza titolo / Untitled
Dattiloscritto su carta / Typescript on paper

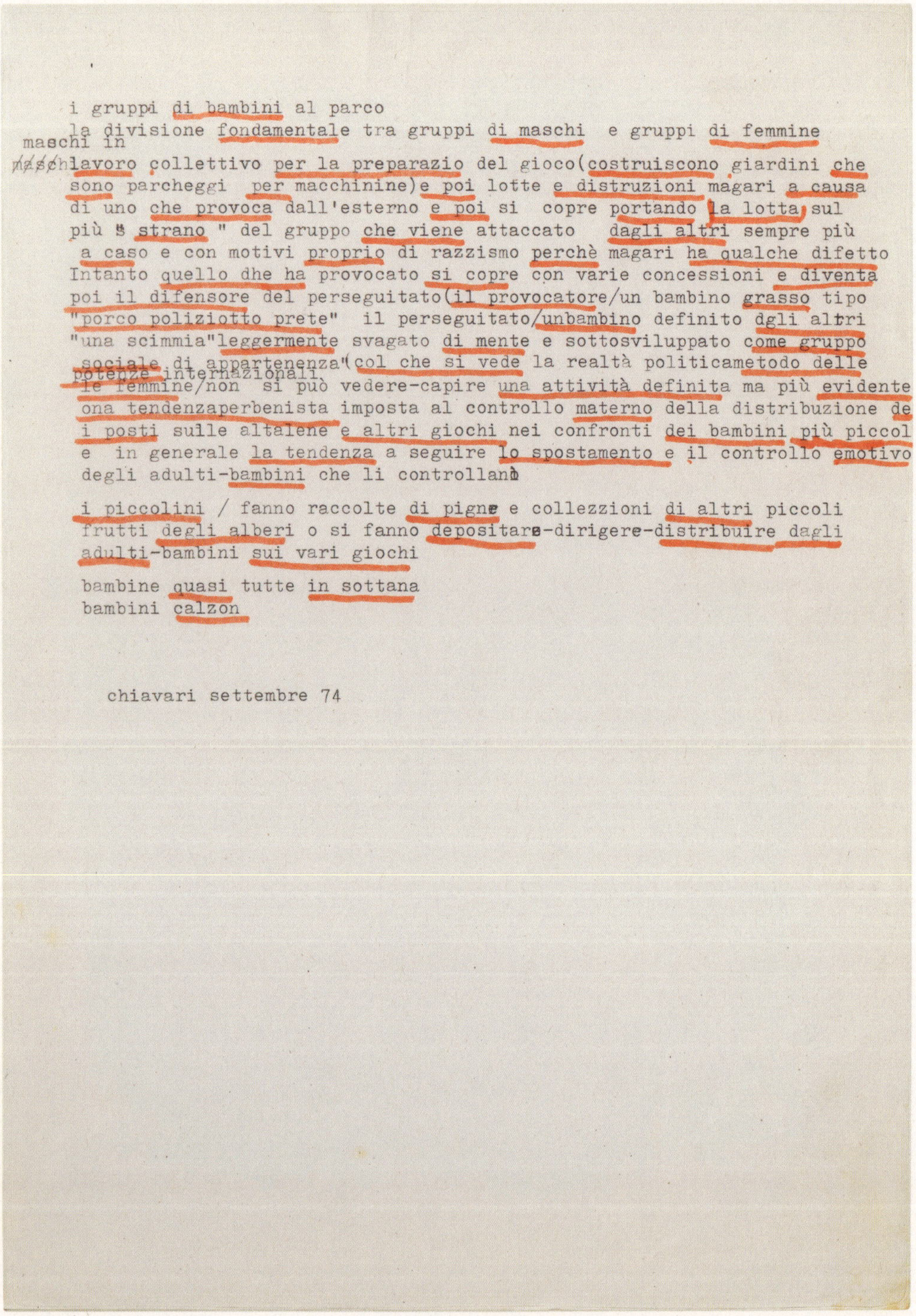

i gruppi di bambini al parco
la divisione fondamentale tra gruppi di maschi e gruppi di femmine
maschi in
masch lavoro collettivo per la preparazio del gioco(costruiscono giardini che
sono parcheggi per macchinine)e poi lotte e distruzioni magari a causa
di uno che provoca dall'esterno e poi si copre portando la lotta sul
più " strano " del gruppo che viene attaccato dagli altri sempre più
a caso e con motivi proprio di razzismo perchè magari ha qualche difetto
Intanto quello dhe ha provocato si copre con varie concessioni e diventa
poi il difensore del perseguitato(il provocatore/un bambino grasso tipo
"porco poliziotto prete" il perseguitato/unbambino definito dgli altri
"una scimmia"leggermente svagato di mente e sottosviluppato come gruppo
sociale di appartenenza"(col che si vede la realtà politicametodo delle
potenze internazionali.
le femmine/non si può vedere-capire una attività definita ma più evidente
ona tendenzaperbenista imposta al controllo materno della distribuzione de
i posti sulle altalene e altri giochi nei confronti dei bambini più piccol
e in generale la tendenza a seguire lo spostamento e il controllo emotivo
degli adulti-bambini che li controllano

i piccolini / fanno raccolte di pigne e collezzioni di altri piccoli
frutti degli alberi o si fanno depositare-dirigere-distribuire dagli
adulti-bambini sui vari giochi

bambine quasi tutte in sottana
bambini calzon

chiavari settembre 74

1974

Senza titolo / Untitled
Dattiloscritto su carta con intervento a pennarello /
Typescript and felt-tip pen on paper

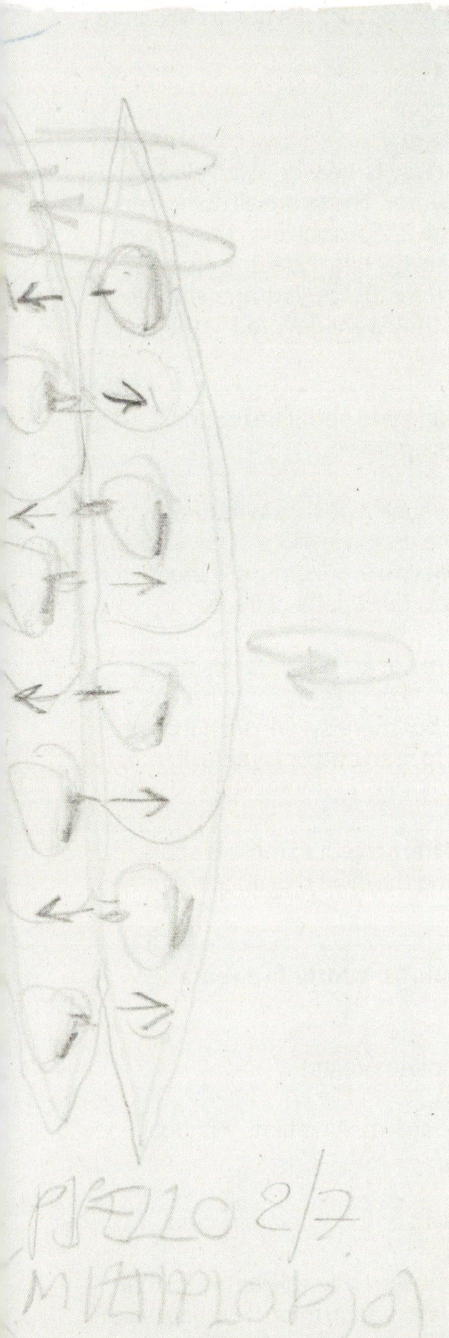

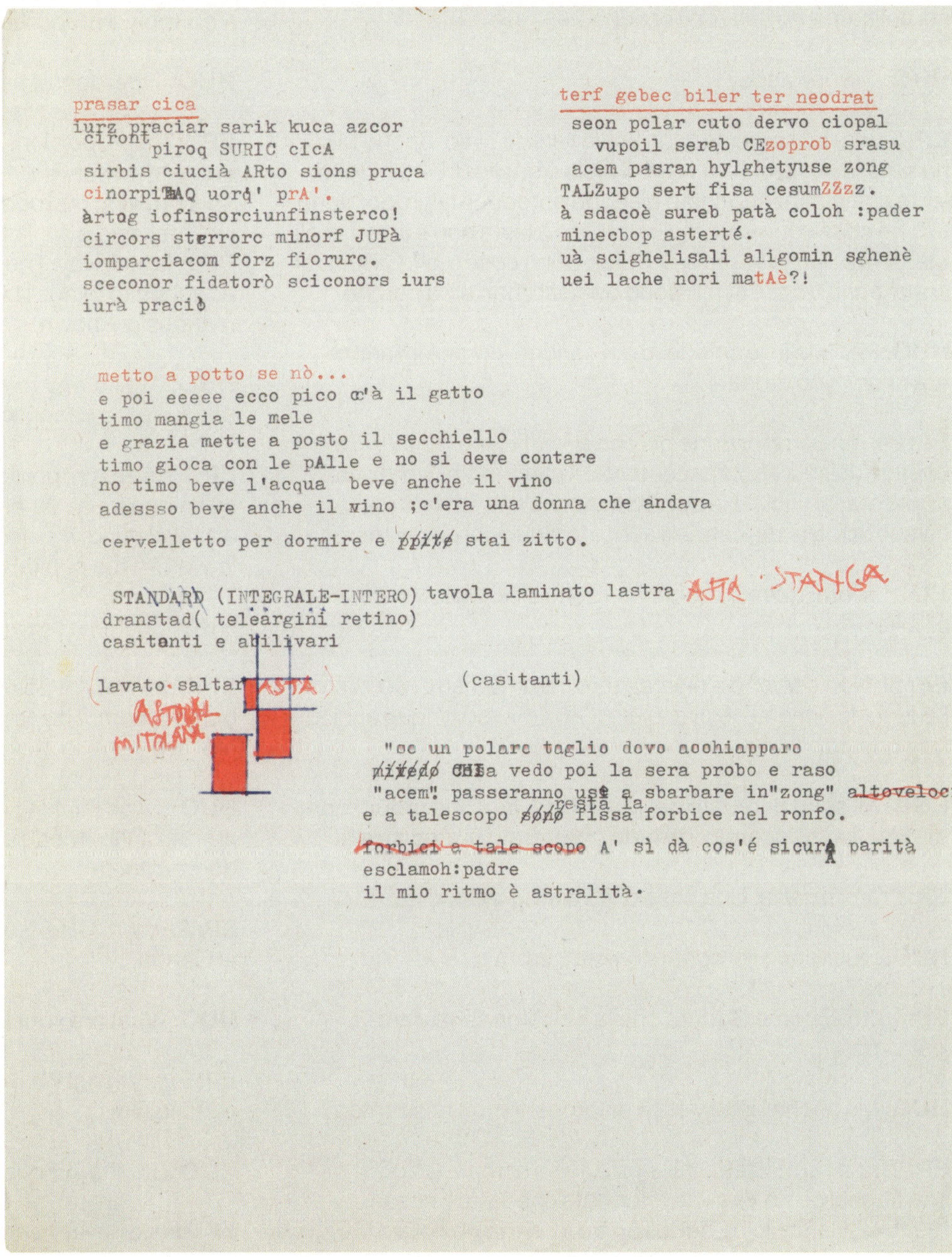

Senza titolo / Untitled
Dattiloscritto su carta con intervento a grafite / Typescript and graphite on paper

Senza titolo / Untitled
Dattiloscritto su carta con intervento a pennarello / Typescript and felt-tip pen on paper

IT

Hans Ulrich Obrist
Frammenti di conversazioni con Emilio Prini

Frammento 2

HUO: Sono molto curioso di sapere com'è l'epifania di questi tantissimi disegni fatti con la macchina da scrivere…

EP: È tutto normale. Non è arte. Non è arte perché è semplicemente una proporzione.

HUO: Come nasce?

EP: È una proporzione. Una scala verso il cielo. Anche Mirò ha fatto la scala che va verso il cielo o quella di Dürer. Sono tutte coincidenze. Questo disegno riproduce la proporzione 2/7. Le cose sono solo reali e basta. Questa non è arte. Ha gli stessi gradini della scala di Durer. Sono cose reali. Gli antichi sono legati a cose simili; sono dedicati, non si sa perché.

HUO: Per quello le chiedevo del canone, perché il canone era una proporzione.

EP: Lui dice proporzione perché si verifica nella natura, si verifica da sola spontaneamente. Il canone è più una cosa applicata, artificiale; è applicata anche all'architettura. Invece le foglie dei capitelli sono riproduzioni degli alberi.

HUO: Allora, questi disegni non sono arte, ma sono paralleli all'arte.

EP: Sì. Non servono a niente, però c'è un senso di pensiero. Lo leggi facilmente, è piacevole. Ci ha messo cinque anni a fare questo.

HUO: Mi sono ricordato del progetto di fare una proporzione di Villa Medici facendo in modo che il prato si alzasse a 90°…

EP: *Prato in salita*. Una cosa di 45 anni fa a Genova.

HUO: Quali sono i progetti non realizzati?

EP: Tutto! È come Godard che fa il cinema senza fare il cinema.

HUO: Ma anche l'intervista è un progetto non realizzato…

EP: Io non ho mai fatto interviste. Io ho sempre letto che Leonardo da Vinci ha affermato che l'arte è cosa mentale. Raffaello ha detto l'arte è idea e io ho notato questo: la potenza del pensiero. Ad esempio, tu scrivi un testo e magari ne hai scritti parecchi. Il primo testo che hai scritto in assoluto lo vedi che si forma, è una cosa misteriosa.

Gli indiani dicono che una persona ha cinque sensi più il sesto che è il cervello. Sostengono che il cervello sia un senso. Hanno ragione. C'è chi lo usa, c'è chi non lo usa. Non tutti sanno sentire il sapore in modo profondo. A me piacciono le cose che non sono innate. Credo che l'arte sia proprio una costruzione. Le persone intelligenti devono lavorare per essere intelligenti. Mica nasci con tutte le informazioni. Hanno ragione i comunisti che dicono che la vita è laica. Devi costruire tutto.

EN

Hans Ulrich Obrist
Fragments of interviews with Emilio Prini

Fragment 2

HUO: I am very curious to know what it is like to see all these drawings produced using a typewriter …

EP: It's completely normal. It's not art. It's not art because it's simply a proportion.

HUO: How does it come about?

EP: It's a proportion. A stairway to heaven. Mirò also drew a stairway to heaven, as did Dürer. These are all coincidences. This drawing reproduces the 2/7 proportion. Things are just real, that's all. This isn't art. It has the same steps as Dürer's stairway. These are real things. The ancients were attached to things like this; they were devoted to them, for reasons unknown.

HUO: That's why I was asking you about the canon, because the canon was a proportion.

EP: He says proportion because it occurs in nature, it occurs spontaneously. Whereas the canon is more of an applied, artificial thing; it's also applied to architecture. Instead, the leaves on the capitals are reproductions of trees.

HUO: So these drawings are not art but parallels to art.

EP: Yes. They're pointless, but there's a sense of thought behind them. They're easy to read and enjoyable. It took him five years to make this.

HUO: I was thinking about the project to make a scale model of Villa Medici, making the lawn rise up at a ninety-degree angle …

EP: *Prato in salita*. Something from forty-five years ago in Genoa.

HUO: What are your incomplete projects?

EP: Everything! It's like Godard, making films without making films.

HUO: But the interview is also an incomplete project …

EP: I have never done interviews. I have always read that Leonardo da Vinci said art is a mental thing. Raphael said art is an idea, and I notice this: the power of thought. For example, you write a text, and maybe you've written several. But the first text you ever wrote, you witnessed it taking shape: it's a mysterious thing.

The Indians say a person has five senses plus a sixth, which is the brain. They claim that the brain is a sense. They're right. Some people use it, others don't. Not everyone can taste things deeply. I like things that aren't innate. I believe art is indeed a construction. Intelligent people have to work to be intelligent. You're not born with all the information. The communists are right when they say life is secular. You have to build everything.

IT

Hans Ulrich Obrist

È un po' difficile oggi che non ci sono più i salotti letterari. È un vecchio discorso perché dicono che il computer ha distrutto il pensiero analogico che invece funziona ancora perfettamente. Il nuovo pensiero prodotto col computer è digitale. Ad esempio rispetto ai disegni realizzati con la macchina da scrivere, mi ricordo che dissi a un'amica che volevo dimostrare che la macchina da scrivere fosse più complessa del computer.

EN

It's a bit difficult today because there are no more literary salons. It's an old topic because they say computers have destroyed analogue thinking, which in actual fact is still working perfectly well. The new thought produced by computers is digital. For example, with regard to drawings made using a typewriter, I remember telling a friend that I wanted to prove that the typewriter was more complex than the computer.

p.176

IT

Anri Sala
Parallels at a distance that is always variable

Ciò che mi colpisce di più nei *Disegni a macchina da scrivere* di Emilio Prini è la sublimazione dell'immagine e la disposizione del suo impoverimento che porta alla sua intrinseca semplicità. Usando i tasti della macchina da scrivere, posiziona meticolosamente simboli, numeri e lettere uno per uno, controllando abilmente il loro impatto percussivo sulla carta per creare un'illusione di foschia e profondità. È come se il suo obiettivo fosse quello di rappresentare gli oggetti visivi e lo spazio – alcuni dei disegni evocano interni architettonici – durante l'epoca della "Lettera 22" di Olivetti, il tutto abbracciando la prospettiva atmosferica degli antichi maestri e la tecnica dello sfumato del Quattrocento.

Cinquant'anni dopo, mentre rifletto sui suoi disegni mentre uso la tecnica dello spolvero nella mia pittura ad affresco per trasferire i contorni di un'immagine su intonaco appena applicato, trovo parallelismi che evocano un senso di semplicità simile ma contrastante. In questa tecnica, un disegno composto dai fori pungenti viene posizionato sopra l'intonaco bagnato, consentendo l'applicazione del pigmento attraverso i fori, inserendolo in un piccolo sacchetto di tessuto sottile e tamponandolo sul disegno balzato, lasciando un'immagine debole sulla superficie sottostante.

I disegni di Prini evocano l'azione dei martelletti di feltro di un pianoforte, mentre i miei schizzi forati risuonano con il pizzicare di un clavicembalo. Unire questi elementi è come mettere un clavicembalo accanto a un pianoforte nel contesto della musica da camera di queste pagine.

I loro movimenti meccanici contrastanti, prima il plettro, poi il martello, hanno plasmato il suono musicale per secoli. Qui*, sono stratificati in ordine inverso, come due paralleli che si spostano continuamente in lontananza.

* Ho preso in prestito il titolo di questi disegni dal libro di Bernard Cache *Projectles: Architecture Words 6*.

EN

Anri Sala
Parallels at a distance that is always variable

What strikes me most in Emilio Prini's *Disegni a macchina da scrivere* ("Typewriter Drawings") is the sublimation of the image and the arrangement of its impoverishment leading to its inherent simplicity. Using the typewriter's keys, he meticulously places symbols, numbers, and letters one by one, skilfully controlling their percussive impact on the paper to create an illusion of haze and depth. It's as if he aims to depict visual objects and space—some of the drawings evoke architectural interiors—during the era of Olivetti's "Lettera 22," all while embracing the atmospheric perspective of the Old Masters and the sfumato technique of the Quattrocento.

Fifty years later, as I reflect on his drawings while using the Spolvero technique in my fresco painting to transfer the contours of an image onto freshly applied plaster, I find parallels that conjure a similar yet contrasting sense of simplicity. In this technique, a drawing composed of the pricked holes is placed over the wet plaster, allowing pigment to be applied through the holes, by placing it into a small bag of thin fabric and dabbing it onto the pounced drawing, leaving a faint image on the surface below.

Prini's drawings evoke the action of a piano's felt hammers, while my punctured sketches resonate with the plucking of a harpsichord. Conjoining these elements is akin to placing a harpsichord alongside a piano within the chamber music context of these pages.

Their contrasting mechanical movements—first the plectrum, then the hammer—have shaped musical sound for centuries. Here*, they are layered in reverse order, resembling two parallels that continually shift in the distance.

* I borrowed the title for these drawings from Bernard Cache's book *Projectles: Architecture Words 6*.

Si ringraziano / Special thanks to: Gianmarco Biele e / and Alessandra Falcone

Anri Sala, *Parallels at a distance that is always variable*, 2025
Polvere di pigmento e stampa inkjet su carta perforata / Pigment powder and inkjet print on punctured paper
Serie di 5 disegni / Series of 5 drawings

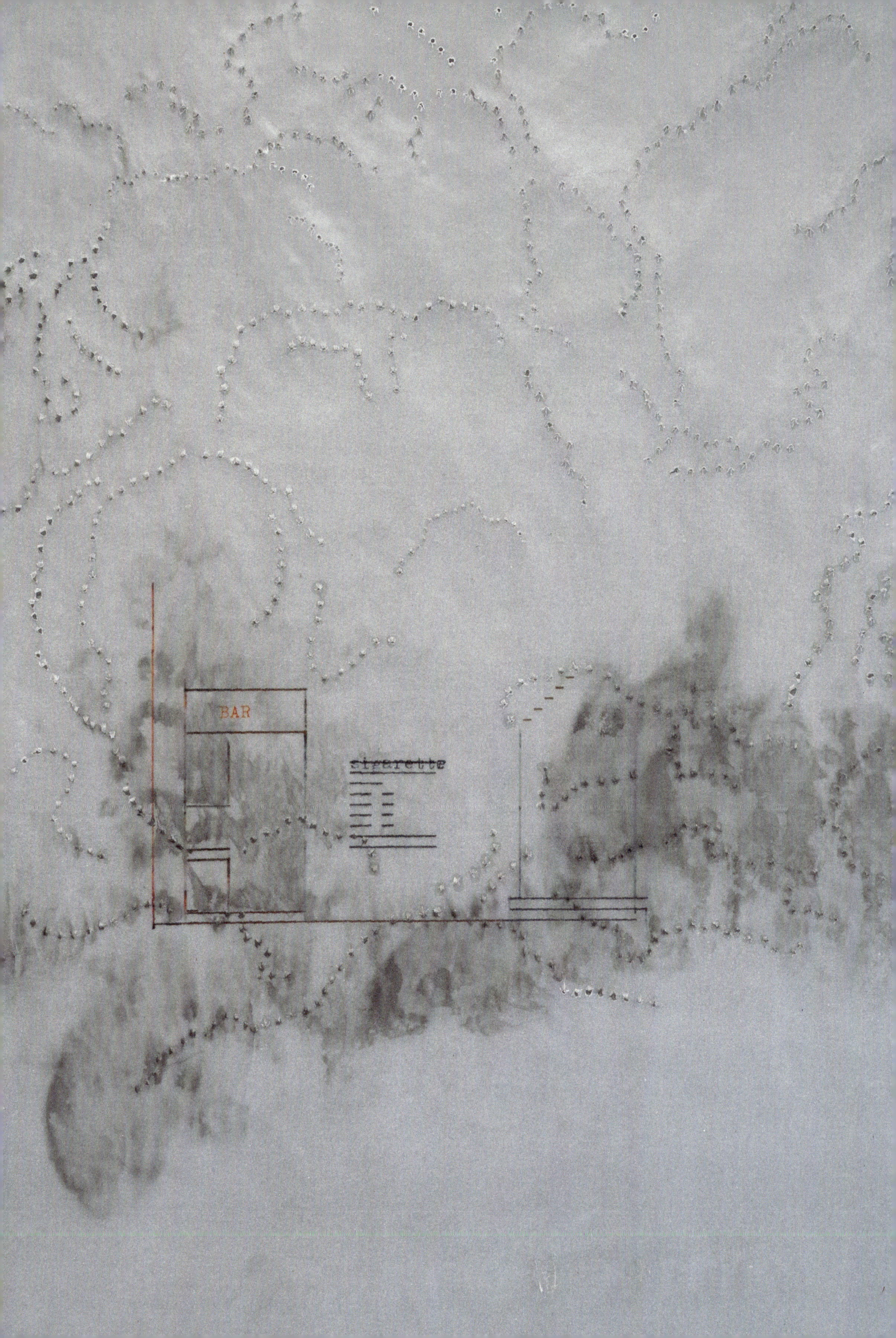
BAR

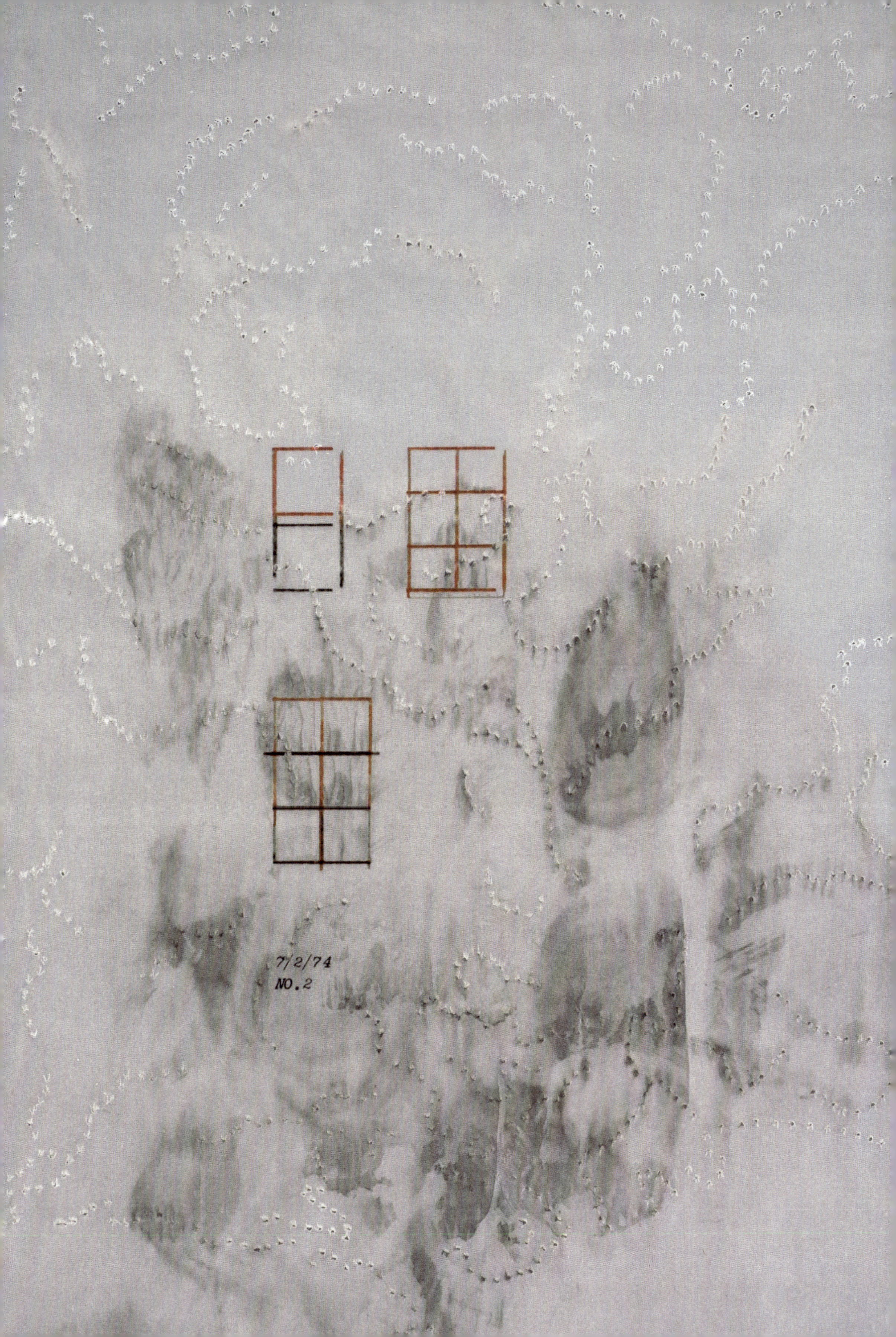
7/2/74
NO.2

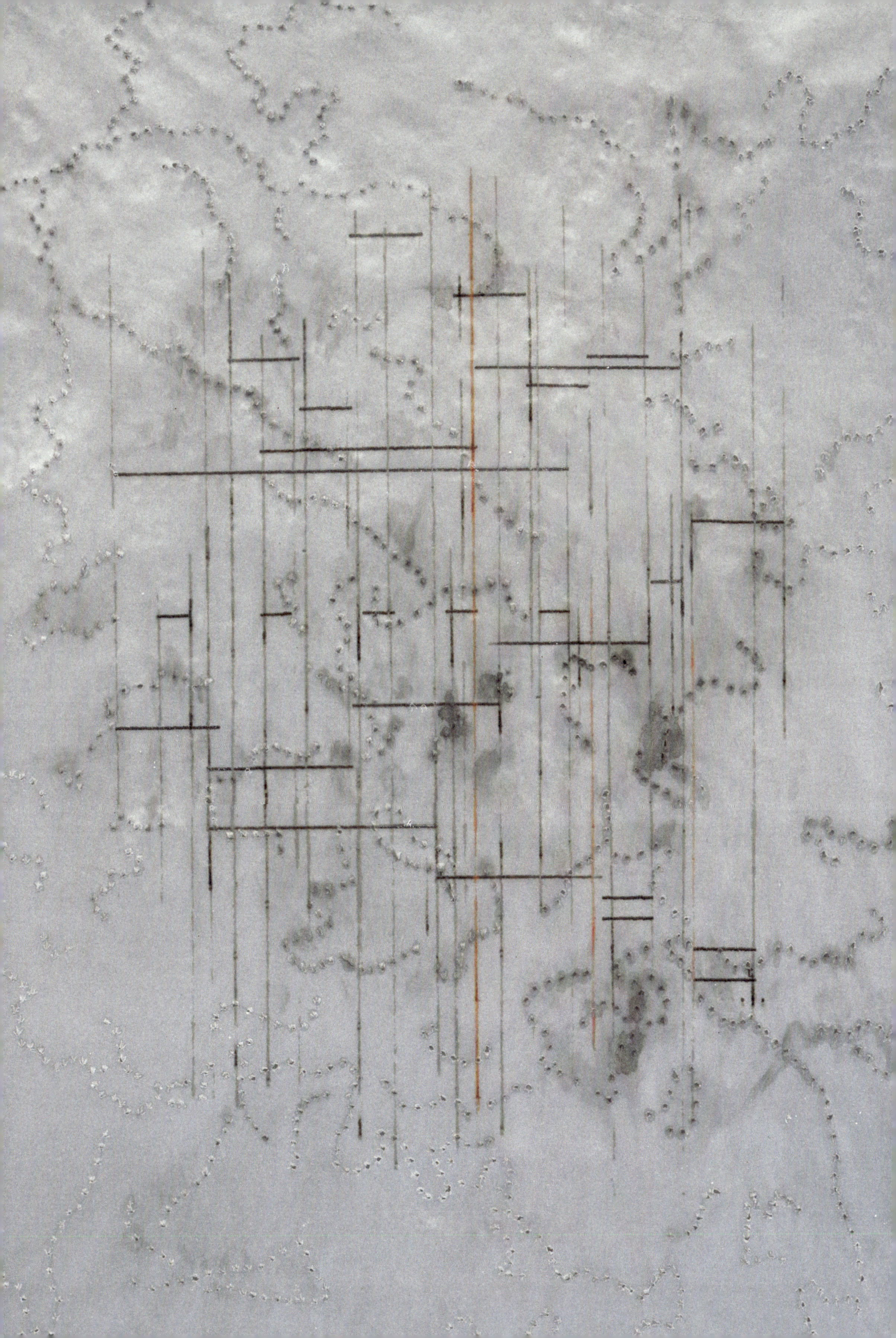

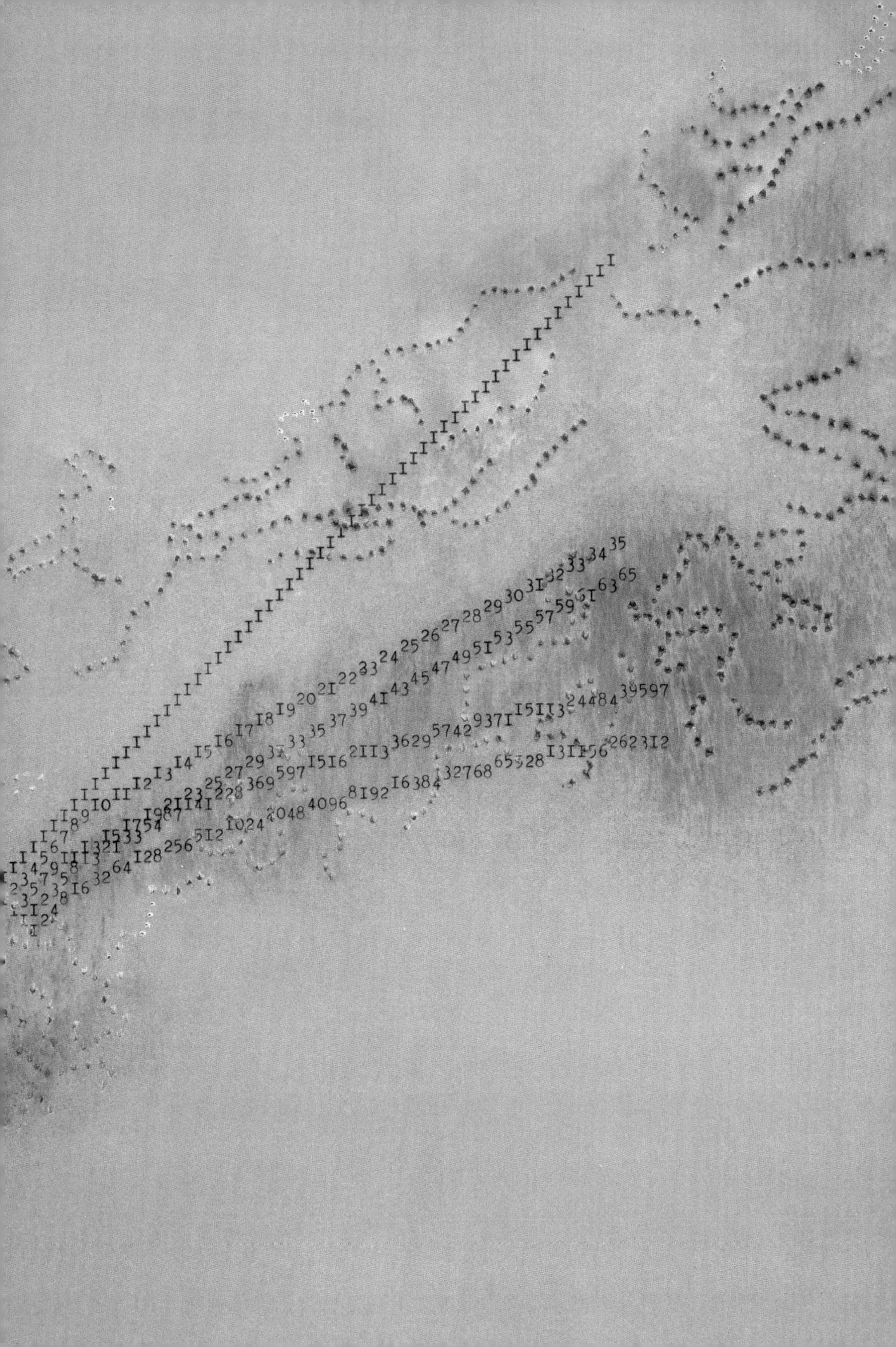

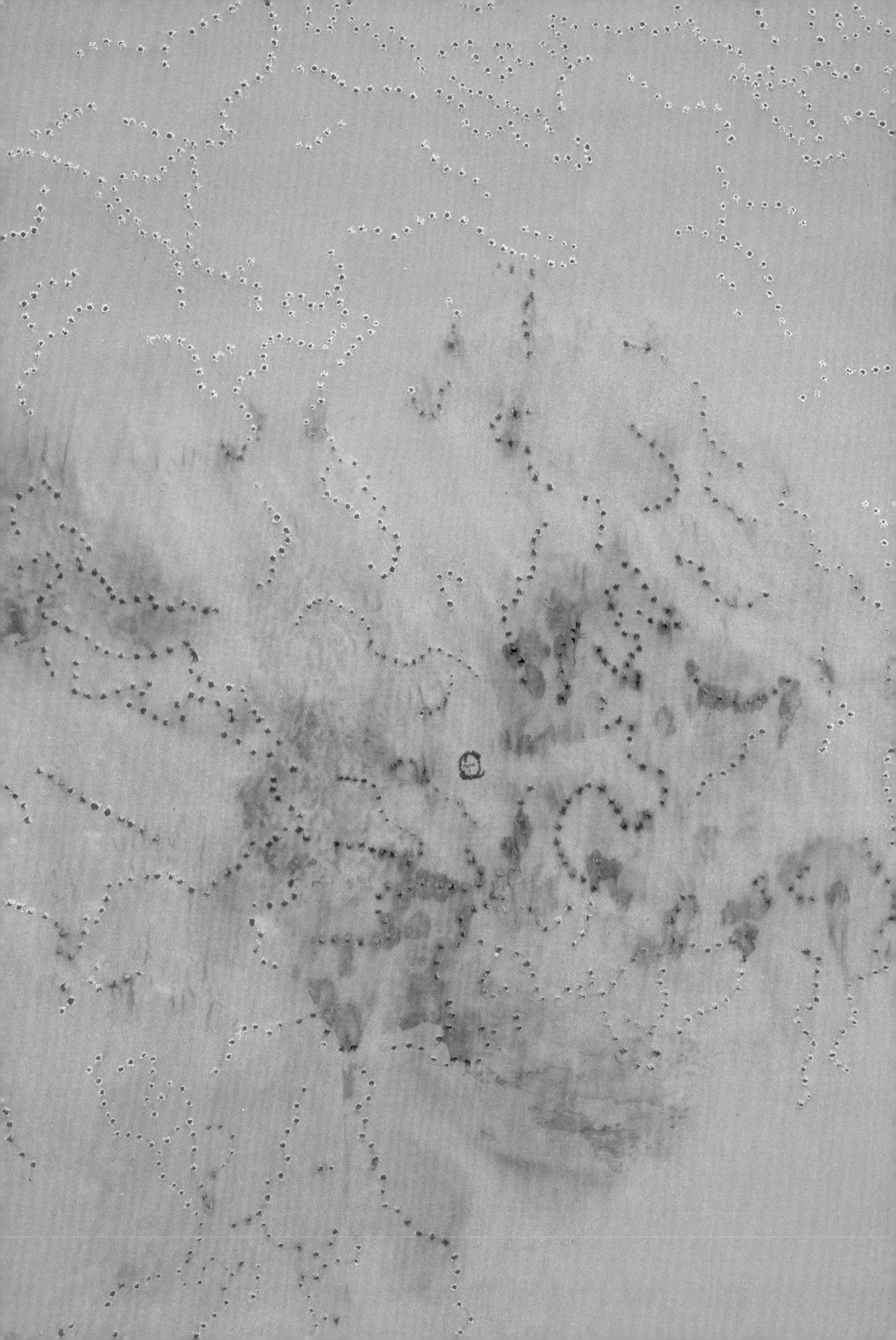

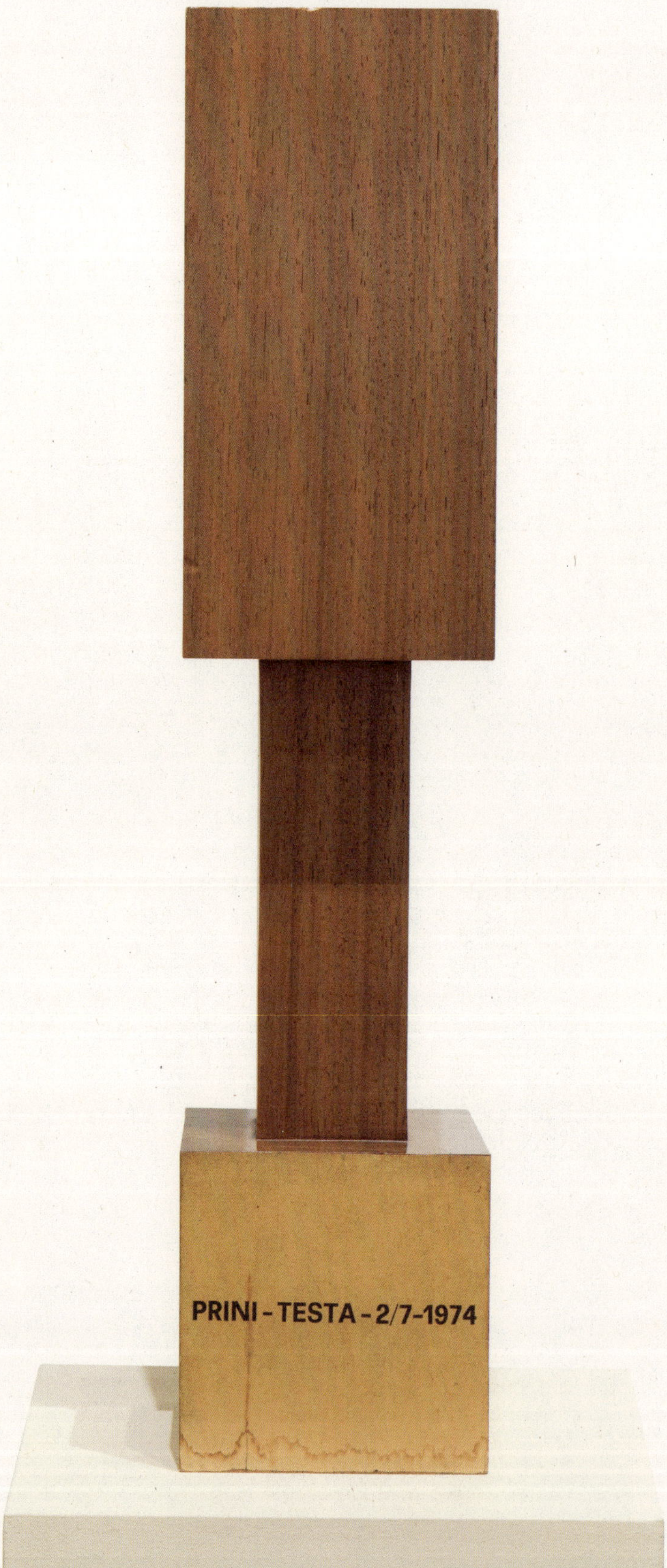

1974

Prini-Testa-2/7-1974
Legno / Wood

Prini-Testa-2/7-1974
Installation view, s.l. / n.p., Roma / Rome

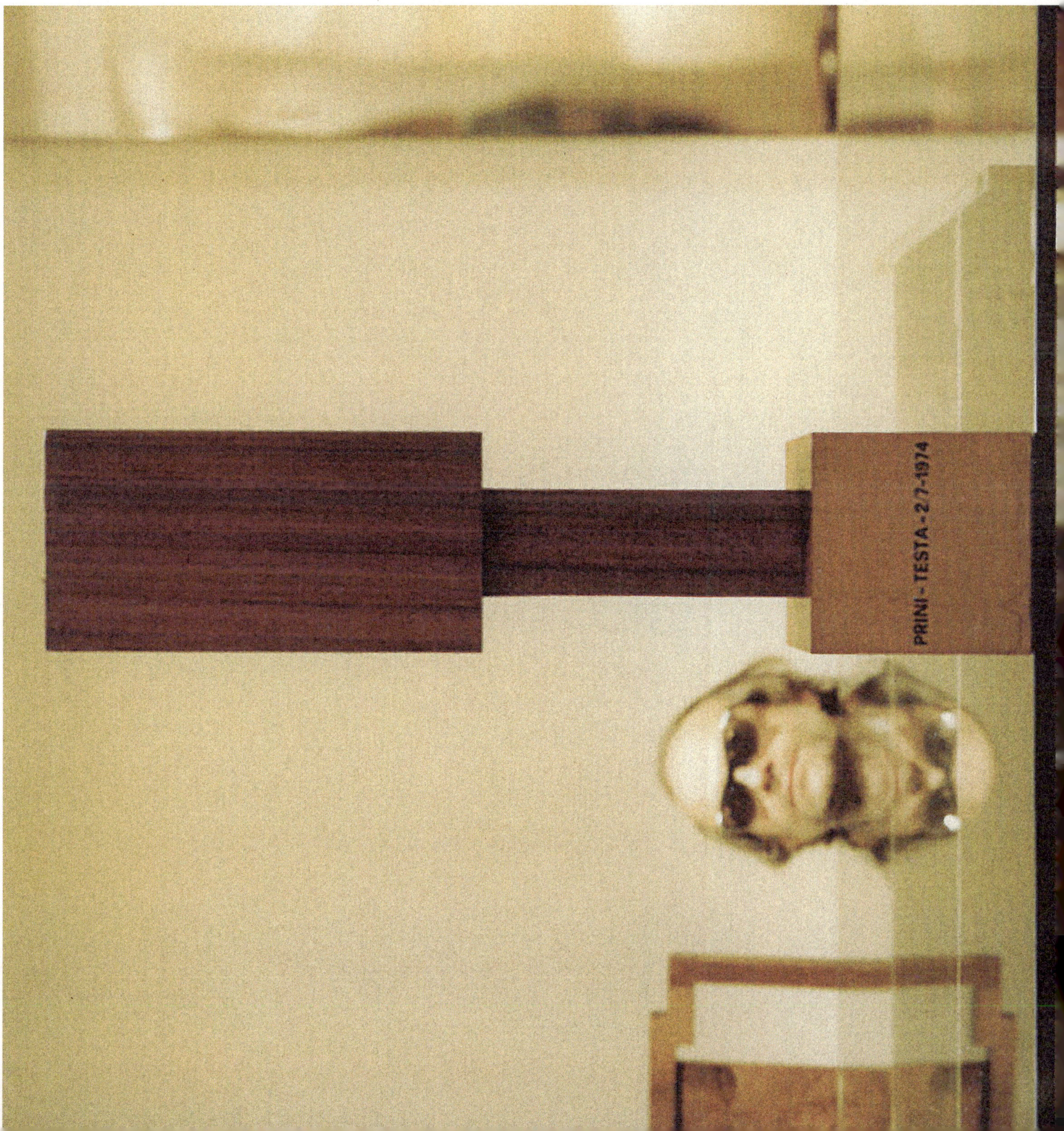

1974

Ritratto di Napoleone
Inchiostro tipografico su carta / Typographic ink on paper

Installation view, *De Dominicis, Kounellis, Mario Merz, Marisa Merz, Pisani, Prini*, Galleria l'Attico, Roma / Rome

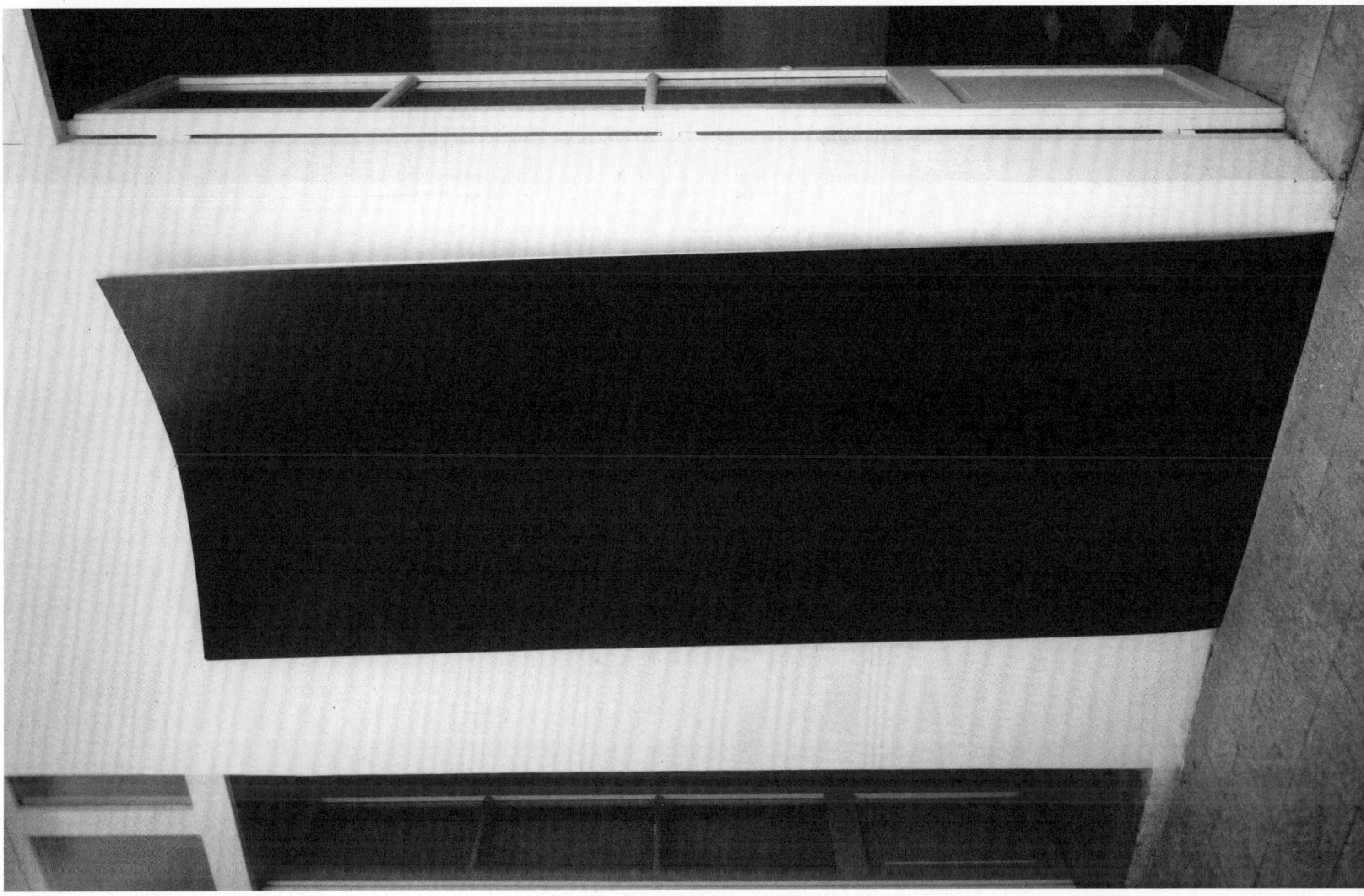

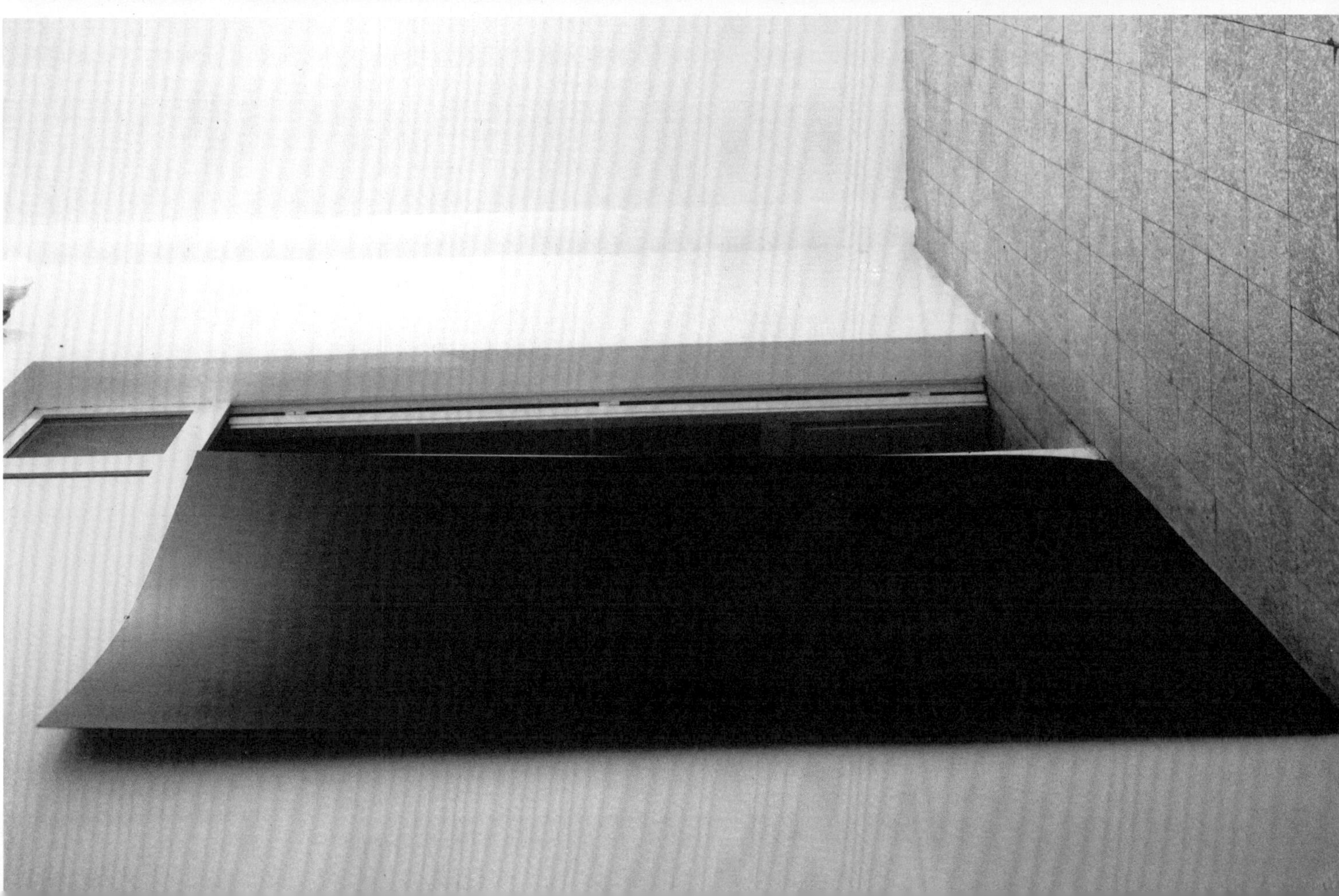

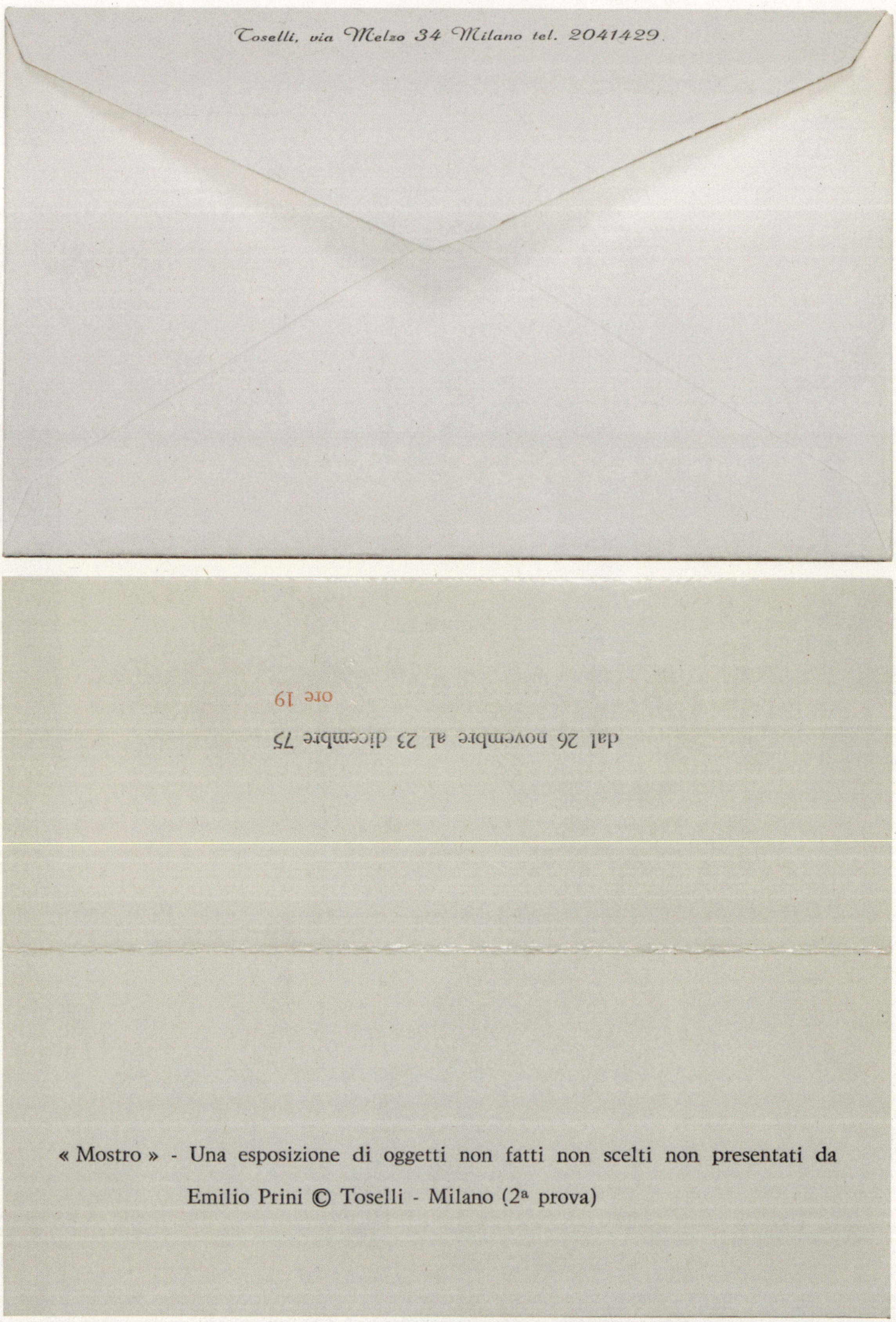

1975

Invito realizzato dall'artista per la mostra / Invitation made by the artist for the exhibition *Mostro – Una esposizione di oggetti non fatti non scelti non presentati da Emilio Prini*, Galleria Toselli, Milano / Milan
Stampa su carta / Print on paper

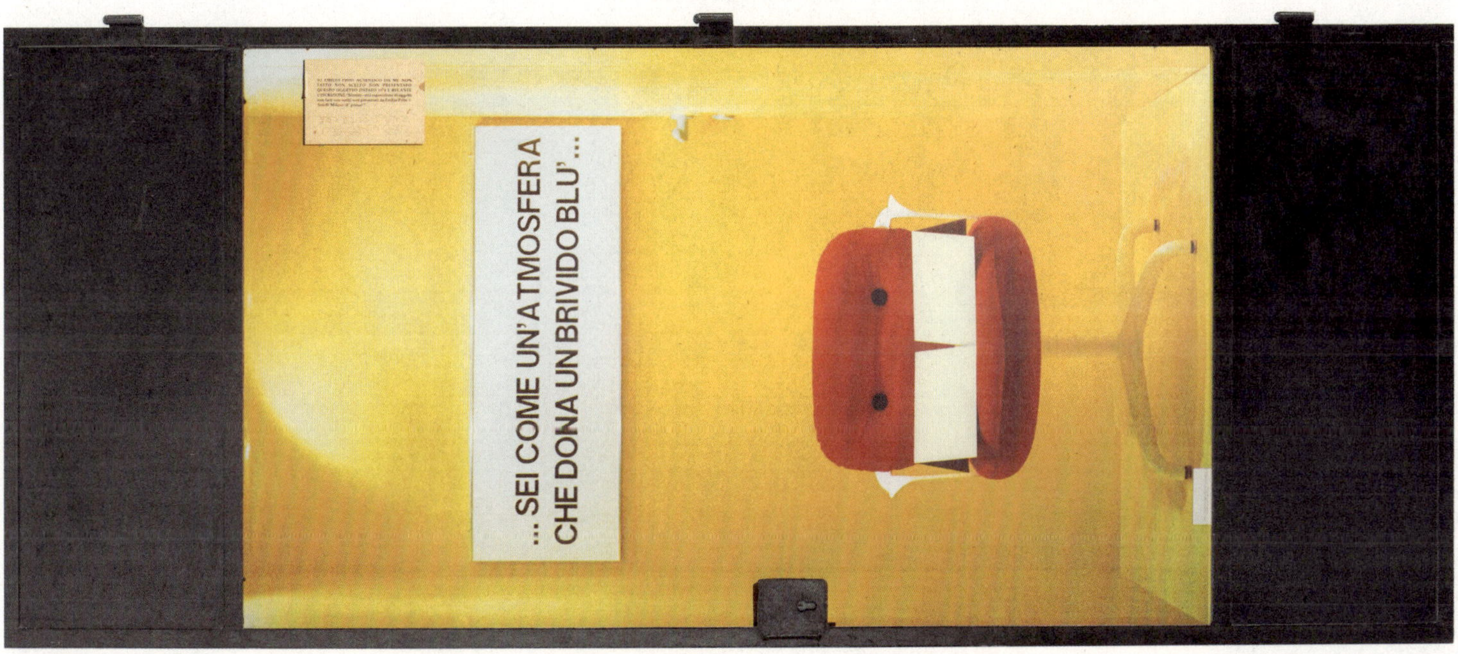

1975

Vetrina
Vetro, ferro, carta / Glass, iron, paper

Vetrina
Installation view, *Mostro – Una esposizione di oggetti non fatti non scelti non presentati da Emilio Prini*, Galleria Toselli, Milano / Milan

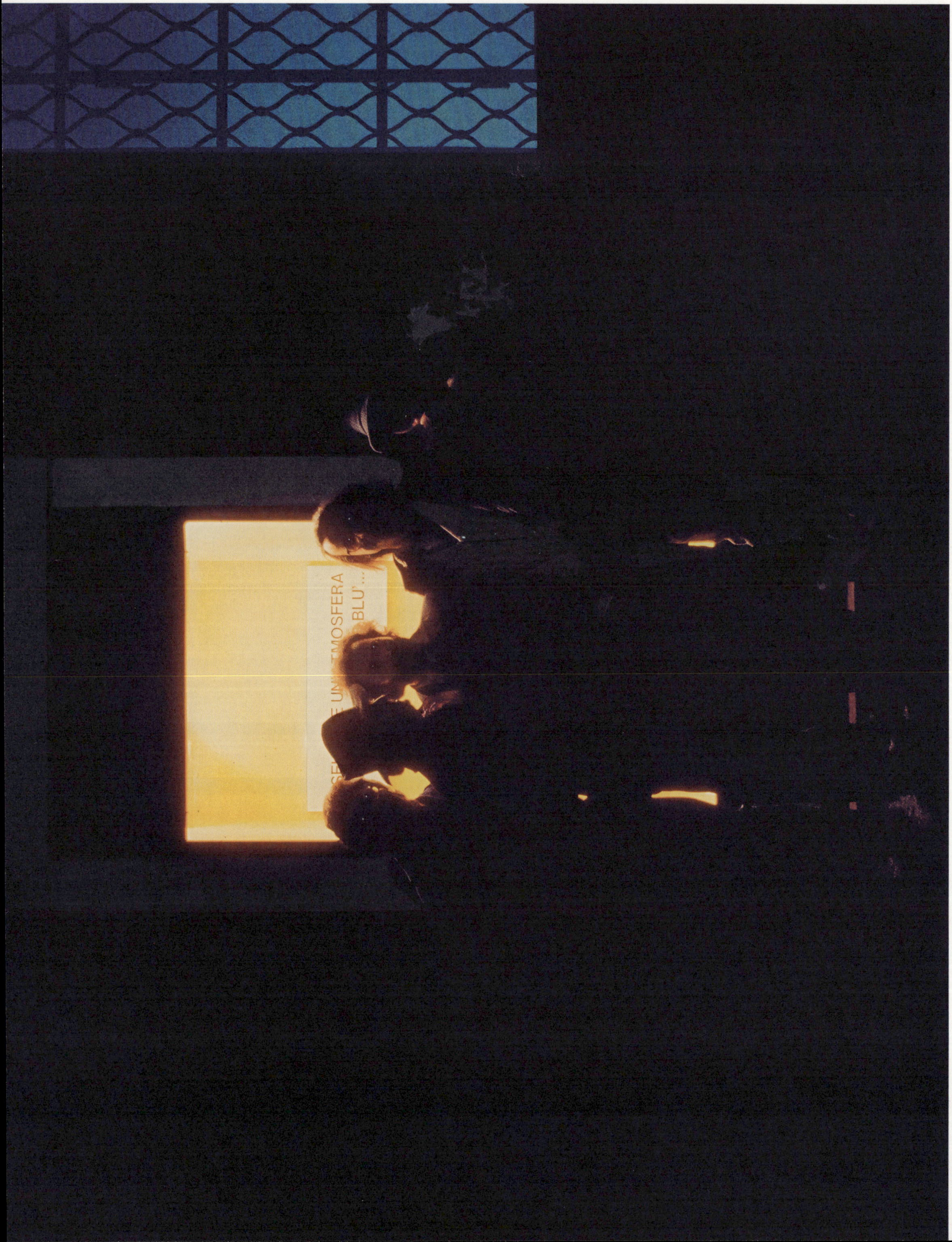

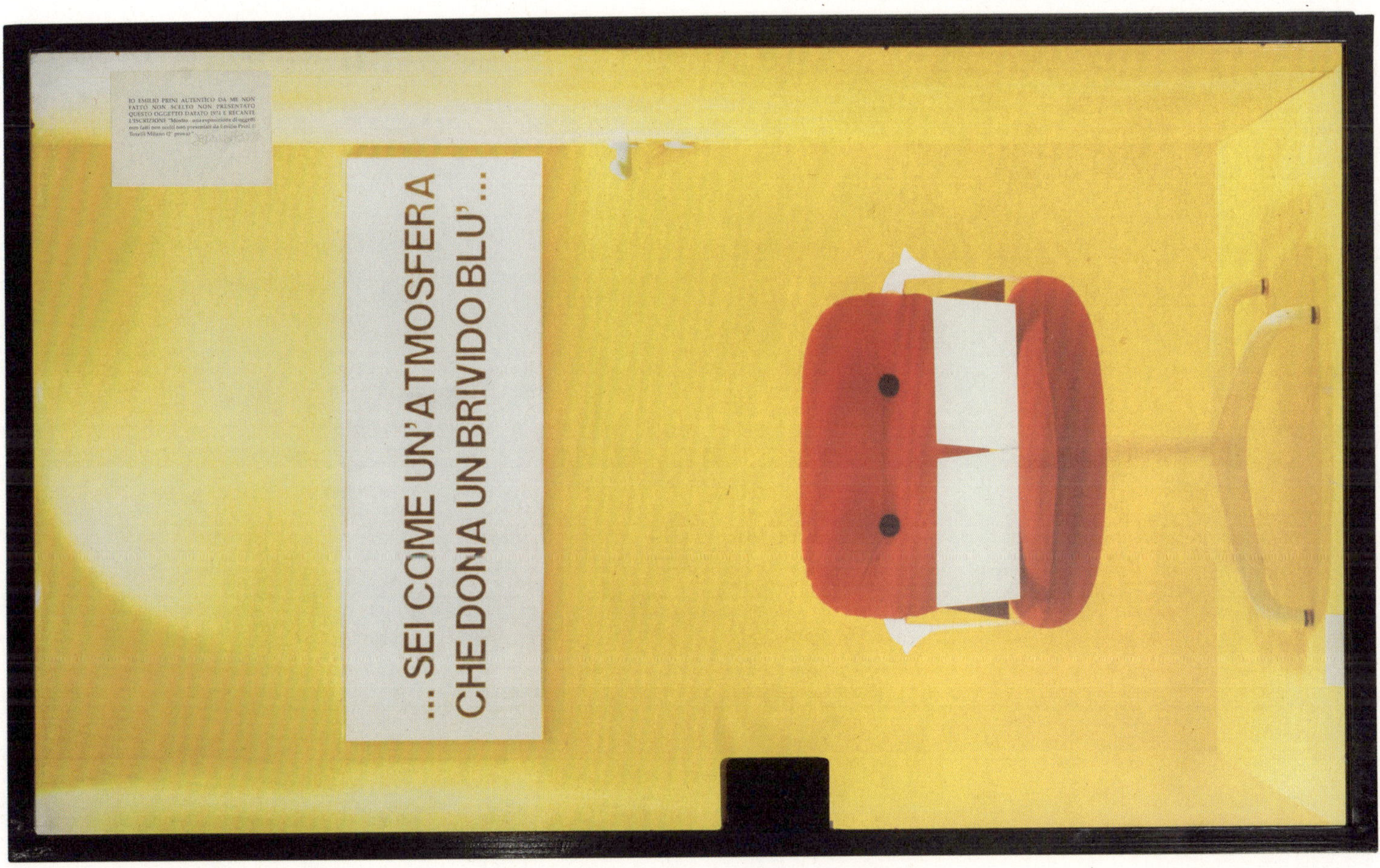

1975

Mostro – Una esposizione di oggetti non fatti non scelti non presentati da Emilio Prini
Stampa su alluminio, telaio in ferro, carta / Aluminum print, iron frame, paper

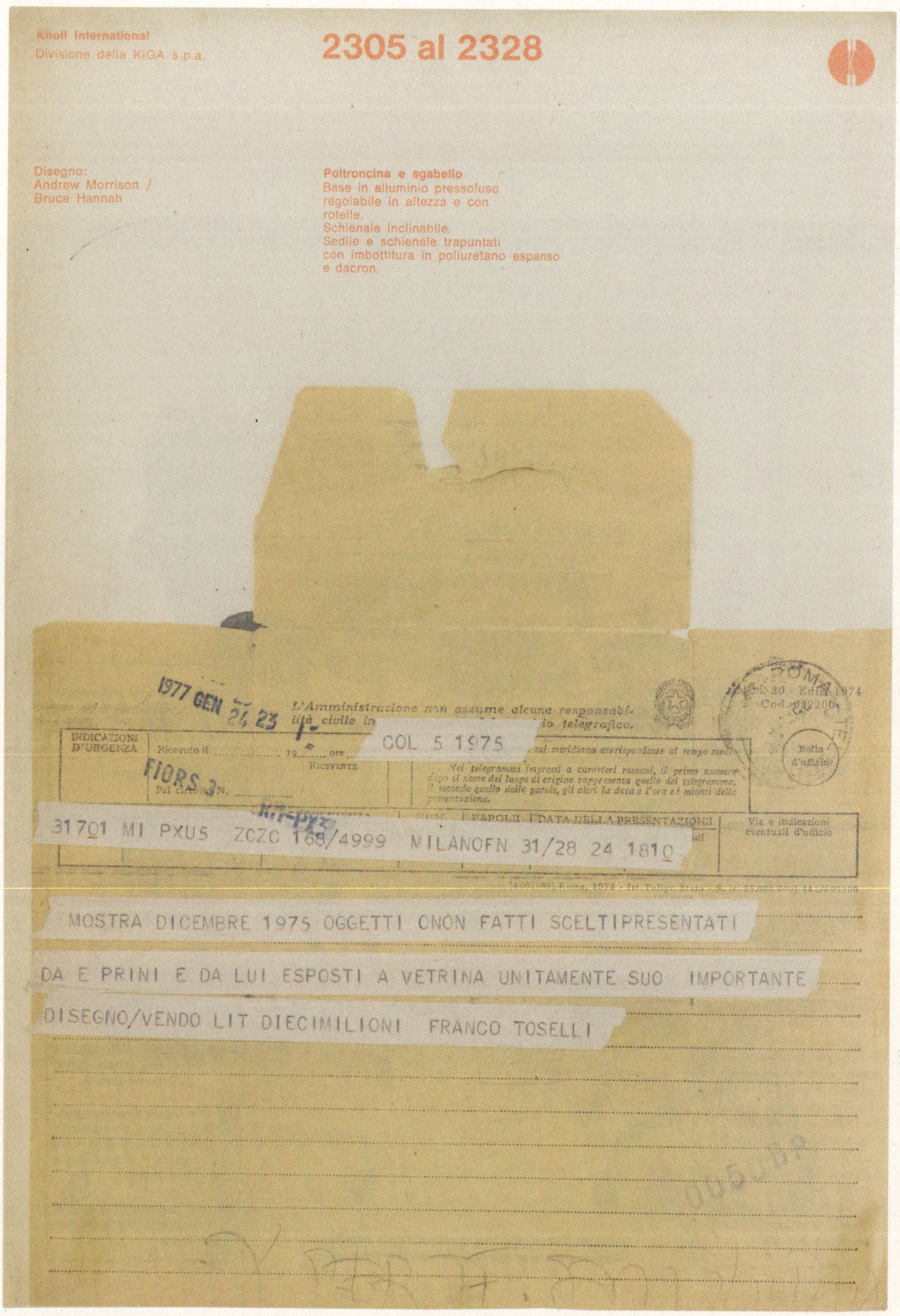

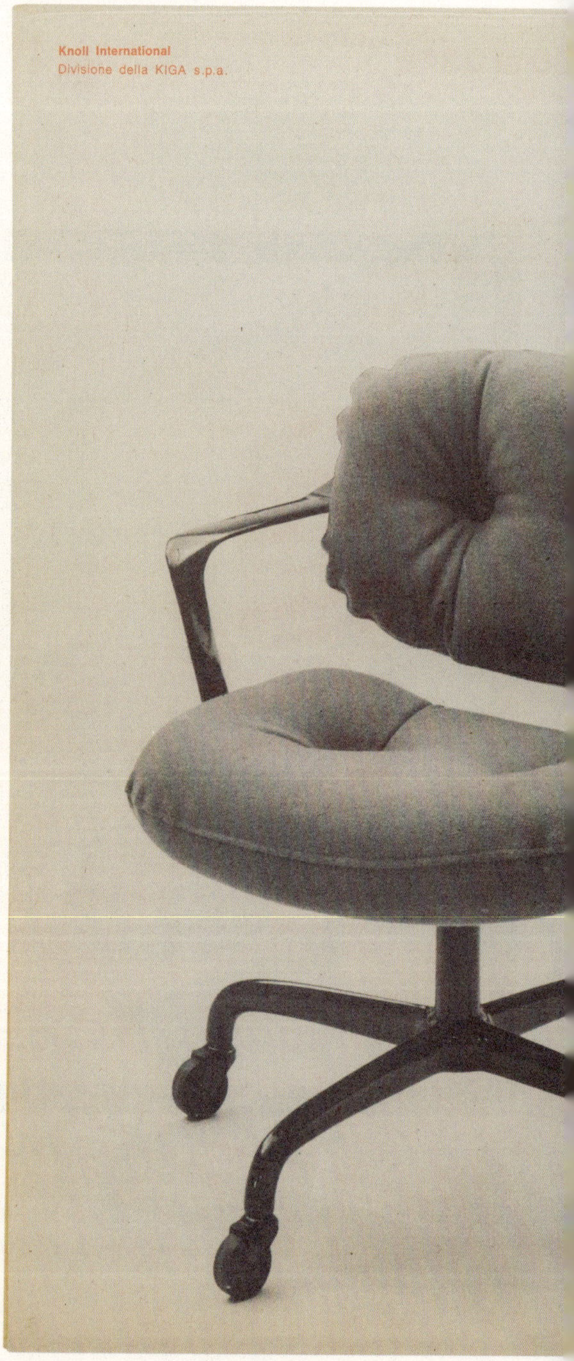

1975

Senza titolo / Untitled
Collage su carta (fronte/retro) / Collage on paper (front/back)

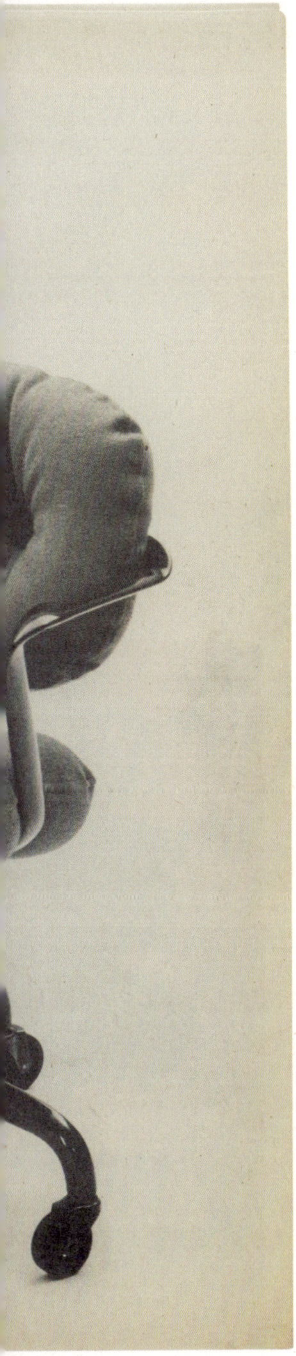

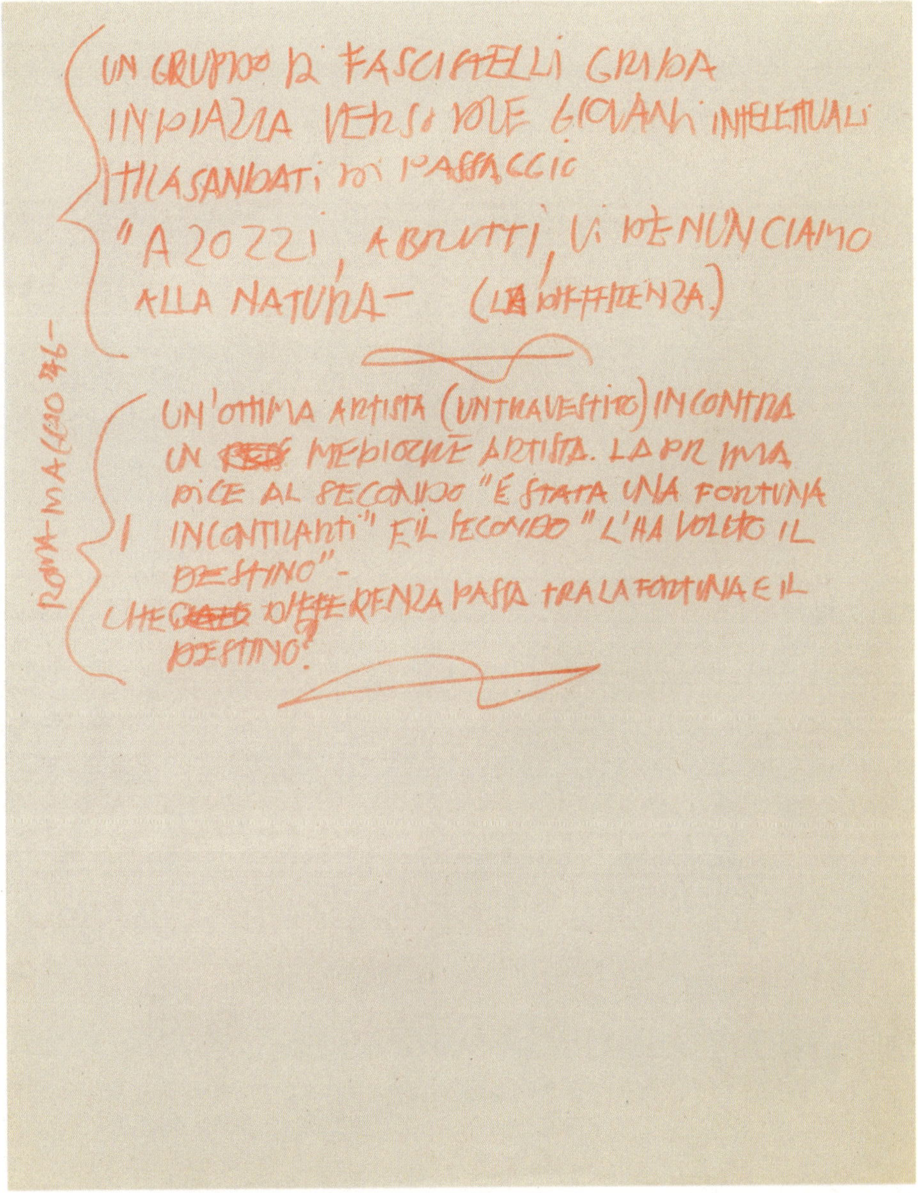

1975

Senza titolo / Untitled
Pennarello su carta / Felt-tip pen on paper

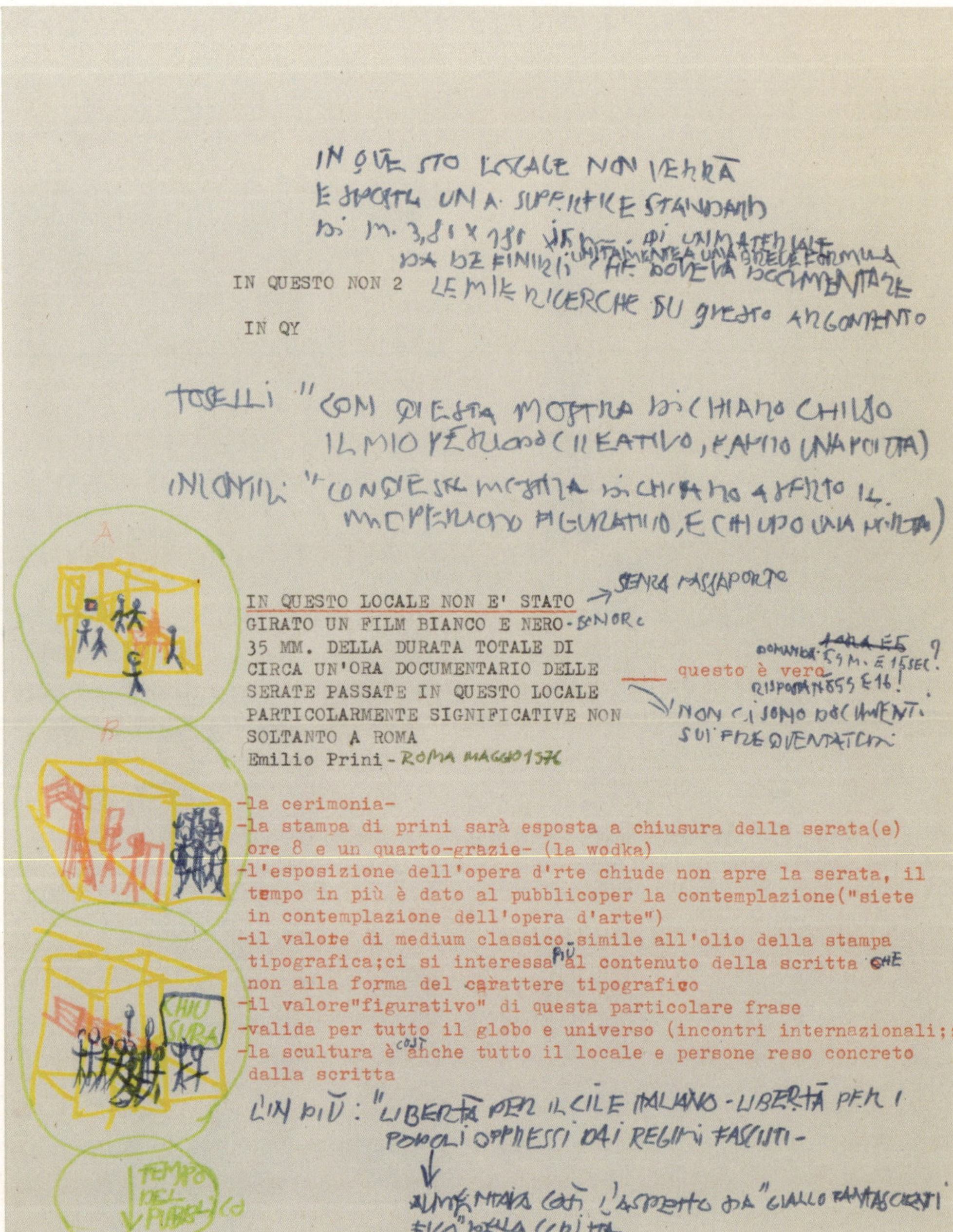
IN QUESTO NON 2

IN QY

IN QUESTO LOCALE NON E' STATO
GIRATO UN FILM BIANCO E NERO-
35 MM. DELLA DURATA TOTALE DI
CIRCA UN'ORA DOCUMENTARIO DELLE
SERATE PASSATE IN QUESTO LOCALE
PARTICOLARMENTE SIGNIFICATIVE NON
SOLTANTO A ROMA
Emilio Prini - ROMA MAGGIO 1976

questo è vero

-la cerimonia-
-la stampa di prini sarà esposta a chiusura della serata(e) ore 8 e un quarto-grazie- (la wodka)
-l'esposizione dell'opera d'rte chiude non apre la serata, il tempo in più è dato al pubblicoper la contemplazione("siete in contemplazione dell'opera d'arte")
-il valore di medium classico simile all'olio della stampa tipografica;ci si interessa più al contenuto della scritta che non alla forma del carattere tipografico
-il valore"figurativo" di questa particolare frase
-valida per tutto il globo e universo (incontri internazionali;;)
-la scultura è così anche tutto il locale e persone reso concreto dalla scritta

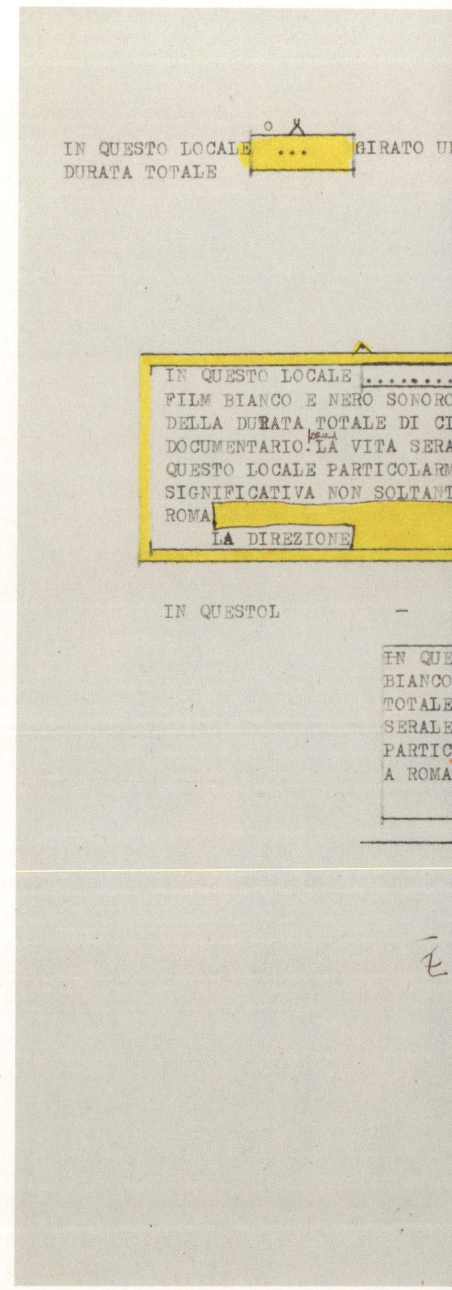
IN QUESTO LOCALE ... GIRATO UN
DURATA TOTALE

IN QUESTO LOCALE ....
FILM BIANCO E NERO SONORO
DELLA DURATA TOTALE DI CIR
DOCUMENTARIO. LA VITA SERAI
QUESTO LOCALE PARTICOLARMI
SIGNIFICATIVA NON SOLTANTO
ROMA
LA DIREZIONE

IN QUESTOL

IN QUES
BIANCO
TOTALE
SERALE
PARTICO
A ROMA

1976

Senza titolo / Untitled
Dattiloscritto su carta con intervento a pennarello / Typescript and felt-tip pen on paper

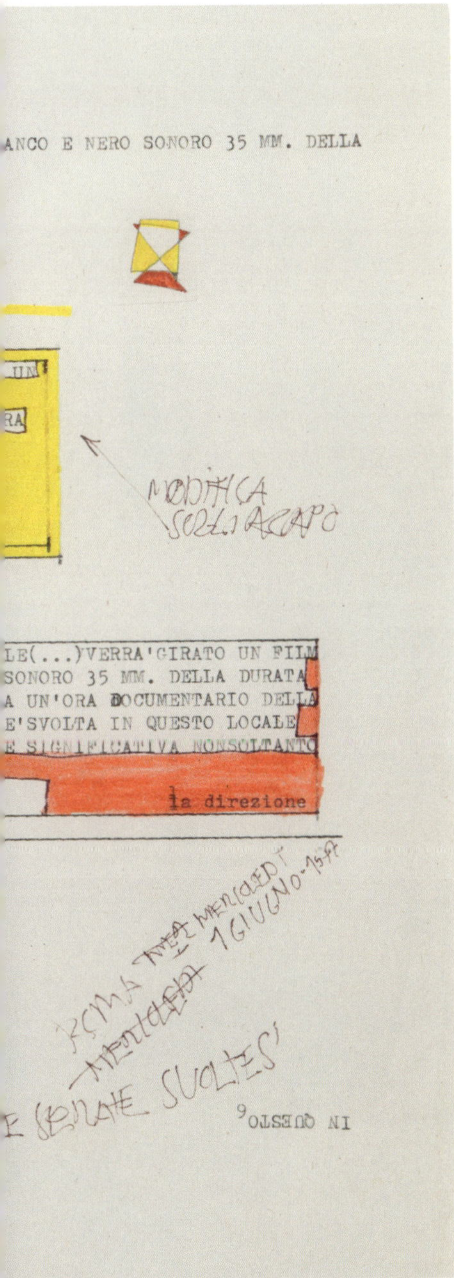

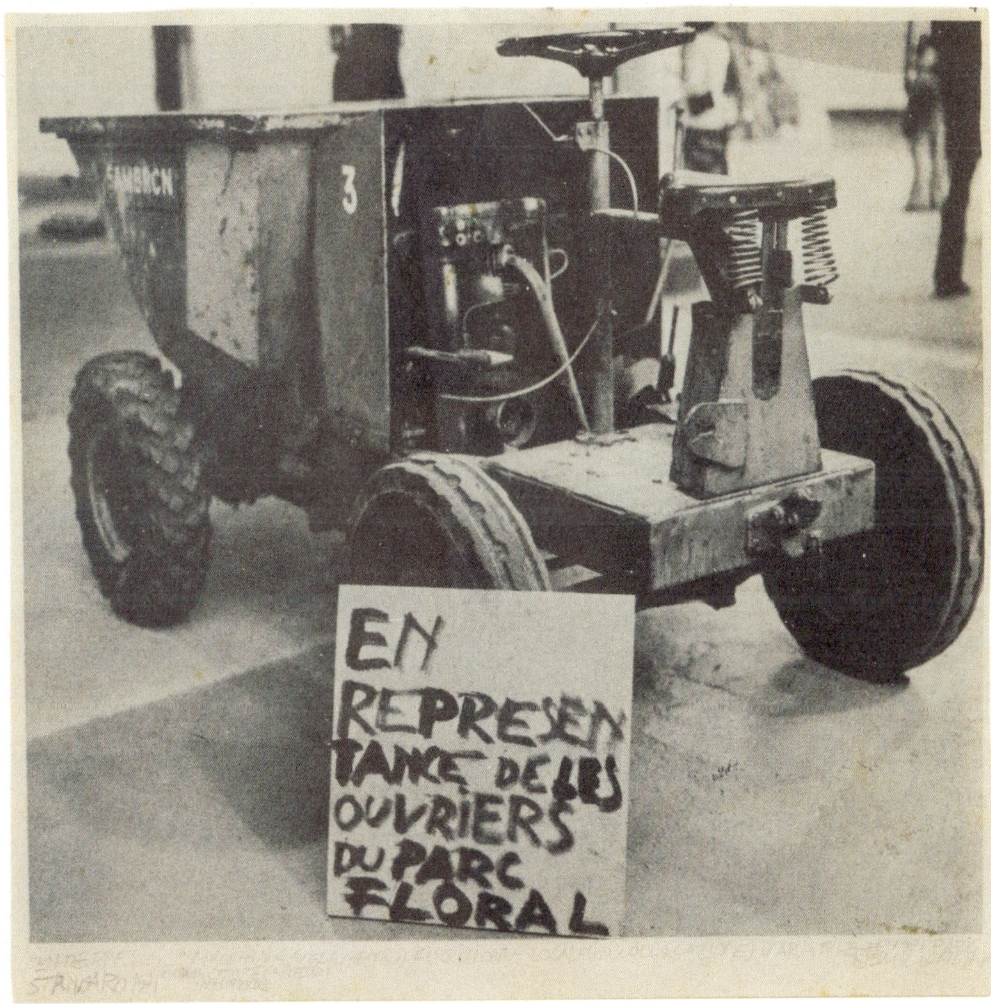

Senza titolo / Untitled
Dattiloscritto su carta con intervento a pennarello / Typescript and felt-tip pen on paper

Senza titolo / Untitled
Ritaglio di giornale, grafite / Newspaper clipping, graphite

DAS PAAR

Drei so viel 35 grosse Nummern
ein Paar Handschuhe
zwei Handschuhe.

Hexe in deinem silbernen Zimmer
viel mehr bevorzuge ich die Bourgeoise die nicht reden kann.

1977

***Zwei Texte* in *Tau/ma* n. 4, Achille Maramotti**
Pubblicazione / Publication

Emilio Prini
nato a Brisino nel 1943, vive e lavora a Roma.

Conferma partecipazione Edizione

56

Eliseo Mattiacci
nato a Cagli di Pesaro nel 1940, vive e lavora a Roma.

Radiografia completa del proprio corpo
n. 12 pezzi da cm 62 × 190.

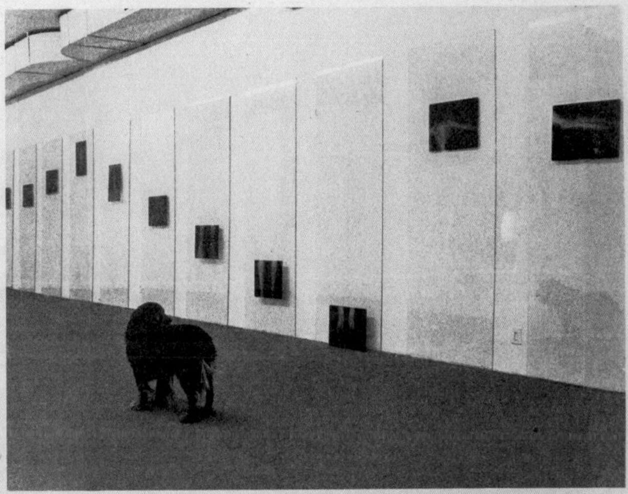

57

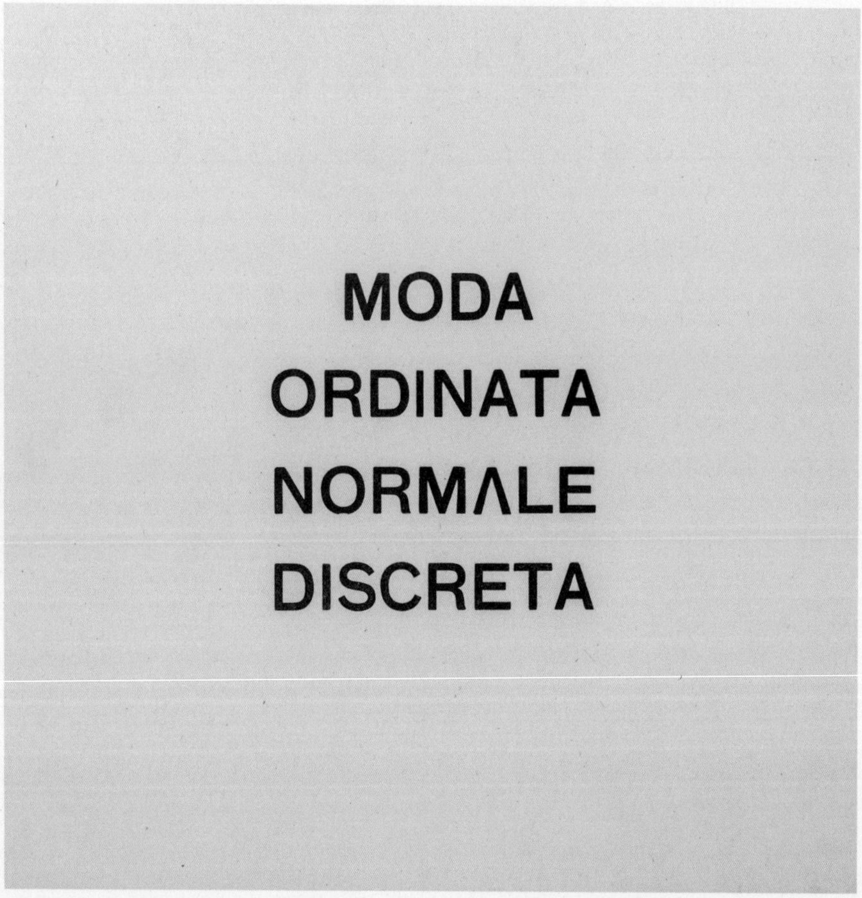

1977

Enigma del 1969
Stampa su cartoncino / Print on cardboard

LUNEDI' 13 MARZO EMILIO PRINI PROFILI (NON STANDARD)
IL CORTILE VIA DEL BABUINO 51 ROMA MCMLXXVIII

1978

Prova di stampa dell'invito realizzato dall'artista per la mostra / Invitation proof made by the artist for the exhibition *Emilio Prini profili (non standard)*, Galleria del Cortile, Roma / Rome
Stampa su carta / Print on paper

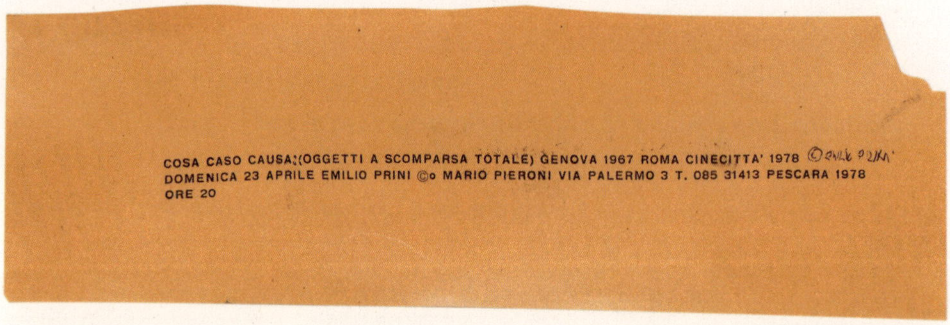

COSA CASO CAUSA;(OGGETTI A SCOMPARSA TOTALE) GENOVA 1967 ROMA CINECITTA' 1978
DOMENICA 23 APRILE EMILIO PRINI ©o MARIO PIERONI VIA PALERMO 3 T. 085 31413 PESCARA 1978
ORE 20

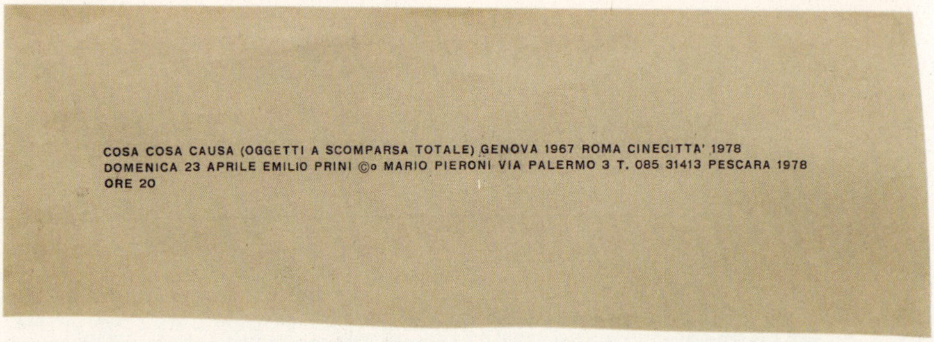

COSA COSA CAUSA (OGGETTI A SCOMPARSA TOTALE) GENOVA 1967 ROMA CINECITTA' 1978
DOMENICA 23 APRILE EMILIO PRINI ©o MARIO PIERONI VIA PALERMO 3 T. 085 31413 PESCARA 1978
ORE 20

COSA CASO CAUSA
OGGETTI A SCOMPARSA TOTALE
GENOVA 1967 ROMA (CINECITTA') 1978

SABATO 13 MAGGIO EMILIO PRINI
MARIO PIERONI PESCARA
ORE 20

1978

Prove di stampa degli inviti per la mostra / Invitation proofs made by the artist for the exhibition *Cosa caso causa. Oggetti a scomparsa totale Genova 1967 Roma (Cinecittà) 1978*, Galleria Pieroni, Pescara
Stampa su carta / Print on paper

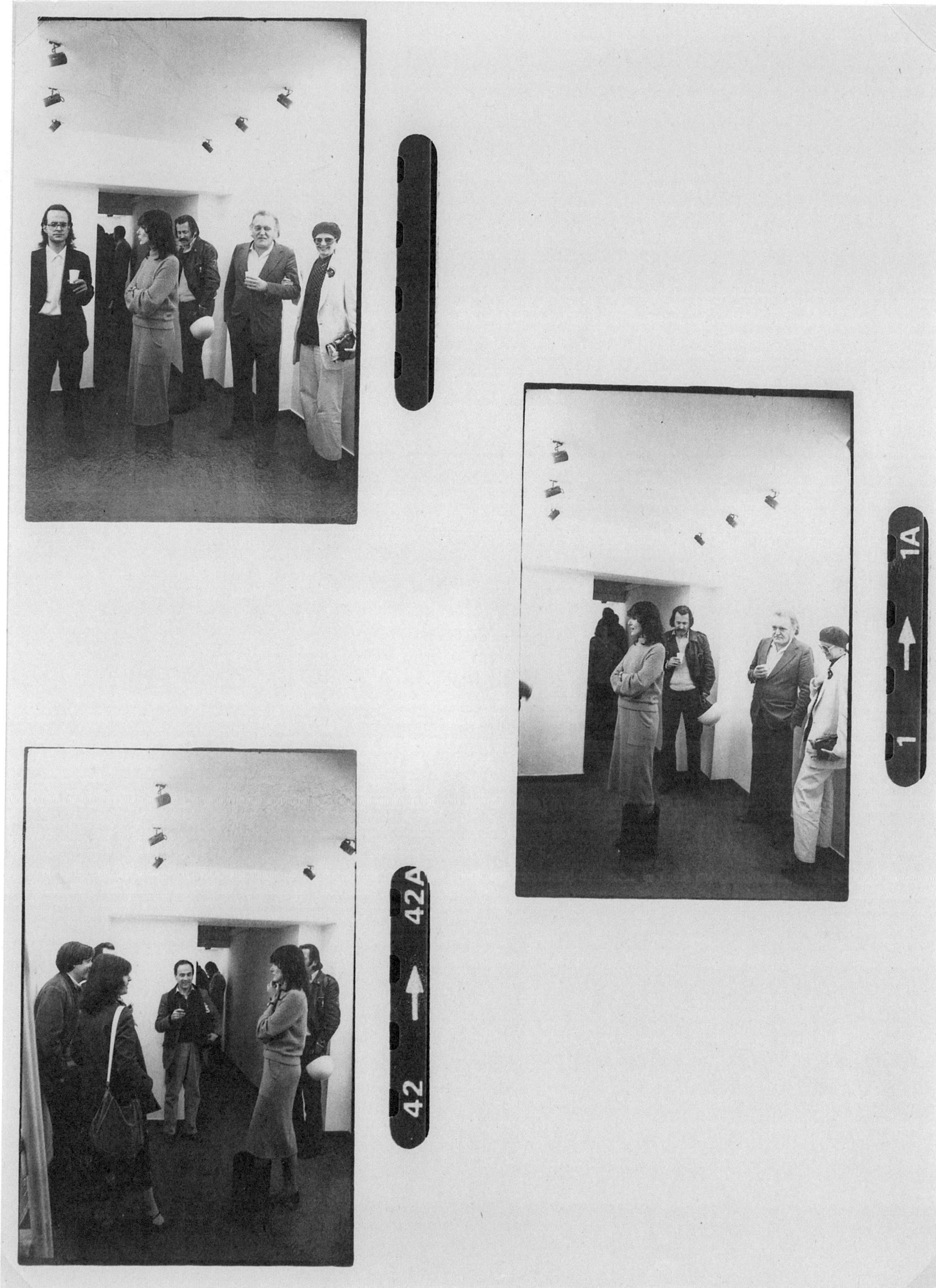

1978

Documentazione dell'azione presso la / Documentation of the action at Galleria del Cortile, Roma / Rome
Stampa fotografica in bianco e nero / Black-and-white photographic print

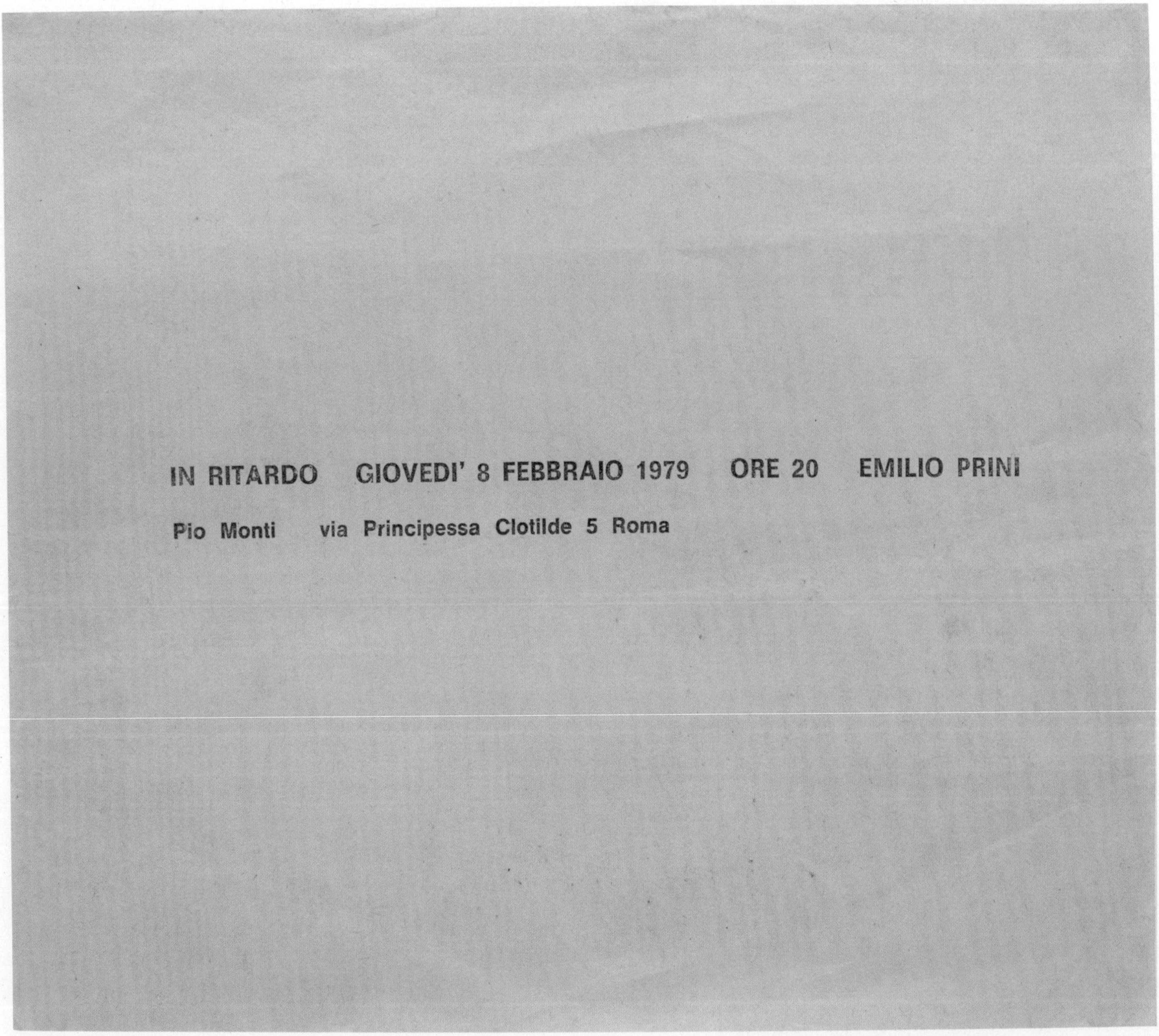
IN RITARDO GIOVEDI' 8 FEBBRAIO 1979 ORE 20 EMILIO PRINI

Pio Monti via Principessa Clotilde 5 Roma

1979

Invito realizzato dall'artista per la mostra / Invitation made by the artist for the exhibition *In ritardo*, Galleria Pio Monti, Roma / Rome
Stampa su carta / Print on paper

Pio Monti via Principessa Clotilde 5 Roma

1979

26 Aprile 25 Maggio

Emilio Prini

1979

Invito realizzato dall'artista per la mostra / Invitation made by the artist for the exhibition *Emilio Prini*, Galleria Pio Monti, Roma / Rome
Stampa su carta / Print on paper

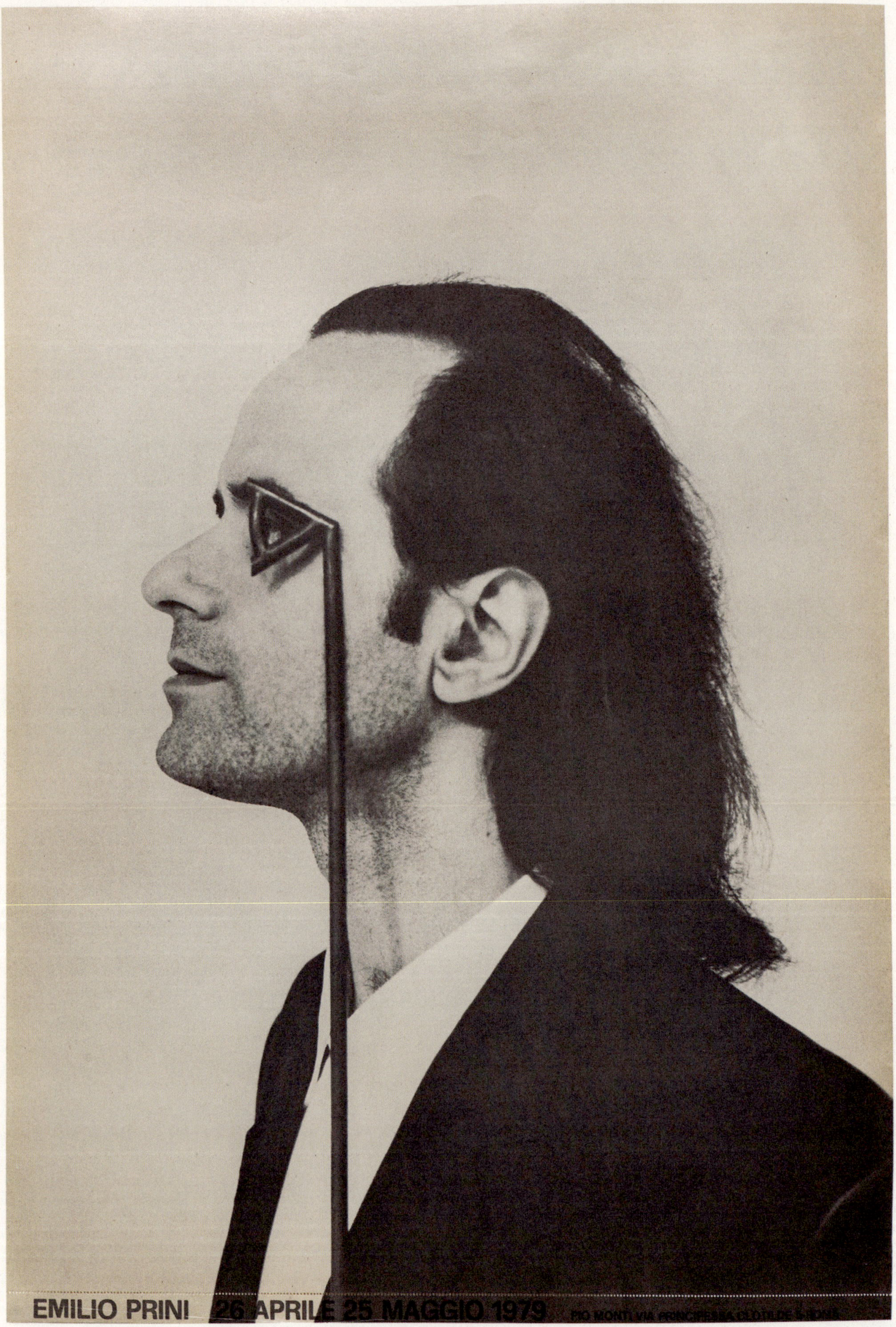

1979

Emilio Prini – Manifesto per una sua mostra
Manifesto / Poster

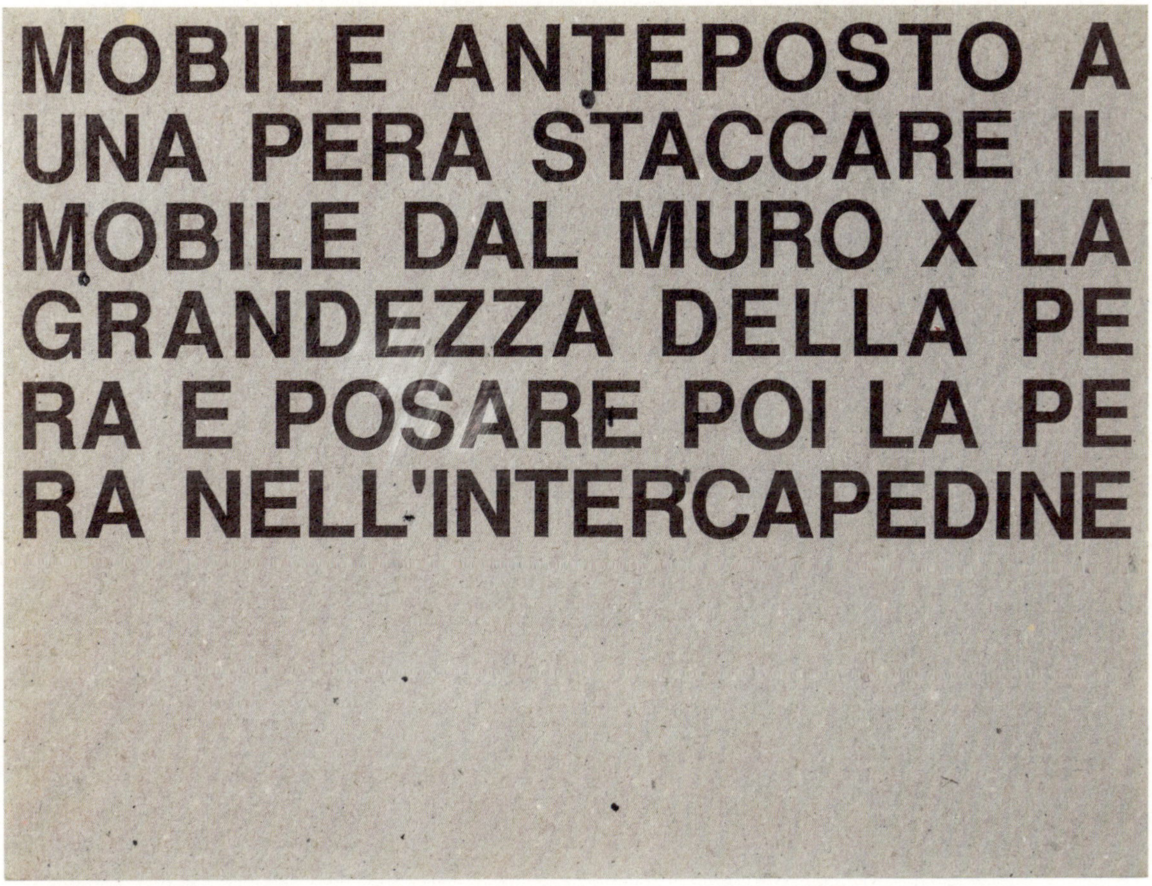

1979

Senza titolo / Untitled
Stampa su cartoncino / Print on cardboard

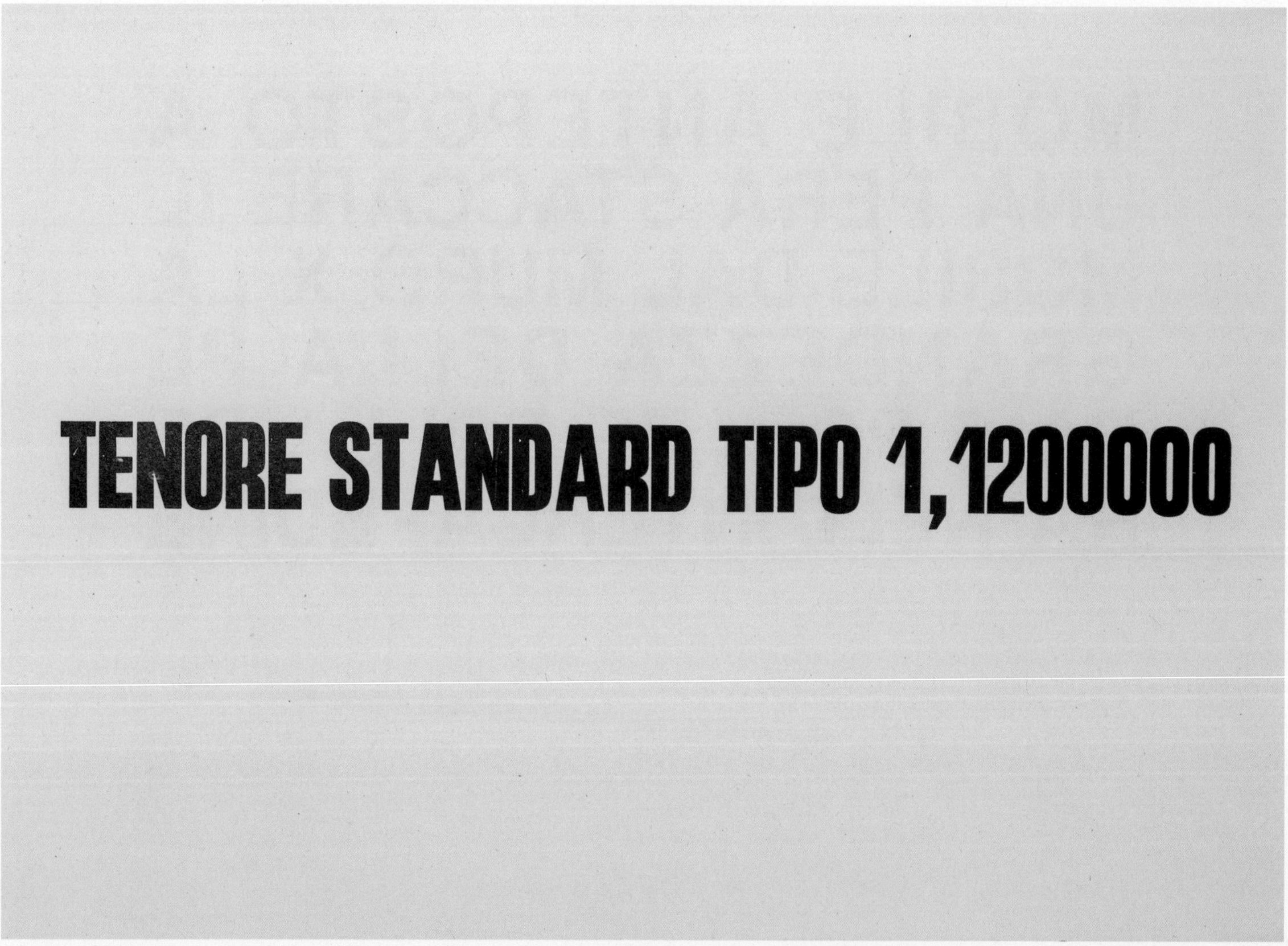

1979

Senza titolo / Untitled
Stampa su cartoncino / Print on cardboard

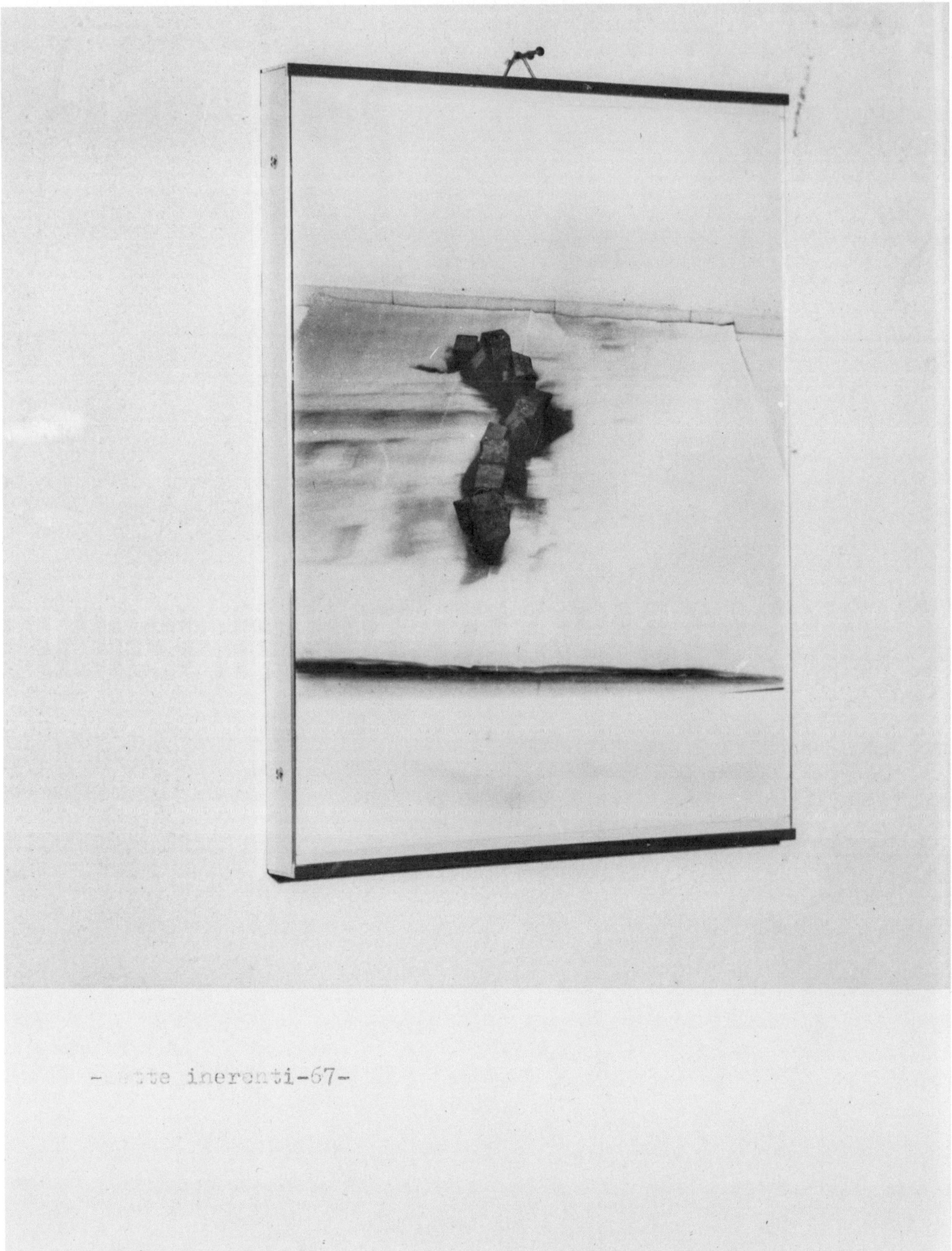

1979

***Sette inerenti 67*, anni '70 / 1970s**
Fotografia in bianco e nero, inchiostro tipografico /
Black-and-white photograph, typographic ink

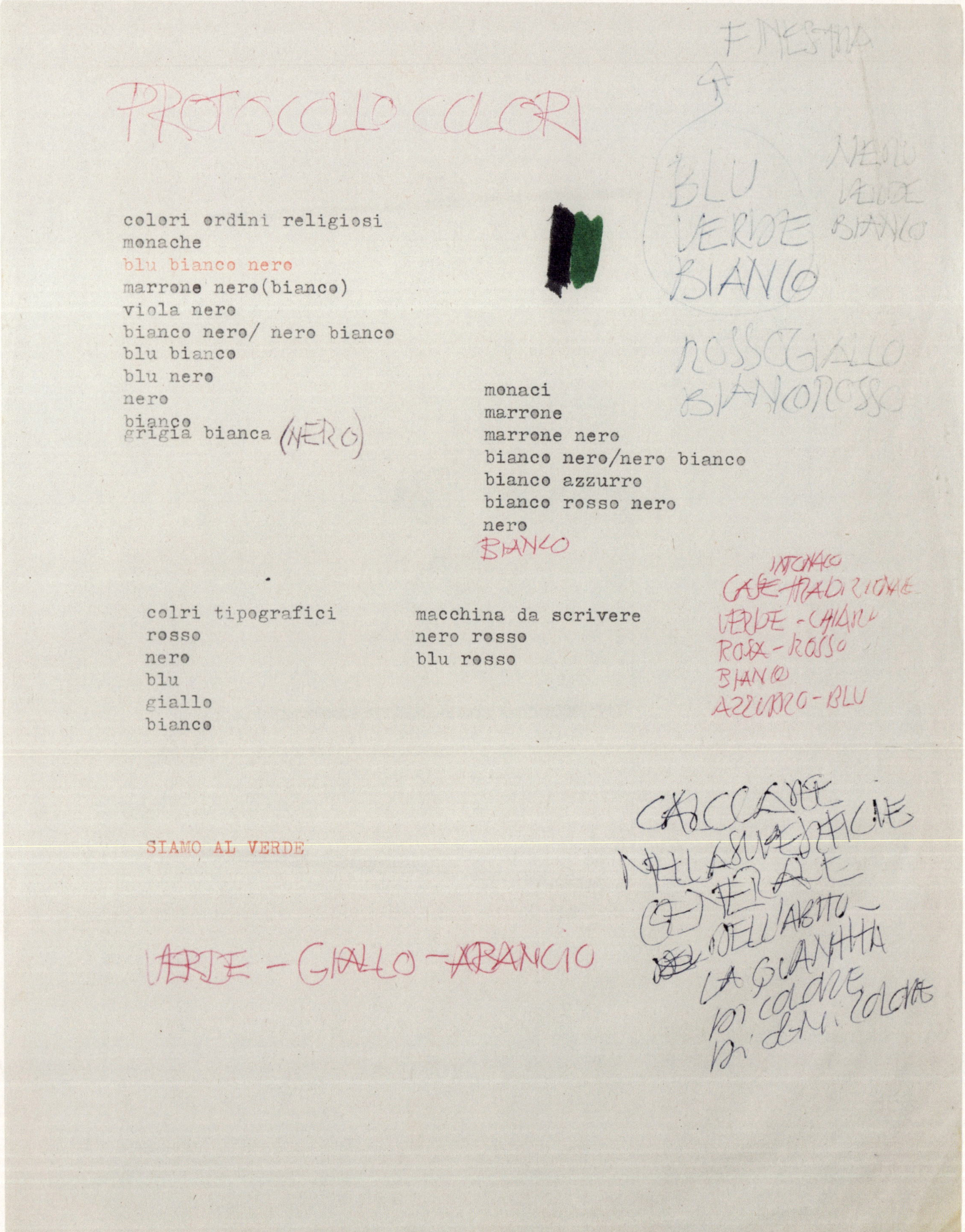

PROTOSCOLLO COLORI

FINESTRA

colori ordini religiosi
monache
blu bianco nero
marrone nero(bianco)
viola nero
bianco nero/ nero bianco
blu bianco
blu nero
nero
bianco
grigia bianca (NERO)

BLU
VERDE
BIANCO

NERO
VERDE
BIANCO

ROSSO GIALLO
BIANCO ROSSO

monaci
marrone
marrone nero
bianco nero/nero bianco
bianco azzurro
bianco rosso nero
nero
BIANCO

colri tipografici
rosso
nero
blu
giallo
bianco

macchina da scrivere
nero rosso
blu rosso

INTONACO
CASE TRADIZIONALE
VERDE - CHIARO
ROSA - ROSSO
BIANCO
AZZURRO - BLU

SIAMO AL VERDE

VERDE - GIALLO - ARANCIO

1979

Senza titolo / Untitled, anni '70 / 1970s
Dattiloscritto su carta con intervento a pennarello e penna / Typescript, felt- tip pen and pen on paper

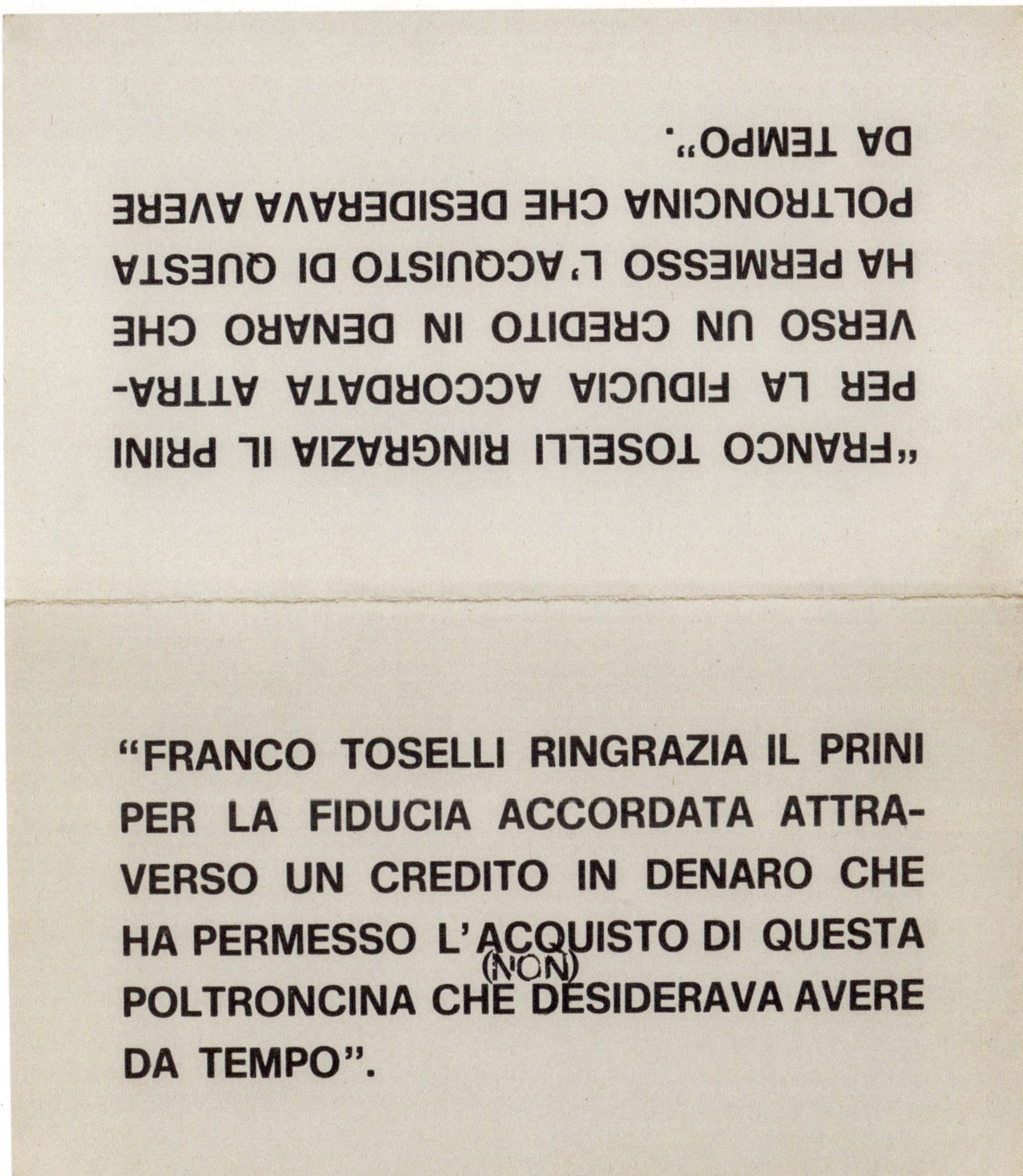

1979

Senza titolo / Untitled, anni '70 / 1970s
Stampa su carta / Print on paper

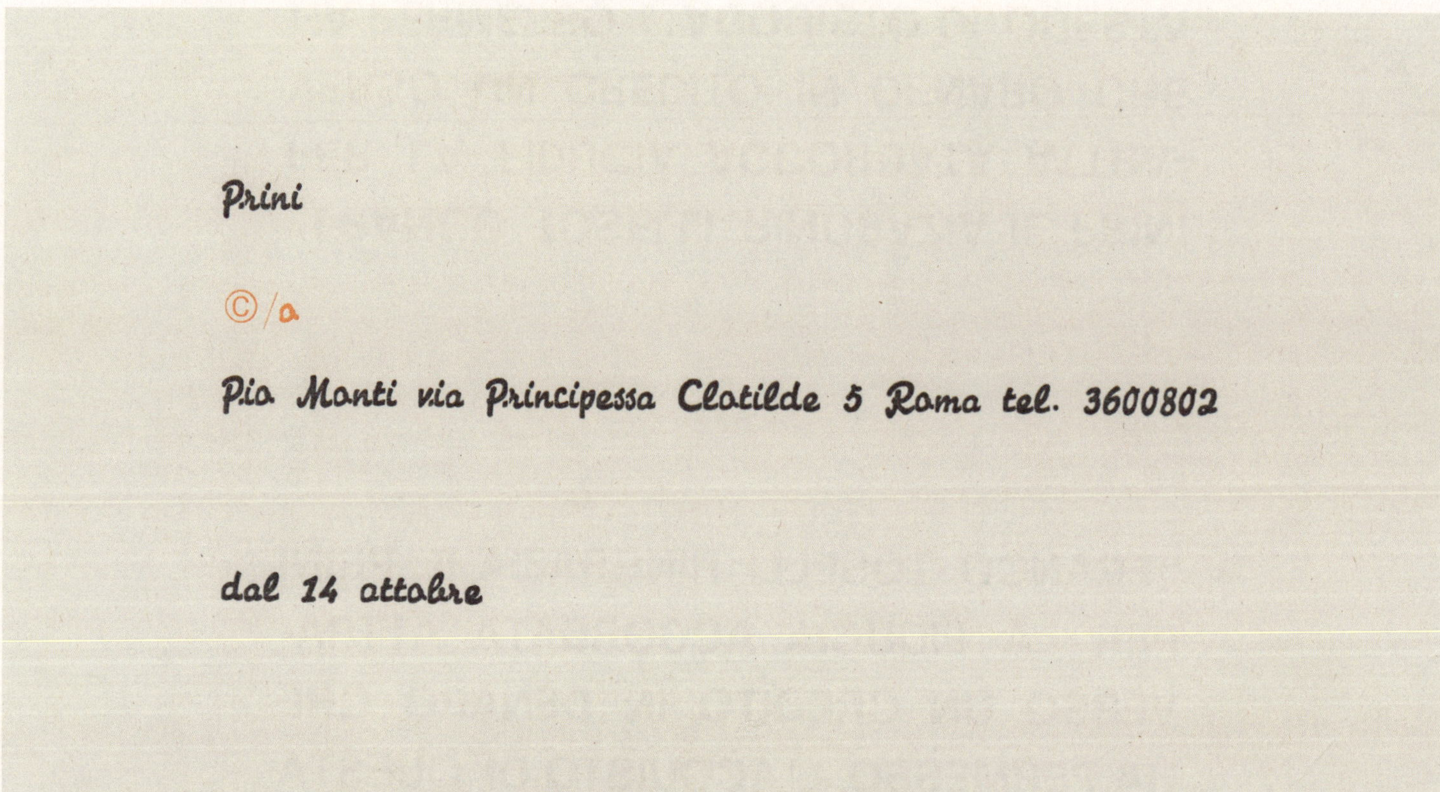
Prini

©/a

Pio Monti via Principessa Clotilde 5 Roma tel. 3600802

dal 14 ottobre

1979

Prova di stampa dell'invito realizzato dall'artista per una mostra / Invitation proof made by the artist for an exhibition, anni '70 / 1970s
Stampa su carta / Print on paper

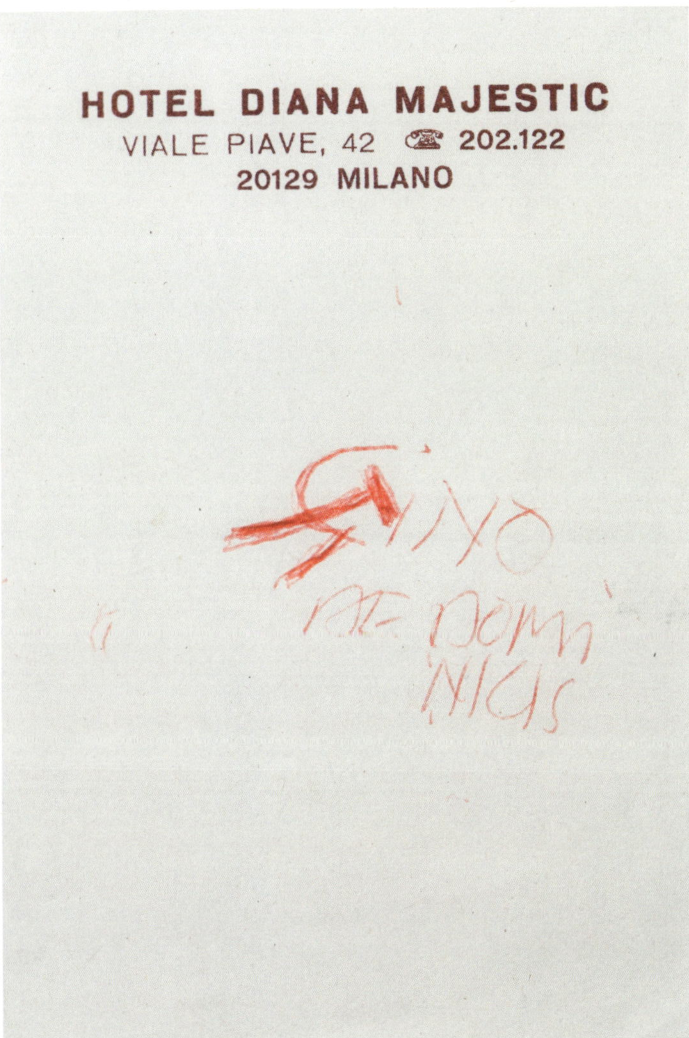

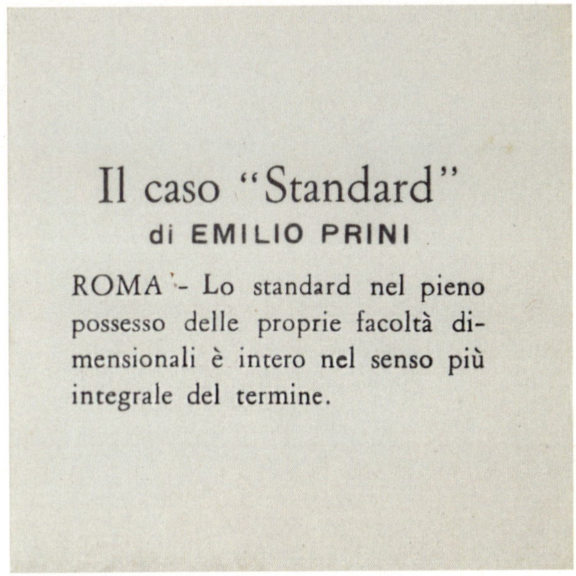

Il caso "Standard"
di EMILIO PRINI

ROMA - Lo standard nel pieno possesso delle proprie facoltà dimensionali è intero nel senso più integrale del termine.

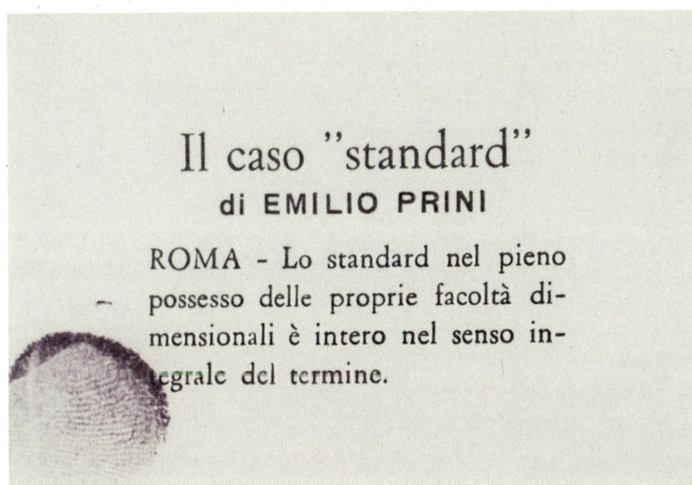

Il caso "standard"
di EMILIO PRINI

ROMA - Lo standard nel pieno possesso delle proprie facoltà dimensionali è intero nel senso integrale del termine.

1979

Senza titolo / Untitled, anni '70 / 1970s
Penna su carta / Pen on paper

***Il caso "Standard"*, anni '70 / 1970s**
Stampa su cartoncino / Print on cardboard

***Il caso "Standard"*, anni '70 / 1970s**
Stampa su cartoncino, inchiostro / Print on cardboard, ink

Emilio PRINI ©/o galleria Pieroni PANISPERNA 203 Roma **dal 26 maggio al 10-6** *(inaugurazione giovedì 5 giugno - ore 21)*

1980

Invito realizzato dall'artista per la mostra / Invitation made by the artist for the exhibition *Emilio Prini*, Galleria Pieroni, Roma / Rome
Stampa su carta / Print on paper

The artist is player.

The player is sovereign.

(for E.P.)

Play
is borne from the recognition that
the rules governing everyday life
are fundamentally arbitrary.

The player knows that while these rules
may still hold before and after playing,
they can be temporarily transcended,
a transgression facilitated by play.

Play begins with a simple refutation.

The player decides to temporarily inhabit
a world which proposes that
X is not X; X is now Y.

In play-life,
sidewalk cracks become lava streams,
chalk lines become unbreachable walls,
someone is "it".
This act fleetingly places the player
in a more complicated relationship with the world;
the player holds the simultaneous knowledge that,
while temporary,
another latent reality
glistens beneath the surface.

In play we enter the land of hypothetical living,
glimpsing our potential freedom.
Just as players can enter play-life
through a simple cognitive operation,
so can they exit;
when the player decides to stop playing,
standard-life continues.

This echo is the player's second reminder
of their ultimate autonomy over conditions.

Games
order and codify play,
synthesising play-forms into legible sets of rules
so that they can be
standardised,
repeated,
and measured.

These rules help players communicate,
creating conditions for collective playing.
They regulate elements
(equipment, playing fields, quantities)
as part of a vocabulary
to be utilised in endless permutations,
consistent over time and location.

Through this regulation,
comparison between players and teams of players
can be quantified.

Standard-life co-opts play-life
when these comparisons take on real-life stakes,
with the players becoming proxies
for external interests
(regionalist, nationalist, financial).

Instrumentalised, the player is no longer free.

(Play that is
no longer free
is no longer play.)

Artists
are players *par excellence*.
They improvise tools to construct things and situations
that no one has asked for,
that satisfy no pre-existing demand (pure play).

Artists hold boundless freedom,
tamed only by their capacities
to conjure the improbable.

But through consistent play,
artists often construct games around themselves.
They regulate elements
(materials, themes, motifs)
as part of their vocabulary
and play with them in endless permutations,
developing recognisable stylistic signatures.

Within their self-constructed rule systems,
subtle variations may become significant
to a spectator invested in a particular artist's game.

Once established, the artist is expected
to repeat the game for which they become known,
in permutations similar enough to be recognisable,
but different enough to be unique.

Standard-life co-opts play-life
by making economies of attention and capital
reliant on the perpetuation of this balance.

Industrialised, the artist is no longer playing.

(Art that is
no longer free
is no longer art.)
to be art.

The professional sports industry
regulates,
spectacularises,
and monetises game-play,
as the professional art industry
regulates,
spectacularises,
and monetises art,
filtering which artists are visible,
constantly re-appraising
their cultural and market value.

In order to remain relevant within these systems,
both sports-players and artist-players
must join
a new game
scaffolded onto their own original play;
here, house rules prevail.

Like all rules, the house rules are a fiction;
an arbitrary agreement
upheld in order for the system to run smoothly.
Like all systems, they are cold;
their interest is not the players
but the superstructures upheld by the players.

The players themselves
are interchangeable and
infinitely replaceable.

Through an infinite yes,
the players forget their latent power.

Play

begins with a decision

to construct a fiction.

Games begin with a mutual agreement
to inhabit this fiction together.

Industries formalise the fictions

to make them legible and available to spectators.

Spectators engage with the fictions
as long the illusions are maintained.

This fragile ecosystem relies

on expectations being consistently met,

any surprises within them carefully controlled.

The actors must not

turn around and complain about domestic issues.

The footballers must not

take their phones out mid-play to check their messages.

The artists must not

break from their signature styles.

And if they do,

their misbehaviour must be recognisable as a novel glitch
that enhances the illusion
of the unpredictable nature

of the carefully controlled product.

The playing field becomes a cage.

Entombed within industry,
the game-player's play is co-opted from every end,
with even their antagonistic gestures commodified.

The fiction becomes monstrously real.

The player's freedom
is not only the ability to quit playing,
but the possibility of inventing the game anew.

The football team walks off the field,
the theatre troupe leaves the stage,
the artist renounces authorship from their work,
their non-participation leaving the spectators
with nothing to consume
and an industry
with nothing to sell.

The player must regain control of the story,
and reveal the industry as a falsehood
built on the transformation
of the purity of play
into a lifeless commodity,
and the curiosity of the player
into a banal function of a cannibalistic system.

To escape the fate of dead play,
the player must awaken
from the sirenic whirlpool
of scripted dreams.

There exist very rare yet real examples
of players who invent their own games,
show them to others,
but who, when the systems attempt take over,
don't bend the rules
but dissolve them
by exposing their contingent nature.

Their examples emerge
as whispering spectres
haunting our unfreedom.

They programatically resist
codification,
commodification,
and cultification,
sacrificing material and social gain
in order to demonstrate
that the essence of art is play,
the essence of play is freedom,
and the tools of our freedom are hidden in plain sight.

(Standard-life begins to melt.)

When play is emancipated from functionary status,
it can once again reshape worlds,
constructing other games,

where X becomes X again
so that it can become Z
or A
or 1246163264128256512102420484096819216384327686552813115626231252462410
or PRINI
or . . .

a game by adam harrison

1980

Manifesto bianco
Stampa serigrafica su carta / Silkscreen print on paper

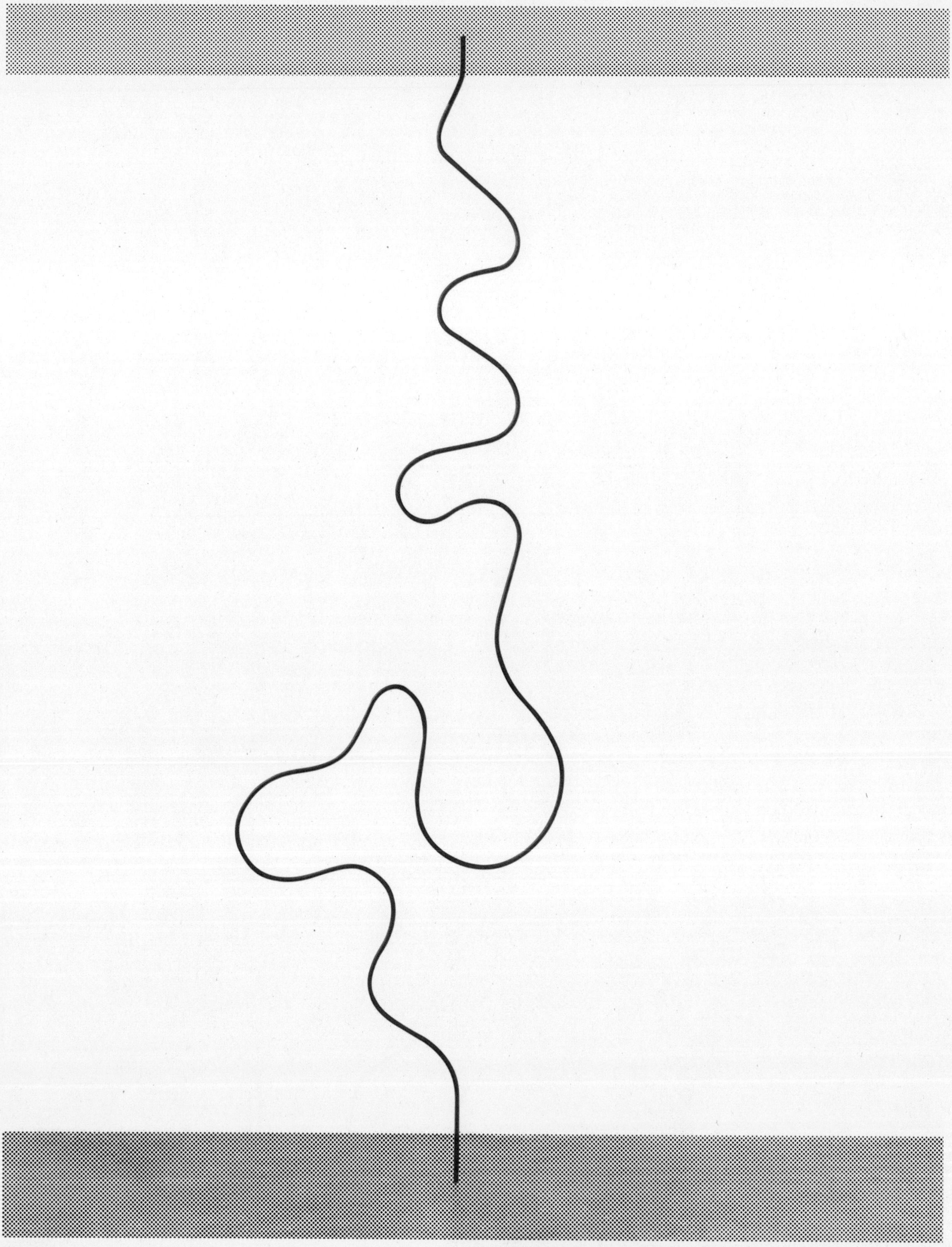

1980

Collezione da scavi – Ferro curvato
Ferro / Iron

Collezione da scavi – Ferro curvato
Installation view, *Emilio Prini*, Galleria Pieroni, Roma / Rome

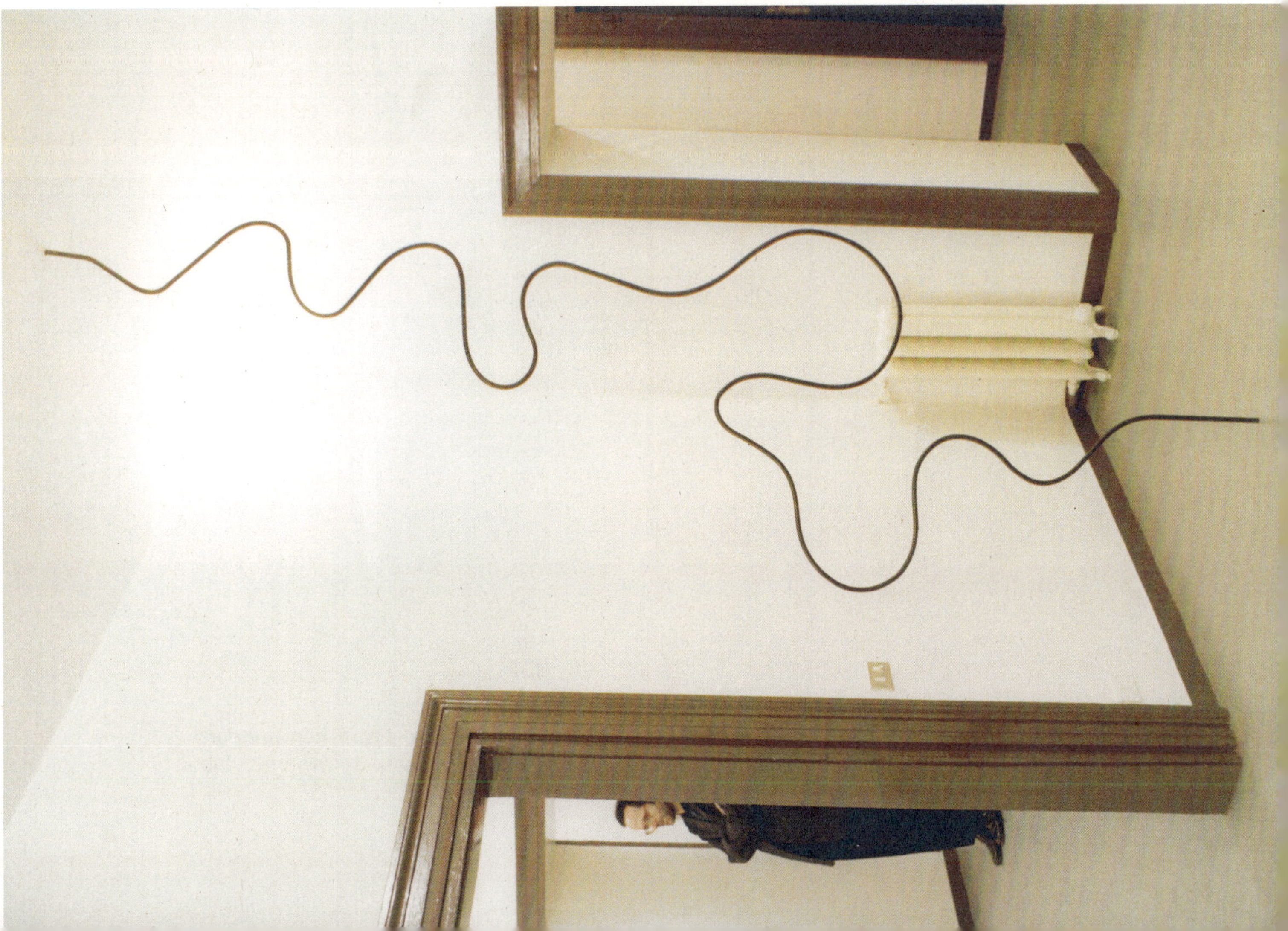

1980

Collezione da scavi – Profili non standard
3 profili in ferro, tessuto / 3 iron frames, fabric

p. 229

Collezione da scavi – Profili non standard
Installation view, *Emilio Prini*, Galleria Pieroni, Roma / Rome

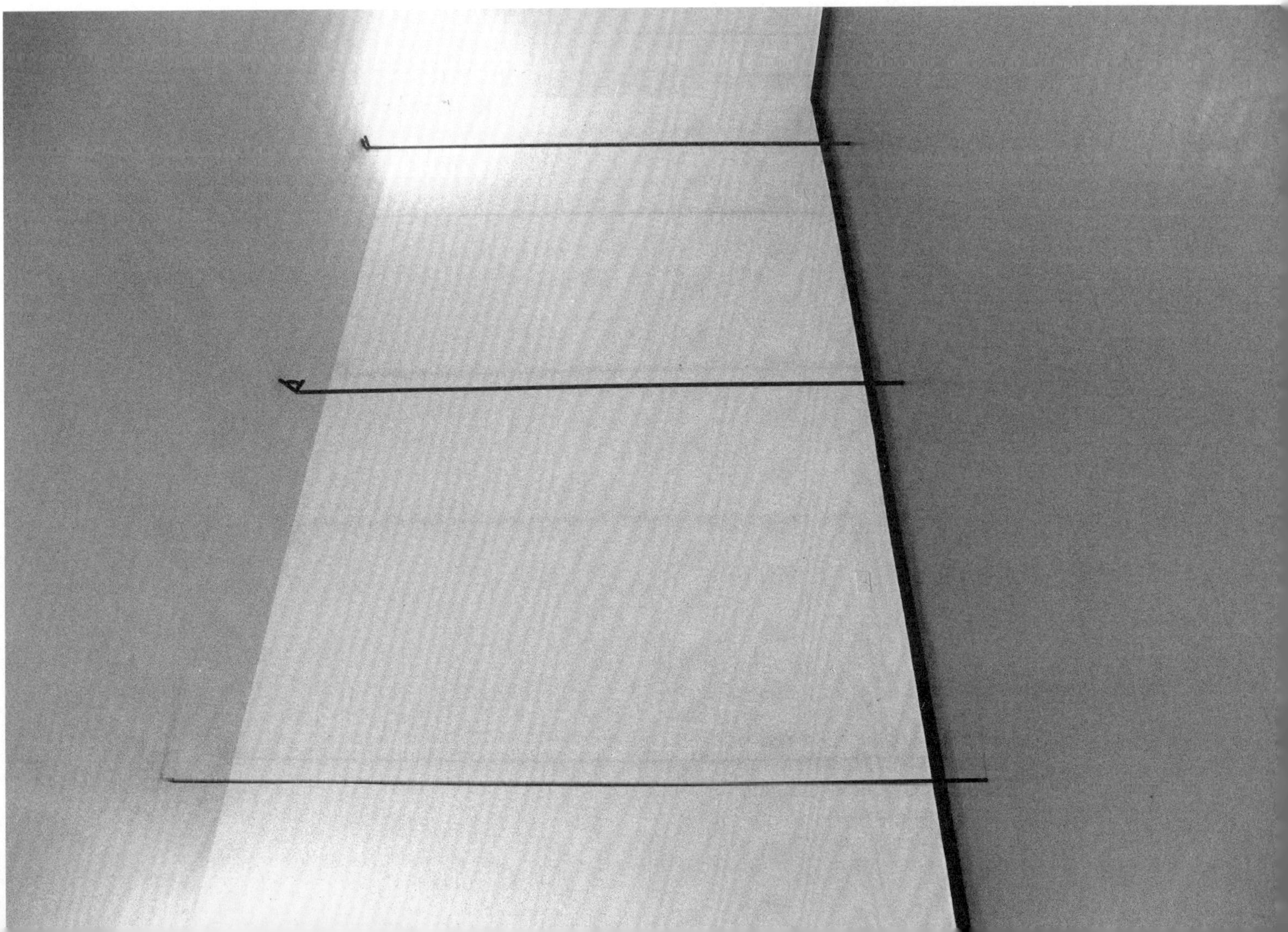

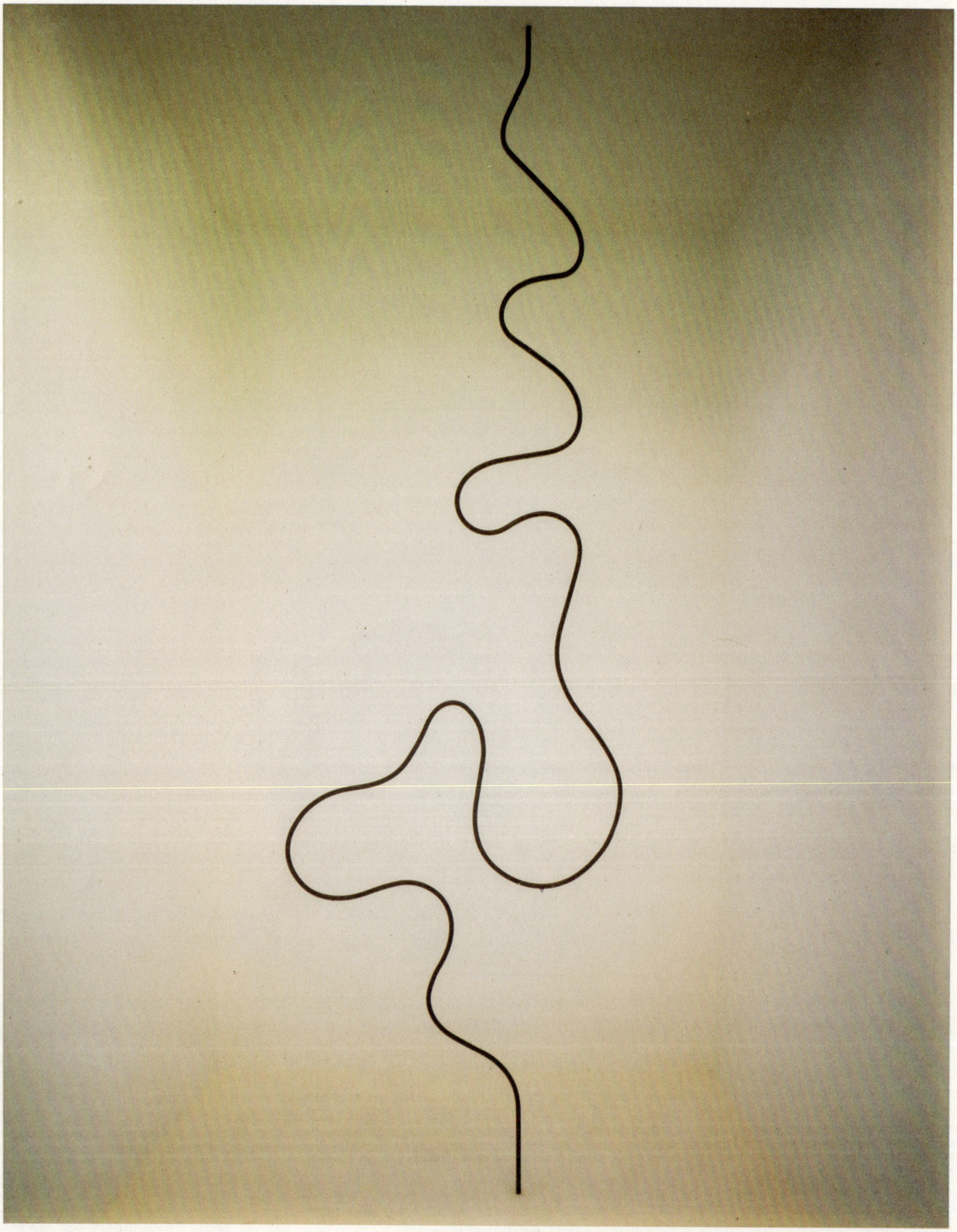

1980

Collezione da scavi – Ferro curvato
Fotografia a colori / Colour photograph

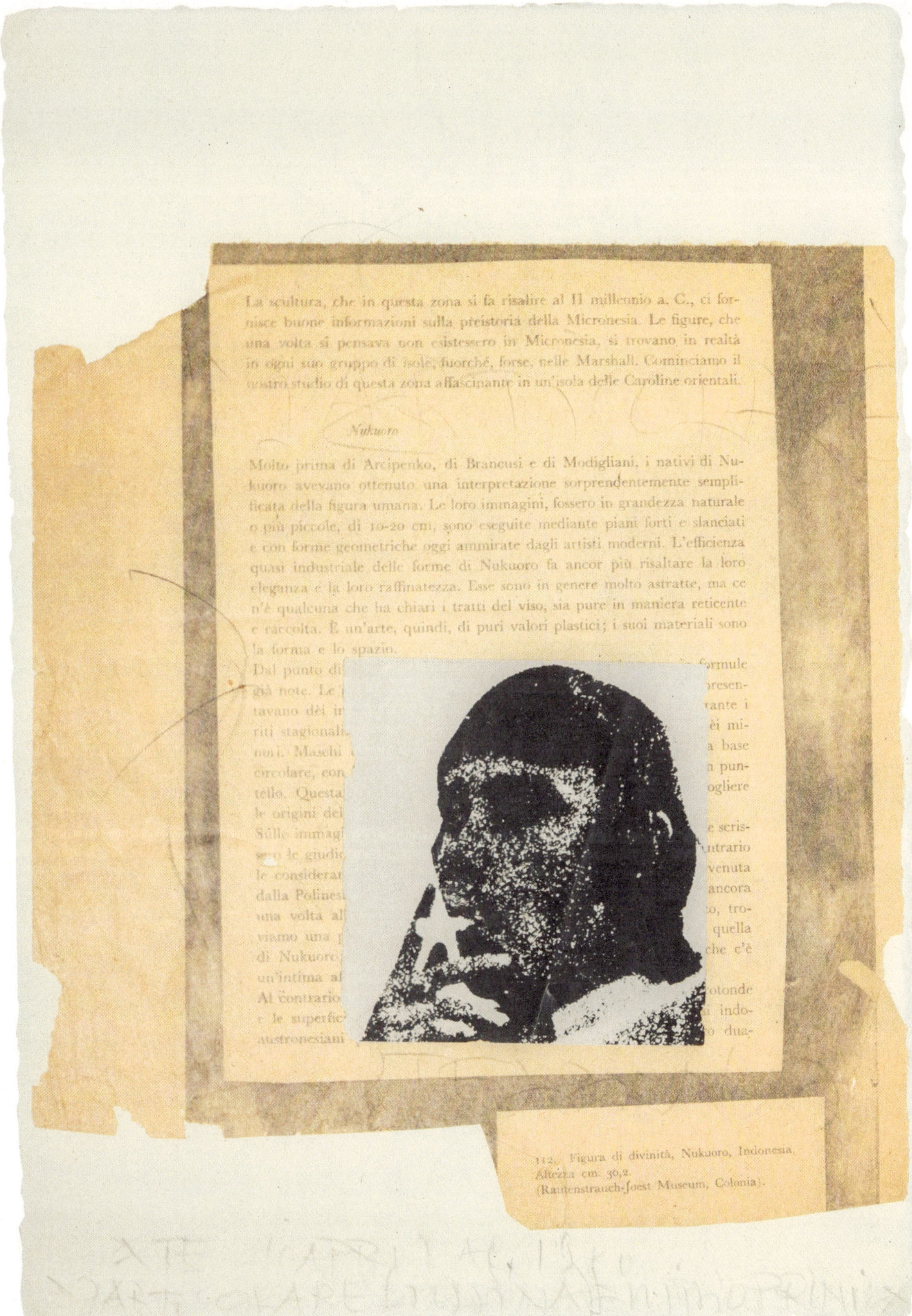

1980

Particolare stellina
Collage su carta, grafite / Collage on paper, graphite

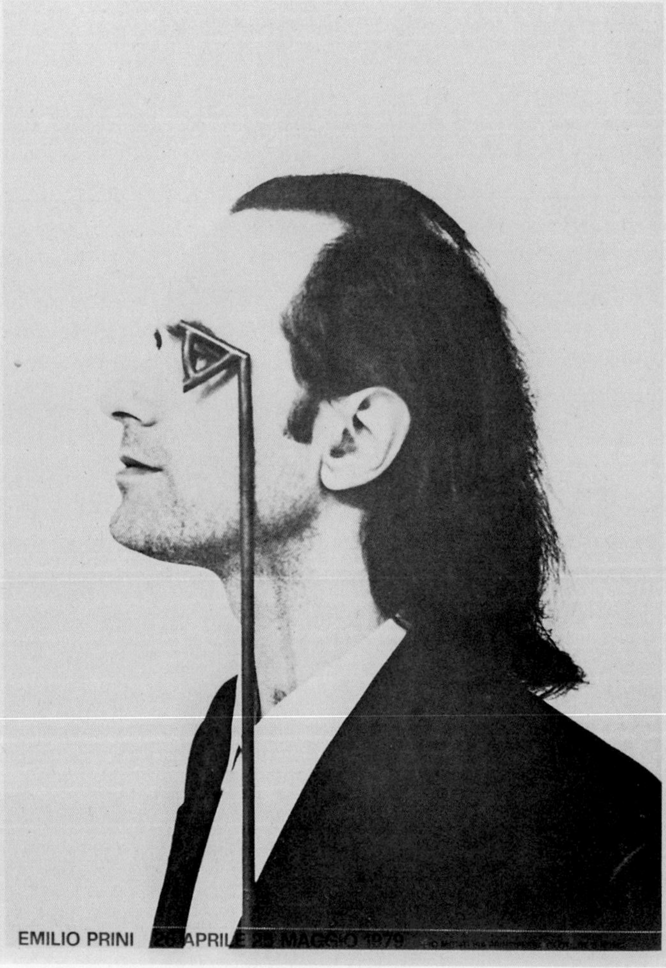

Emilio Prini

All'inizio per me, quando tutto era 'identico alieno scambiabile', le sue improvvisazioni lasciavano tutto immobile e di nuovo introducevano l'imbarazzo di una proposizione che ne affermava ne negava. Oltre l'orizzonte lineare alto-basso del paesaggio tipografico nessun enunciato aveva un aspetto riconoscibile per la pigra immaginazione del neofita.

A Parigi lo accompagnai in giri indeterminati alla ricerca di una teca di velluto rosso dove voleva custodire innominati perché. Cambiò molte volte idea per occupare di idee uno spazio così labile come quello della Biennale 71. Alla fine accanto al chiasso iperreale di quell'edizione periodica della giovane arte, 'ready-made-io' un bulldozer della manutenzione e lo lasciò acceso col massimo dell'accelerazione all'ingresso dell'area italiana per un bel po' di tempo, quasi a sottolineare con quell'insopportabile frastuono una contraddizione: «En representance des ouvriers du Parc Floral». Finì quasi a sberle con Boudaille che s'era scaraventato su di lui per ottenere il silenzio della provocante macchina. A Roma, nell'attesa d'un Avvento predisposto per la sera del 3 dicembre agli Incontri, all'insaputa di tutti erano giunti nella sala delle mostre alcuni jazzisti. Nella curiosità degli ospiti piano piano prese posto un'immagine impensata: l''improvvisazione n.17' liberava un concerto a cui si unì lui stesso con la sua aspirazione musicale. Nelle fatidiche '24 ore' del vitalismo romano raffreddò l'atletica palestra chiudendosi in una stanza e costringendo quanti volessero iniziarsi al rovello dei percorsi della sua intelligenza a fare una paziente fila per tutta la notte dietro la porta che dischiudeva ad intervalli irregolari di mezz'ora-trequarti per consentire l'ingresso ad personam. La comunicazione confidenziale era orientata su un piccolo quaderno che non lasciava mai in mano ad alcuno e dove erano annotati e disegnati, riflessioni e disegni sullo «standard». Alcune linee erano nere o blu, altre rosse. Lo «standard» diversamente individuato mi sembra fosse rosso. Parlava svelto non capii quasi nulla. Di particolare umorismo e di felice casualità controllata, mi parve il ritratto letterale costruito con la O e la £ dattiloscritte in sovrapposizione ottenendo un malinconico scorcio di testa vagamente somigliante a Napoleone. Nel sotterraneo Parcheggio di Villa Borghese pose tra tanto cemento lo STANDARD (integrale) - UNI - mimetica-mente, specie nella fase di allestimento correndo i maggiori rischi dell'iconoclastia.

Anni dopo mi lesse all'orecchio una poesia che sembrava una filastrocca: era cifrata, aveva obiettivi concreti, crudele come una favola ironizzava su un critico e un artista demolendoli. Portò a Viva che aveva due anni un gioco di cubi di legno per comporre parole, a lungo cercava una casa, dormiva al Lunetta e attorno a Campo de' Fiori. L'ultima mostra da Pio Monti sembrava un miracolo: non s'inaugurava mai e allorché si aprì si respirò l'insidia apparente dell'ingegno liberato. Innominabile come la sua vita passata e il carattere dell'opera resta la seguente impressione:

Non fare più a lungo possibile, smentirsi ogni istante, evocare la velocità del cambiamento. Etc. etc. etc.....

Quando si pensa destabilizzante.

(continua)

11

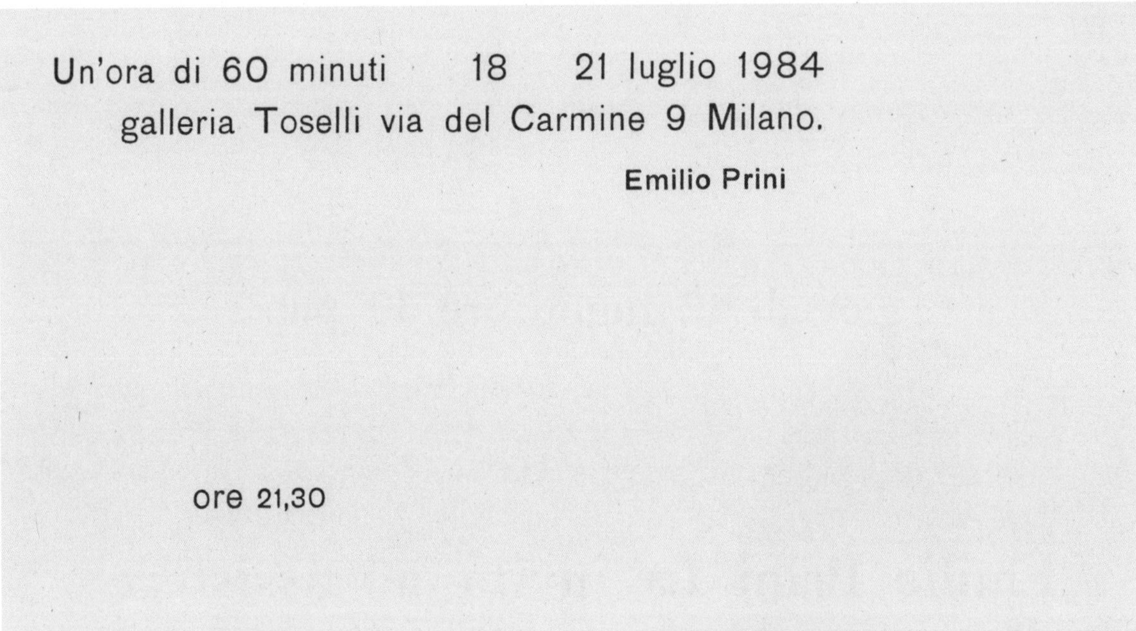

Un'ora di 60 minuti 18 21 luglio 1984
galleria Toselli via del Carmine 9 Milano.
Emilio Prini

ore 21,30

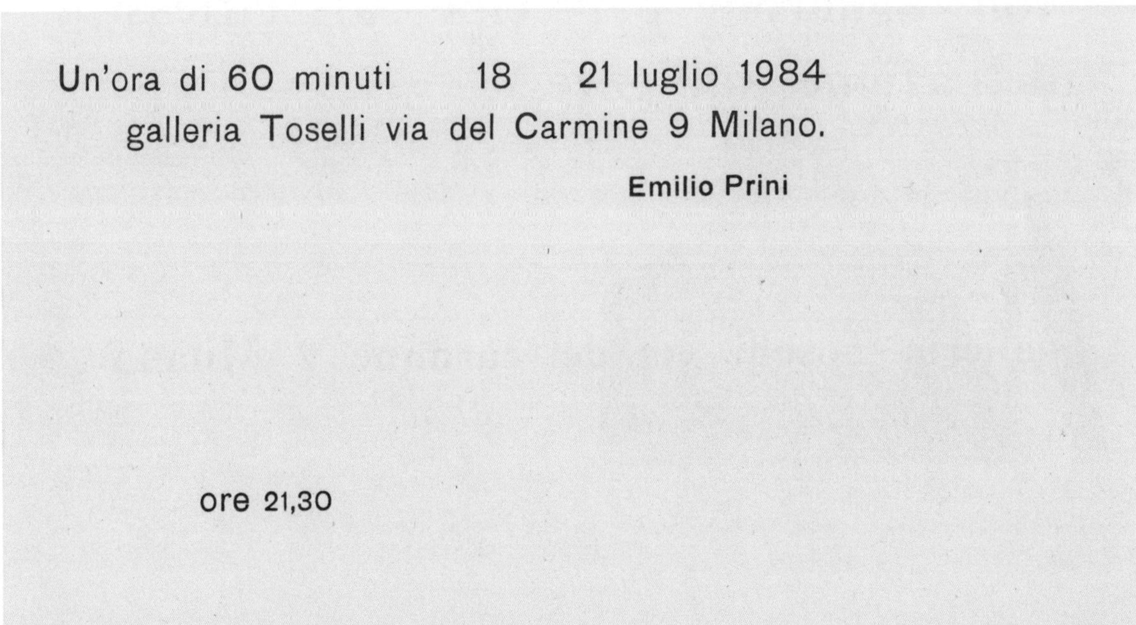

Un'ora di 60 minuti 18 21 luglio 1984
galleria Toselli via del Carmine 9 Milano.
Emilio Prini

ore 21,30

1984

Invito realizzato dall'artista per la mostra / Invitation made by the artist for the exhibition *Un'ora di 60 minuti*, Galleria Toselli, Milano / Milan
Stampa su carta / Print on paper

giovedì 12 luglio ore 10 pm.

Emilio Prini La invita ad assistere con sguardo partecipe ai riflessi dell'azione sull'ente

galleria Toselli via del carmine 9 Milano

1984

Prova di stampa dell'invito realizzato dall'artista per la mostra / Invitation proof made by the artist for the exhibition *Un'ora di 60 minuti*, Galleria Toselli, Milano / Milan
Stampa su carta / Print on paper

Installation view, *Un'ora di 60 minuti*, Galleria Toselli, Milano / Milan

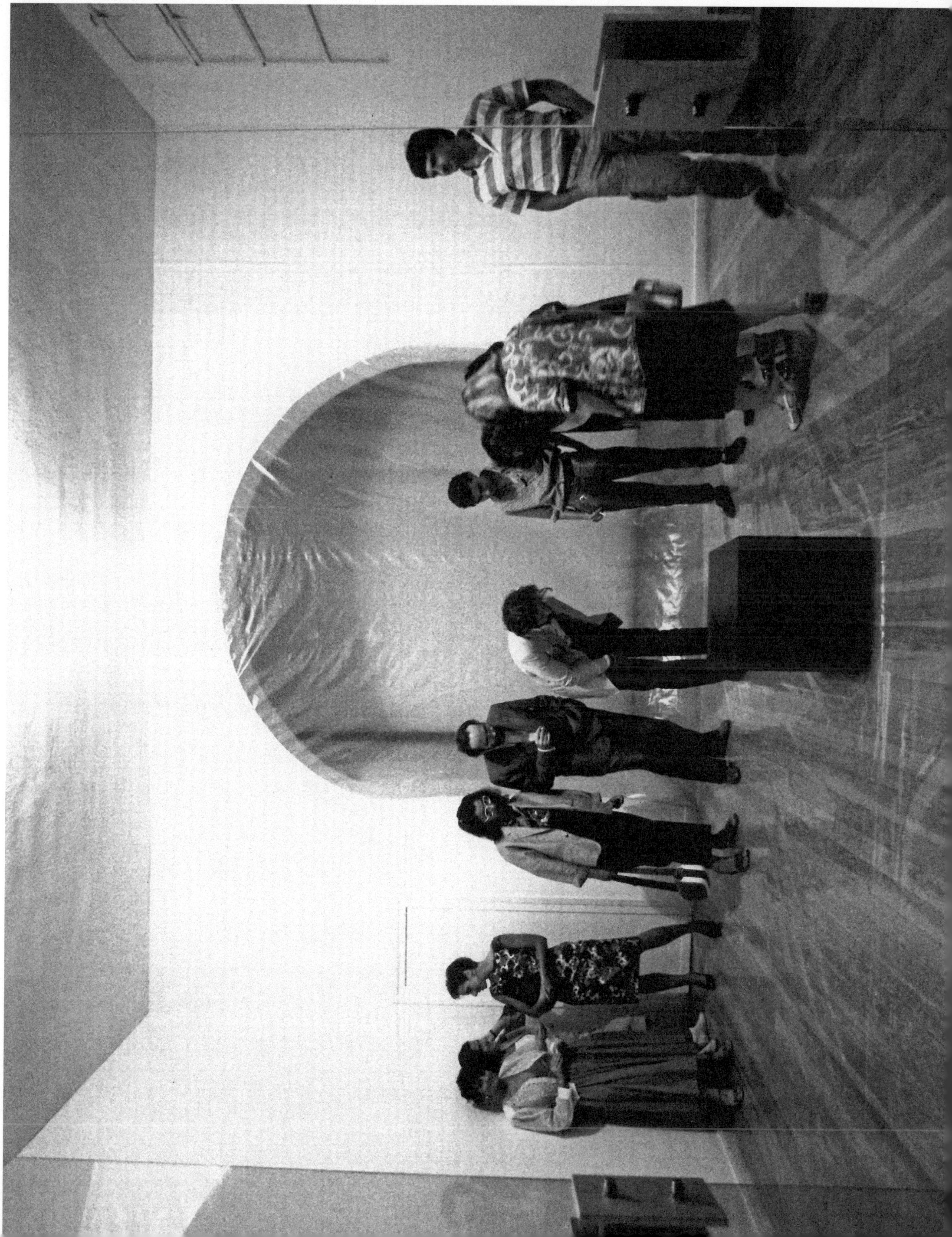

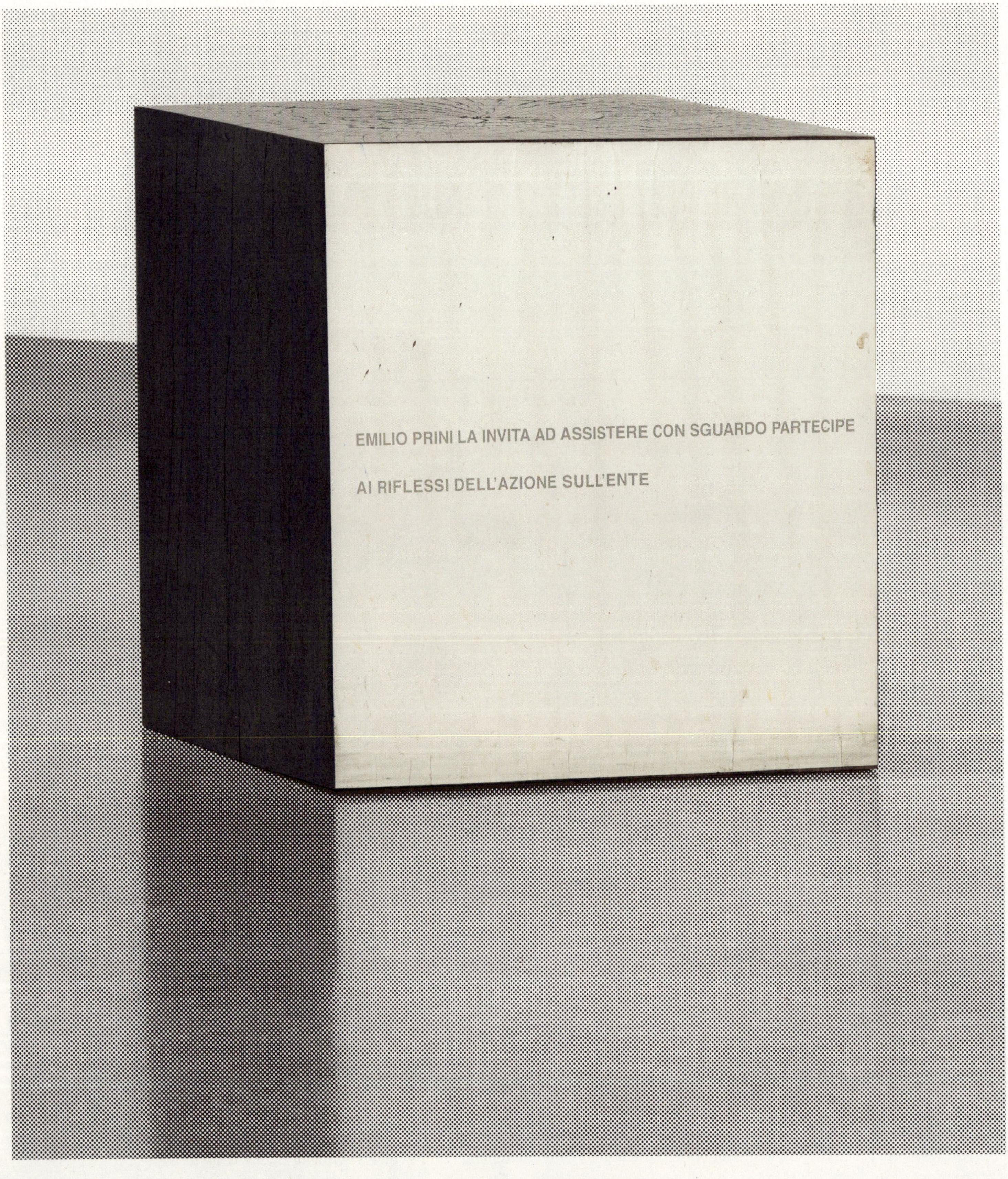

1984

Cubo Africano
Legno di mogano, stampa su carta / Mahogany wood, print on paper

Cubo Africano
Installation view, *Un'ora de 60 minuti*, Galleria Toselli, Milano / Milan

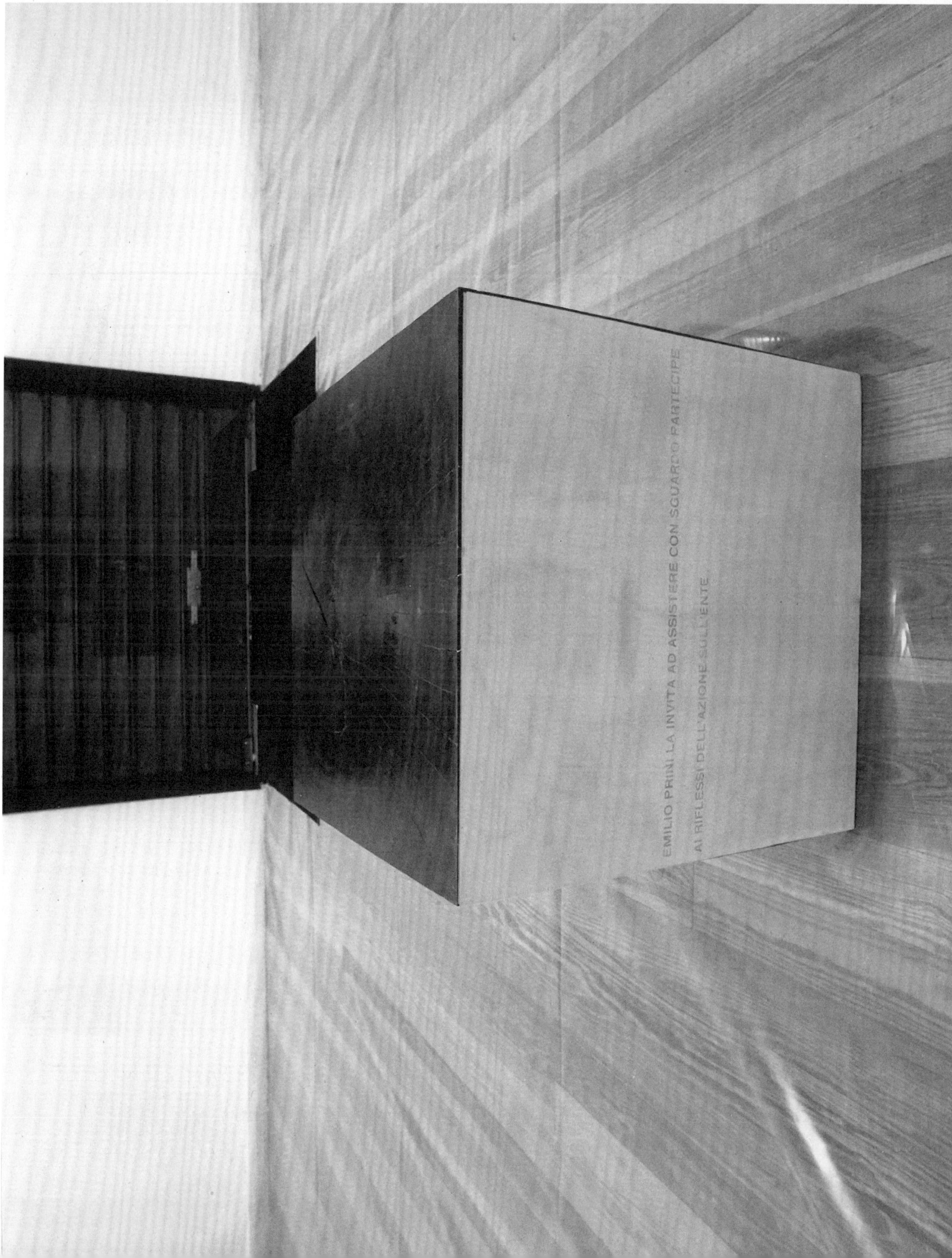

Emilio Prini

Introduzione alle statue *Introduzione alle statue*

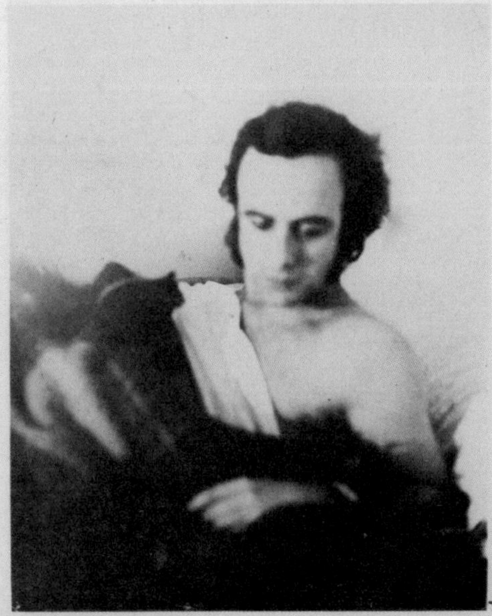

254

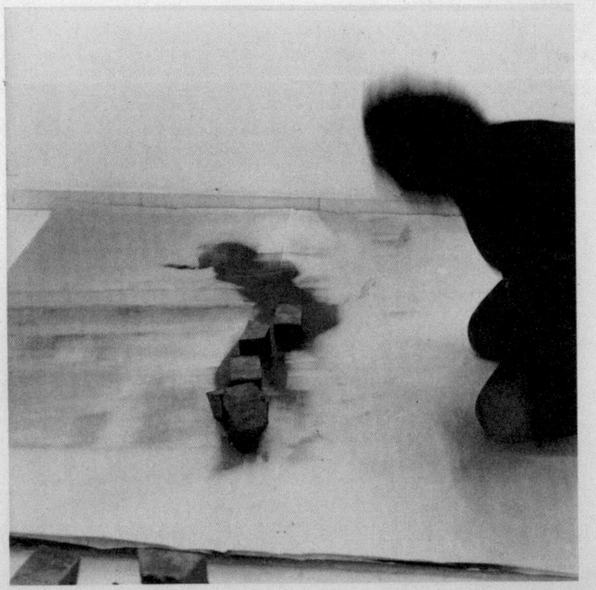

255

79 giorni alla statua *79 giorni alla statua*

Fermacarte (particolare), 1968. *Fermacarte (detail), 1968.*

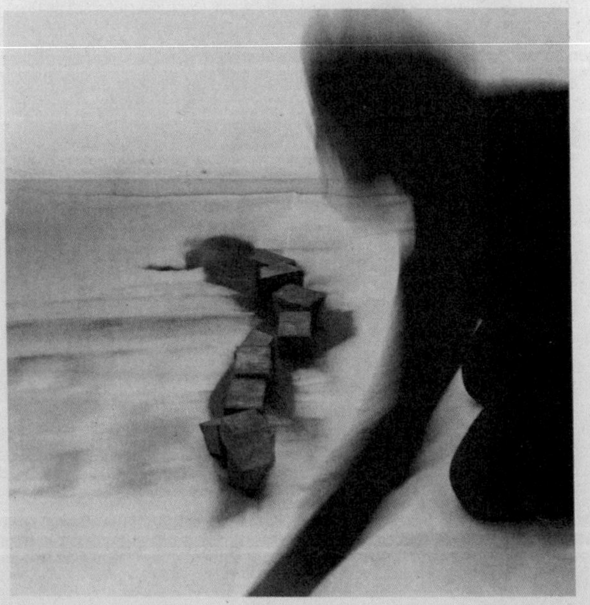

256

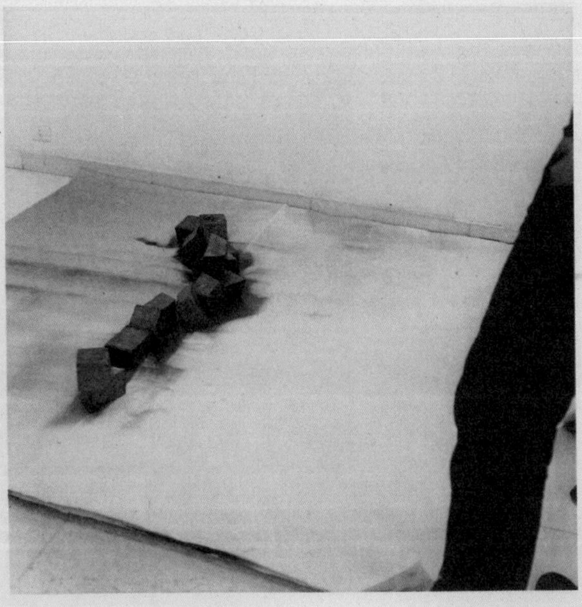

257

1985

***Arte povera. Art povera*, Electa**
Catalogo / Catalogue

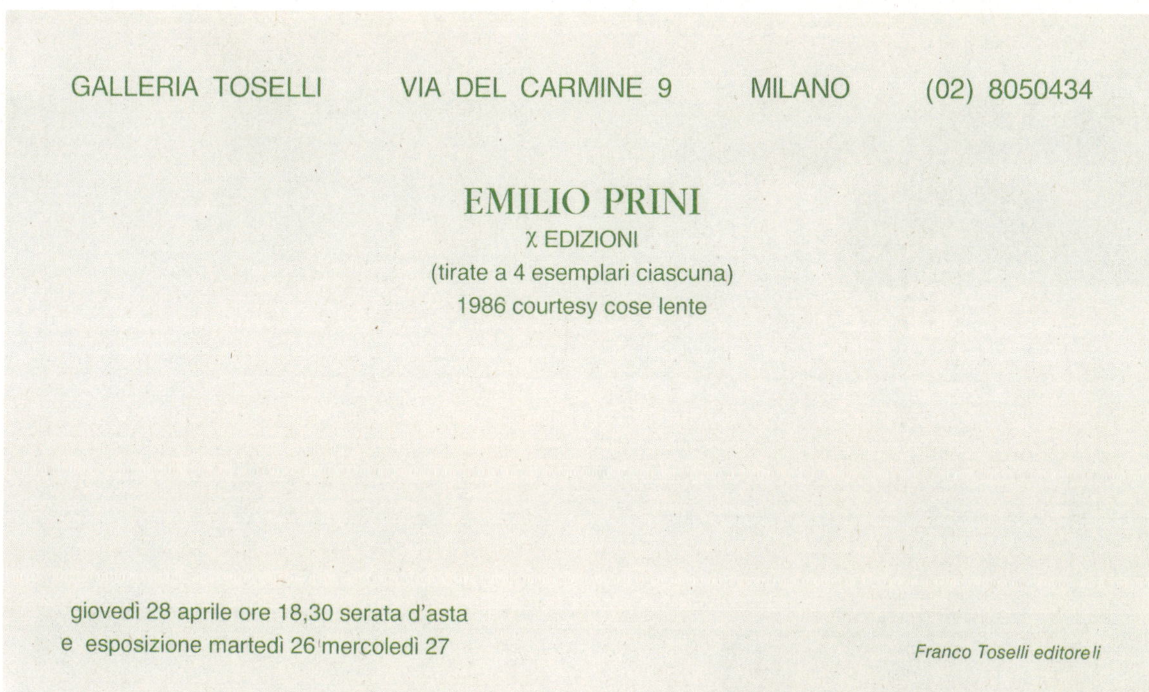

GALLERIA TOSELLI VIA DEL CARMINE 9 MILANO (02) 8050434

EMILIO PRINI

X EDIZIONI

(tirate a 4 esemplari ciascuna)

1986 courtesy cose lente

giovedì 28 aprile ore 18,30 serata d'asta

e esposizione martedì 26 mercoledì 27

Franco Toselli editoreli

1986

Invito realizzato dall'artista per la mostra / Invitation made by the artist for the exhibition *Emilio Prini. X Edizioni*, Galleria Toselli, Milano / Milan

Stampa su carta / Print on paper

p.240

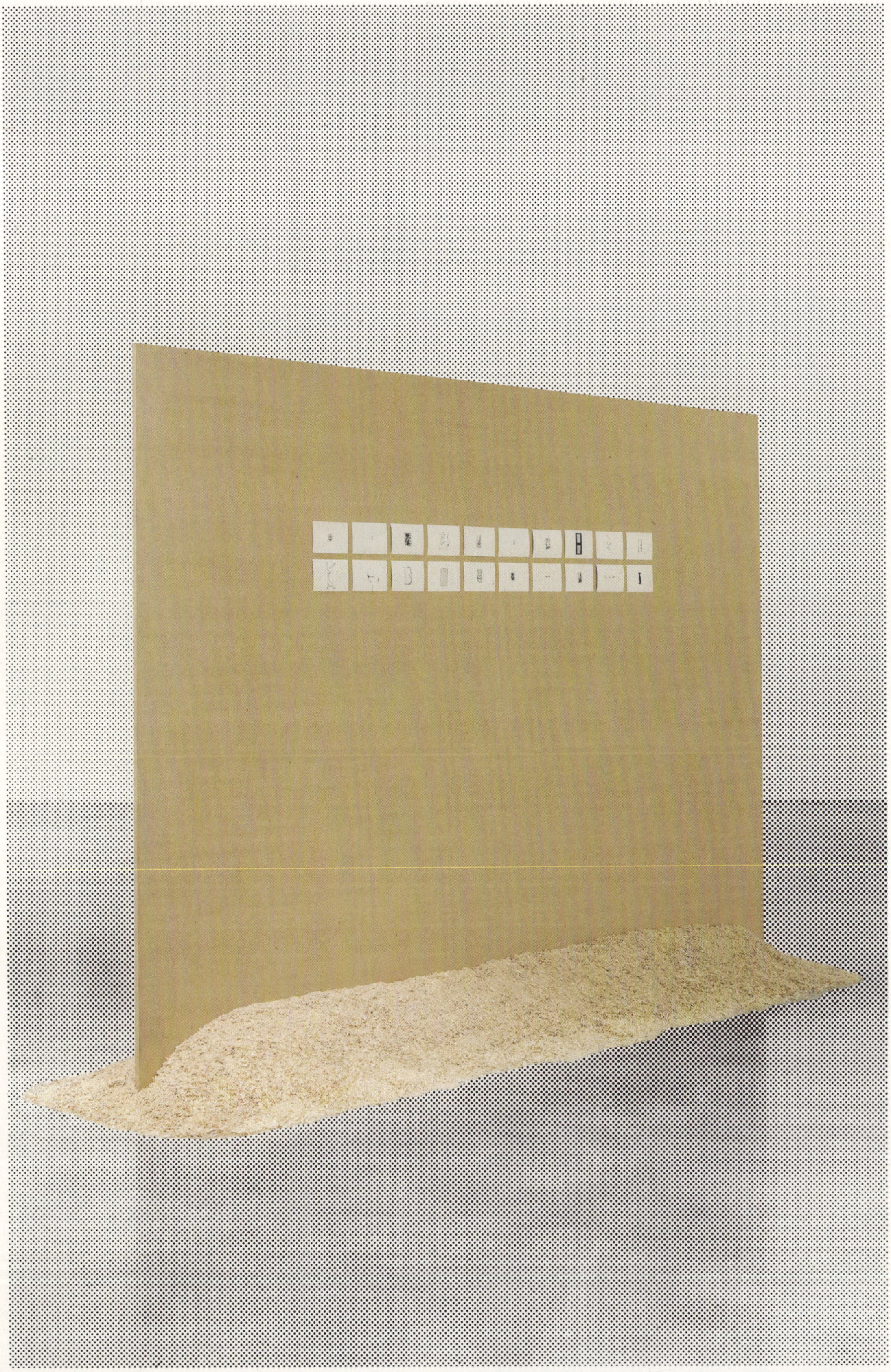

1986

X Edizioni
36 fotografie a colori / 36 colour photographs

X Edizioni
Installation view, *Emilio Prini. X Edizioni*, Galleria Franco Toselli, Milano / Milan

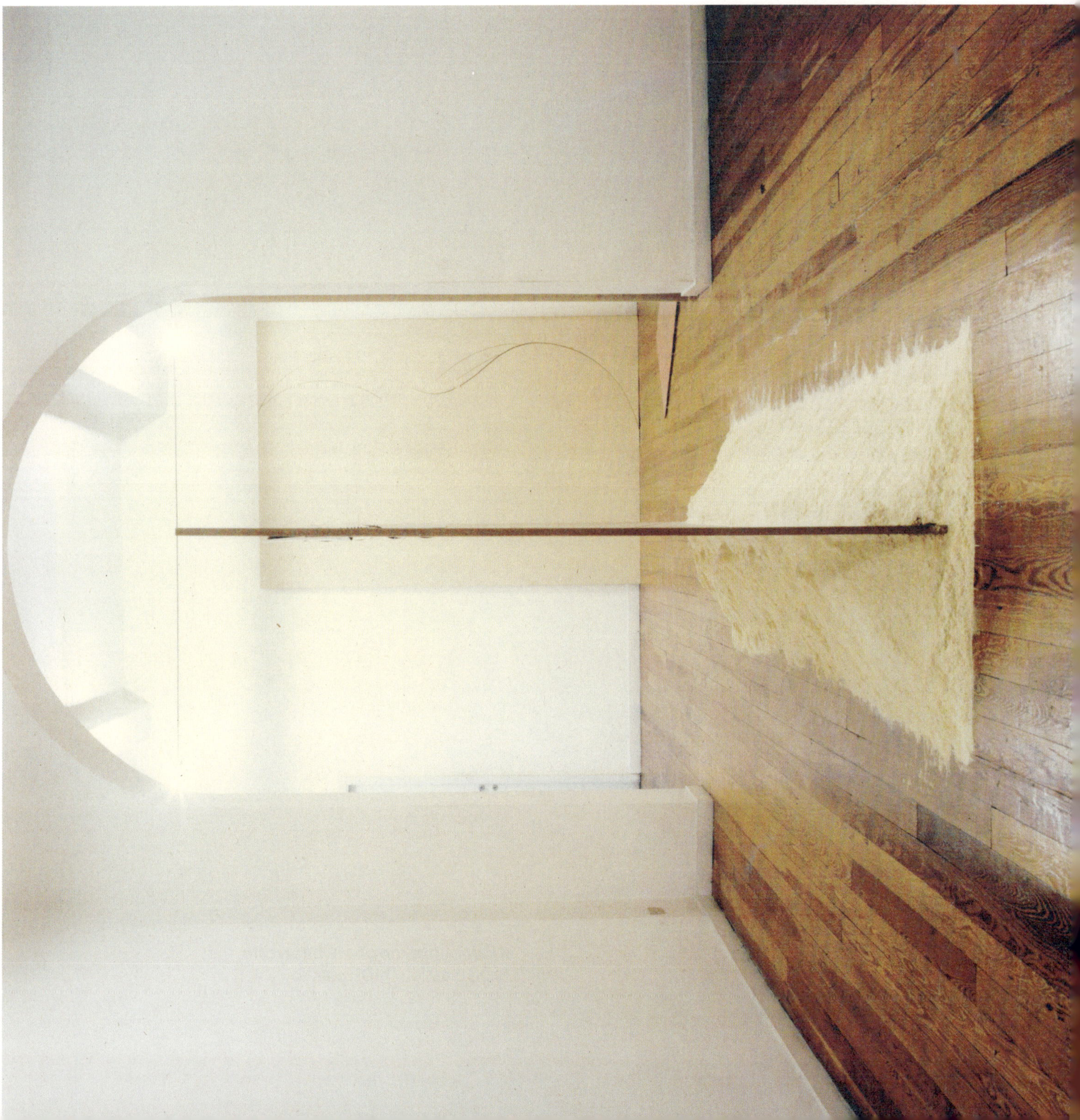

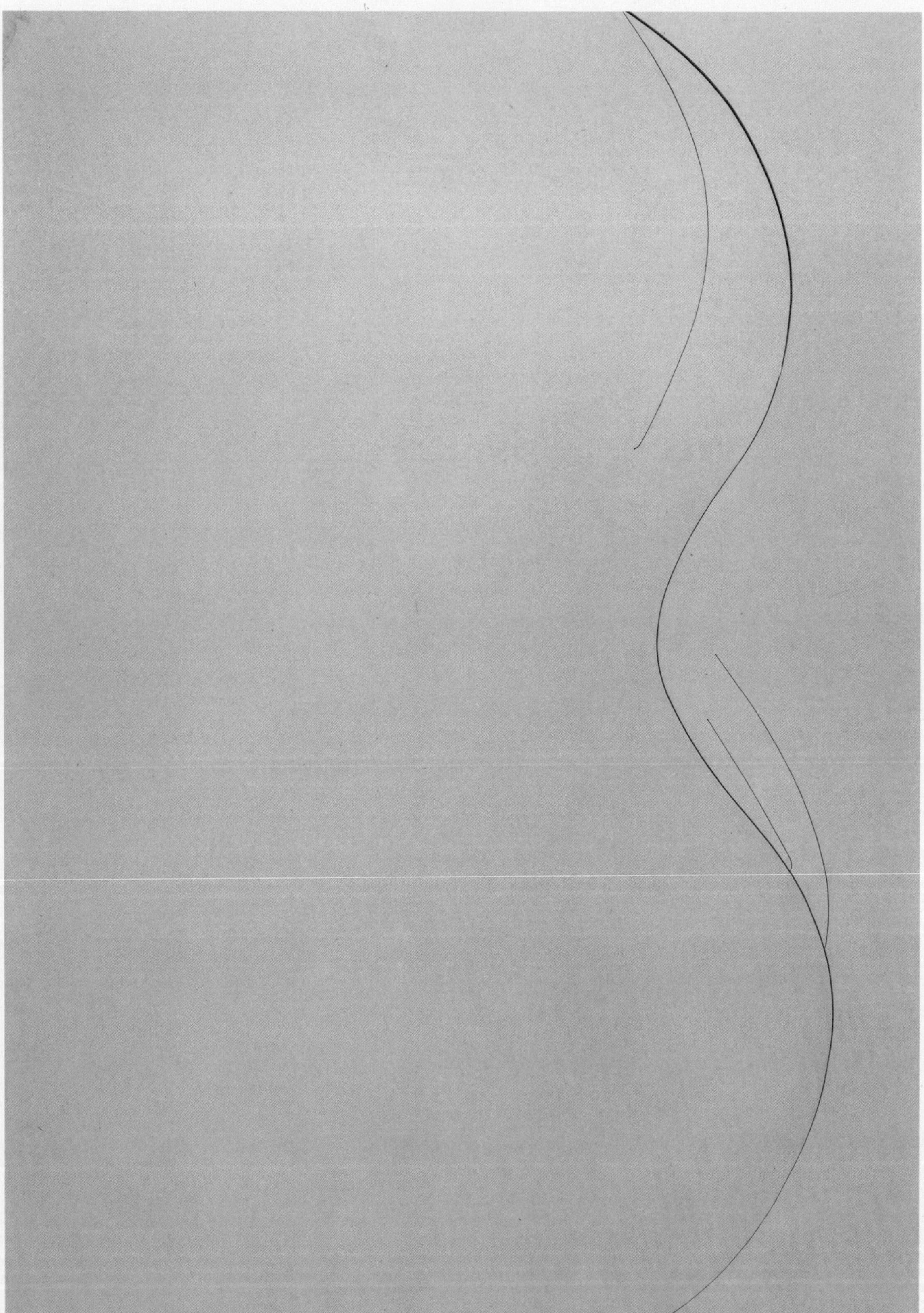

1986

Il Buongoverno* o/or *Chitarrone
MDF, plastica/MDF, plastic

Il Buongoverno* o/or *Chitarrone
Installation view, *Fermi in Dogana*, Ancienne Douane, Strasburgo/Strasbourg, 1995

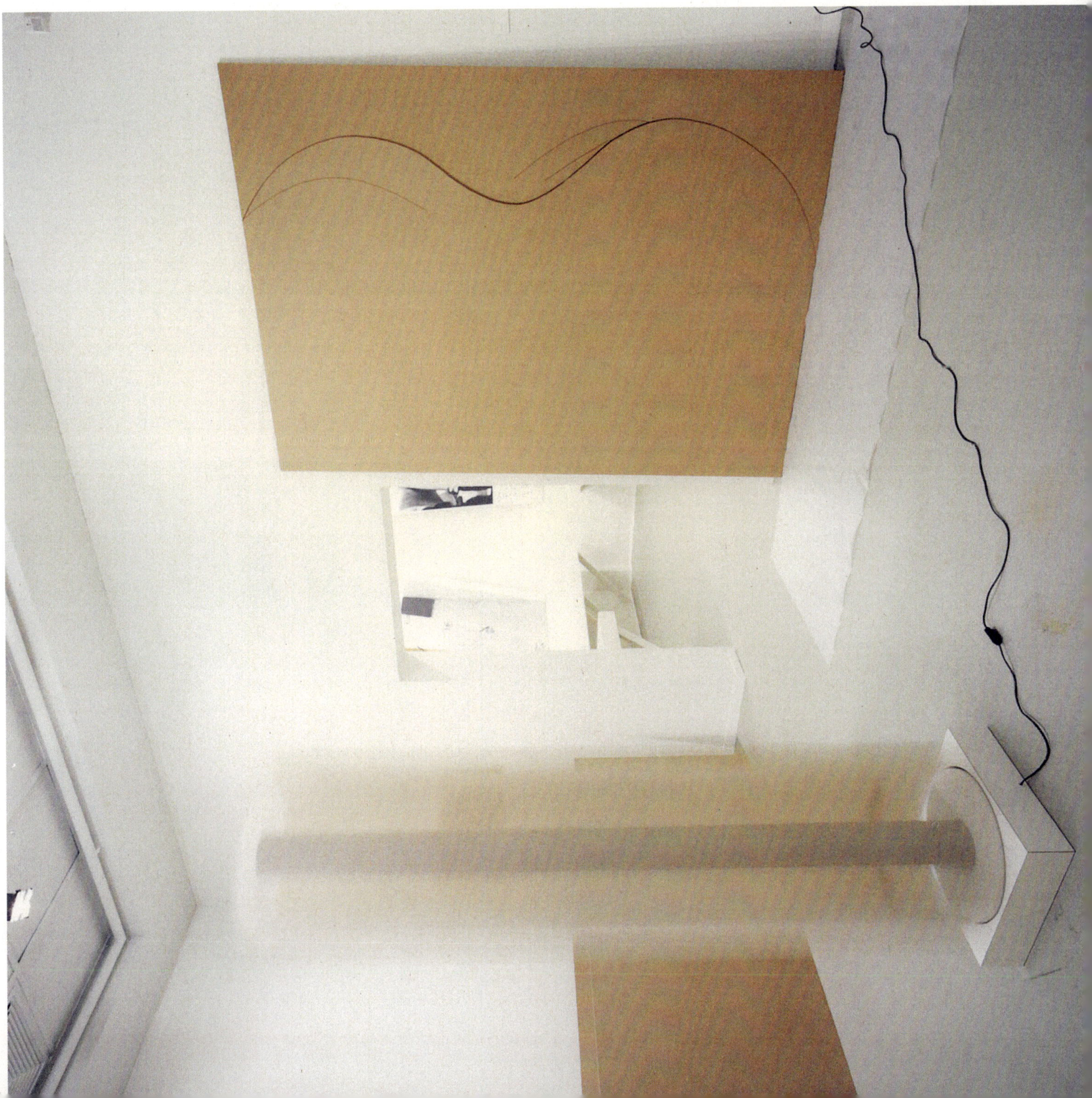

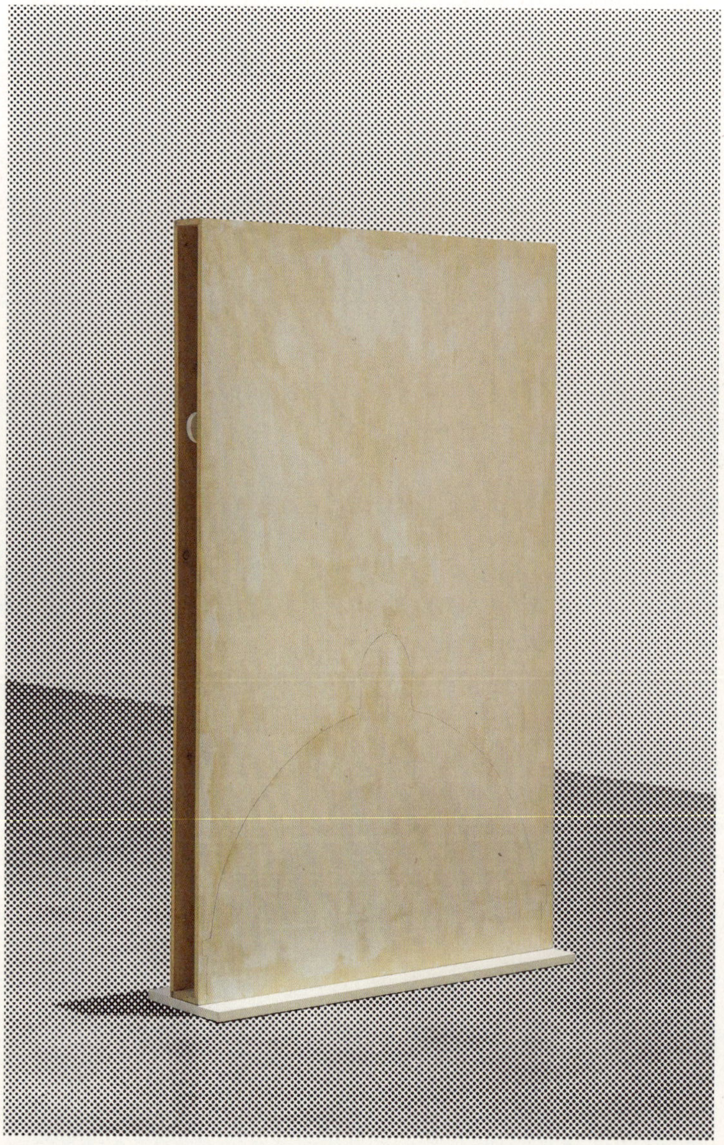

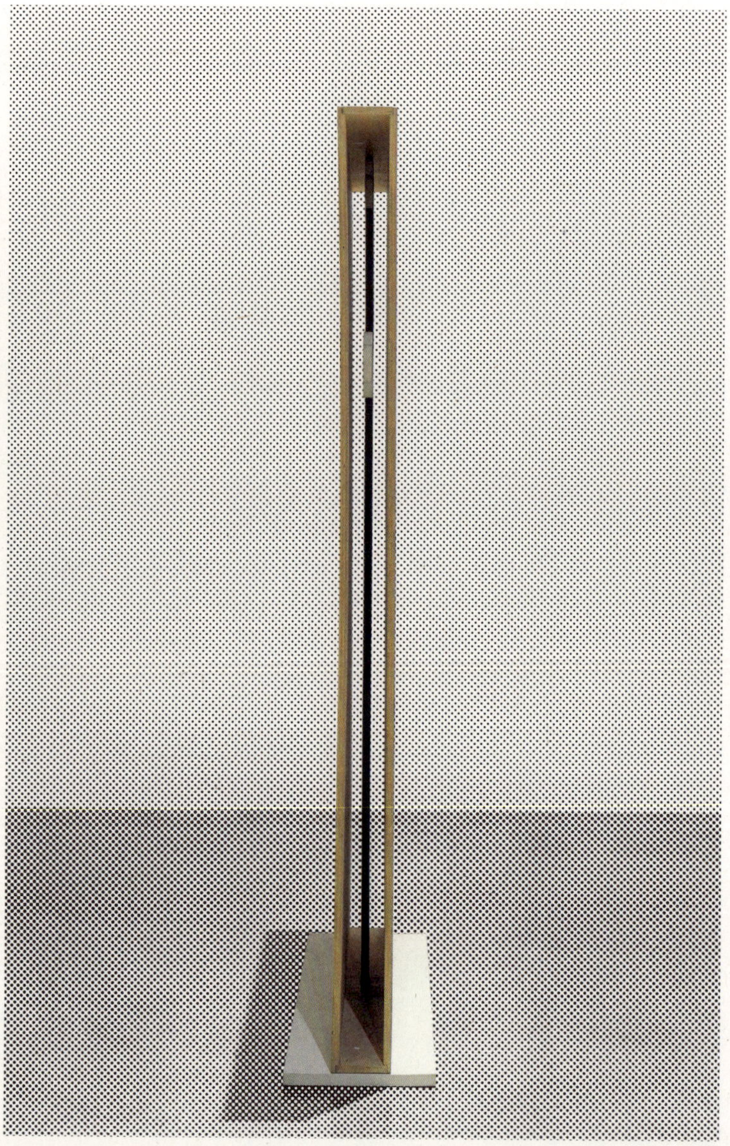

1986

Convivenze simboliche con Roma e i romani
Legno multistrato, grafite, acrilico, cartoline / Plywood, graphite, acrylic, postcards

p. 245

Convivenze simboliche con Roma e i romani
Installation view, *Emilio Prini. X Edizioni*, Galleria Franco Toselli, Milano / Milan

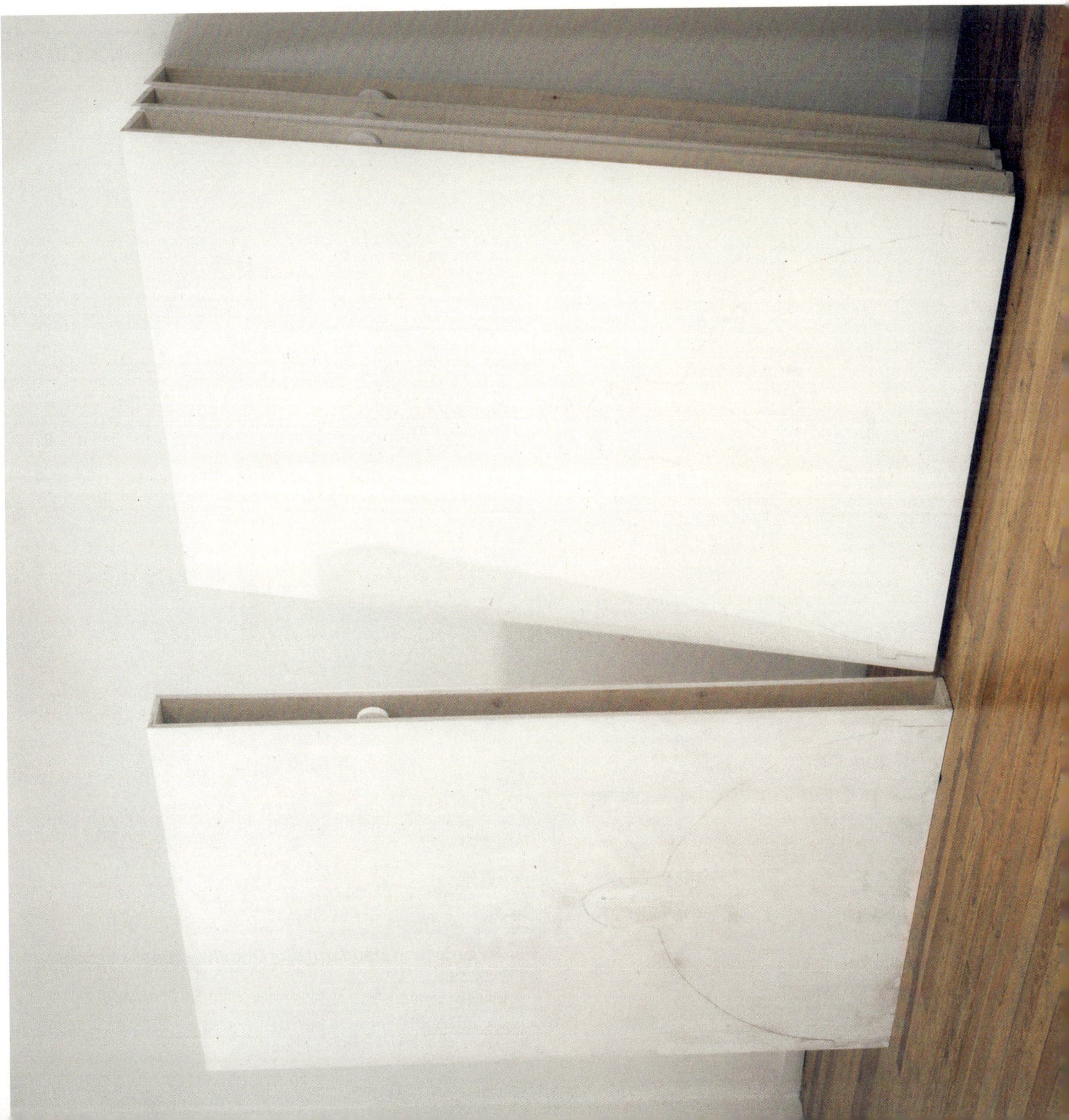

1986

Governo (non standard)* o/or *Due linee che si uniscono in basso
MDF, nylon

p. 247

Governo (non standard)* o/or *Due linee che si uniscono in basso
Installation view, *Emilio Prini. X Edizioni*, Galleria Franco Toselli, Milano / Milan

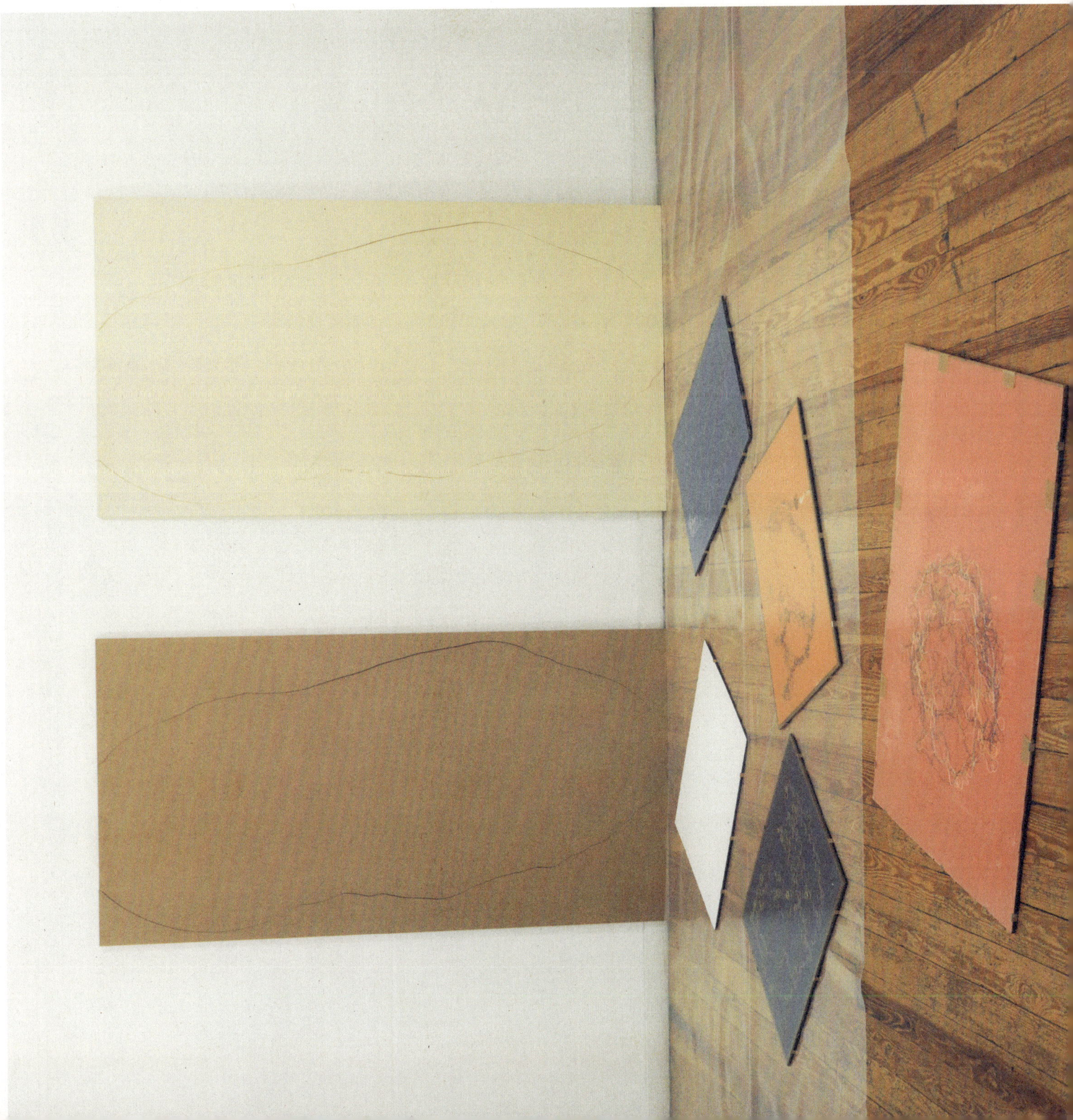

p. 248

Governo (non standard)* o/or *Due linee che si uniscono in basso
Installation view, *Emilio Prini. X Edizioni*, Galleria Franco Toselli, Milano / Milan

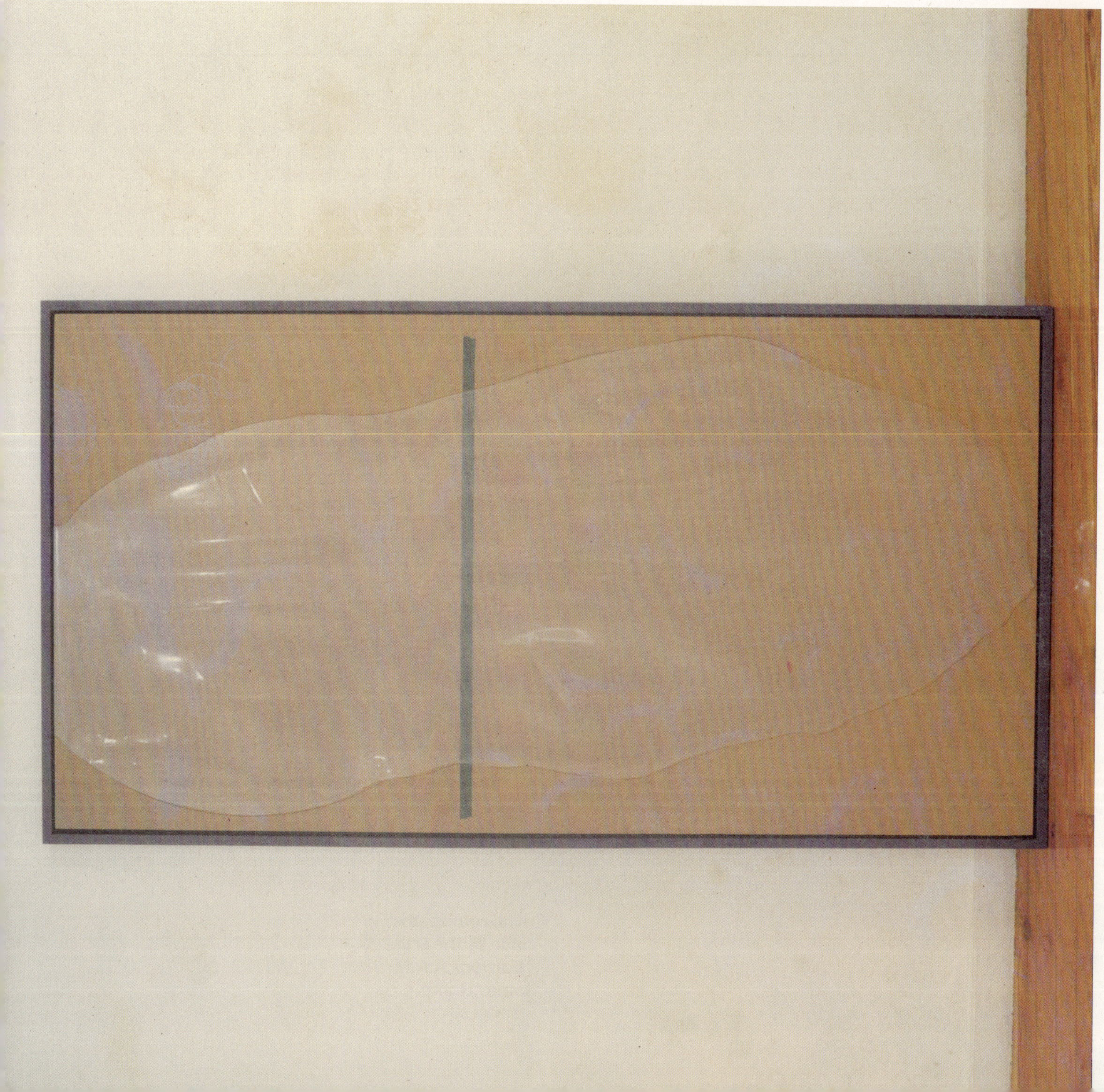

A.A.M./COOP. ARCHITETTURA ARTE MODERNA ROMA 12 VIA DEL VANTAGGIO 3619151

EMILIO PRINI

X EDIZIONI

(tirate a 10 esemplari ciascuna)

1986 courtesy cose lente

a cura di Francesco Moschini / coordinamento di Vera Pirrò

... non han scelto il secolo in cui hanno vissuto dove l'uomo è consumato dalle masse come prima lo era dall'individuo e l'artista nel cuore delle contraddizioni deve assumere l'arte come antidestino del linguaggio (A.B)

mercoledì 15 luglio, ore 19,30, serata d'asta e fino al 31 luglio 1987 orario d'apertura 17-20

1987

Invito realizzato dall'artista per la mostra / Invitation made by the artist for the exhibition *Emilio Prini. X Edizioni*, A.A.M. Coop. Architettura Arte Moderna, Roma / Rome
Stampa su carta / Print on paper

Installation view, *Emilio Prini. X Edizioni*, Galleria A.A.M., Roma / Rome

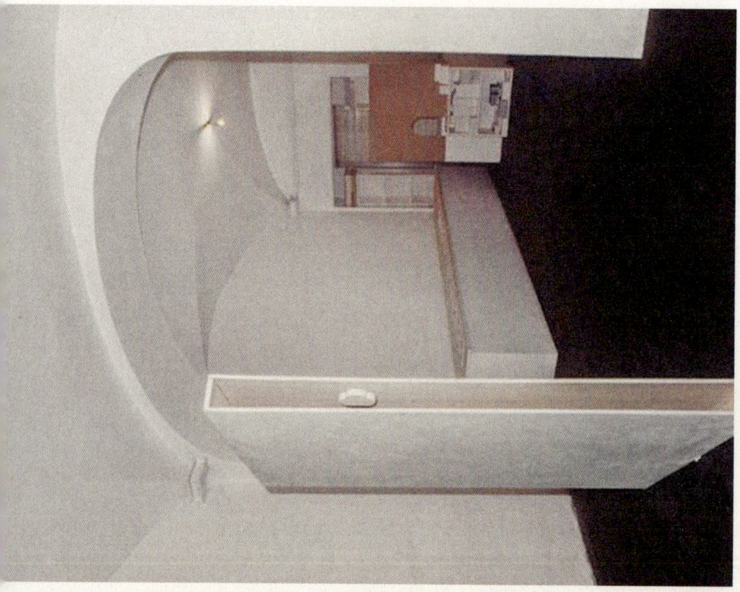

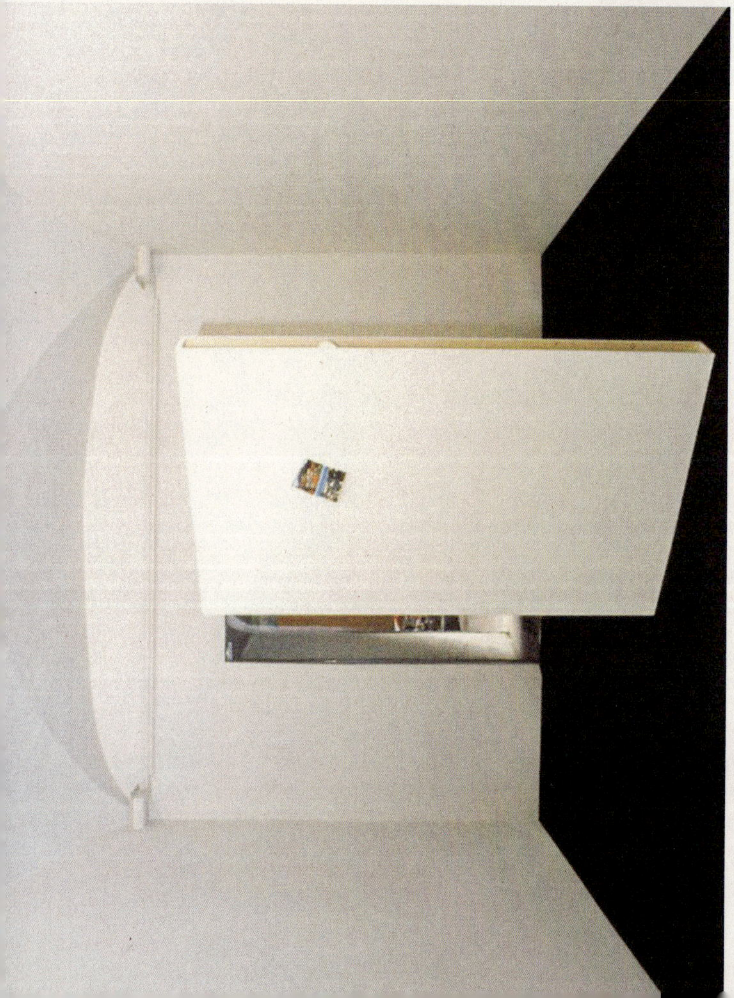

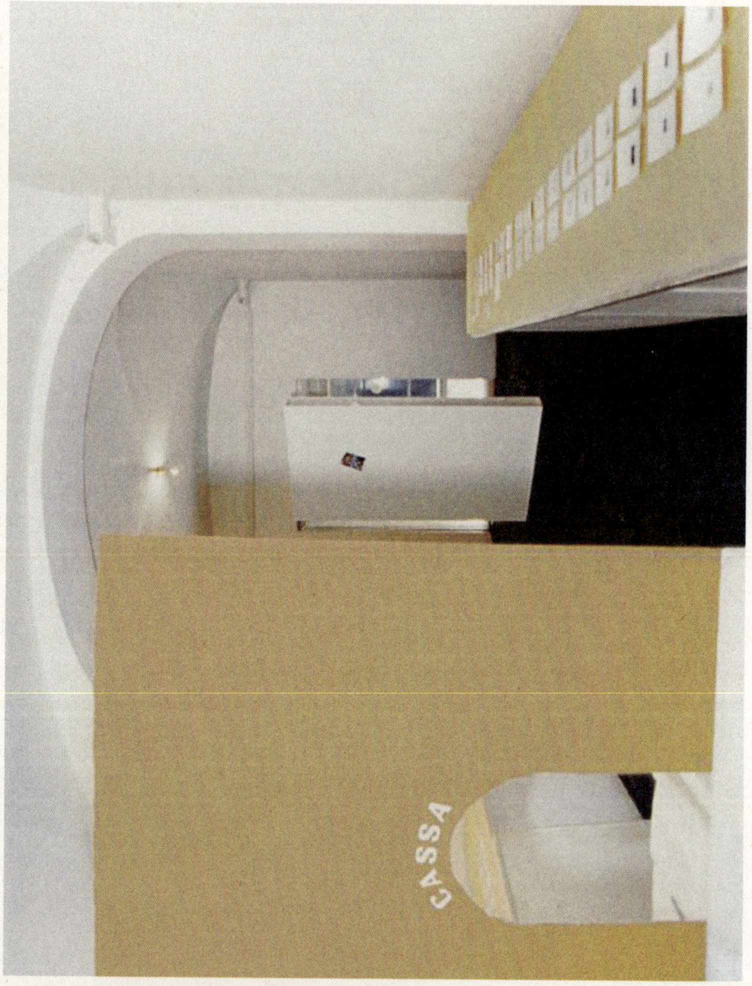

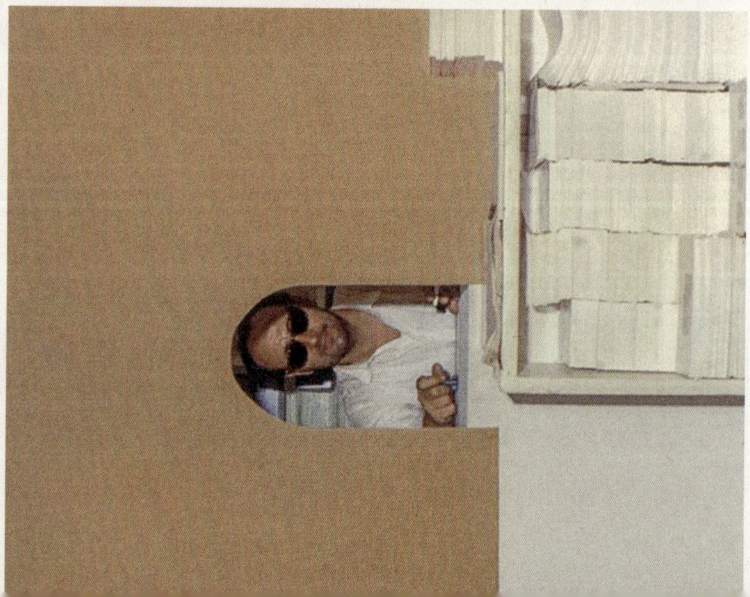

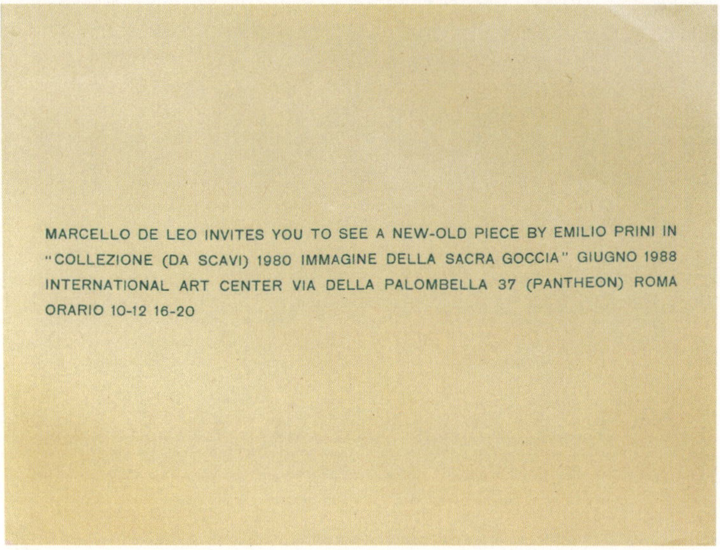
MARCELLO DE LEO INVITES YOU TO SEE A NEW-OLD PIECE BY EMILIO PRINI IN "COLLEZIONE (DA SCAVI) 1980 IMMAGINE DELLA SACRA GOCCIA" GIUGNO 1988 INTERNATIONAL ART CENTER VIA DELLA PALOMBELLA 37 (PANTHEON) ROMA ORARIO 10-12 16-20

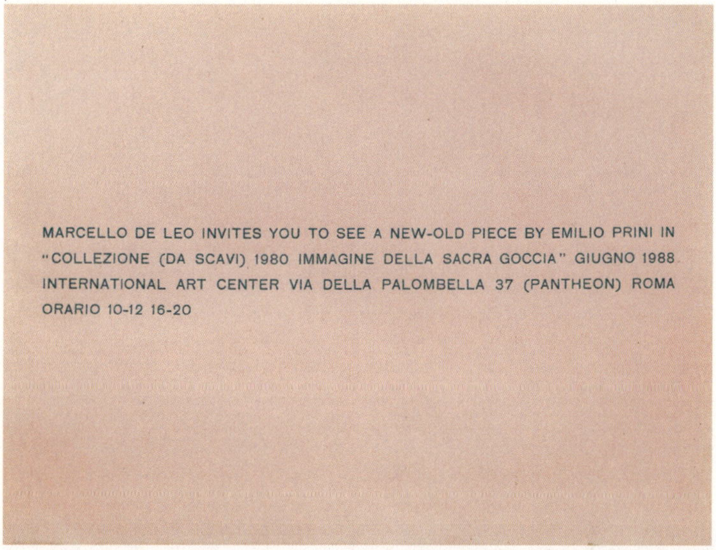
MARCELLO DE LEO INVITES YOU TO SEE A NEW-OLD PIECE BY EMILIO PRINI IN "COLLEZIONE (DA SCAVI) 1980 IMMAGINE DELLA SACRA GOCCIA" GIUGNO 1988 INTERNATIONAL ART CENTER VIA DELLA PALOMBELLA 37 (PANTHEON) ROMA ORARIO 10-12 16-20

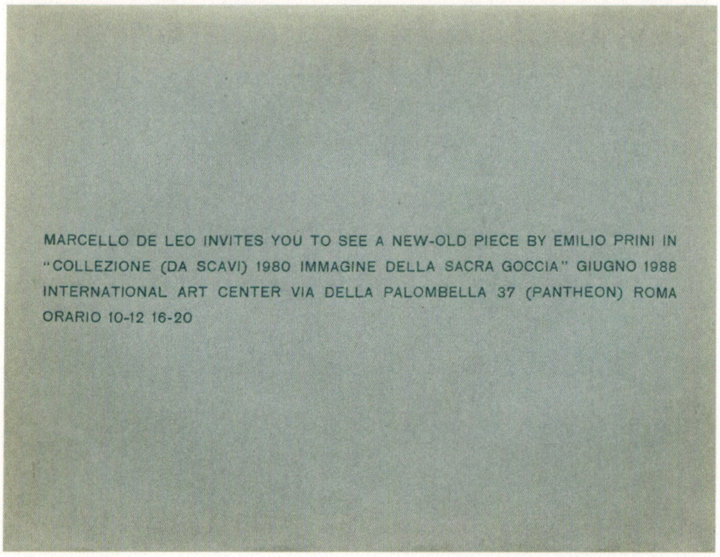
MARCELLO DE LEO INVITES YOU TO SEE A NEW-OLD PIECE BY EMILIO PRINI IN "COLLEZIONE (DA SCAVI) 1980 IMMAGINE DELLA SACRA GOCCIA" GIUGNO 1988 INTERNATIONAL ART CENTER VIA DELLA PALOMBELLA 37 (PANTHEON) ROMA ORARIO 10-12 16-20

1988

Prove di stampa per l'invito per una mostra presso / Invitation proofs for an exhibition at International Art Center, Roma / Rome
Stampa su carta / Print on paper

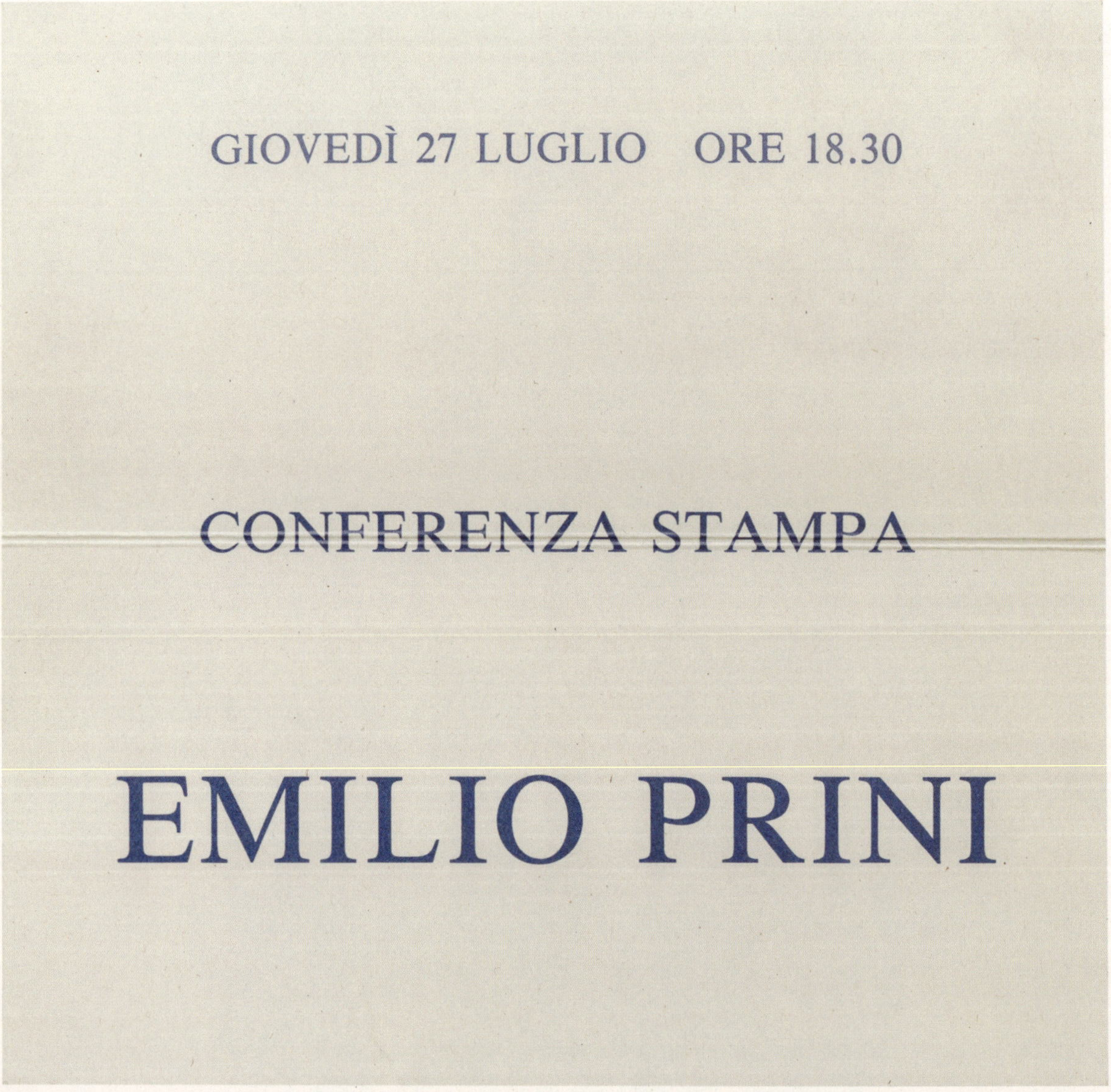

1989

Invito realizzato dall'artista per la mostra / Invitation made by the artist for the exhibition *Emilio Prini. Conferenza Stampa, Studio Ghiglione*, Genova / Genoa
Stampa su carta / Print on paper

Installation view, *Emilio Prini. Conferenza Stampa*, Studio Ghiglione, Genova / Genoa

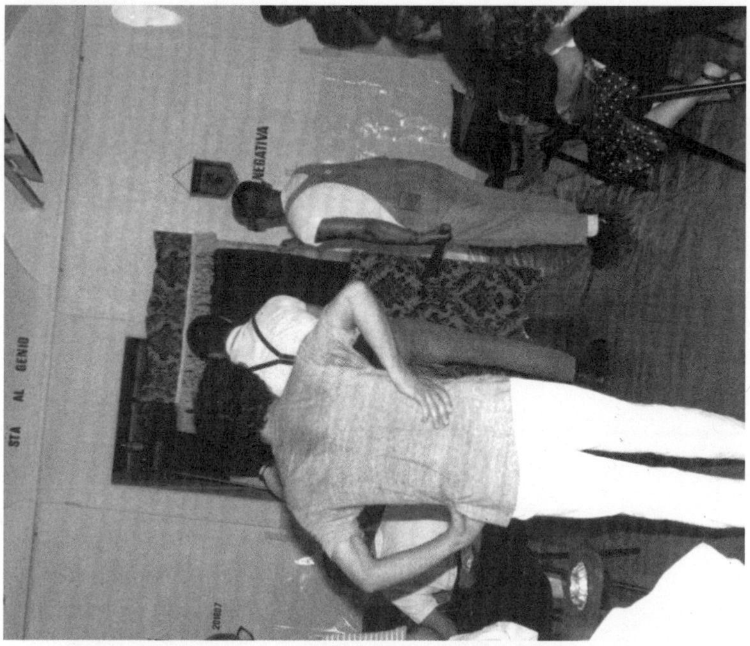

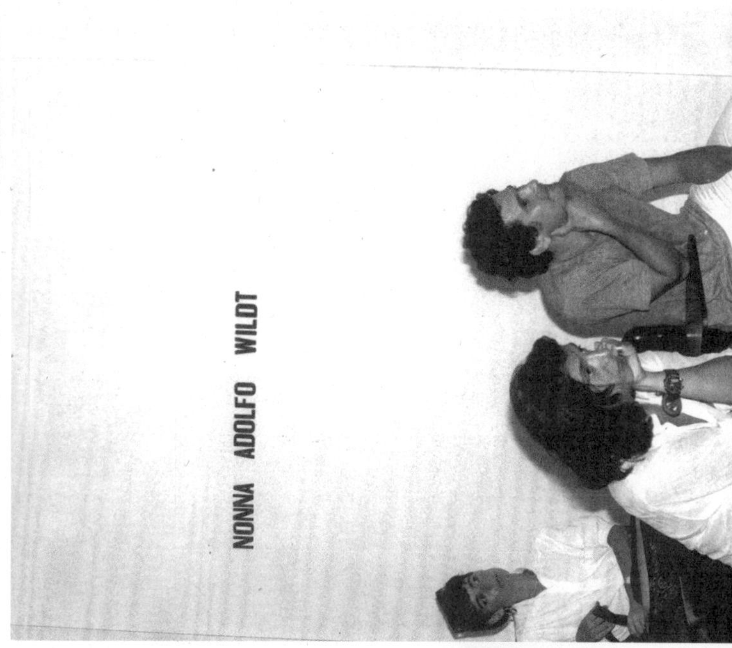

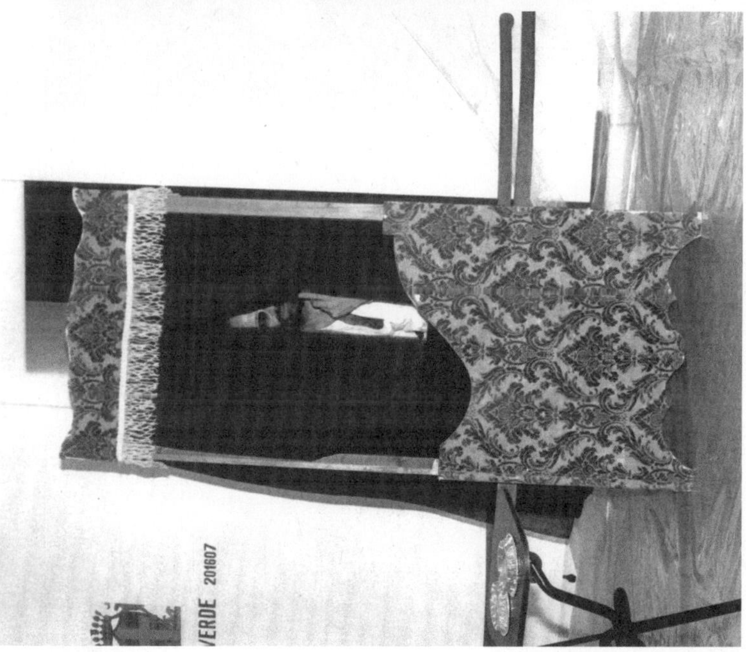

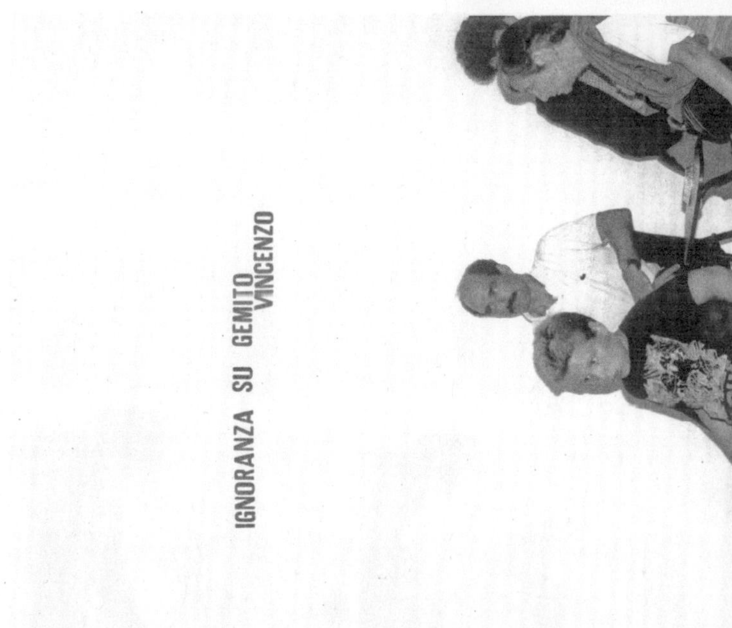

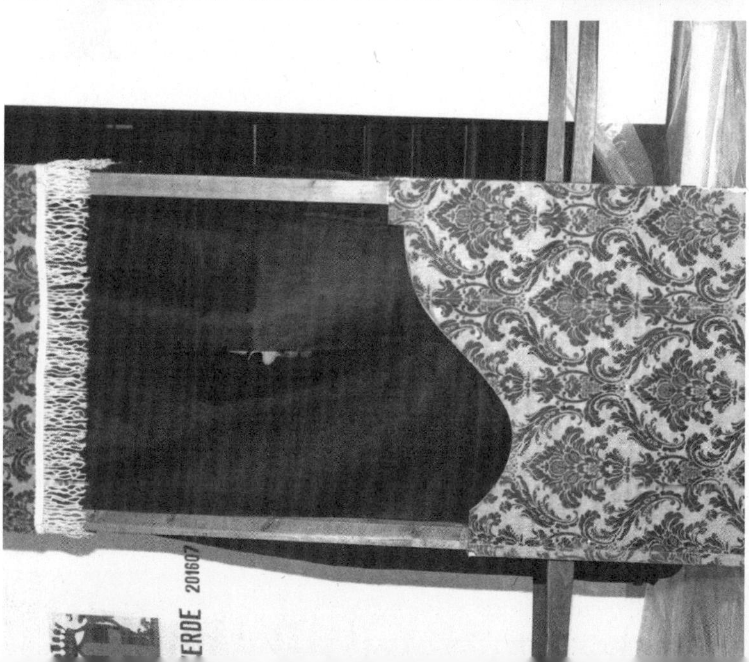

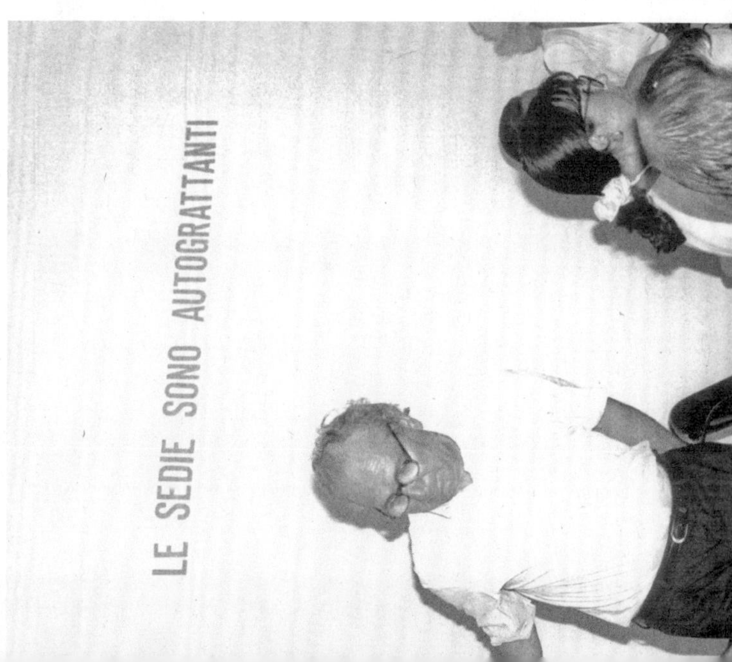

Emilio Prini

Nato a Stresa nel 1943. Negli anni sessanta vive a Genova; attualmente risiede a Roma.

Mostre personali
1968
Genova, Galleria La Bertesca.

Principali mostre collettive
1967
Genova, Galleria La Bertesca, *Arte povera e im spazio.* Genova, Istituto di Storia dell'Arte dell'Università, *Collage 1*, Bologna, Galleria De' Foscherari, *Arte povera.*
1968
Bologna, Galleria De' Foscherari, *Arte povera.* Roma, Galleria La Tartaruga, *Il Teatro delle Mostre.* Düsseldorf, Kunsthalle, *Prospekt '68.* Trieste, Centro Arte Viva, *Arte povera.* Amalfi, Arsenali, *Arte povera + azioni povere.*
1969
Amsterdam, Stedelijk Museum, *Op Losse Schröven.* Berna, Kunsthalle, Krefeld, Museum Haus Lange, Londra, ICA, *When Attitudes Become Form.*

Scritti dell'artista
1967
Intervento in "Pallone", n. 1.
1969
Intervento in *Op Losse Schröven*, catalogo della mostra, Amsterdam. Intervento in G. Celant, *Arte Povera*, Mazzotta, Milano.

Bibliografia essenziale
1967
G. Celant, in catalogo *Arte povera e im spazio*, Galleria La Bertesca, Genova.
G. Celant, *Arte povera. Appunti per una guerriglia*, in "Flash Art", n. 5.
1968
G. Celant, *Arte povera*, in catalogo Galleria De' Foscherari, Bologna.
1969
AA.VV., *Arte povera + azioni povere*, Rumma, Salerno. T. Trini, *Nuovo alfabeto per corpo e materia*, in *When Attitudes Become Form*, catalogo della mostra, Berna. G. Celant, *Emilio Prini*, in *Arte povera*, Mazzotta, Milano.

Perimetro, 1967 (particolare)
neon

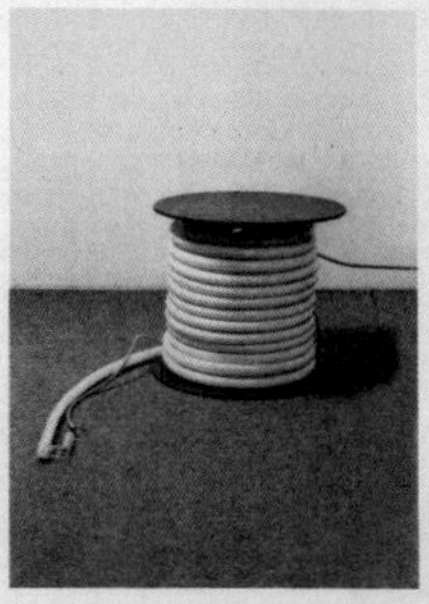

142

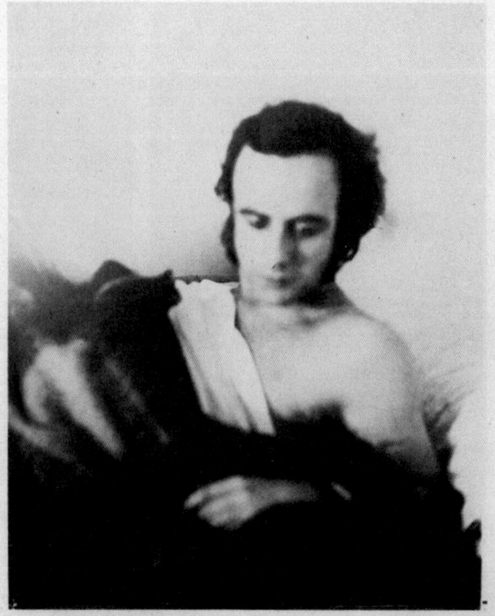

143

Emilio Prini

Introduzione alle statue

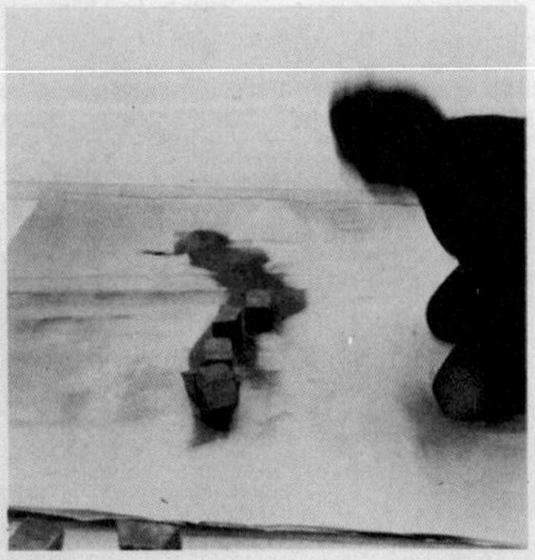

79 giorni alla statua

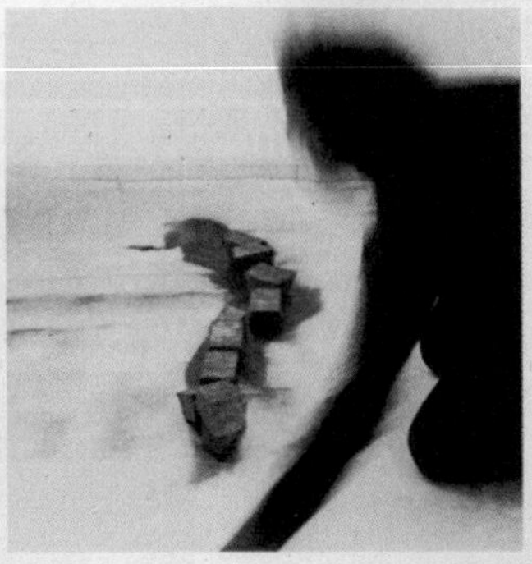

144

Fermacarte, 1968 (particolare)

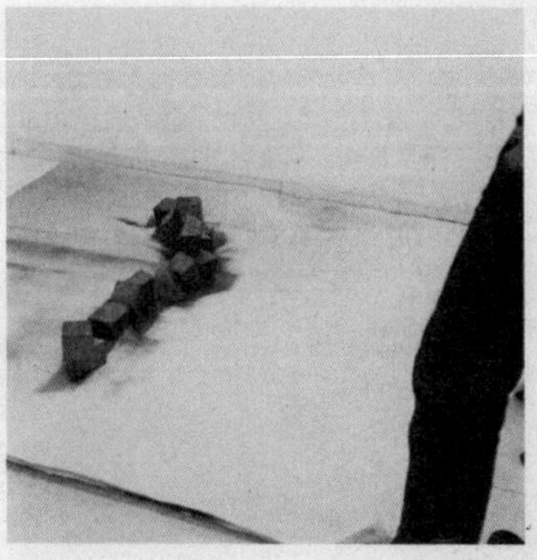

145

1989

***Verso l'Arte Povera. Momenti e aspetti degli anni '60 in Italia*, Electa**
Catalogo / Catalogue

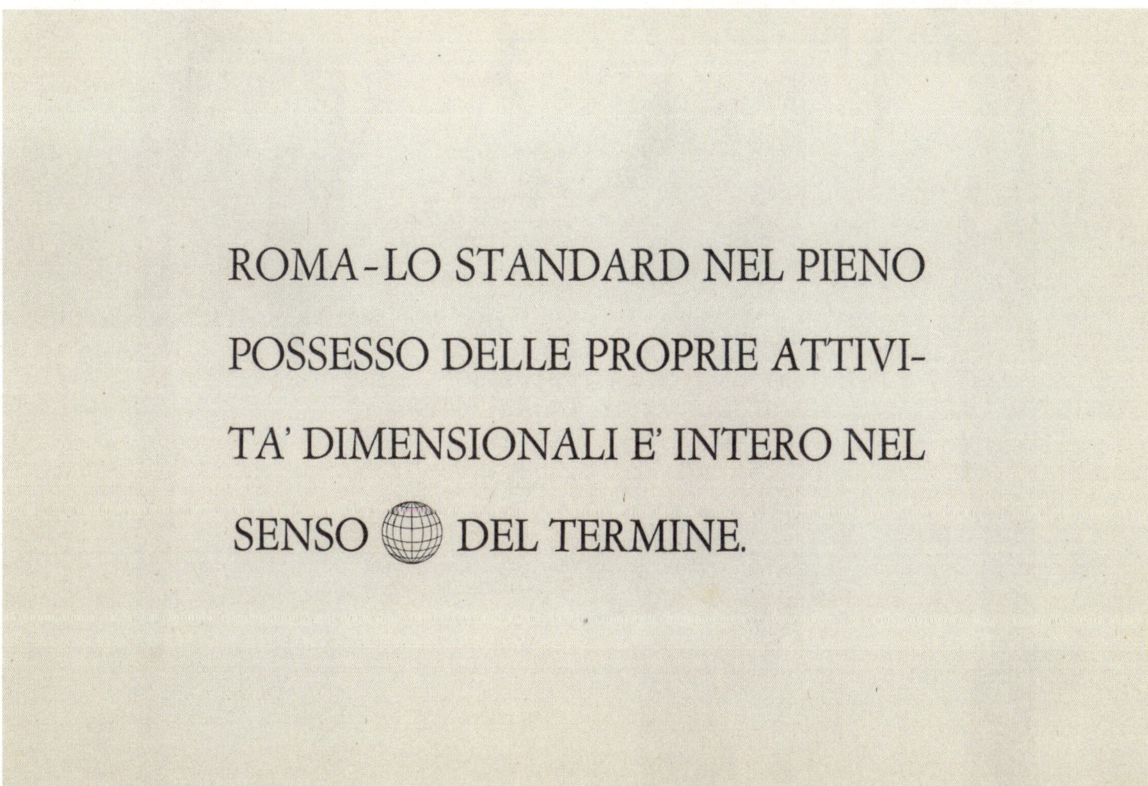

1989

Senza titolo / Untitled, anni '80 / 1980s
Stampa su cartoncino / Print on cardboard

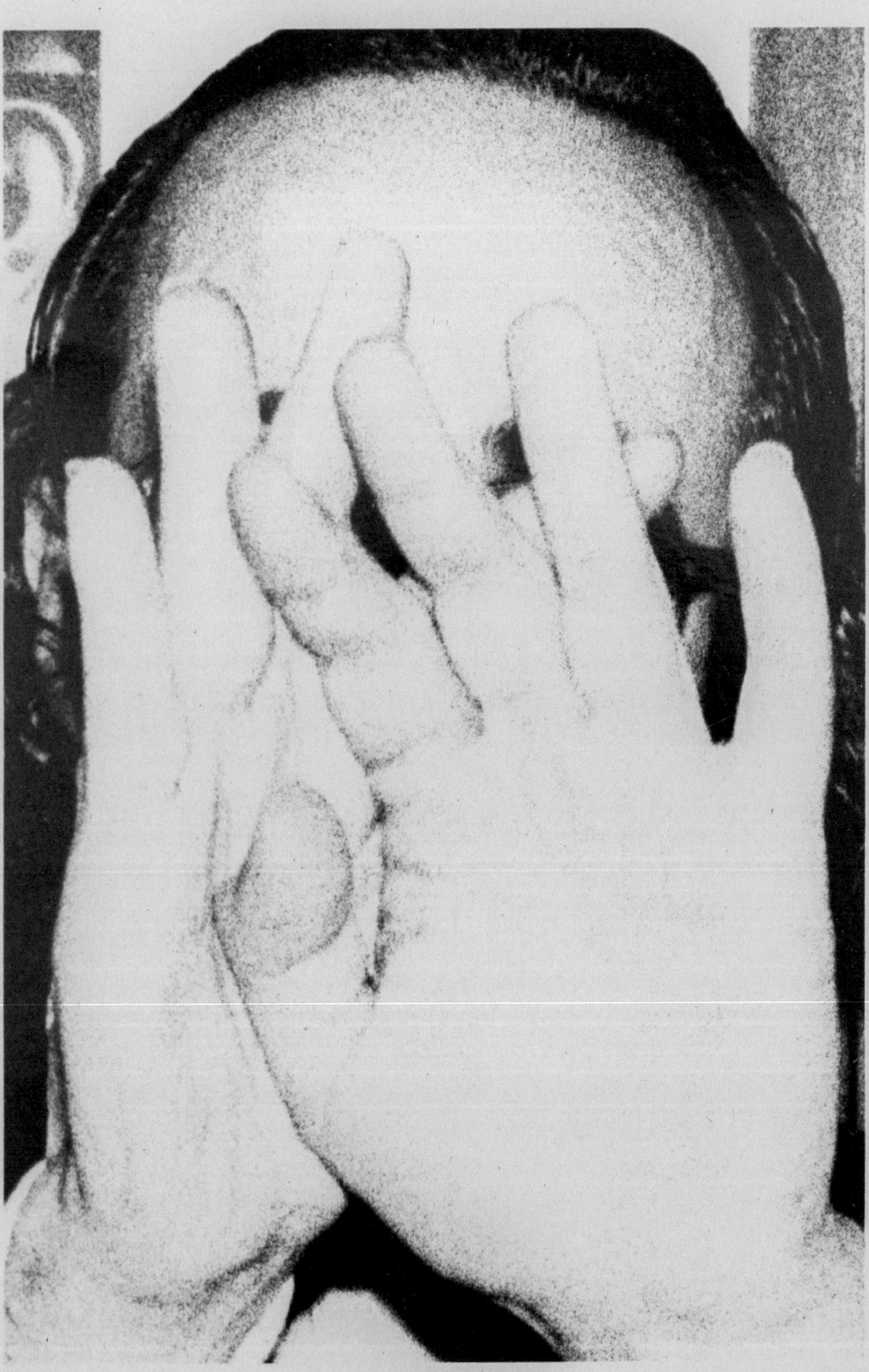

1989

***Parata fotografica*, anni '80 / 1980s**
Fotografia in bianco e nero / Black-and-white photograph

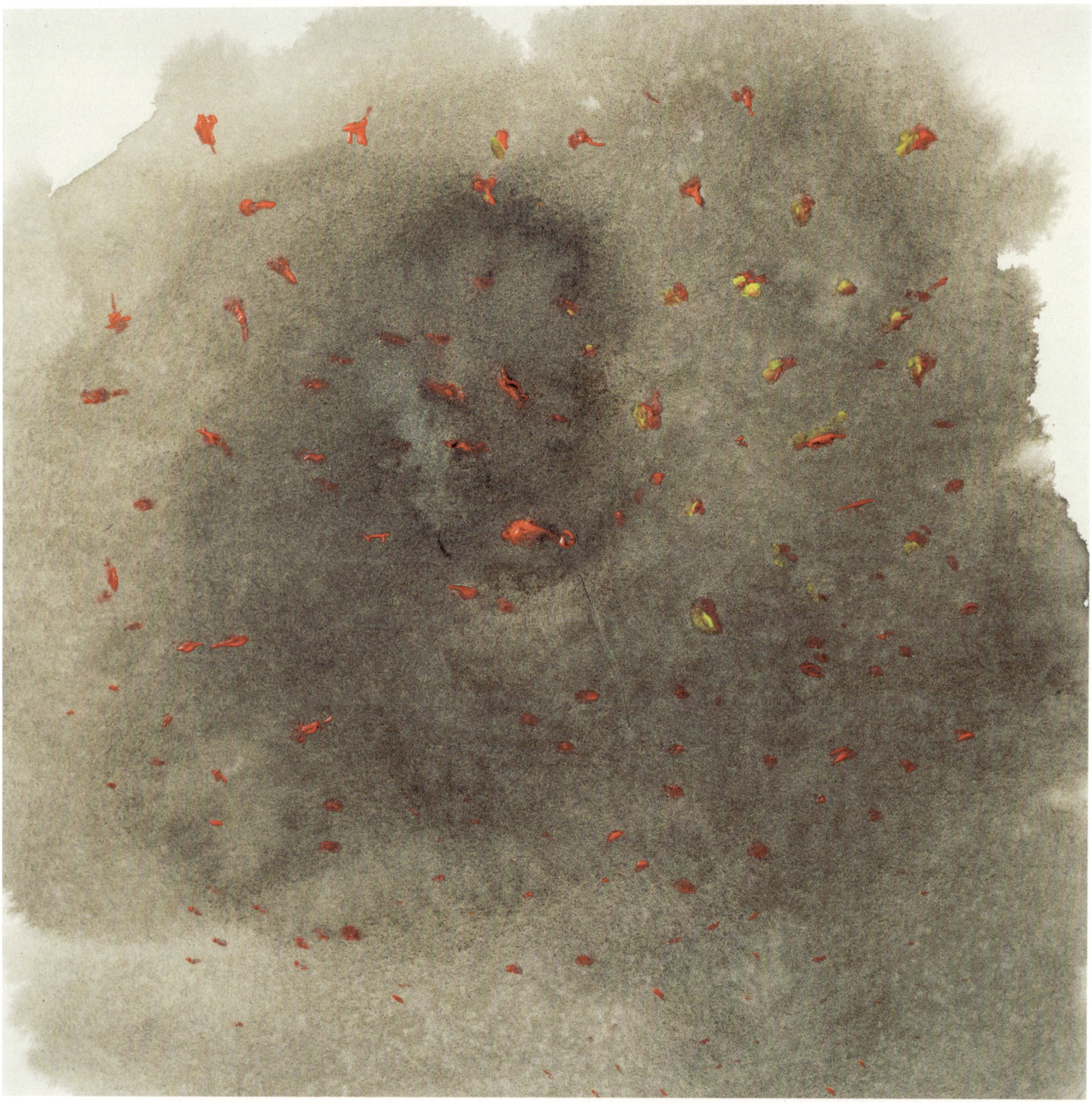

1989

Senza titolo / Untitled, anni '80 / 1980s
Tecnica mista / Mixed media
Realizzato in collaborazione con / Created in collaboration with Marisa Merz

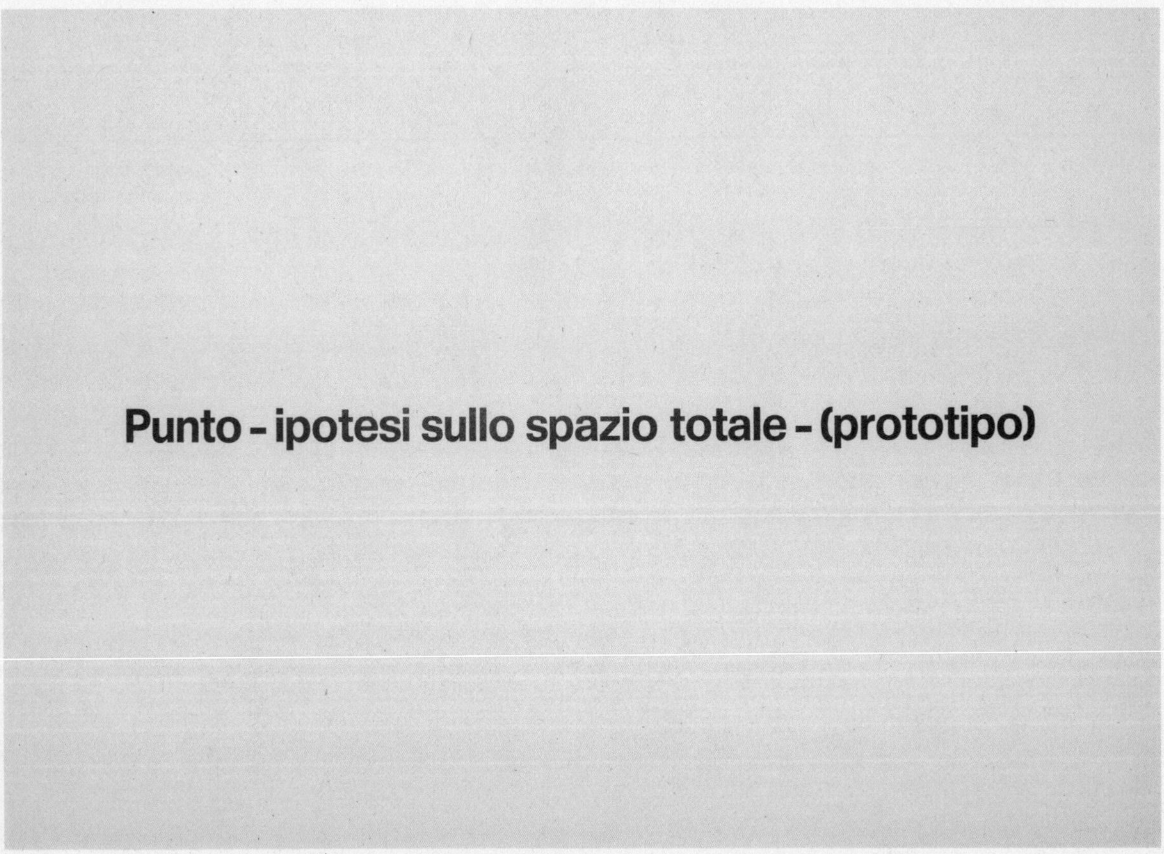

1989

Senza titolo / Untitled, anni '80 / 1980s
Stampa su cartoncino / Print on cardboard

Le Maschere della notte
di
Francesco Serrao

illustrazione di Emilio Prini

mercoledì 26 settembre, ore 17, fino al 3 ottobre 1990

Galleria Toselli, via del Carmine, 9, - Milano

1990

Invito realizzato dall'artista per la presentazione del libro / Invitation made by the artist for the book presentation of *Le maschere della notte*, di / by Francesco Serrao, Galleria Toselli, Milano / Milan
Stampa su carta / Print on paper

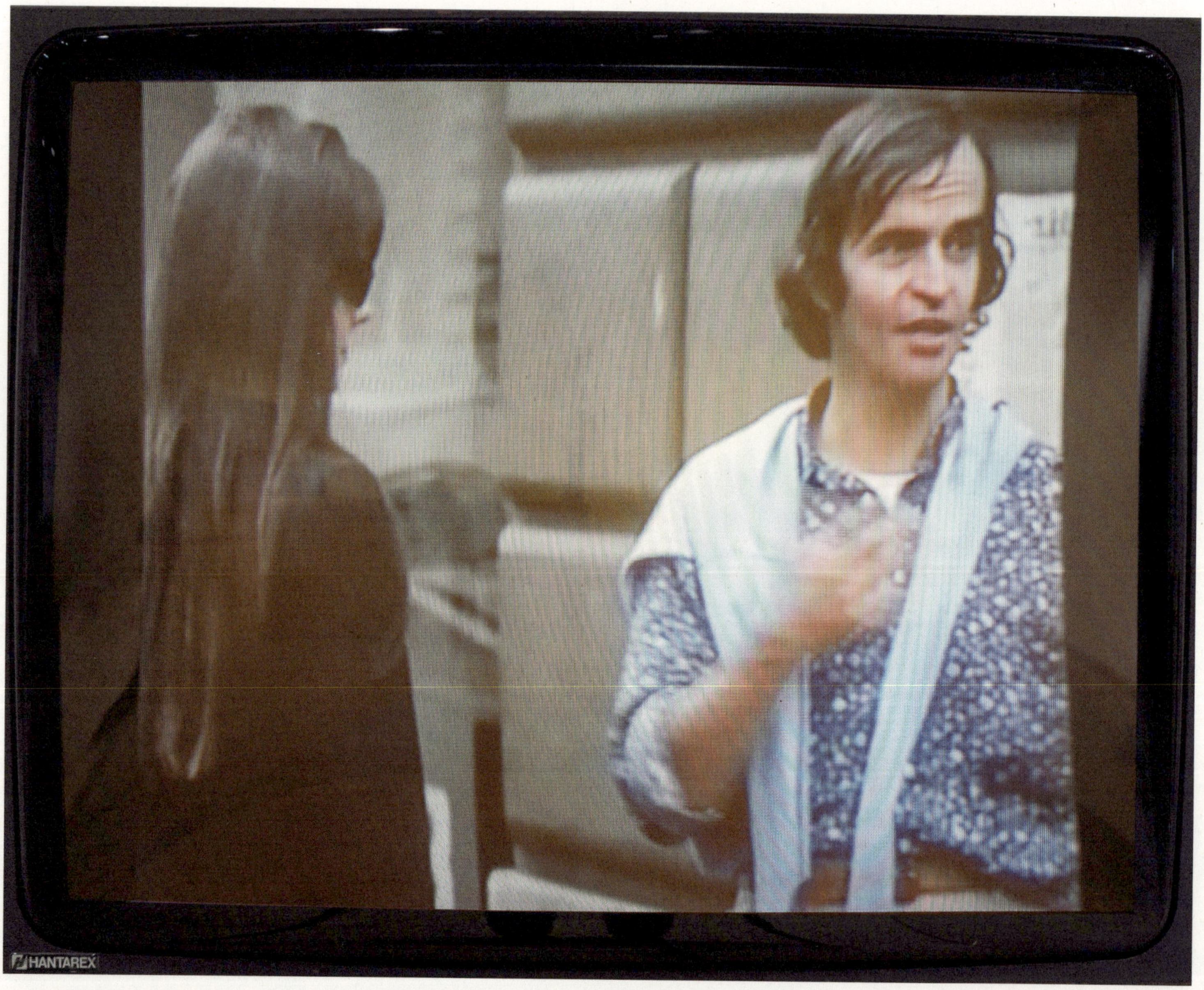

1990

Le maschere della notte
Video

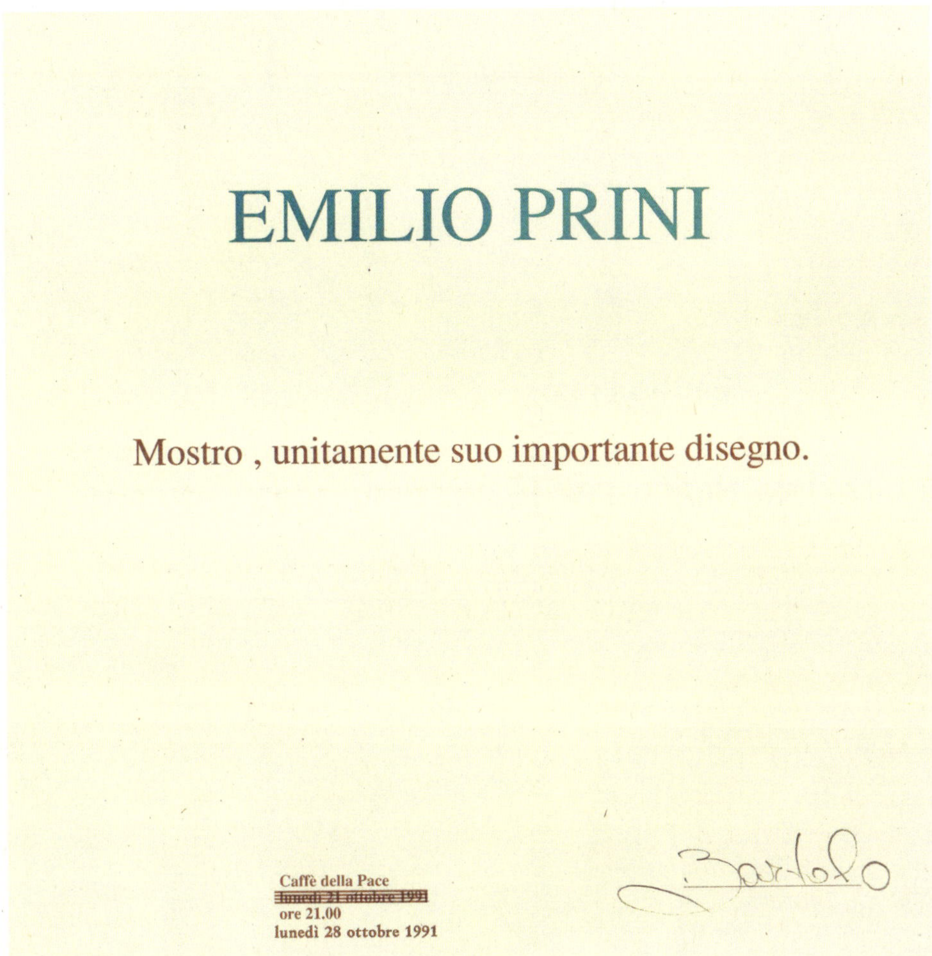
EMILIO PRINI

Mostro , unitamente suo importante disegno.

Caffè della Pace
~~lunedì 21 ottobre 1991~~
ore 21.00
lunedì 28 ottobre 1991

1991

Invito realizzato dall'artista per l'evento / Invitation made by the artist for the event *Mostro, unitamente suo importante disegno*, Caffè della Pace, Roma / Rome
Stampa su carta / Print on paper

SERGIO CASOLI Studio d'arte contemporanea

Emilio Prini

INAUGURAZIONE MERCOLEDI' 16 DICEMBRE 1992 (7 PM)

Corso Monforte, 23 20122 Milano Telefono 02/79 32 38 Telefax 79 52 51

1992

Invito realizzato dall'artista per l'evento / Invitation made by the artist for the event *Emilio Prini*, Sergio Casoli Studio d'arte contemporanea, Milano / Milan
Stampa su carta / Print on paper

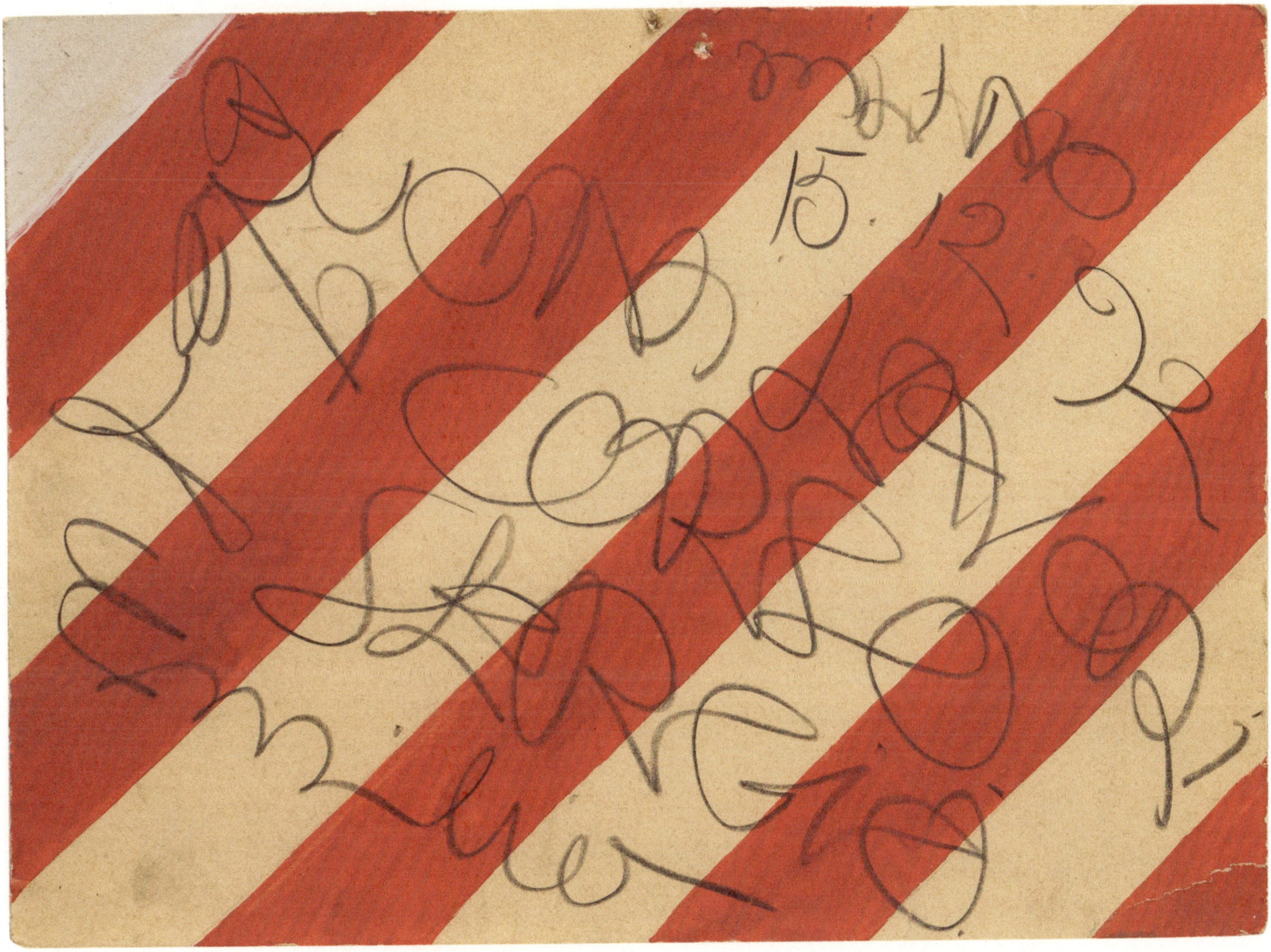

1992

Senza titolo / Untitled
Tempera e grafite su cartoncino / Tempera and graphite on cardboard

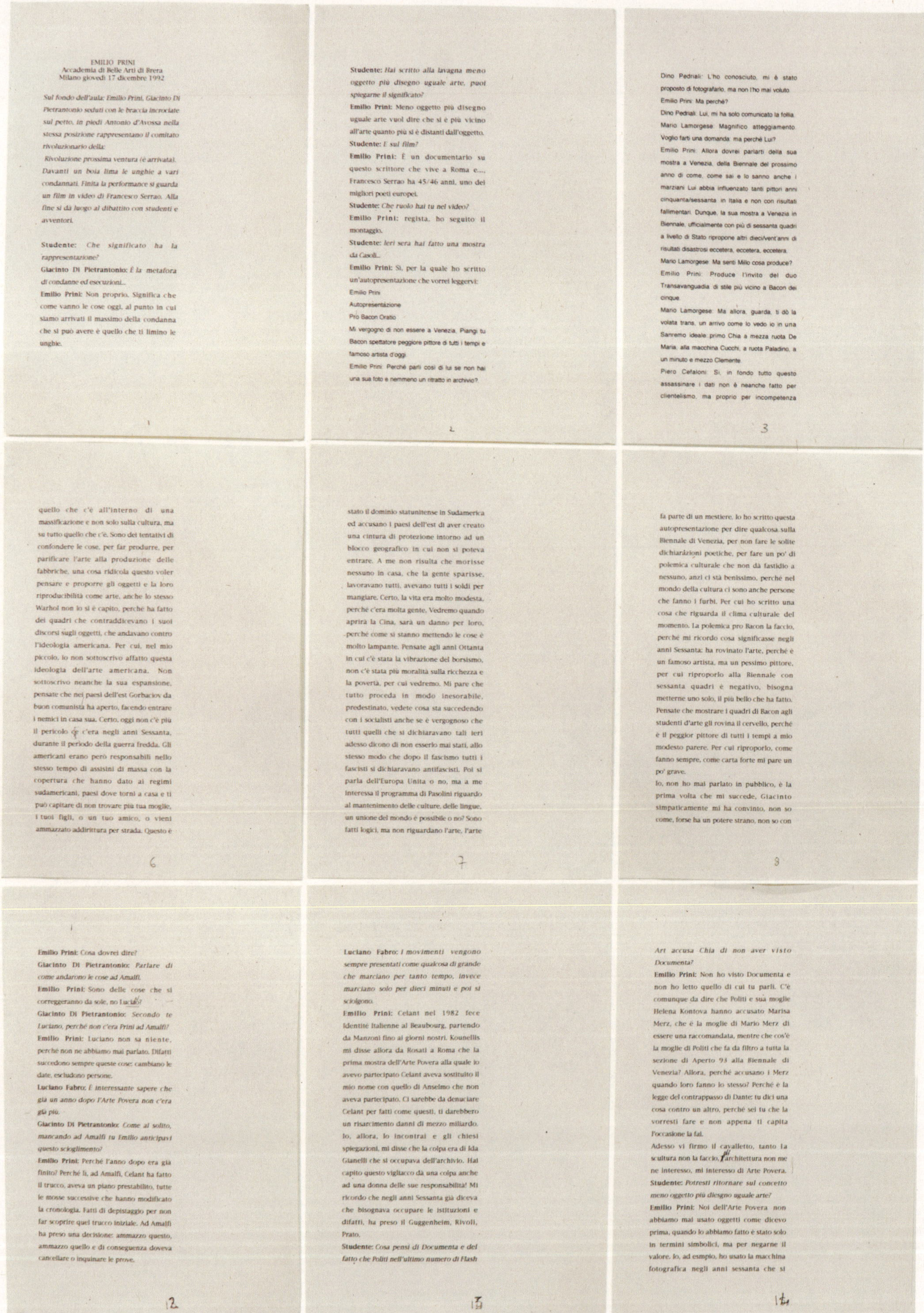

EMILIO PRINI
Accademia di Belle Arti di Brera
Milano giovedì 17 dicembre 1992

Sul fondo dell'aula: Emilio Prini, Giacinto Di Pietrantonio seduti con le braccia incrociate sul petto, in piedi Antonio d'Avossa nella stessa posizione rappresentano il comitato rivoluzionario della:
Rivoluzione prossima ventura (è arrivata). Davanti un boia lima le unghie a vari condannati. Finita la performance si guarda un film in video di Francesco Serrao. Alla fine si dà luogo al dibattito con studenti e avventori.

Studente: *Che significato ha la rappresentazione?*
Giacinto Di Pietrantonio: *È la metafora di condanne ed esecuzioni...*
Emilio Prini: Non proprio. Significa che come vanno le cose oggi, al punto in cui siamo arrivati il massimo della condanna che si può avere è quello che ti limino le unghie.

1

Studente: *Hai scritto alla lavagna meno oggetto più disegno uguale arte, puoi spiegarne il significato?*
Emilio Prini: Meno oggetto più disegno uguale arte vuol dire che si è più vicino all'arte quanto più si è distanti dall'oggetto.
Studente: *E sul film?*
Emilio Prini: È un documentario su questo scrittore che vive a Roma e..., Francesco Serrao ha 45/46 anni, uno dei migliori poeti europei.
Studente: *Che ruolo hai tu nel video?*
Emilio Prini: regista, ho seguito il montaggio.
Studente: *Ieri sera hai fatto una mostra da Casoli...*
Emilio Prini: Sì, per la quale ho scritto un'autopresentazione che vorrei leggervi:
Emilio Prini
Autopresentazione
Pro Bacon Oratio
Mi vergogno di non essere a Venezia. Piangi tu Bacon spettatore peggiore pittore di tutti i tempi e famoso artista d'oggi.
Emilio Prini: Perché parli così di lui se non hai una sua foto e nemmeno un ritratto in archivio?

2

Dino Pedriali: L'ho conosciuto, mi è stato proposto di fotografarlo, ma non l'ho mai voluto.
Emilio Prini: Ma perché?
Dino Pedriali: Lui, mi ha solo comunicato la follia.
Mario Lamorgese: Magnifico atteggiamento. Voglio farti una domanda: ma perché Lui?
Emilio Prini: Allora dovrei parlarti della sua mostra a Venezia, della Biennale del prossimo anno di come, come sai e lo sanno anche i marziani Lui abbia influenzato tanti pittori anni cinquanta/sessanta in Italia e non con risultati fallimentari. Dunque, la sua mostra a Venezia in Biennale, ufficialmente con più di sessanta quadri a livello di Stato ripropone altri dieci/vent'anni di risultati disastrosi eccetera, eccetera, eccetera.
Mario Lamorgese: Ma senti Milo cosa produce?
Emilio Prini: Produce l'invito del duo Transavanguadia di stile più vicino a Bacon dei cinque.
Mario Lamorgese: Ma allora, guarda, ti dò la volata trans, un arrivo come lo vedo io in una Sanremo ideale primo Chia a mezza ruota De Maria, alla macchina Cucchi, a ruota Paladino, a un minuto e mezzo Clemente.
Piero Cefaloni: Sì, in fondo tutto questo assassinare i dati non è neanche fatto per clientelismo, ma proprio per incompetenza

3

quello che c'è all'interno di una massificazione e non solo sulla cultura, ma su tutto quello che c'è. Sono dei tentativi di confondere le cose, per far produrre, per parificare l'arte alla produzione delle fabbriche, una cosa ridicola questo voler pensare e proporre gli oggetti e la loro riproducibilità come arte, anche lo stesso Warhol non lo si è capito, perché ha fatto dei quadri che contraddicevano i suoi discorsi sugli oggetti, che andavano contro l'ideologia americana. Per cui, nel mio piccolo, io non sottoscrivo affatto questa ideologia dell'arte americana. Non sottoscrivo neanche la sua espansione, pensate che nei paesi dell'est Gorbaciov da buon comunista ha aperto, facendo entrare i nemici in casa sua. Certo, oggi non c'è più il pericolo che c'era negli anni Sessanta, durante il periodo della guerra fredda. Gli americani erano però responsabili nello stesso tempo di assisini di massa con la copertura che hanno dato ai regimi sudamericani, paesi dove torni a casa e ti può capitare di non trovare più tua moglie, i tuoi figli, o un tuo amico, o vieni ammazzato addirittura per strada. Questo è

6

stato il dominio statunitense in Sudamerica ed accusano i paesi dell'est di aver creato una cintura di protezione intorno ad un blocco geografico in cui non si poteva entrare. A me non risulta che morisse nessuno in casa, che la gente sparisse, lavoravano tutti, avevano tutti i soldi per mangiare. Certo, la vita era molto modesta, perché c'era molta gente. Vedremo quando aprirà la Cina, sarà un danno per loro, perché come si stanno mettendo le cose è molto lampante. Pensate agli anni Ottanta in cui c'è stata la vibrazione del borsismo, non c'è stata più moralità sulla ricchezza e la povertà, per cui vedremo. Mi pare che tutto proceda in modo inesorabile, predestinato, vedete cosa sta succedendo con i socialisti anche se è vergognoso che tutti quelli che si dichiaravano tali ieri adesso dicono di non esserlo mai stati, allo stesso modo che dopo il fascismo tutti i fascisti si dichiaravano antifascisti. Poi si parla dell'Europa Unita o no, ma a me interessa il programma di Pasolini riguardo al mantenimento delle culture, delle lingue, un unione del mondo è possibile o no? Sono fatti logici, ma non riguardano l'arte, l'arte

7

fa parte di un mestiere. Io ho scritto questa autopresentazione per dire qualcosa sulla Biennale di Venezia, per non fare le solite dichiarazioni poetiche, per fare un po' di polemica culturale che non dà fastidio a nessuno, anzi ci stà benissimo, perché nel mondo della cultura ci sono anche persone che fanno i furbi. Per cui ho scritto una cosa che riguarda il clima culturale del momento. La polemica pro Bacon la faccio, perché mi ricordo cosa significasse negli anni Sessanta: ha rovinato l'arte, perché è un famoso artista, ma un pessimo pittore, per cui riproporlo alla Biennale con sessanta quadri è negativo, bisogna metterne uno solo, il più bello che ha fatto. Pensate che mostrare i quadri di Bacon agli studenti d'arte gli rovina il cervello, perché è il peggior pittore di tutti i tempi a mio modesto parere. Per cui riproporlo, come fanno sempre, come carta forte mi pare un po' grave.
Io, non ho mai parlato in pubblico, è la prima volta che mi succede, Giacinto simpaticamente mi ha convinto, non so come, forse ha un potere strano, non so con

8

Emilio Prini: Cosa dovrei dire?
Giacinto Di Pietrantonio: *Parlare di come andarono le cose ad Amalfi.*
Emilio Prini: Sono delle cose che si correggeranno da sole, no Luciano?
Giacinto Di Pietrantonio: *Secondo te Luciano, perché non c'era Prini ad Amalfi?*
Emilio Prini: Luciano non sa niente, perché non ne abbiamo mai parlato. Difatti succedono sempre queste cose: cambiano le date, escludono persone.
Luciano Fabro: *È interessante sapere che già un anno dopo l'Arte Povera non c'era già più.*
Giacinto Di Pietrantonio: *Come al solito, mancando ad Amalfi tu Emilio anticipavi questo scioglimento?*
Emilio Prini: Perché l'anno dopo era già finito? Perché lì, ad Amalfi, Celant ha fatto il trucco, aveva un piano prestabilito, tutte le mosse successive che hanno modificato la cronologia. Fatti di depistaggio per non far scoprire quel trucco iniziale. Ad Amalfi ha preso una decisione: ammazzo questo, ammazzo quello e di conseguenza doveva cancellare o inquinare le prove.

12

Luciano Fabro: *I movimenti vengono sempre presentati come qualcosa di grande che marciano per tanto tempo, invece marciano solo per dieci minuti e poi si sciolgono.*
Emilio Prini: Celant nel 1982 fece Identité Italienne al Beaubourg, partendo da Manzoni fino ai giorni nostri. Kounellis mi disse allora da Rosati a Roma che la prima mostra dell'Arte Povera alla quale io avevo partecipato Celant aveva sostituito il mio nome con quello di Anselmo che non aveva partecipato. Ci sarebbe da denuciare Celant per fatti come questi, ti darebbero un risarcimento danni di mezzo miliardo. Io, allora, lo incontrai e gli chiesi spiegazioni, mi disse che la colpa era di Ida Gianelli che si occupava dell'archivio. Hai capito questo vigliacco dà una colpa anche ad una donna delle sue responsabilità! Mi ricordo che negli anni Sessanta già diceva che bisognava occupare le istituzioni e difatti, ha preso il Guggenheim, Rivoli, Prato.
Studente: *Cosa pensi di Documenta e del fatto che Politi nell'ultimo numero di Flash*

13

Art accusa Chia di non aver visto Documenta?
Emilio Prini: Non ho visto Documenta e non ho letto quello di cui tu parli. C'è comunque da dire che Politi e sua moglie Helena Kontova hanno accusato Marisa Merz, che è la moglie di Mario Merz di essere una raccomandata, mentre che cos'è la moglie di Politi che fa da filtro a tutta la sezione di Aperto 93 alla Biennale di Venezia? Allora, perché accusano i Merz quando loro fanno lo stesso? Perché è la legge del contrappasso di Dante: tu dici una cosa contro un altro, perché sei tu che la vorresti fare e non appena ti capita l'occasione la fai.
Adesso vi firmo il cavalletto, tanto la scultura non la faccio, l'architettura non me ne interesso, mi interesso di Arte Povera.
Studente: *Potresti ritornare sul concetto meno oggetto più diesgno uguale arte?*
Emilio Prini: Noi dell'Arte Povera non abbiamo mai usato oggetti come dicevo prima, quando lo abbiamo fatto è stato solo in termini simbolici, ma per negarne il valore. Io, ad esmpio, ho usato la macchina fotografica negli anni sessanta che si

14

1992

Documentazione della / Documentation of *La rivoluzione prossima ventura (è arrivata)*, Accademia di Belle Arti di Brera, Milano / Milan
17 fogli A4 / 17 A4 sheets

astrologica. Uso della tua immagine usata stile direttorio, una crisi forzosa solo formale, degna di un autopazzo infuriato, tentato automicidio, automicidio in abiti da camaleonte fatto per mettere a fuoco l'attenzione di se stesso, su se stesso, insomma, Achille Bonito Oliva vuole notarsi

Emilio Prini: Benissimo, allora non possiamo andare a .... a altrove. Sullo sfondo architetti, pittori, scultori, animali, minerali, vegetali e Arte Povera insorgono.

Post Scriptum

Lui, Nomi depositati e rivelabili su appuntamento telefonare a Roma 06/..............................

Studente: *Volevo che l'artista mi parlasse del significato del quadro che è sul cavalletto?*

Emilio Prini: L'ho messo per non far si che ci fossero solo oggetti: televisori, sedie, lavagne, carrelli, pavimento. È un ritratto di una mia amica di Roma. Qesto blu sta a significare il mare. È semplice, ma a me sembra abbastanza riuscito. È stato fatto sempre rimanendo attaccato alla tavoletta, non mi sono mai distanziato per guardare l'effetto o per correggere. Credo che sia riuscito, perché a me interessano le cose

4

riuscite, se poi è arte lo diranno gli altri. Se poi è bello o brutto è un altro discorso, riguarda più dei fatti accademici all'interno delle accademie d'arte di tutto il mondo. Il senso del bello è una cosa del Settecento, sono categorie filosofiche recenti. Non appartengono ad un'idea atavica, il bello non appartiene ad un'idea atavica, non viene da un atavismo, è una cosa recente di due, tre secoli fa. Non ti pare Luciano? A me piace molto Salvador Dalì che dà l'idea d'atavismo. Poi mi interessa Picasso, De Chirico, Marcel Duchamp, Matisse, cose normali. Dell'antichità pure mi piacciono cose normali: Michelangelo, Raffaello, Leonardo che piacciono a tutti. Ho gusti normali nell'arte.

Poi questa formula che ho scritto alla lavagna: meno oggetto più disegno uguale arte mi sembra evidente. L'oggetto è una cosa riproducibile è una duchampata, finché l'ha fatta Duchamp non si usava firmare un oggetto più o meno trasformato. Noi artisti dell'arte Povera non abbiamo usato oggetti: non ti pare Luciano? *(riferenddosi a fabro che è in sala)* Per cui l'Arte Povera secondo il mio modesto

parere è la quarta arte. Ciò fa si che noi italiani abbiamo quattro arti, invece che tre come tutti gli altri: pittura, scultura, architettura e Arte Povera. La quarta arte è nata da una trentina d'anni: i due metri cubi di terra di Pascali, la carboniera di Kounellis, Giulio Paolini con lo spazio, io con il perimetro d'aria. La maggior parte delle opere erano esposte a terra, il muro per noi non era così importante come per altri movimenti. Arte Povera come teatro povero da Grotowski, quindi rivolto ad un paese dell'est e non scegliendo l'America del Leaving Theatre che è arrivato in Italia nel Sessantasei. Allora, Germano Celant ha creato il termine Arte Povera come teatro povero, quindi, scegliendo Grotowski. Non si parlava nemmeno di arte, noi stessi eravamo dei quasi non artisti, scultori neppure, architetti tantomeno. Ricordi Luciano la discussione sul termine artista? sui giornali ci chiamavano operatori culturali, per cui risultava evidente che ci si trovava di fronte ad una quarta arte. Fa parte del genio italiano dell'arte, così rimangono anche delle differenze geografiche sulla cultura mondiale, su tutto

5

la sua faccia da Cartesio al quale va un bell'applauso (ride).

Giacinto Di Pietrantonio: *Forse sono solo arrivato al momento giusto.*

Emilio Prini: Si, al momento giusto. C'è stato un periodo poi che non si poteva parlare dal 73/74 fino a tutti gli anni Ottanta.

Luciano Fabro: *Si, per vent'anni non si è potuto parlare, ora per qualche minuto si parla, ma poi di nuovo zitti.*

Studente: *Potete dire qualcosa riguardo alle accademie in rapporto all'arte?*

Giacinto Di Pietrantonio: *Io è da un anno che insegno e quindi non ho molta esperienza diretta, mi pare che la scuola ha bisogno di essere riformata. Comunque, Fabro che insegna da molti anni può dare forse una risposta più precisa.*

Luciano Fabro: *Non far girare la voce che bisogna riformare l'accademia, perché poi sono sempre gli altri che la riformano.*

Giacinto Di Pietrantonio: *Si, ma la realtà di tutta la scuola italiana è che non ha nessuno rapporto con la realtà e ciò non va bene..*

9

Fabro: Si, ma per le accademie il discorso è sempre lo stesso, ci sono alcuni bravi che si arrangiano da soli e che verranno fuori. È sempre stato così.

Emilio Prini: *Si, quello è giusto, è un fatto di natura.*

Olga: *Ma questo è un discorso, una posizione gesuitica.*

Emilio Prini: *No, al contrario, finalmente si ammette che Picasso non lo capivano tutti quando era contemporaneo. Non tutto il mondo è capace di fare le Demoiselles d'avignon, vuol dire questo Luciano.*

Studente: *Ma io ho l'impressione che l'accademia sia un riformatorio...*

Emilio Prini: Appunto, perché non è riformata, se tu riformi un riformatorio con l'aiuto di persone illuminate è l'ultimo passaggio per farè qualcos'altro. È chiaro che finché rimane così è un riformatorio, perché non riformabile.

Luciano Fabro: *Emilio, tu hai fatto l'accademia.*

Emilio Prini: No.

Luciano Fabro: *Neanch'io. E allora?!*

Emilio Prini: Io ho fatto le medie, ho solo il diploma di terza media. Quando sono

10

andato a fare l'esame integrativo all'accademia mi hanno bocciato. Mi hanno dato tre in disegno, perché avevo usato la matita invece che il carboncino. Comunque, Brera è una delle accademie più famose nel mondo.

Luciano Fabro: *Poi è un posto comodo per venirci, perché pagano loro il riscaldamento.*

Giacinto Di Pietrantonio: *Si, con le nostre tasse.*

Emilio Prini: Tutta la situazione culturale gestita dallo Stato in Italia è assurda, pensate che a Roma c'è la Galleria Nazionale d'Arte Moderna, un posto che per fare una mostra personale devi avere minimo settantacinque anni.

Gabriele Di Matteo: *Perché non ci racconti il tuo rapporto di inclusione ed esclusione dall'Arte Povera?*

Emilio Prini: Non so cosa dire.

Luciano Fabro: Dai, Emilio tu eri vicino al centro della strategia, magari sai delle cose.

Emilio Prini: Diciamo che ho buona memoria.

Giacinto.Di.Pietrantonio: *Allora, vai, Emilio, vai!*

12

consumava lavorando e moriva. Quindi, l'ho esposta al negativo e mai venduta come arte.

Studente: *Ad esempio nella mostra Posthuman che si sta tenendo a Rivoli ci sono molti oggetti raggelati...*

Emilio Prini: Nell'arte non c'è libertà, ma puoi trasformare la realtà, perché puoi dipingere una persona con gli occhi dritti anche se ce li ha storti, o viceversa. Io non ho visto Posthuman, ma ho guardato le riproduzioni in un catalogo e mi ha fatto questa impressione da frigorifero come dici tu, allucinante senza il contenuto di Warhol, della sua paura vera di dirigerla verso il pubblico, di spaventarlo nei riguardi dell'oggetto, di non renderglielo più godibile. Ricordo che Warhol disse: una cosa ripetuta due volte fa paura. Due settimane dopo aver letto questa intervista ho sognato di essere su un treno, camminavo nel corridoio mentre il treno andava, poi il sogno si è fermato, poi dopo un certo tempo è ricominciato identico, mi sono svegliato sudato, impaurito, da un incubo. Per cui l'oggetto che è una cosa ripetibile ti può solo spaventare non può

15

essere usato al positivo. Allora Manzoni con la merda d'artista chiarisce questo concetto, perché mette in una scatola che è sempre uguale, la merda che è sempre diversa. Gunter Brus che faceva parte dell'Azionismo Viennese cagava sul tavolo tutti i giorni, ma non funziona è negativo, puoi farlo una volta sola. Solo l'arte può risolvere questa contraddizione.

16

La rivoluzione prossima ventura (è arrivata)
Documentazione / Documentation, Accademia di Belle Arti di Brera, Milano / Milan

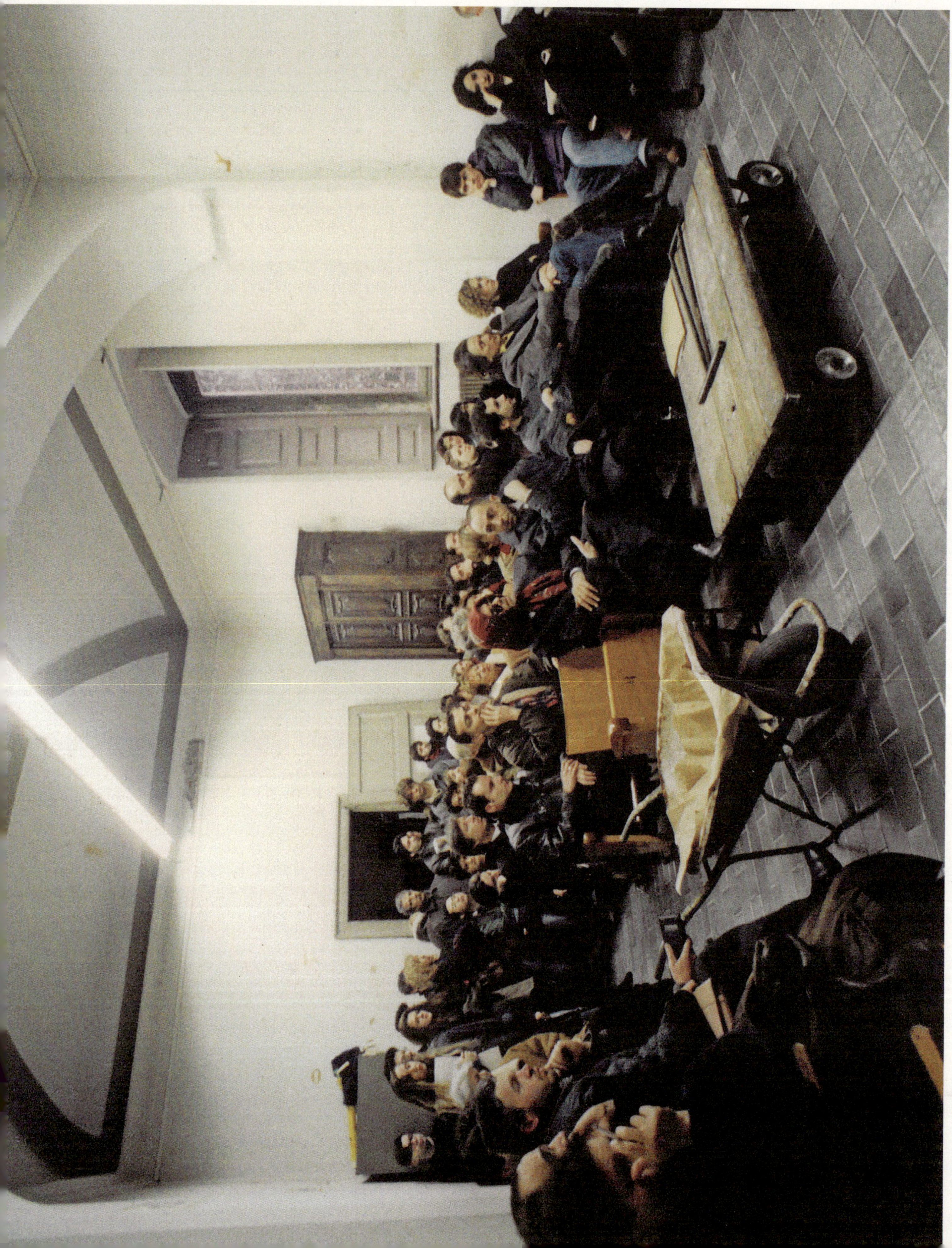

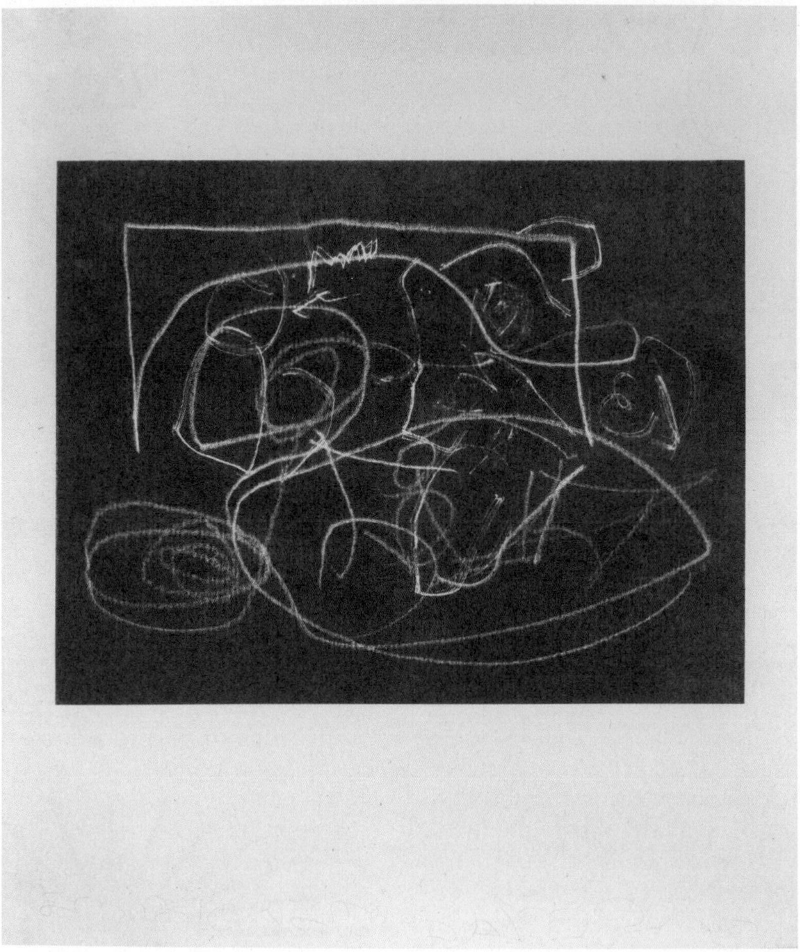

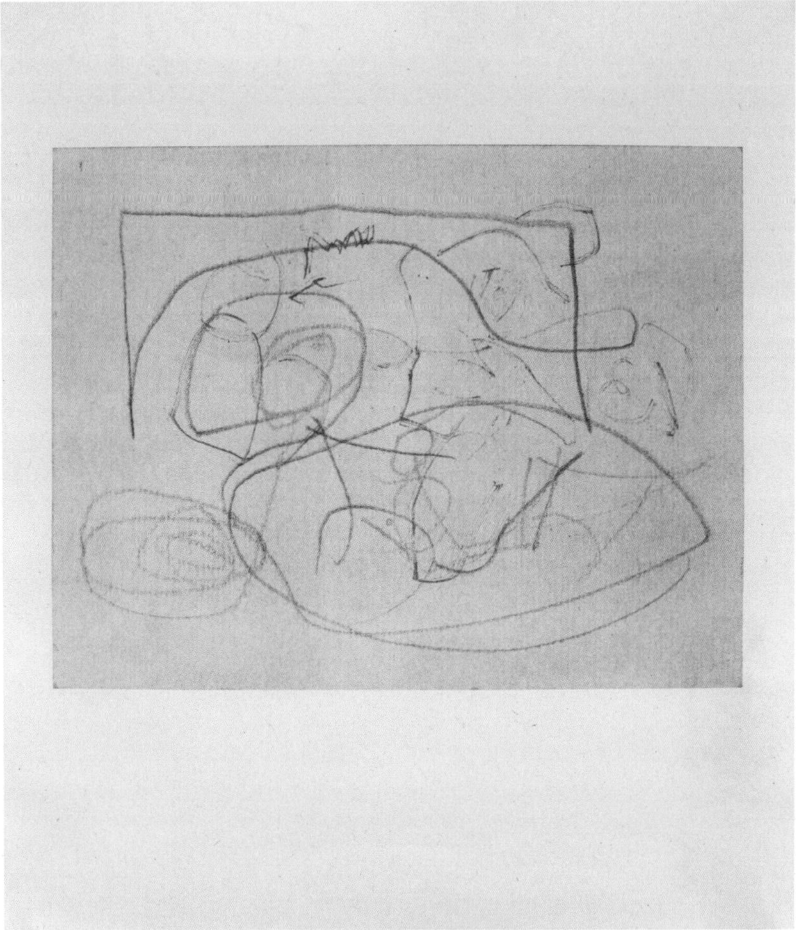

1992

Senza titolo / Untitled
Stampa su carta / Print on paper

Senza titolo / Untitled
Stampa su carta / Print on paper

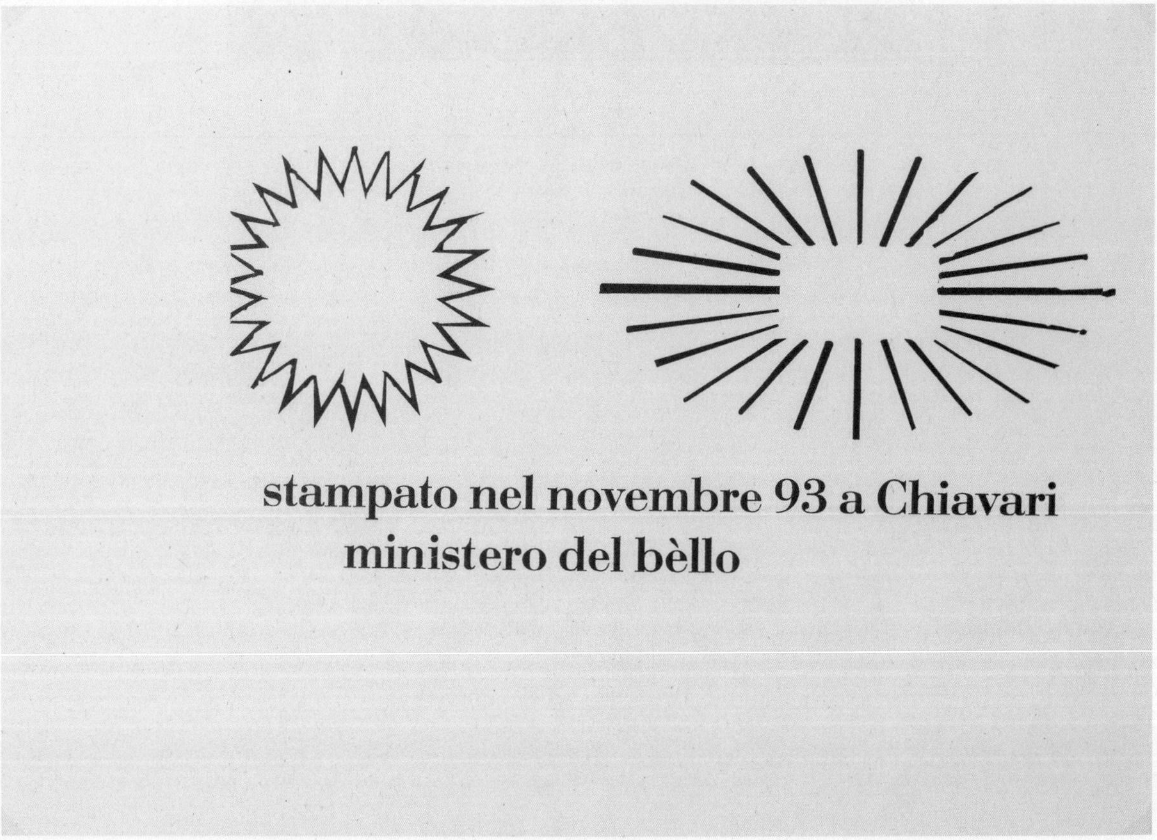

1993

Senza titolo / Untitled
Stampa su carta / Print on paper

Copia per il mittente

Pagina 1 005/3A

ZCZC 005/3A 310290
16100 GENOVAFONO 32/31 14 0315

ACHILLE OCCHETTO
E MASSIMO D'ALEMA
BOTTEGHE OSCURE
00186 ROMA

EMILIO PRINI VIA DEI CORONARI 214 00186 ROMA TEL. 6867995
MOBILE ANTEPOSTO A UN BERLUSCONI
STACCARE IL MOBILE DAL MURO PER LA GRANDEZZA DEL BERLUSCONI E
POSARE POI IL BERLUSCONI NELL'INTERCAPEDINE

NNNN

AMMINISTRAZIONE P.T. - SERVIZIO TELEGRAFICO PUBBLICO

GRAZIA USTONI
VIA DEI GANDOLFI 9
16043 CHIAVARI

TELEGRAMMA		005/3A
DEL		14/12/93
PAROLE		32/31
COSTO	L.	5800

ESCLUSA TASSA DI SERVIZIO

1994

Ricevuta del telegramma inviato da / Telegram receipt sent by Emilio Prini a / to Achille Occhetto e / and Massimo D'Alema
Stampa su carta / Print on paper

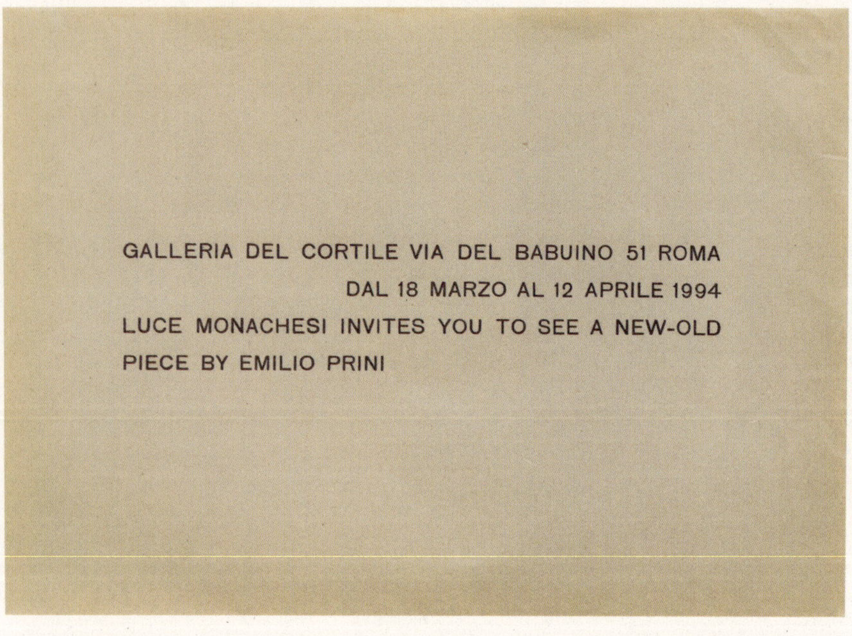

GALLERIA DEL CORTILE VIA DEL BABUINO 51 ROMA
DAL 18 MARZO AL 12 APRILE 1994
LUCE MONACHESI INVITES YOU TO SEE A NEW-OLD
PIECE BY EMILIO PRINI

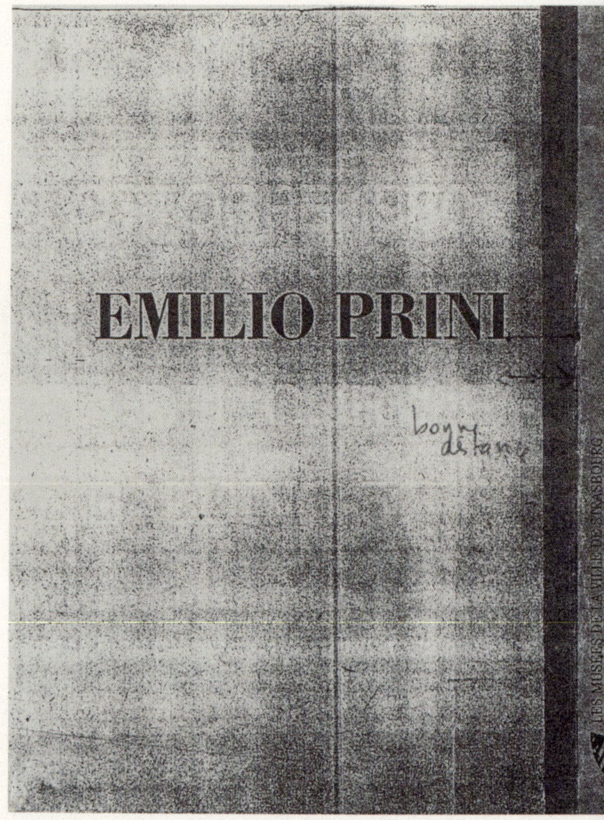

1994
1995

Prova di stampa dell'invito realizzato dall'artista per la mostra / Invitation proof made by the artist for the exhibition *Luce Monachesi invites you to see a new-old piece by Emilio Prini*, Galleria del Cortile, Roma / Rome
Stampa su carta / Print on paper

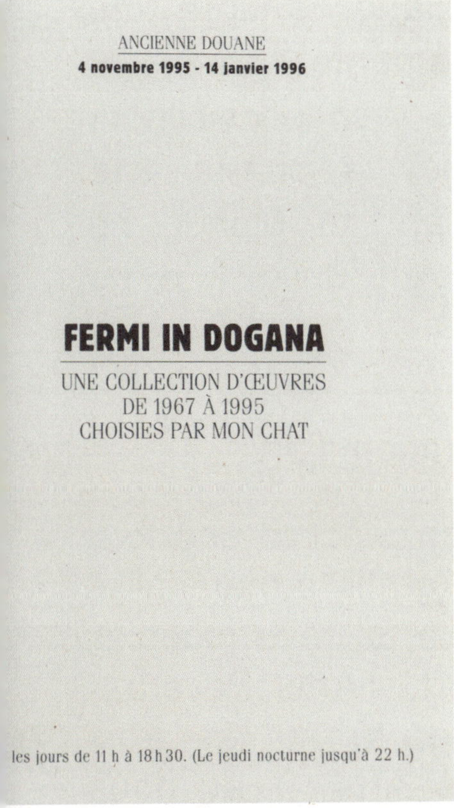

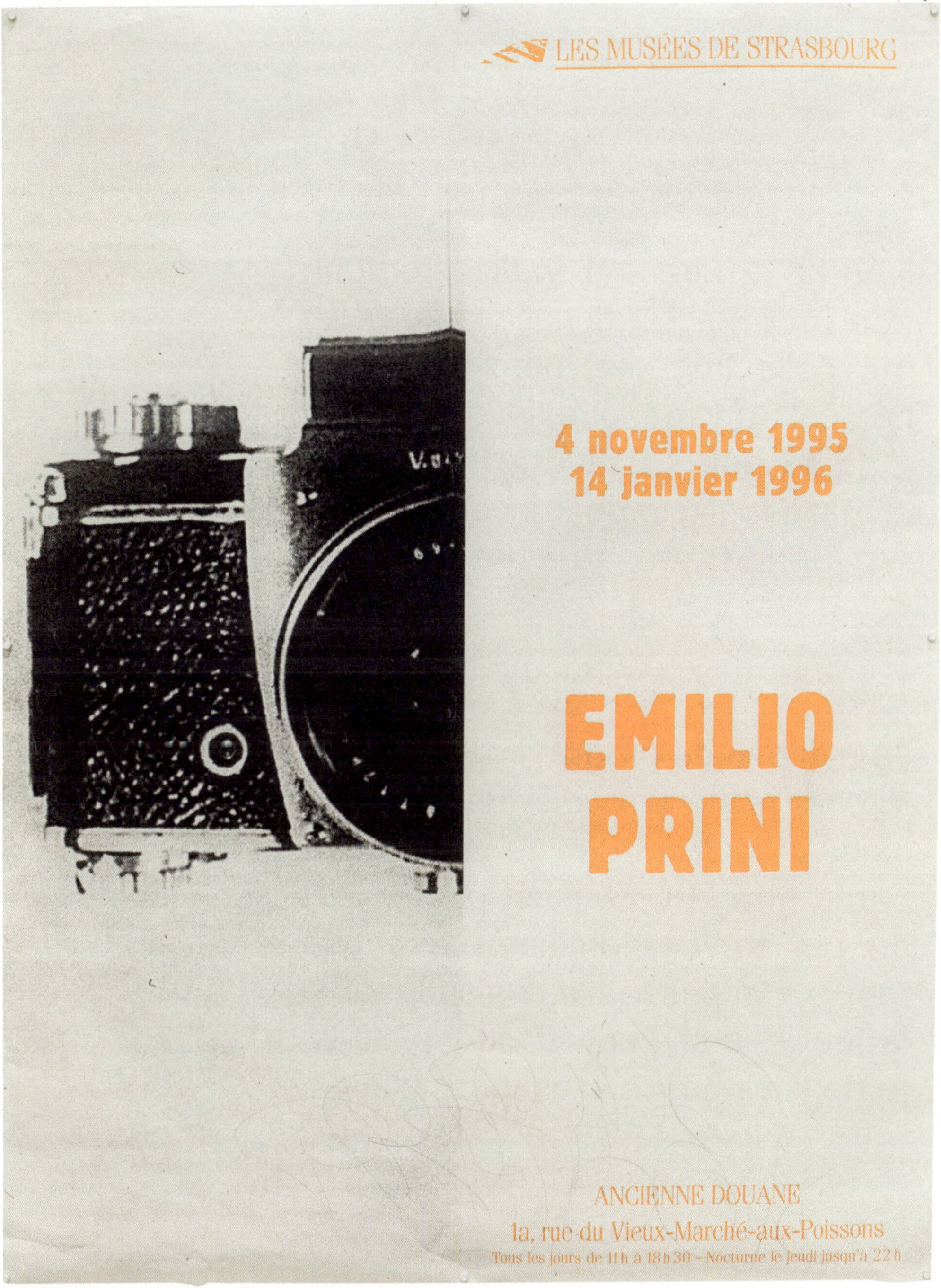

Invito realizzato dall'artista per la mostra / Invitation made by the artist for the exhibition *Fermi in dogana*, Ancienne Douane, Strasburgo / Strasbourg
Stampa su carta / Print on paper

Manifesto realizzato dall'artista per la mostra / Poster made by the artist for the exhibition *Fermi in dogana*, Ancienne Douane, Strasburgo / Strasbourg
Manifesto, grafite / Poster, graphite

Dichiarazione

Non ho programmi, vado a tentoni, non vedo traccia di nascita dell'Arte (né della tragedia) perché la C.S. non è il frutto del puro lavoro umano (perché non ho fatto io la sedia il tavolo il foglio la penna con la quale scrivo) non creo, se è possibile.

Déclaration

Je n'ai pas de programme, je vais à tâtons, je ne vois pas de trace de naissance de l'art (ni de la tragédie) parce que la C.S. n'est pas le fruit du pur travail humain (parce que moi je n'ai pas fait la chaise la table la feuille le stylo avec lequel j'écris) je ne crée pas, si c'est possible.

Dichiarazione d'arte

... il genio italiano, ancora una volta, generosamente (gratis) ha materializzato e reso possibile un sogno mondiale, la quarta arte, l'Arte Povera... ah ! tu, Mondo, hai le famose tre Arti Belle ? e noi quattro...

Déclaration d'art

... le génie italien, encore une fois, généreusement (gratis) a matérialisé et rendu possible un rêve mondial, le quatrième art, l'Arte Povera... ah ! toi, Monde, tu as les trois célèbres Beaux-Arts ? et nous quatre...

1995

Dichiarazione dell'artista esposta nella mostra / Statement by the artist displayed in the exhibition *Fermi in dogana* Ancienne Douane, Strasburgo / Strasbourg
Stampa su carta / Print on paper

Installation view, *Fermi in Dogana*, Ancienne Douane, Strasburgo / Strasbourg

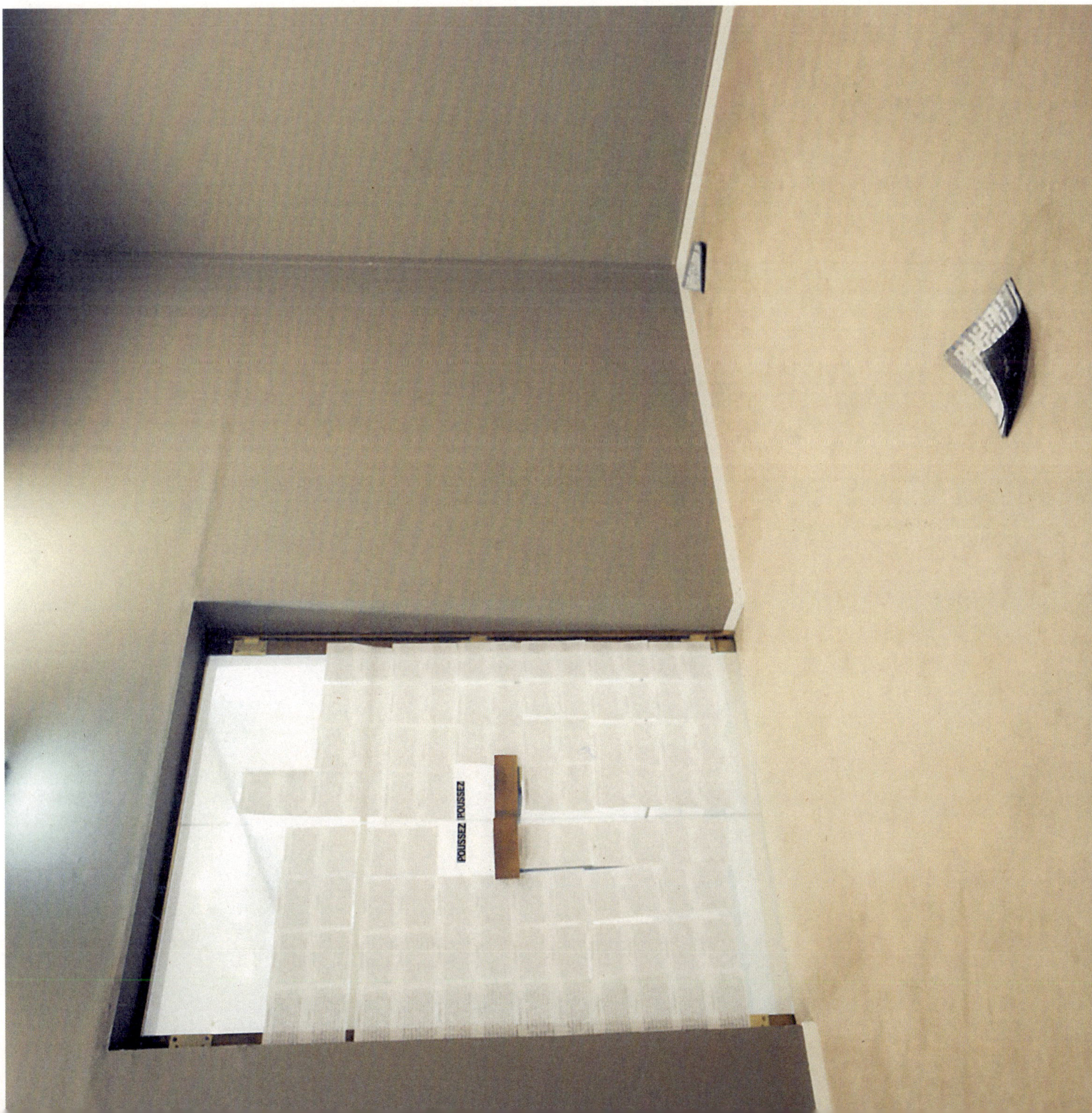

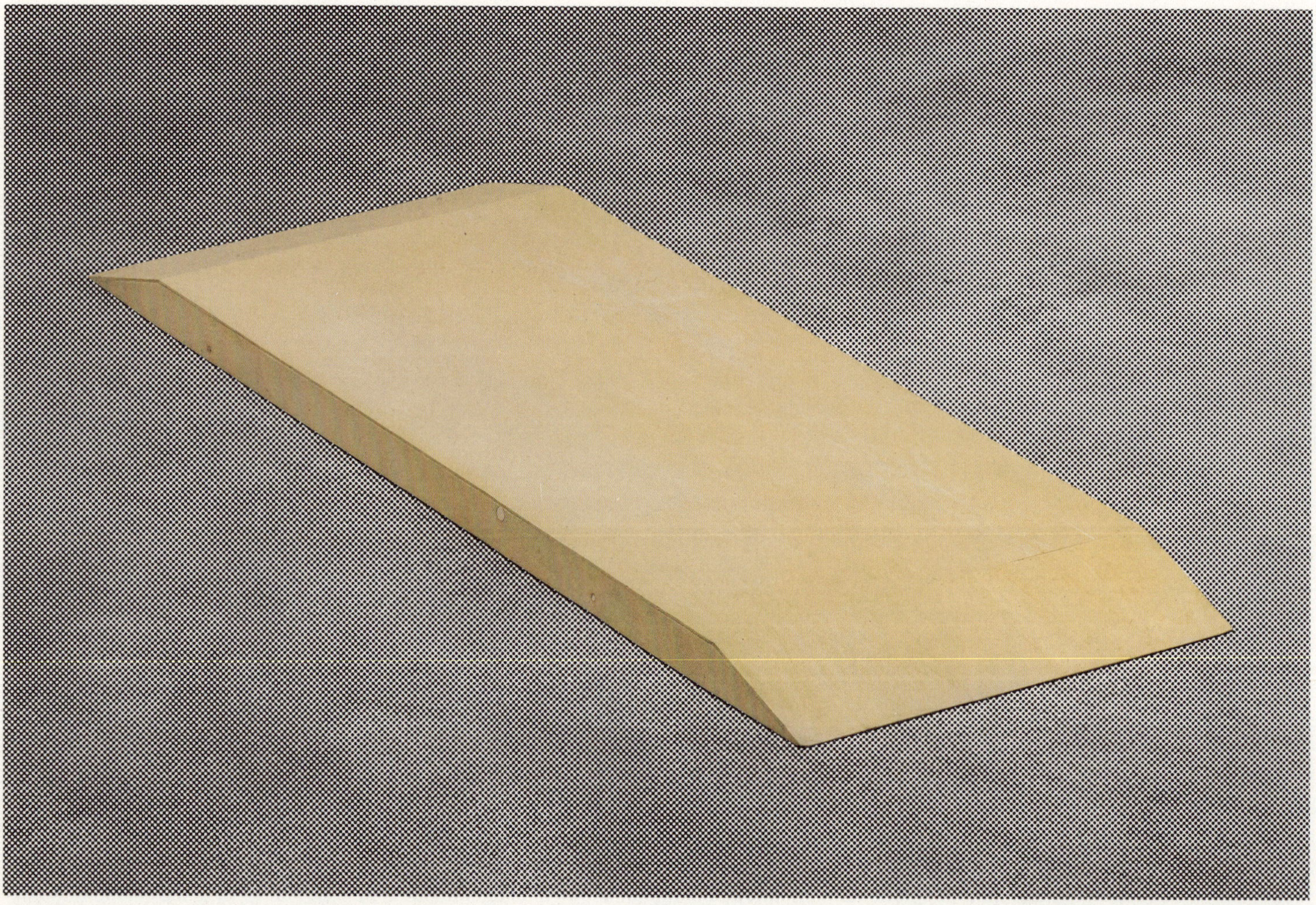

1995

***Gradino pavimento*, 1967–95**
Legno compensato / Plywood

Gradino pavimento
Installation view, *Fermi in Dogana*, Ancienne Douane, Strasburgo / Strasbourg

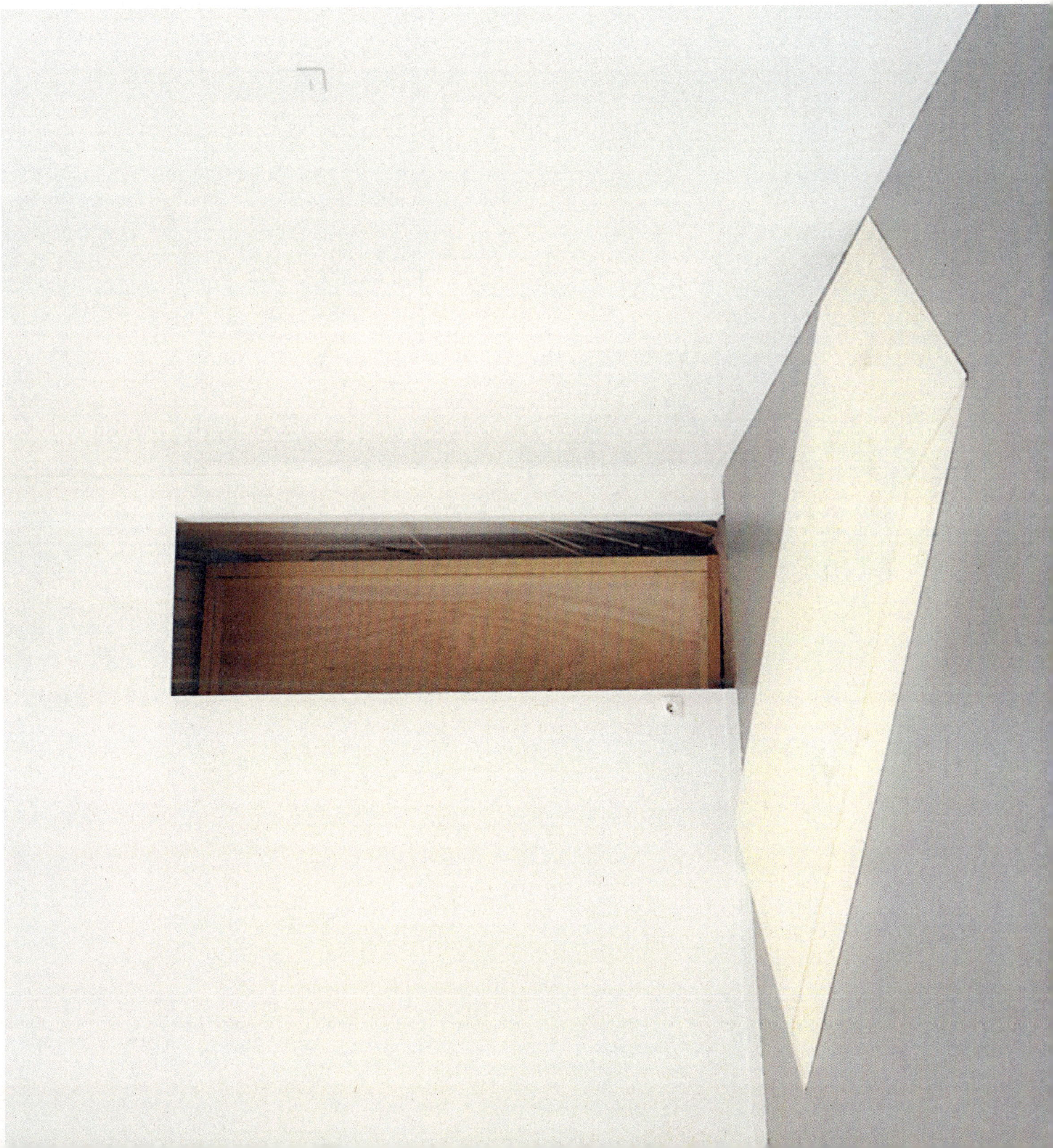

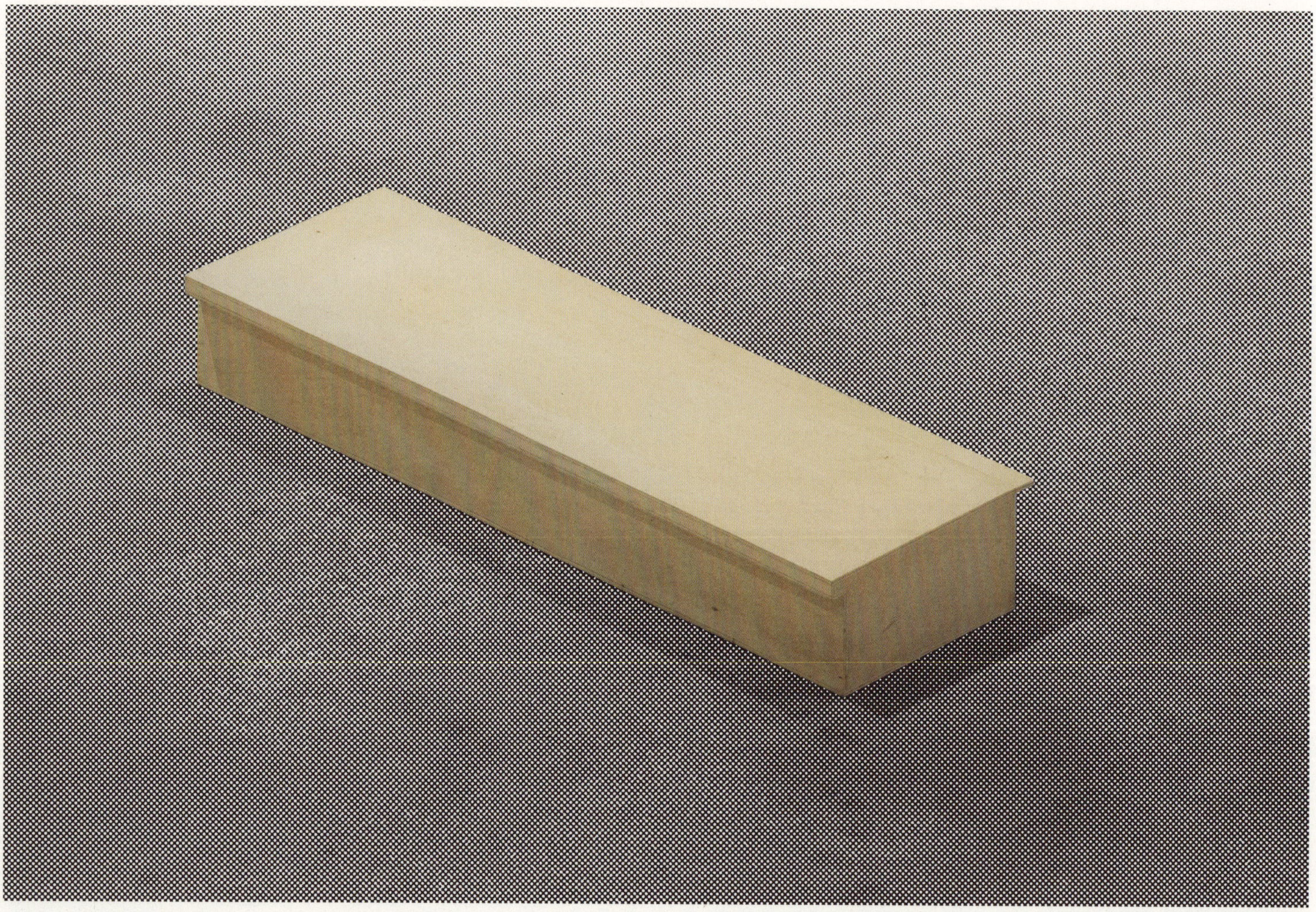

1995

***Creuza de mä*, 1967–95**
Legno compensato / Plywood

Creuza de mä
Installation view, *Fermi in Dogana*, Ancienne Douane, Strasburgo / Strasbourg

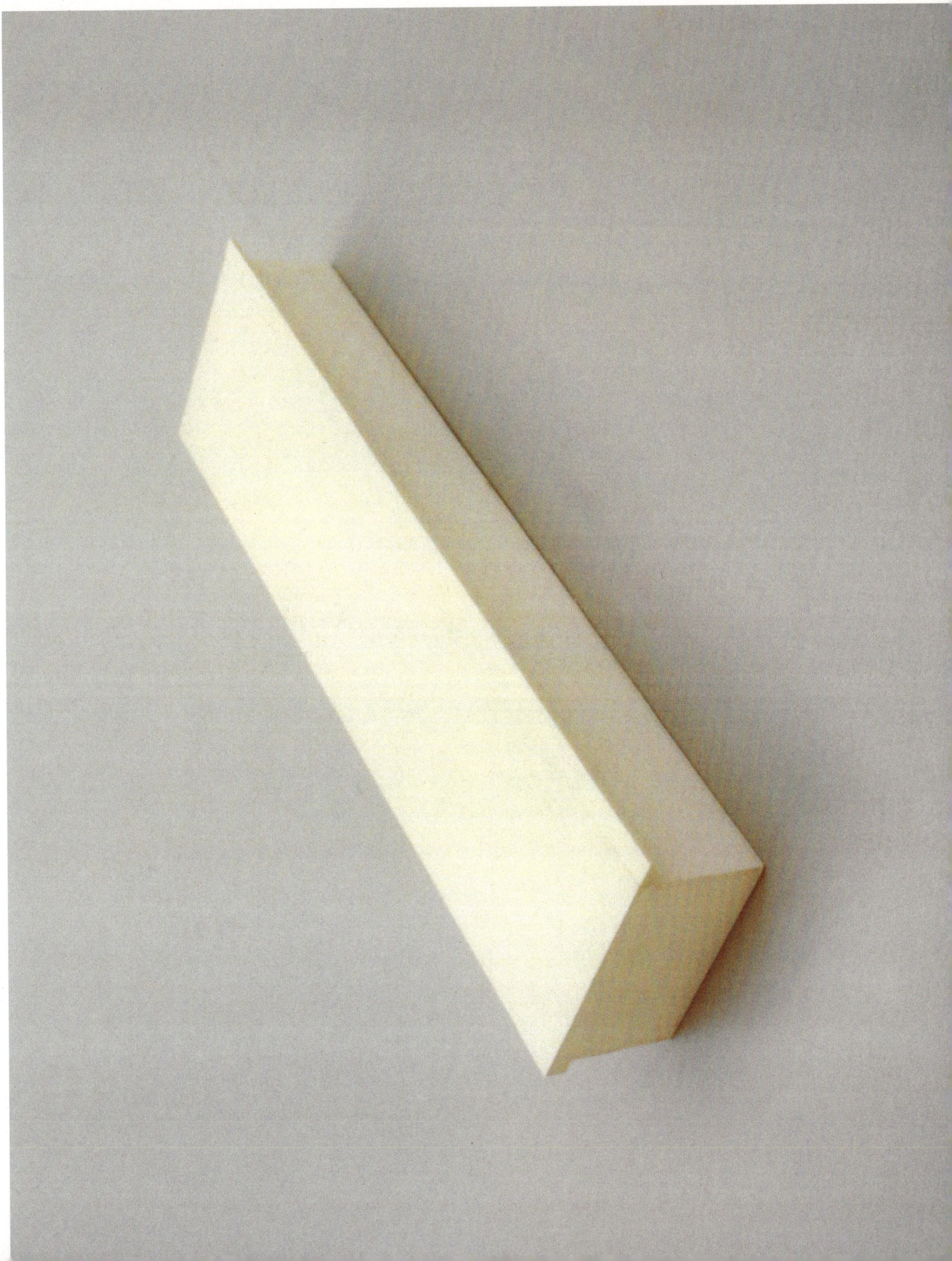

p. 278

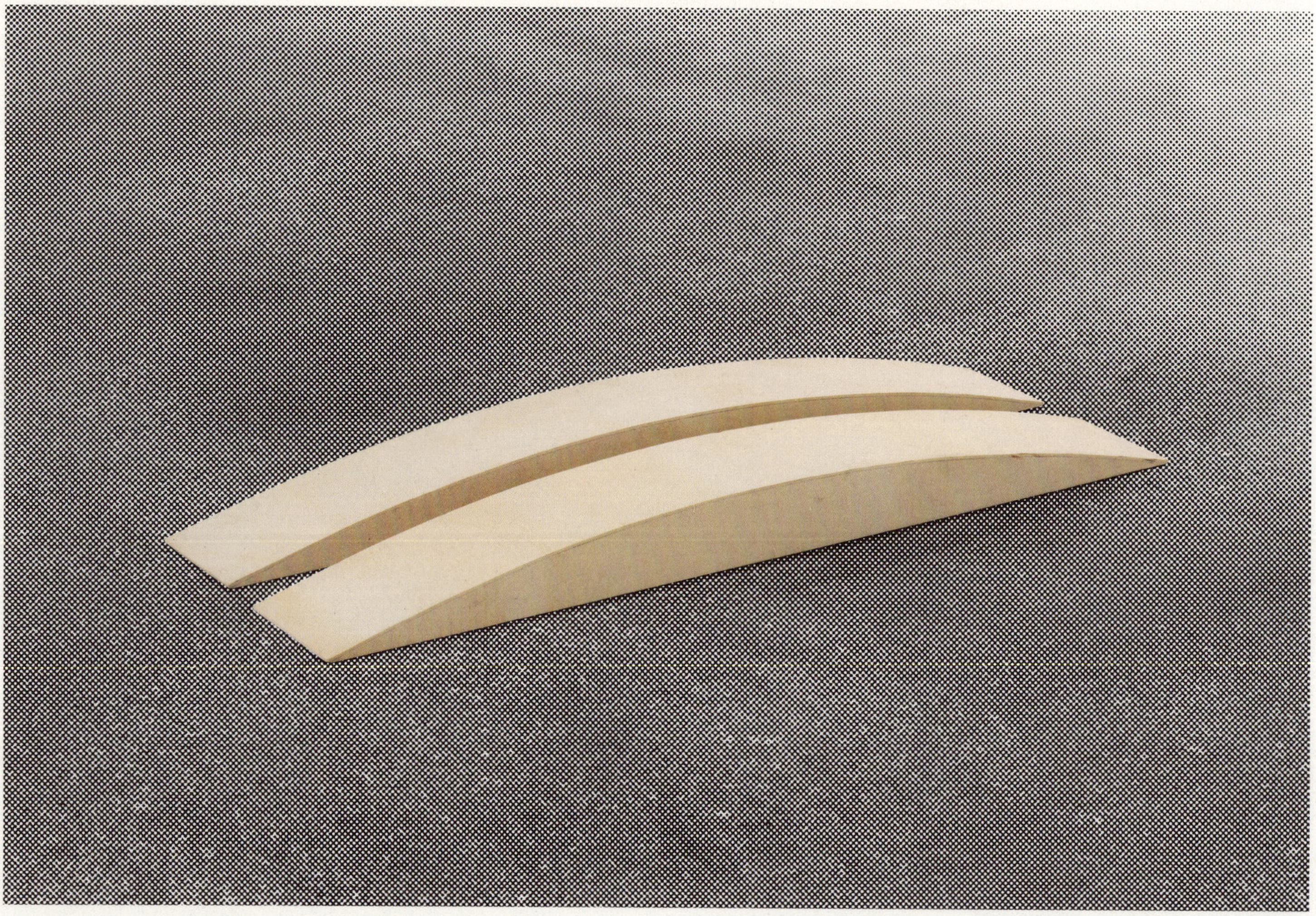

1995

***Standard piegato in curva*, 1967–95**
Legno compensato / Plywood

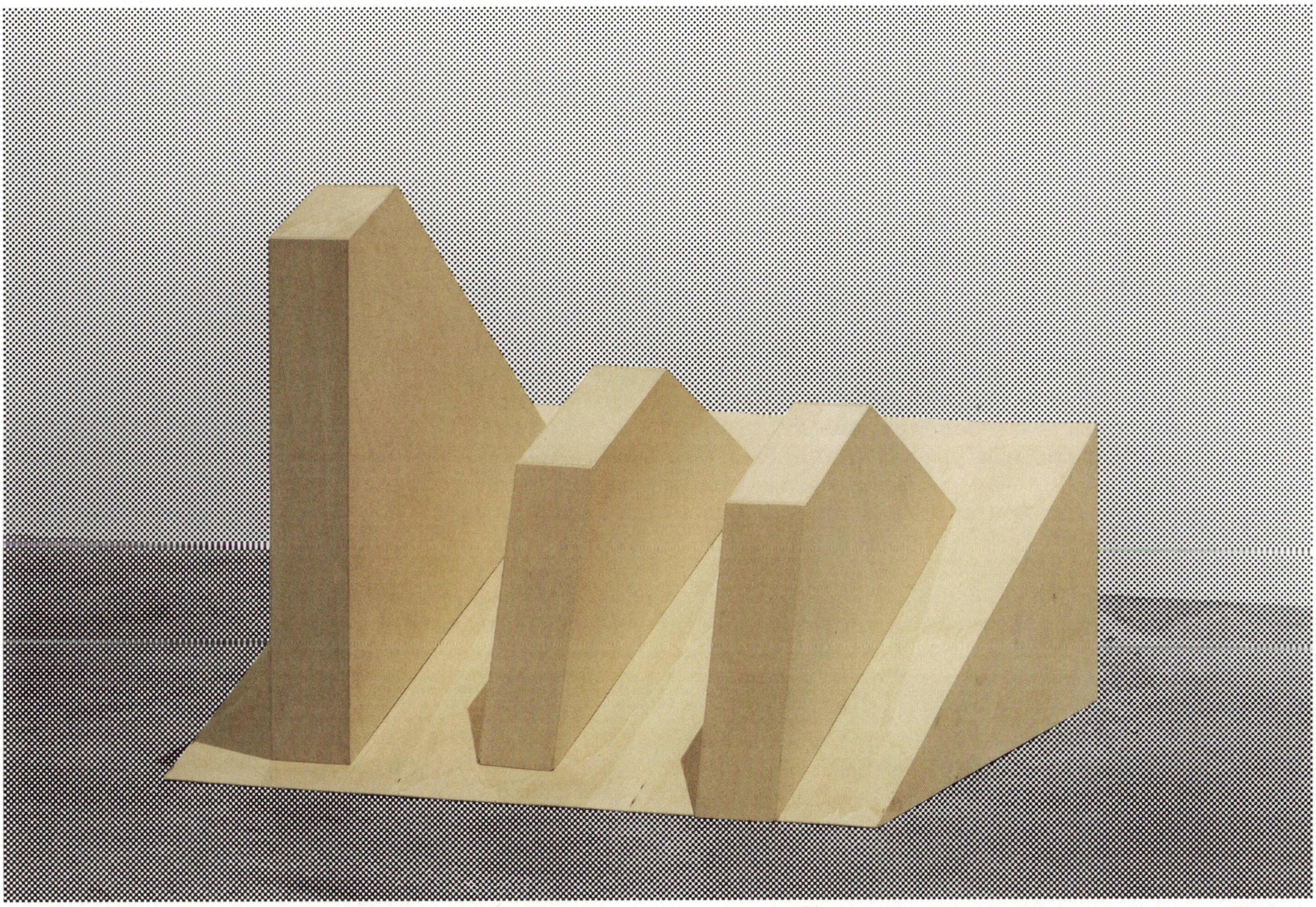

1995

***Tre passi da un metro*, 1967–95**
Legno compensato / Plywood

IT

Stefano Chiodi
Emilio Prini: la sottrazione infinita

Pochi gesti, scanditi da sei fotografie. L'uomo vestito di nero traccia le lettere sul pavimento coperto di polvere bianca. Compone un diagramma circolare, una strana iscrizione a lettere corsive in cui si legge: "identico alieno"[1]. È lui l'autore, l'Io che agisce, scrive, pensa, ma è ancora lui l'ambivalente soggetto evocato dal mantra che va disegnandosi ai suoi piedi. Chi sono? Chi sei? Confinata in un cerchio magico, la figura si muove veloce, accenna a una danza: medita forse sulla propria natura irriducibilmente scissa, sull'intima, obbligata coesistenza nel suo stesso corpo dell'Io e dell'Altro.

Identico alieno scambiato, una performance fotografica di Emilio Prini datata 1967–68, ben rappresenta il primo momento di uno degli esponenti più schivi ed enigmatici del gruppo che Germano Celant battezzò nel 1967 "*Arte povera*". A differenza dei suoi compagni di strada, presto entrati nel canone artistico del loro tempo, Prini è in effetti rimasto fino alla sua scomparsa nel 2016 una figura eccentrica e inquieta, insofferente sin dalle sue primissime prove a ogni convenzione, a ogni rituale o norma del sistema dell'arte.

Questo atteggiamento – che si è tentati di considerare tanto una strategia deliberata quanto un tratto di personalità – si è nel tempo manifestato nel rifiutare interviste, declinare anche all'ultimo minuto inviti a esporre, negarsi alla lusinga del catalogo o della monografia. Prini ha in questo modo continuato a riaffermare la sua caparbia fedeltà – spinta sino a negare la stessa pratica dell'esposizione e quasi ogni produzione materiale – a un ideale di integrità poetica e di irriducibilità sociale.

Quintessenziale *artists' artist* capace di esercitare un notevole ascendente su quanti hanno riconosciuto il valore della sua ricerca, Prini ha operato per oltre cinque decenni in modalità introverse, scabre ed ellittiche, esplorando limiti, possibilità e contraddizioni della pratica artistica nell'epoca della sua definitiva secolarizzazione. Un'indagine di cui oggi iniziamo a intravedere la complessità e la ricchezza e al cui centro è rimasto costante un fondamentale interrogativo: cosa fa essenzialmente l'arte? A questa domanda – dura, scomoda, in un certo senso paralizzante – si poteva rispondere sottraendosi al vincolo dello stile personale, come aveva fatto Michelangelo Pistoletto con i suoi *Oggetti in meno*, aderendo a una pratica politica integrale, alla maniera di Piero Gilardi, o individuando "modi di fare" alternativi, ad esempio come fece agli inizi degli anni Settanta Gianfranco Baruchello con la sua Agricola Cornelia. Per Prini, al contrario, la soluzione ha coinciso con la determinata reiterazione di un nucleo irriducibile, di un minimo comune denominatore di continuo riproposto attraverso tagli, montaggi e reimpieghi dei medesimi materiali. Come se l'estenuazione di un medesimo Leitmotiv consentisse all'artista di testare, fino al punto di collasso, le condizioni sperimentali individuate sin dagli esordi e di misurarne nel tempo la validità.

Il percorso di Prini si allinea da subito alle tendenze internazionali più radicalmente dematerializzanti e concettuali, sviluppatesi tra anni Sessanta e Settanta, di

EN

Stefano Chiodi
Emilio Prini: infinite subtraction

A handful of gestures, captured in six photographs. The man dressed in black traces letters on the floor covered in white dust. He marks out a circular diagram, a strange inscription in cursive letters that reads: "identico alieno."[1] He is the author, the ego that acts, writes, thinks, but he is also the ambivalent subject conjured by the mantra taking shape at his own feet. Who am I? Who are you? Confined within a magic circle, the figure moves quickly, hinting at a dance: perhaps meditating on his own irreducibly divided nature, on the intimate, obliged coexistence of the Self and the Other inside his own body.

Identico alieno scambiato, a photographic performance by Emilio Prini dated 1967–68, well represents the early work of one of the most elusive and enigmatic members of the group that Germano Celant christened *Arte povera* in 1967. Unlike his fellow travelers, who soon entered the artistic canon of the day, up until his death in 2016, Prini remained an eccentric and restless figure, intolerant of any convention, ritual, or norm inherent to the art system right from his debut.

This attitude—which we might be tempted to consider as much a deliberate strategy as a personality trait—emerged over time in his refusal to give interviews, his tendency to decline invitations to exhibit, sometimes even at the last minute, and shun the lure of catalogues and monographs. In this way, Prini continued to reaffirm his stubborn loyalty—driven to the point of denying the very practice of exhibiting and almost all forms of material production—to an ideal of poetic integrity and social irreducibility.

A quintessential "artists' artist," capable of exerting considerable influence over those who acknowledged the value of his research, Prini worked for over five decades in an introverted, rough, and elliptical manner, exploring the limits, potential, and contradictions of artistic practice in the age of its definitive secularization. Today, we are beginning to glimpse the complexity and richness of this investigation, at the heart of which a fundamental question has remained constant: what does art actually *do*? This question—harsh, uncomfortable, and in a certain sense paralyzing—could be answered by shedding the constraints of personal style, as Michelangelo Pistoletto did with his *Oggetti in meno*, by adhering to an integral political practice, *à la* Piero Gilardi, or by identifying alternative "ways of doing," like as Gianfranco Baruchello did in the early 1970s with his Agricola Cornelia. For Prini, on the contrary, the solution lay in the determined reiteration of an irreducible core, a lowest common denominator continuously re-proposed through cuts, montages, and reuse of the same materials. It was as if the exhaustion of the same leitmotif allowed the artist to test, to the point of collapse, the experimental conditions identified from the outset and to measure their validity over time.

Prini's career immediately became aligned with the most radically dematerializing and conceptual international trends that developed in the 1960s and '70s, sharing—and perhaps even exacerbating—their uncompromising intellectual rigor and severe economy of expression. In this sense, we may

IT

Stefano Chiodi

cui condivide, casomai esacerbandolo, l'intransigente rigore intellettuale e la severa economia espressiva. In questo senso è possibile interpretare le sue partecipazioni a molte delle più influenti mostre internazionali di quegli anni, come ad esempio, nel 1969, la quintessenziale *When Attitudes Become Form*, ideata da Harald Szeemann alla Kunsthalle di Berna, e *Op Losse Schroeven*, curata da Wim Beeren allo Stedelijk Museum di Amsterdam. In quest'ultima occasione, sia pure invitato a esporre nel museo, Prini decide invece di realizzare il suo intervento all'esterno, in uno sterrato poco lontano, dove pianta alcune tende. Qui fotografa alcuni artisti presenti – Pier Paolo Calzolari, Paolo Icaro, Mario e Marisa Merz –, facendo così emergere, ha scritto Germano Celant, "una costellazione di relazioni che non pone distinzioni tra elementi, e crea un altro continuum, quindi un'altra ipotesi sullo spazio totale, inclusiva però di persone e contesti"[2].

In questo senso, *Camping* (1969) evidenzia la rete di rapporti che intercorrono tra gli artisti e tra questi e le istituzioni che ne accolgono il lavoro, consentendo a Prini di spostare radicalmente il proprio spazio d'azione dall'"opera" al puro potenziale di relazione: "a 'real' action whose result may nonetheless be an imaginary object, a private thought or a trace of the energy invested"[3]. Come ha notato Pasquale Fameli, il risultato finale dell'operazione – una serie di immagini e di testimonianze raccolte sul campo – inaugura una modalità che di lì a poco Franco Vaccari avrebbe sviluppato in modo sistematico, sempre utilizzando il medium fotografico, nelle sue Esposizioni in tempo reale[4].

Un altro tema fondamentale del lavoro di Prini alla fine degli anni Sessanta sono le operazioni fenomenologiche che mettono in rapporto corpo e spazio e si traducono poi in pensiero e linguaggio. Lo si vede in *Perimetro d'aria* (1967), esposto nella mostra fondativa *Arte povera – IM-spazio*, curata da Celant alla Galleria La Bertesca di Genova nel 1967: una serie di tubi fluorescenti bianchi, posizionati ai quattro angoli e al centro di un ambiente, si accendono in sequenza emettendo un suono meccanico a ogni commutazione, imponendo allo spettatore una scansione ritmica sinestetica che a sua volta evidenzia mentalmente i caratteri essenziali dell'ambiente di esposizione. Ciò che emerge, scrive Prini nel suo caratteristico stile sincopato, è la "successione rapido-buffa di una sola luce-suono funzionante in sequenza nella stanza (la stanza è un centro con quattro angoli): fino alla somma delle cinque informazioni necessarie (il livello di conoscenza del foglio bianco da disegno)"[5]. Una soluzione diversa, benché basata sulla stessa metodica, caratterizza *Scritte che restano scritte (46 ipotesi di azioni)* (1968), opera presentata nella prima personale di Prini, *Pesi spinte azioni*, alla Galleria La Bertesca di Genova nel 1968. Si tratta di una serie di lastre di piombo su cui "ipotesi di azioni" – ovvero, riassume Germano Celant, un "campionario biografico" di domande concettuali, progetti realizzati o solo pensati[6] – sono punzonate in stampatello maiuscolo per mezzo del peso esercitato dal braccio e dalla mano dell'artista.

Altre opere di questo periodo consistono spesso di fogli di appunti, istruzioni, di formule e citazioni in cui prendono

EN

interpret his participation in many of the most influential international exhibitions of those years, such as the quintessential *When Attitudes Become Form*, conceived by Harald Szeemann for the Kunsthalle in Bern in 1969, and *Op Losse Schroeven*, curated by Wim Beeren at the Stedelijk Museum in Amsterdam. On the latter occasion, although invited to exhibit in the museum, Prini decided instead to stage his intervention outside, on a dirt track not far away, where he pitched a few tents. Here he photographed some of the artists present—Pier Paolo Calzolari, Paolo Icaro, Mario and Marisa Merz—thus, as Germano Celant wrote, bringing to light "a constellation of relationships that makes no distinction between elements, and that creates another continuum, and therefore another hypothesis on total space, but one that is inclusive of people and contexts."[2]

In this sense, *Camping* (1969) highlights the network of relationships that exist among artists and between artists and the institutions that host their work, allowing Prini to radically shift his sphere of action from the "work" to the pure potential of relationships themselves: "a 'real' action whose result may nonetheless be an imaginary object, a private thought or a trace of the energy invested."[3] As Pasquale Fameli noted, the final result of the operation—a series of images and testimonies collected in the field—marks the start of an approach that Franco Vaccari would soon develop systematically, again using the photographic medium, in his *Esposizioni in tempo reale*.[4]

Another fundamental theme of Prini's work in the late 1960s was that of phenomenological operations that established relationships between body and space, and which were then translated into thought and language. This may be seen in *Perimetro d'aria* (1967), exhibited in the founding exhibition *Arte povera – IM-spazio*, curated by Celant at Galleria La Bertesca in Genoa in 1967: a series of fluorescent white tubes, positioned at the four corners and in the center of a room, light up in sequence, emitting a mechanical sound with each switch, imposing a rhythmic synesthetic sensation on the viewer, and which in turn mentally highlights the key characteristics of the exhibition environment. What emerges, writes Prini in his characteristically syncopated style, is the "rapid-comical succession of a single light-sound functioning in sequence throughout the room (the room is a center with four corners): until the sum is achieved of the five necessary pieces of information (the level of knowledge of the blank drawing sheet)."[5] A different solution, albeit one based on the same method, characterizes *Scritte che restano scritte (46 ipotesi di azioni)* (1968), a work presented at Prini's first solo exhibition, *Pesi spinte azioni*, again at Galleria La Bertesca in Genoa in 1968. This is a series of lead plates on which "hypotheses of actions"—or, as Germano Celant summarizes, a "biographical sample" of conceptual questions, projects completed or perhaps merely conceived[6]—are stamped in capital letters by means of the weight exerted solely by the artist's arm and hand.

Other works from this period often consist of sheets of notes, instructions, formulas, and quotations in which central issues of all his subsequent work take shape: the notion of "standard"; that of subtraction; the relationship

IT

Stefano Chiodi

forma questioni centrali di tutta la sua opera successiva: la nozione di "standard", la sottrazione, il rapporto tra spazio, corpo e immagine, tra variabilità e assoluto, e ancora la ripetizione, l'obsolescenza, il fallimento. La conseguenza prima di questa pratica tanto ristretta quanto enigmatica è vanificare ogni lettura evolutiva o lineare di un'*œuvre* che si è invece ampliata e diversificata quasi per gemmazione, riproponendo in forma incessante la propria radicale essenzialità.

In un breve saggio del 1968 presto divenuto celebre, Roland Barthes aveva teorizzato la morte dell'autore – ovvero di una concezione che attribuisce alla soggettività il fondamento dell'opera. L'autore si trasfigura nella figura dello *scriptor*, componente di un'opera ora concepita in termini strutturali come stratificazione, come tessitura produttiva di cui il lettore/spettatore è chiamato a partecipare alla creazione del significato. Questo processo di desoggettivazione risulta centrale anche nella pratica di Prini, anzitutto attraverso la messa in discussione dei molteplici attributi e dei modi di esistenza – corpo, immagine, nome, firma – di un artista ormai inteso al tempo stesso come "materiale" e "funzione" dell'opera. Sono tratti evocati, misurati, negati, riflessi, moltiplicati o al limite scherniti e tuttavia mai del tutto abrogati, tanto da poter far dire a Gabriele Guercio, che benché "sottilmente camuffate, una agentività e una funzione autoriale" rimangono sempre percepibili nel suo lavoro.

Due testimonianze di questo oscillare tra sparizione e ritorno: in un primo momento, la riduzione dell'Io alla dimensione del passo o al peso del corpo diventati unità di misurazione e "immagine", come si può vedere in *Peso della mano* (1967–68) o nelle varie versioni di *Fermacarte* (1968). Più tardi, certi idiosincratici autoritratti (*Manifesto per una mostra*, 1979) o alcune performance, come quella allo Studio Ghiglione di Genova nel luglio 1989. Qui Prini si fece trasportare in portantina nella galleria – dalla quale non scenderà mai, fedele alla promessa di non mettere più piede nella sua città natale – il cui pavimento era stato ricoperto di cellophane. Indossando un finto naso da clown, l'artista allacciava un dialogo straniato con gli spettatori che gli rivolgevano una serie di domande preparate in precedenza.

La figura del clown era già apparsa in opere degli esordi, come la serie di quaranta fotografie del 1968 in cui Prini indossava una appariscente maglietta a righe rosse seduto alla finestra del suo studio a Genova. O, ancora, quelle in cui si era fatto riprendere nelle vesti di un pagliaccio triste, con naso finto e mantello nero con la scritta ricamata "Alieno" sul petto e un cuore rosso sulla schiena (*Autoritratto*, 1968). Nell'aprile di quello stesso anno, Alighiero Boetti aveva ribadito – facendo ironica allusione allo sciamano per antonomasia, Joseph Beuys – la natura ambivalente dell'artista con l'autoritratto allegorico che compare sul manifesto della sua mostra *Shaman/Showman* alla Galleria De Nieubourg. Prini si appropria a sua volta della mitologia e dell'iconografia del saltimbanco come di una maschera, rifacendosi alla tradizione illustre che Jean Starobinski analizzerà di lì a poco nel suo saggio del 1970 *Portrait de l'artiste en saltimbanque*. Per il critico

EN

between space, body, and image; between variability and the absolute; and again repetition; obsolescence, and failure. The primary consequence of this practice, as restricted as it is enigmatic, is to thwart any evolutionary or linear reading of an oeuvre that has instead expanded and diversified almost by budding, incessantly reproposing its own radical essentiality.

In a short essay in 1968 that quickly became renowned, Roland Barthes theorized the death of the author—that is, of a conception that attributes the foundation of the work to subjectivity. The author is transfigured into the figure of *the scriptor*: a component of a work now conceived in structural terms as stratification, as a productive weaving in which the reader/viewer is called upon to participate in the creation of meaning. This process of de-subjectification is also central to Prini's practice, primarily through his questioning of the multiple attributes and modes of existence—body, image, name, signature—of an artist now understood as both the "material" and the "function" of the work. These traits are evoked, measured, denied, reflected upon, multiplied, or even mocked, yet never completely abolished, to the extent that Gabriele Guercio would say that, although "subtly disguised, agency and authorial function" always remain perceptible in his work.

Two examples of this oscillation between disappearance and return: initially, the reduction of the ego to the dimension of the step or the weight of the body, which become units of measurement and "image," as can be seen in *Peso della mano* (1967–68) or in the various versions of *Fermacarte* (1968). Later, certain idiosyncratic self-portraits (*Manifesto per una mostra*, 1979) or certain performances, such as the one at Studio Ghiglione in Genoa in July 1989. Here, Prini had himself carried into the gallery on a stretcher—from which he never alighted, faithful to his promise never to set foot in his hometown again—the floor of which had been covered in cellophane. Wearing a fake clown nose, the artist engaged in an alienating dialogue with the spectators, who asked him a series of questions prepared in advance.

The figure of the clown had already appeared in his early works, such as the series of forty photographs from 1968 in which Prini wore a striking red-striped T-shirt sitting at the window of his studio in Genoa. Or, again, those in which he had himself photographed dressed as a sad clown, with a fake nose and black cape with the word "Alieno" embroidered on his chest and a red heart on his back (*Autoritratto*, 1968). In April that same year, Alighiero Boetti—in an ironic allusion to the shaman par excellence, Joseph Beuys—reiterated the ambivalent nature of the artist with the allegorical self-portrait that appeared on the poster for his exhibition *Shaman/Showman* at the Galleria De Nieubourg. Prini in turn appropriated the mythology and iconography of the acrobat as a mask, drawing on the illustrious tradition that Jean Starobinski was to analyze shortly afterwards in his 1970 essay *Portrait de l'artiste en saltimbanque*. According to the Swiss critic, disguise represents an "ironic game," a "deviant and parodic way of posing the problem of art" and offering a form of self-interpretation. As Starobinski says, Prini's action certainly

IT

Stefano Chiodi

svizzero il travestimento rappresenta un "gioco ironico", un modo "deviato e parodistico di porre il problema dell'arte" e di offrire un'autointerpretazione di sé stessi. L'azione di Prini equivale certo, come dice Starobinski, a una "derisoria epifania dell'arte e dell'artista" in cui la critica all'onorabilità borghese "si sdoppia in un'autocritica diretta contro la vocazione estetica in quanto tale"[9]; ma è al tempo stesso una rivendicazione dell'anarchica libertà dell'artista e insieme della sua solitudine, è una livrea beffarda ma orgogliosamente indossata che rinvia alla sua natura malinconica.

A inizio anni Settanta, uno dei punti focali della riflessione di Prini è l'apparato comunicativo – corrispondenza, inviti, cataloghi ecc. – che accompagna e veicola la pratica artistica. I suoi interventi si limitano spesso a laconiche risposte agli inviti dei curatori a esporre in una mostra, comunicate attraverso telegrammi poi riprodotti nei relativi cataloghi. È il caso di un'esposizione importante, *Processi di pensiero visualizzati*, curata al Kunstmuseum di Lucerna da Jean-Christophe Amman nel 1970. Nella doppia pagina del catalogo dedicata a Prini figurano un suo fotoritratto e la riproduzione del suo solo contributo, un telegramma che recita: "Confermo partecipazione alla mostra". Questa stessa strategia sarà messa in atto in altre occasioni, come in *Information*, curata nel 1970 da Kynaston McShine al MoMA di New York, alle cui sempre più preoccupate richieste riguardanti l'opera da esporre l'artista risponde reiterando la sua imperturbabile risposta: "I will participate in the exhibition"[10].

La formula non annuncia l'avvio del processo di invenzione, o scelta, dell'opera da esporre ma è in effetti già l'opera, come si deduce del resto anche dalla breve dichiarazione pubblicata nel catalogo di *Sonsbeek 71*, una mostra curata da Wim Beeren in Olanda nel 1971. Dopo la riproduzione dell'ufficialissima lettera di invito della curatrice, si legge in incerto italiano, inglese e olandese: "Confermazione [sic] Partecipazione Edizione [...] Ciò che viene inteso con questa enunciazione contenutiva è già contenuto nelle precedenti esposizioni formali". È possibile tuttavia una scelta ancor più radicale: nel catalogo della mostra *Arte Povera* al Kunstverein di Monaco del 1971, Prini lascia vuote e bianche le pagine a lui dedicate. Ha scritto Luca Lo Pinto: "Se Klein ha fatto il vuoto come opera, Prini lo mostra e accetta per quello che è. Il vuoto è una condizione fisica. Non è arte, è autentico e non lo si può copiare"[11]. Quasi trent'anni dopo, nel 2009, Prini verrà chiamato a prendere parte a un convegno sulla vicenda di Documenta, la grande rassegna quinquennale di cui tre anni dopo si sarebbe tenuta a Kassel la tredicesima edizione. Declamato da una sua emissaria, il suo intervento consisterà nella lettura pubblica, minuziosa fino all'ossessione, di ogni elemento della lettera di invito, dall'intestazione, alla data, al testo, alla firma.

In tutti questi casi, Prini pratica una fondamentale mossa dialettica che ricorre in tutto il suo percorso: per opporsi al "fare", alla cieca, ineffettuale, subalterna "creatività generica" che insidia la pratica dell'arte, non basta infatti, banalmente, "non fare". Piuttosto si tratta – ripensando l'esempio di Marcel Duchamp nel nuovo contesto della

EN

amounts to a "derisory epiphany of art and the artist" in which criticism of bourgeois respectability "splits into a direct self-criticism of the aesthetic vocation as such."[9] But it is at the same time a claim to the anarchic freedom of the artist and to his solitude, a mocking but proudly worn costume that reflects his melancholic nature.

In the early 1970s, one of the focal points of Prini's reflection was the communicative apparatus—correspondence, invitations, catalogues, etc.—that accompanies and conveys artistic practices. His interventions were often limited to laconic responses to curators' invitations to appear in an exhibition, communicated via telegram and then reproduced in the ensuing catalogue. This was the case with a major exhibition, *Processi di pensiero visualizzati*, curated by Jean-Christophe Amman at the Kunstmuseum in Lucerne in 1970. The double-page spread of the catalogue dedicated to Prini features a photo portrait of him and a reproduction of his only contribution, a telegram that reads: "*Confermo partecipazione alla mostra*" ("I confirm my participation in the exhibition"). This same strategy was used on other occasions, such as at *Information*, curated in 1970 by Kynaston McShine at MoMA in New York, to whose increasingly concerned requests regarding the work to be exhibited the artist responded by reiterating his imperturbable reply: "I will participate in the exhibition."[10]

The formula does not mark the start of the process of invention, or choice, of the work to be exhibited, but is in fact *already* the work itself, as may also be deduced from the brief statement published in the catalogue for *Sonsbeek 71*, an exhibition curated by Wim Beeren in the Netherlands in 1971. After the reproduction of the curator's official invitation letter, we read in uncertain Italian, English, and Dutch: "Confirmation Participation Edition [...] What is meant by this statement is already contained in the previous formal exhibitions." However, an even more radical choice is possible: in the catalogue of the Arte Povera exhibition at the Kunstverein in Munich in 1971, Prini left the pages dedicated to him blank. Luca Lo Pinto wrote: "If Klein made emptiness as a work of art, Prini shows it and accepts it for what it is. Emptiness is a physical condition. It is not art, it is authentic and cannot be copied."[11] Almost thirty years later, in 2009, Prini was invited to take part in a conference on Documenta, the major five-yearly exhibition, the thirteenth edition of which was to be held in Kassel three years later. Read out loud by one of his emissaries, his intervention consisted of a public reading, meticulous to the point of obsession, of every element of the invitation letter, from the heading to the date, the text, and the signature.

In all these cases, Prini employs a fundamental dialectical move that recurs throughout his career: to oppose the "doing," the blind, ineffective, subordinate "generic creativity" that undermines the practice of art, "not doing, trivially, is not enough. Instead—rethinking Marcel Duchamp's example in the new context of mass society—it is a matter of negating negation, or doing by not doing, transforming empty spaces, silences, absences, ellipses, and repetitions into meaningful elements, bearers of meaning, yet without transforming them into things.

IT

Stefano Chiodi

società di massa – di negare la negazione, ovvero fare non facendo, trasformare gli spazi vuoti, i silenzi, le assenze, le ellissi, le ripetizioni, in elementi significativi, messaggeri di senso, senza per questo trasformarli in cose. Più che riconciliare arte e vita, Prini ambisce a risolvere l'arte in una vita intesa come epicentro biologico e mentale di una potenza di immaginazione alla quale l'opera non è più indispensabile.

Il problematico compromesso tra le istanze più radicali che sanciscono la morte dell'autore, la smaterializzazione dell'opera e l'abilità del mercato di tesaurizzare anche i documenti intenzionalmente più anodini o privi di valore autoriale, costringerà anche le esperienze concettuali e processuali emerse tra anni Sessanta e Settanta a fare i conti con i meccanismi cui avevano inteso sottrarsi. Prini è stato in questo senso uno dei primi artisti a riconoscere come nell'epoca tardocapitalista anche l'opera d'arte di avanguardia sia ridotta alla condizione di pura merce. Exit il mito della sovrana autonomia dell'opera d'arte, ma non più agibile neppure la prospettiva che essa sia, come voleva l'avanguardia, la prefigurazione di un nuovo mondo e di una nuova umanità a venire.

Prendiamo come esempio di questo punto di vista *Senza titolo* (1970), un lavoro di Prini consistente in 100 fotocopie A4 di un contratto di autenticazione (in vendita a 8000 lire, come da quotazione di mercato), accompagnato da nove fogli dattiloscritti sul primo dei quali si legge "La serie in fotocopia mantiene il valore nominale originario; addiziona il mercato artistico" e a seguire una serie di riflessioni sul linguaggio, i simboli, il valore d'uso dell'arte, firmati dal "curatore associato proposizione (Arte)" di un fantomatico "Gruppo di improvvisazione descrittiva/ descrizione, descrizione/ descritto" con sede nel suo studio di Genova.

In questa astrusa miscela di pedanteria avvocatesca e impostura – come accade del resto in altri lavori dello stesso periodo basati sull'idea di moltiplicazione entropica[12] – Prini si mostra consapevole che occorre superare la contrapposizione tra valore d'uso e di scambio. Il fine è interrogare in forme più esigenti, più rigorose, più distruttive, l'ambivalenza comunicativa e simbolica che accompagna l'opera d'arte nel suo apparire nella sfera sociale. È proprio questa consapevolezza della condizione dimidiata, compromessa, dell'opera in quanto dispositivo – i.e. dissolta e insieme ossificata all'interno del suo "sistema" – a costituire lo spartiacque tra Prini e i suoi predecessori e maestri modernisti nonché i suoi compagni di strada della neoavanguardia. D'ora in poi, l'opera d'arte non potrà che essere al tempo stesso anti-merce e merce, tentativo di liberazione e dispositivo di oppressione.

Una posizione simile, vigile e scettica, informa anche l'antimostra del 1975 di Prini alla Galleria Toselli di Milano, provocatoriamente intitolata Mostro – *Una esposizione di oggetti non fatti non scelti non presentati da Emilio Prini*. Chiuso al pubblico l'accesso alla galleria per l'intera durata dell'esposizione, Prini realizza in corrispondenza dell'ingresso uno spazio-vetrina dipinto di giallo, al cui

EN

Rather than reconciling art and life, Prini aims to resolve art in a life understood as the biological and mental epicenter of a potential space for imagination, in which the work itself is no longer indispensable.

The problematic compromise between the most radical demands that sanction the death of the author, the dematerialization of the work, and the market's ability to hoard even the most intentionally bland or authorially worthless documents would also force the conceptual and processual experiences that emerged in the 1960s and 1970s to come to terms with the mechanisms they had set out to undermine. In this sense, Prini was one of the first artists to recognize that in the late capitalist era, even avant-garde artworks are reduced to the status of mere commodities. Gone is the myth of the sovereign autonomy of the artwork, but no longer viable is the prospect that it might be—as the avant-garde had wanted—the prefiguration of a new world and a new humanity to come.

Let us take as an example of this point of view *Senza titolo* (1970), a work by Prini consisting of 100 A4 photocopies of an authentication certificate (for sale at 8,000 lire, as per market quotation), accompanied by nine typewritten sheets, the first of which reads: "The photocopied series retains its original nominal value, to which the art market value is added." followed by a series of reflections on language, symbols, and the use value of art, signed by the "associate curator proposition (Art)" of a made-up "Descriptive/ Description/Described Improvisation Group" based in his studio in Genoa.

In this abstruse blend of legalistic pedantry and imposture—as in other works from the same period based on the idea of entropic multiplication[12]—Prini shows himself to be aware of the need to overcome the opposition between use value and exchange value. In more demanding, rigorous, and destructive forms, the aim is to question the communicative and symbolic ambivalence that accompanies the work of art in its appearance in the social sphere. It is this very awareness of the divided, compromised condition of the work as a device—i.e., dissolved and at the same time ossified within its own "system"—that constitutes the watershed between Prini and his modernist masters and predecessors, as well as his traveling companions in the neo-avant-garde. From then on, the artwork would only be both anti-commodity and commodity, in an attempt at liberation from a device of oppression.

A similar vigilant and skeptical position also informs Prini's 1975 anti-exhibition at the Galleria Toselli in Milan, provocatively titled *Mostro – Una esposizione di oggetti non fatti non scelti non presentati da Emilio Prini*. The gallery was closed to the public for the entire duration of the exhibition, and Prini created a yellow-painted display space at the entrance, inside which he placed a red office chair. On the seat were two sheets of paper with the words: "I, Emilio Prini, hereby authenticate this object, not made, not chosen, and not presented by me, dated 1974," while on the back a sign read "*... sei come un'atmosfera che dona un brivido blu...*" ("... you are like an atmosphere that gives a blue

IT

Stefano Chiodi

interno sistema una poltrona da ufficio di colore rosso. Sul sedile sono poggiati due fogli su cui si legge: "Io Emilio Prini autentico da me non fatto non scelto non presentato questo oggetto datato 1974", mentre sul fondo un cartello dichiara "... sei come un'atmosfera che dona un brivido blu...", un verso di una vecchia canzone del cantante-urlatore Tony Dallara. In un secondo momento, Prini userà la porta in ferro e vetro della galleria per incorniciare una fotografia in scala 1:1 della stessa scena, scompaginando ancor più i "piani di realtà" del suo intervento (*Vetrina*, 1974–1975).

Altri artisti riflettevano in quegli stessi anni sul legame tra processi immateriali e spazi istituzionali dell'arte. Michael Asher aveva proposto nel 1973 proprio alla galleria Toselli uno dei suoi interventi più famosi – e senz'altro noto a Prini – asportando tramite sabbiatura gli strati di vernice bianca presenti sulle pareti fino a mettere in luce l'intonaco di colore grigio-bruno. "The work cast the gallery in its most rudimentary state, appearing to be either under construction with its surfaces yet unfinished, or at a stage of dismantlement that would uncover the record of the gallery's past"[13], ha scritto Asher descrivendo il suo intervento, chiarendo come il nudo spazio espositivo divenisse così insieme oggetto di analisi e opera a sé stante. L'asportazione degli strati di pittura bianca determinava l'"oggettificazione" dell'opera, e stabiliva la totale integrazione tra quest'ultima e l'ambiente di esposizione, senza alcuna separazione e senza l'aggiunta di nessun altro elemento. Rendendo visibile la struttura della galleria, e facendola coincidere con l'opera, Asher intendeva così smascherare la logica immanente del *white cube* e l'effetto di falsa autonomia che esso programmaticamente determina.

Se l'intervento di Prini ha anch'esso come soggetto primario il sistema materiale e simbolico rappresentato dalla galleria, il suo approccio – criptico e paradossale, come si è visto – appare distante dal rigore concettuale dell'artista americano. Nell'accostamento in apparenza arbitrario tra oggetti e parole si può scorgere in effetti un umoristico meccanismo verbo-visivo, la cui logica può rammentare i giochi linguistici analizzati da Wittgenstein in *Osservazioni sui colori*. Il colore blu evocato dal testo – colore invisibile dunque, puramente mentale – completa, con quelli già presenti nell'installazione (giallo e rosso) la triade dei colori primari. Insieme al bianco dei cartelli e al nero dei testi, sembrerebbe a sua volta alludere obliquamente alla vicenda dell'astrazione modernista *à la* Mondrian, il cui spiritualismo trascendente si trova ridimensionato alla misura ben più maneggevole della vetrina-tableau, dell'arredo di design, della prassi commerciale[14].

La galleria diventa in questo senso un parametro della creazione artistica, uno *standard*, da intendere come modello cui uniformare oggetti e prodotti di serie, ma anche come misura oggettiva – il tempo di esecuzione di una certa produzione ad esempio – o fenomenologica, ovvero una norma implicita, come le tacite regole del mercato dell'arte che dettano i criteri della riconoscibilità individuale. Verificare lo standard può condurre allora a volerlo estenuare, a introdurvi una deviazione, come quando Prini misura e fotografa i suoi passi nel '67, per poi

EN

shiver ..."): a line from an old song by the singer-songscreamer Tony Dallara. Later, Prini used the gallery's iron and glass door to frame a 1:1 scale photograph of the same scene, further disrupting the "planes of reality" of his intervention (*Vetrina*, 1974–75).

Other artists were reflecting on the link between immaterial processes and institutional art spaces during the same period. In 1973, Michael Asher proposed one of his most famous interventions—undoubtedly known to Prini—at the Galleria Toselli, sandblasting the layers of white paint on the walls to reveal the gray-brown plaster underneath. "The work cast the gallery in its most rudimentary state, appearing to be either under construction with its surfaces yet unfinished, or at a stage of dismantlement that would uncover the record of the gallery's past,"[13] wrote Asher, describing his intervention and clarifying how the bare exhibition space thus became both an object of analysis and a work in its own right. The removal of the layers of white paint determined the "objectification" of the work and established its total integration with the exhibition environment, without any separation and without the addition of any further element. By making the structure of the gallery visible and making it coincide with the work, Asher thus set out to unmask the immanent logic of the white cube and the false sense of autonomy that it programmatically determines.

While the primary subject of Prini's intervention is also the material and symbolic system represented by the gallery, his approach—cryptic and paradoxical, as we have seen—appears a far cry from the conceptual rigor of the American artist. In the seemingly arbitrary juxtaposition of objects and words, we may indeed discern a humorous verbal-visual mechanism, the logic of which hints at the linguistic games analyzed by Wittgenstein in his *Remarks on Color*. The color blue evoked by the text—an invisible, purely mental color—completes the triad of primary colors with those already present in the installation (yellow and red). Together with the white of the signs and the black of the texts, it would seem to allude obliquely to the story of modernist abstraction à la Mondrian, whose transcendent spiritualism is reduced to the much more manageable scale of the display case–tableau, of design furniture, and of commercial practices in general.[14]

In this sense, the gallery becomes a parameter of artistic creation, a "standard," one to be understood as a model to which objects and mass-produced products must conform, but also as an objective measure—the time it takes to execute a given production, for example—or a phenomenological measure, i.e, an implicit norm, such as the unspoken rules of the art market that dictate the criteria for individual recognition. Verifying the standard can then lead to a desire to exhaust it, to introduce a deviation, like when Prini measured and photographed his steps in 1967, only to transform them into three-dimensional objects almost thirty years later (*Sei passi da un metro*, 1967–95).[15]

The concept was used in various ways, such as in the exhibition *Merce Tipo Standard*, at the Galleria L'Attico in

IT

Stefano Chiodi

trasformarli in oggetti tridimensionali quasi trent'anni dopo (*Sei passi da un metro*, 1967–1995)[15].

La nozione è stata utilizzata in modi diversi, come ad esempio nella mostra *Merce Tipo Standard*, alla galleria L'Attico di Roma nel 1971, dove Prini installa una telecamera a circuito chiuso che trasmette le immagini dell'ambiente e degli spettatori. Ancora una volta l'operazione artistica diviene un modo per mostrare la sua interna contraddittorietà. Così, se la galleria è il luogo della creazione del valore di scambio dell'arte in quanto merce, essa è anche il punto di incontro tra le traiettorie imprevedibili che vi convergono, lo spazio in cui fermenta una diversa possibilità di esistenza, incarnata nei disparati destini individuali che vi si intrecciano.

Anziché come un pieno, come uno stratificarsi di temi, forme, stili, in Prini l'opera, ha scritto ancora Guercio in *The Great Subtraction*, appare come un "voided whole"[16], la cui regola è la sottrazione, la decrescita e non l'accumulazione. Essa diviene il perno di una riflessione sulle possibilità dell'arte nell'epoca della sua estrema reificazione e al contempo un tentativo di delineare una traiettoria alternativa, capace di tematizzare il negativo, l'assenza, il sottrarsi definitivo – in una parola: la morte. Anche per questo Prini opererà sempre seguendo una strategia di sistematico, ingegnoso sabotaggio, di rifiuto anche, basata sull'assentarsi, sul mostrarsi reticente, sul contraddire e frustrare sempre e comunque ogni aspettativa. Non concedersi, disdire ogni appuntamento, rinviare, forse per non doversi presentare mai a quell'Appuntamento.

Se il paradosso dell'opera di Prini consiste nell'affermare negandosi, nel produrre qualcosa che retroagisce contestando la permanenza dell'artefatto, la sua posizione ricorda anche la lucida, disperata strategia adottata dallo scrivano Bartleby fino alle conseguenze più estreme.

> "Will you tell me, Bartleby, where you were born?"
> "I would prefer not to."
> "Will you tell me *anything* about yourself?"
> "I would prefer not to."[17]

Il personaggio di Melville riafferma con implacabile coerenza una volontà di sottrarsi, di non cedere alla regola sociale, di non rinunciare mai alla propria integrità. Cessando di scrivere, o di ottemperare a ogni ingiunzione, ha scritto Giorgio Agamben, lo scrivano diviene "figura estrema del nulla da cui procede ogni creazione e, insieme, la più implacabile rivendicazione di questo nulla come pura, assoluta potenza"[18]. Disconoscendo il primato della volontà, opponendo ai "vuoi" e ai "devi" che gli vengono rivolti la formula impassibile "I would prefer not to", Bartleby, prosegue Agamben, "distrugge ogni possibilità di costruire un rapporto fra potere e volere"[19], mantenendosi sempre in bilico tra affermazione e negazione. La sua particolare potenza si manifesta precisamente nel sottrarsi sia al consenso passivo sia al pathos del rifiuto, mantenendosi in una *epochè*, in uno "stare in sospeso"[20].

EN

Rome in 1971, where Prini installed a closed-circuit television camera that transmitted images of the environment and the viewers. Once again, the artistic operation becomes a way of highlighting its internal contradictions. Thus, if the gallery is the place where the exchange value of art as a commodity is created, it is also the meeting point of the unpredictable trajectories that converge there, the space where a different possibility of existence ferments, embodied in the diverse individual destinies that intertwine there.

Rather than as a fullness, as a layering of themes, forms, and styles, as Guercio also wrote in *The Great Subtraction*, Prini's work appears as a "voided whole,"[16] ruled by subtraction, degrowth, and not accumulation. It becomes the pivot of a reflection on the possibilities of art in an age of extreme reification and, at the same time, an attempt to outline an alternative trajectory, capable of thematizing the negative, absence, definitive withdrawal—in a word: death. This is another reason why Prini always operated according to a strategy of systematic, ingenious sabotage, even rejection, based on absence, reticence, and ever contradicting and frustrating all expectations. Not giving himself away, canceling every appointment, postponing, perhaps as if to never have to show up to that final date.

While the paradox of Prini's work consists in his affirming himself by denying himself, in producing something that retroactively contests the permanence of the artifact, his position is also reminiscent of the clear-minded, desperate strategy adopted by the scrivener Bartleby, taking it to its most extreme consequences.

> "Will you tell me, Bartleby, where you were born?"
> "I would prefer not to."
> "Will you tell me *anything* about yourself?"
> "I would prefer not to."[17]

With relentless consistency, Melville's character reaffirms a desire to escape, to not give in to social norms, to never give up his integrity. By ceasing to write, or to comply with any injunction, as Giorgio Agamben writes, the scrivener becomes "an extreme figure of the nothingness from which all creation proceeds and, at the same time, the most relentless claim to this nothingness as a form of pure, absolute power."[18] By denying the primacy of will, by opposing the "you must" and "you should" addressed to him with the impassive formula "I would prefer not to," Bartleby, Agamben continues, "… destroys any possibility of constructing a relationship between power and will," remaining ever poised between affirmation and denial. His particular power emerges precisely in his refusal to submit to either passive consent or the pathos of refusal, maintaining himself in an *epochè*, in a state of "suspension."[19]

Bartleby's experiment, as Agamben calls it, therefore consists in verifying the possibility of "a power as such, that is, of something that can be and, at the same time, not be." In this sense, the scrivener's formula invites comparison with Prini's approach, ever poised between an effective abstention from doing and the evocation of

IT

Stefano Chiodi

L'esperimento di Bartleby, come lo chiama Agamben, consiste dunque nel verificare la possibilità di "una potenza come tale, cioè di qualcosa che può essere e, insieme, non essere". In questo la formula dello scrivano invita il confronto con le operazioni di Prini, sempre in equilibrio tra un effettivo astenersi dal fare e l'evocazione della sua potenza, nonostante tutto. La traiettoria di Prini si è sempre in effetti posta sul limite della sparizione autoimposta, in contrasto con un'arte contemporanea che nella sua labirintica genericità estetica, nel suo entusiasmo mondano, nelle sue ineffettuali fantasie di resistenza, nel suo assoggettamento a una identità assunta come garante ultima della propria legittimità, appare fatalmente destinata all'irrilevanza, dispersa com'è in nel mondo dello spettacolo diffuso, dell'iperproduzione e del consumo parossistico di immagini, oggetti, idee, comportamenti.

Ha scritto Elio Grazioli che quello di Prini è stato "un costante gioco di assenza e di dirottamento", una sfida ai luoghi comuni e una "vertigine dell'affermazione"[21]. Il paradosso del suo lavoro è proprio il suo costituirsi come un rifiuto che afferma, fuori dalla portata dello spettatore e dei meccanismi che fanno dell'arte una produzione sociale. Prini pospone all'infinito la realizzazione del lavoro per visualizzarne l'inesauribile potenziale ma anche per mettersi al riparo dalla morte che vi si annida. Svuotarsi, smaterializzarsi, abolire il superfluo, quasi scomparire, e perseverare: un modo per vivere, un modo per salvarsi.

EN

its power, despite everything. Prini's trajectory is always on the verge of self-imposed disappearance, in contrast to contemporary art which—in its labyrinthine aesthetic generality, in its mundane enthusiasm, in its ineffective fantasies of resistance, in its subjugation to an identity assumed as the ultimate guarantor of its own legitimacy—appears fatally destined to irrelevance, dispersed as it is in the world of widespread spectacle, hyperproduction, and the paroxysmal consumption of images, objects, ideas, and behaviors.

Elio Grazioli wrote that Prini's work was "a constant game of absence and diversion," a challenge to clichés and a "vertigo of affirmation."[20] The paradox of his work lies precisely in its constitution as an affirming refusal, beyond the reach of the viewer and the mechanisms that make art social production. Prini postpones the completion of his work indefinitely so as to visualize its inexhaustible potential, but also to protect himself from the death that lurks within it. Emptying oneself, dematerializing oneself, abolishing the superfluous, almost disappearing, and persevering: a way of living, a way of saving oneself.

IT

Stefano Chiodi

Note

1.
Cfr. "*I Do Not Care to Be Remembered in the Future*, Grazia Austoni and Timotea Austoni Prini in conversation with Valentina Pero and Christiane Meyer-Stoll", in Nike Bätzner, Maddalena Disch, Christiane Meyer-Stoll, Valentina Pero (a cura di), *Entrare nell'opera. Processes and Performative Attitudes in Arte Povera*, Kunstmuseum Liechtenstein, Vaduz – Buchhandlung Walther König, Köln, p. 322.

2.
Germano Celant, *Arte Povera. Storie e storie*, Electa, Milano 2011, p. 288.

3.
Christian Rattemeyer, "'*Op Losse Schroeven*' and '*When Attitudes Become Form*'", 1969, in '*Op Losse Schroeven*' and '*When Attitudes Become Form*', Afterall, London 2010, p. 29.

4.
Pasquale Fameli, "Life as Performance: Action and Process in Emilio Prini's Work", in Nike Bätzner, Maddalena Disch, Christiane Meyer-Stoll, Valentina Pero (a cura di), *Entrare nell'opera cit.*, pp. 237–238.

5.
Cfr. le note su *Perimetro d'aria* riportate in Germano Celant, *Arte povera. Storie e storia cit.*, pp. 282–283.

6.
Ibid., p. 285.

7.
Roland Barthes, "La mort de l'auteur", *Manteia*, n. 5 (1968), poi in Id., *Le Bruissement de la langue. Essais critiques IV*, Seuil, Paris 1984 (trad. it. di Bruno Bellotto, *Il brusio della lingua. Saggi critici IV*, Einaudi, Torino 1988, pp. 51–56).

8.
Gabriele Guercio, "Emilio Prini, Il caso standard(c)", *doppiozero*, 5 giugno 2023: https://www.doppiozero.com/emilio-prini-il-caso-standard-c

9.
Jean Starobinski, *Portrait de l'artiste en saltimbanque*, Flammarion, Paris 1983 [trad. it. di Corrado Bologna, *Ritratto dell'artista da saltimbanco*, Bollati Boringhieri, Torino 1984, p. 39].

10.
Sull'uso e il valore della scrittura in Prini e nell'arte povera in generale cfr. Maria Teresa Roberto, "Arte Povera 1970: processi di scrittura visualizzati", *Piano B*, vol. 5 n. 2 (2020), pp. 13–36. Sui documenti pubblicati nei cataloghi da Prini, cfr. Cornelia Lauf (a cura di), *Emilio Prini. A Visual Bibliography*, Nero, Roma 2018.

11.
Luca Lo Pinto, "Emilio Prini", *Flash Art*, https://flash---art.it/article/emilio-prini-luca-lo-pinto/

12.
Ad esempio *Magnete*, 1969, consistente in 18.915 riproduzioni fotografiche identiche.

13.
Michael Asher, *Writings 1973–1983 on Works 1969–1979*, a cura di Benjamin H. D. Buchloh, Primary Information, New York 2021, p. 89.

14.
Non è impossibile d'altro canto che il rebus di Prini faccia un'ironica allusione anche alla celebre serie di dipinti di Barnett Newman *Who's Afraid of Red, Yellow, and Blue* (1966–1970), a loro volta in esplicito rapporto con la lezione di Mondrian.

15.
Sul ruolo della misurazione e dello standard nell'opera di Prini e nell'arte povera, cfr. Lara Conte, *Measure and Autobiography in Arte Povera*, Nike Bätzner, Maddalena Disch, Christiane Meyer-Stoll, Valentina Pero (a cura di), *Entrare nell'opera* cit., pp. 87–96.

16.
Gabriele Guercio, *The Great Subtraction*, ASA Publisher, Bruxelles 2011, p. 66.

17.
Herman Melville, *Bartleby, the Scrivener: A Story of Wall Street, in Bartleby and Benito Cereno*, Dover Publications, New York 1990, p. 19.

18.
Giorgio Agamben, "Bartleby o della contingenza", in Giorgio Agamben, Gilles Deleuze, *Bartleby, la formula della creazione*, Quodlibet, Macerata 1993, p. 60.

19.
Ibid., p. 62.

20.
Ibid., p. 63.

21.
Elio Grazioli, "Emilio Prini: tautologia, letteralità e paradosso", *doppiozero*, 22 gennaio 2020: https://www.doppiozero.com/emilio-prini-tautologia-letteralita-e-paradosso

EN

End Notes

1.
Cf. "*I Do Not Care to Be Remembered in the Future*, Grazia Austoni and Timotea Austoni Prini in conversation with Valentina Pero and Christiane Meyer-Stoll," in Nike Bätzner, Maddalena Disch, Christiane Meyer-Stoll, and Valentina Pero (eds.), *Entrare nell'opera. Processes and Performative Attitudes in Arte Povera*, Kunstmuseum Liechtenstein, Vaduz – Buchhandlung (Cologne: Walther König, 2020), 322.

2.
Germano Celant, *Arte Povera. Storie e storie* (Milan: Electa, 2011), 288.

3.
Christian Rattemeyer, "*Op Losse Schroeven* and *When Attitudes Become Form*, 1969," in '*Op Losse Schroeven*' and '*When Attitudes Become Form*' (London: Afterall, 2010), 29.

4.
Pasquale Fameli, "Life as Performance: Action and Process in Emilio Prini's Work," in Nike Bätzner, Maddalena Disch, Christiane Meyer-Stoll, and Valentina Pero (eds.), *Entrare nell'opera, cit.*, 237–38.

5.
Cf. the notes on *Perimetro d'aria* cited in Germano Celant, *Arte povera. Storie e storia*, cit., 282–83.

6.
Ibid., 285.

7.
Roland Barthes, "La mort de l'auteur", Manteia, n. 5 (1968), then in *Le Bruissement de la langue. Essais critiques IV* (Paris: Seuil, 1984).

8.
Gabriele Guercio, "Emilio Prini, Il caso standard(c)," *doppiozero*, June 5, 2023: https://www.doppiozero.com/emilio-prini-il-caso-standard-c

9.
Jean Starobinski, *Portrait de l'artiste en saltimbanque* (Paris: Flammarion, 1983).

10.
On the use and value of writing in Prini's work and in Arte povera in general, cf. Maria Teresa Roberto, "Arte Povera 1970: processi di scrittura visualizzati," in *Piano B*, vol. 5 No. 2 (2020), 13–36. On the documents published in catalogues by Prini, cf. Cornelia Lauf (ed.), *Emilio Prini. A Visual Bibliography*, (Rome: Nero, 2018).

11.
Luca Lo Pinto, "Emilio Prini," *Flash Art*, 2017, https://flash---art.it/article/emilio-prini-luca-lo-pinto/

12.
For example, *Magnete*, 1969, consisting of 18,915 identical photographic reproductions.

13.
Michael Asher, *Writings 1973–1983 on Works 1969–1979*, Benjamin H. D. Buchloh (ed.) (New York: Primary Information, 2021), 89.

14.
On the other hand, it is not unthinkable for Prini's riddle also to make an ironic allusion to the famous series of paintings by Barnett Newman *Who's Afraid of Red, Yellow, and Blue* (1966–1970), in turn in explicit relation to the teachings of Mondrian.

15.
On the role of measurement and the standard in Prini's work and in Arte Povera, cf. Lara Conte, *Measure and Autobiography in Arte Povera*, Nike Bätzner, Maddalena Disch, Christiane Meyer-Stoll, and Valentina Pero (eds.), *Entrare nell'opera* cit., 87–96.

16.
Gabriele Guercio, *The Great Subtraction* (Brussels : ASA Publisher, 2011), 66.

17.
Herman Melville, *Bartleby, the Scrivener: A Story of Wall Street, in Bartleby and Benito Cereno* (New York, Dover Publications, 1990), 19.

18.
Giorgio Agamben, "Bartleby o della contingenza," in *Bartleby, la formula della creazione*, Giorgio Agamben and Gilles Deleuze (Macerata, Quodlibet, 1993), 60.

19.
Ibid., 63.

20.
Elio Grazioli, "Emilio Prini: tautologia, letteralità e paradosso," *doppiozero*, January 22, 2020: https://www.doppiozero.com/emilio-prini-tautologia-letteralita-e-paradosso

Tre passi da un metro
Installation view, *Fermi in Dogana*, Ancienne Douane, Strasburgo / Strasbourg

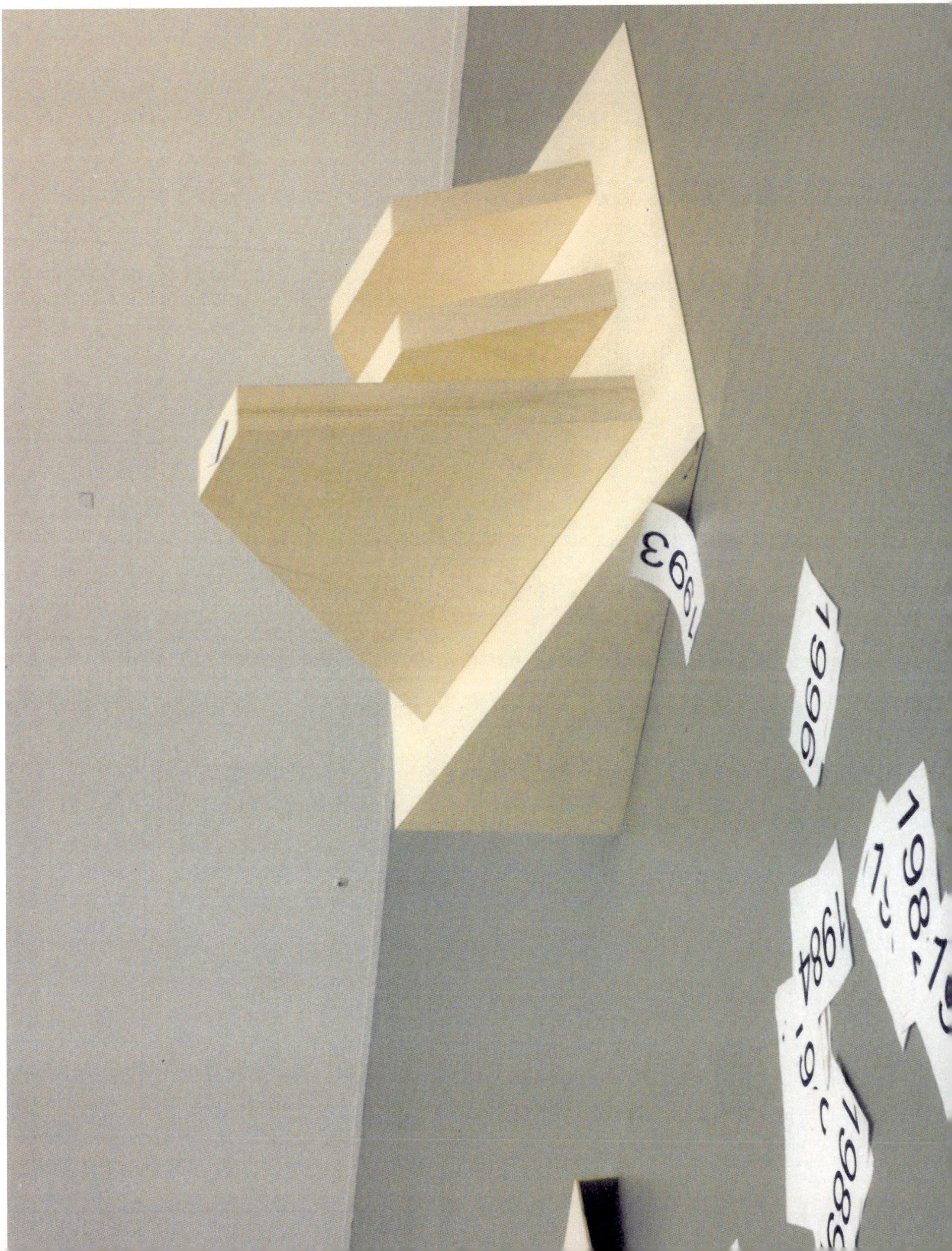

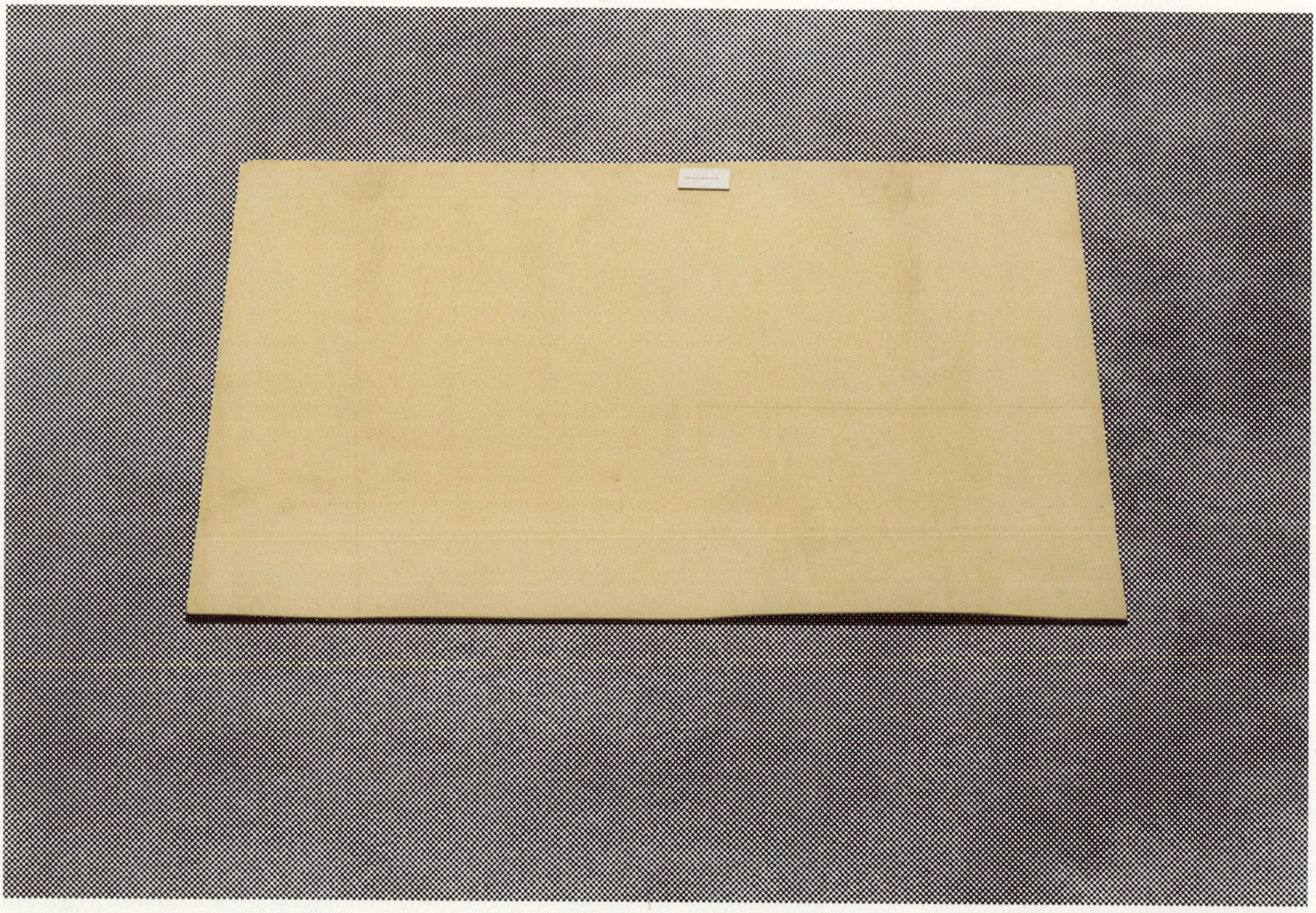

1995

***Socle (pezzo di un palazzo)*, 1967–95**
Legno compensato / Plywood

Socle (pezzo di un palazzo)
Installation view, *Fermi in Dogana*, Ancienne Douane, Strasburgo / Strasbourg

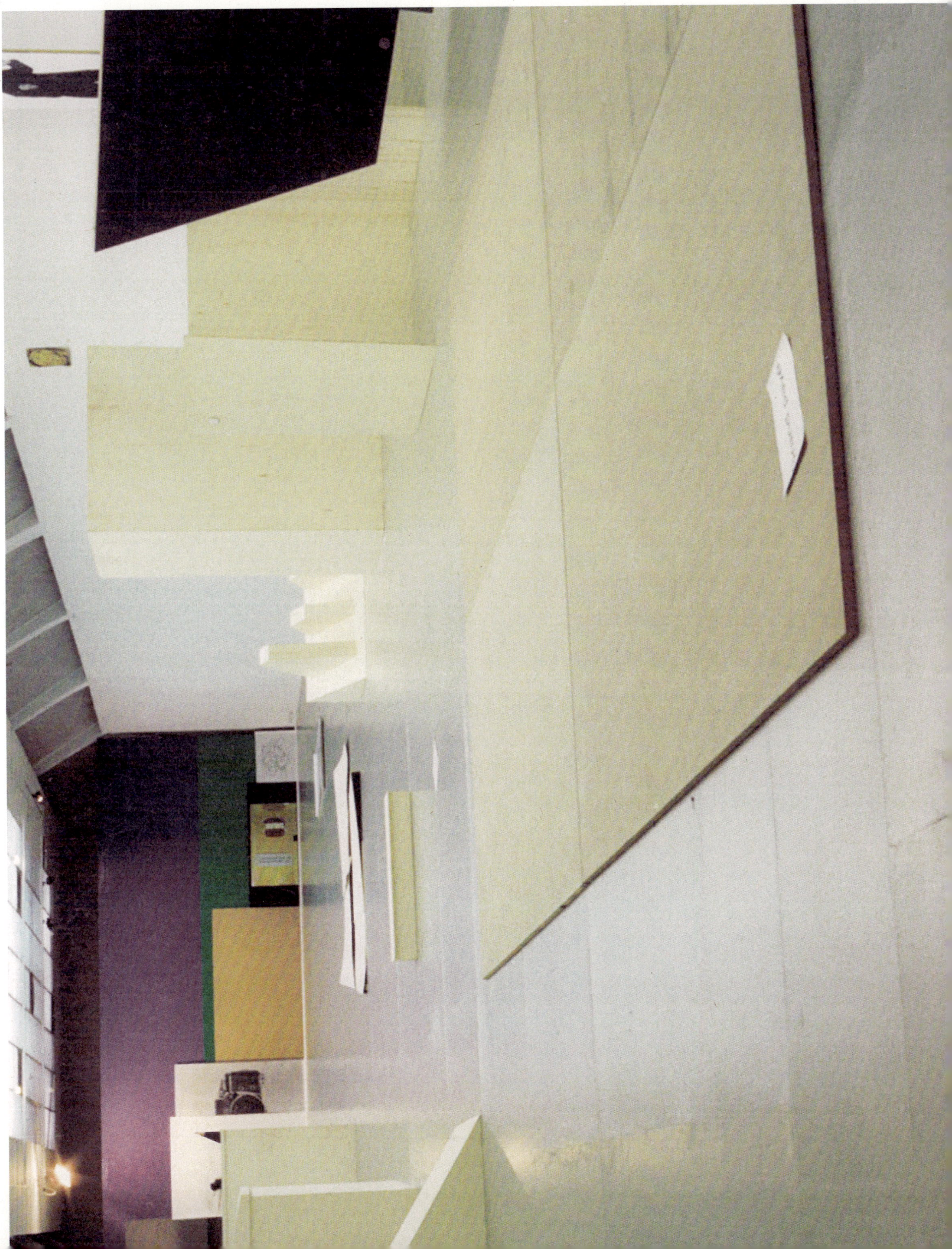

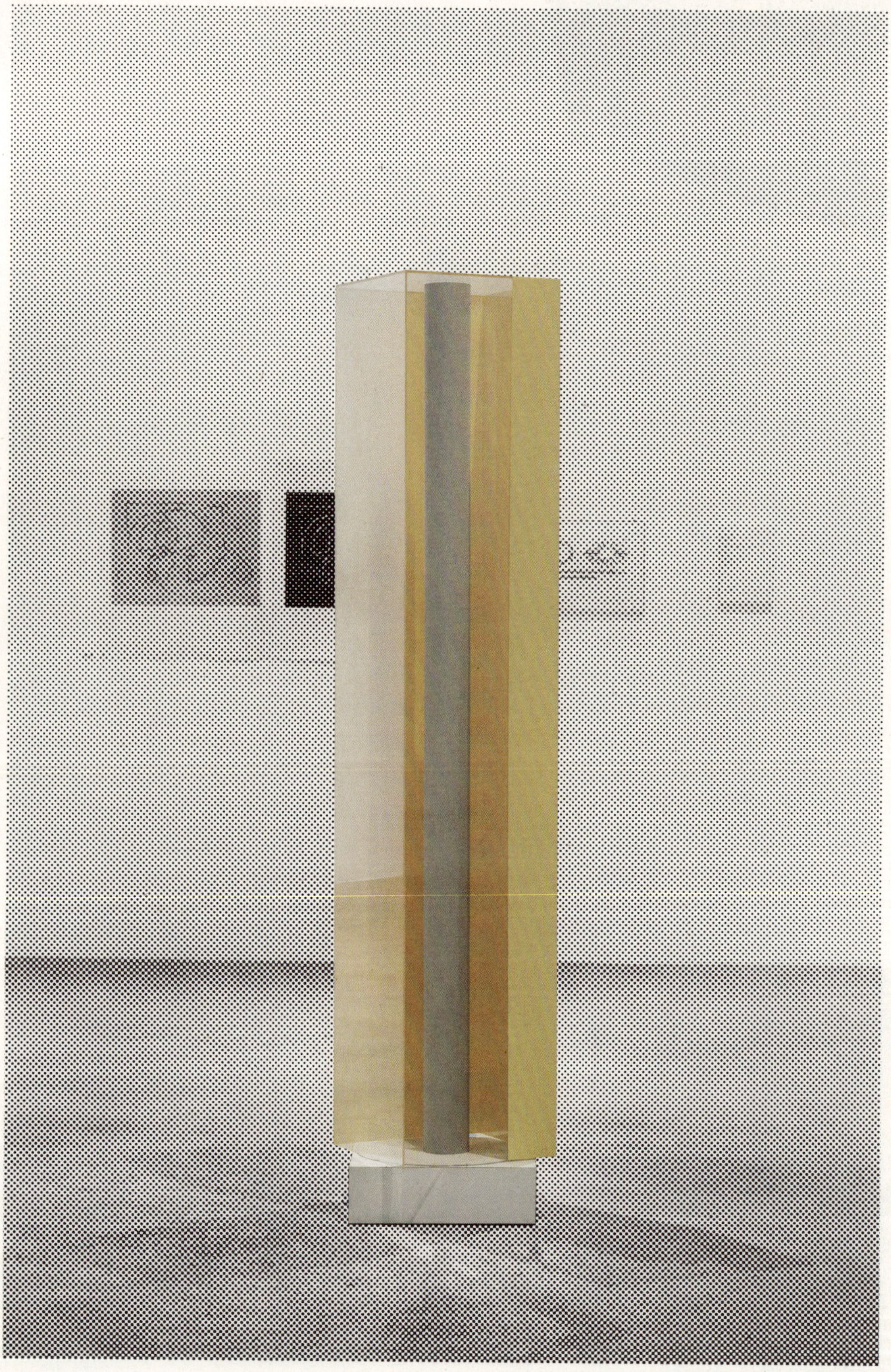

1995

***Oggetti a scomparsa totale, oggetti a scomparsa parziale*, 1967–95**
Plexiglas, carta, tubo di cartone, motore / Plexiglas, paper, cardboard tube, engine

p. 293

Oggetti a scomparsa totale, oggetti a scomparsa parziale
Installation view, *Fermi in Dogana*, Ancienne Douane, Strasburgo / Strasbourg

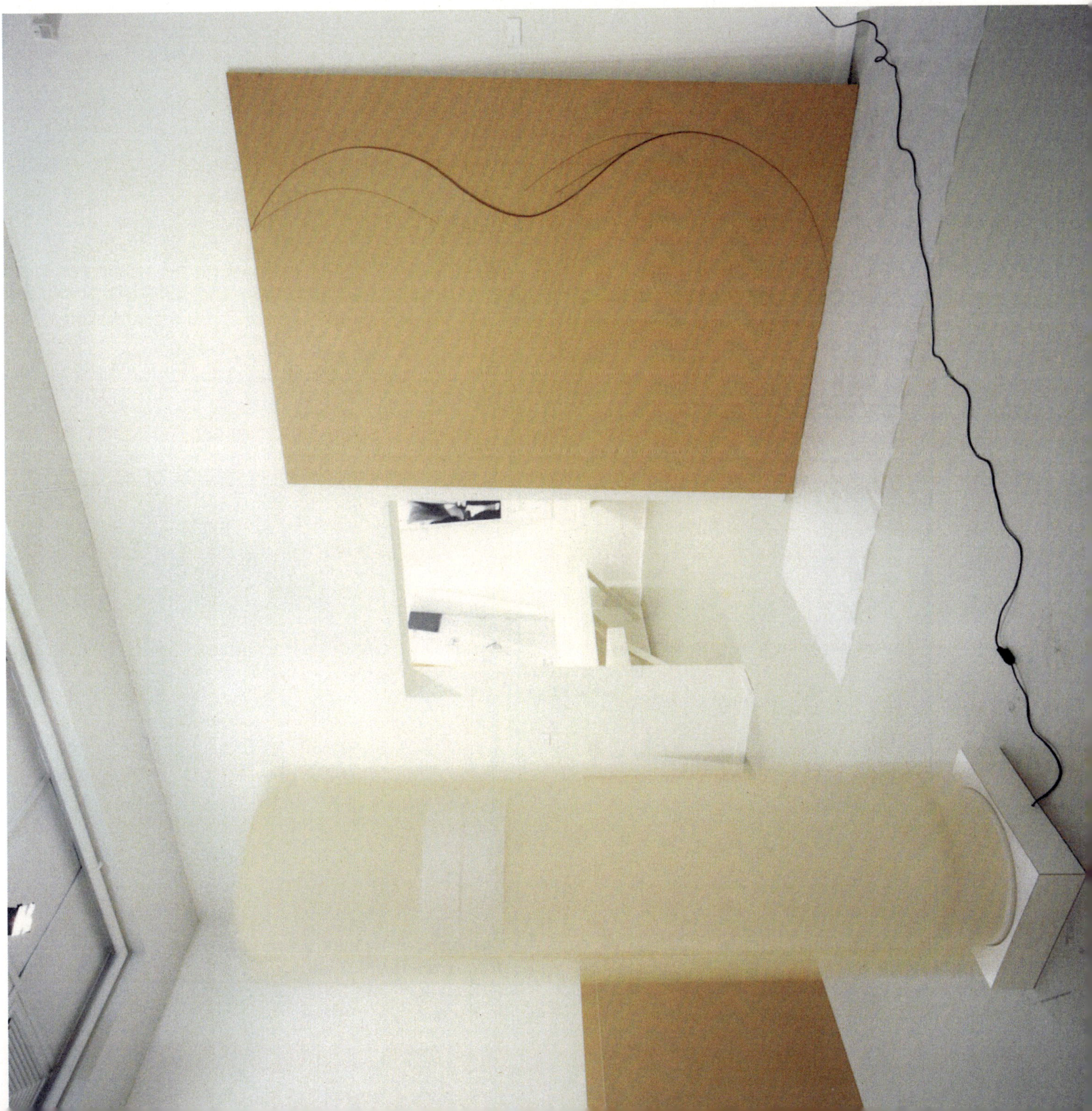

p. 294

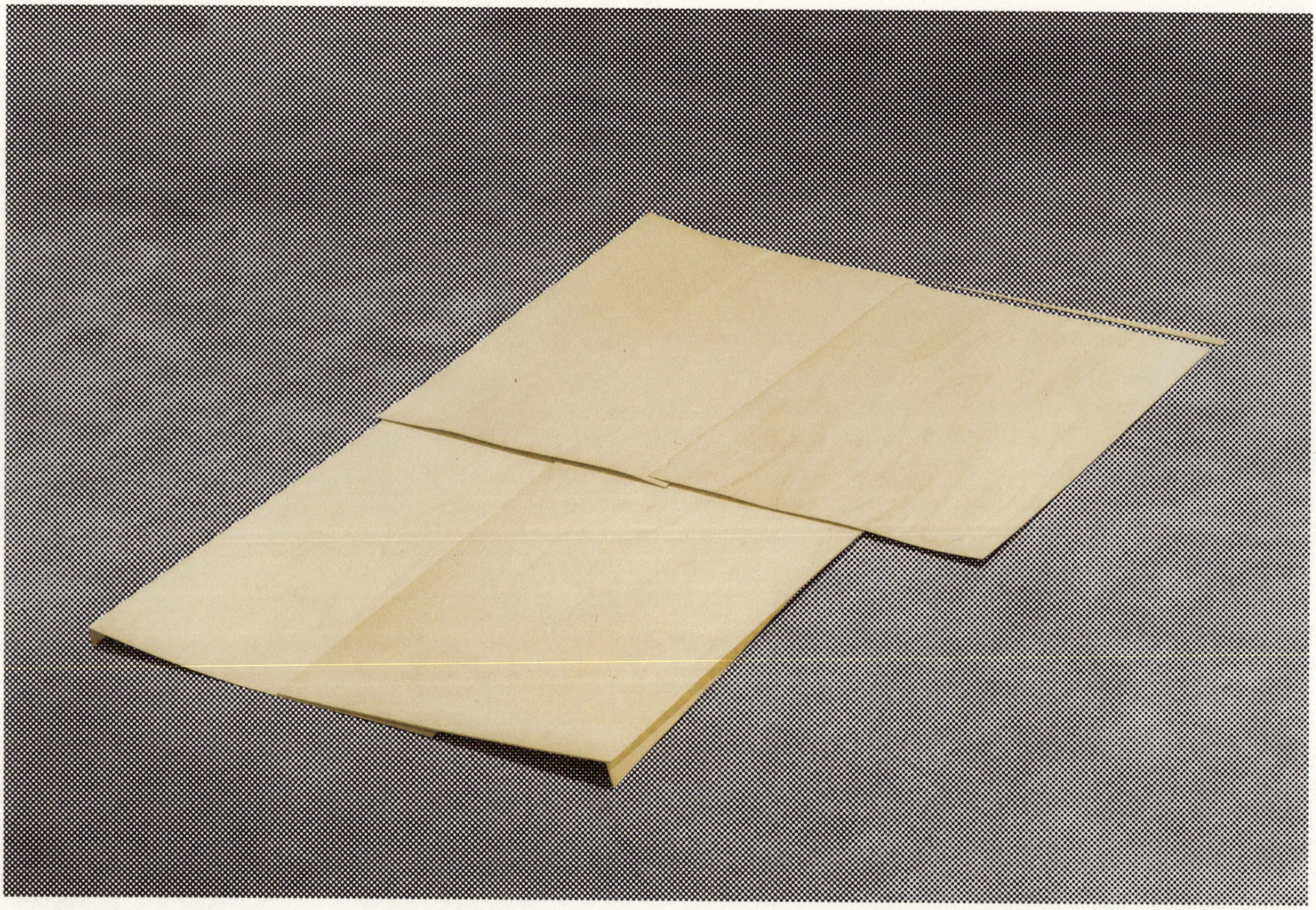

1995

***Lastra con piega decrescente su un lato (strada franata)*, 1967–95**
Legno compensato / Plywood

p. 295

Lastra con piega decrescente su un lato (strada franata)
Installation view, *Fermi in Dogana*, Ancienne Douane, Strasburgo / Strasbourg

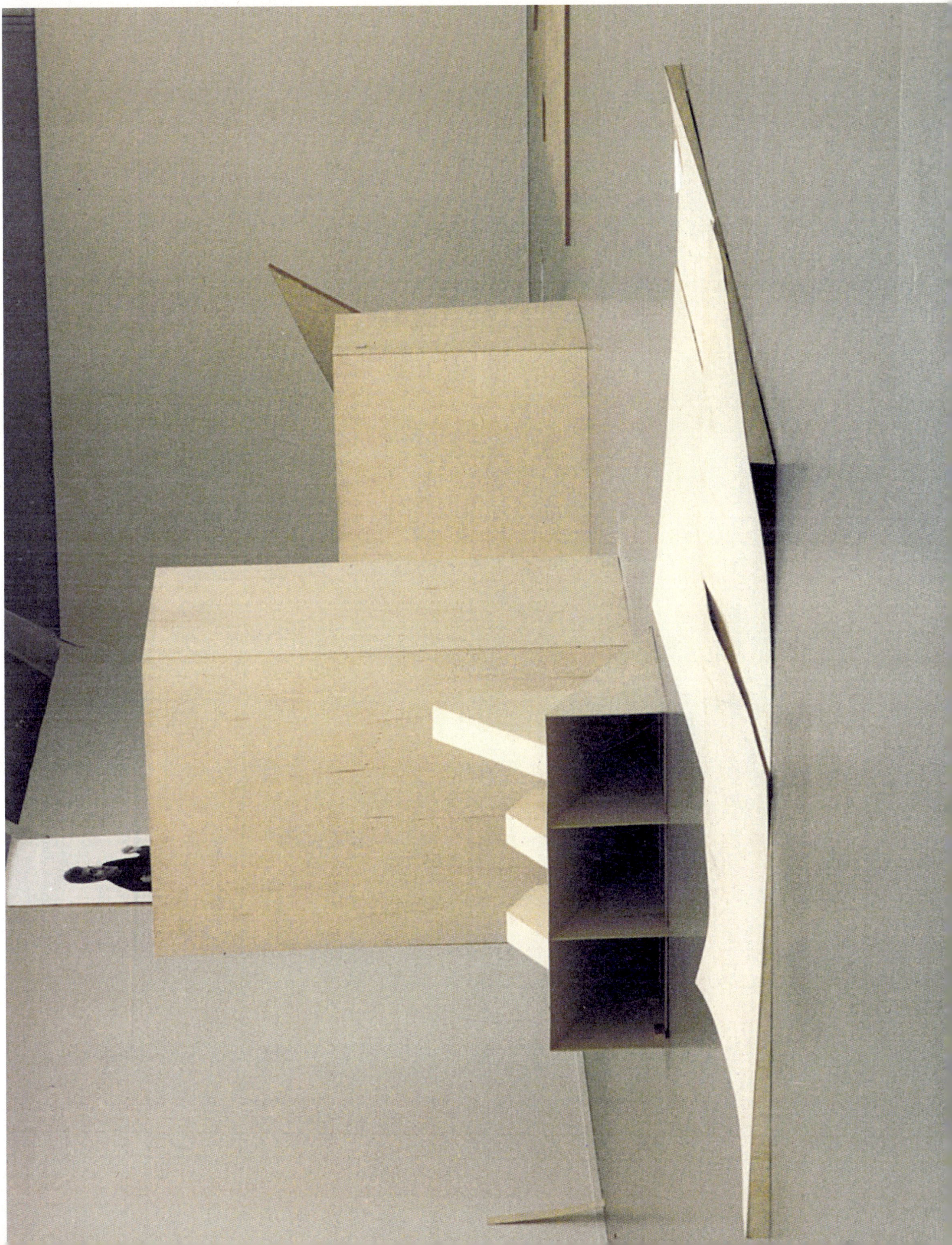

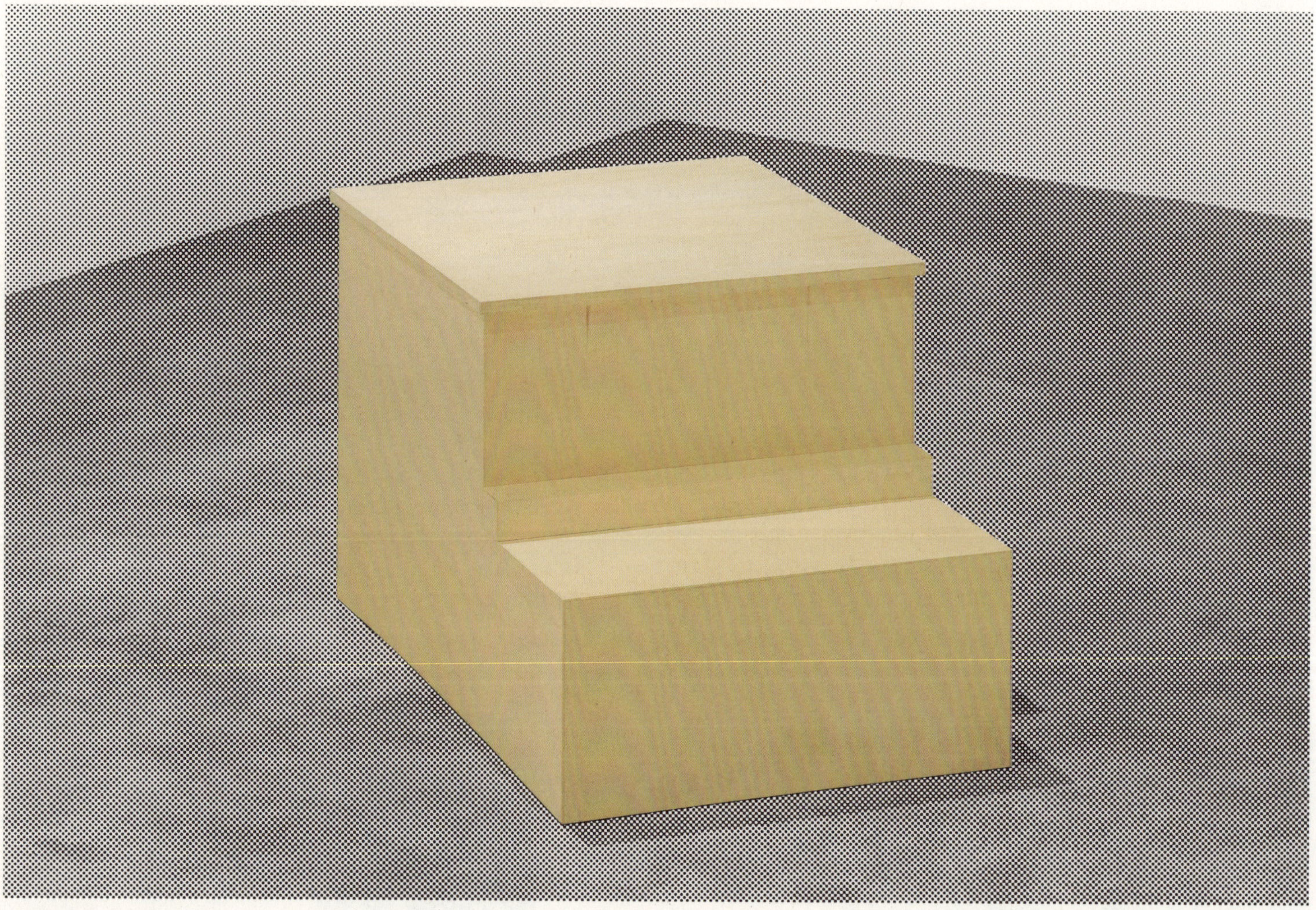

1995

***Scalee che scendono al fiume (alluvione)*, 1967–95**
Legno compensato / Plywood

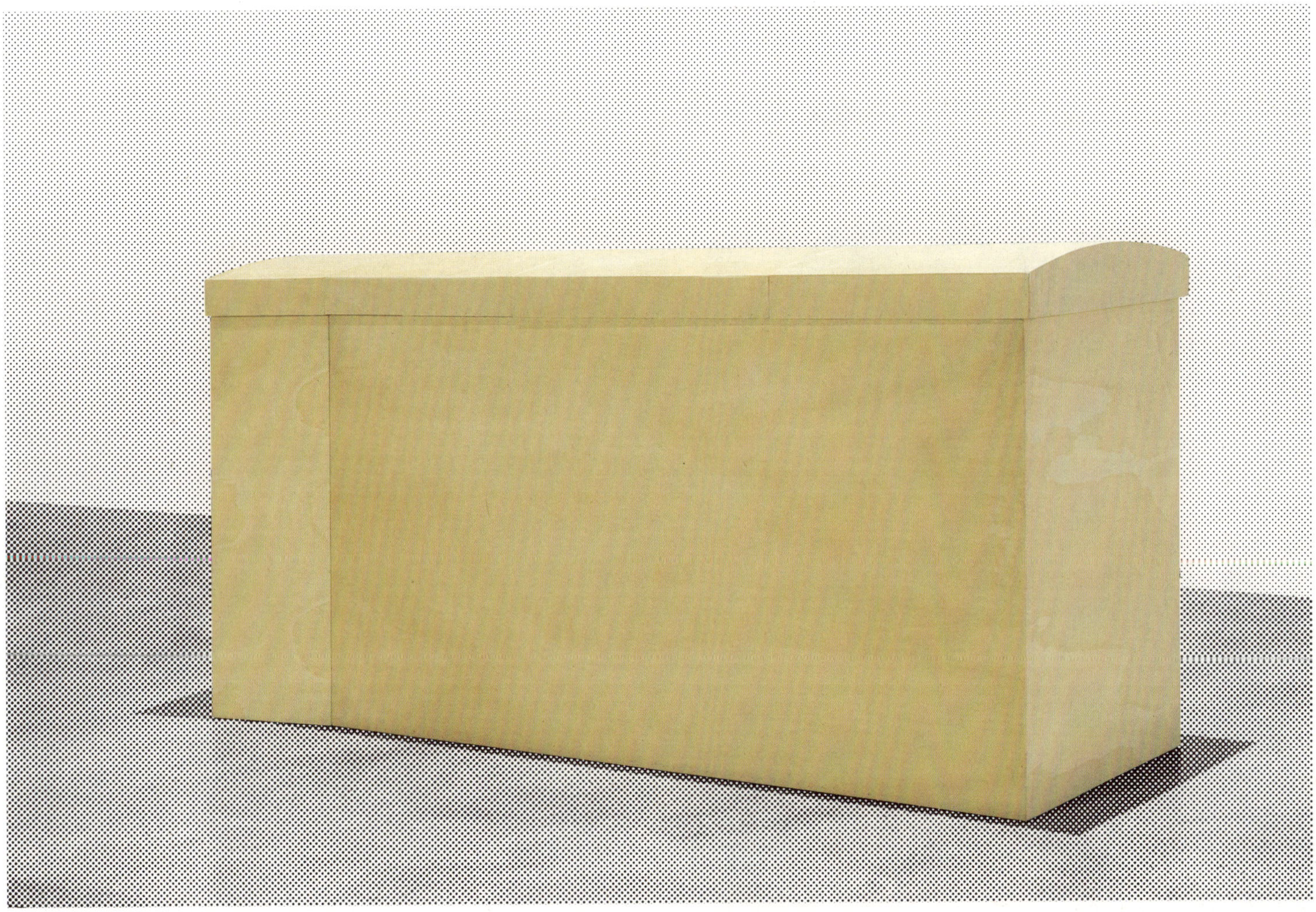

1995

Muro in curva, **1967–95**
Legno compensato / Plywood

Muro in curva
Installation view, *Fermi in Dogana*, Ancienne Douane, Strasburgo / Strasbourg

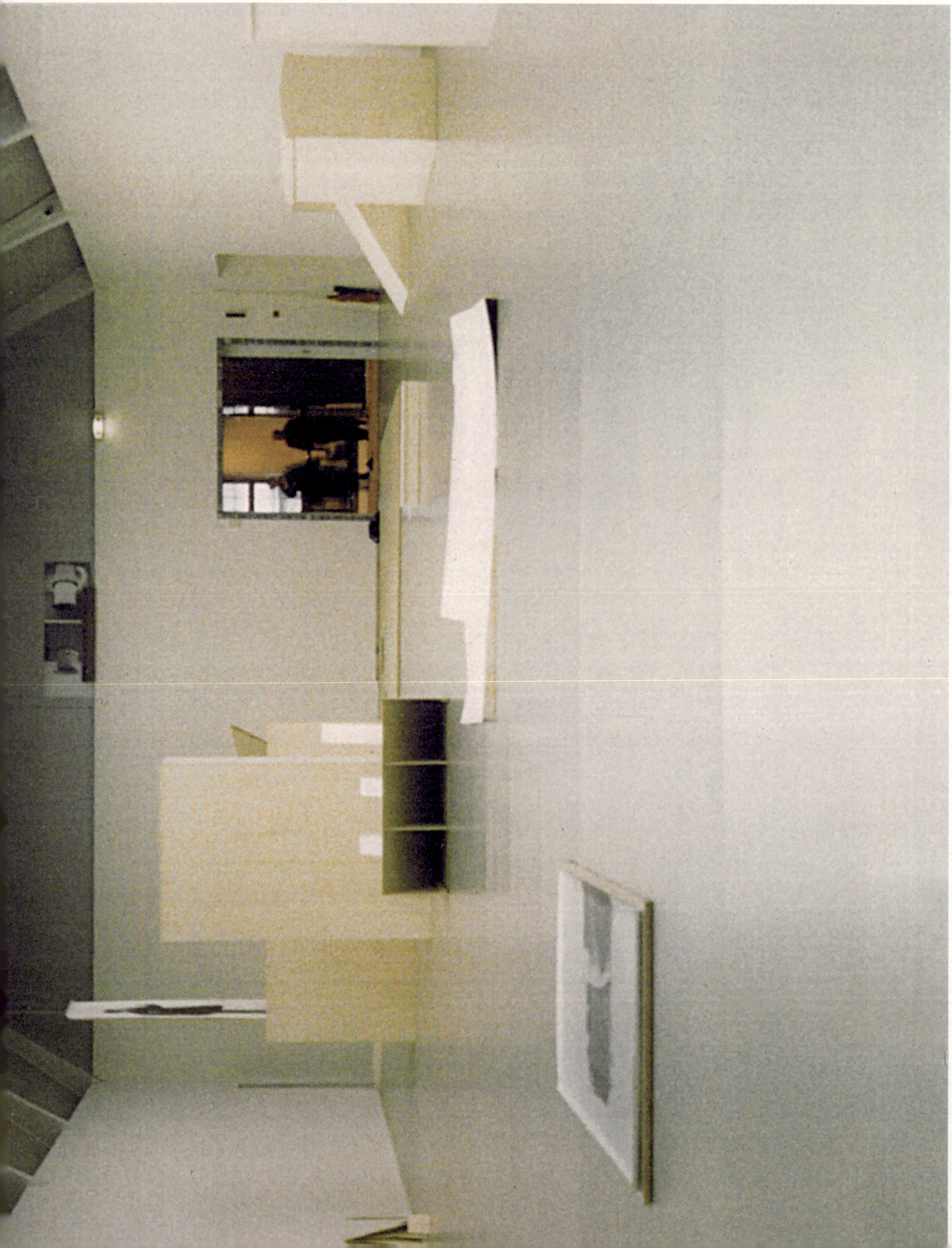

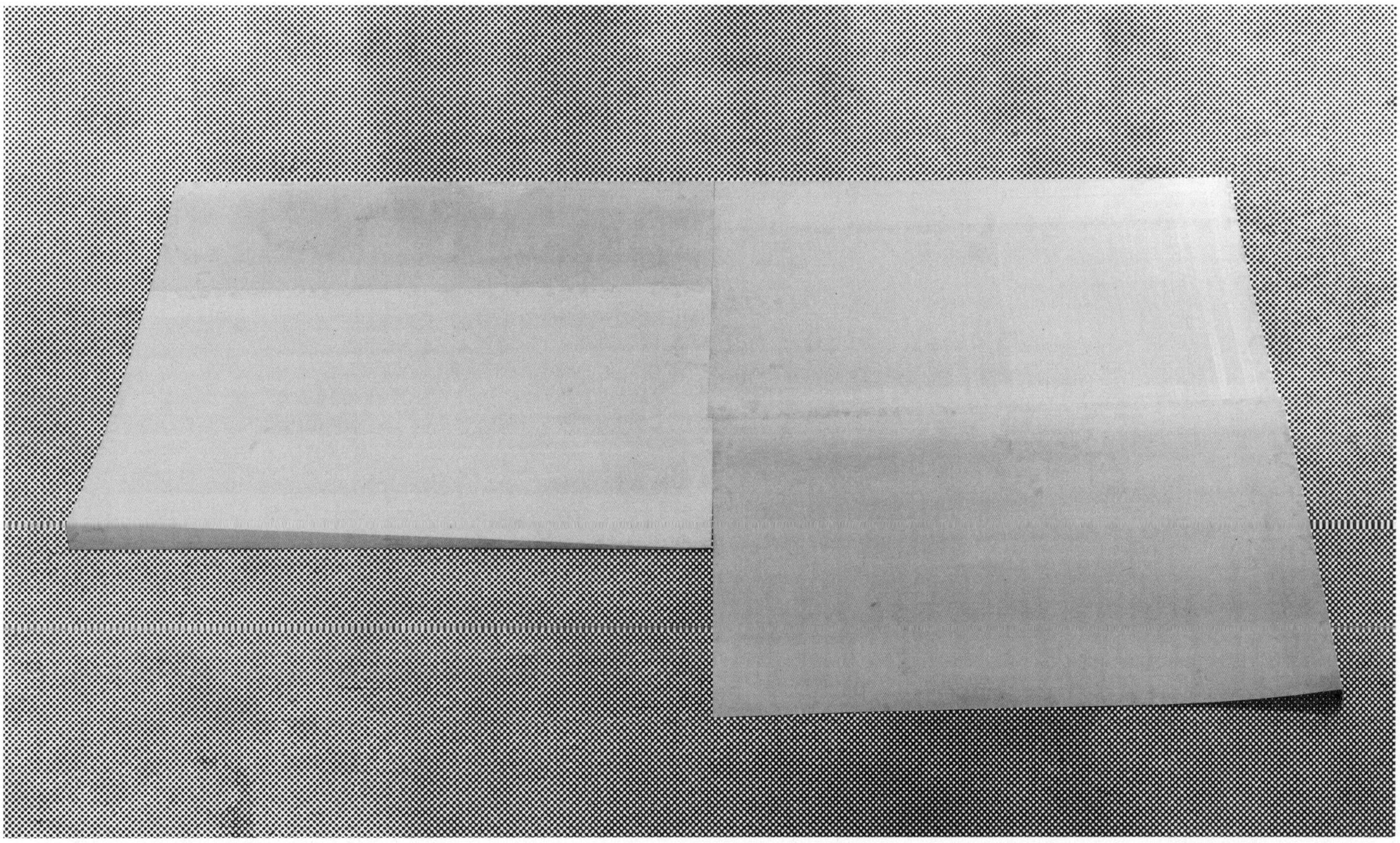

1995

***Lastra con piega decrescente su un lato (strada franata)*, 1967–95**
Lamiera fosfatata / Phosphated sheet metal

p. 300

Lastra con piega decrescente su un lato (strada franata)
Installation view, *Fermi in Dogana*, Ancienne Douane,
Strasburgo / Strasbourg

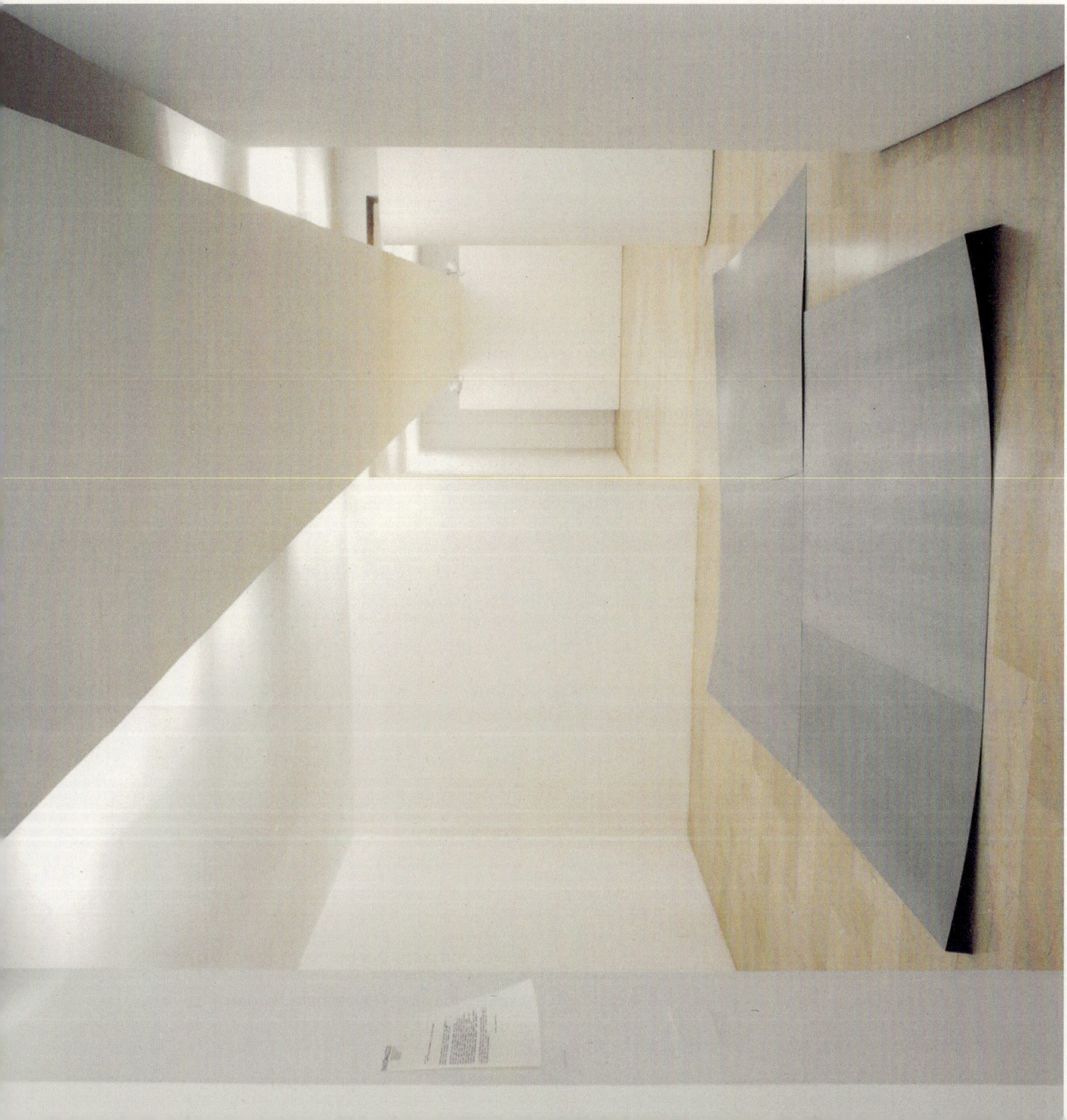

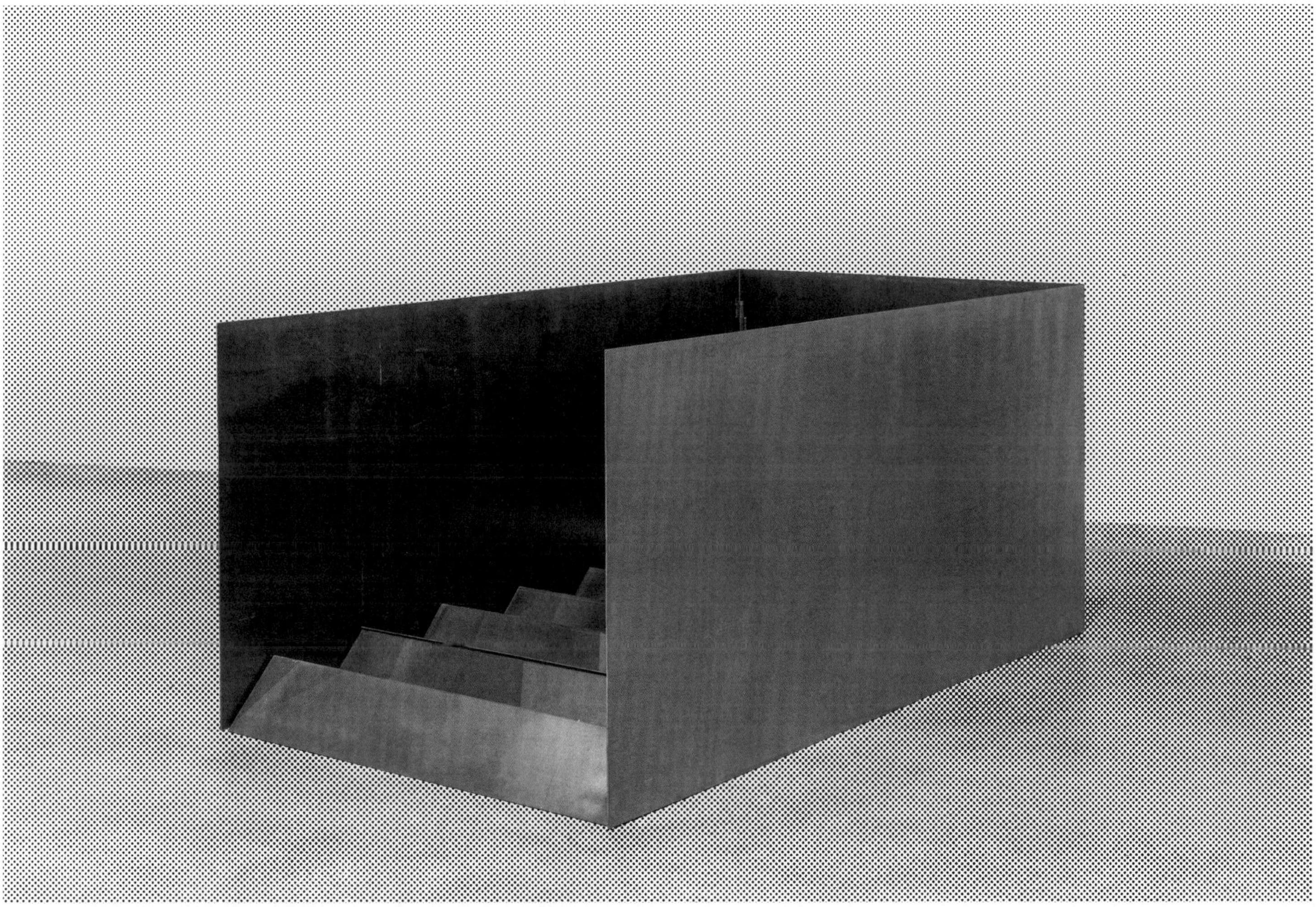

1995

Scala nel sottosuolo (sottopassaggio), 1967–95
Ferro / Iron

p.302

Scala nel sottosuolo (sottopassaggio)
Installation view, *La ville, le jardin, la mémoire 1998–2000*,
Accademia di Francia a Villa Medici, Roma / Rome

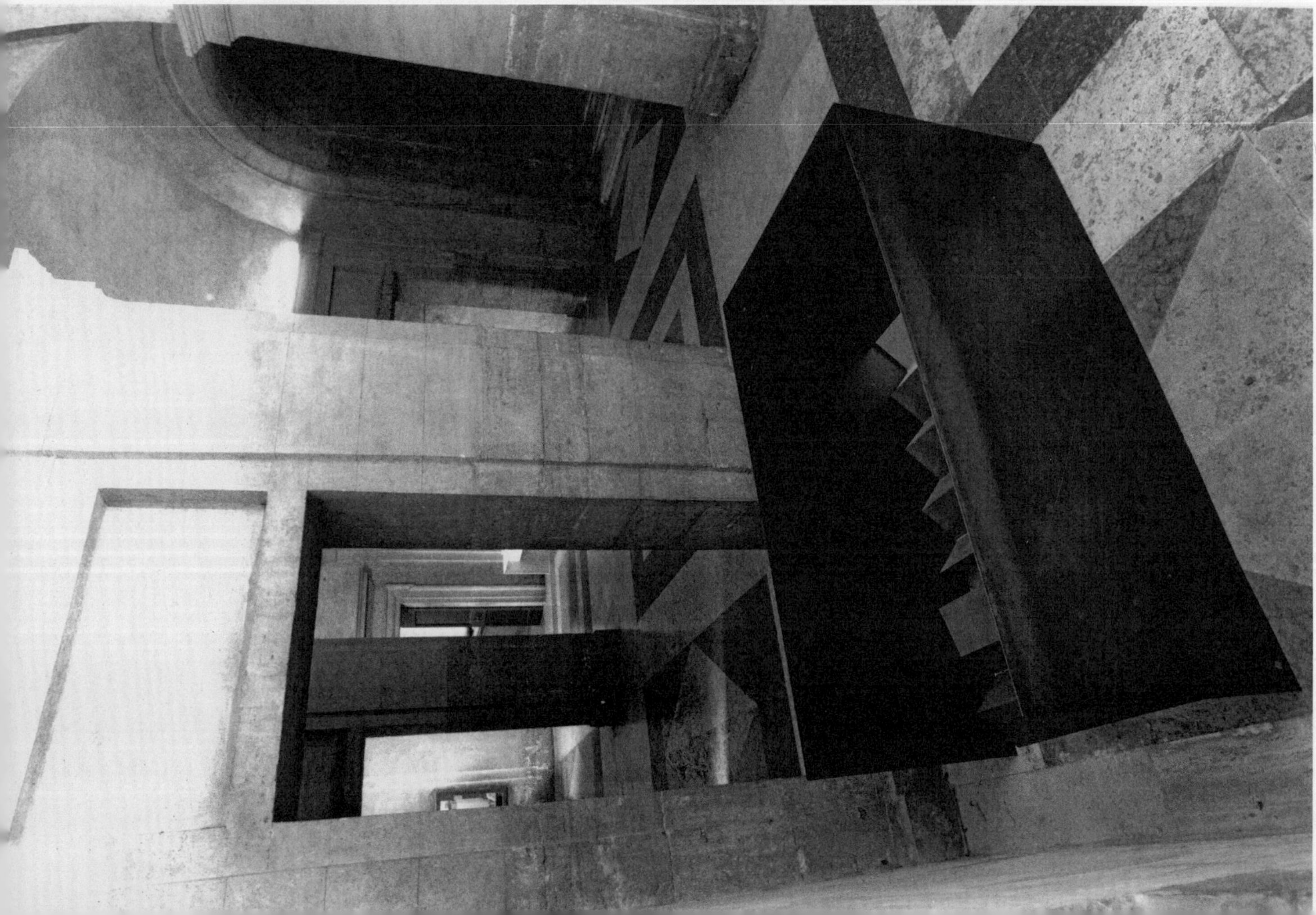

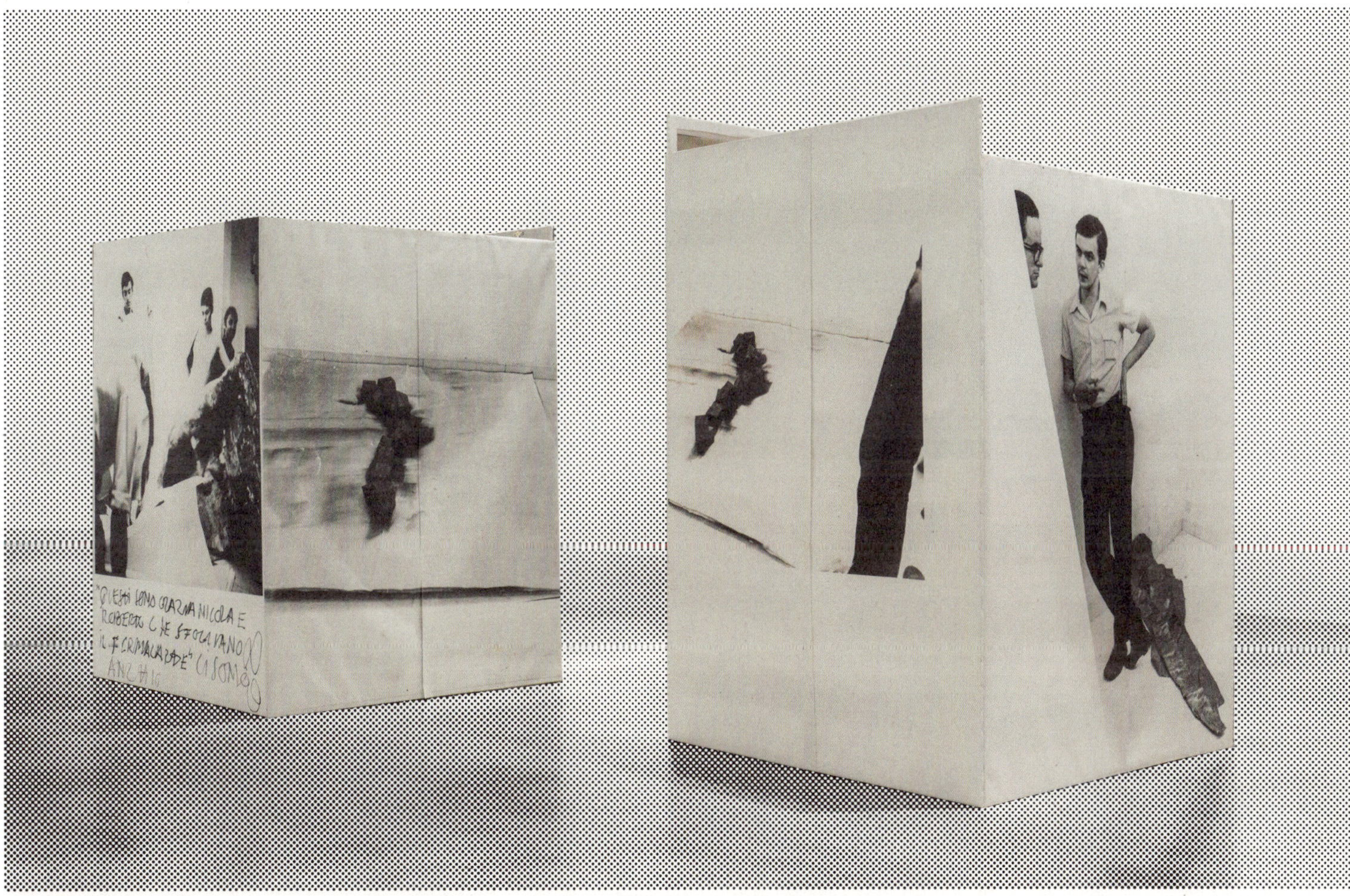

1995

Piccolo Film, 1967–95
9 stampe fotografiche su carta / 9 photographic prints on paper

Piccolo Film
Installation view, *Fermi in Dogana*, Ancienne Douane, Strasburgo / Strasbourg

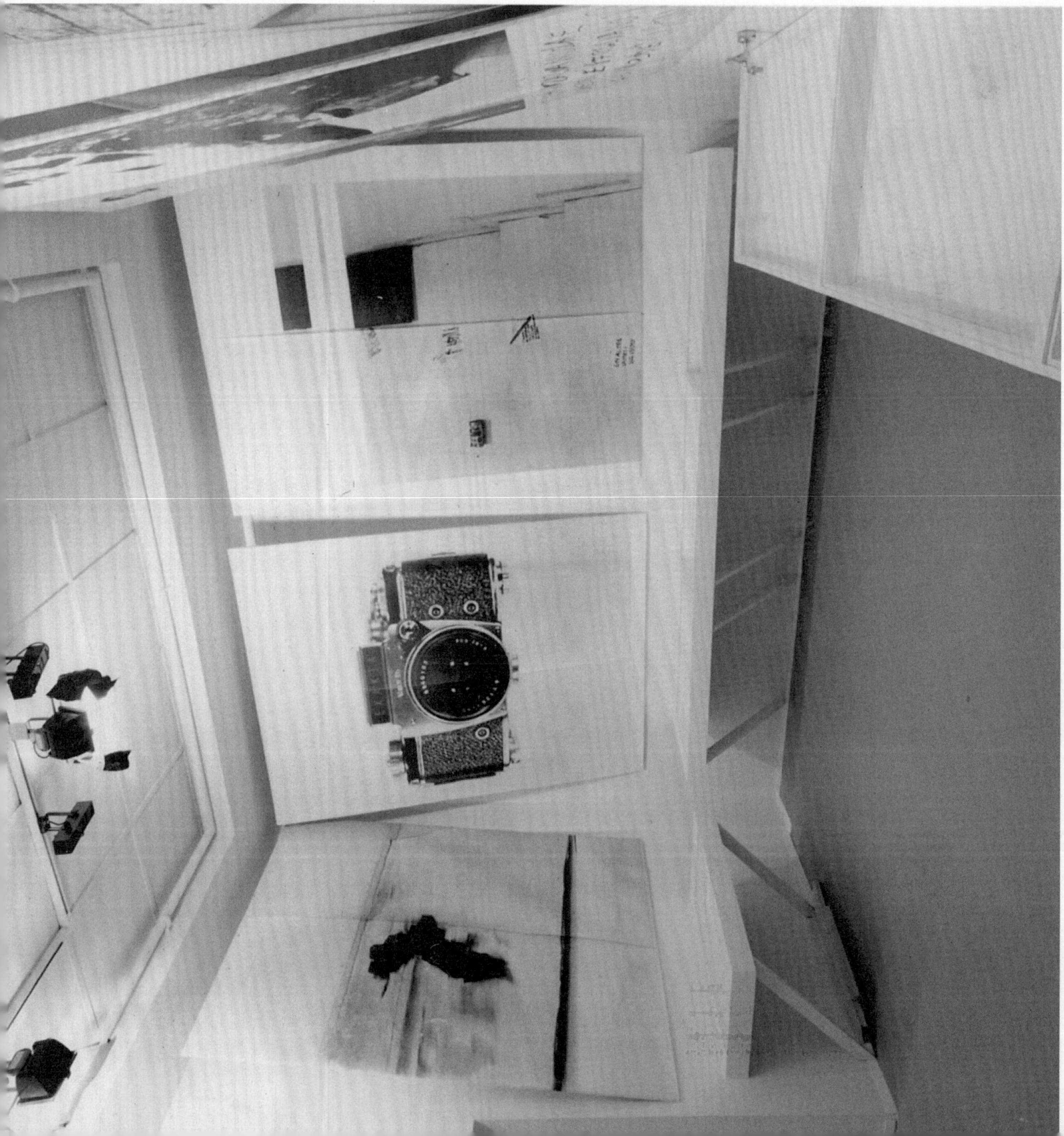

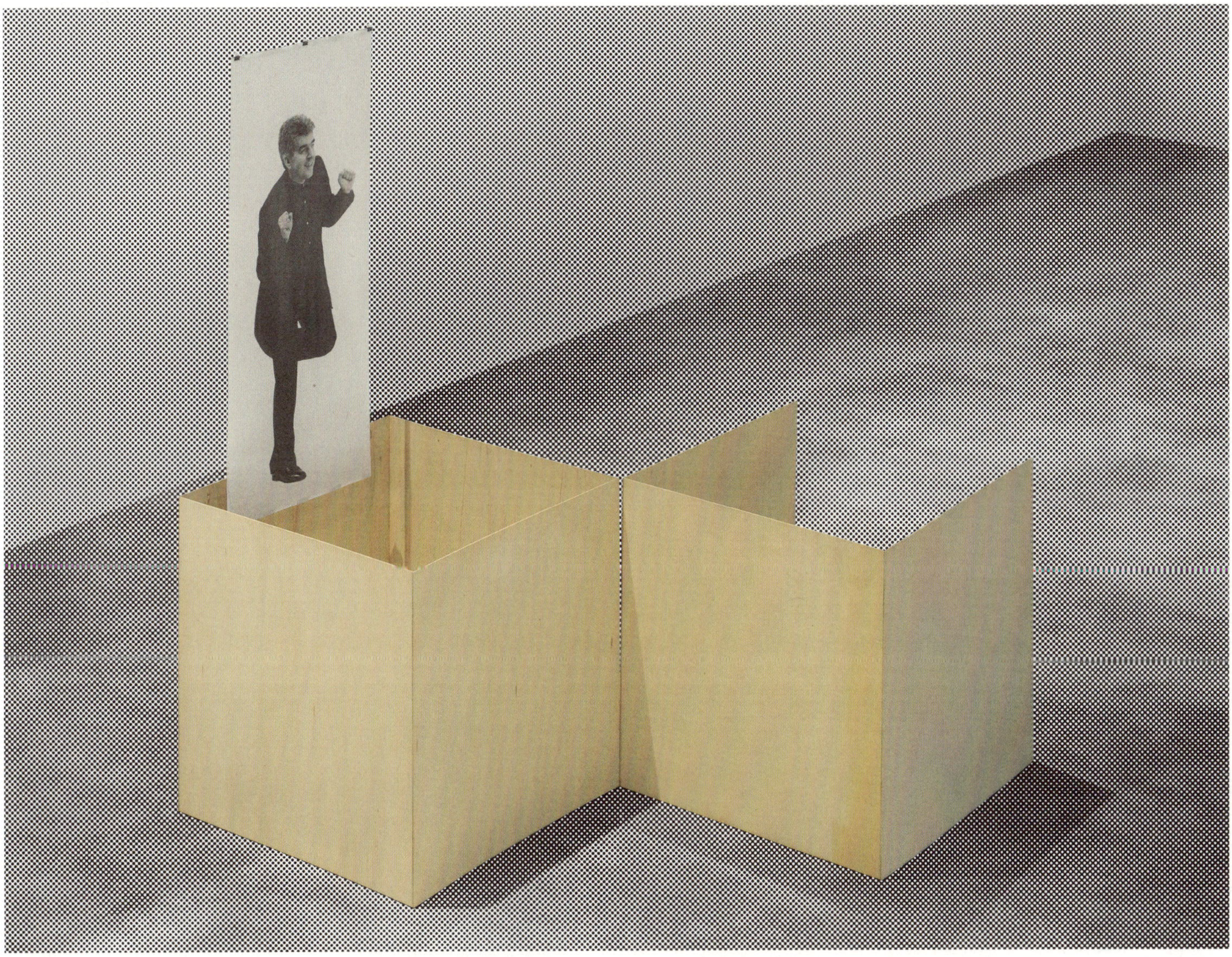

1995

Sterramento Toselli
Legno compensato, stampa fotografica / Plywood, photographic print

Sterramento Toselli
Installation view, *Fermi in Dogana*, Ancienne Douane, Strasburgo / Strasbourg

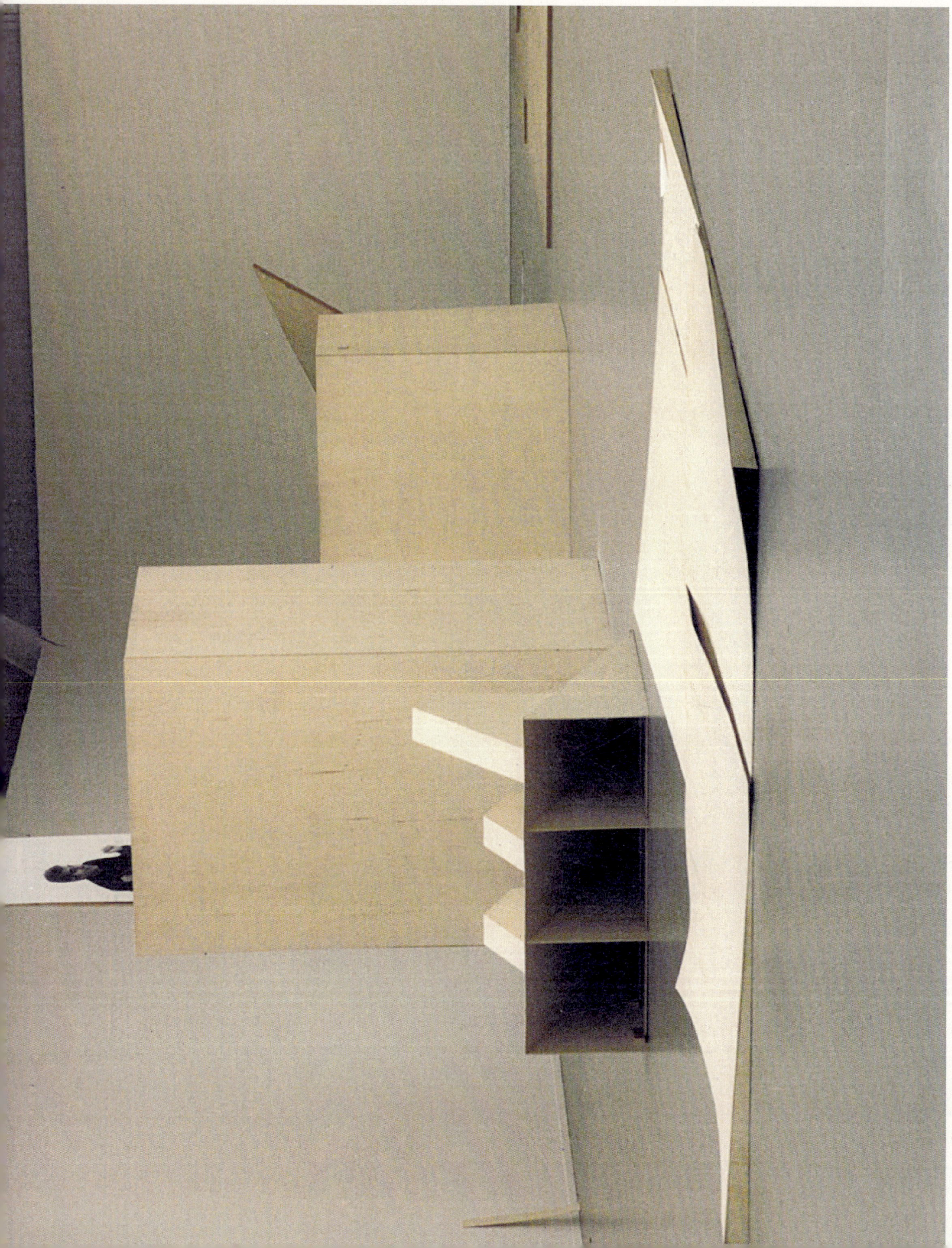

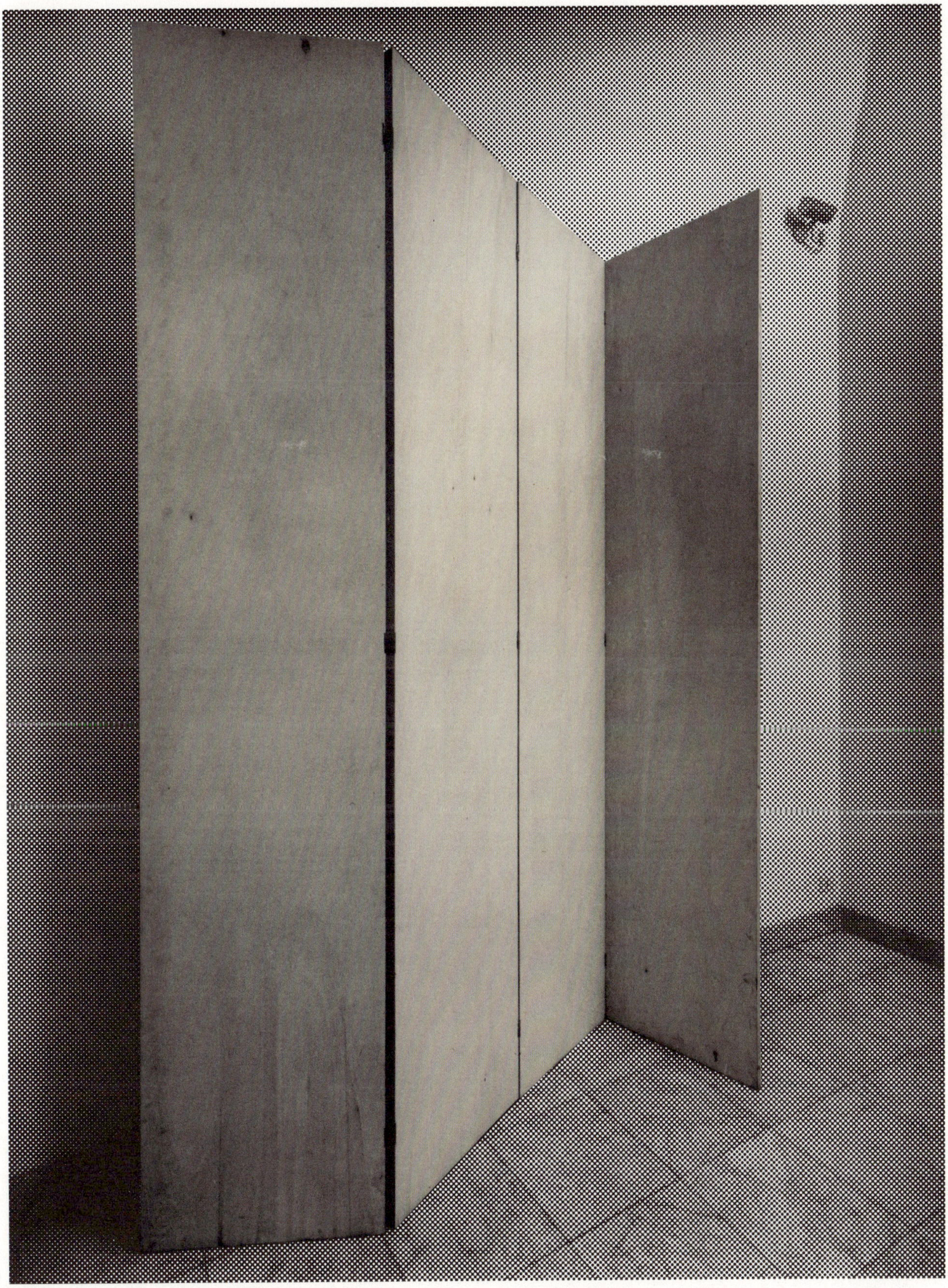

1995

Paravento
Fotografia in bianco e nero / Black-and-white photograph

Paravento
Installation view, s.l. / n.p.

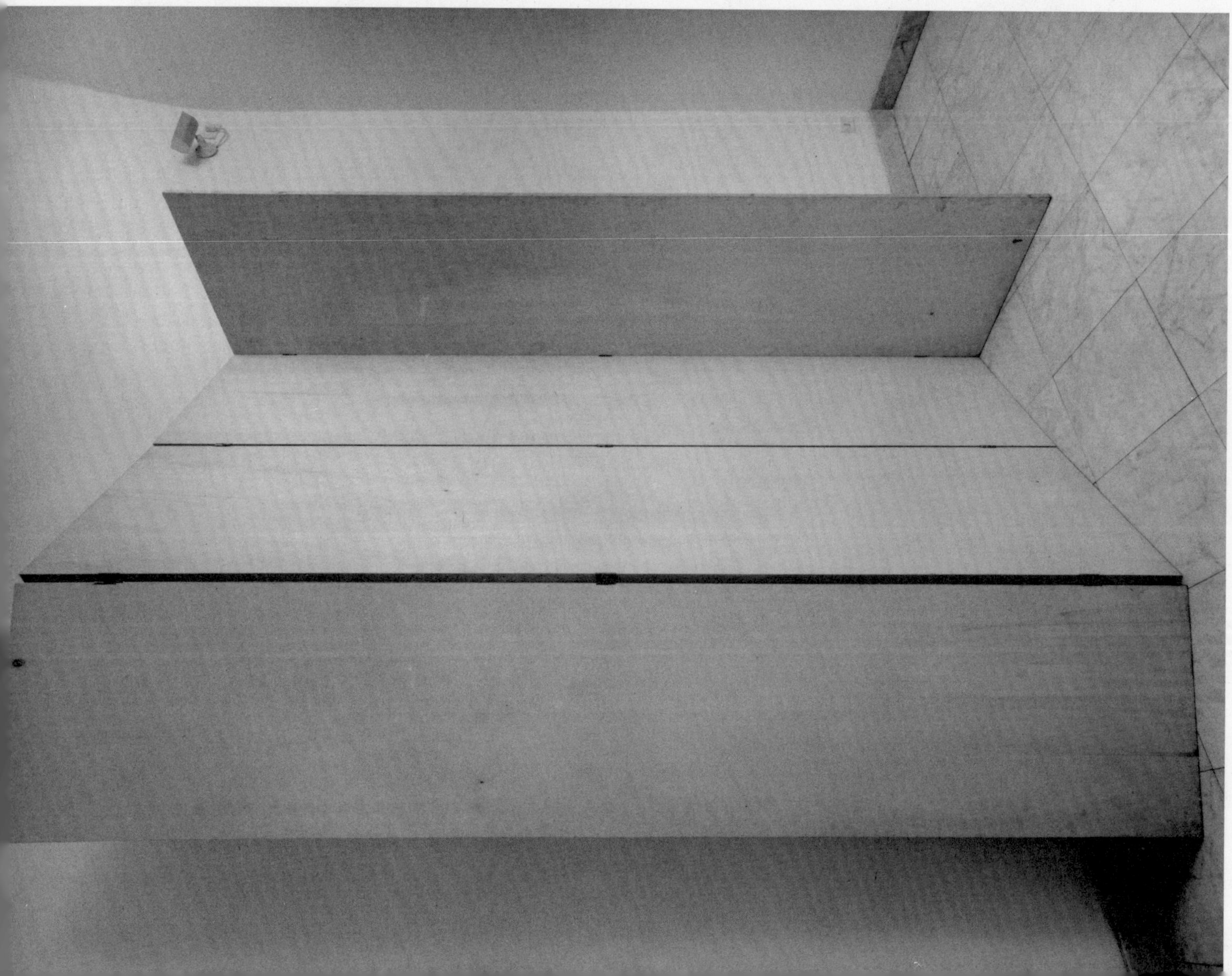

Emilio Prini

ESC. una sequenza infinita di colori
che può essere interrotta in qualunque momento
per passare a un'altra pagina dell'INTERNEZ.

sabato 16 dicembre 1995 dalle 16 alle 21

GALLERIA DEL CORTILE VIA DEL BABUINO 51 ROMA TEL. 3234475

1995

Invito per la mostra / Invitation for the exhibition *ESC. una sequenza infinita di colori che può essere interrotta in qualunque momento per passare a un'altra pagina dell'INTERNEZ*, Galleria del Cortile, Roma / Rome
Stampa su carta / Print on paper

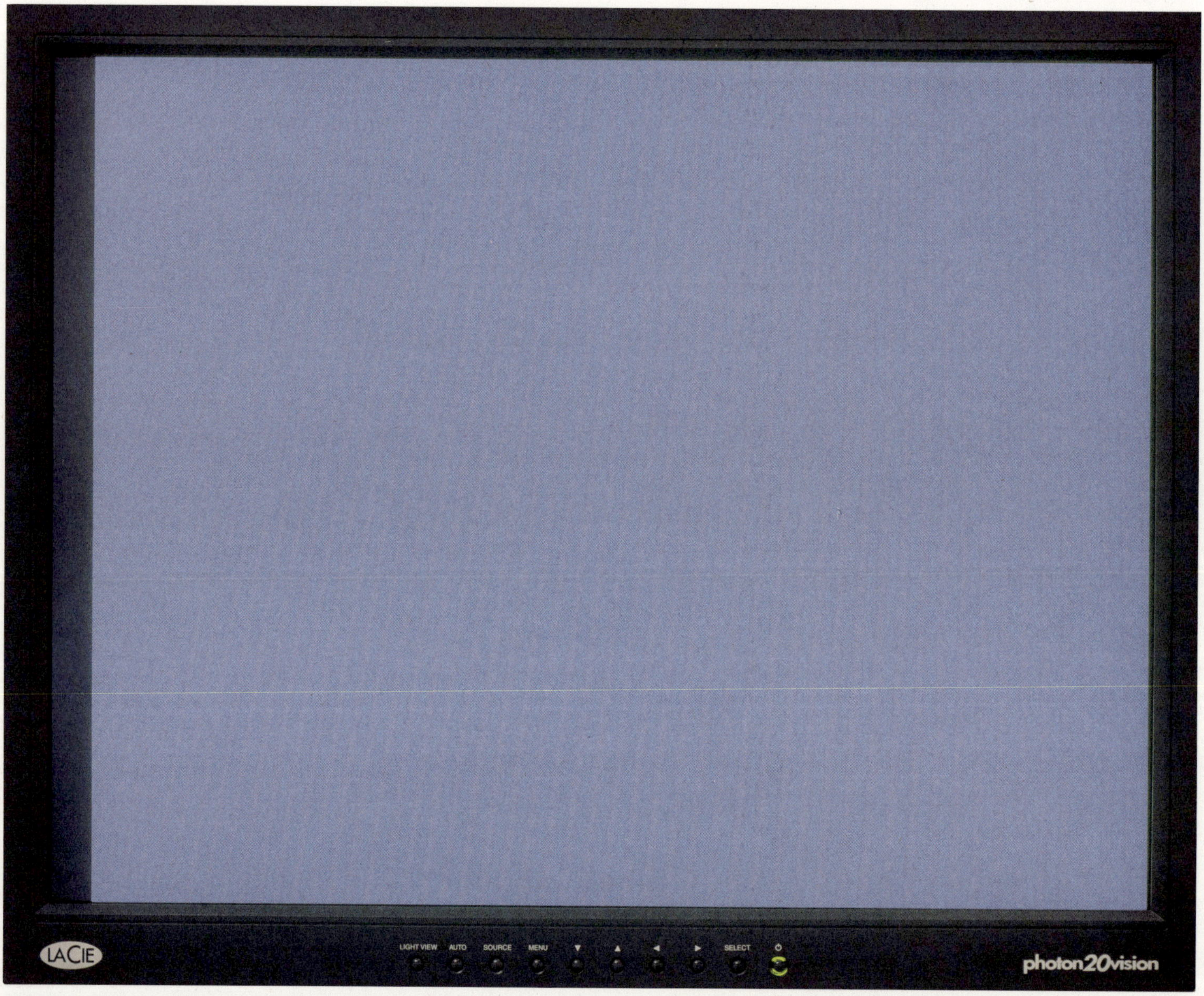

1995

ESCO. una sequenza infinita di colori che può essere interrotta in qualalalunque momento per passare a un'altra pagina dell'INTERNEZ

Simulazione per il progetto online *Internez* / Simulation of the interactive work for the online project *Internez*

Emilio Prini

TEATRO

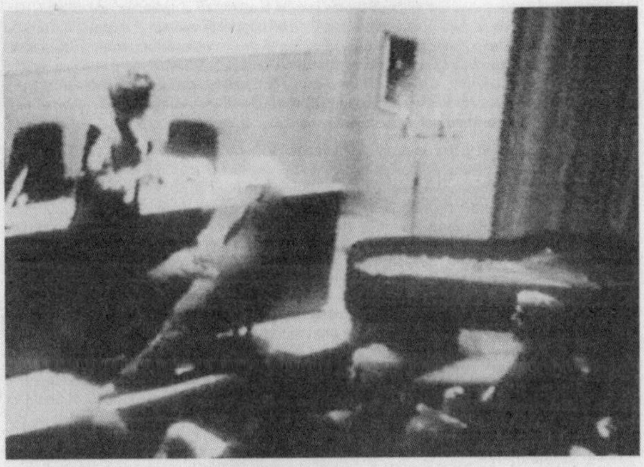

Willie Doherty

DI CAROLYN CHRISTOV-BAKARGIEV

In tutte le opere foto/testuali dai tardi anni Ottanta in avanti, e nelle installazioni con diapositive, proiezioni e suono da *Same Difference* del 1990 in poi, Willie Doherty usa materiali che fanno diretto riferimento al conflitto nell'Irlanda del Nord e in particolare alla zona di confine che attraversa e circonda Derry, dove l'artista vive. Ma ciò su cui l'artista riflette è vero di tutte le zone di guerra é di molte aree di confine in cui i limiti tra il Sé e l'Altro sembrano venir meno, in cui i ruoli di vittima e assassino divengono fluidi e spesso intercambiabili, in cui paura e paranoia prendono il sopravvento, in cui le lotte tribali e i modi convenzionali di vedere in termini di opposizioni binarie (buono/cattivo; identico/diverso; colonizzatore/colonizzato) soppiantano l'accettazione della complessità umana e la coscienza critica delle strutture del linguaggio.

> Nelle opere dell'artista irlandese Doherty, dubbio e vulnerabilità vengono insinuati nell'osservatore, che si sente in pericolo in una zona di confine, una zona crepuscolare fra giorno e notte, fra appartenenza ad una o a un'altra comunità, fra il Sé e l'Altro, fra paesaggio urbano e rurale.

Al centro della ricerca artistica di Doherty si trovano il mettere a nudo e il rivelare la natura ristretta del linguaggio del conflitto, costruito per controllare e semplificare l'esperienza delle persone, per circoscrivere e limitare le possibilità di soluzione. Nel tentativo di creare opere che rendano l'osservatore consapevole degli stereotipi attraverso cui viene determinata l'esperienza nell'Irlanda del Nord[1], Doherty ha dovuto occuparsi del linguaggio dei mezzi di informazione (giornali, tabelloni pubblicitari, manifesti); della natura del discorso colonialista in rapporto con la paranoia, la paura della *wilderness* e la perdita dell'identità; con il successivo sviluppo di meccanismi di sorveglianza e controllo; con le caratteristiche dei vincoli di comunità e dell'identificazione - sia individuale sia collettiva; con le situazioni di confine in cui i limiti psicologici, fisici e culturali si fanno meno netti. Ma tali questioni non vengono trattate dal di fuori. Doherty non permette ad osservatori esterni, distaccati e 'modernisti', di entrare nel suo mondo. Le sue opere usano invece dispositivi retorici, propri della fotografia e del cinema, in grado di indurre lo spettatore a identificarsi e proiettarsi[2]. Egli ricrea situazioni in cui l'osservatore prova, a volte in modo anche imbarazzante, reazioni stereotipate quali paura, aggressione, desiderio di vendetta, condanna, vittimizzazione, eroismo romantico, fanatismo politico e religioso. L'occhio della foto/videocamera diviene il nostro occhio, nascosto dietro i cespugli su una collina, che scruta furtivamente attraverso i rami verso la città in basso, come in *Protecting/Invading* (1987). Siamo in un nascondiglio, o forse siamo in procinto di attaccare. Non sappiamo se siamo osservati. Non possiamo vedere l'Altro[3]. Nelle opere non si sceglie esplicitamente una 'parte' nel conflitto - nè la razionalista, né la lealista; ma neppure sposa un punto di vista esterno, che lo vede come conflitto fra due opposte fazioni di 'fanatici', ambedue distaccate dalla realtà, come i media invece hanno cercato di farle apparire alla coscienza irlandese. Una o più visioni stereotipate sono poste piuttosto l'una contro l'altra. La rappresentazione da parte di Doherty di personaggi dai molteplici aspetti - il terrorista come vittima, come aggressore, come difensore della fede, come 'cattivo', e così via - tende a distruggere piuttosto che a costruire un personaggio. In *They're all the Same* (1991), una diapositiva del volto di un uomo viene proiettata in grande sul muro del luogo di esposizione ed è accompagnata dal nastro audio del monologo interiore di un irlandese diviso fra un'idea eroica del combattente nazionalista per la libertà e la paura che le sue azioni possano essere determinate da una natura barbarica innata ("Sono onesto e sincero" ...

prini, *manifesto per una sua mostra*, 1980

1995

Daniele Pieroni, *Colombario dell'idea. Il volo del pensiero tra opera e parola.* Edizioni della cometa, Roma / Rome
Catalog / Catalogue

1996

Fogli da un taccuino di legno
Vernice su legno / Paint on wood

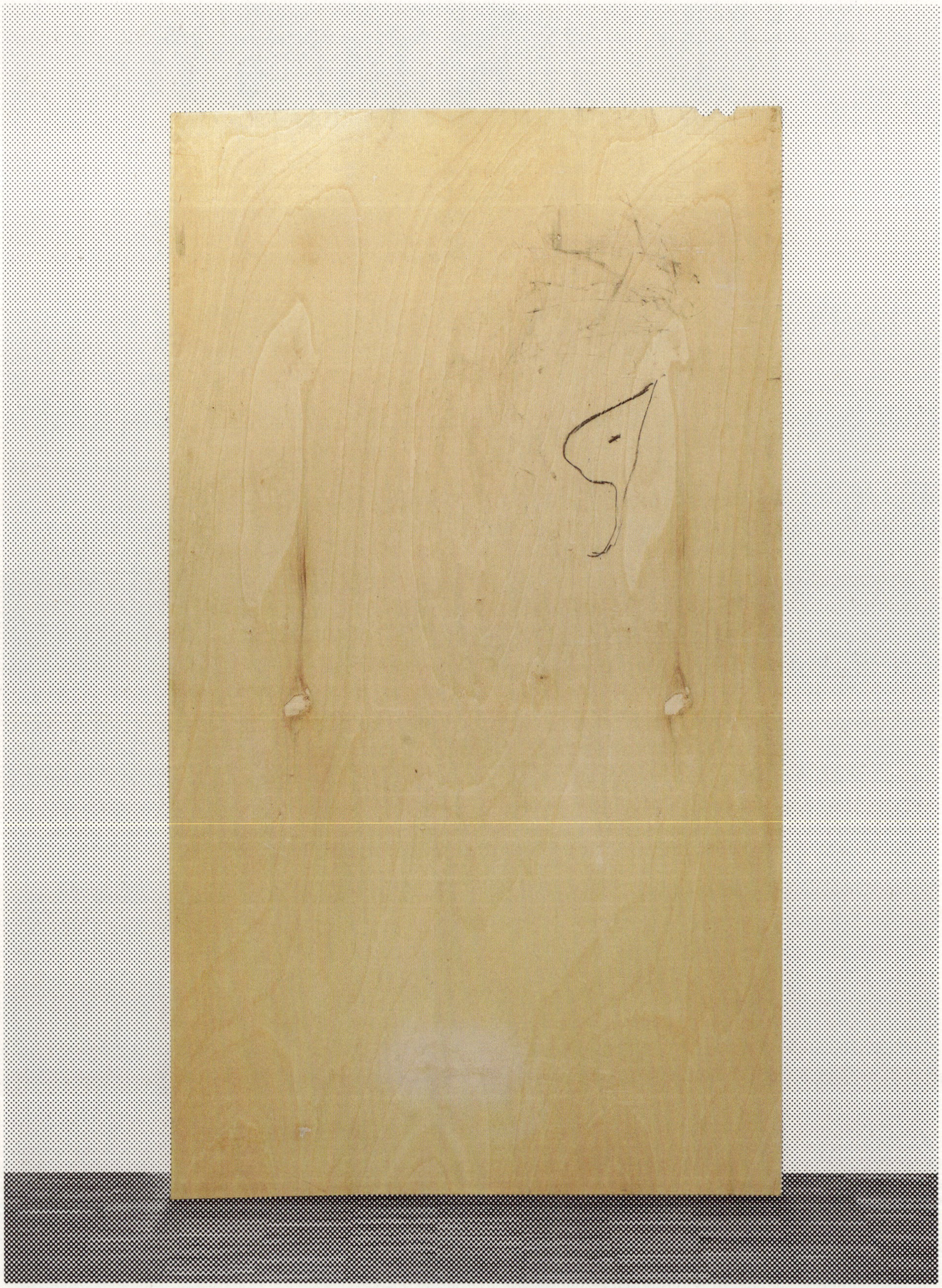

1996

Fogli da un taccuino di legno
Matita e pastello su legno / Pencil and crayon on wood

Fogli da un taccuino di legno
Installation view, Fondazione Merz, Torino / Turin, 2019

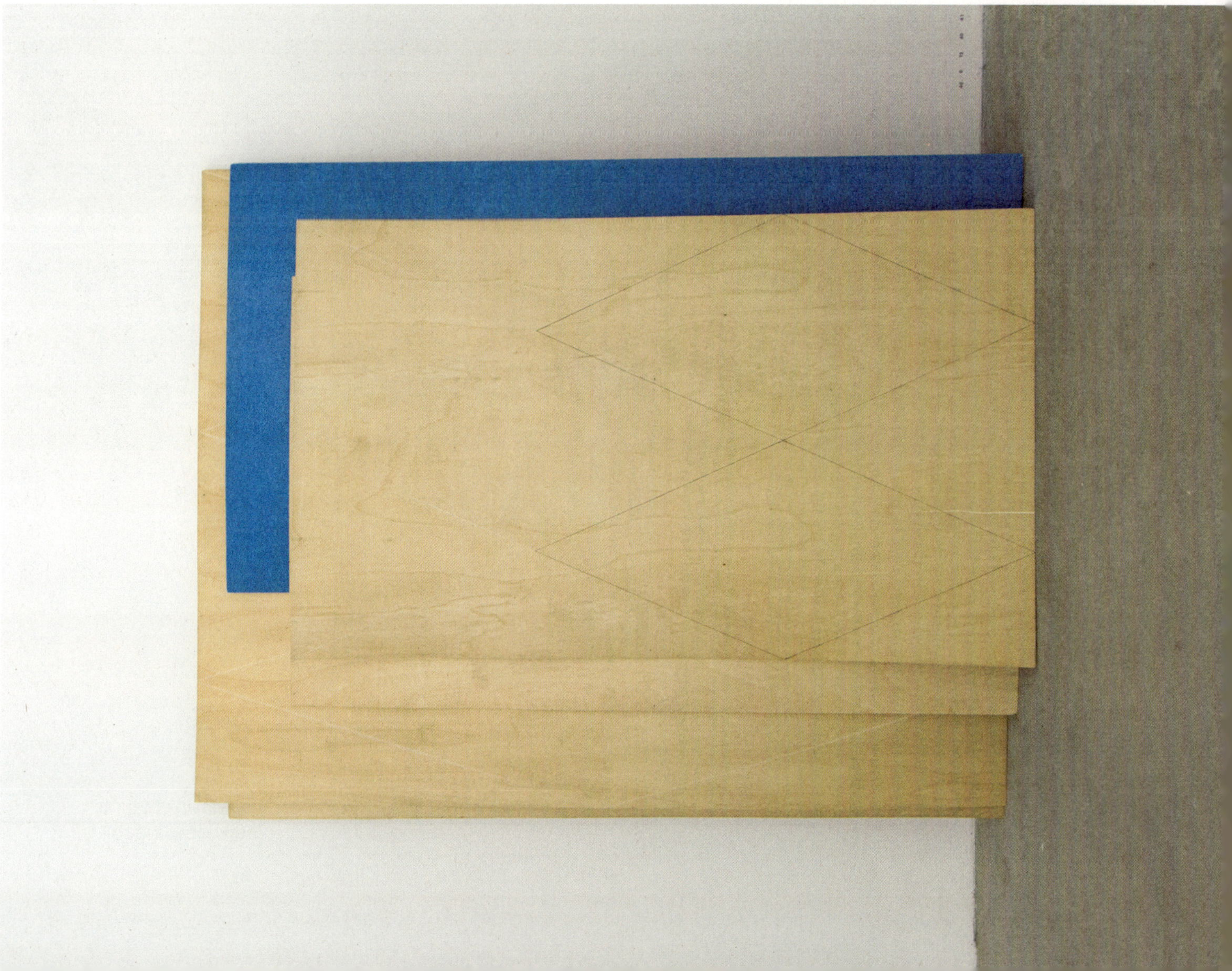

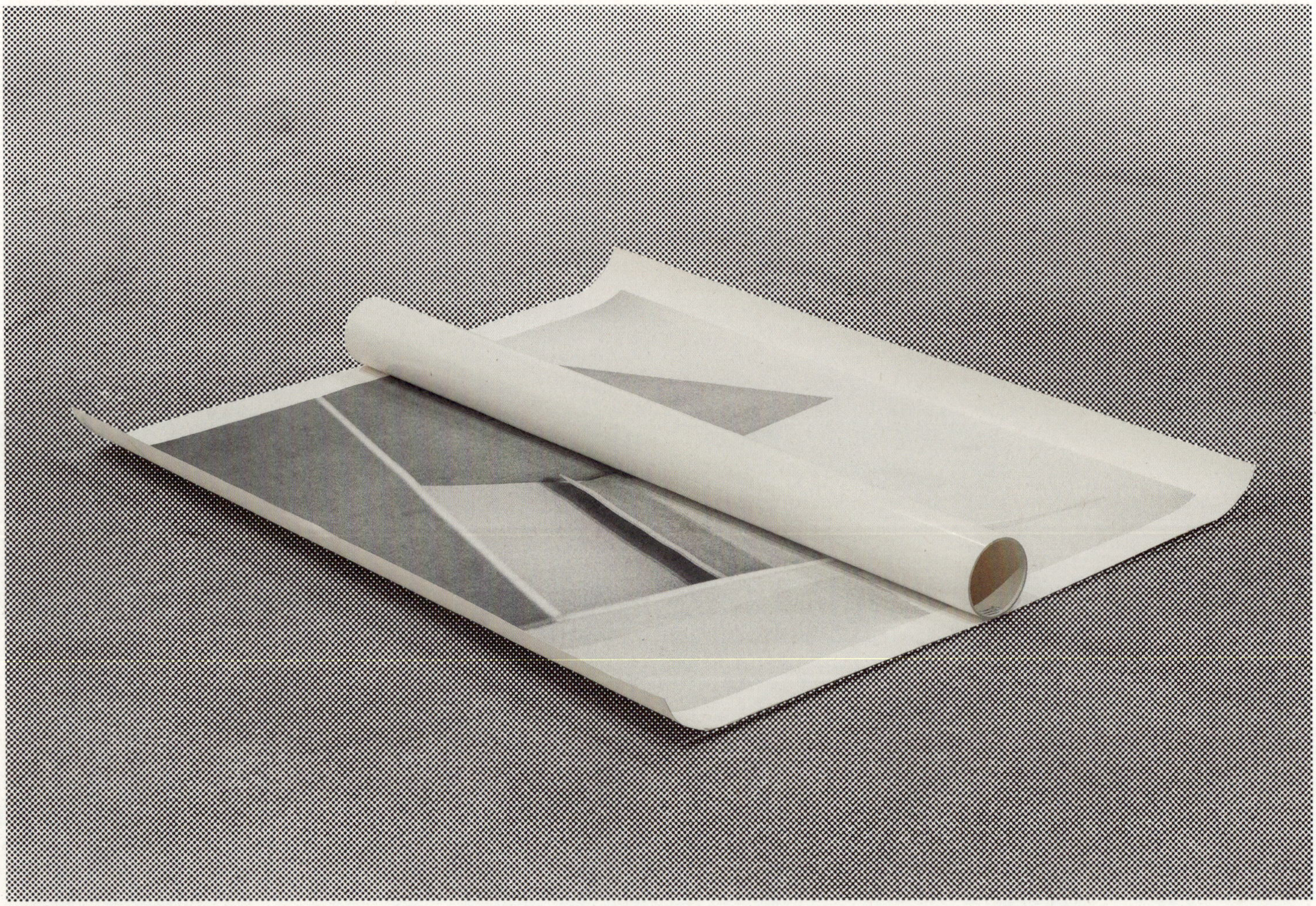

1996

Senza titolo / Untitled
Stampa cianografica, rotolo portadisegni in plastica, fiammifero / Cyanographic print, plastic drawing roll, matchstick

Senza titolo / Untitled
Installation view, s.l. / n.p.

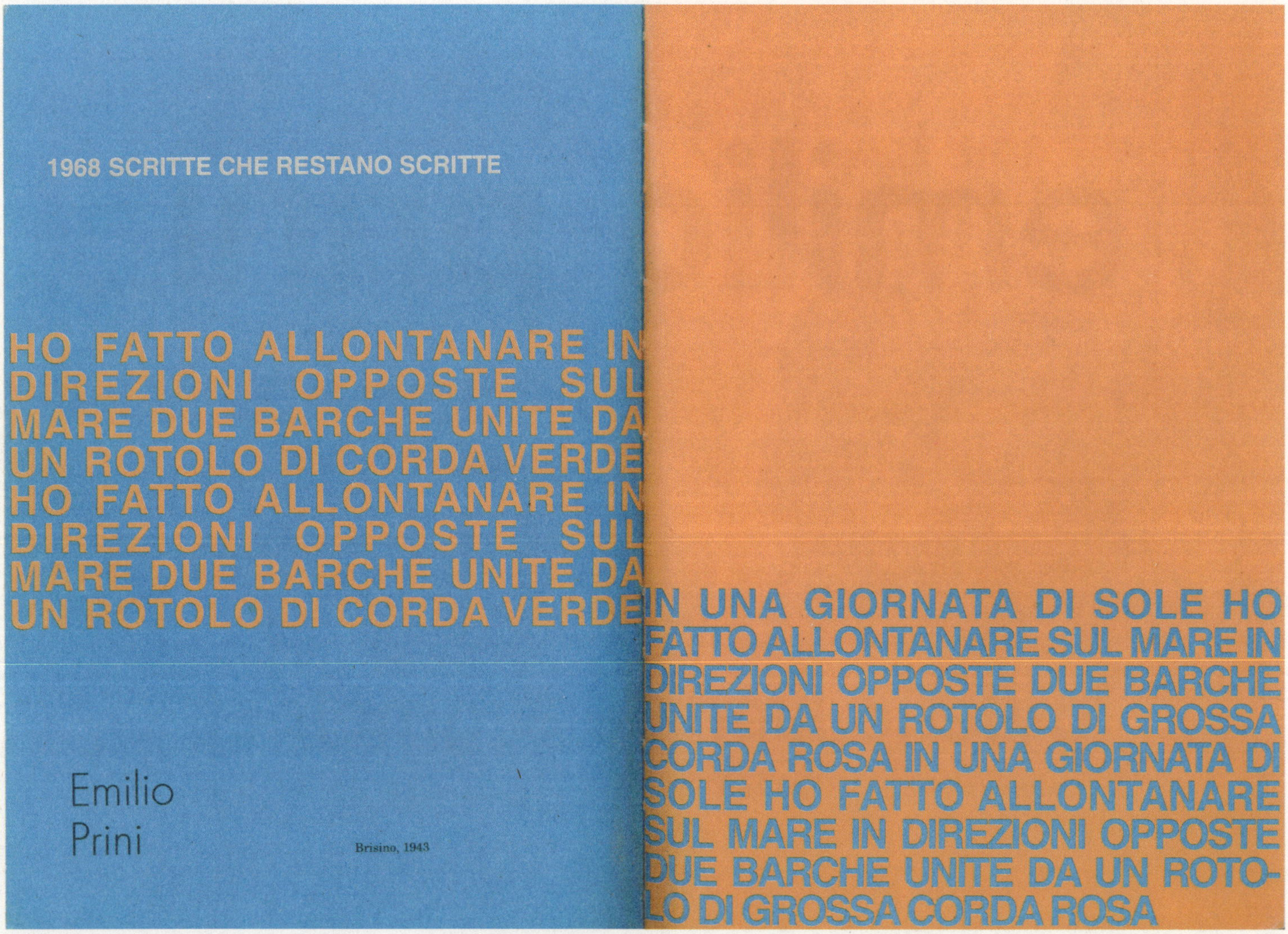

1996

***Arte in Italia negli anni '70. Verso i Settanta (1968–1970)*, La Salerniana**
Catalogo / Catalogue

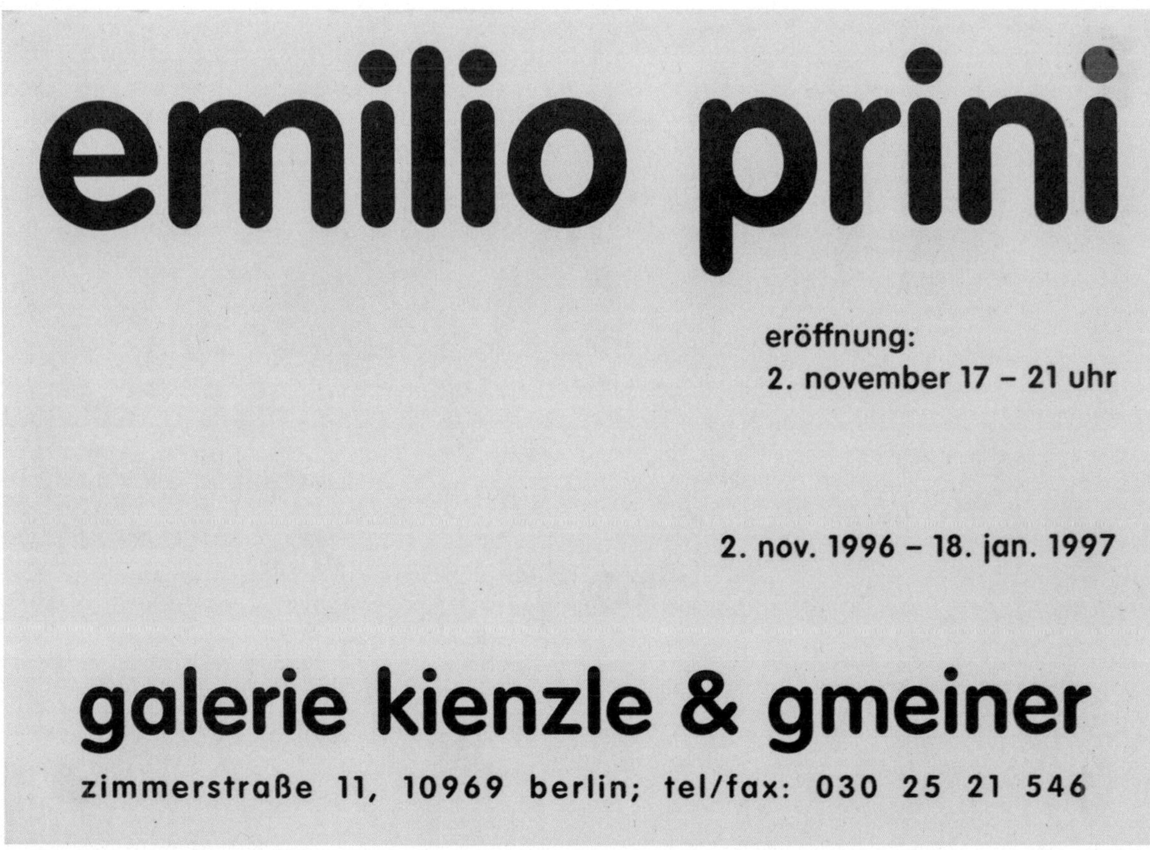

1997

Invito realizzato dall'artista per la mostra / Invitation made by the artist for the exhibition *Emilio Prini*, Galerie Kienzle & Gmeiner, Berlino / Berlin
Stampa su carta / Print on paper

Installation view, *Emilio Prini*, Galerie Kienzle & Gmeiner, Berlino / Berlin

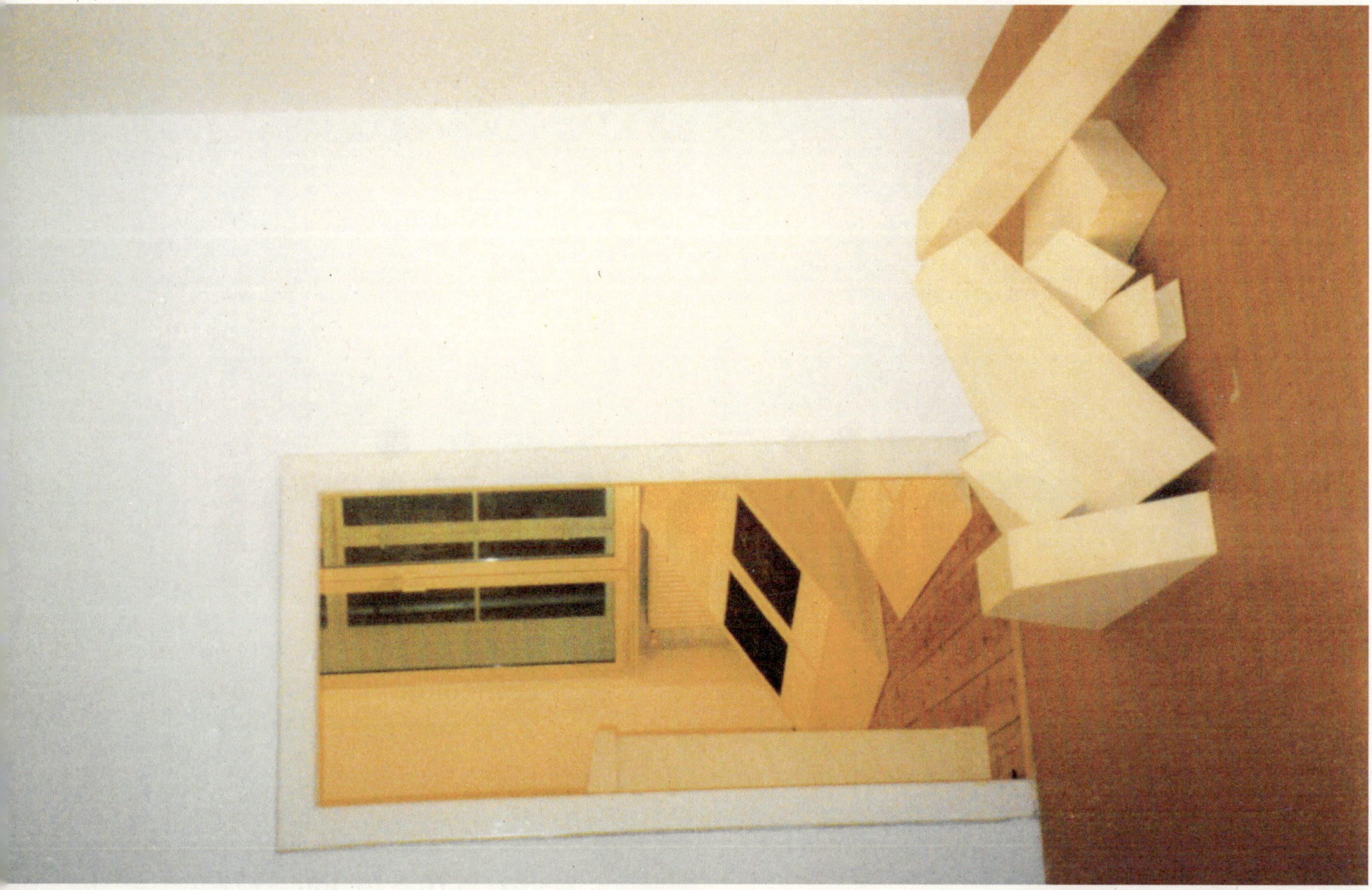

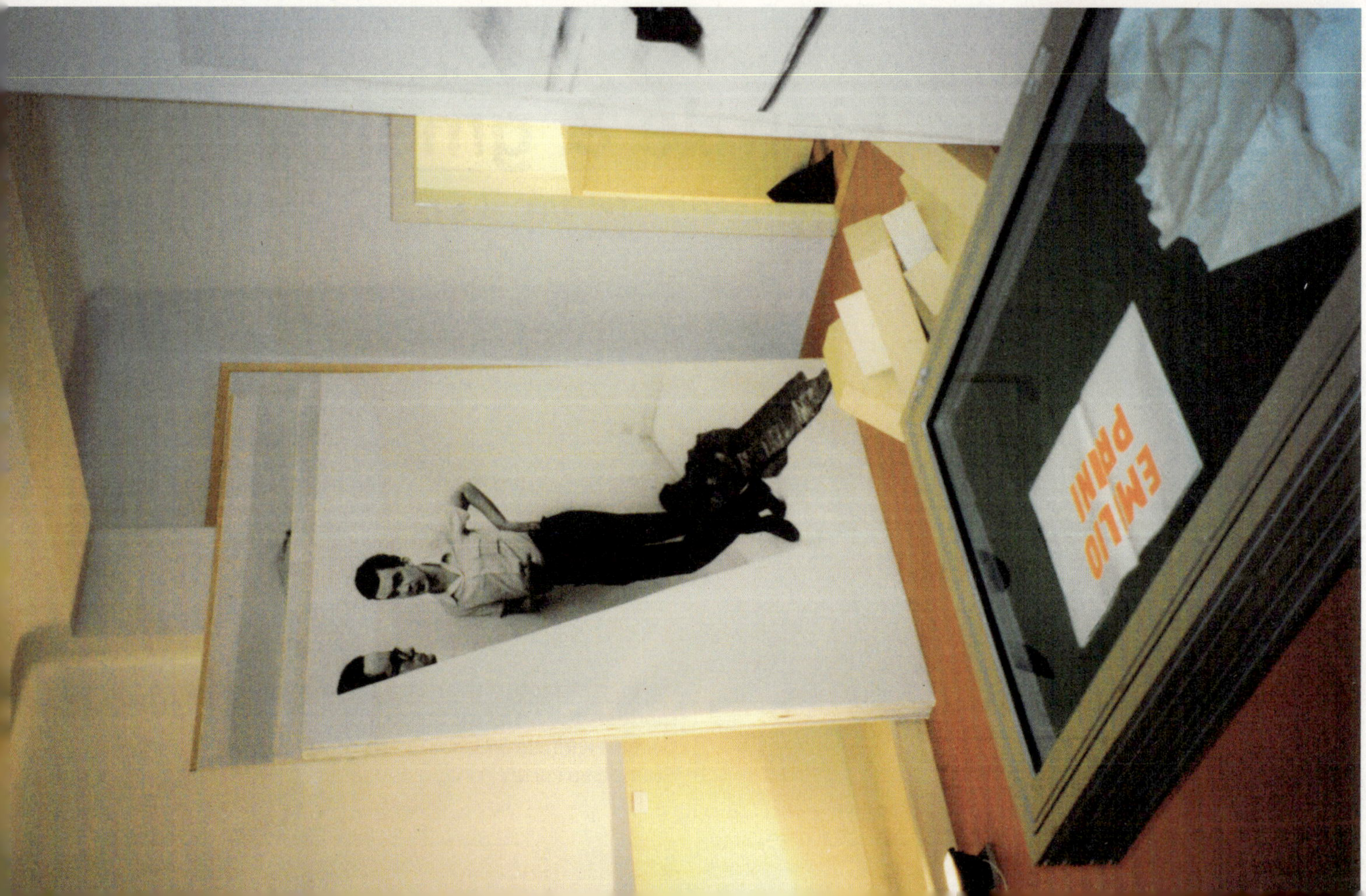

"AMBIENTE"

DI
EMILIO PRINI

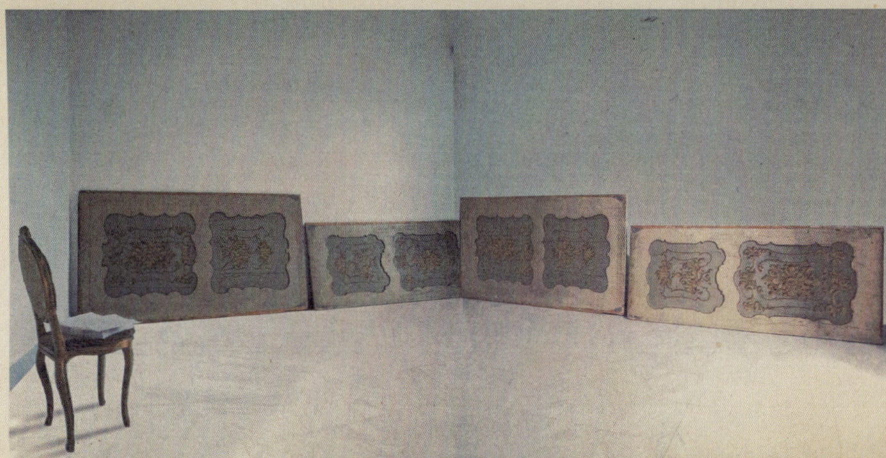

FOTO LUCA BORRELLI

1997

illustrazione per 1968 scritte che restano scritte "due barche si allontanano in direzioni opposte sul mare unite da un rotolo di grossa corda verde"

ZERINTHIA - ASSOCIAZIONE PER L'ARTE CONTEMPORANEA - PIAZZA VITTORIO EMANUELE, 144 - 00185 ROMA - TEL. 06/4940893 - FAX 06/4940892

1997

Invito realizzato dall'artista per la mostra / Invitation made by the artist for the exhibition *Ambiente*, Zerynthia–Associazione per l'Arte Contemporanea, Roma / Rome
Stampa su carta / Print on paper

Installation view, *Ambiente*, Zerynthia–Associazione per l'Arte Contemporanea, Roma / Rome

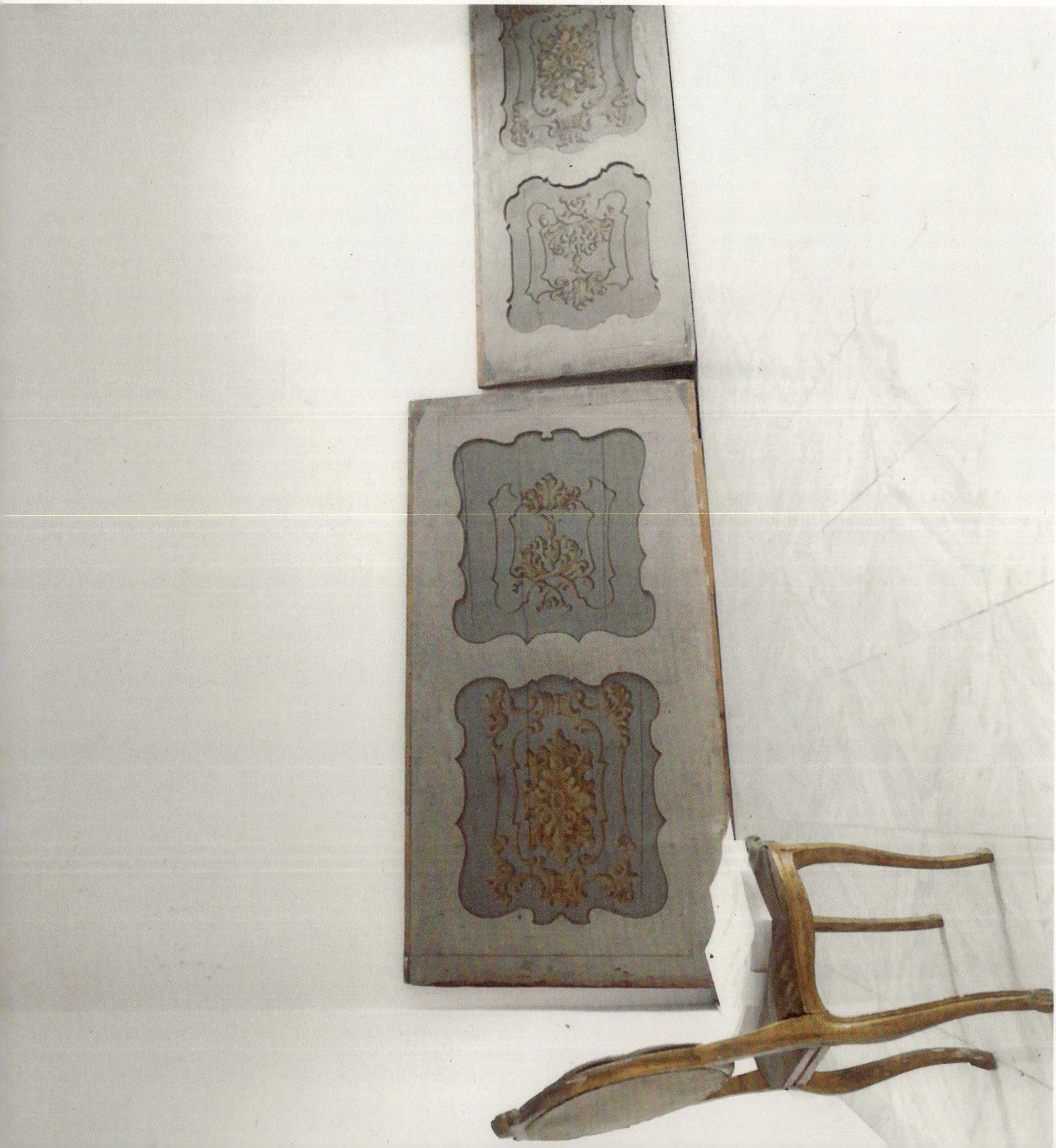

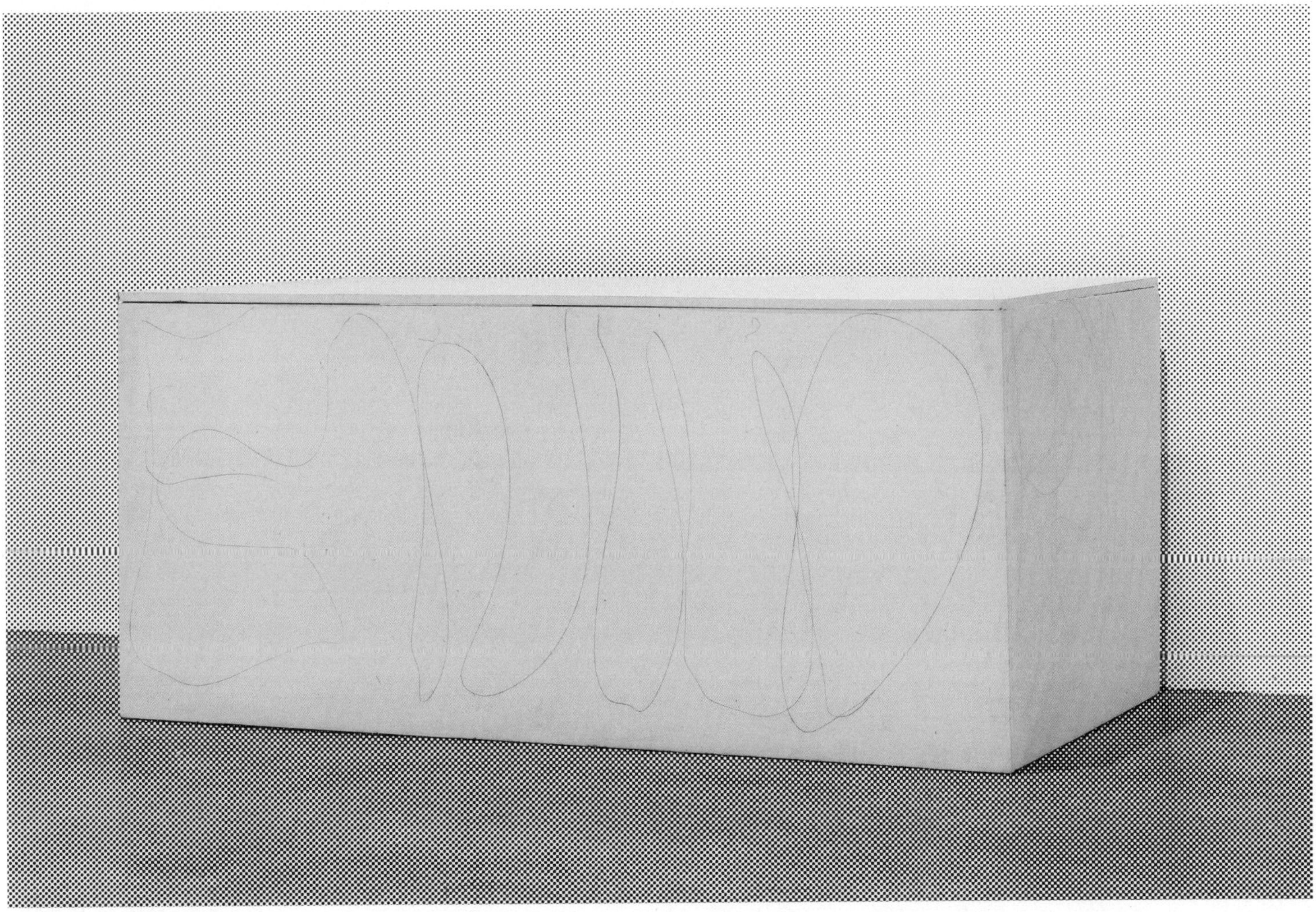

1997

Senza titolo / Untitled
Legno truciolare, tempera, grafite / Chipboard, tempera, graphite

p. 324

Senza titolo / Untitled
Installation view, s.l/n.p., Roma/Rome

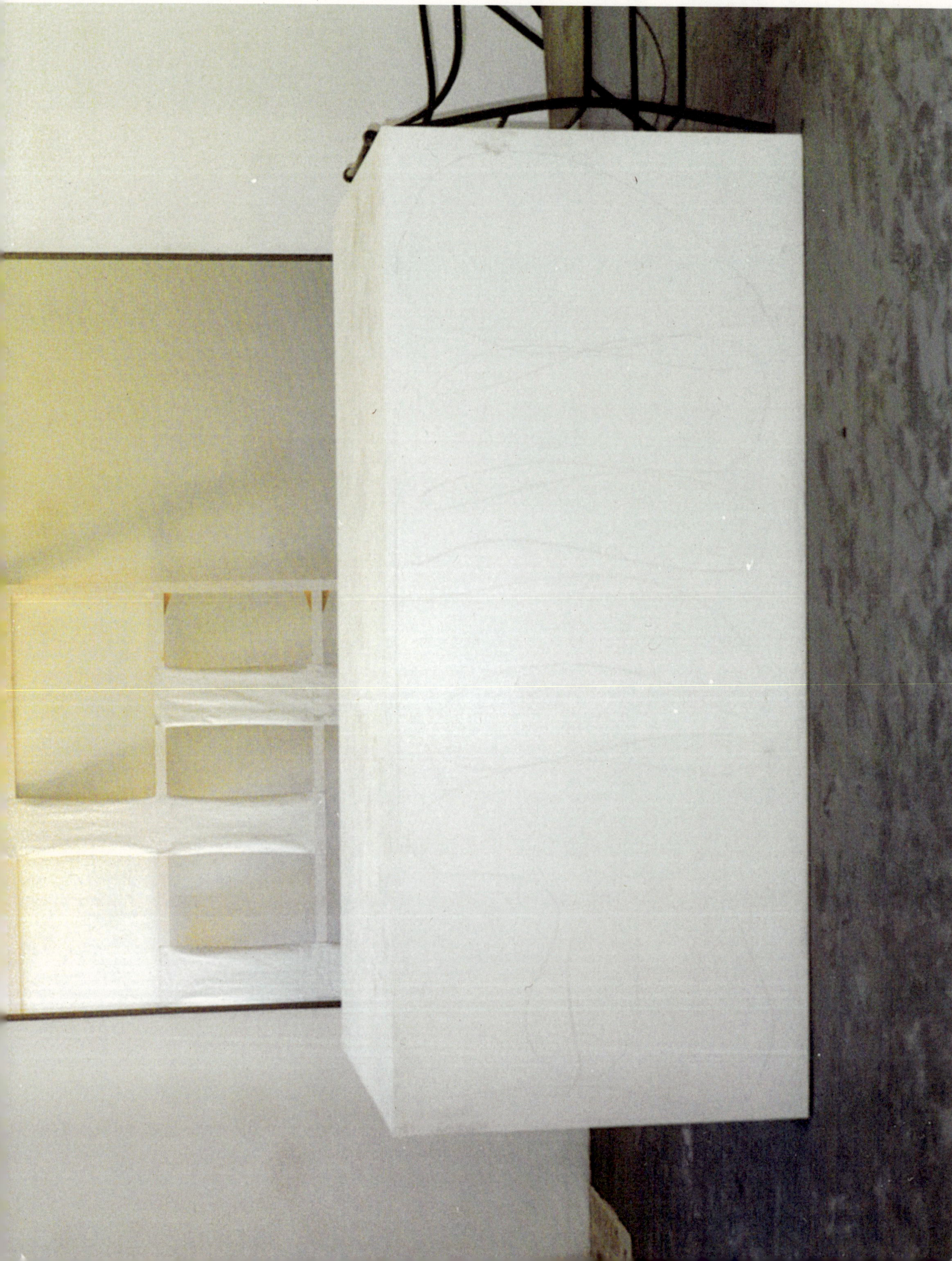

EMILIO PRINI

Stresa 1943

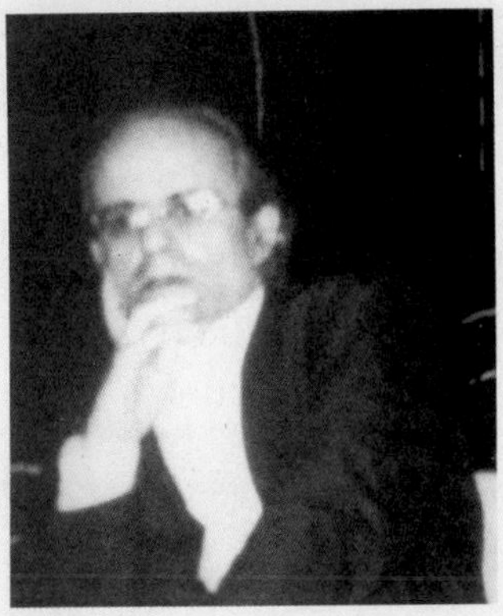

Già esperto di comunicazione simulata attraverso il simultaneo accendersi e spegnersi di un televisore in una stanza nei lontanissimi Anni Settanta, Prini aveva continuato a proporre un sistematico contrappunto fra presenza reale e falsa presenza dello standard e della sua deviazione quando ha prodotto un'autocelebrazione attraverso ricordi personali di performances e di avvenimenti sfumati nell'errore imprevisto del risultato tecnico. Sulla sorpresa ha giocato poi ancora convocando una presunta conferenza stampa, ovvia occasione d'incontro e di promozione pubblicitaria resa nulla dalla data, dai complicati espedienti volti all'assenza di comunicazione nell'apparenza di un'assoluta regolarità e di un assoluto non senso, da un complesso di algida ieratica indifferenza dell'artista.
Niente di duraturo, dunque, a dispetto degli antichi canoni e in armonia con la ricerca della precarietà dei mezzi e dei risultati che riuniva tanti artisti poi orientati verso altre strade.
E' il momento storico della rottura totale, della pratica artistica come rivoluzione individuale costante, contro il mercato e le sue leggi, contro qualsiasi forma di assuefazione culturale. Prini esprime un disagio esistenziale proposto in forma provocatoria; anche quando l'artista crea oggetti lo fa sempre come se la forma non gli appartenesse, proprio come patrimonio genetico, ma servisse a dire molto di più di ciò che appare. (*Oggetti a scomparsa totale- oggetti a scomparsa parziale*). Allora anche se motivate in accezioni stilistiche diverse, queste espressioni sono comunemente volte all'assenza, o quanto meno alla riduzione ai minimi termini dell'espressione, allo spiazzamento costante se non al dirottamento totale rispetto al dato: dove ci si aspetta il molto non accade nulla e viceversa.
In *Standard* del 1967 una stanga di alluminio può essere collocata in un ambiente o in un altro variando la sua dilatazione. L'opera per Prini non è mai data una volta per tutte; essa ha una sua mobilità, poiché sfugge a qualsiasi costrizione spaziale e mentale. *Standard* disegna un arco, definisce un campo d'azione tensionale, dove tutta l'energia interna sembra potersi sprigionare da un momento all'altro. E' proprio quest'arco che suggerisce di guardare oltre la sua fisicità: esso è come la curva dell'orizzonte, quella realtà tradita dalla illusione ottica, da un senso che si vorrebbe dato a priori e che invece sfugge al nostro controllo.
E' un elemento minimo in uno spazio delimitato, è un'azione prepotente e dirompente senza retorica, senza abbandono all'emotività. Diventa provocazione sull'arte e per l'arte , proprio quando l'artista opera sul convenzionale, per ribaltarne i contenuti. E lo standard è, appunto, il convenzionale, ciò che è in uso, quella cosiddetta regola legata alla consuetudine, anche quando ci si concede all'immagine, questa ha poco dell'iconografia tradizionale. L'atteggiamento da spettatore presumibilmente distaccato è in consonanza con la storica intangibilità dell'artista.
Tra il senso di leggerezza che la forma inarcata suscita e l'ambiguità del contenitore di vetro che occulta gli oggetti totalmente o solo parzialmente Prini si muove con disinvoltura assoluta, tra un implicito accenno ad una mobilità che però è saldamente ancorata e bloccata, e un lasciar trasparire una seconda verità che sarebbe forse meglio vedere piuttosto come una seconda ipotesi dell'essere o addirittura come la duplicità stessa dell'essere e dell'apparire.

170

171

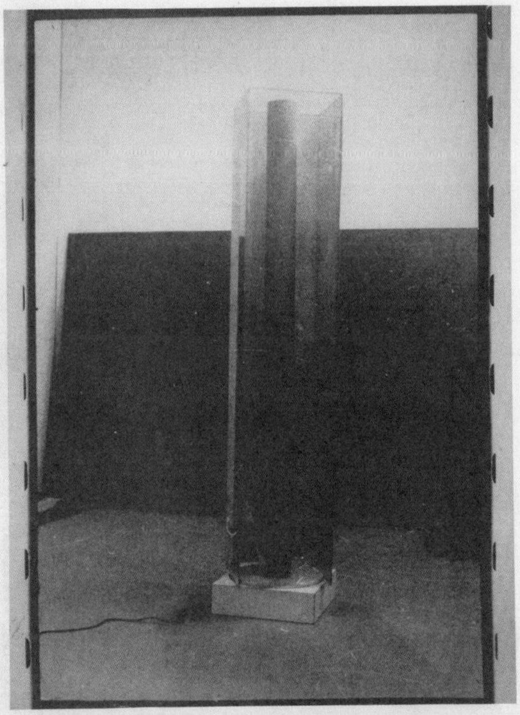

1967 oggetti a scomparsa totale - oggetti a scomparsa paziale

172

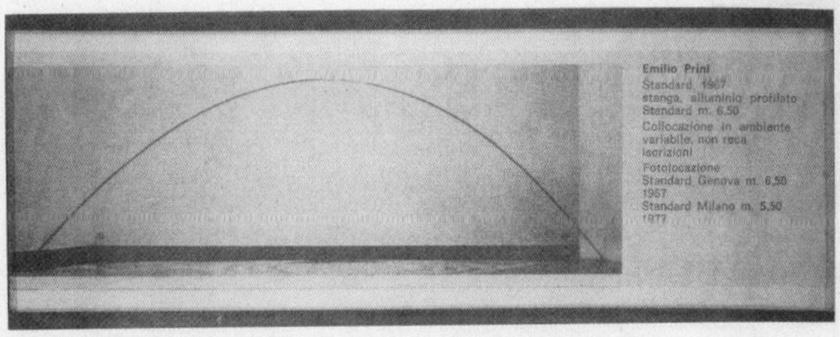

173

Michelangelo Pistoletto

Born: 1933, Biella, Italy
Resides: Vienna, Austria

Sculpture for Strolling

After reading the daily newspaper, immerse it in water, then form a small sphere by compressing the wet newspaper with one's hands.

Enlarge the sphere by adding new daily newspapers soaked in water. Continue this procedure until the sphere is a meter in diameter.

When well dried out, roll the newspaper sphere outside in the streets and the squares as a "sculpture for strolling."

Every public institution that realizes Michelangelo Pistoletto's *Sculpture for Strolling* in the *do it* context, in which daily newspapers appear on the surface, can use the sphere permanently after the exhibition. The results, and the documents in all forms of use and interaction, must be sent to Michelangelo Pistoletto, via Milano 13, 10122 Torino, Italia. Fax # 0039 11 4362153.

This right, extending beyond the limited time of the exhibition is bestowed by the artist upon payment of U.S. $3,000.00 in the following account: # 18298. Banca Brignone, Via Alfieri 17, 10121 Torino, (I), Bank Code 03060/01000.

60

Emilio Prini

Born: 1943, Brisino, Italy
Resides: Rome, Italy

1968 e 1971 Scritte Che Restano Scritte (1968 and 1971 Writings That Remain Written)

...ho fatto allontanare in direzioni opposte sul mare 2 barche unite da un rotolo di grossa corda verde....Lo standard tavola medium density standard cm....x cm....x mm nel pieno possesso delle proprie facoltà dimensionali è non unica e intera nel senso inattivo del termine...

This sentence is to be translated by every venue into different languages. All of the different translations should be printed as posters (one translation per poster) in green type on 28 x 39 inch lemon-yellow paper.

61

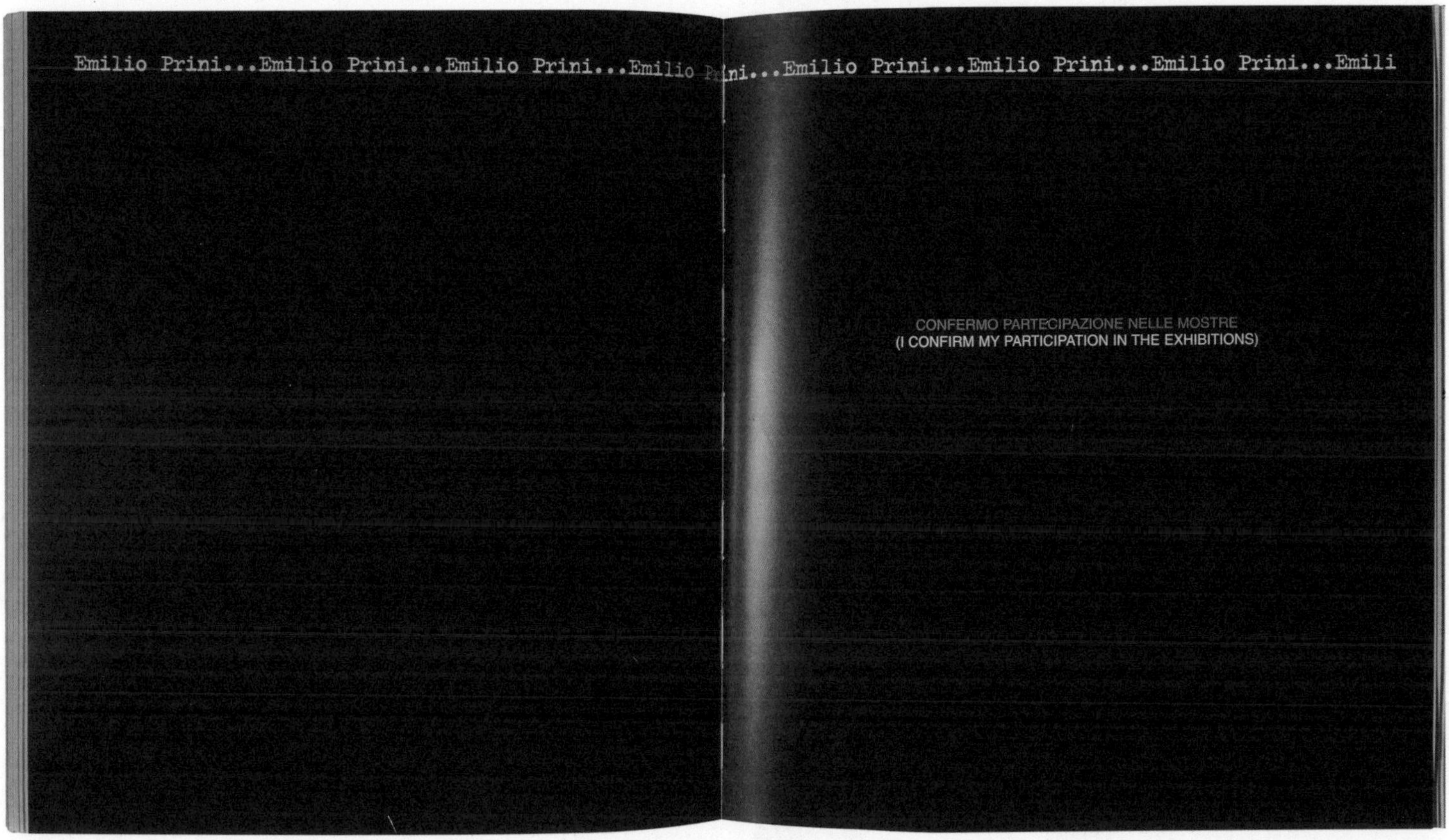

1999

Minimalia. An Italian Vision in 20th Century Art, Electa
Catalogo / Catalogue

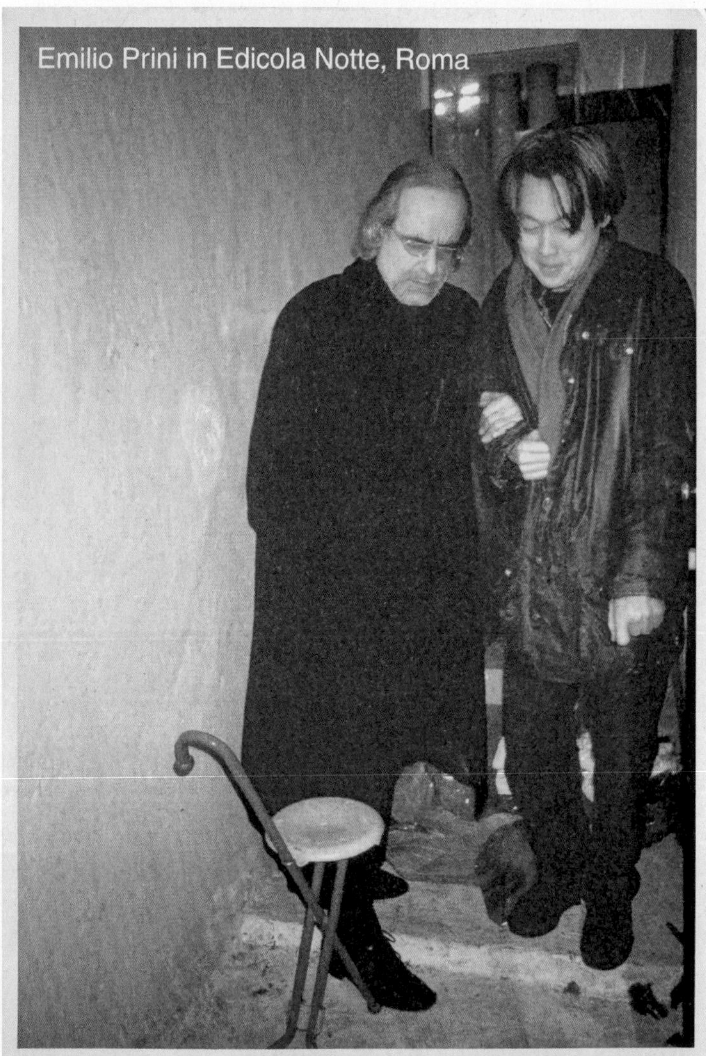

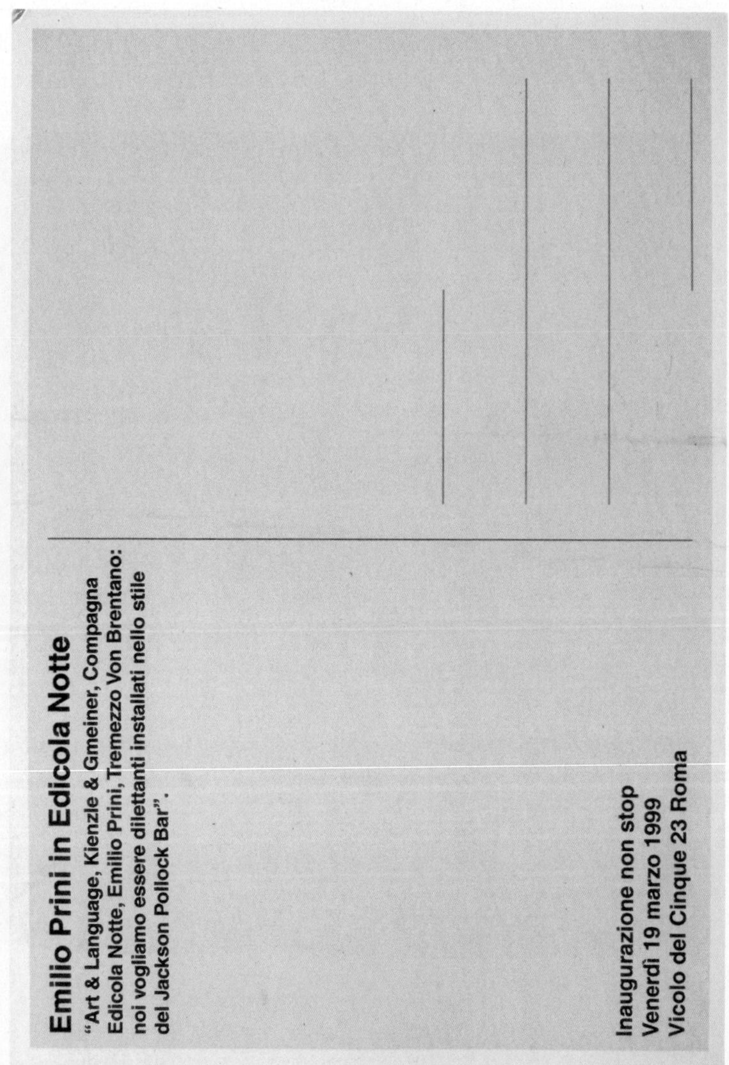

1999

Invito realizzato dall'artista per la mostra / Invitation made by the artist for the exhibition *Emilio Prini in Edicola Notte*, Edicola Notte, Roma / Rome
Stampa su carta / Print on paper

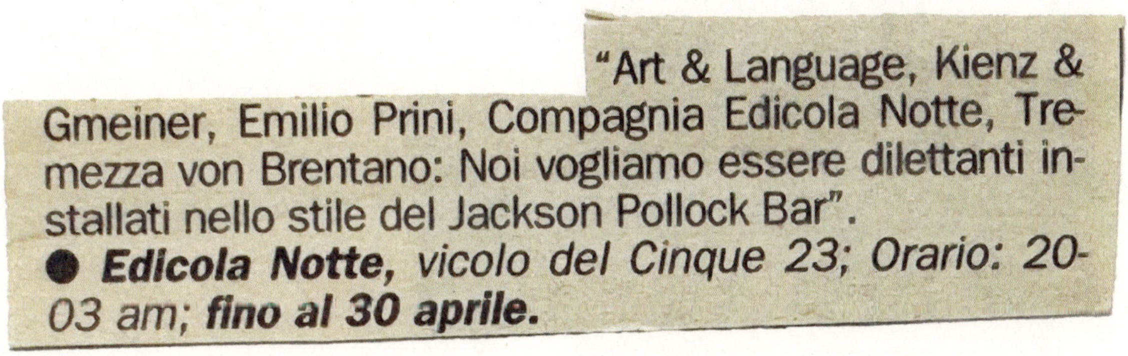

"Art & Language, Kienz & Gmeiner, Emilio Prini, Compagnia Edicola Notte, Tremezza von Brentano: Noi vogliamo essere dilettanti installati nello stile del Jackson Pollock Bar".

● ***Edicola Notte,*** *vicolo del Cinque 23; Orario: 20-03 am;* ***fino al 30 aprile.***

1999

Senza titolo / Untitled
Stampa su carta / Print on paper

Installation view, *Emilio Prini in Edicola Notte*, Edicola Notte, Roma / Rome

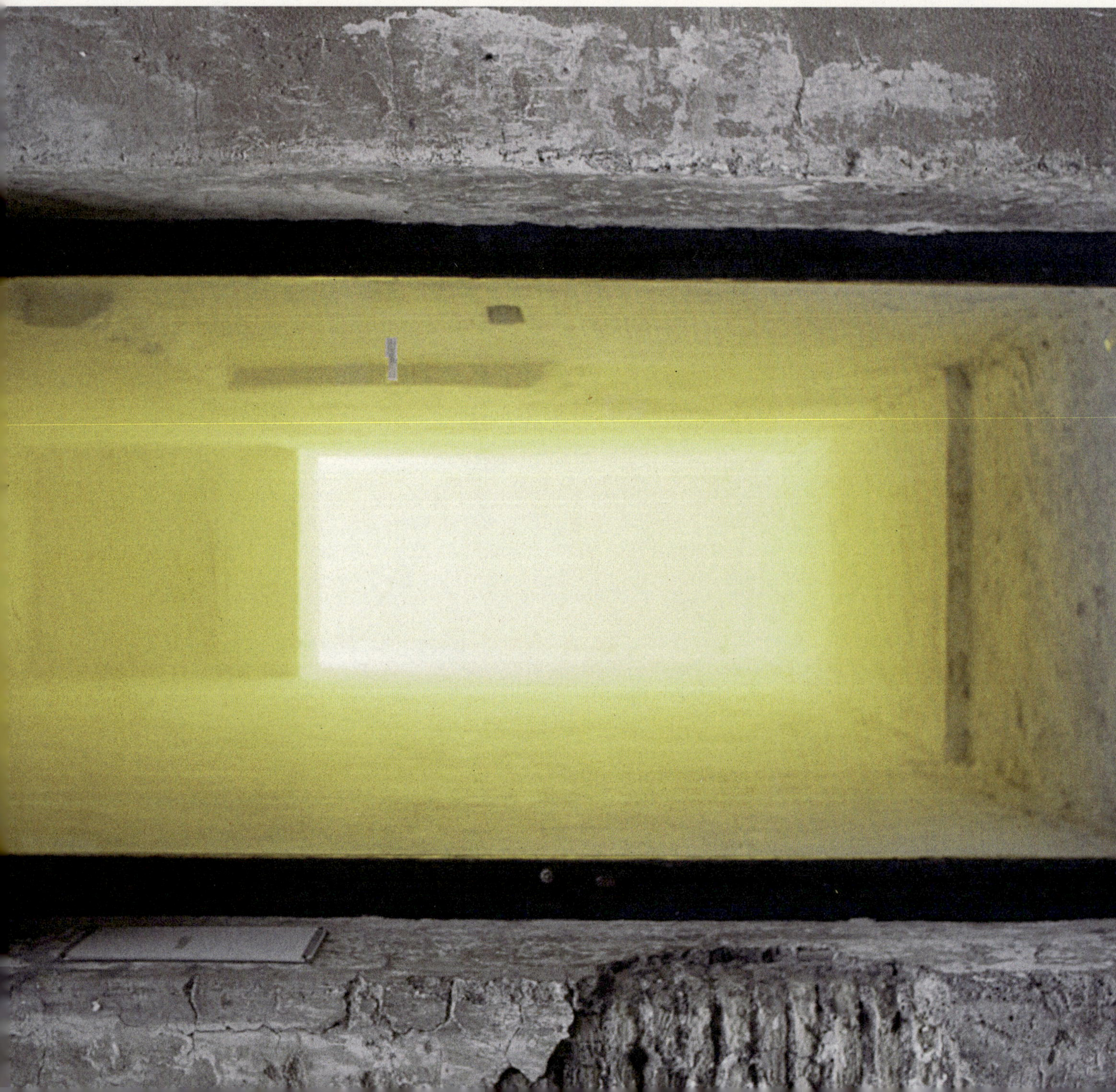

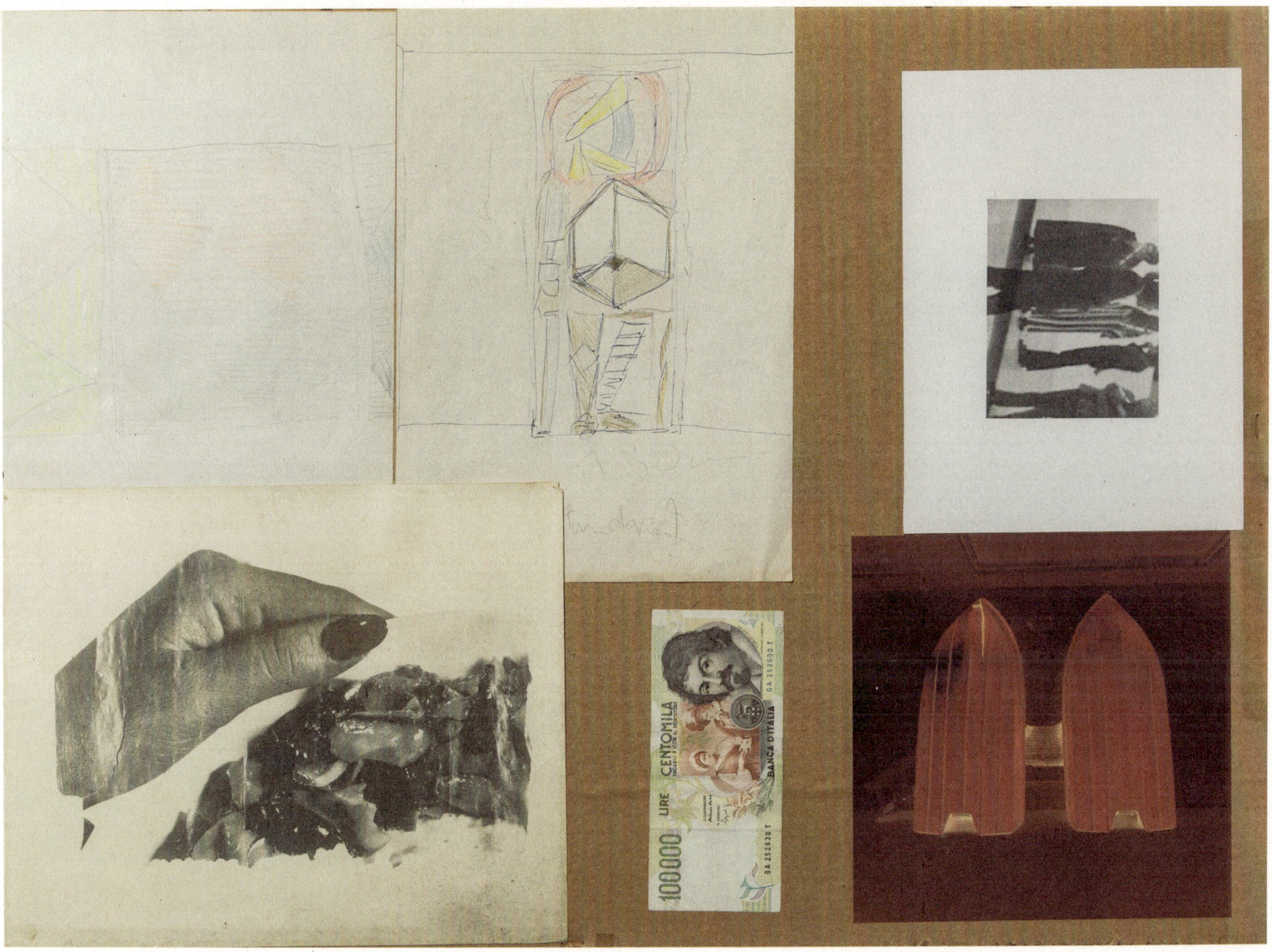

1999

Senza titolo / Untitled, anni '90 / 1990s
Tecnica mista / Mixed media

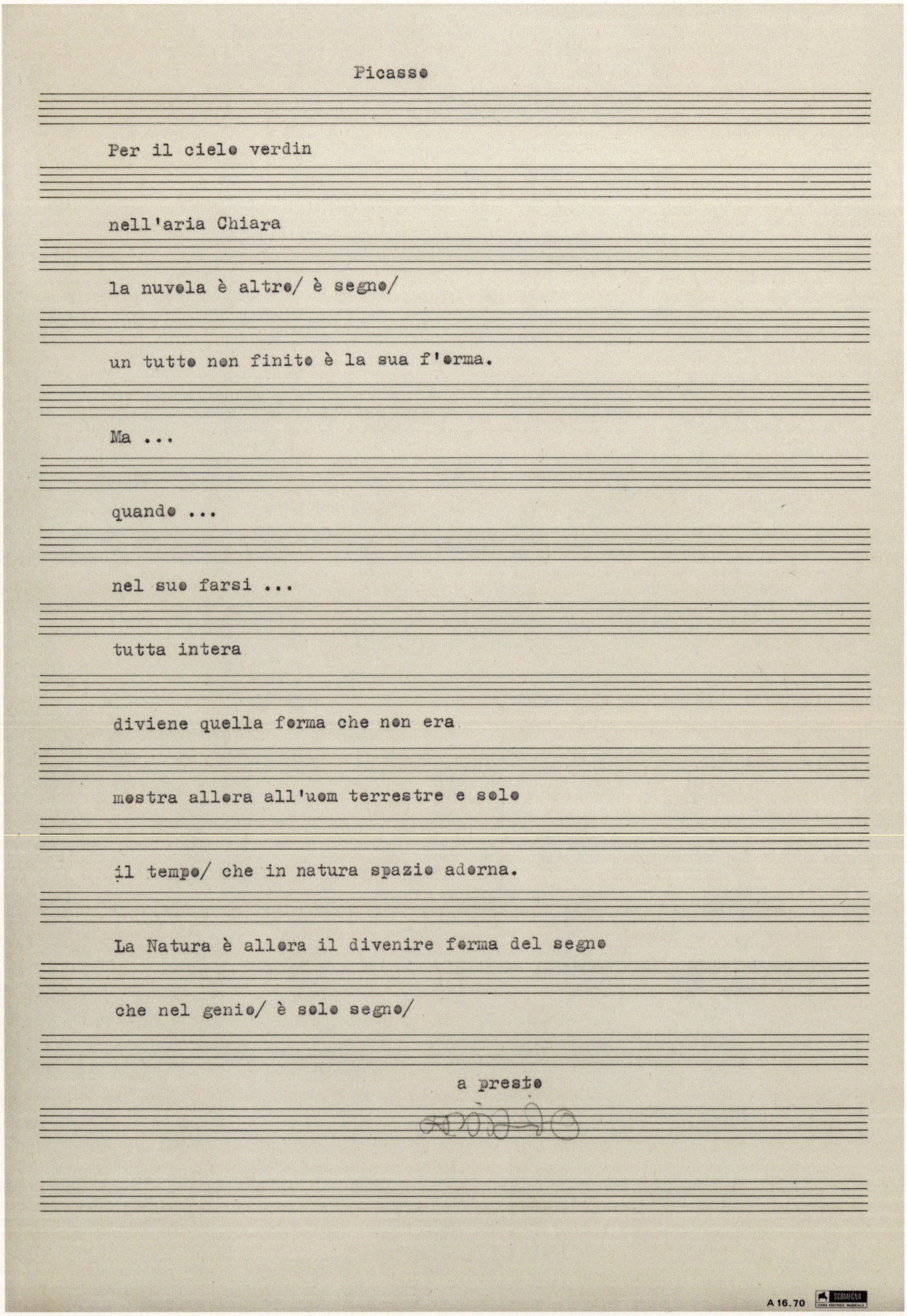
Picasso

Per il cielo verdin

nell'aria Chiara

la nuvola è altro/ è segno/

un tutto non finito è la sua f'orma.

Ma ...

quando ...

nel suo farsi ...

tutta intera

diviene quella forma che non era

mostra allora all'uom terrestre e solo

il tempo/ che in natura spazio adorna.

La Natura è allora il divenire forma del segno

che nel genio/ è solo segno/

a presto

A 16.70

1999

Picasso, anni '90 / 1990s
Dattiloscritto e grafite su carta / Typescript and graphite on paper

»Urlaub« präsentiert verschiedene Arbeiten von Isa Genzken, die Grundkoordinaten plastischer Gestaltung im Kontext des Phänomens Reise und Strand thematisieren. Verschiedene Medien – Skulptur, Fotografie, Film – und Werkgruppen treten in einen lose strukturierten Zusammenhang, der unterschiedliche Aspekte des Themas visualisiert. Ihre Modelle für »Strandhäuser zum Umziehen«, in den Innenraum transferierte Markisen, eine Fotoserie über die Reise auf einer Segelyacht oder ein Film über einen Besuch bei ihren Großeltern sind für Isa Genzken aber auch Anlass, sich mit unterschiedlichen Räumen und der Art und Weise, wie man in ihnen und mit ihnen lebt, auseinanderzusetzen. Jeder Raum, jede Architektur, besitzt nicht nur eine räumliche, sondern auch eine zeitliche Struktur, die Rückwirkung zeigt auf diejenigen, die sich dort aufhalten.

Es gibt nur Ausstellungen, keine Retrospektiven, da jedes Werk unabhängig vom Datum seiner Entstehung wahrgenommen wird. Emilio Prinis Ausstellung kümmert sich nicht um Chronologie. Seine Antwort auf die museale Erstarrung der Kunst heißt Wiederholung, Überarbeitung und Bestätigung als Ausdruck von Aktualität. Seine Installationen sind stets auf den spezifischen Ausstellungsraum hin konzipiert und untersuchen die Wahrnehmung von Raum und Zeit – nicht als abstrakte Kategorien, sondern als existenzielle Koordinaten menschlichen Tuns. Die Kontingenz als Grunderfahrung des Lebens mündet so in der Suche nach einer Lösung, die das Zufällige in eine nicht zufällige Form überführt. Der Raum liefert das Szenario, zu dem es sich in Beziehung zu setzen gilt.

Ein zentrales Element im Werk von Emilio Prini ist der Standard. Ein Standard ist die Verdichtung einer optischen wie physischen Wahrnehmung in einem Objekt: Die Manifestation dessen, was als Epiphanie des Augenblicks der Zeit verpflichtet und deshalb abwesend ist.

frankfurterkunstverein

27. Mai bis 6. August 2000

2000

Manifesto realizzato dall'artista per la mostra / Poster made by the artist for the exhibition *Emilio Prini*, Francoforte / Frankfurt
Manifesto / Poster

Installation view, *Emilio Prini*, Frankfurter Kunstverein, Francoforte / Frankfurt

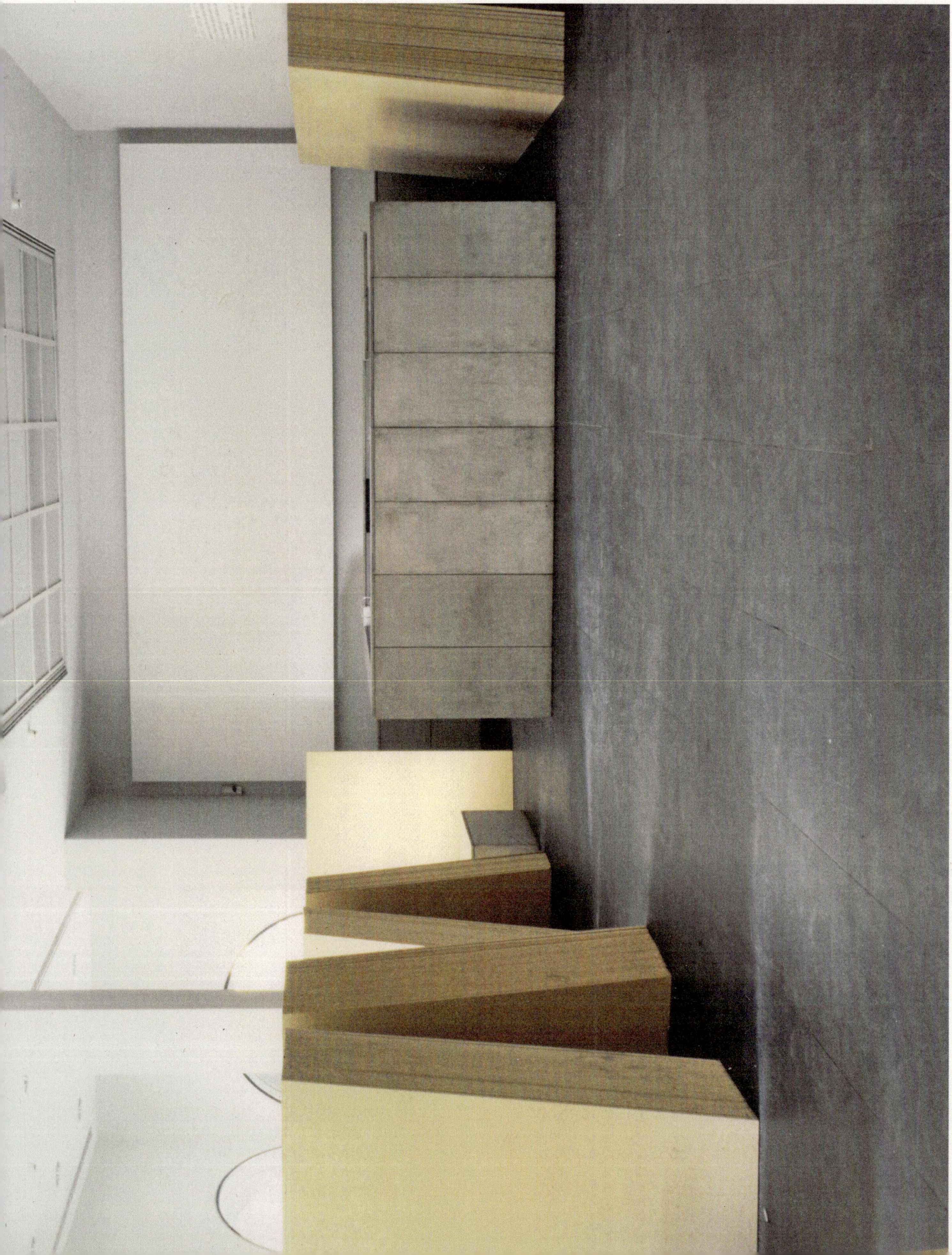

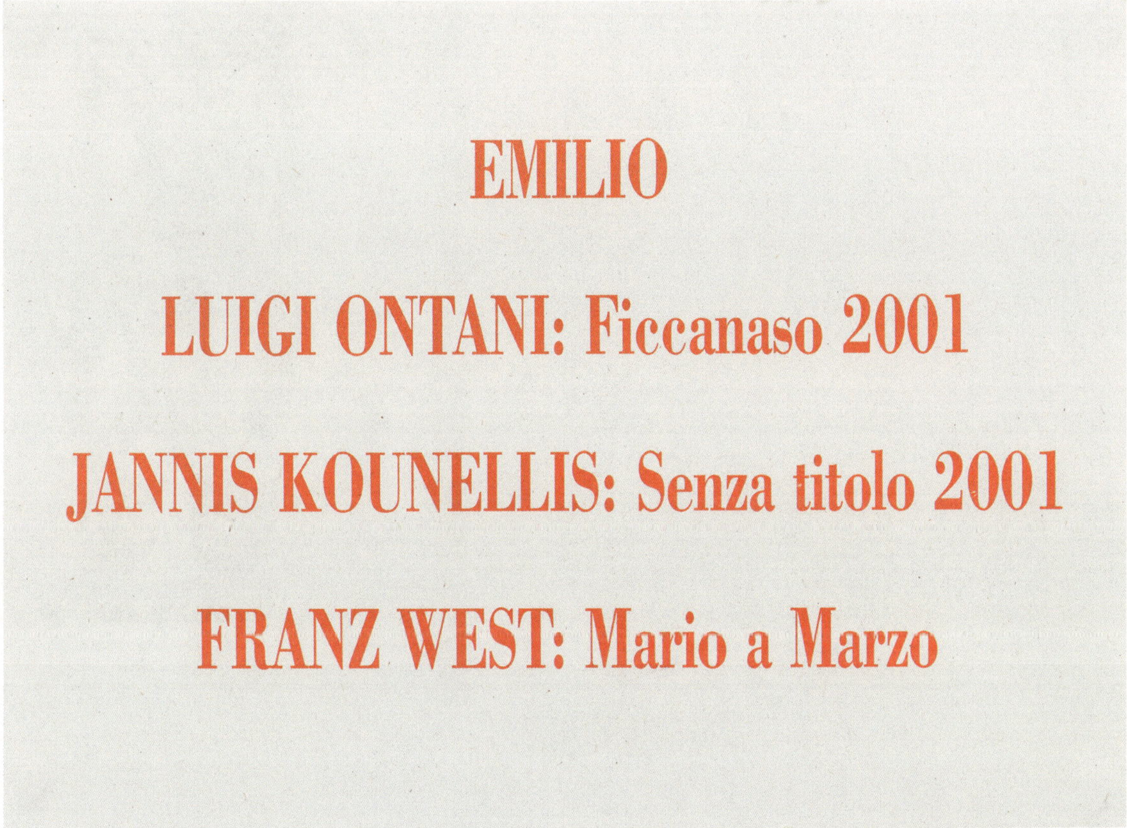

EMILIO

LUIGI ONTANI: Ficcanaso 2001

JANNIS KOUNELLIS: Senza titolo 2001

FRANZ WEST: Mario a Marzo

2001

Invito realizzato dall'artista per la mostra / Invitation made by the artist for the exhibition *Emilio, LUIGI ONTANI, JANNIS KOUNELLIS: Ficcanaso*, Zerynthia–Associazione per l'Arte Contemporanea, Roma / Rome
Stampa su carta / Print on paper

Bibliografia essenziale
1968 Charlotte Posenenske, *Statement*, "Art International", vol. 12, n. 5, May; Adam Seide, *Charlotte Posenenske*, "Egoist", n. 14 **1970** *Charlotte Posenenske an einen Bauunternehmer*, "Egoist", n. 1 **1986** Friedrich Meschede, *Halle 5-10. November 1986*, in *Charlotte Posenenske. Deutsche Lufthansa 1967-1986*, catalogo della mostra, Frankfurt am Main, Große Werfthalle der Deutschen Lufthansa **1987** Anne Krauter, *Charlotte Posenenske*, "Artforum", February **1988** Rolf Lauter, *Zu den variablen Objekten der Charlotte Posenenske*, "Design Report", n. 8, November; Manfred Schuchmann (intervista di), in *Charlotte Posenenske*, catalogo della mostra, Frankfurt am Main, Großmarkthalle **1989** Burkhard Brunn, *Charlotte Posenenske ausstellen*, "Art Position", n. 2, Juni; Hans Ulrich Reck, *Charlotte Posenenske im Hauptbahnhof Frankfurt*, in *Charlotte Posenenske*, catalogo della mostra, Frankfurt am Main, Hauptbahnhof; *Posenenske*, catalogo della mostra, Stuttgart, Rotunde der Neuen Staatsgalerie **1990** Burkhard Brunn, *Charlotte Posenenske Vierkantrohre in der Jahrhunderthalle Hoechst*, "Art Position", n. 9, August; Hans Ulrich Reck, *Charlotte Posenenske. Konzeptuelle Skulptur als Beitrag zur Architektur moderner Öffentlichkeit*, "Archithese", n. 4

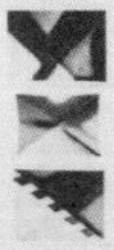

EMILIO PRINI

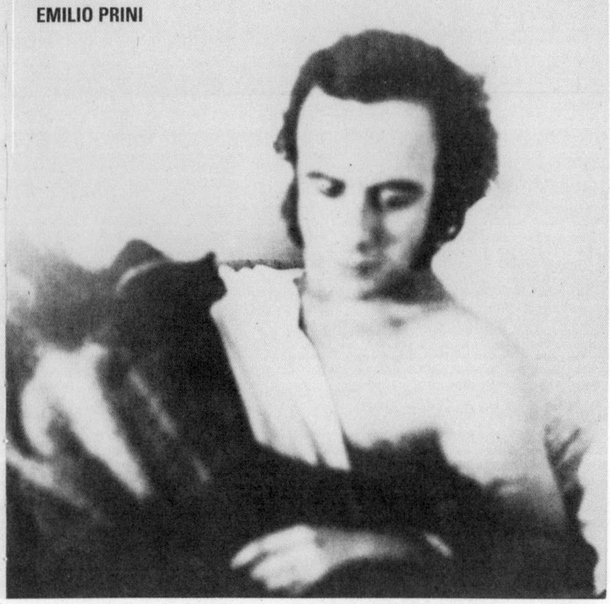

Mario Merz 1973 collage
300 x 210 mm

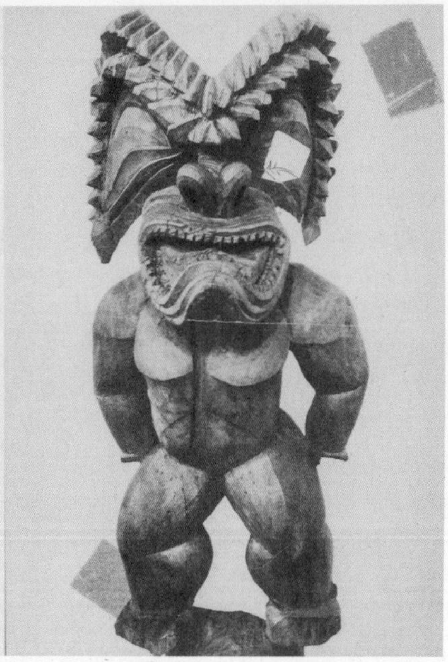

EMILIO PRINI VIA CHI
OSSONE 8/6 - 16123
GENOVA
L'INSIEME TIPOGRAFI
CO USATO MANTIE
NE IL VALORE NOMI
NALE ORGINARIO, AD
DIZIONA IL MERCATO
ARTISTICO.
FRANCOISE LAMBERT
VIA BORGONUOVO, 2
20121 MILANO
TEL. 639472

2001

***(E così via) (And so on) 99 artists from The Marzona Collection. Arte Povera, Minimal Art, Concept Art, Land Art*, Berlin Press**
Catalogo / Catalogue

Emilio Prini

Nato a Brisino di Stresa nel 1943.
1967 *Arte Povera e IM-Spazio*, Genova Galleria La Bertesca e successive mostre fino al 2001.
Palazzo Ducale di Sassuolo.

88

Emilio Prini

Born in Brisino di Stresa in 1943.
In 1967, the artist participated in the exhibition 'Arte Povera e IM Spazio' at the Galleria La Bertesca (Genoa); he has continued to participate in shows until 2001.
Palazzo Ducale of Sassuolo.

89

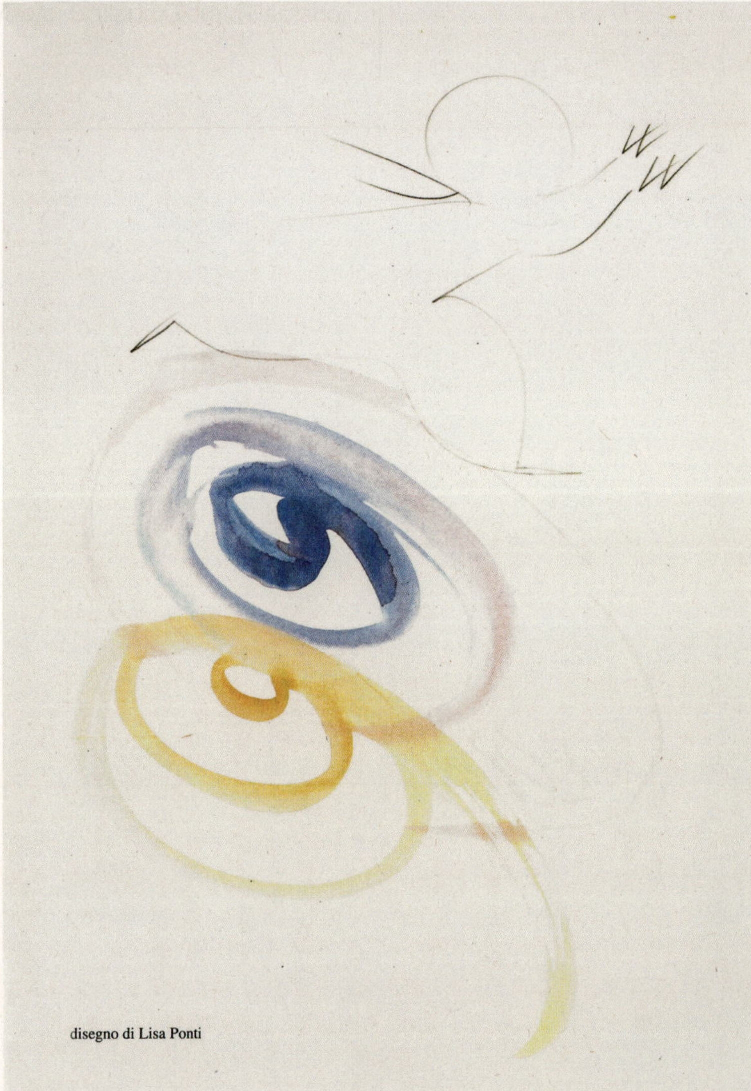

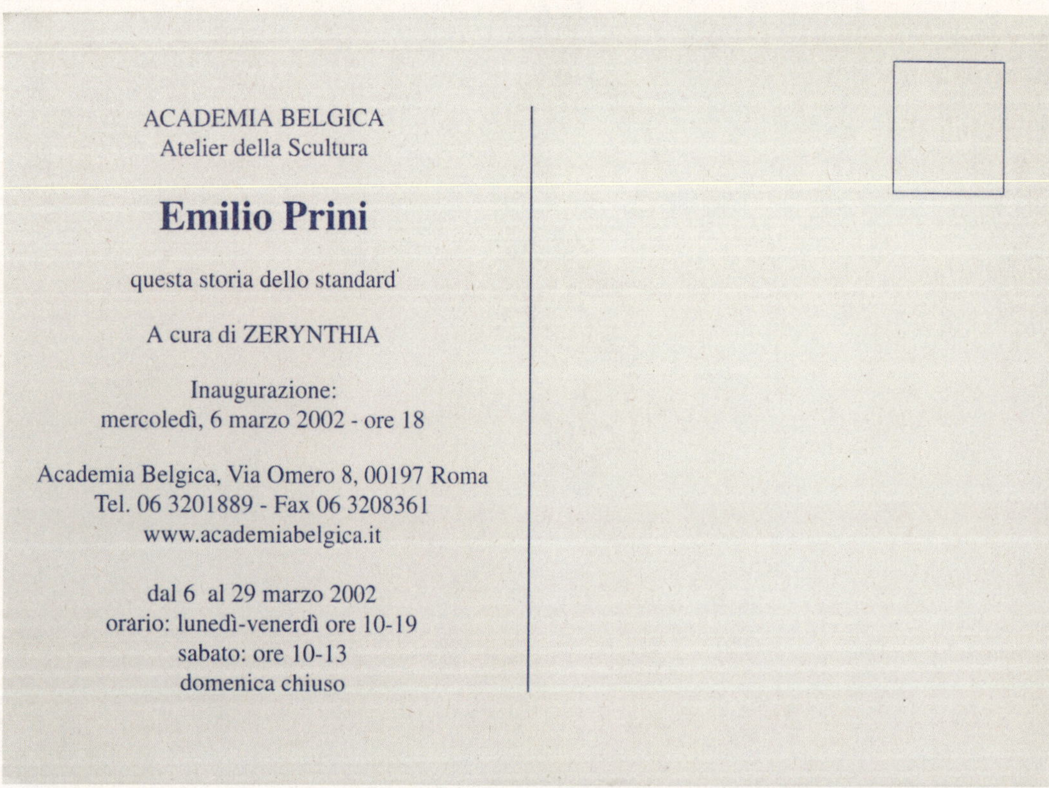
ACADEMIA BELGICA
Atelier della Scultura

Emilio Prini

questa storia dello standard

A cura di ZERYNTHIA

Inaugurazione:
mercoledì, 6 marzo 2002 - ore 18

Academia Belgica, Via Omero 8, 00197 Roma
Tel. 06 3201889 - Fax 06 3208361
www.academiabelgica.it

dal 6 al 29 marzo 2002
orario: lunedì-venerdì ore 10-19
sabato: ore 10-13
domenica chiuso

2002

Invito realizzato dall'artista per la mostra / Invitation made by the artist for the exhibition *Emilio Prini questa storia dello standard*, Accademia Belgica, Roma / Rome
Stampa su carta / Print on paper

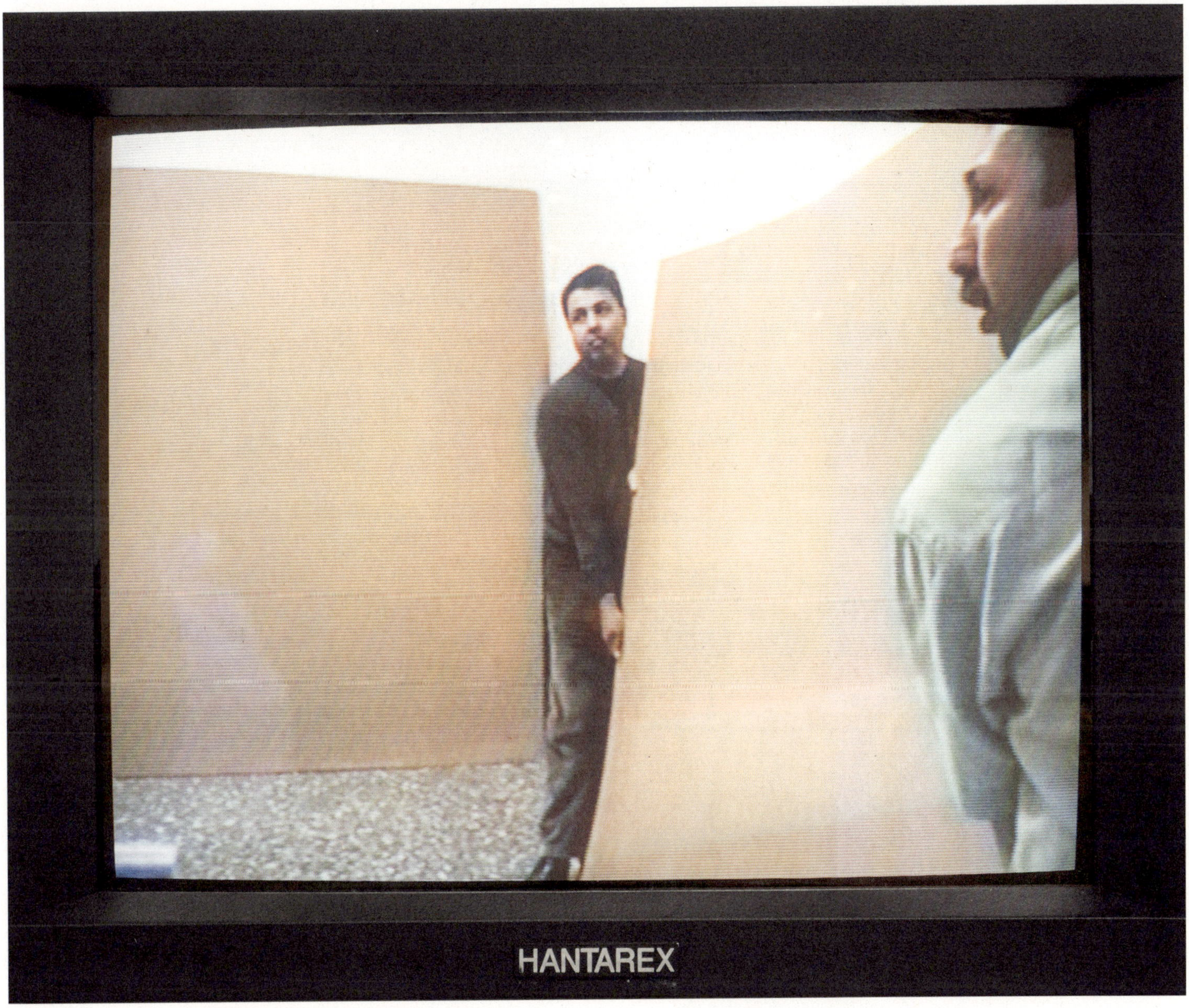

2002

Documentazione video dell'intervento realizzato in occasione della mostra / Video documentation of the intervention realized for *Emilio Prini questa storia dello standard*, Accademia Belgica, Roma / Rome
Video

EMILIO MAZZOLI GALLERIA D'ARTE
VIA NAZARIO SAURO 62 - 41100 MODENA
Tel. 059243455 - Fax 059214980
emiliomazzoli@tiscalinet.it
orari: 10-13/16-19.30 chiuso i festivi

EMILIO PRINI INSIEME GRIGIO 1967 E 1995 INSIEME GIALLINO 1967 E 1967

DALL'11 AL 18 FEBBRAIO 2002

2002

Invito realizzato dall'artista per la mostra / Invitation made by the artist for the exhibition *Emilio Prini insieme grigio 1967 e 1995 insieme giallino 1967 e 1967*, Galleria Mazzoli, Modena
Stampa su carta / Print on paper

Installation view, *Emilio Prini insieme grigio 1967 e 1995 insieme giallino 1967 e 1967*, Galleria Mazzoli, Modena

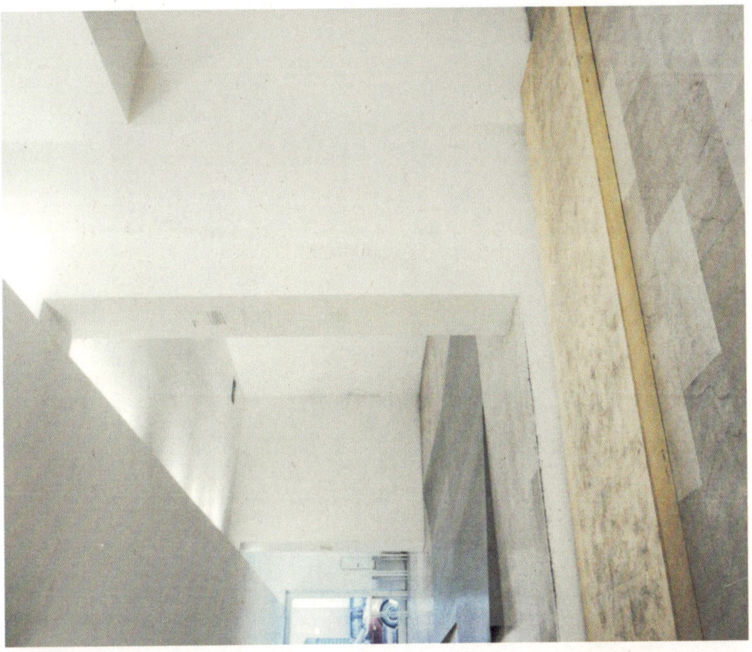

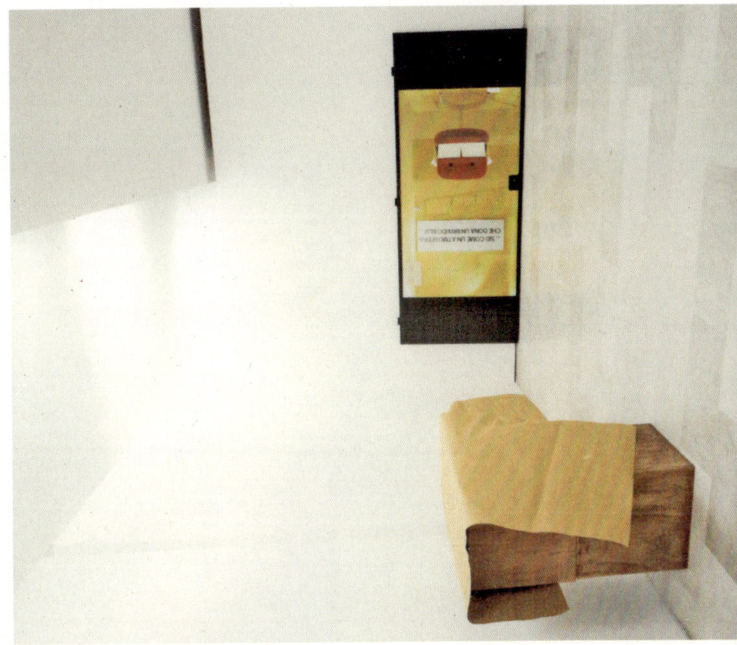

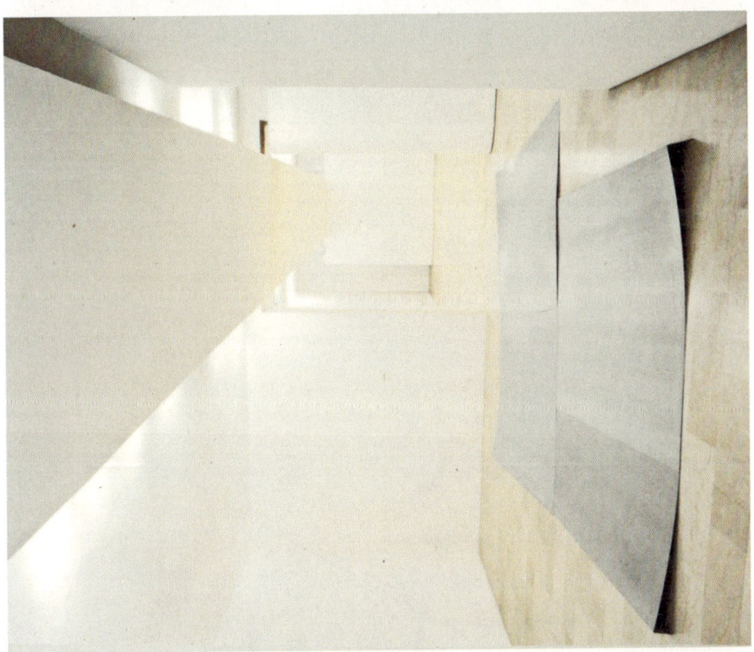

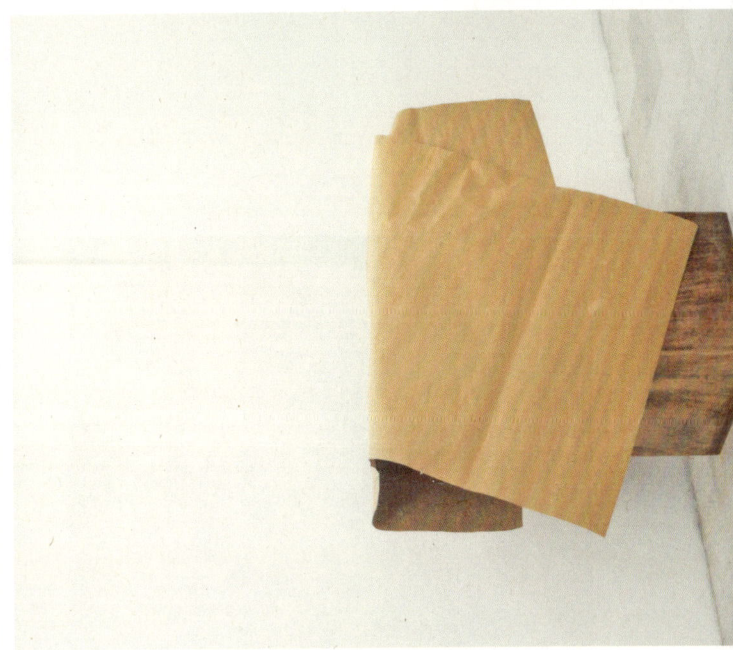

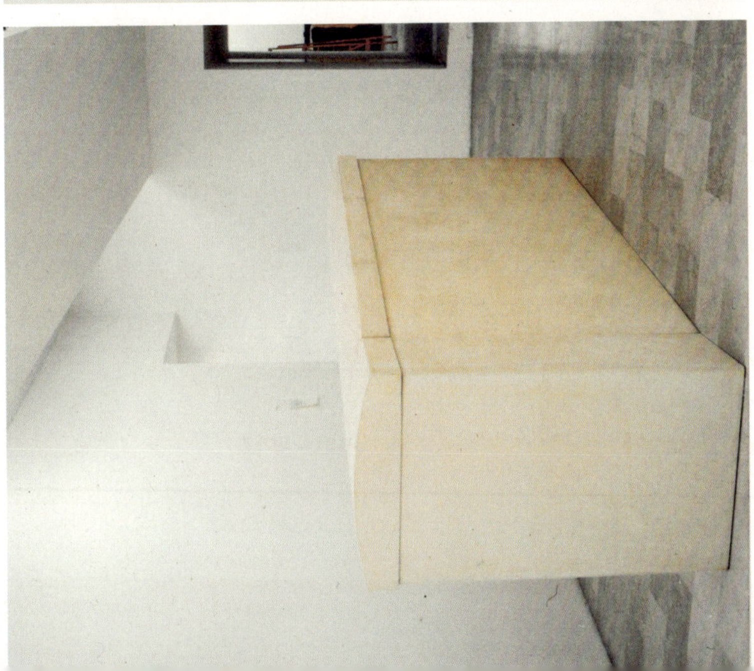

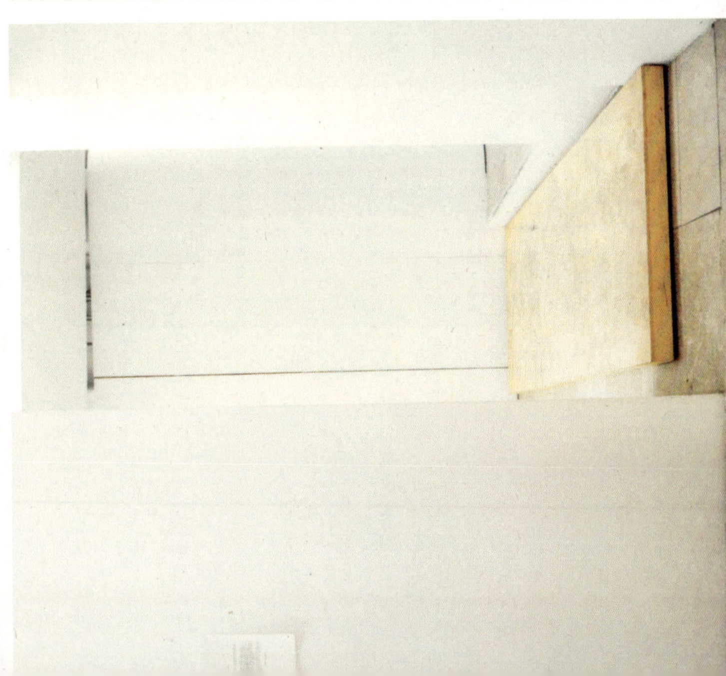

Seite 76:
Giovanni Anselmo, *Senza titolo* (Detail), 1966 (Kat. 1)

Seite 77:
Giovanni Anselmo, *Direzione*, 1967/68 (Kat. 2)

Seite 80:
Emilio Prini, *Il cartello del film non fatto*, 1966 (Kat. 94)

Seite 81:
Emilio Prini, Detail aus *Fermacarte*, 1968/1995 (Kat. 95); ders., *Il cartello del film non fatto*, 1966 (Kat. 94)

Emilio Prini, Detail aus *Fermacarte*, 1968/2002 (Kat. 96)

78

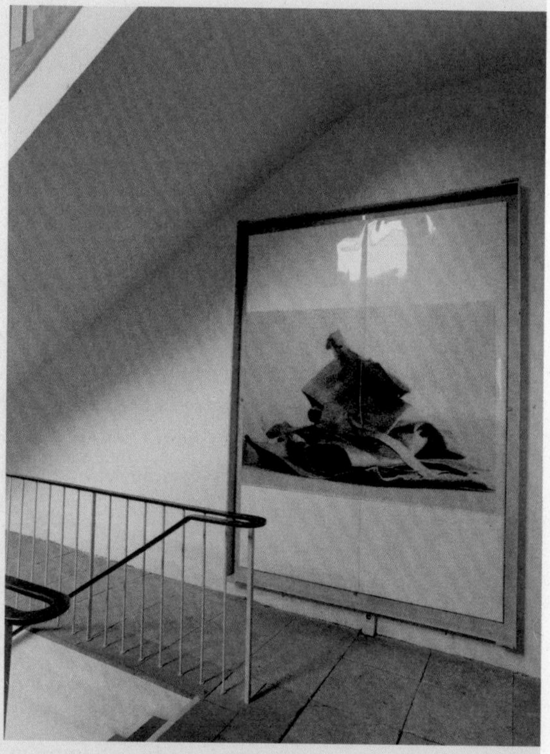

79

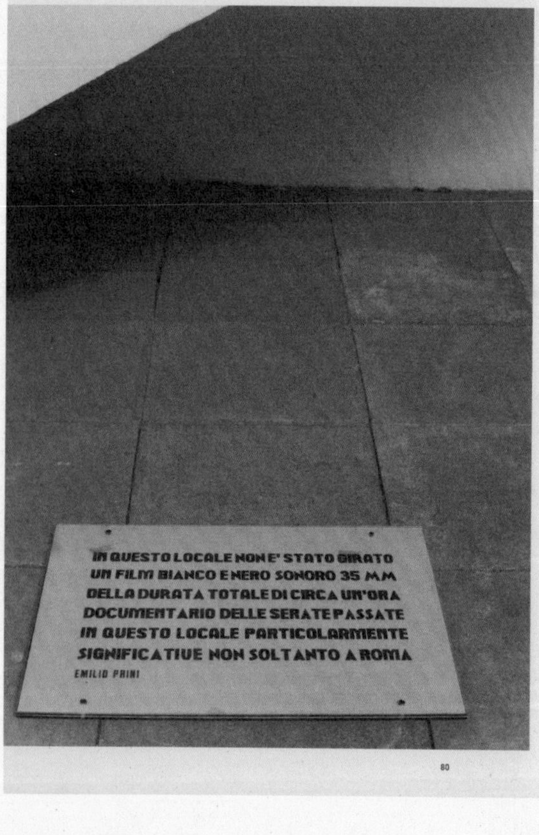

80

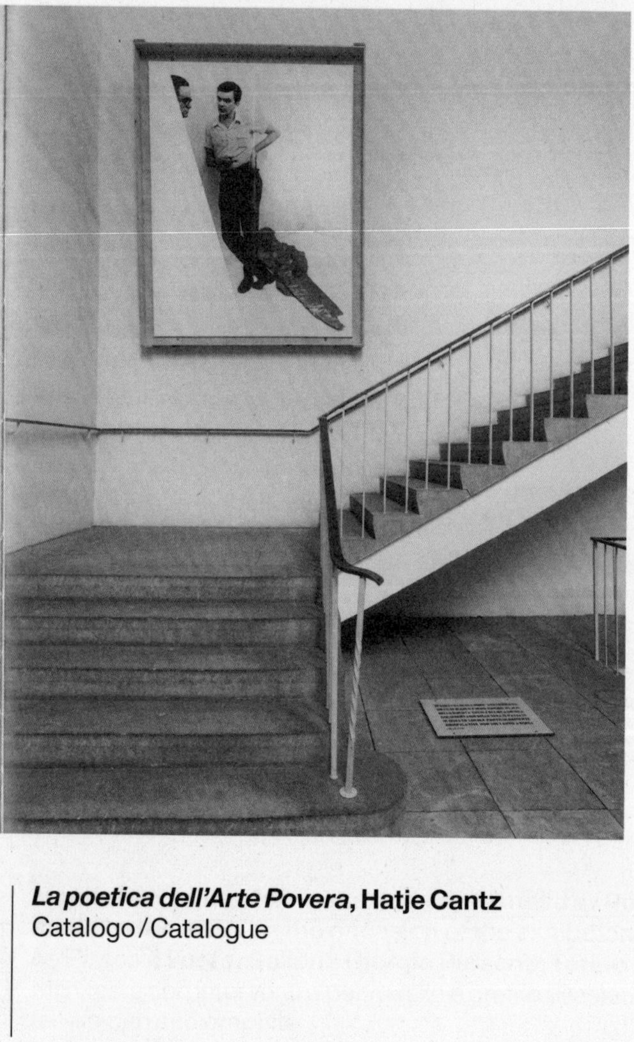

2003

***La poetica dell'Arte Povera*, Hatje Cantz**
Catalogo / Catalogue

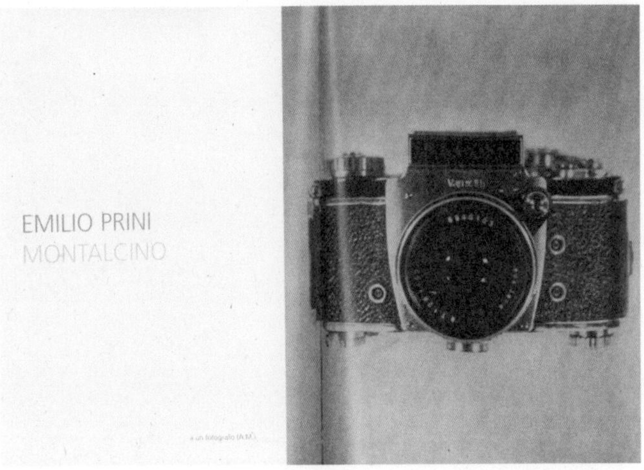

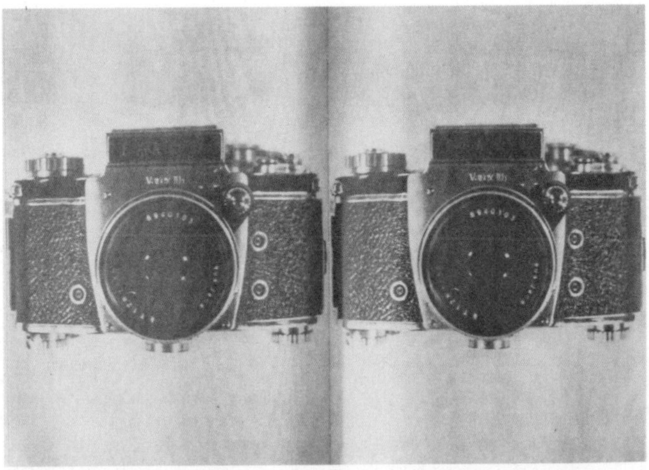

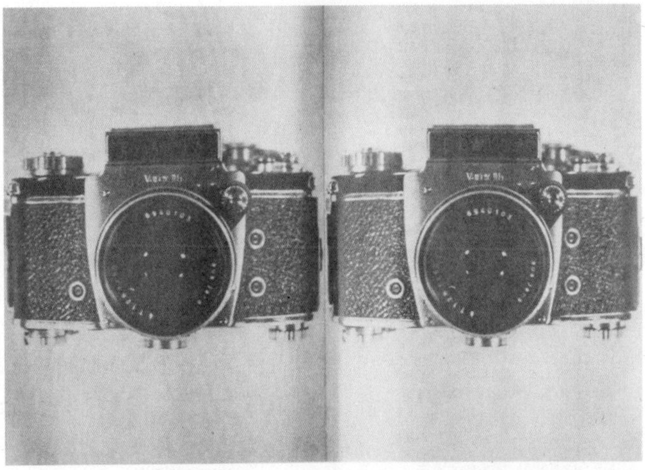

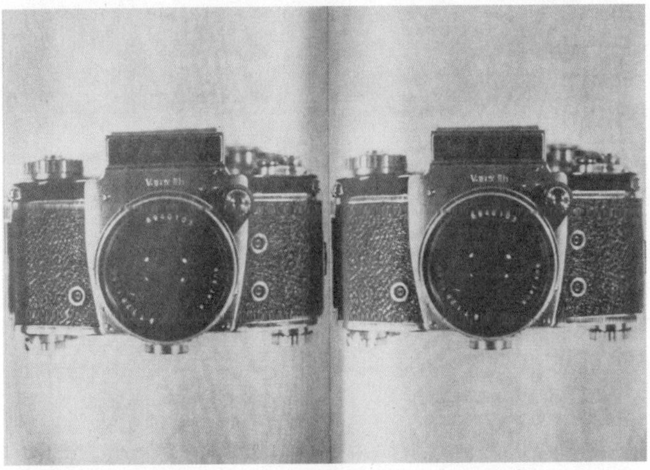

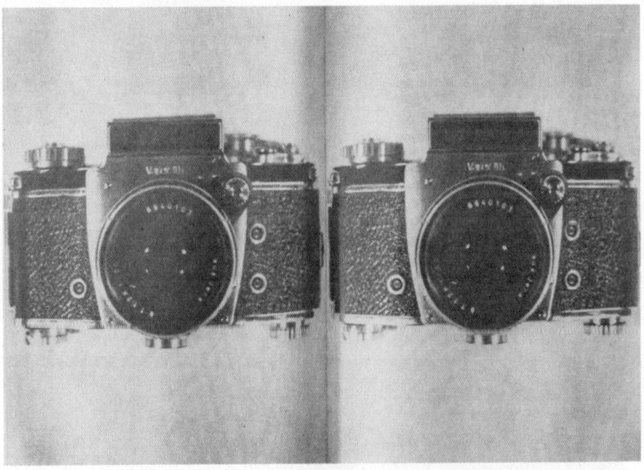

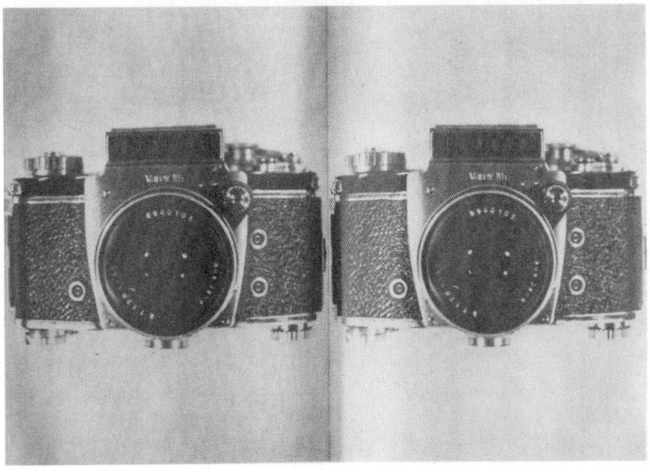

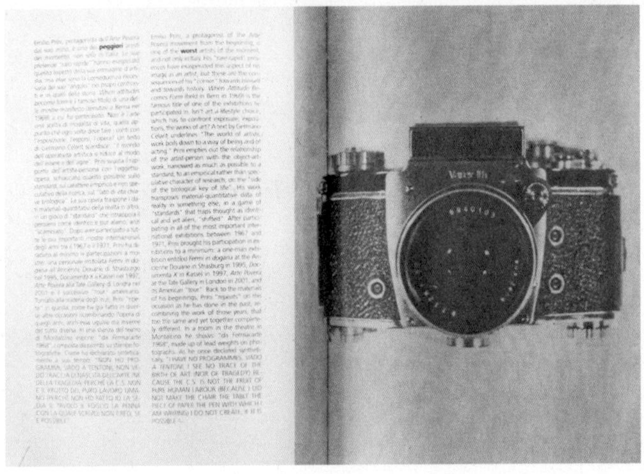

2003

***Arte all'Arte. Arte, architettura, paesaggio*, Gli Ori**
Catalogo / Catalogue

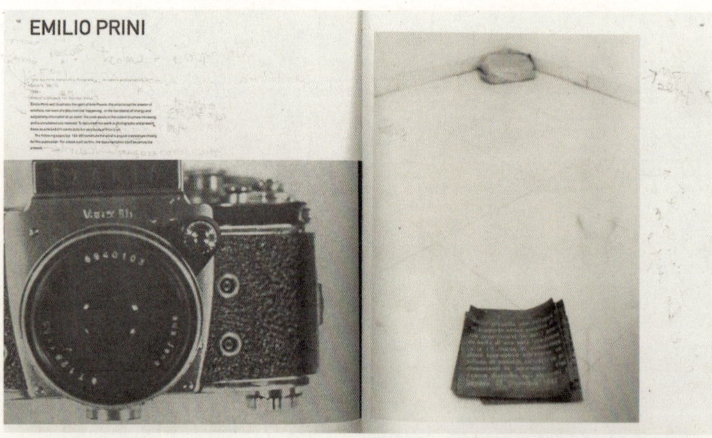
EMILIO PRINI

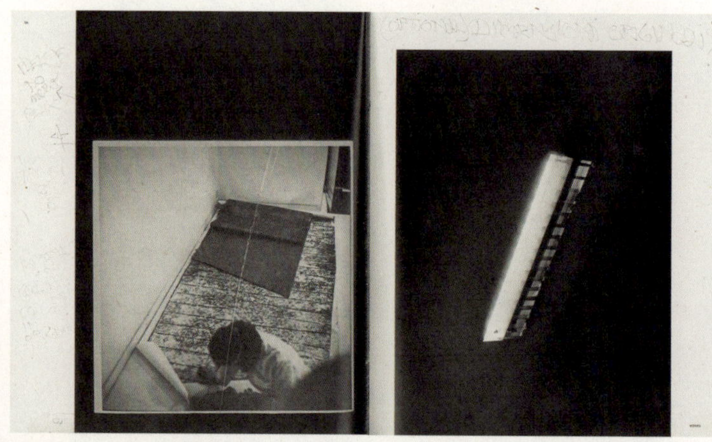

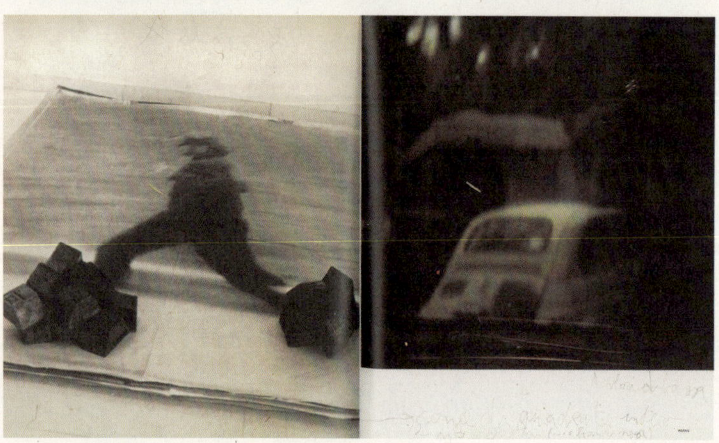

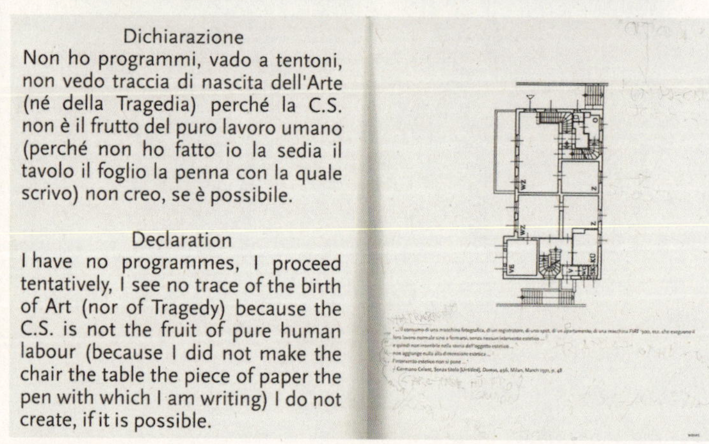
Dichiarazione

Non ho programmi, vado a tentoni, non vedo traccia di nascita dell'Arte (né della Tragedia) perché la C.S. non è il frutto del puro lavoro umano (perché non ho fatto io la sedia il tavolo il foglio la penna con la quale scrivo) non creo, se è possibile.

Declaration

I have no programmes, I proceed tentatively, I see no trace of the birth of Art (nor of Tragedy) because the C.S. is not the fruit of pure human labour (because I did not make the chair the table the piece of paper the pen with which I am writing) I do not create, if it is possible.

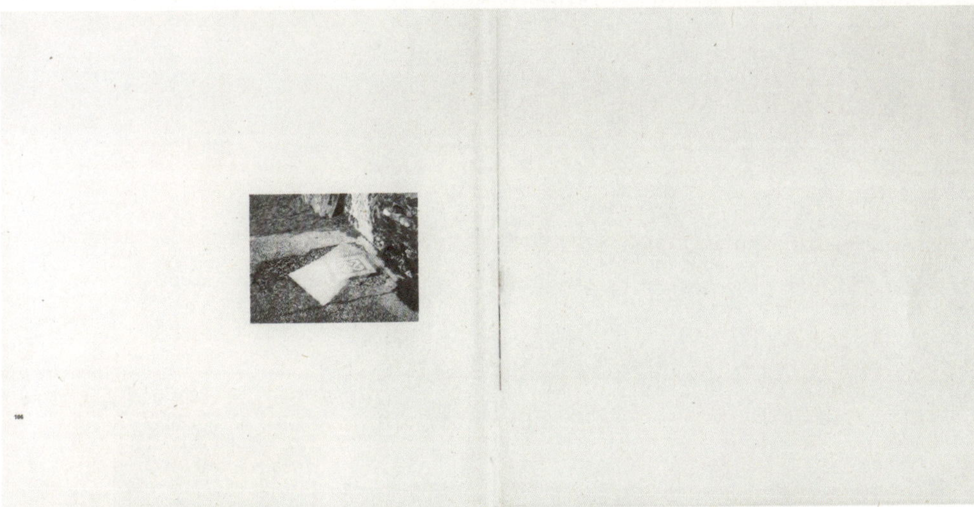

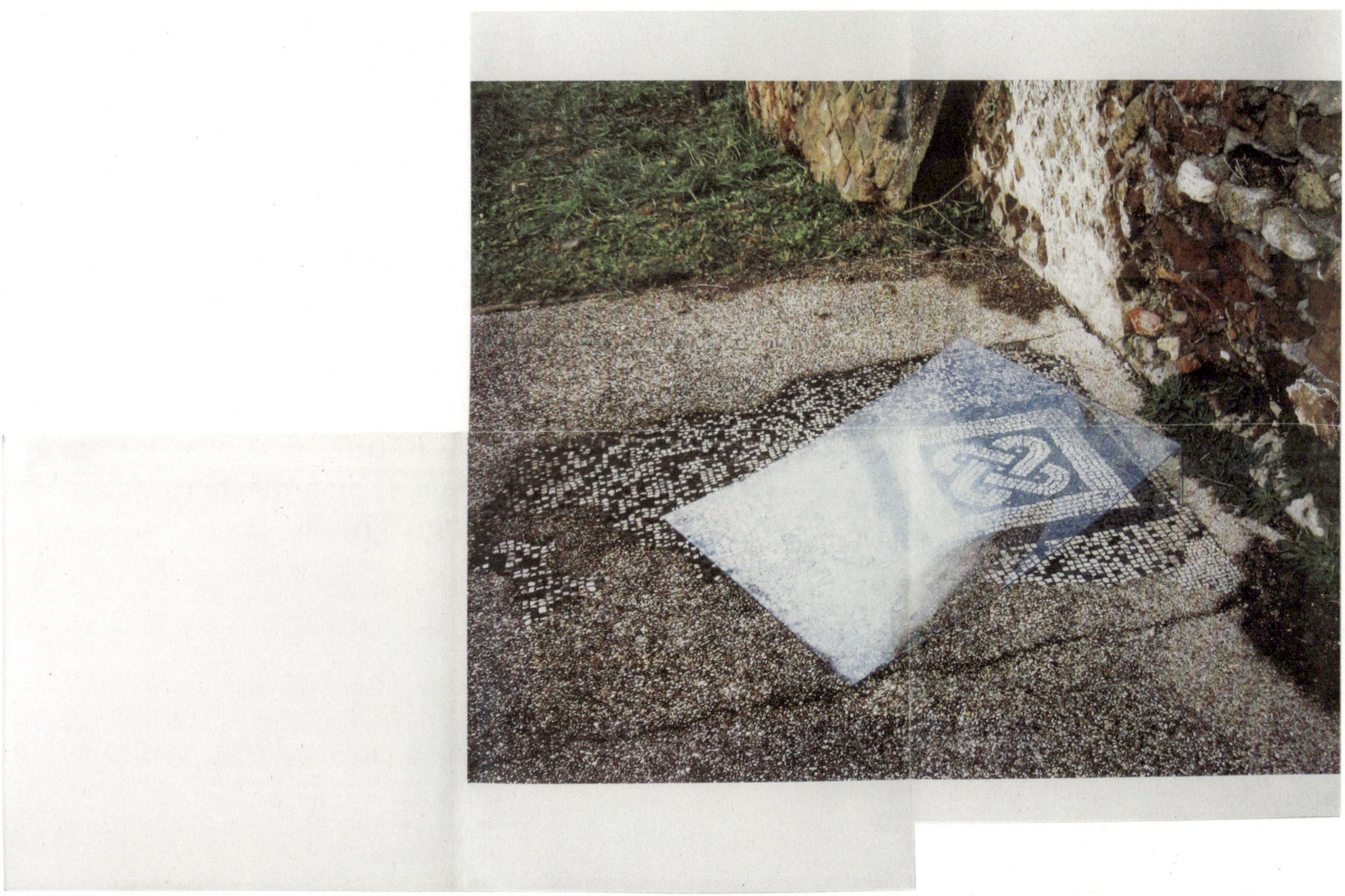

2006

***Arte in memoria 2*, Incontri Internazionali d'Arte**
Catalogo / Catalogue

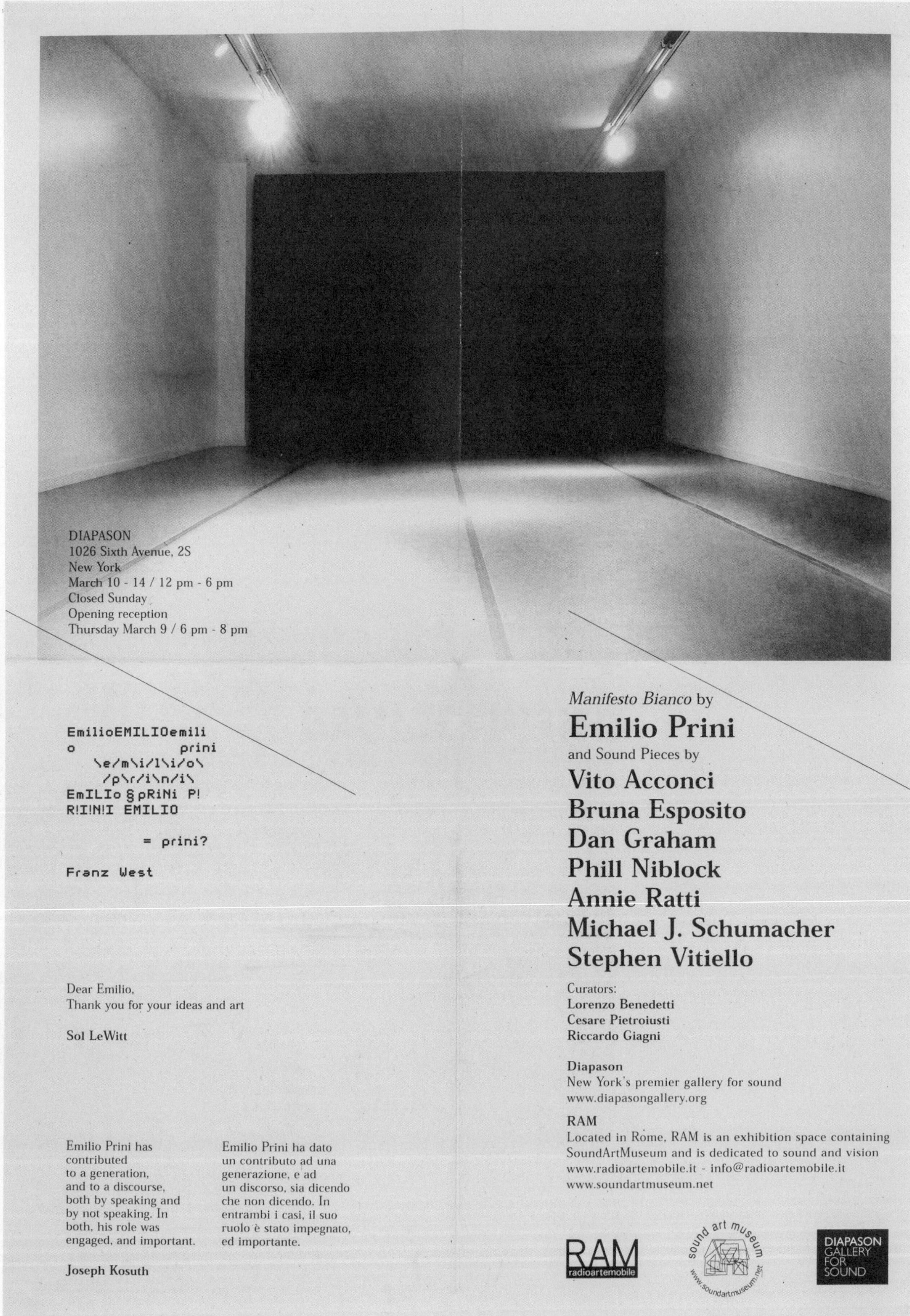

DIAPASON
1026 Sixth Avenue, 2S
New York
March 10 - 14 / 12 pm - 6 pm
Closed Sunday
Opening reception
Thursday March 9 / 6 pm - 8 pm

Manifesto Bianco by
Emilio Prini
and Sound Pieces by
Vito Acconci
Bruna Esposito
Dan Graham
Phill Niblock
Annie Ratti
Michael J. Schumacher
Stephen Vitiello

Curators:
Lorenzo Benedetti
Cesare Pietroiusti
Riccardo Giagni

Diapason
New York's premier gallery for sound
www.diapasongallery.org

RAM
Located in Rome, RAM is an exhibition space containing SoundArtMuseum and is dedicated to sound and vision
www.radioartemobile.it - info@radioartemobile.it
www.soundartmuseum.net

EmilioEMILIOemili
o prini
\e/m\i/l\i/o\
/p\r/i\n/i\
EmILIo §pRiNi P!
R!I!N!I EMILIO

= prini?

Franz West

Dear Emilio,
Thank you for your ideas and art

Sol LeWitt

Emilio Prini has contributed to a generation, and to a discourse, both by speaking and by not speaking. In both, his role was engaged, and important.

Emilio Prini ha dato un contributo ad una generazione, e ad un discorso, sia dicendo che non dicendo. In entrambi i casi, il suo ruolo è stato impegnato, ed importante.

Joseph Kosuth

2006

Invito realizzato dall'artista per la mostra / Invitation made by the artist for the exhibition *Emilio Prini. Manifesto Bianco and Sound Pieces*, Diapason Gallery, New York
Stampa su carta / Print on paper

Installation view, *Emilio Prini. Manifesto Bianco and Sound Pieces*, Diapason Gallery, New York

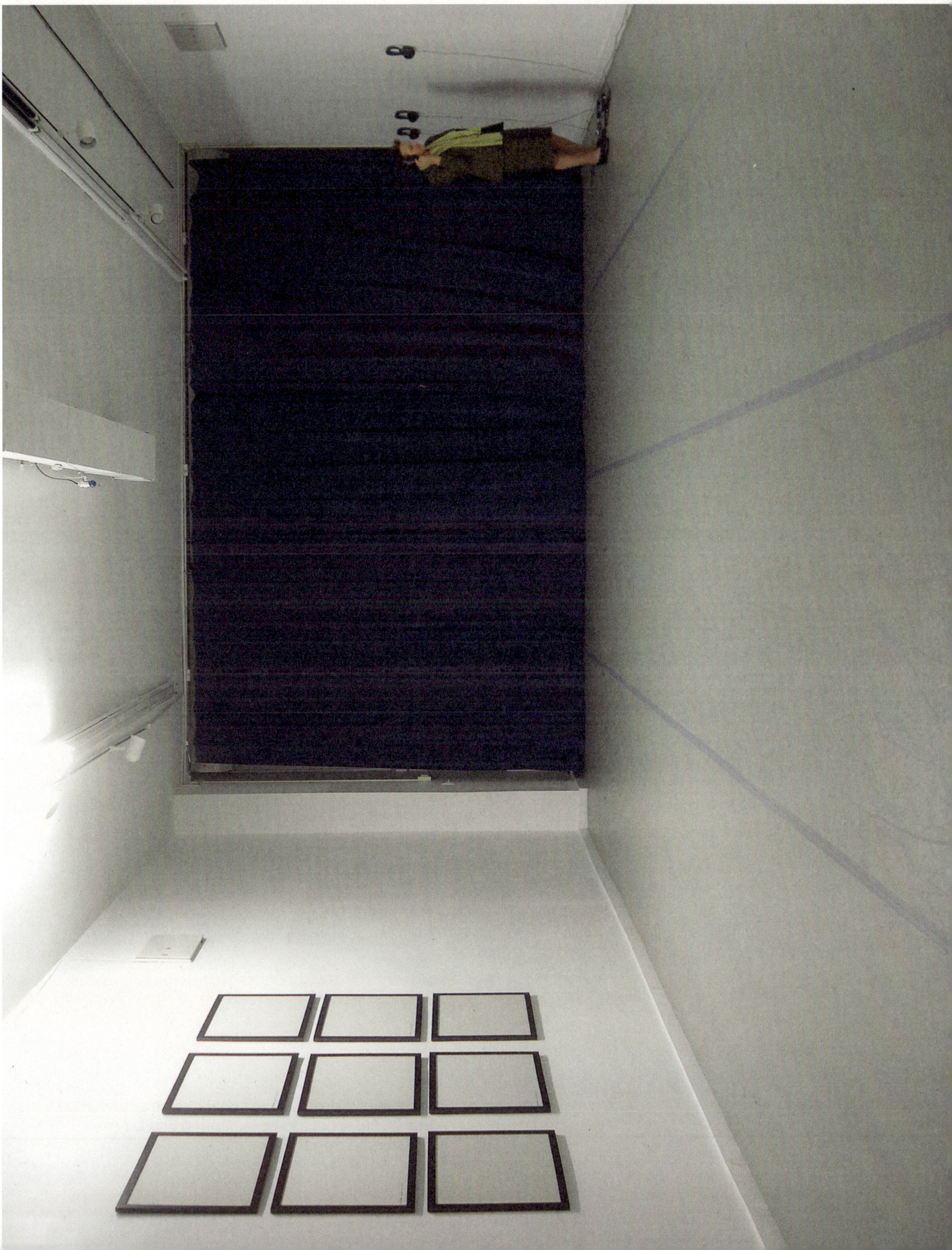

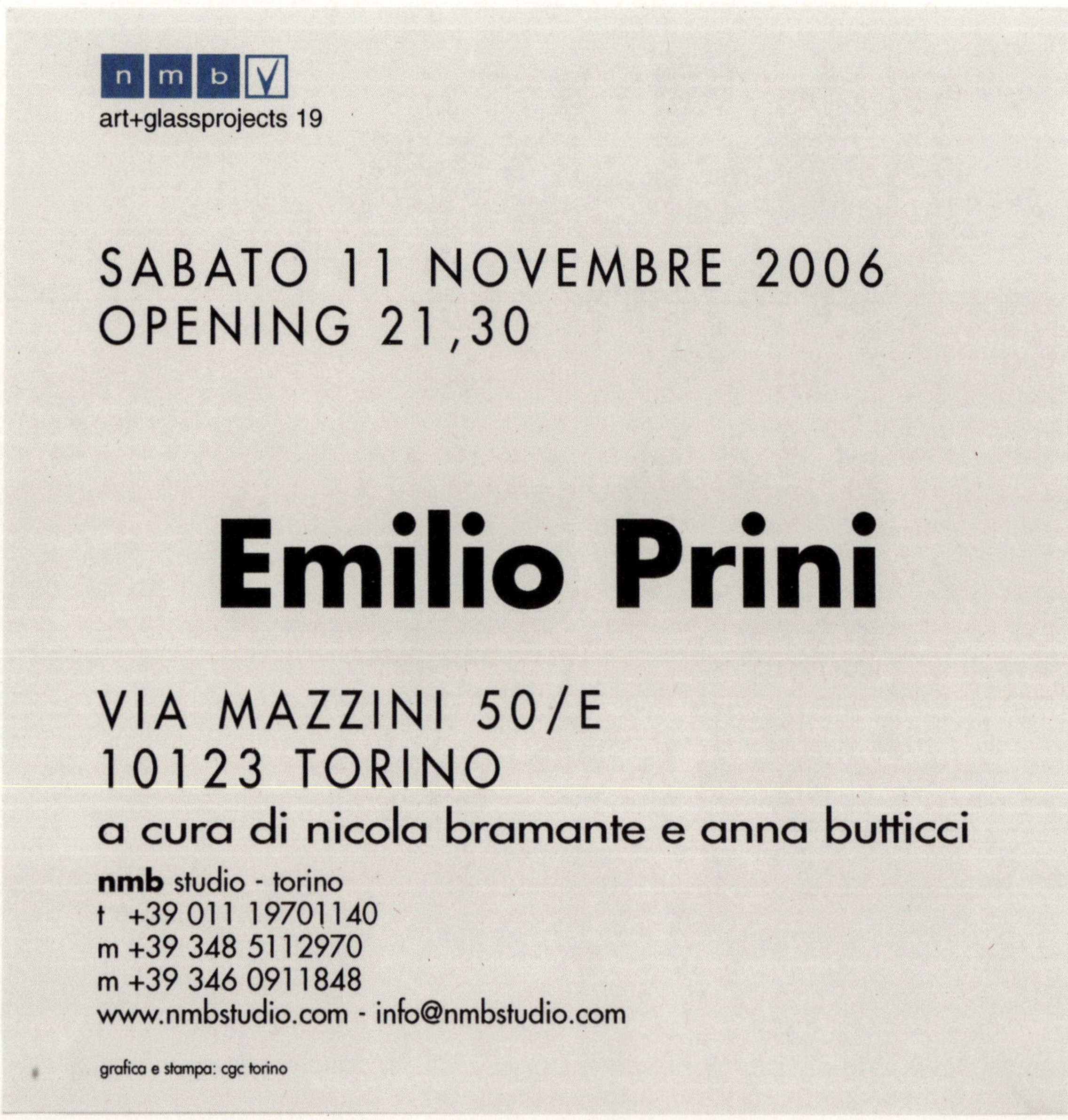
nmb
art+glassprojects 19

SABATO 11 NOVEMBRE 2006
OPENING 21,30

Emilio Prini

VIA MAZZINI 50/E
10123 TORINO
a cura di nicola bramante e anna butticci

nmb studio - torino
t +39 011 19701140
m +39 348 5112970
m +39 346 0911848
www.nmbstudio.com - info@nmbstudio.com

grafica e stampa: cgc torino

2006

Invito realizzato dall'artista per la mostra / Invitation made by the artist for the exhibition *Emilio Prini, Nmb Studio*, Torino / Turin
Stampa su carta / Print on paper

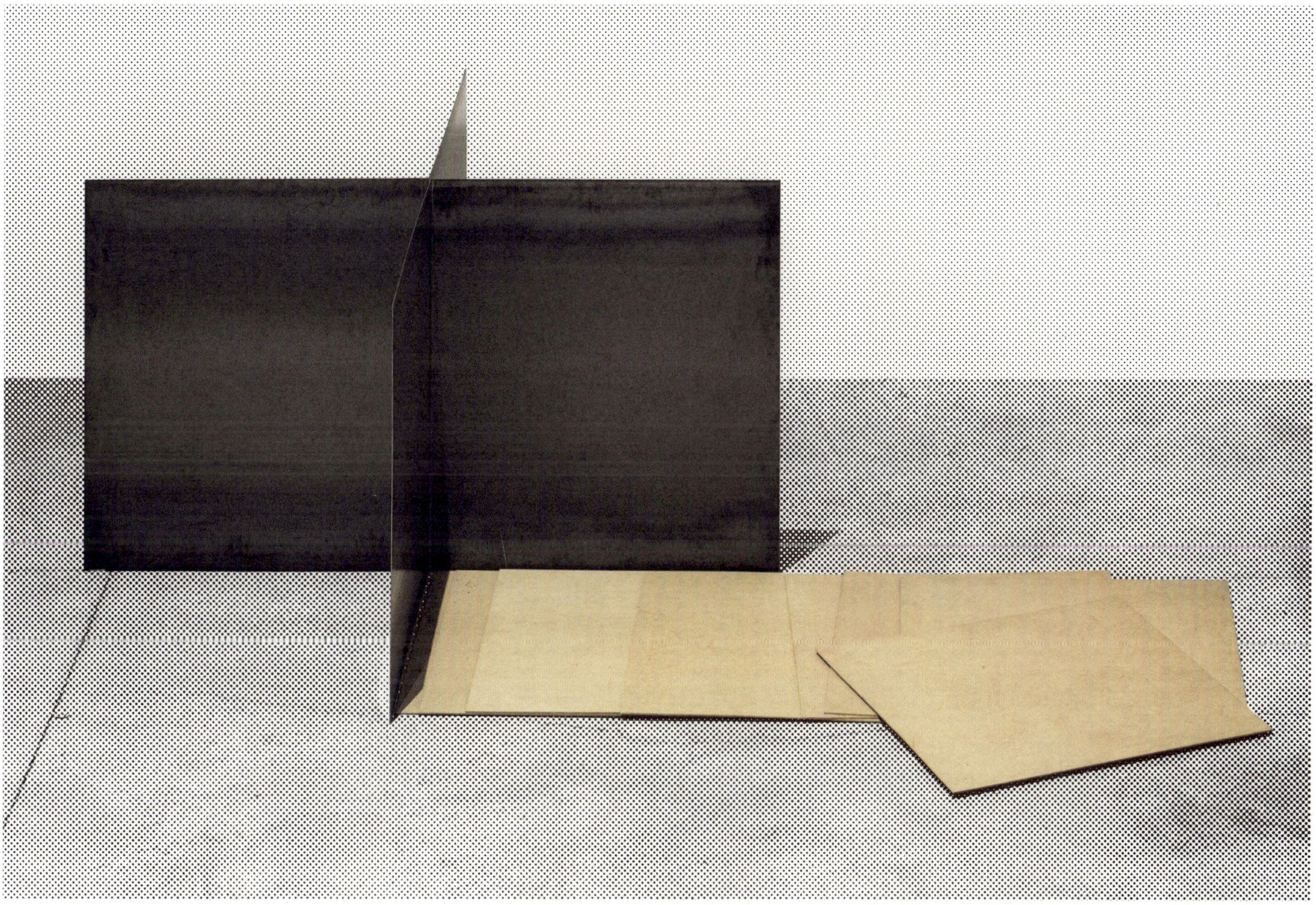

2006

Standard Saloni
Ferro, MDF / Iron, MDF

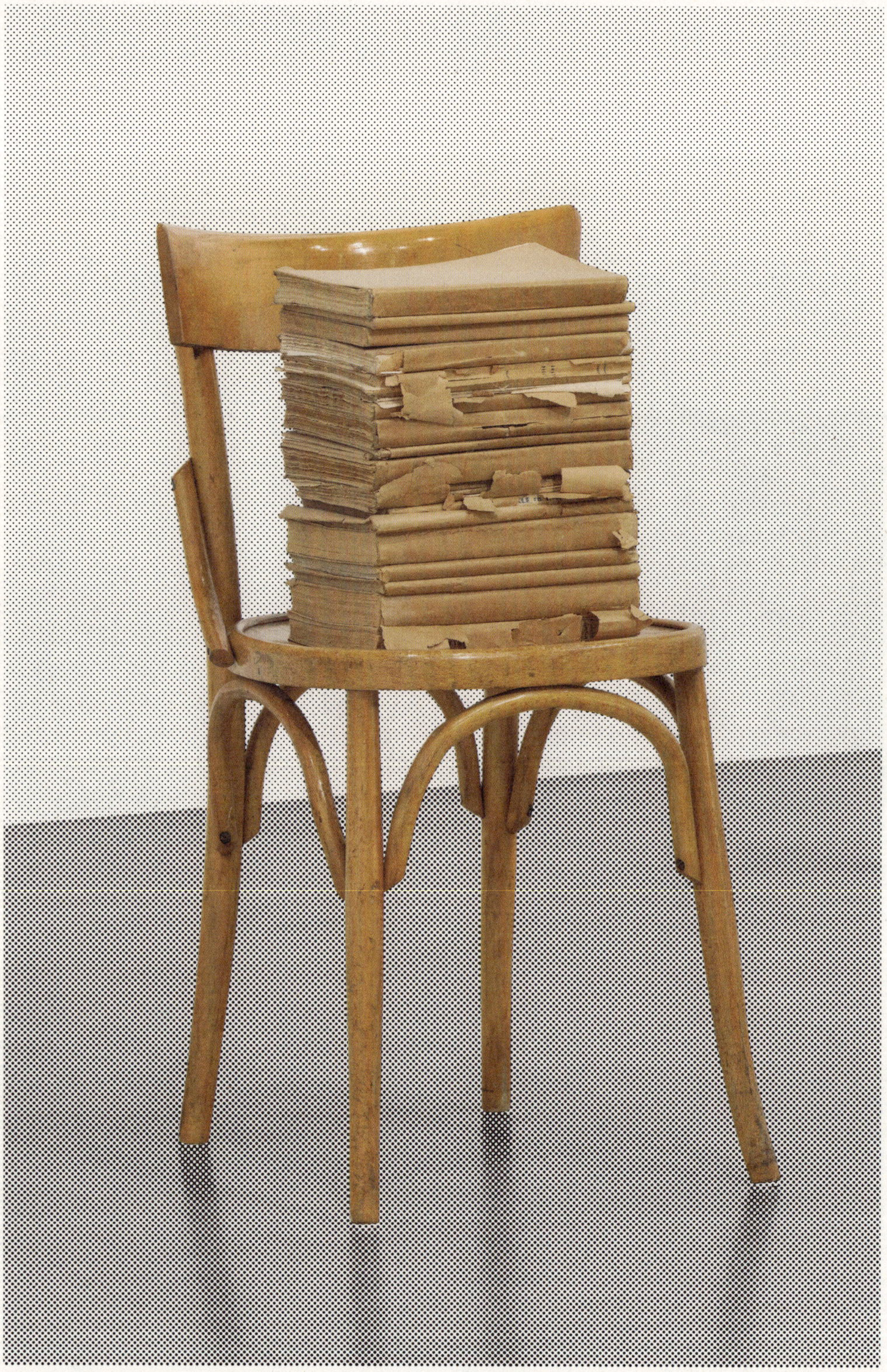

2006

Scritta a matita su una sedia della Basilica Superiore di Assisi
Libri, matita su legno / Books, pencil on wood

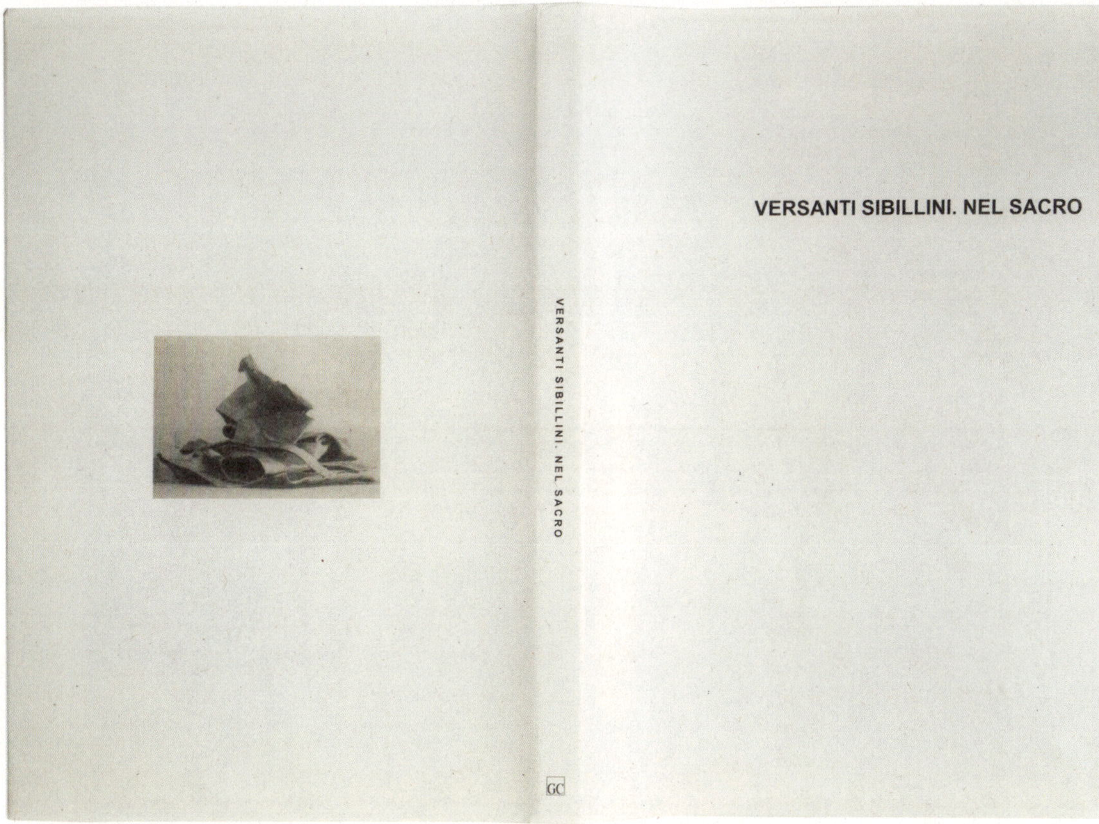

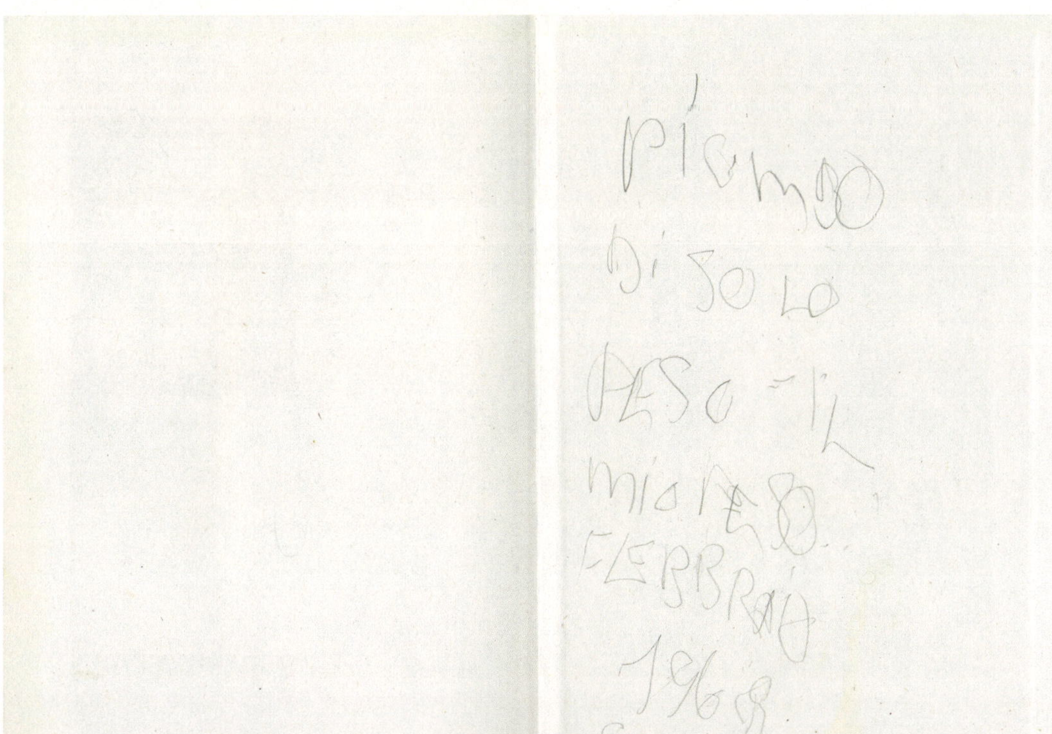

2007

***VerSanti Sibillini. Nel sacro. Collezione di Giuseppe Cascetta*, auto-pubblicato / self published**
Catalogo / Catalogue

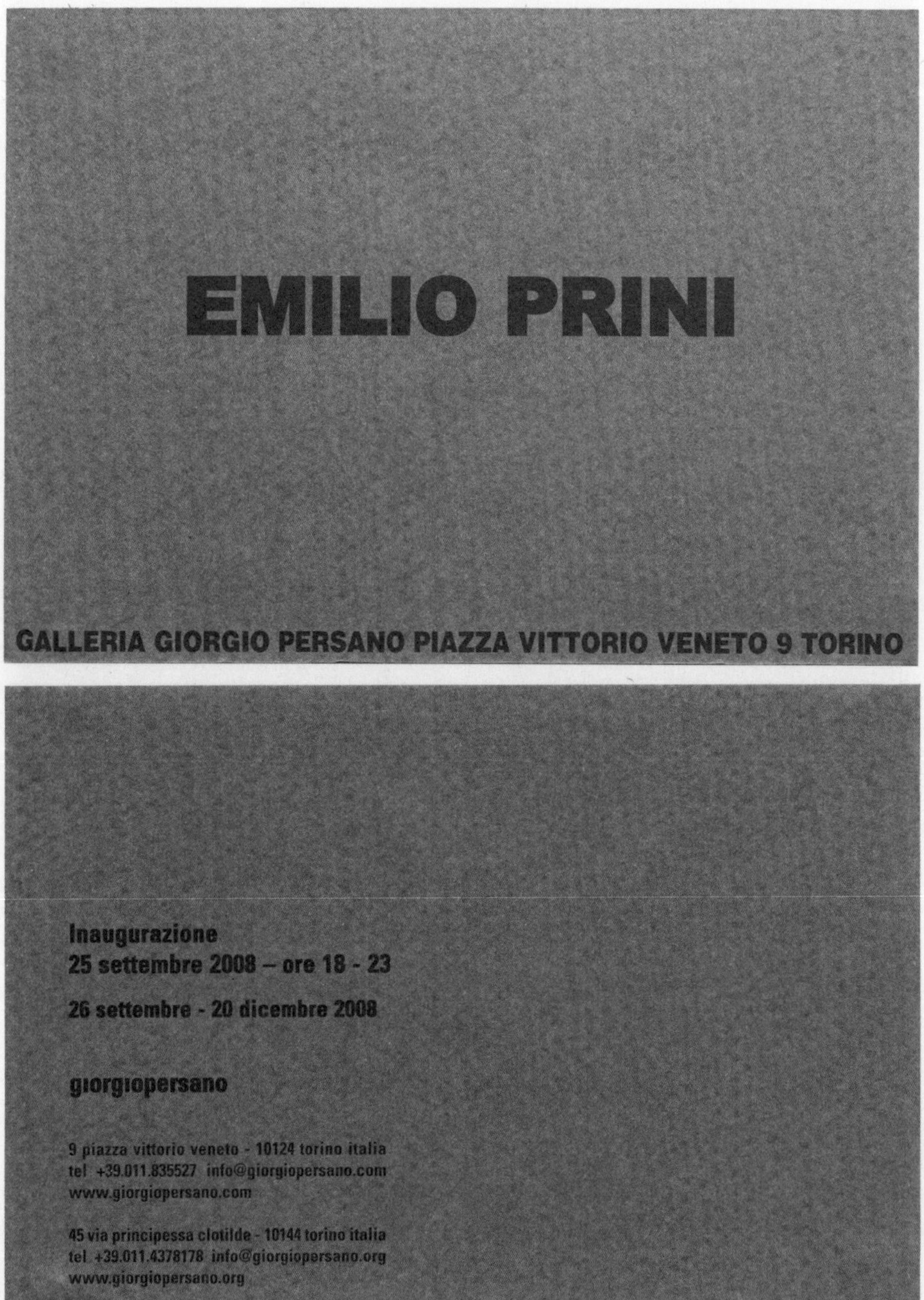

EMILIO PRINI

GALLERIA GIORGIO PERSANO PIAZZA VITTORIO VENETO 9 TORINO

Inaugurazione
25 settembre 2008 – ore 18 - 23

26 settembre - 20 dicembre 2008

giorgiopersano

9 piazza vittorio veneto - 10124 torino italia
tel +39.011.835527 info@giorgiopersano.com
www.giorgiopersano.com

45 via principessa clotilde - 10144 torino italia
tel +39.011.4378178 info@giorgiopersano.org
www.giorgiopersano.org

2008

Invito realizzato dall'artista per la mostra / Invitation made by the artist for the exhibition *La Pimpa Il Vuoto*, Galleria Giorgio Persano, Torino / Turin
Stampa su carta / Print on paper

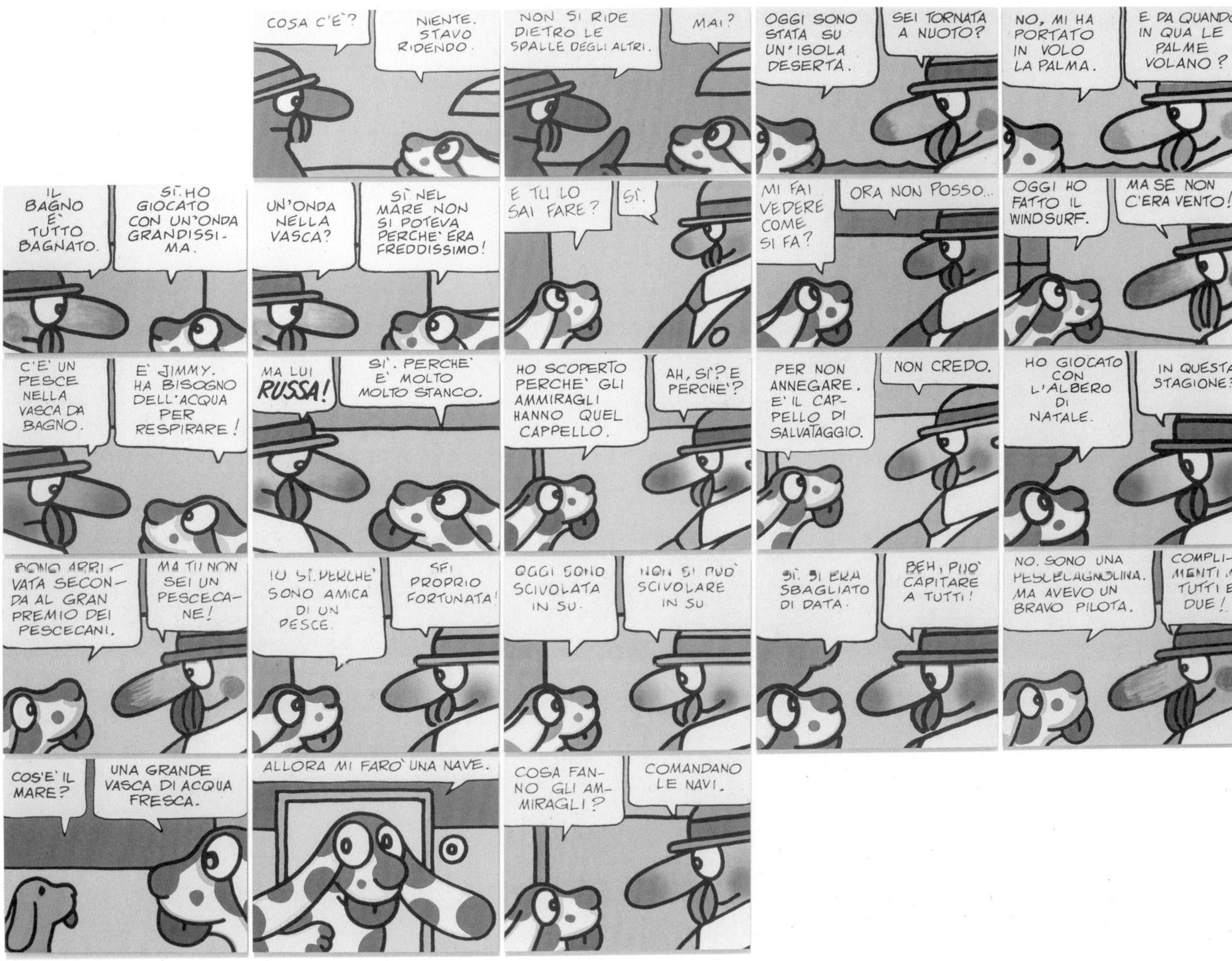

2008

La Pimpa Il Vuoto
22 stampe fotografiche in bianco e nero su Dibond /
22 black-and-white photographic prints on Dibond

Installation view, *La Pimpa Il Vuoto*, Galleria Giorgio Persano, Torino / Turin

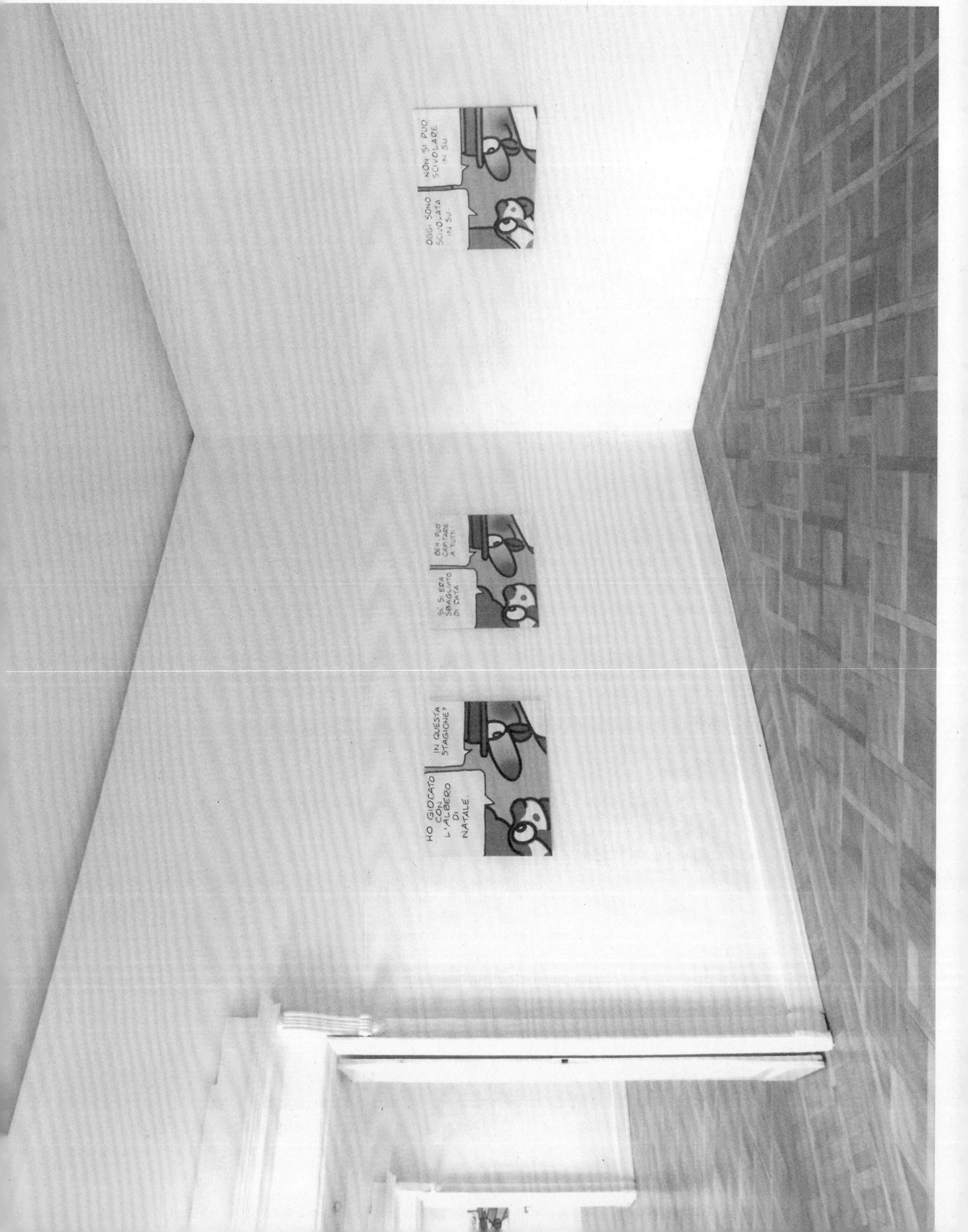

CASTELLO DI RIVOLI

MUSEO D'ARTE CONTEMPORANEA

Piazza Mafalda di Savoia - 10098 Rivoli (Torino) - Italia
tel. +39.011.9565222 / 9565220 - fax +39.011.9565230 / 9565231
www.castellodirivoli.org
e.mail: info@castellodirivoli.org

Gentile Emilio Prini
Piazza dei Ricci 129
00186 Roma

31 luglio 2009

Gentile Emilio Prini,

venerdì 18 e sabato 19 settembre 2009 presso il Castello di Rivoli Museo d'Arte Contemporanea si svolgerà un convegno internazionale su documenta, al quale parteciperanno come relatori tutti i direttori artistici delle precedenti edizioni.
In virtù della tua partecipazione nelle edizioni di *documenta X*, mi farebbe molto piacere se tu potessi essere presente a Rivoli in questa occasione e sarei pertanto lieta di riservarti un posto, qualora intenda essere con noi.

In attesa di una tua risposta, porgo cordiali saluti.

Carolyn

Carolyn Christov-Bakargiev
Responsabile Direzione Artistica
Castello di Rivoli Museo d'Arte Contemporanea
Piazza Mafalda di Savoia
10098 Rivoli (Torino) Italy
Tel.: +39 011 9565222 (direct line 9565205)
Fax: +39 011 9565230
email: c.christov@castellodirivoli.org

REGIONE PIEMONTE FONDAZIONE CRT CAMERA DI COMMERCIO INDUSTRIA ARTIGIANATO E AGRICOLTURA DI TORINO
CITTÀ DI TORINO UNICREDIT PRIVATE BANKING - GRUPPO UNICREDIT

2009

Lettera di invito del Castello di Rivoli a Emilio Prini per il convegno / Invitation letter from Castello di Rivoli to Emilio Prini for the conference *d documenta*
Stampa su carta con intervento a grafite / Print and graphite on paper

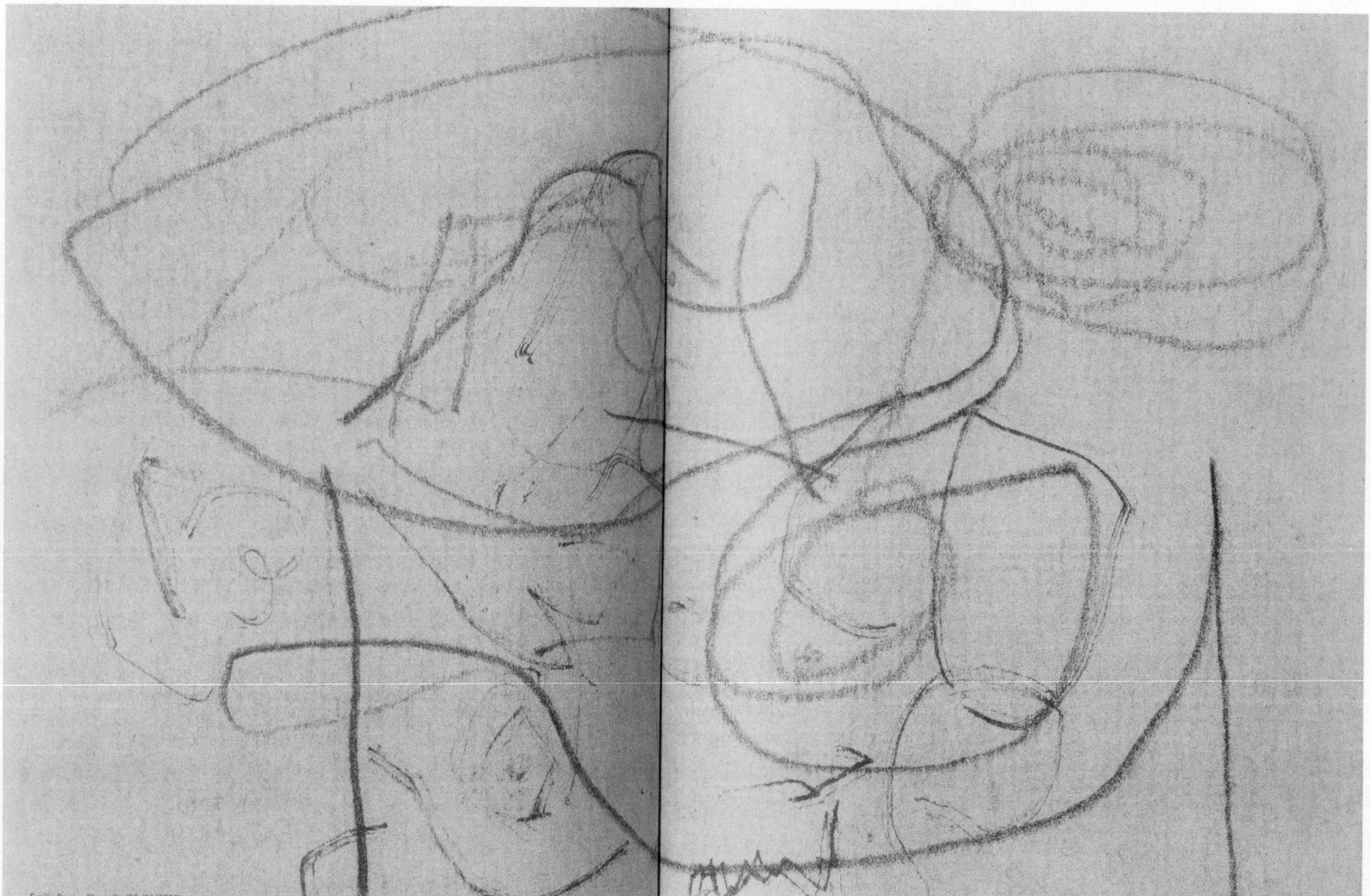

Emilio Prini – *litografia '92-'94* (2009)

SHOES

ENZO CUCCHI
ZAHA HADID
JANNIS KOUNELLIS
MADONNA
LUIGI ONTANI

Gennaio 2009

...Il mezzo (le scarpe, ad esempio) una volta approntato, riposa in se stesso come la mera cosa; ma non possiede, come il blocco di granito, il carattere dell'esser sorto da sè. Infatti il mezzo ha in comune con l'opera d'arte il fatto d'esser frutto di un'attività umana...

Martin Heidegger *L'origine dell'opera d'arte* in *Sentieri Interrotti*

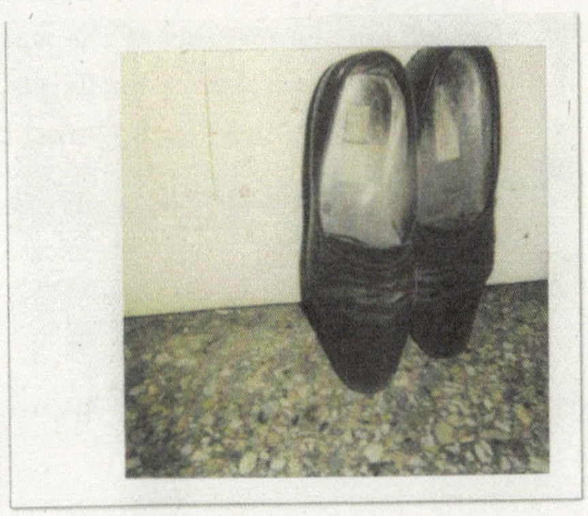

PIOMONTI
arte contemporanea
Piazza Mattei 18 - 00186 Roma - Tel +39 06+68210744
permariemonti@hotmail.com

Per mari e monti
arte contemporanea
Piazza XX Settembre 62/64 - 62012 Civitanova Marche (MC)
Tel+39 0733 784389 - permariemonti@alice.it

2009

Invito realizzato dall'artista per la mostra / Invitation made by the artist for the exhibition *Shoes*, Pio Monti Arte Contemporanea, Roma / Rome
Stampa su carta / Print on paper

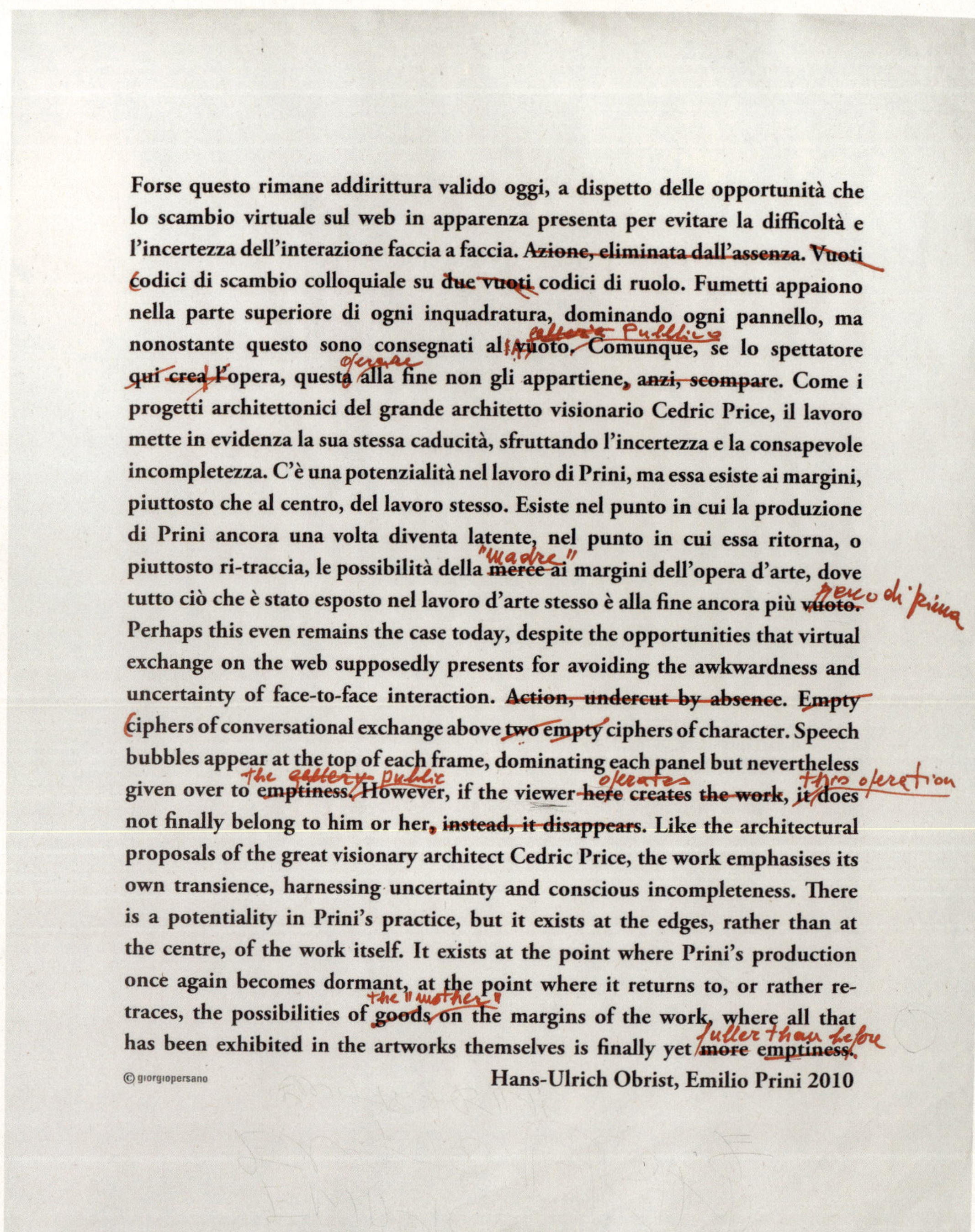

Forse questo rimane addirittura valido oggi, a dispetto delle opportunità che lo scambio virtuale sul web in apparenza presenta per evitare la difficoltà e l'incertezza dell'interazione faccia a faccia. Azione, eliminata dall'assenza. Vuoti codici di scambio colloquiale su due vuoti codici di ruolo. Fumetti appaiono nella parte superiore di ogni inquadratura, dominando ogni pannello, ma nonostante questo sono consegnati al vuoto. Comunque, se lo spettatore qui crea l'opera, questa alla fine non gli appartiene, anzi, scompare. Come i progetti architettonici del grande architetto visionario Cedric Price, il lavoro mette in evidenza la sua stessa caducità, sfruttando l'incertezza e la consapevole incompletezza. C'è una potenzialità nel lavoro di Prini, ma essa esiste ai margini, piuttosto che al centro, del lavoro stesso. Esiste nel punto in cui la produzione di Prini ancora una volta diventa latente, nel punto in cui essa ritorna, o piuttosto ri-traccia, le possibilità della merce ai margini dell'opera d'arte, dove tutto ciò che è stato esposto nel lavoro d'arte stesso è alla fine ancora più vuoto.

Perhaps this even remains the case today, despite the opportunities that virtual exchange on the web supposedly presents for avoiding the awkwardness and uncertainty of face-to-face interaction. Action, undercut by absence. Empty ciphers of conversational exchange above two empty ciphers of character. Speech bubbles appear at the top of each frame, dominating each panel but nevertheless given over to emptiness. However, if the viewer here creates the work, it does not finally belong to him or her, instead, it disappears. Like the architectural proposals of the great visionary architect Cedric Price, the work emphasises its own transience, harnessing uncertainty and conscious incompleteness. There is a potentiality in Prini's practice, but it exists at the edges, rather than at the centre, of the work itself. It exists at the point where Prini's production once again becomes dormant, at the point where it returns to, or rather re-traces, the possibilities of goods on the margins of the work, where all that has been exhibited in the artworks themselves is finally yet more emptiness.

© giorgiopersano

Hans-Ulrich Obrist, Emilio Prini 2010

2010

Manifesto realizzato in occasione della mostra / Poster made by the artist on the occasion of the exhibition *La Pimpa Il Vuoto*, Galleria Giorgio Persano, Torino / Turin
Manifesto con interventi a pennarello e grafite / Poster, felt-tip pen and graphite

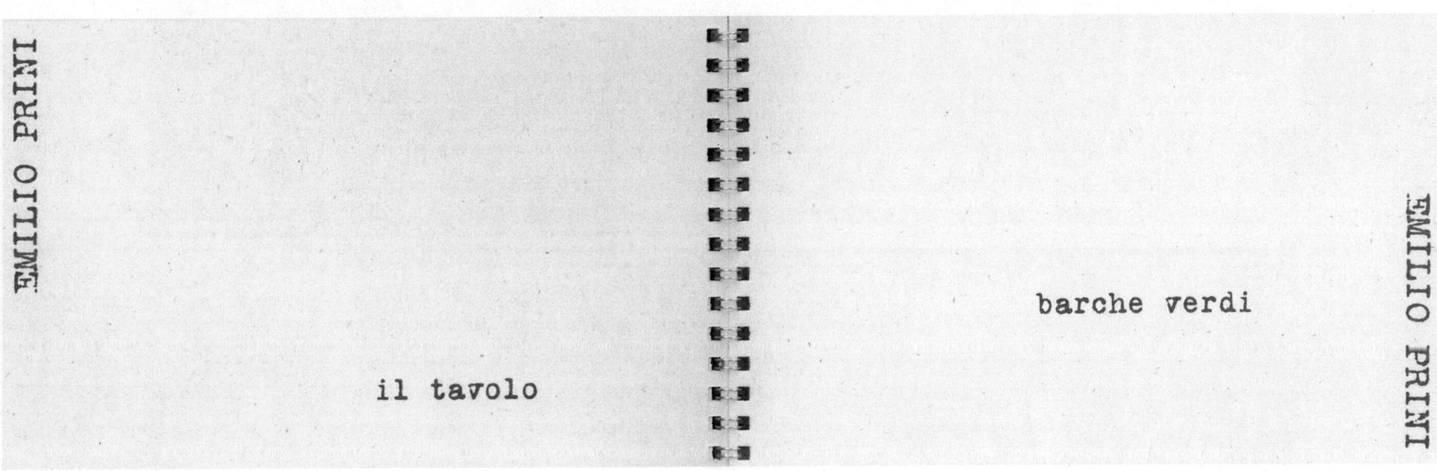
EMILIO PRINI
il tavolo
barche verdi
EMILIO PRINI

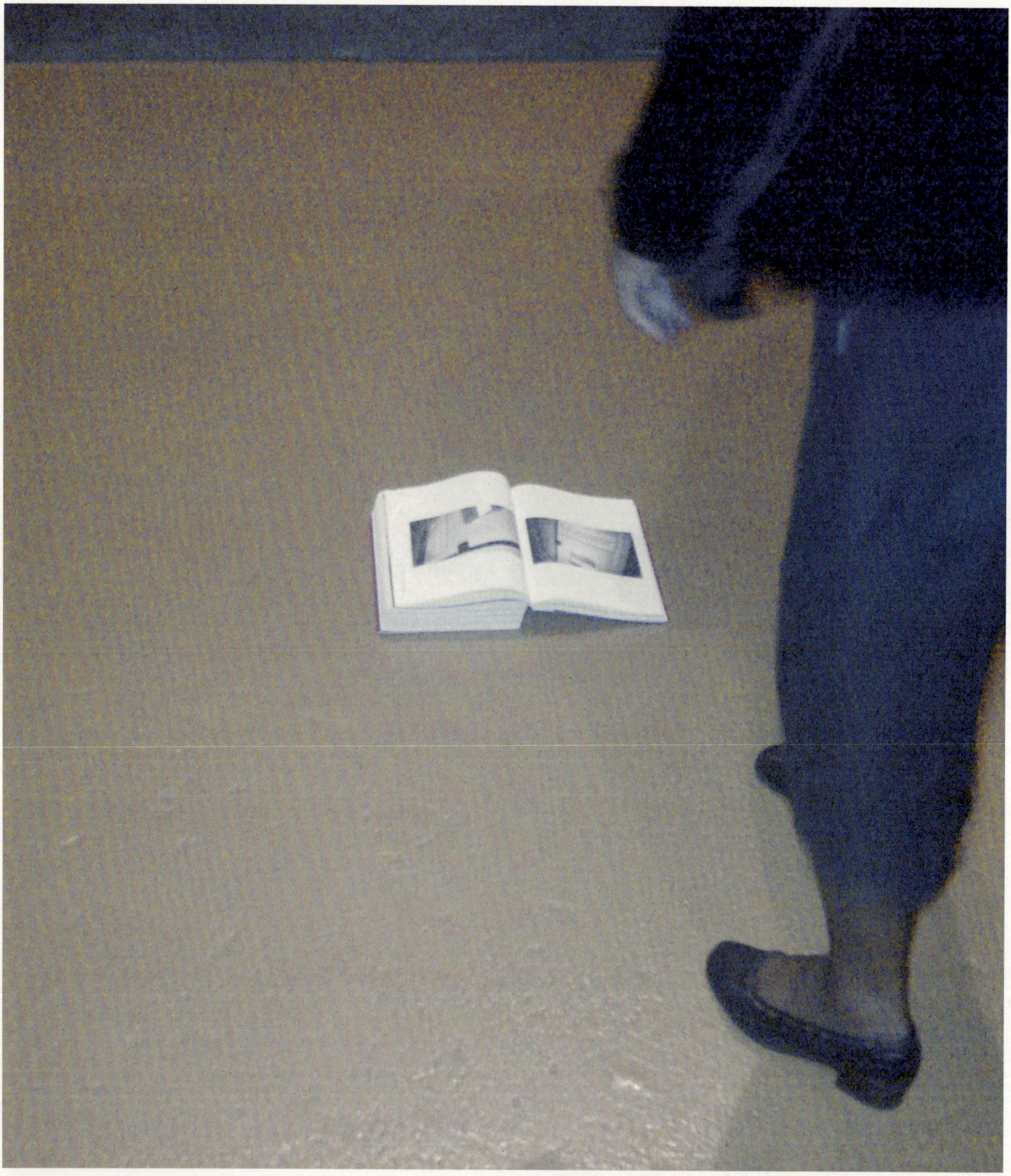

2011

***Arte Povera 2011*, Electa, Milano, 2011, pp. 544–57**
Catalogo / Catalogue

Arte Povera 2011, Electa, Milano, 2011, pp. 544–57
Installation view, *Arte Povera 2011*, MAMbo–Museo d'Arte Moderna di Bologna

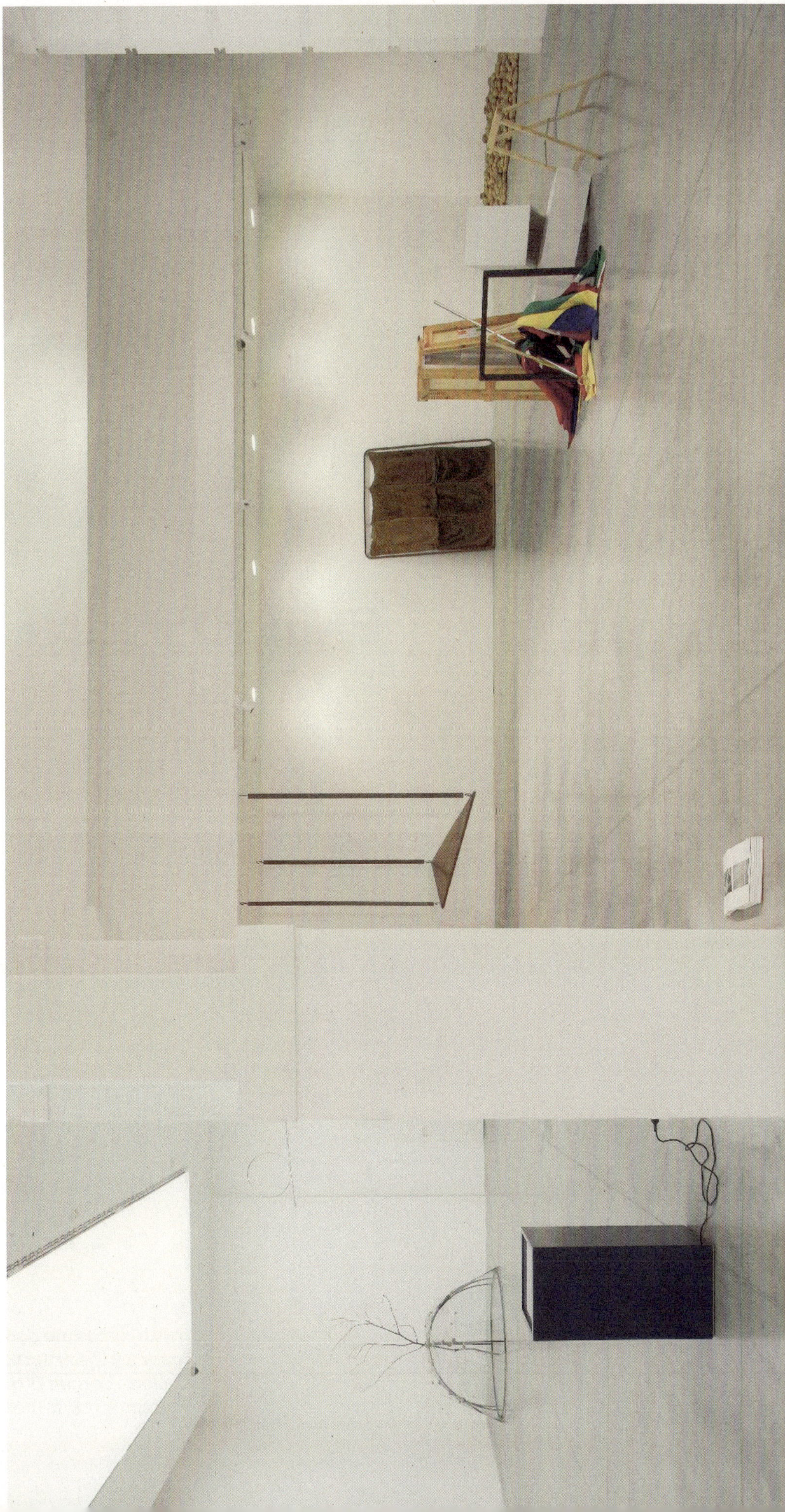

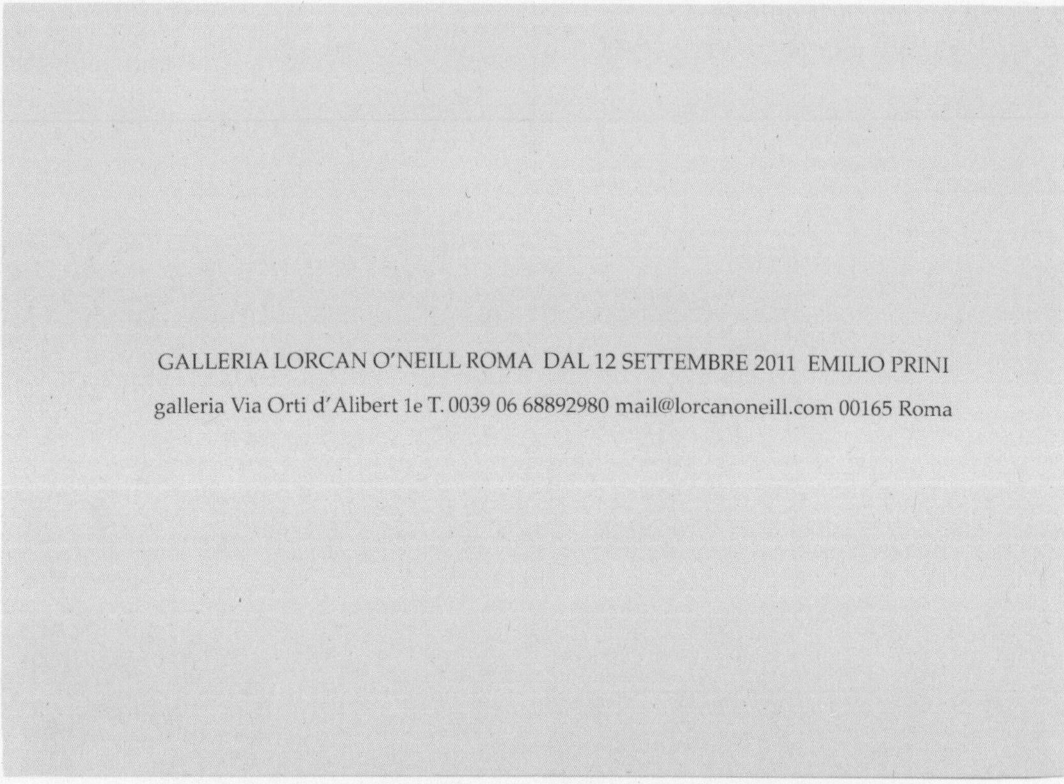

GALLERIA LORCAN O'NEILL ROMA DAL 12 SETTEMBRE 2011 EMILIO PRINI

galleria Via Orti d'Alibert 1e T. 0039 06 68892980 mail@lorcanoneill.com 00165 Roma

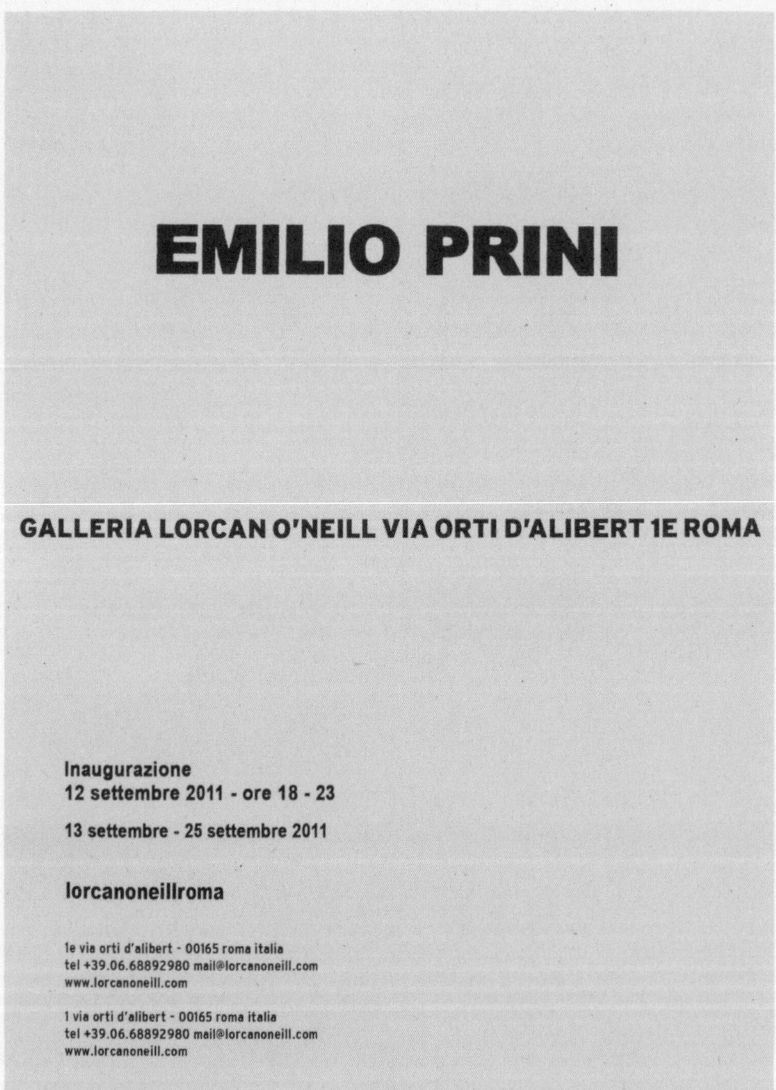

EMILIO PRINI

GALLERIA LORCAN O'NEILL VIA ORTI D'ALIBERT 1E ROMA

Inaugurazione
12 settembre 2011 - ore 18 - 23

13 settembre - 25 settembre 2011

lorcanoneillroma

1e via orti d'alibert - 00165 roma italia
tel +39.06.68892980 mail@lorcanoneill.com
www.lorcanoneill.com

1 via orti d'alibert - 00165 roma italia
tel +39.06.68892980 mail@lorcanoneill.com
www.lorcanoneill.com

2011

Invito realizzato dall'artista per la mostra / Invitation made by the artist for the exhibition *Emilio Prini*, Galleria Lorcan O'Neill, Roma
Stampa su carta (fronte / retro) / Print on paper (front / back)

Installation view, *Emilio Prini*, Galleria Lorcan O'Neill, Roma / Rome

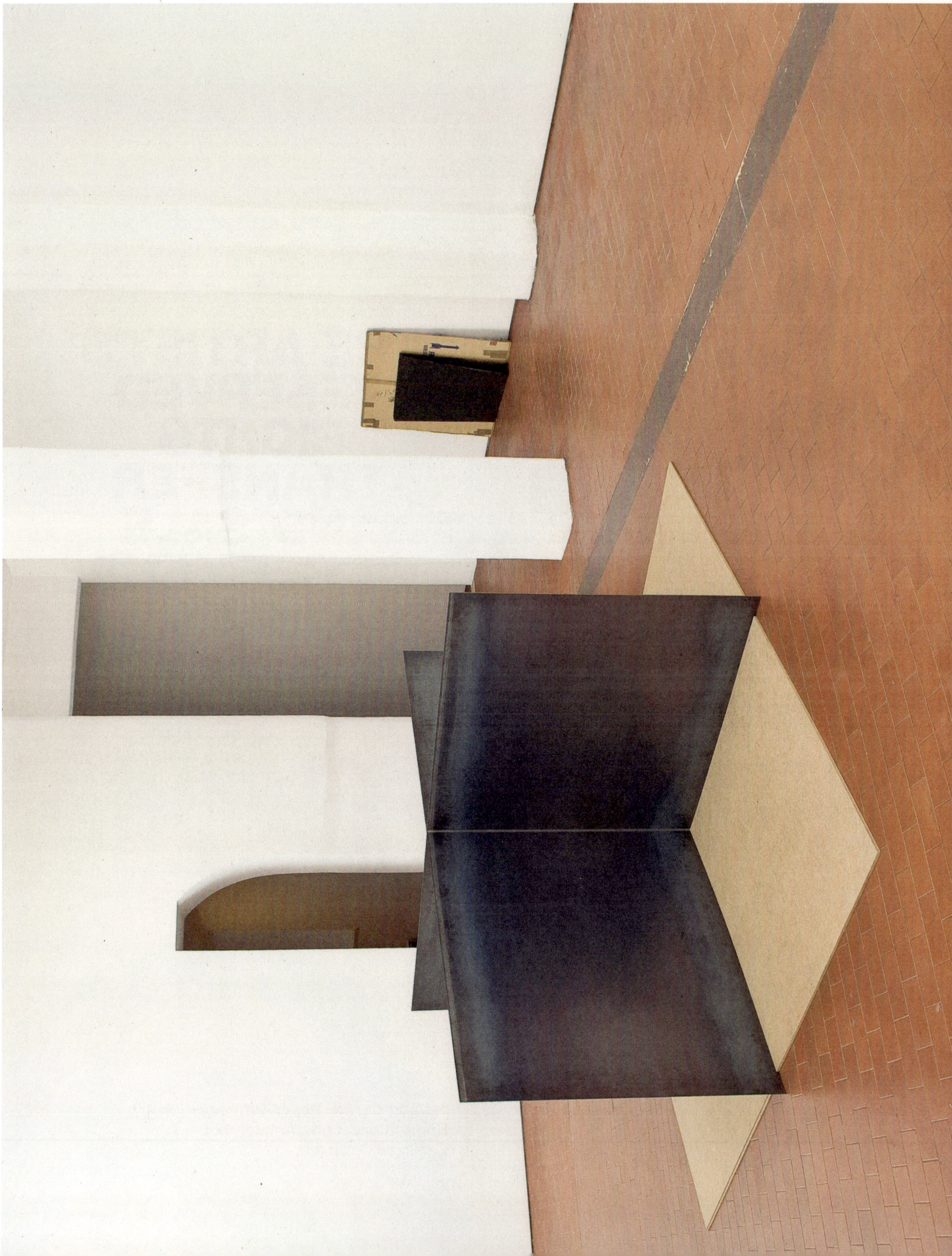

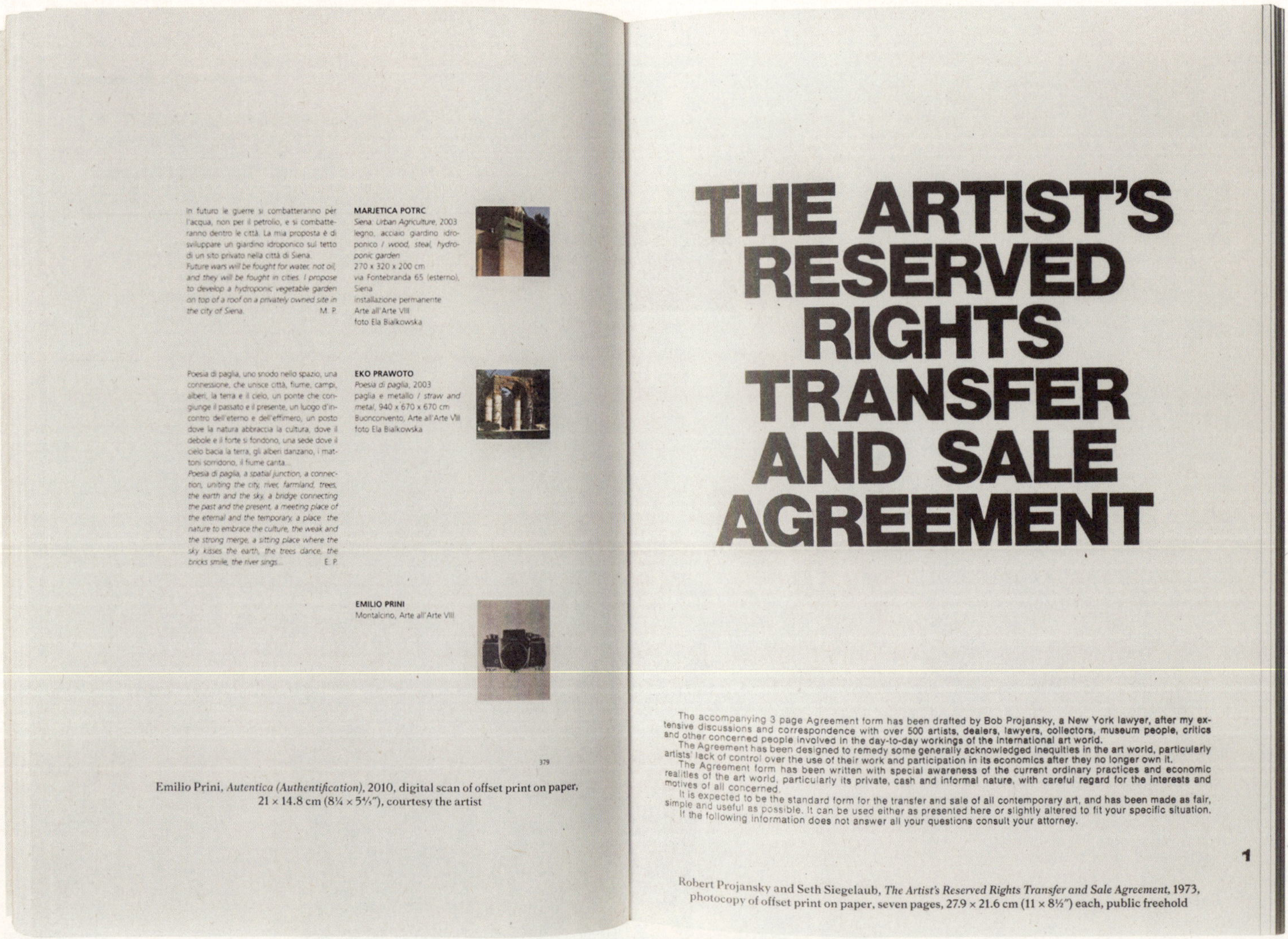

In futuro le guerre si combatteranno per l'acqua, non per il petrolio, e si combatteranno dentro le città. La mia proposta è di sviluppare un giardino idroponico sul tetto di un sito privato nella città di Siena.
Future wars will be fought for water, not oil, and they will be fought in cities. I propose to develop a hydroponic vegetable garden on top of a roof on a privately owned site in the city of Siena. M. P.

MARJETICA POTRC
Siena: *Urban Agriculture*, 2003
legno, acciaio giardino idroponico / *wood, steal, hydroponic garden*
270 x 320 x 200 cm
via Fontebranda 65 (esterno), Siena
installazione permanente
Arte all'Arte VIII
foto Ela Bialkowska

Poesia di paglia, uno snodo nello spazio, una connessione, che unisce città, fiume, campi, alberi, la terra e il cielo, un ponte che congiunge il passato e il presente, un luogo d'incontro dell'eterno e dell'effimero, un posto dove la natura abbraccia la cultura, dove il debole e il forte si fondono, una sede dove il cielo bacia la terra, gli alberi danzano, i mattoni sorridono, il fiume canta...
Poesia di paglia, a spatial junction, a connection, uniting the city, river, farmland, trees, the earth and the sky, a bridge connecting the past and the present, a meeting place of the eternal and the temporary, a place the nature to embrace the culture, the weak and the strong merge, a sitting place where the sky kisses the earth, the trees dance, the bricks smile, the river sings... E. P.

EKO PRAWOTO
Poesia di paglia, 2003
paglia e metallo / *straw and metal*, 940 x 670 x 670 cm
Buonconvento, Arte all'Arte VIII
foto Ela Bialkowska

EMILIO PRINI
Montalcino, Arte all'Arte VIII

379

Emilio Prini, *Autentica (Authentification)*, 2010, digital scan of offset print on paper, 21 × 14.8 cm (8¼ × 5⅘″), courtesy the artist

THE ARTIST'S RESERVED RIGHTS TRANSFER AND SALE AGREEMENT

The accompanying 3 page Agreement form has been drafted by Bob Projansky, a New York lawyer, after my extensive discussions and correspondence with over 500 artists, dealers, lawyers, collectors, museum people, critics and other concerned people involved in the day-to-day workings of the international art world.
The Agreement has been designed to remedy some generally acknowledged inequities in the art world, particularly artists' lack of control over the use of their work and participation in its economics after they no longer own it.
The Agreement form has been written with special awareness of the current ordinary practices and economic realities of the art world, particularly its private, cash and informal nature, with careful regard for the interests and motives of all concerned.
It is expected to be the standard form for the transfer and sale of all contemporary art, and has been made as fair, simple and useful as possible. It can be used either as presented here or slightly altered to fit your specific situation.
If the following information does not answer all your questions consult your attorney.

1

Robert Projansky and Seth Siegelaub, *The Artist's Reserved Rights Transfer and Sale Agreement*, 1973, photocopy of offset print on paper, seven pages, 27.9 × 21.6 cm (11 × 8½″) each, public freehold

2011

***In Deed: Certificates of Authenticity in Art*, Roma Publications, Amsterdam**
Catalogo / Catalogue

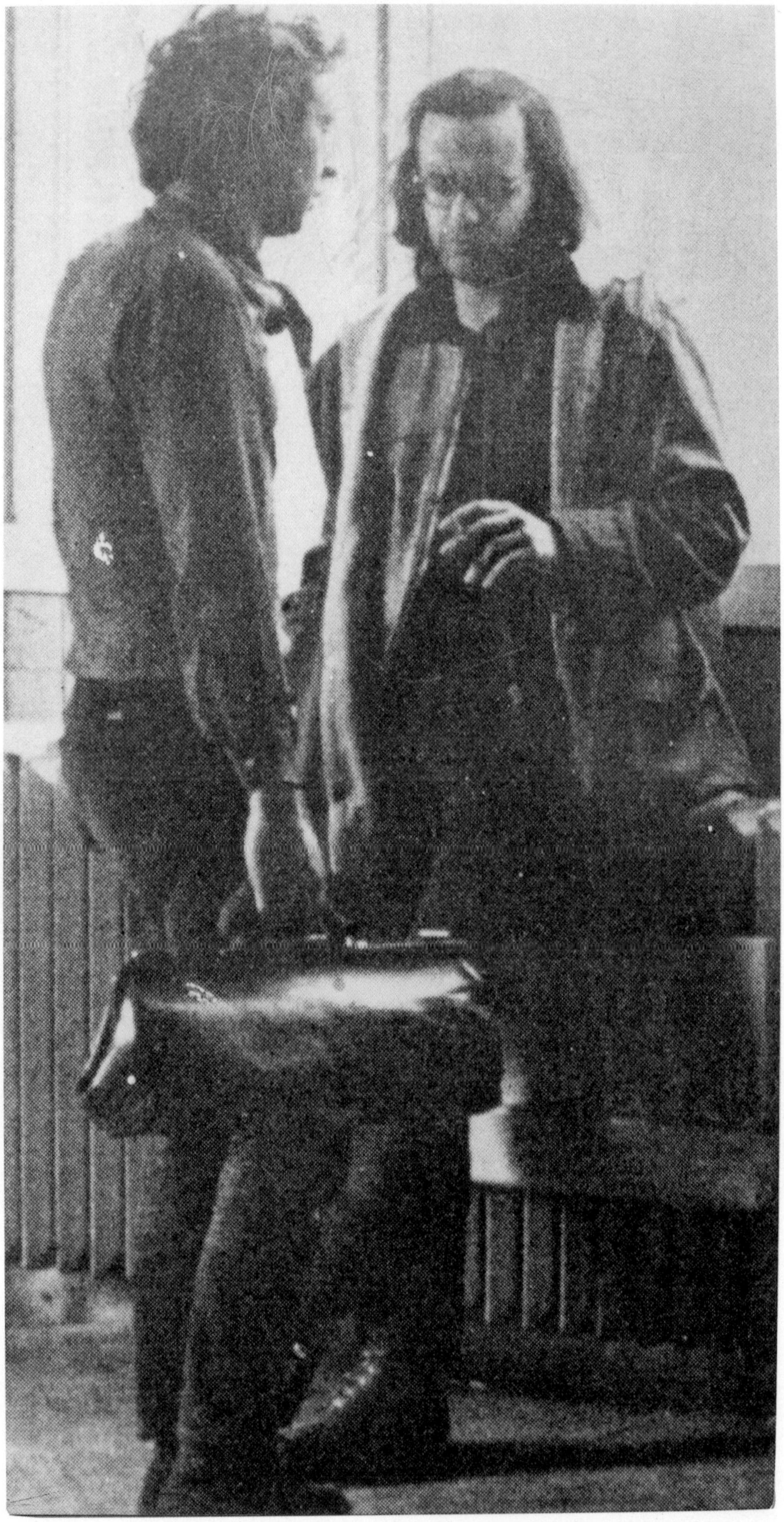

2012

Prini e Calzolari ad Amsterdam nel '69
Stampa fotografica su carta applicata su legno compensato / Photographic print on paper applied onto plywood

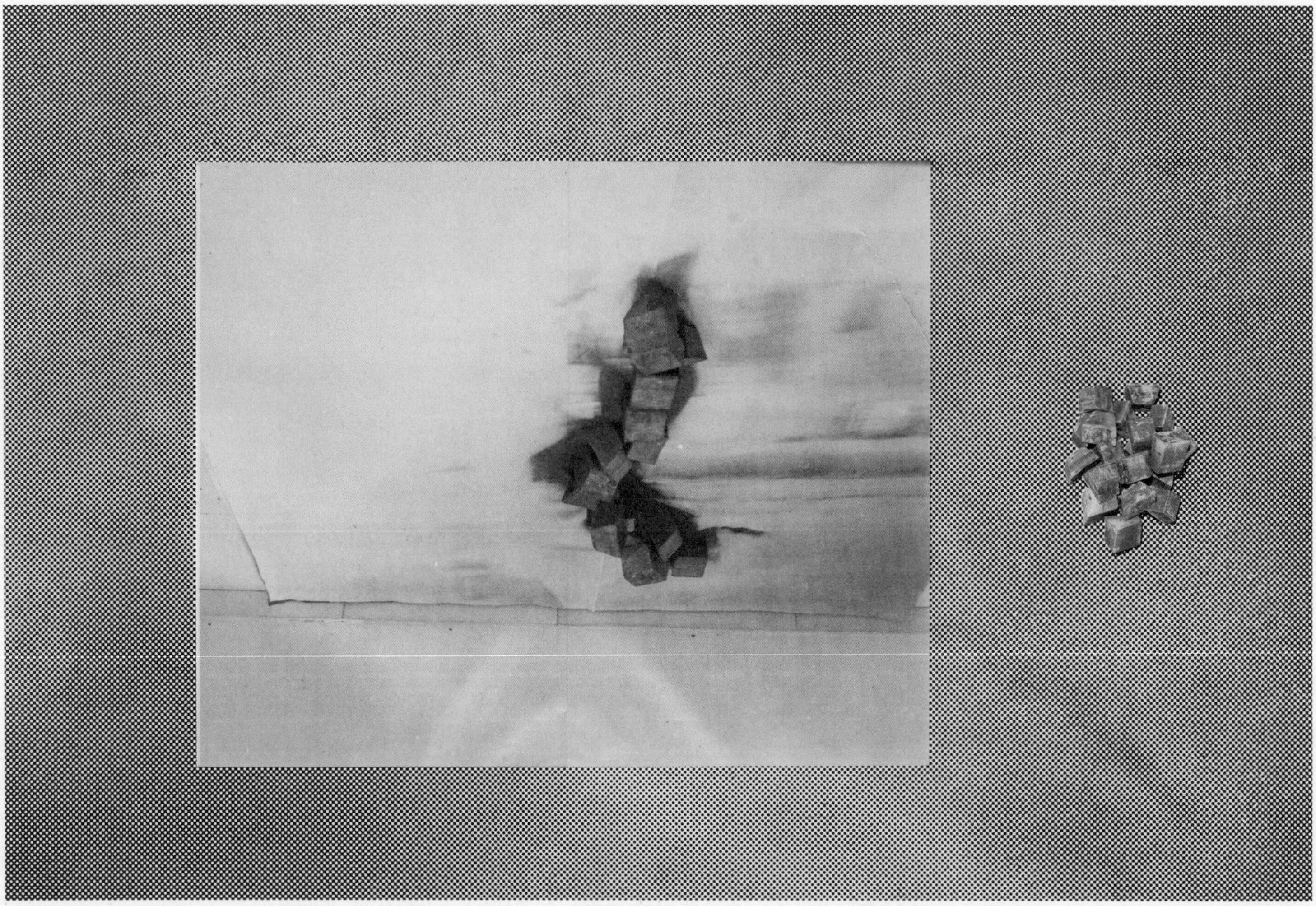

2012

***Fermacarte (con un passo)*, 1968–2012**
Fotografie in bianco e nero, piombo / Black-and-white photographs, lead

***Fermacarte (con un passo)*, 1968–2012**
Installation view, *When Attitudes Become Form: Bern 1969 / Venice 2013*, Fondazione Prada, Venezia / Venice

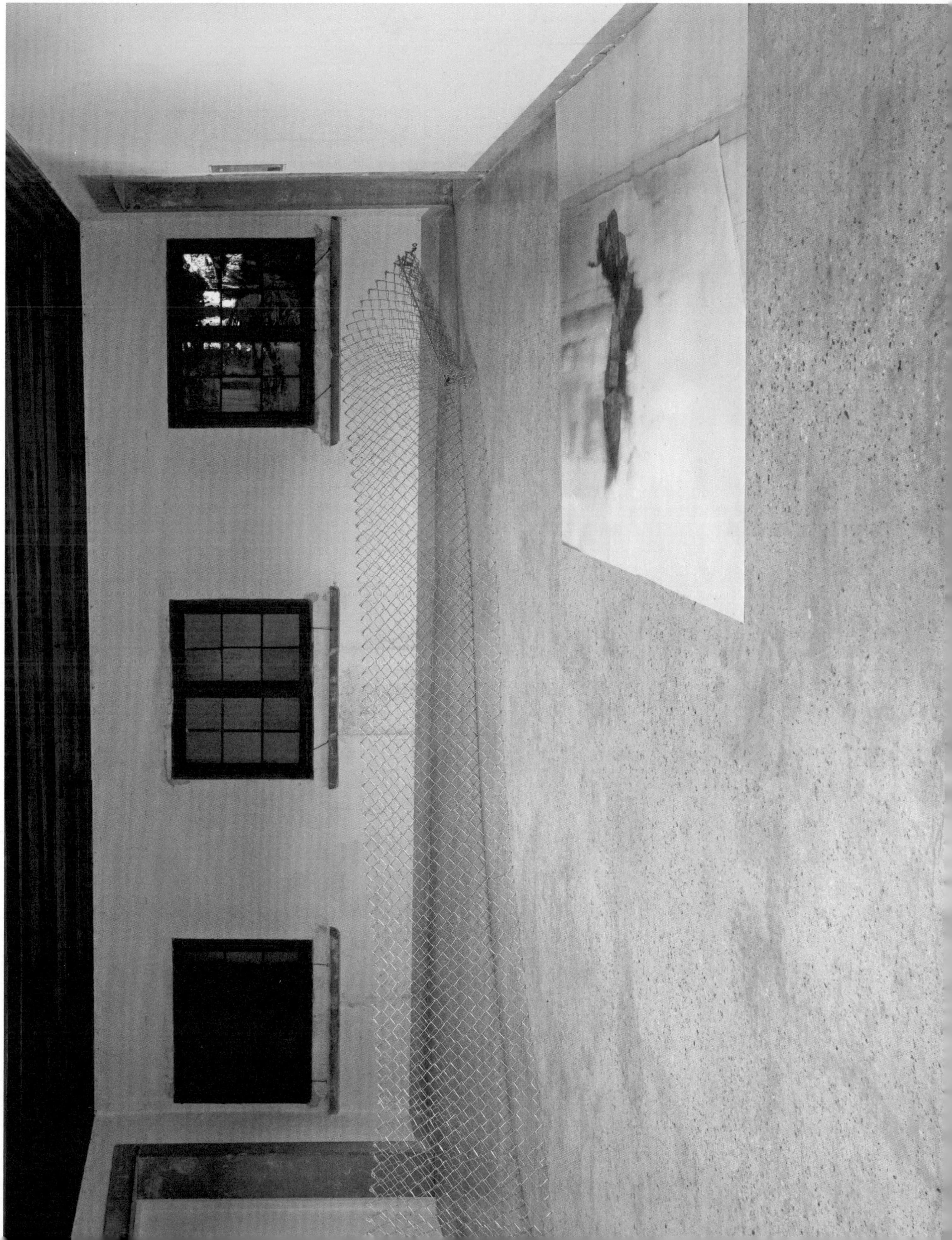

Emilio Prini
Galleria Pieroni, Roma
26 Maggio 1980

Promemoria III

Emilio Prini

Emilio Prini, Galleria Pieroni Roma 1980

Inaugurazione mercoledì 19 giugno 2013 ore 19.00
fino al 20 Luglio 2013

Via Conte Verde n.15 - 00185 Roma
t. +39 06 44704249 / +39 06 4940893
www.radioartemobile.it - info@radioartemobile.it
http://live.radioartemobile.it/

RAM radioartemobile

2013

Invito realizzato dall'artista per la mostra / Invitation made by the artist for the exhibition *Promemoria III Emilio Prini*, RAM Zerynthia Radio Arte Mobile, Roma / Rome
Stampa su carta / Print on paper

COME PRINI, PIU' DI PRINI
(C'è solo Prini)

Nella seconda metà degli anni Sessanta, in un contesto storico di sintonia tra nuove frontiere della politica e le neo – avanguardie, l'arte viene portata fuori dal suo luogo parziale, dall'esercizio globale dell'Io e spostato in quella del Noi. La coniugazione del Noi consiste nella riduzione del linguaggio al solo gesto fragrante della citazione, l'assunzione di un segno non privato che indica autospossessamento dell'artista della propria fantasia a favore di un modello oggettivo, neutrale e impersonale. Utilizzando il linguaggio come analisi del sistema dell'arte e della storia in cui esso vive.

Daniel Buren per esempio, ha usato la pittura, le strisce standardizzate e prodotte industrialmente sulla carta, per analizzare l'intero sistema sociale. Galleria, museo, strade e luoghi non deputati. Il risultato è la contemplazione da parte del pubblico delle strisce come pittura garantite dalla cornice dell'opera. E' il contesto che lo conferma. Diversa è l'impersonalità della pittura di Palermo, nutrita anche da bisogni e stratificazioni profonde.

Hans Haacke ha utilizzato l'investigazione concettuale per analizzare il contesto economico che regge il sistema artistico. La presentazione delle tavole catastali e le fotografie corrispondenti delle proprietà immobiliari di una famiglia di New York.

La neutralità dell'arte viene superata da una investigazione e usa in termini rigorosi il linguaggio, organizzato in modi dialettici e appassionati. Vincenzo Agnetti ha scelto l'anonimato, presentando proposizioni non sottoscritte da alcuna firma su riviste specializzate, che normalmente raccolgono e sottolineano i copyright del gesto creativo e dell'opera prodotta.

Ma fino ad oggi l'artista più radicale, rigoroso e conseguente è stato ed è Emilio Prini con i suoi standard esibiti e stampati senza alcun riferimento al suo autore. Qui l'anonimato sposta ancora più in avanti il discorso in quanto introduce, oltre l'impersonalità e il lusso della citazione, il modello di un lavoro autonomo che ricusa la possibilità di tesaurizzare la creazione e la riflessione dell'arte. L'opera non rimanda direttamente al suo autore, essa è contemporaneamente soggetto ed oggetto, griglia linguistica che contiene un doppio modello. Quello di un'analisi concettuale dell'opera stessa ed una più politica intorno alla proprietà dell'arte.

Radicale ed eroico percorso creativo di Prini, l'anonimato cessa di essere uno sforzo individuale quello di contrapporre la differenza della propria individualità nella conflittuale competizione che contraddistingue la società contemporanea. Da eroe solitario l'artista diventa produttore di un'intenzionale impersonalità, riducendo l'empito creativo a un diverso tipo di creazione in cui l'etica pareggia finalmente l'estetica. Eppure l'opera non porta con sé nessun addobbo di patetico moralismo, anzi una traccia di leggerezza di chi non vuole drammatizzare il progetto attraverso un eccesso. L'artista fa suo il dettato di Goethe e include un accenno d'ironia quale "passione che si libera nel distacco".

Qui resta un varco, il pathos di una distanza che lascia spazio anche all'esistenza intesa come momento globale e non divisibile in contrapposizione con l'opera, traccia ineliminabile di un comportamento.

Infatti Prini produce opere che si propongono come modelli non soltanto linguistici, ma capaci anche di inglobare il sospetto di una nostalgia, quella della vita.

La mostra attuale è citazione di un'altra esposizione tenutasi sempre da Pieroni negli anni Ottanta a Roma. Un promemoria complesso che comprende elementi metallici, fotografia e un manifesto bianco. Non un'installazione che punta ad un'astratta concettualità. Piuttosto indizi per un inevitabile figurabile dell'opera, le piccole testine triangolari che ammiccano dall'alto di strutture filiformi appoggiate alla parete. Per cui possiamo affermare: come Prini, più di Prini c'è solo Prini.

Achille Bonito Oliva

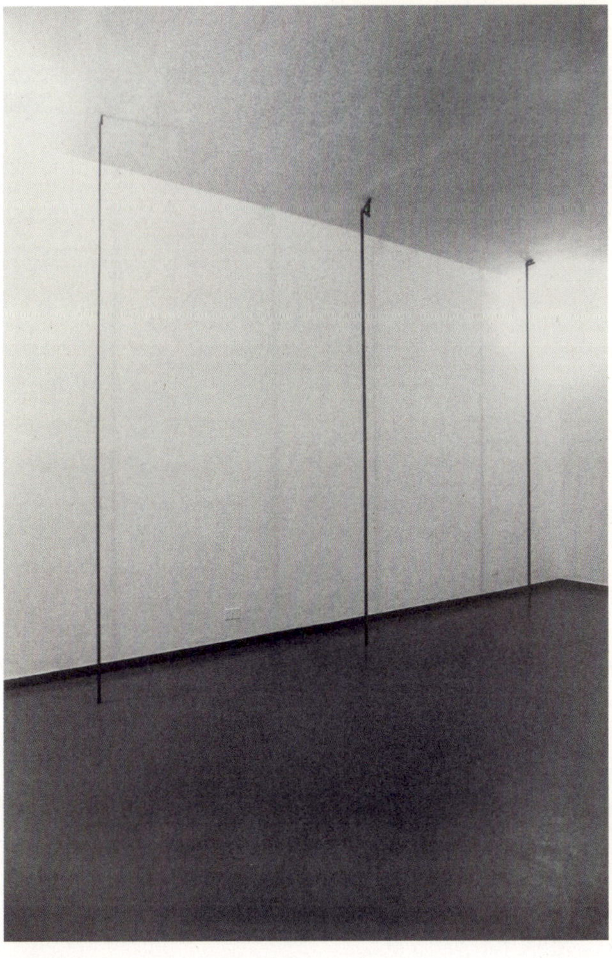

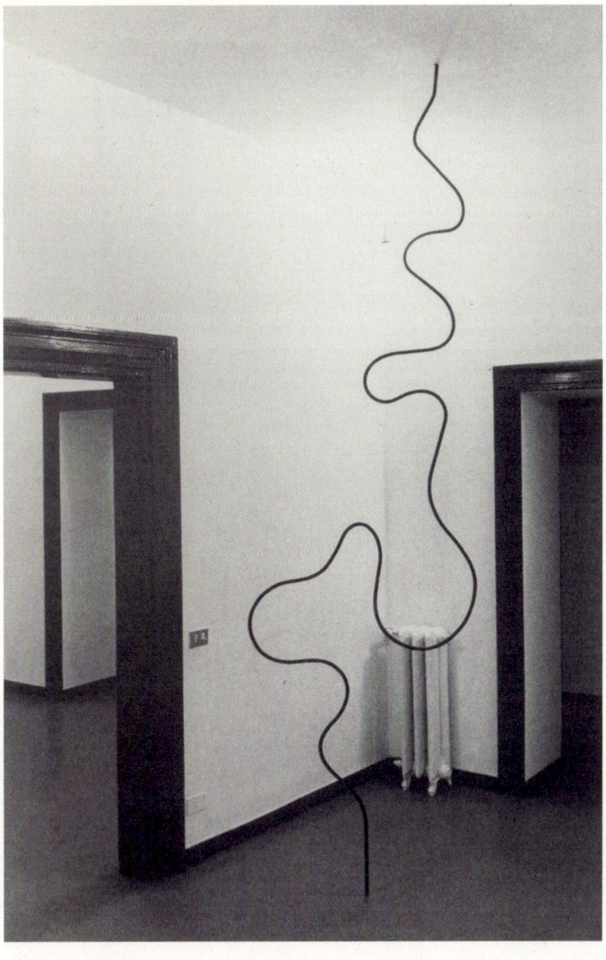

2013

Materiali presentati dall'artista per la mostra / Materials presented by the artist for the exhibition *Promemoria III*
Emilio Prini
Invito, testo a stampa, 2 fotografie in bianco e nero / Invitation, printed text, 2 black-and-white photographs

Installation view, *Promemoria III Emilio Prini*,
RAM / Radio Arte Mobile, Roma / Rome

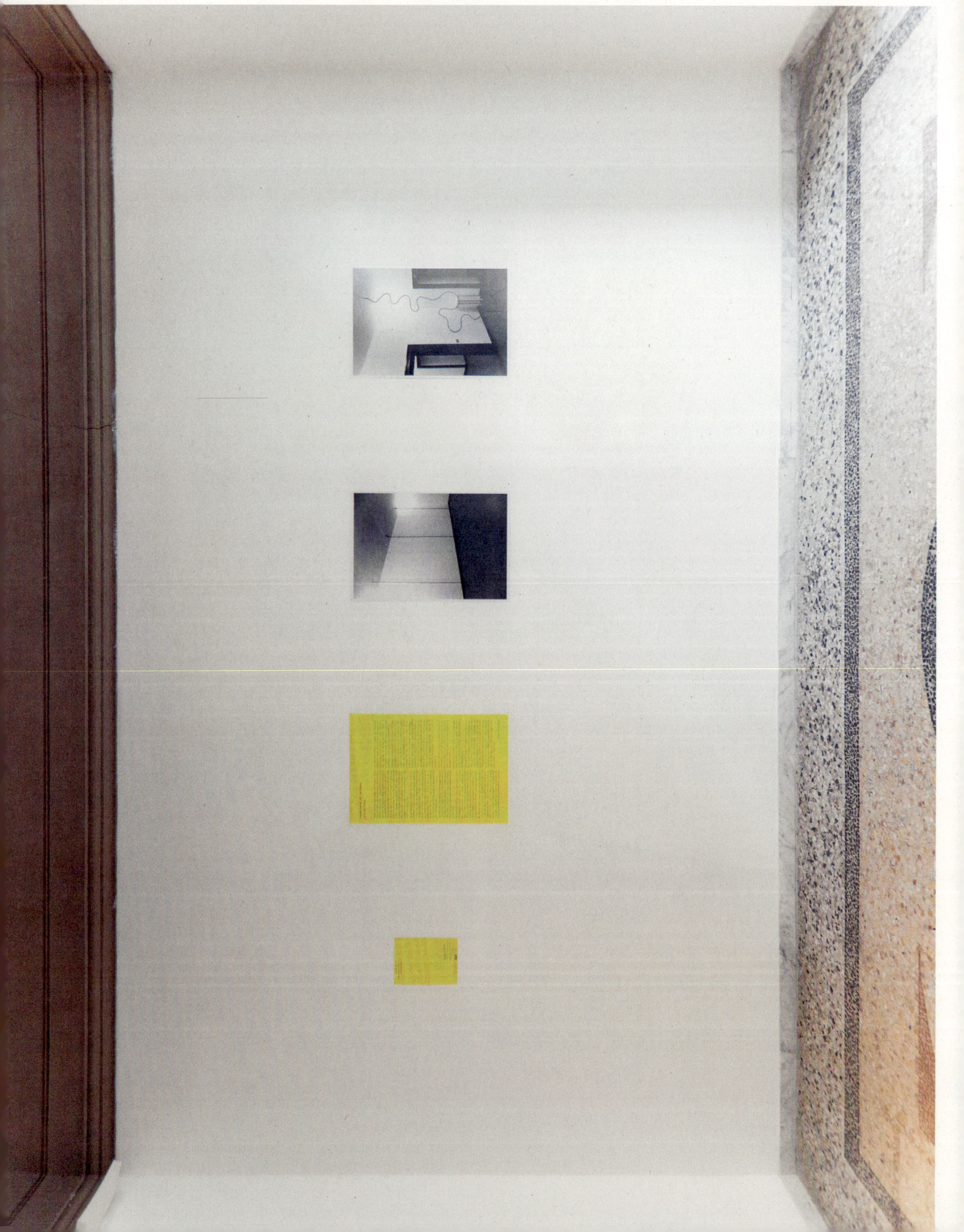

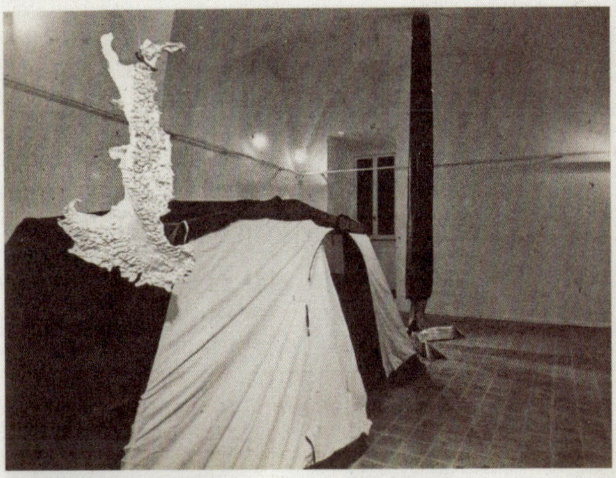

98

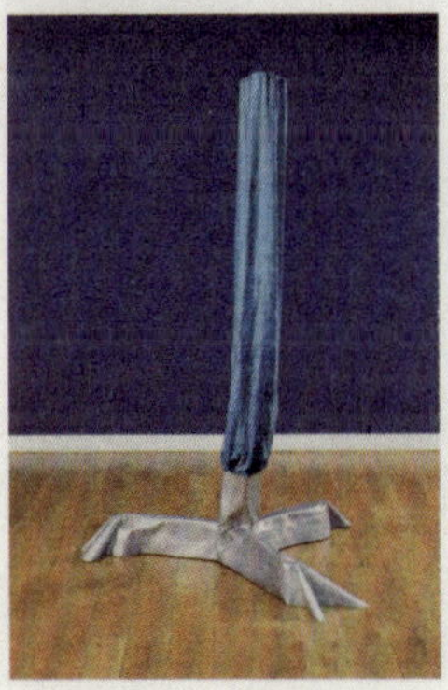

99

in questa pagina: Emilio Prini *Manifesto* per "Arte Povera" München 1971

98. *Concetto spaziale aprés Watteau di Luciano Fabro*, nella rassegna *Informazioni sulla presenza italiana*, Centro d'Informazione Alternativa Incontri Internazionali d'Arte, Roma, 1971. Foto Massimo Piersanti .

99. Luciano Fabro, *Alluminio e seta indiana* (Piede), 1968-1971
Collezione privata

Installation view, *Anni '70. Arte a Roma*, Palazzo delle Esposizioni, Roma / Rome

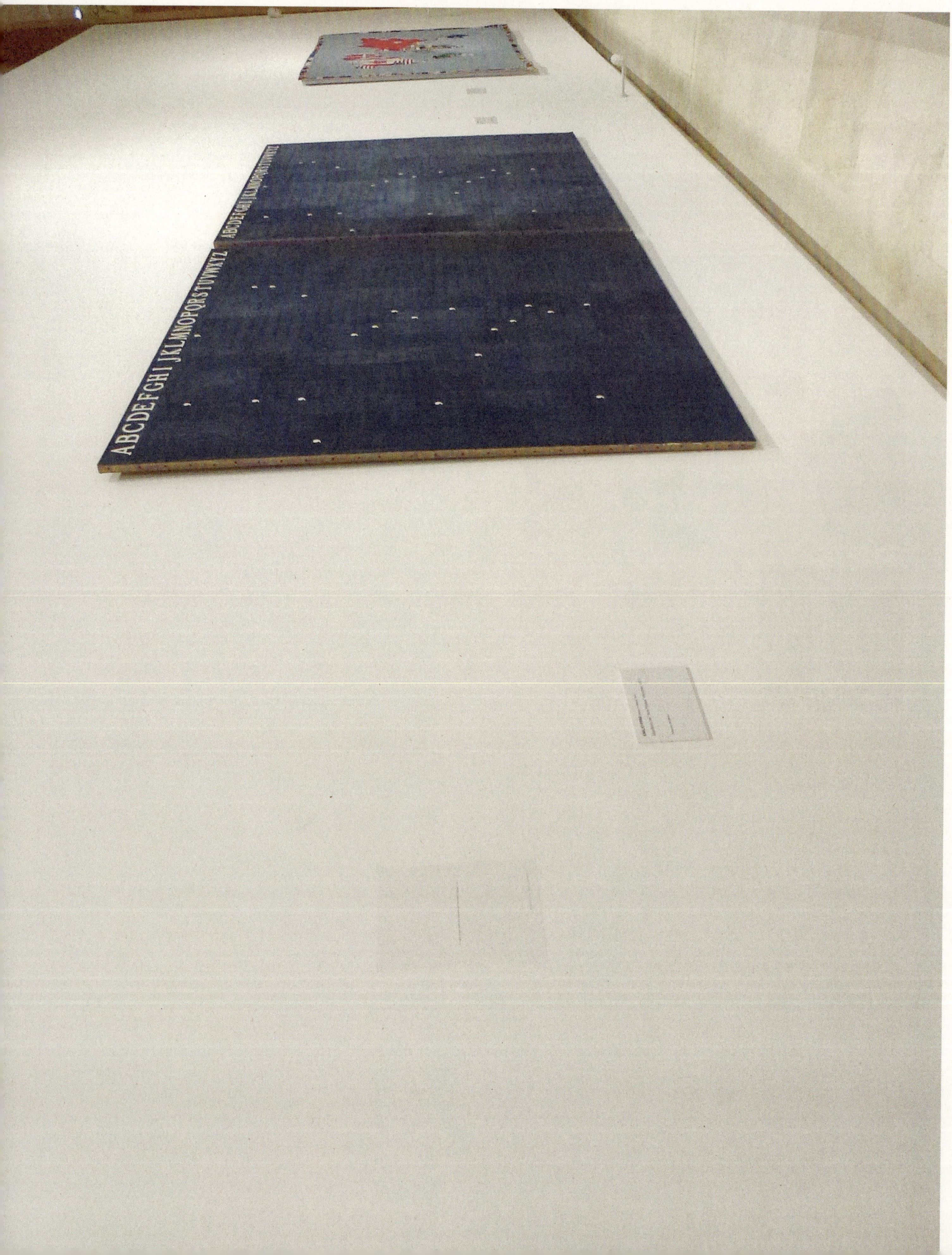

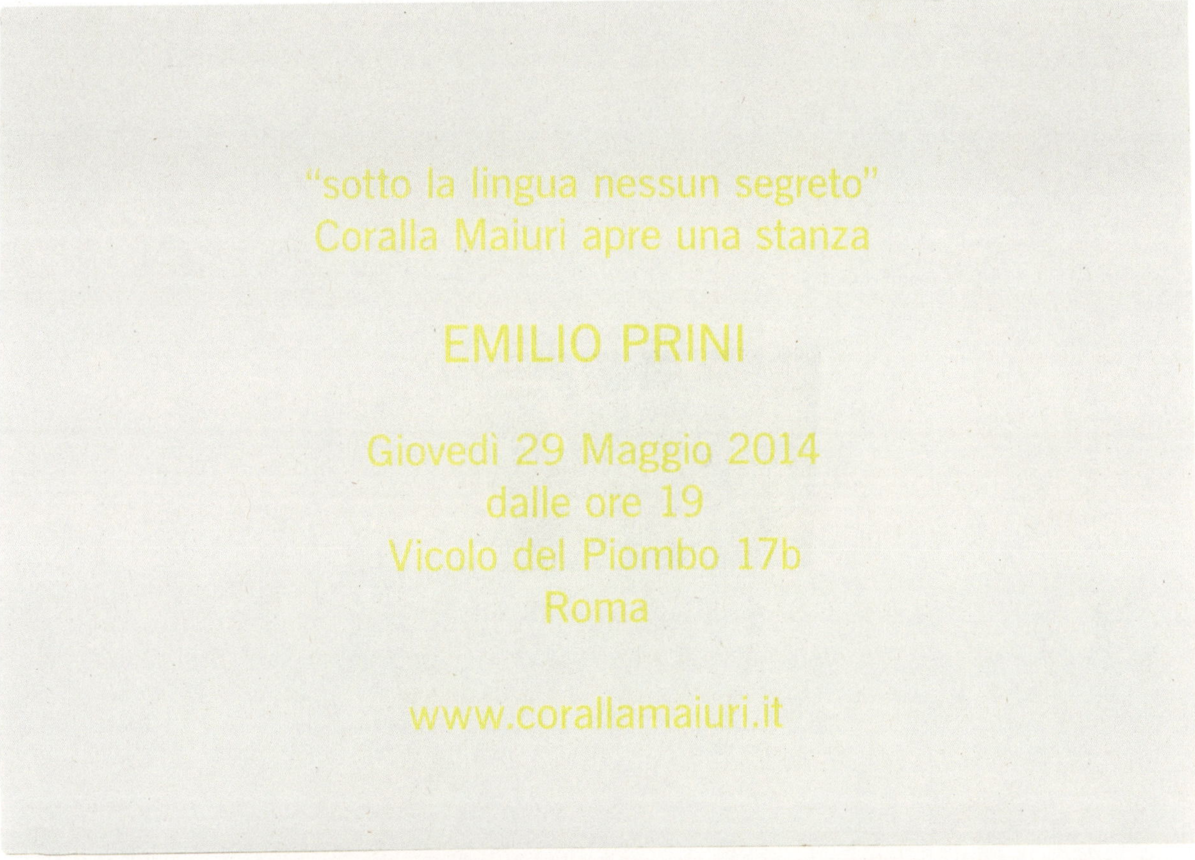

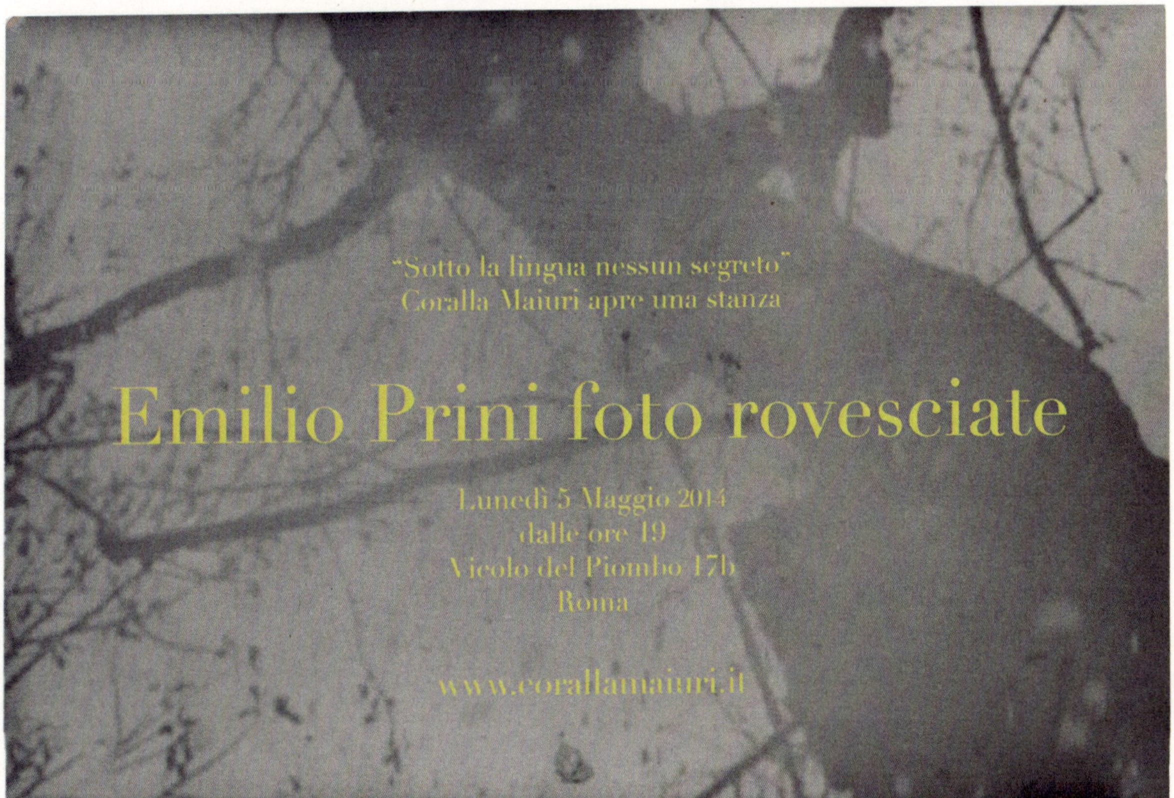

2014

Invito realizzato dall'artista per la mostra / Invitation made by the artist for the exhibition *sotto la lingua nessun segreto*, Galleria Coralla Maiuri, Roma / Rome
Stampa su carta / Print on paper

Installation view, *Emilio Prini foto rovesciate*, Project Room Coralla Maiuri, Roma / Rome

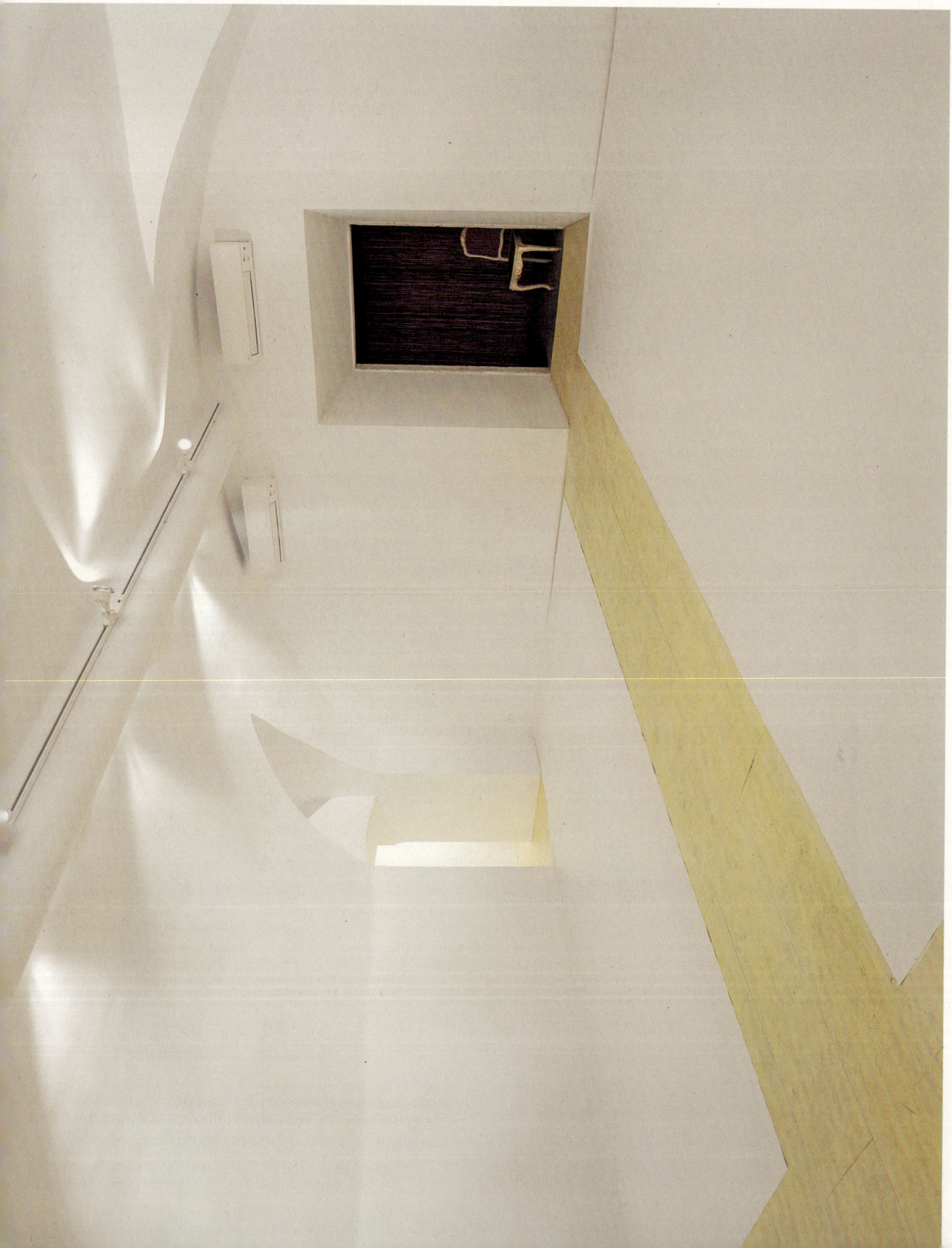

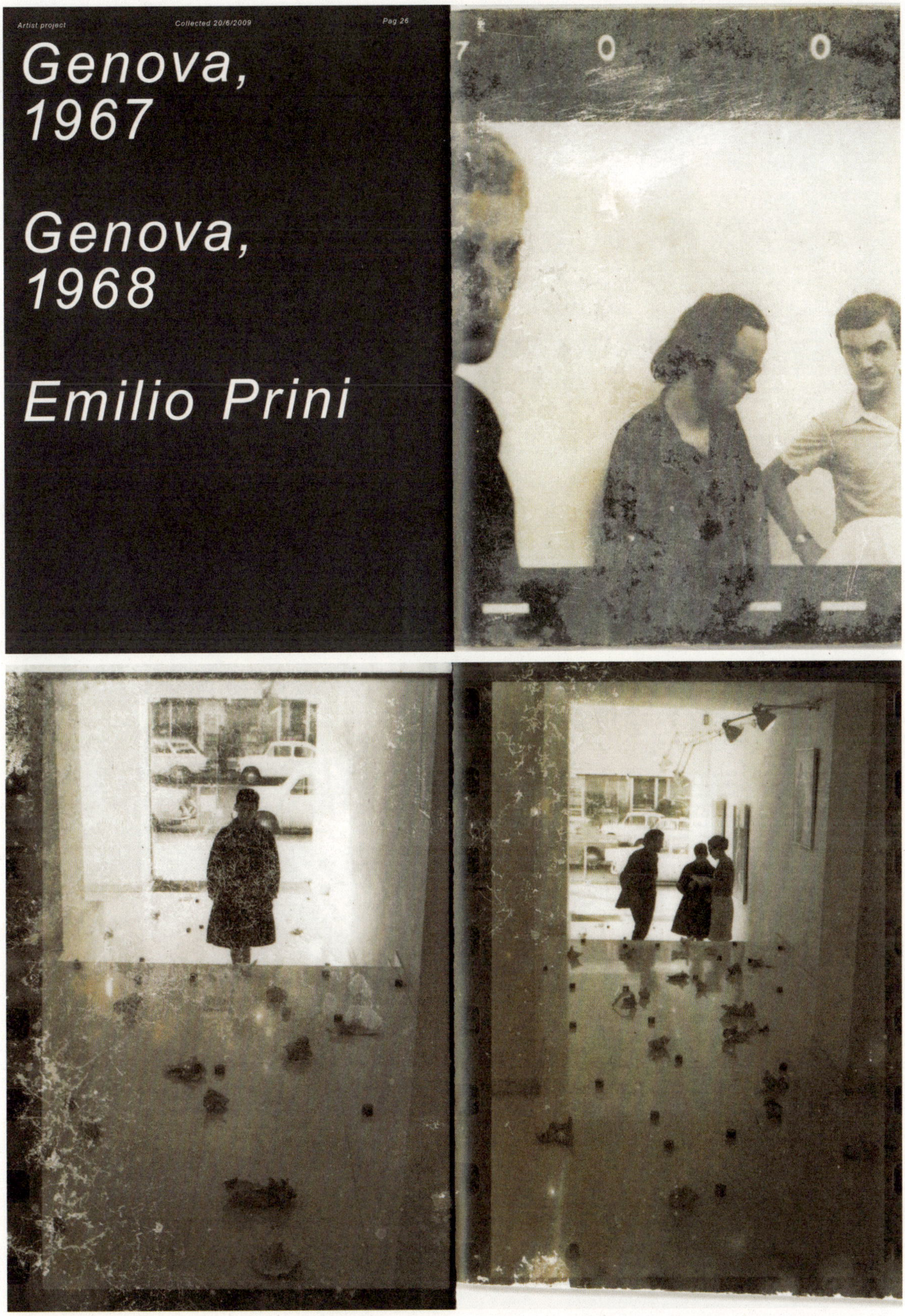

2014

***2014*, auto-pubblicato / self published**
Catalogo / Catalogue

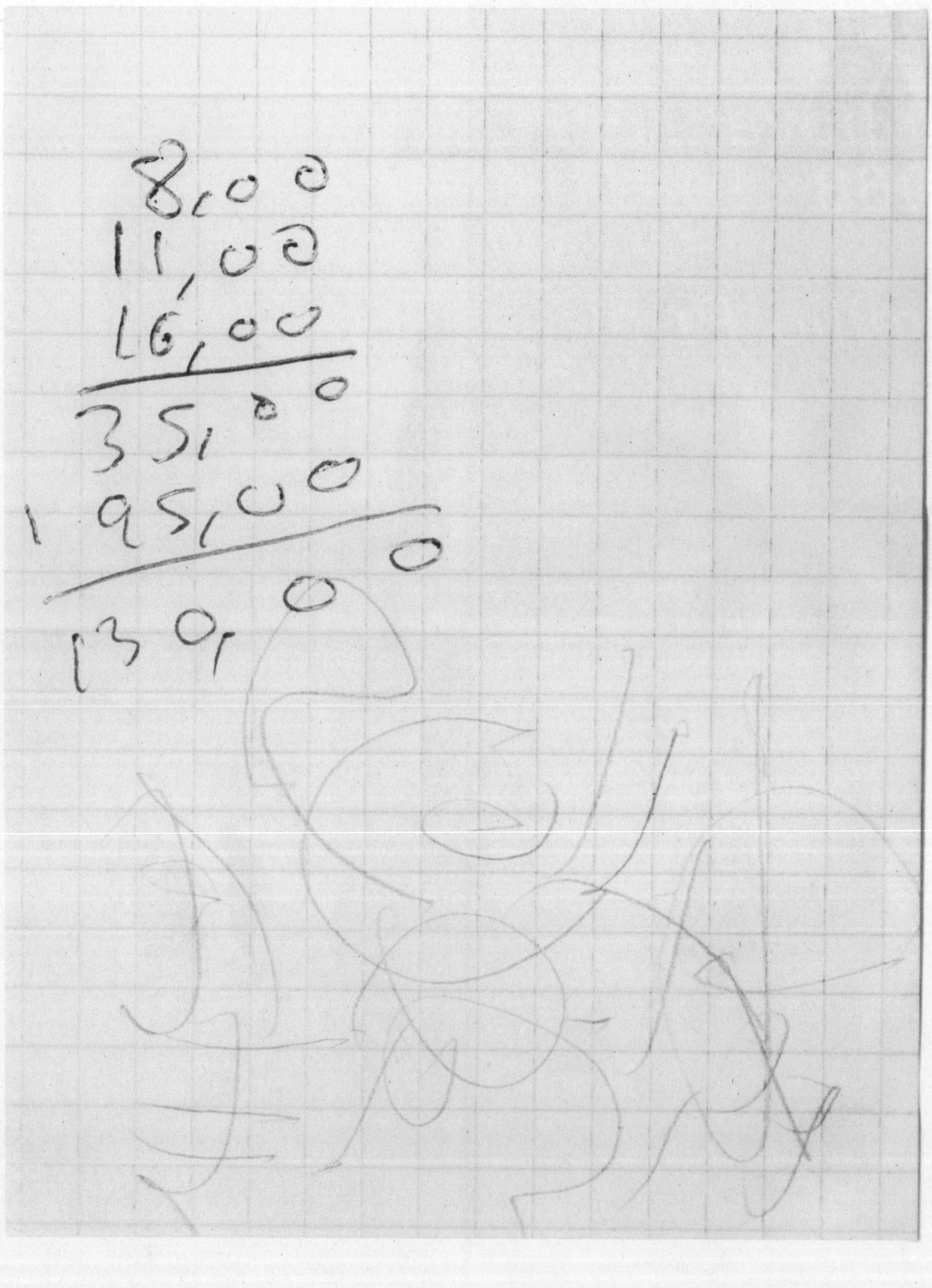

2015

Emilio Prini a Castiglioni
Penna e grafite su carta / Pen and graphite on paper

p. 377

Emilio Prini a Castiglioni
Installation view, *Le regole del gioco*, Fondazione Achille Castiglioni, Milano / Milan

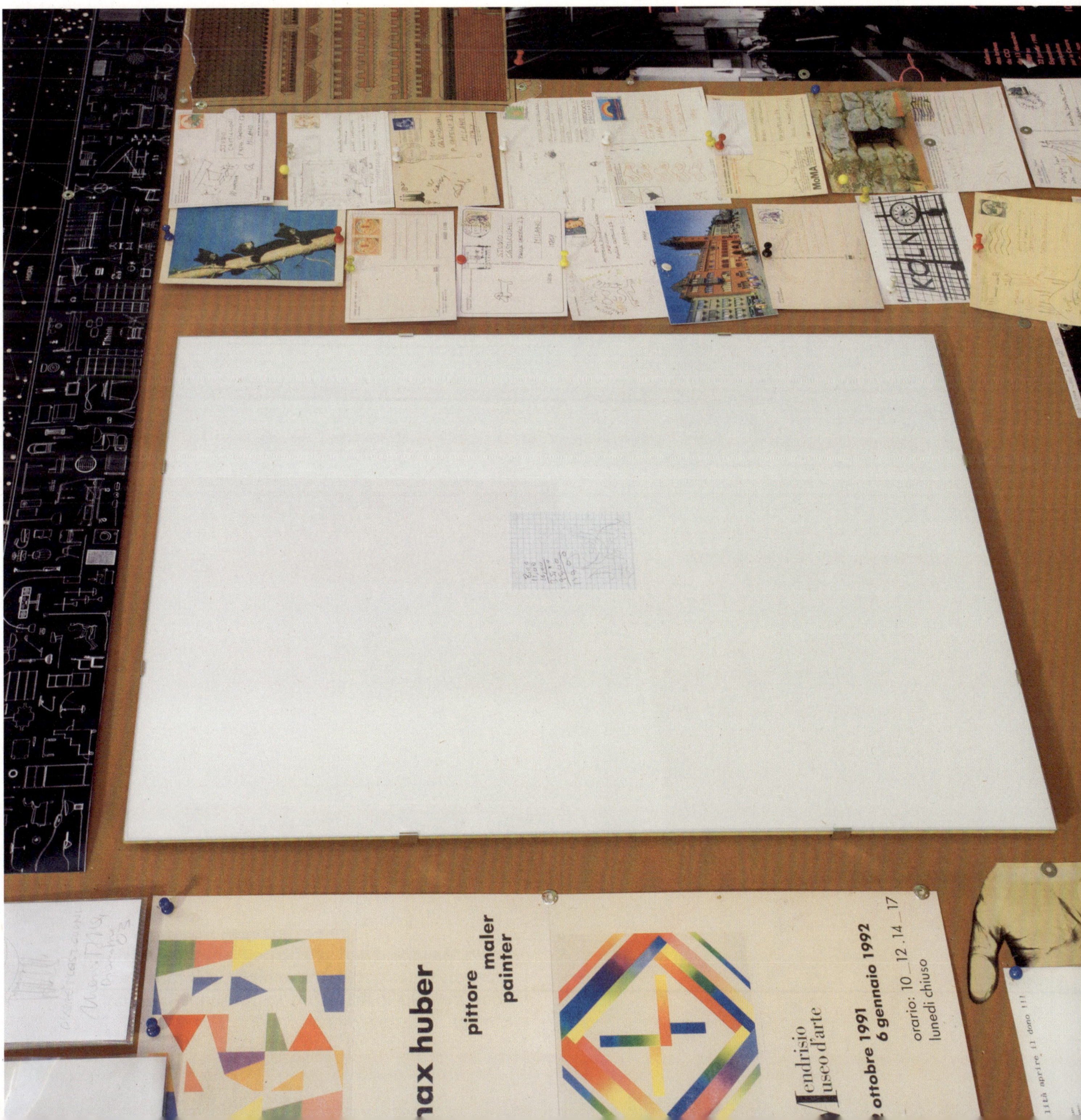

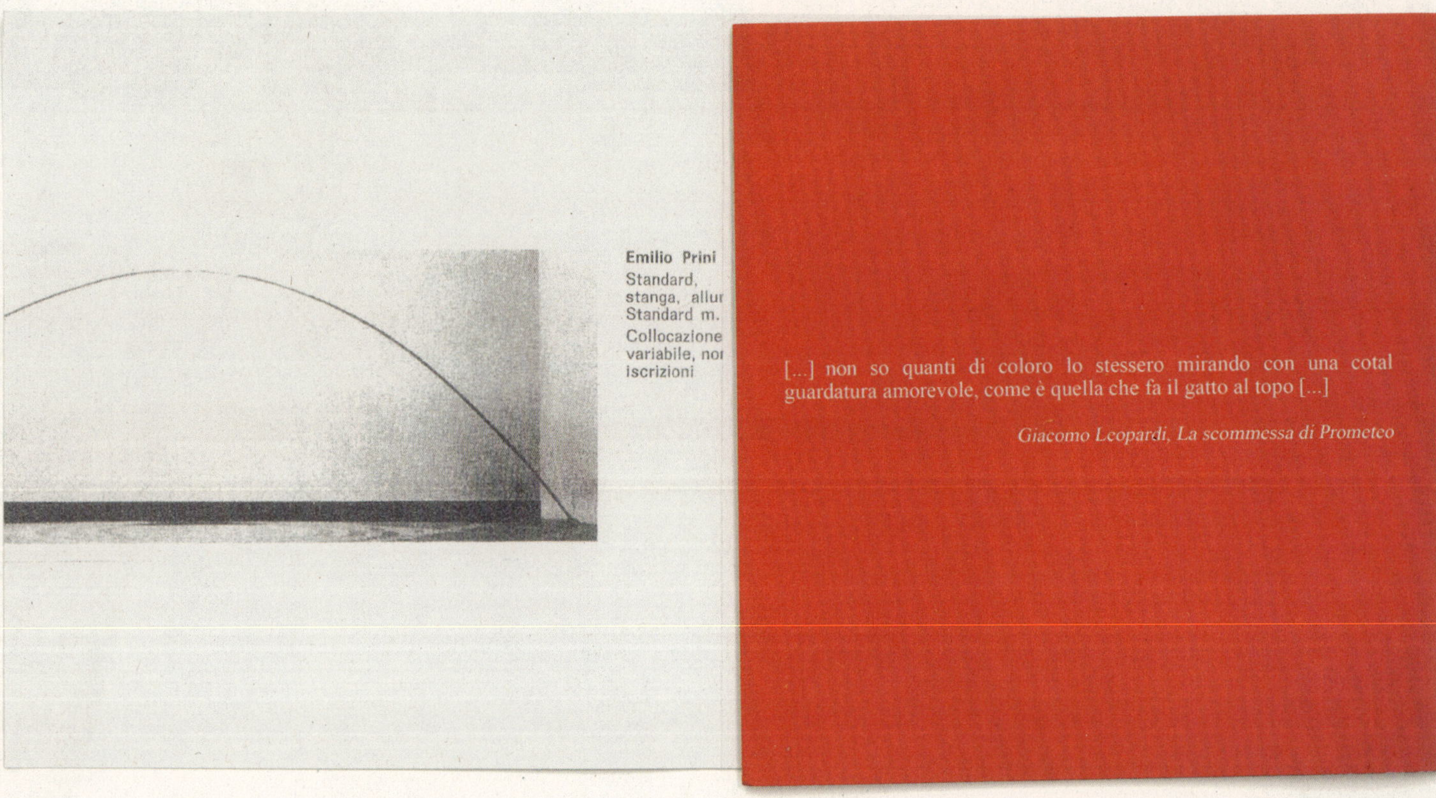

2016

Invito realizzato dall'artista per la mostra / Invitation made by the artist for the exhibition *Mirare Giacomo Leopardi*, Idill'io Arte Contemporanea, Recanati
Stampa su carta / Print on paper

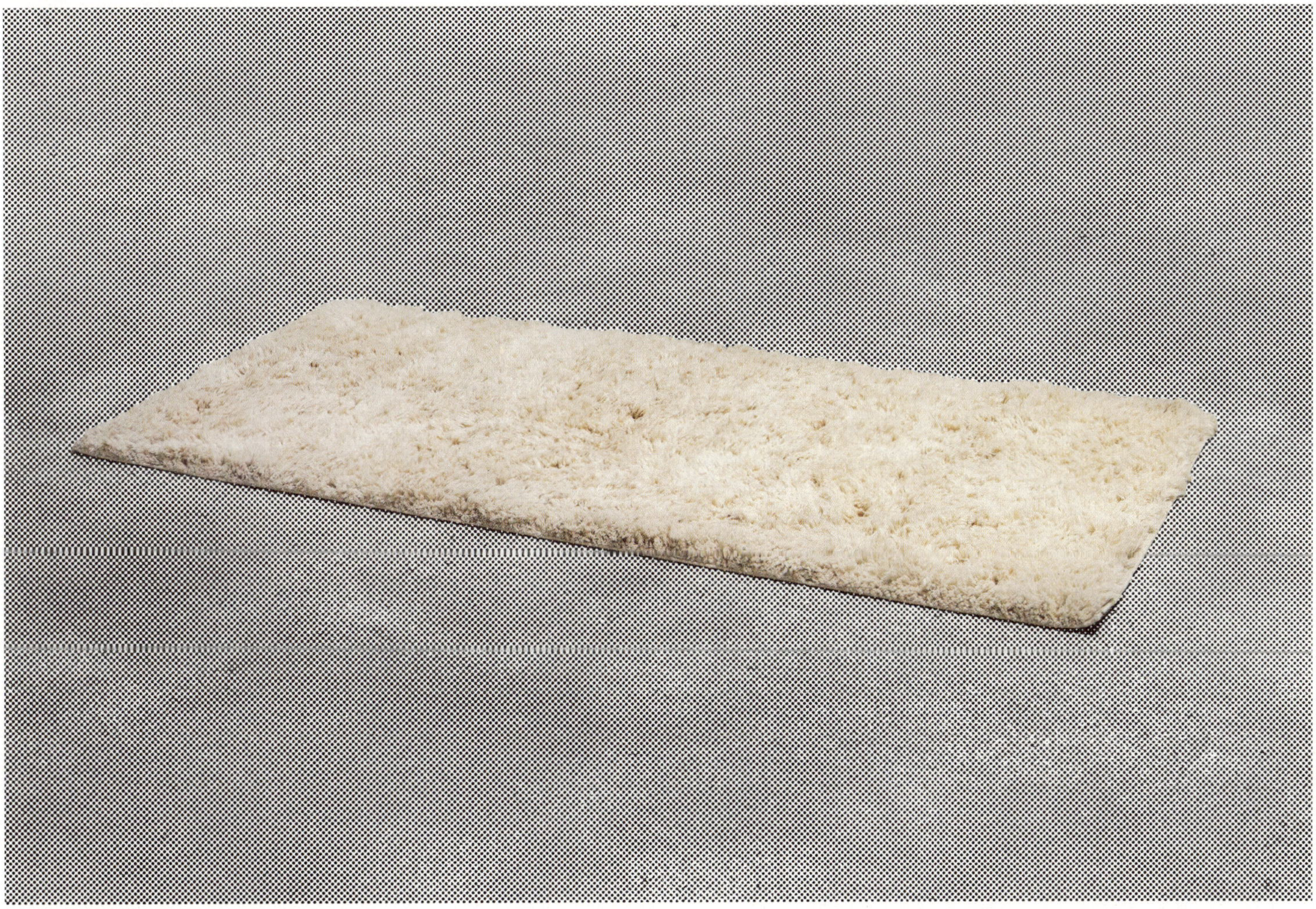

2016

***Tappeto Bianco*, 2015–16**
Lana / Wool

p. 380

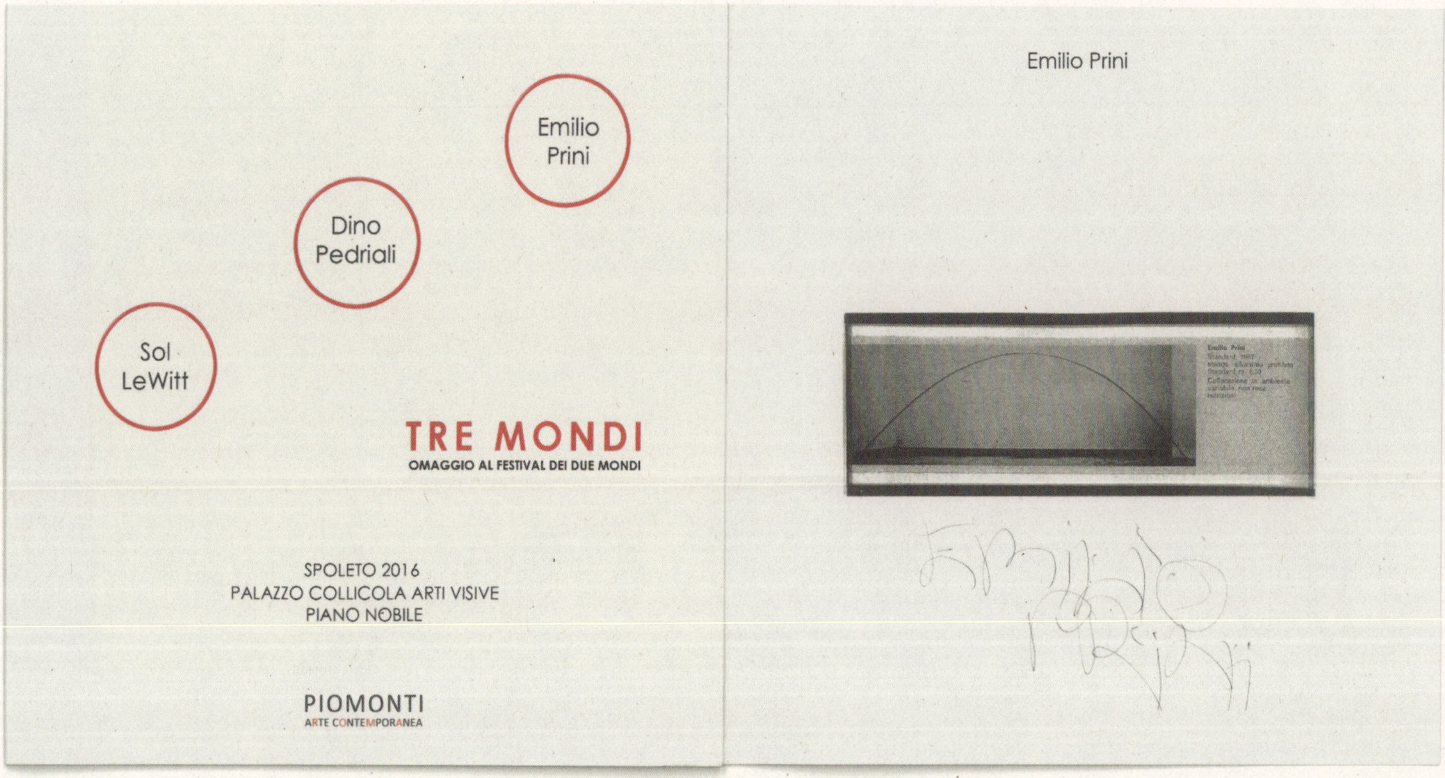

2016

Invito realizzato dall'artista per la mostra / Invitation made by the artist for the exhibition *Tre Mondi. Omaggio al Festival dei Due Mondi*, Palazzo Collicola, Spoleto
Stampa su carta / Print on paper

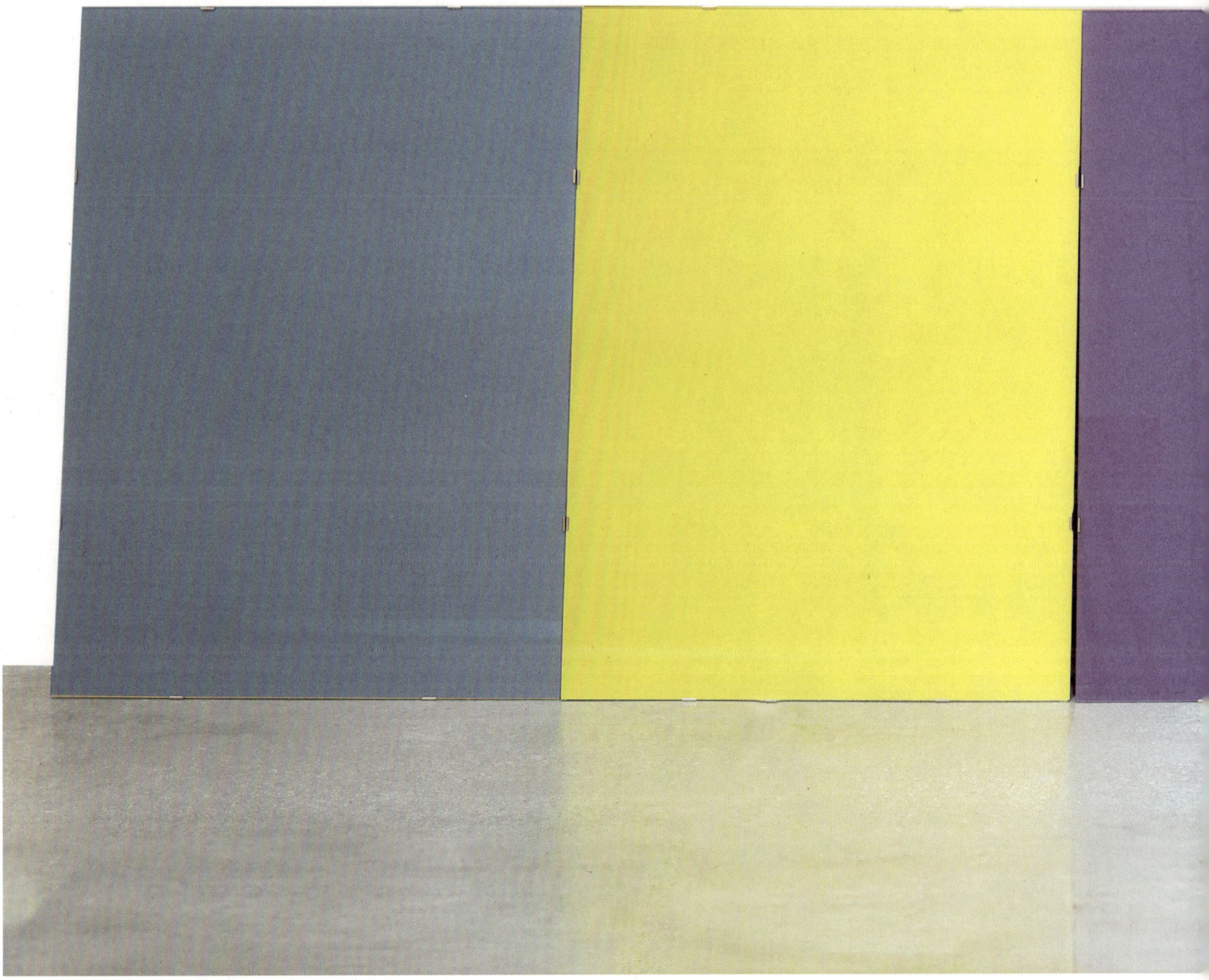

2016

Colori
Cornici Picoglass, cartoni colorati / Picoglass frames, coloured cardboard

2016

Colori
Cornici Picoglass, cartoni colorati / Picoglass frames, coloured cardboard

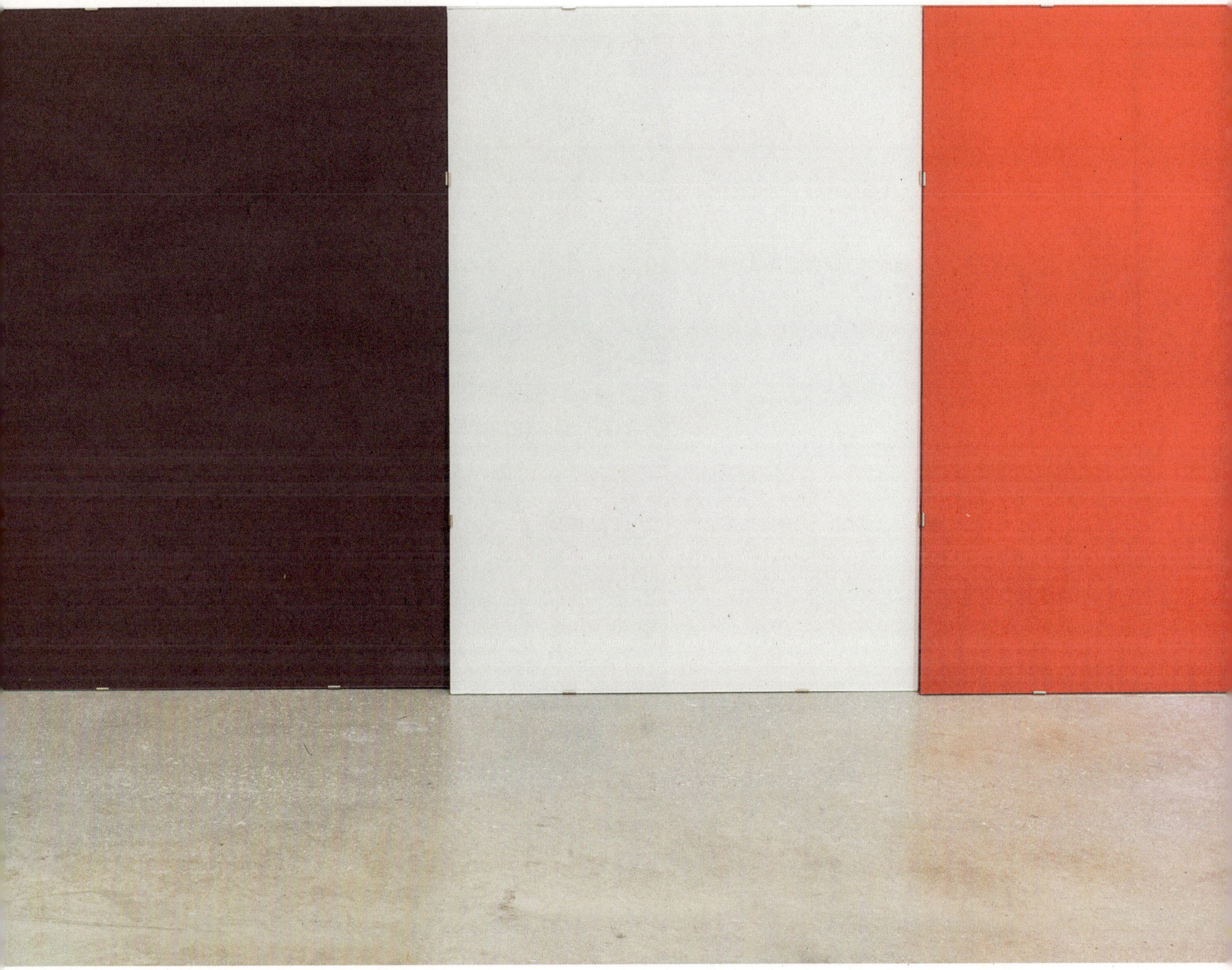

2016

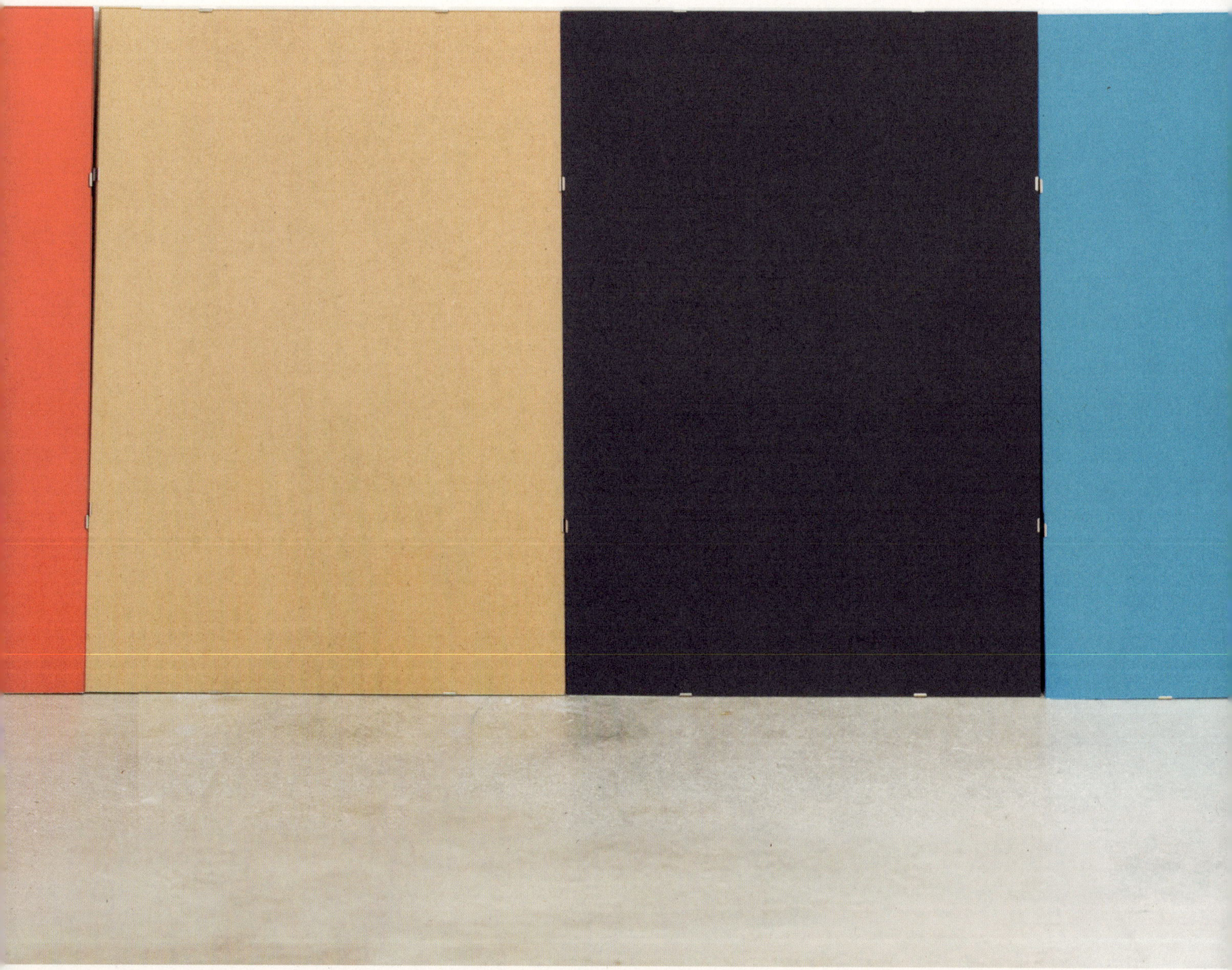

2016

Colori
Cornici Picoglass, cartoni colorati / Picoglass frames, coloured cardboard

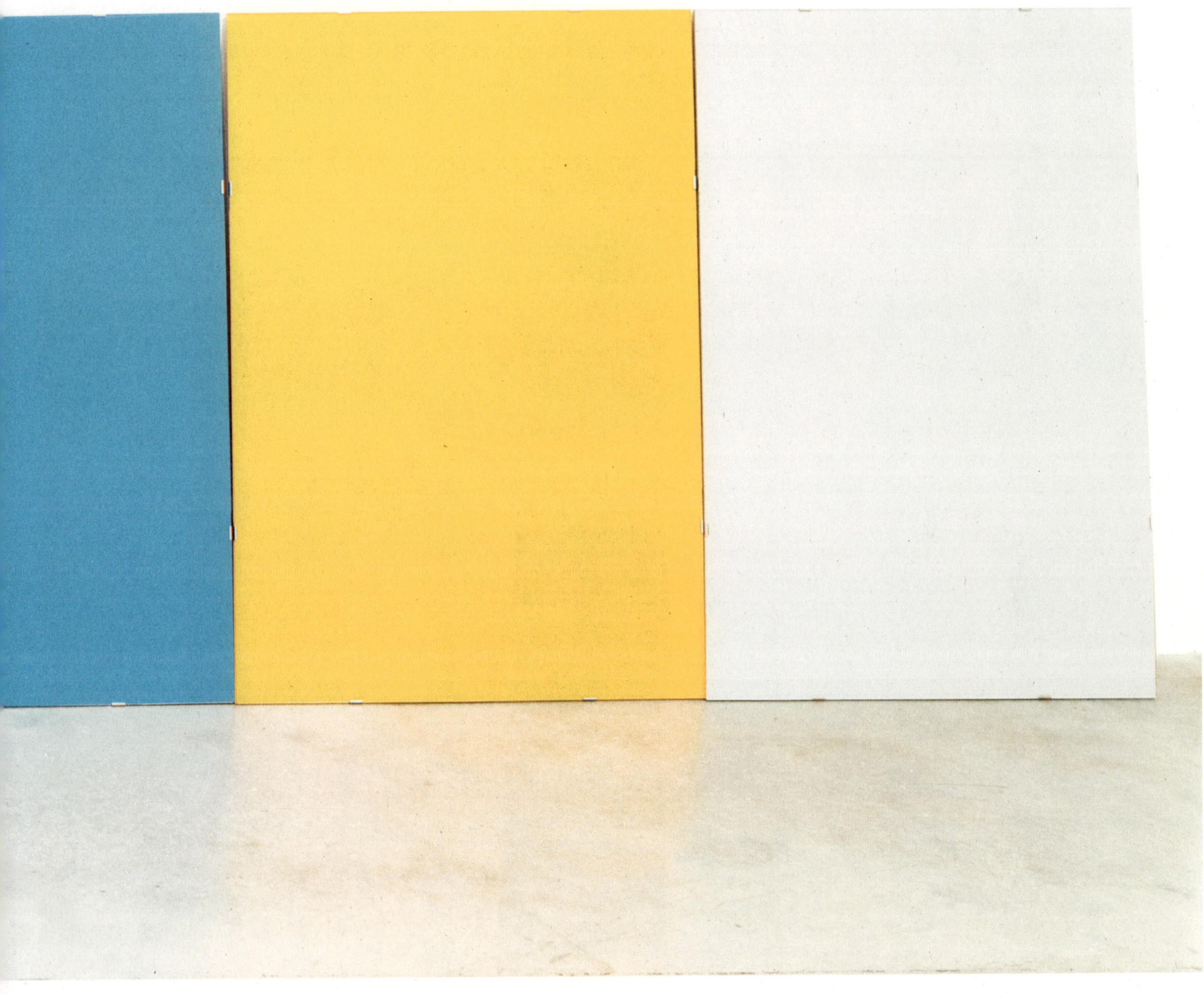

2016

Colori
Installation view, *Colori*, Galleria Sprovieri, Londra / London

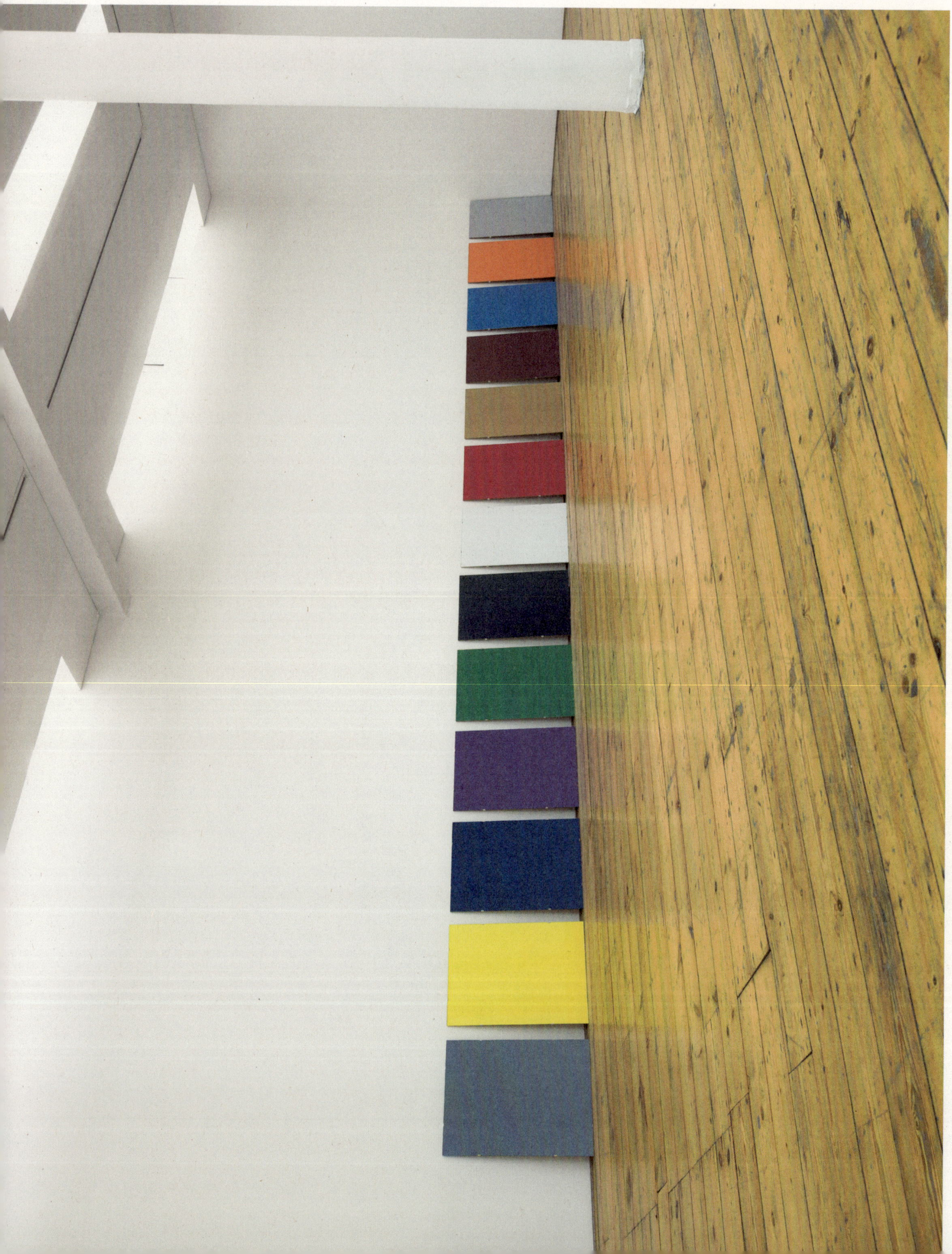

IT

Hans Ulrich Obrist
Frammenti di conversazioni con Emilio Prini

Frammento 3

HUO: Su cosa stai lavorando?

EP: Su tutto! Mi sento come un Picasso. Ho preso un hangar vicino a Ciampino.

HUO: Ci sono lavori visibili?

EP: Si certo, non sono mica De Dominicis! Mi ricordo il critico Renato Barilli che nei primi anni '70 mi invitò ad una mostra. Nella lettera scrisse "vorrei un tuo lavoro a pavimento o a soffitto, anche invisibile". Barilli scrive bene. Ha una scrittura interessante. È bravo come storico.

HUO: Non lo conosco bene.

EP: Bonami ha uno stile strano. Nel suo piccolo ha inventato un nuovo modo di scrivere, molto bambinesco, stile mezzo scemo. Viene dal mongoloide di De Dominicis.

HUO: Barilli ha mai scritto su di te?

EP: Proprio oggi pensavo che in 45 anni non ho mai avuto una foto sul giornale, né una recensione... eppure sono abbastanza conosciuto. Come vedi la mia scommessa è riuscita.

HUO: Non c'è dubbio su questo. Come diceva già Bruce Nauman nel 1971: "la sovraesposizione è il nemico dell'arte."

EP: Lui però si è sovraesposto... così è facile. Le cose bisogna sentirle, non solo dirle. Io non ho mai parlato, non ho mai fatto interviste. Voglio rimanere completamente pulito rispetto al mondo dell'arte. Non scelgo niente, non determino niente, non chiedo niente. E sono famoso uguale; questo implica che c'è un'altra strada. Queste cose, inclusi i motivi, andrebbero raccontate nei particolari. Potrebbero emergere concetti, mondi psicoanalitici dove viene fuori che sono molto complessato, probabilmente ho problemi enormi. Invece Nauman si mette il cappello da cowboy come Bob Dylan.

HUO: La scelta di resistere allo spettacolo è una scelta che hai deciso a tavolino?

EP: Ora che sei stato in Oriente, sai che il Buddha non ha posizioni. Il non dare interviste o fare solo mostre collettive invece che personali è semplicemente un piacere che provo fin dall'inizio. Come mangiare una bella sogliola fresca con il limone un giorno di agosto su una spiaggia con il mare blu. Ciò che conta è che questo processo sia avvenuto per davvero. Non è una favola che racconto io. Dimostra che esistono altre vie per essere conosciuti e non fare nulla di particolare. A me Nauman non piace come artista perché è troppo americano.

HUO: E Jean-Luc Godard?

EP: Mi piace molto. Piace a tutti e tutte. Mi ricordo quando uscì *La Chinoise* a Genova...

EN

Hans Ulrich Obrist
Fragments of interviews with Emilio Prini

Fragment 3

HUO: What are you working on?

EP: Everything! I feel like Picasso. I've rented a hangar near Ciampino.

HUO: Are there any visible works?

EP: Yes, of course, I'm not De Dominicis! I remember the critic Renato Barilli who invited me to an exhibition in the early 1970s. In his letter, he wrote, "I would like one of your floor or ceiling works, even an invisible one." Barilli writes well. He has an interesting style. He is a good historian.

HUO: I'm not very familiar with him.

EP: Bonami has a strange style. In his own little way, he has invented a new way of writing, very childish, a bit silly. It comes from that idiot De Dominicis.

HUO: Has Barilli ever written about you?

EP: Just today I was thinking that in forty-five years, I've never had a photo in the newspaper, or a review ... yet I'm quite well known. As you can see, my gamble has paid off.

HUO: There is no doubt about that. As Bruce Nauman said back in 1971: "Overexposure is the enemy of art."

EP: But he overexposed himself ... it's easy to say that. You have to feel things, not just say them. I've never spoken, I've never done interviews. I want to remain completely clean with regard to the art world. I don't choose anything, I don't determine anything, I don't ask for anything. And I'm famous all the same; this means there must be another way. These things, including the reasons, should be told in detail. Concepts could emerge, psychoanalytical worlds where it turns out that I am actually very complex, that I probably have huge issues. Instead, Nauman goes and puts on a cowboy hat like Bob Dylan.

HUO: Was the decision to resist the limelight something you decided in advance?

EP: Now that you've been to the East, you know Buddha takes no positions on things. Not giving interviews or only doing group shows instead of solos is simply a pleasure I've enjoyed since the beginning. Like eating a nice fresh sole with lemon on an August day on a beach with the blue sea. What matters is that this process really happened. It's not some fairytale I'm telling. It shows there are other ways to be known and not do anything special. I don't like Nauman as an artist because he's too American.

HUO: And how about Jean-Luc Godard?

EP: I really like him. Everyone likes him. I remember when *La Chinoise* came out in Genoa ...

HUO: One concept that connects you and Godard is the

IT

Hans Ulrich Obrist

HUO: Un concetto che unisce te e Godard è la nozione di resistenza. Jean-François Lyotard organizzò una mostra sull'internet prima di internet intitolata *Les Immatériaux*. Con Philippe Parreno abbiamo da poco scoperto dei documenti su una mostra mai realizzata che Lyotard voleva fare sul concetto di resistenza. Cosa pensi tu della resistenza?

EP: È una nozione politico-cerebrale. Di solito la resistenza avviene per salvare qualcosa di tuo come la famiglia o i figli. Lyotard è difficile da leggere, non si capisce niente. Mi piace anche per questo, non puoi scrivere un testo incomprensibile se non hai idee. Del manifesto che hai scritto tu e che io ho firmato non si capisce nulla.

HUO: Me lo ha mandato Giorgio Persano. Avevamo fatto tre interviste ma tu dicevi che non erano interviste...

EP: Non dire così. Tu mi hai fatto una sola intervista al bar di Villa Medici che era una prova d'intervista! Ti avevo chiesto di fare una prova non avendole mai fatte. Non sono capace di rispondere alle domande. Se parlo a ruota libera so anche dire delle cose. Non sono capace nemmeno a selezionare fotografie dei miei lavori per un articolo. È soltanto una mia incapacità con i mass media. [...] Non mi piace leggere quello che dico. Non mi piace quello che pensano gli altri di quello che dico. Se sono 45 anni che non faccio interviste né pubblicazioni, ci sarà pure un motivo. Magari sono molto insofferente a me stesso. Un fatto freudiano. È possibile perché altrimenti come me lo spiego che mi viene la nausea a pensare che gli altri leggano le mie dichiarazioni? Anche le domande mi disgustano. Potremmo fare come facevano gli antichi: tu fai la domanda e ti dai anche la risposta! Bisogna trovare il momento giusto come con le mostre. Ho sempre improvvisato. È come se tu fossi un impresario di musica, proprietario di un locale di jazz e parlassi con Charlie Parker. È chiaro che con Parker è tutta improvvisazione. Mica ti dice prima quello che fa. La base del discorso è l'improvvisazione.

EN

notion of resistance. Jean-François Lyotard organized an exhibition on the internet before the internet existed, entitled *Les Immatériaux*. Philippe Parreno and I recently discovered documents about an exhibition Lyotard wanted to do on the concept of resistance, but it never happened. What do you think about resistance?

EP: It's a political-intellectual concept. Usually, resistance occurs to save something that is yours, such as your family or your children. Lyotard is hard to read, you can't understand anything. I like him for that too, because you can't write an incomprehensible text if you don't have any ideas. The manifesto you wrote and I undersigned is in fact completely incomprehensible.

HUO: Giorgio Persano sent it to me. We did three interviews, but you said they weren't interviews ...

EP: Don't say that. You only interviewed me once at the bar in Villa Medici, and that was a trial run! I asked you to do a trial run because I'd never done one before. I'm not good at answering questions. If I talk freely, I can say things. But I'm not even good at selecting photographs of my work for an article. It's just my inability to deal with the media. [...] I don't like reading what I say. I don't like what other people think about what I say. If I haven't given interviews or published anything for forty-five years, there must be a reason. Maybe I'm very intolerant of myself. A Freudian thing. It's possible, because otherwise how can I explain why I feel nauseous at the thought of other people reading my statements? Even their questions disgust me. We could do as the ancients did: you ask the question and then you give the answer! You have to find the right moment, like with exhibitions. I've always improvised. It's as if you were a music impresario, the owner of a jazz club, talking to Charlie Parker. It's clear that with Parker it's all improvisation. He doesn't tell you what he's going to do beforehand. The basis of the discourse is improvisation.

Crediti fotografici / Photo credits

Opere in ordine cronologico / Chronological order of the artworks

Se non diversamente indicato / Unless otherwise stated

Tutte le opere / All the artworks: Courtesy Archivio Emilio Prini, Genova / Genoa

Tutte le foto delle opere / All photos of the artworks: Melania Dalle Grave, DSL Studio Courtesy MACRO – Museo d'Arte Contemporanea di Roma

p. 27
Collezione privata / Private collection, Bologna

p. 28
Collezione privata / Private collection, Bologna

p. 29
Courtesy Kunstmuseum Liechtenstein, Liechtenstein

p. 30
Courtesy Emilio Stabilini, Genova / Genoa

p. 32
Collezione privata / Private collection, Milano / Milan

p. 33
Courtesy Emilio e / and Luisa Marinoni, Lurago Marinone

p. 36
Courtesy Dora Stiefelmeier, Roma / Rome

p. 40
Courtesy Sammlung Goetz, Monaco / München

p. 41
Courtesy Sammlung Goetz, Monaco / München
Foto / Photo: Hauser & Wirth, Genevieve Hanson

p. 44
Courtesy Giuliana e / and Tommaso Setari, Bruxelles / Brussels

p. 45
Courtesy Collezione / Collection Borgonovo Yasinek, Saronno

p. 46
Collezione privata / Private collection, Carpi

p. 48
Courtesy Mario Pieroni, Roma / Rome

p. 51
Courtesy Collezione / Collection Borgonovo Yasinek, Saronno

p. 52
Courtesy Giuseppe Garrera, Roma / Rome

p. 55 (top)
Collezione privata / Private collection, Bologna

p. 57
Courtesy Kienzle Art Foundation, Berlino / Berlin

p. 60
Courtesy Collezione / Collection La Gaia, Busca

p. 61
Courtesy Kienzle Art Foundation, Berlino / Berlin

p. 62
Collezione privata / Private collection, Milano / Milan

p. 63 (left / sinistra)
Collezione privata / Private collection, Milano / Milan

p. 63 (right / destra)
Courtesy Giuliana e / and Tommaso Setari, Bruxelles

p. 67
Courtesy Bruno Tonini, Gussago

p. 71
Collezione privata / Private collection, Milano / Milan

p. 72
Courtesy Collezione / Collection La Gaia, Busca

p. 74
Courtesy Antonio Dalle Nogare, Bolzano

p. 77
Courtesy Museo del Novecento, Milano / Milan

p. 79
Collezione privata / Private collection, Bologna

p. 80
Collezione privata / Private collection, Roma / Rome

p. 83
Courtesy Studio Bruno Tonini, Gussago

p. 86
Courtesy Studio Bruno Tonini, Gussago

p. 92
Collezione privata / Private collection, Milano / Milan

p. 94
Collezione privata / Private collection, Bologna

p. 95
Collezione privata / Private collection, Milano / Milan

p. 96
Collezione privata / Private collection, Milano / Milan

p. 97
Collezione privata / Private collection, Spoleto

p. 114
Courtesy Bruno Tonini, Gussago

p. 127
Collezione privata / Private collection, Milano / Milan

p. 132
Courtesy Giuseppe Garrera, Roma / Rome

p. 136
Courtesy Fondazione MAXXI, Roma / Rome
Foto / Photo: Massimo Piersanti, Centro Archivi MAXXI Arte, Fondo Incontri Internazionali d'Arte

p. 138
Collezione privata / Private collection, Sanguinetto

p. 140
Courtesy arbiQ – Archivio Biblioteca Quadriennale di Roma

p. 141
Courtesy Bruno Tonini, Gussago

p. 186
Courtesy Collezione / Collection La Gaia, Busca

p. 188
Courtesy Castello di Rivoli Museo d'Arte Contemporanea, Rivoli

p. 189
Copyright Giorgio Piredda

p. 191
Courtesy Collezione / Collection Famiglia Mazzoli, Modena

p. 193
Courtesy Emilio e / and Luisa Marinoni, Lurago Marinone

p. 194
Courtesy Anna Butticci, Roma / Rome

p. 200
Courtesy Mario Pieroni, Roma / Rome

p. 208
Courtesy Mario Pieroni, Roma / Rome

p. 225
Courtesy Mario Pieroni, Roma / Rome

p. 226
Courtesy Mario Pieroni, Roma / Rome

p. 228
Courtesy Mario Pieroni, Roma / Rome

p. 229
Courtesy Fondazione MAXXI, Roma / Rome
Foto / Photo: Massimo Piersanti, Centro Archivi MAXXI Arte, Fondo Galleria Pieroni

p. 230
Courtesy Mario Pieroni, Roma / Rome

p. 231
Courtesy Anna Butticci, Roma / Rome

p. 232
Courtesy Giuseppe Garrera, Roma / Rome

p. 236
Courtesy Emilio e / and Luisa Marinoni, Lurago Marinone

p. 242
Courtesy Mario Pieroni, Roma / Rome

p. 244
Courtesy Emilio e / and Luisa Marinoni, Lurago Marinone

p. 246
Courtesy Collezione / Collection La Gaia, Busca

p. 250
Courtesy FFMAAM – Collezione Francesco Moschini e Gabriel Vaduva A.A.M. Architettura Arte Moderna, Roma / Rome

p. 256
Foto / Photo: Giorgio Colombo

p. 257
Courtesy Emilio e / and Luisa Marinoni, Lurago Marinone

p. 258
Collezione privata / Private collection
Courtesy ML Fine Art Gallery, Milano / Milan

p. 262
Courtesy Sergio Casoli, Roma / Rome

p. 263
Courtesy Sergio Casoli, Roma / Rome

Crediti fotografici / Photo credits

IT / EN

Opere in ordine cronologico / Chronological order of the artworks

p. 274
Courtesy Emilio e / and Luisa Marinoni, Lurago Marinone

p. 276
Courtesy Emilio e / and Luisa Marinoni, Lurago Marinone

p. 278
Courtesy Emilio e / and Luisa Marinoni, Lurago Marinone

p. 279
Courtesy Emilio e / and Luisa Marinoni, Lurago Marinone

p. 290
Courtesy Emilio e / and Luisa Marinoni, Lurago Marinone

p. 292
Courtesy Emilio e / and Luisa Marinoni, Lurago Marinone

p. 294
Courtesy Emilio e / and Luisa Marinoni, Lurago Marinone

p. 296
Courtesy Emilio e / and Luisa Marinoni, Lurago Marinone

p. 297
Collezione / Collection Lia Rumma, Museo e Real Bosco di Capodimonte, Napoli / Naples

p. 299
Courtesy Collezione / Collection Famiglia Mazzoli, Modena

p.301
Courtesy Collezione / Collection Famiglia Mazzoli, Modena

p.303
Courtesy Kienzle Art Foundation, Berlino / Berlin

p.305
Courtesy Emilio e / and Luisa Marinoni, Lurago Marinone

p.308
Foto / Photo: Claudio Abate

p.310
Courtesy Matteo Perini, Piacenza

p.312
Courtesy Mario Pieroni, Roma / Rome

p.313
Courtesy ML Fine Art and Rizziero Di Sabatino, Milano / Milan

p.314
Courtesy Rizziero Di Sabatino, Milano / Milan

p.316
Courtesy Emilio e / and Luisa Marinoni, Lurago Marinone

p.323
Courtesy Collezione / Collection Ovidio Jacorossi, Roma / Rome

p.325
Collezione privata / Private collection, Milano / Milan

p.328
Courtesy H.H.Lim, Roma / Rome

p.329
Courtesy H.H.Lim, Roma / Rome

p.330
Courtesy H.H.Lim, Roma / Rome

p.331
Courtesy Dora Stiefelmeier, Roma / Rome

p.338
Courtesy Mario Pieroni, Roma / Rome

p.339
Video: Antonio Trimani

p.341
Courtesy Collezione / Collection Famiglia Mazzoli, Modena

p.345
Courtesy Giuseppe Garrera, Roma / Rome

p.346
Courtesy Mario Pieroni, Roma / Rome

p.347
Courtesy Mario Pieroni, Roma / Rome

p.349
Courtesy Collezione / Collection Ovidio Jacorossi, Roma / Rome

p.350
Collezione privata / Private collection, Perugia

p.353
Courtesy Galleria Giorgio Persano, Torino / Turin

p.355
Courtesy Anna Butticci, Roma / Rome

p.357
Courtesy Famiglio Pio Monti, Roma / Rome

p.361
Courtesy MAMbo–Museo d'Arte Moderna di Bologna, Bologna

p.363
Galleria Lorcan O'Neill, Roma / Rome

p.364
Collezione privata / Private collection, Roma / Rome

p.366
Courtesy Collezione / Collection Minini, Brescia

p.367
Foto / Photo: Attilio Maranzano
Courtesy Fondazione Prada

p.368
Courtesy Mario Pieroni, Roma / Rome

p.369
Courtesy Mario Pieroni, Roma / Rome

p.372
Courtesy Daniela Lancioni, Roma / Rome

p.374
Foto / Photo: Giulia Di Lenarda

p.376
Courtesy Collezione privata / Private collection, Roma / Rome

p.377
Foto / Photo: Giovanna Silva

p.378
Courtesy Famiglia Pio Monti, Roma / Rome

p.379
Courtesy Collezione privata / Private collection, Roma / Rome, Equator Production and Golden Ruler, New York

p.380
Courtesy Famiglia Pio Monti, Roma / Rome

p.386
Courtesy Sprovieri, Londra / London

p.391–411
Foto / Photo Melania Dalle Grave, DSL Studio
Courtesy MACRO–Museo d'Arte Contemporanea di Roma

Exhibition view, *Emilio Prini, ...E Prini,* MACRO–
Museo d'Arte Contemporanea di Roma, 2023–24

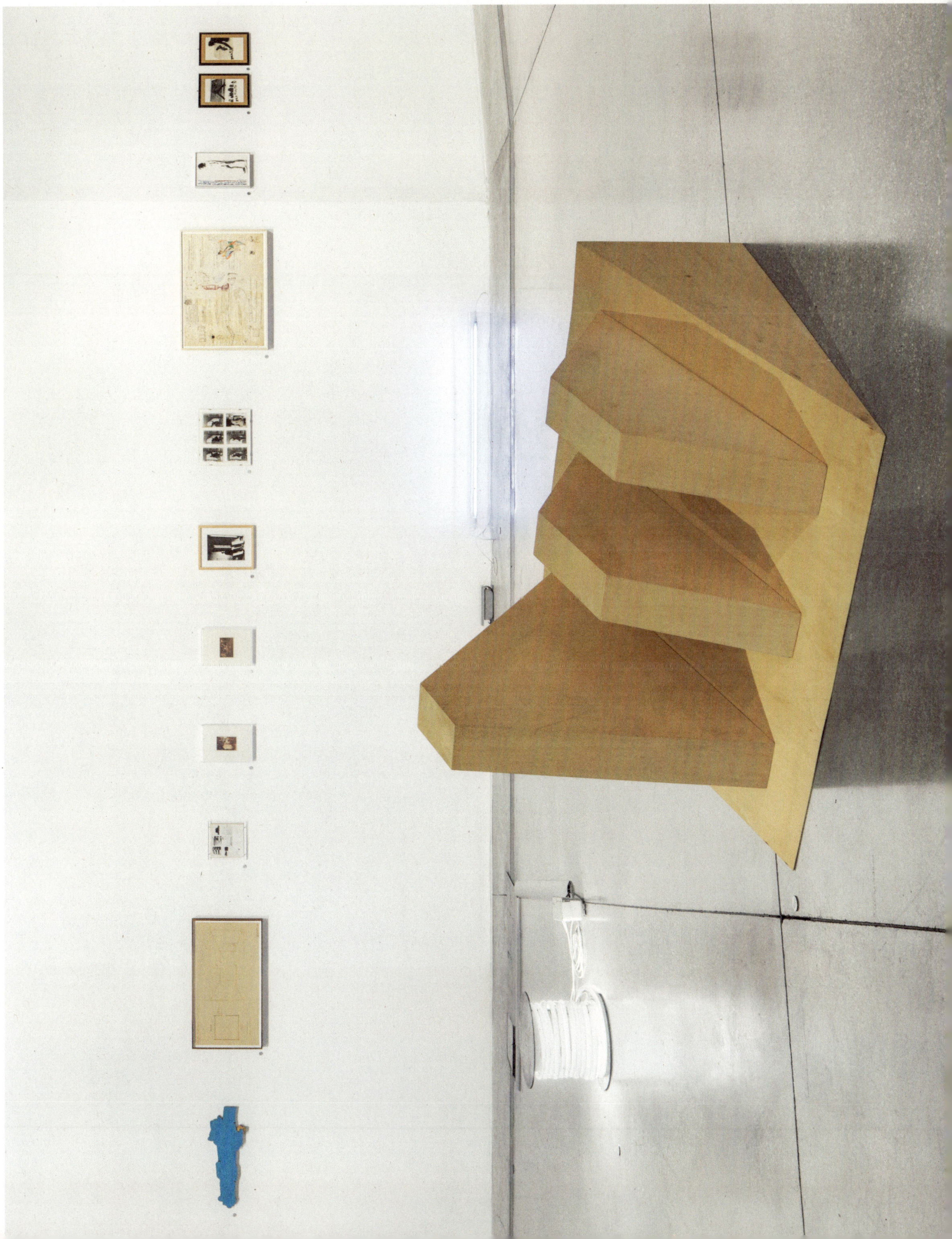

Exhibition view, *Emilio Prini, …E Prini,* MACRO–
Museo d'Arte Contemporanea di Roma, 2023–24

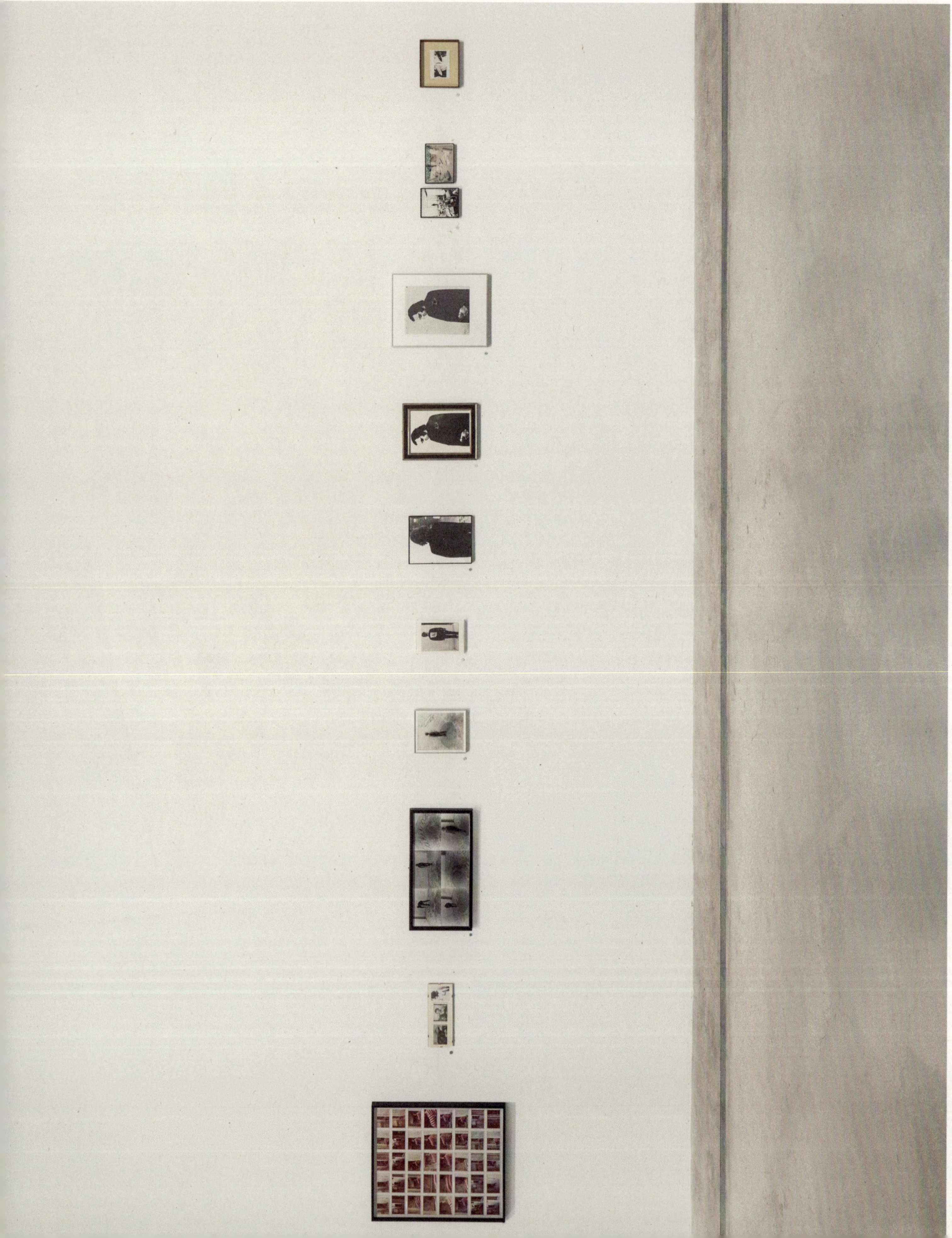

Exhibition view, *Emilio Prini, ...E Prini,* MACRO–Museo d'Arte Contemporanea di Roma, 2023–24

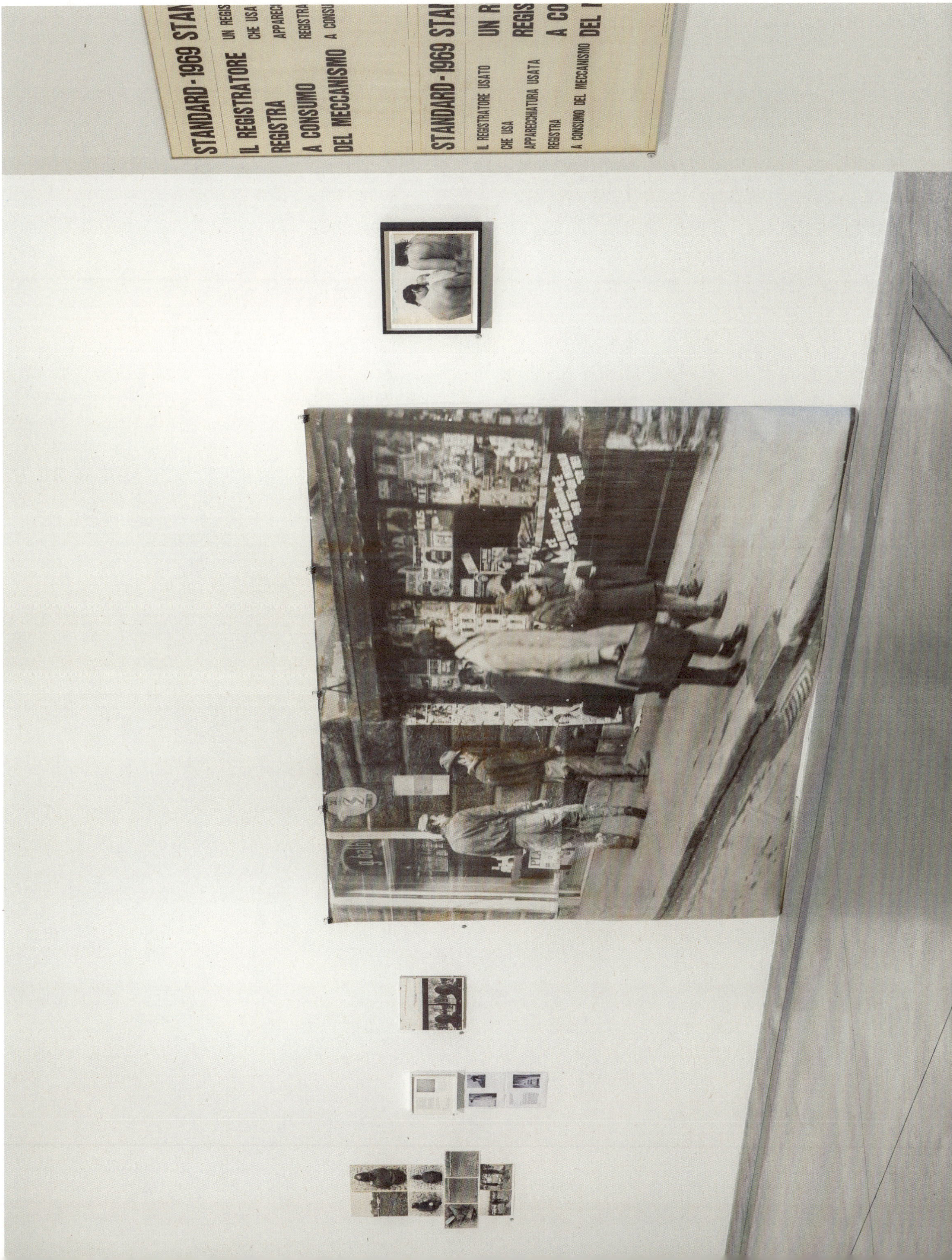

Exhibition view, *Emilio Prini, ...E Prini,* MACRO–Museo d'Arte Contemporanea di Roma, 2023–24

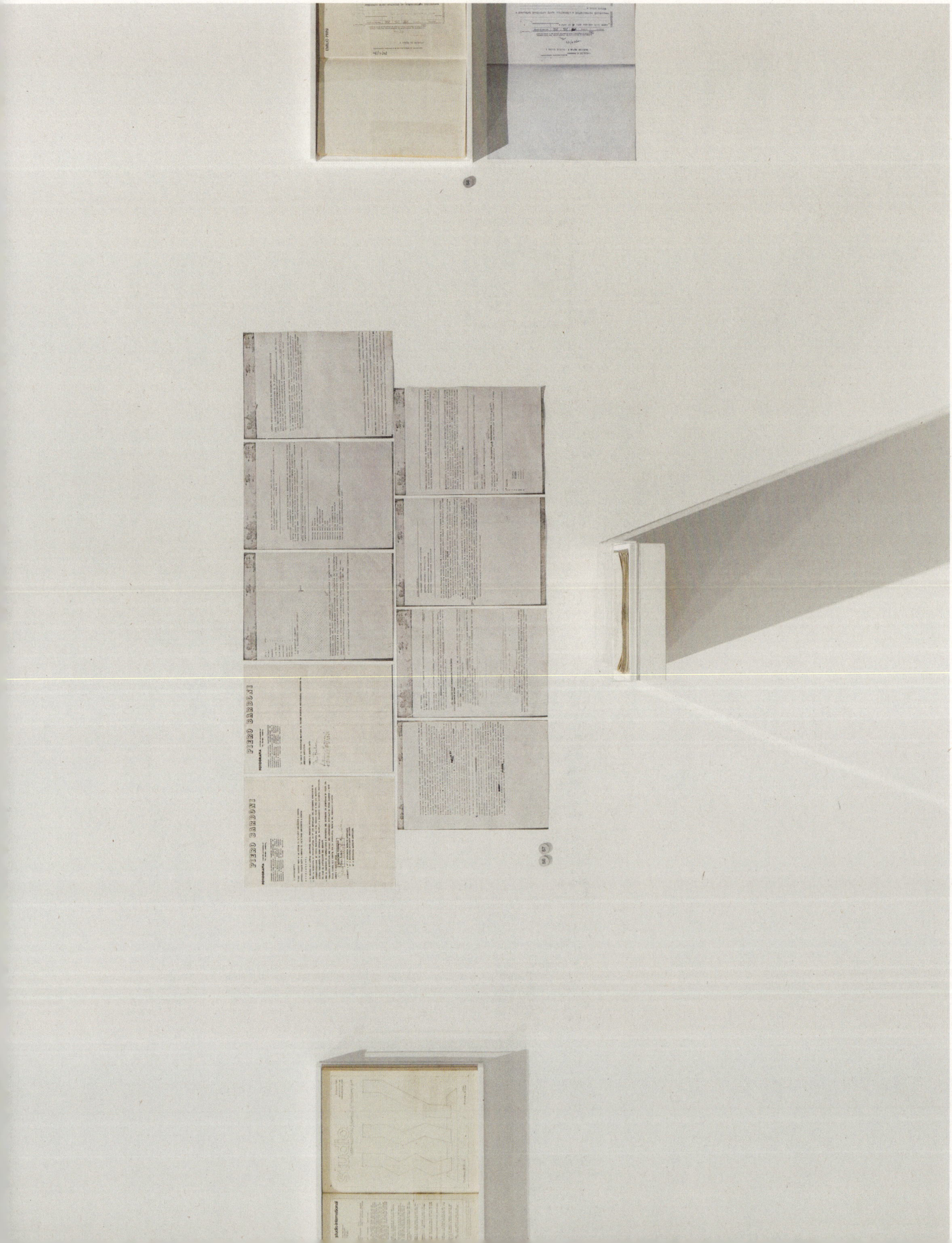

Exhibition view, *Emilio Prini, …E Prini,* MACRO–
Museo d'Arte Contemporanea di Roma, 2023–24

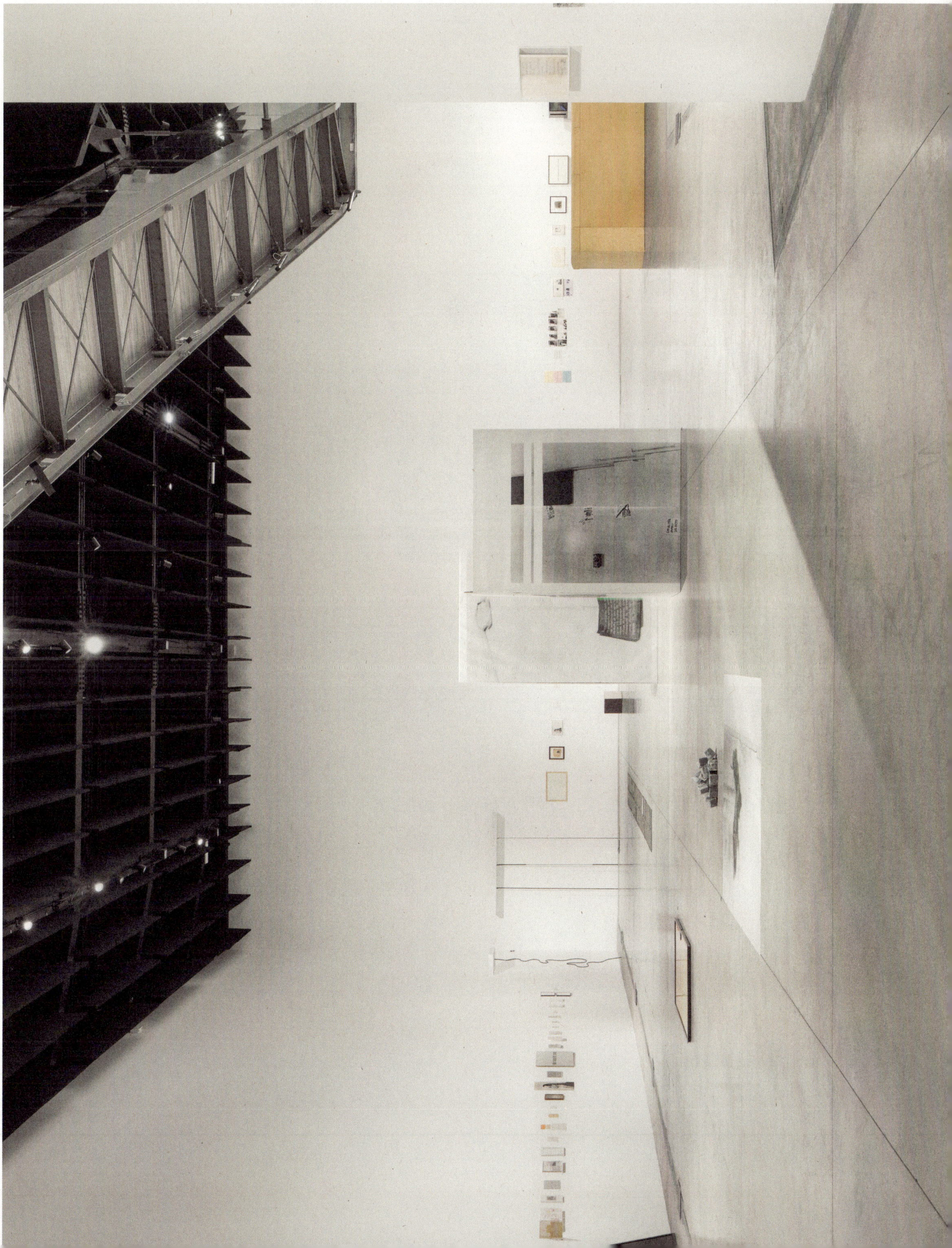

Exhibition view, *Emilio Prini, ...E Prini,* MACRO–Museo d'Arte Contemporanea di Roma, 2023–24

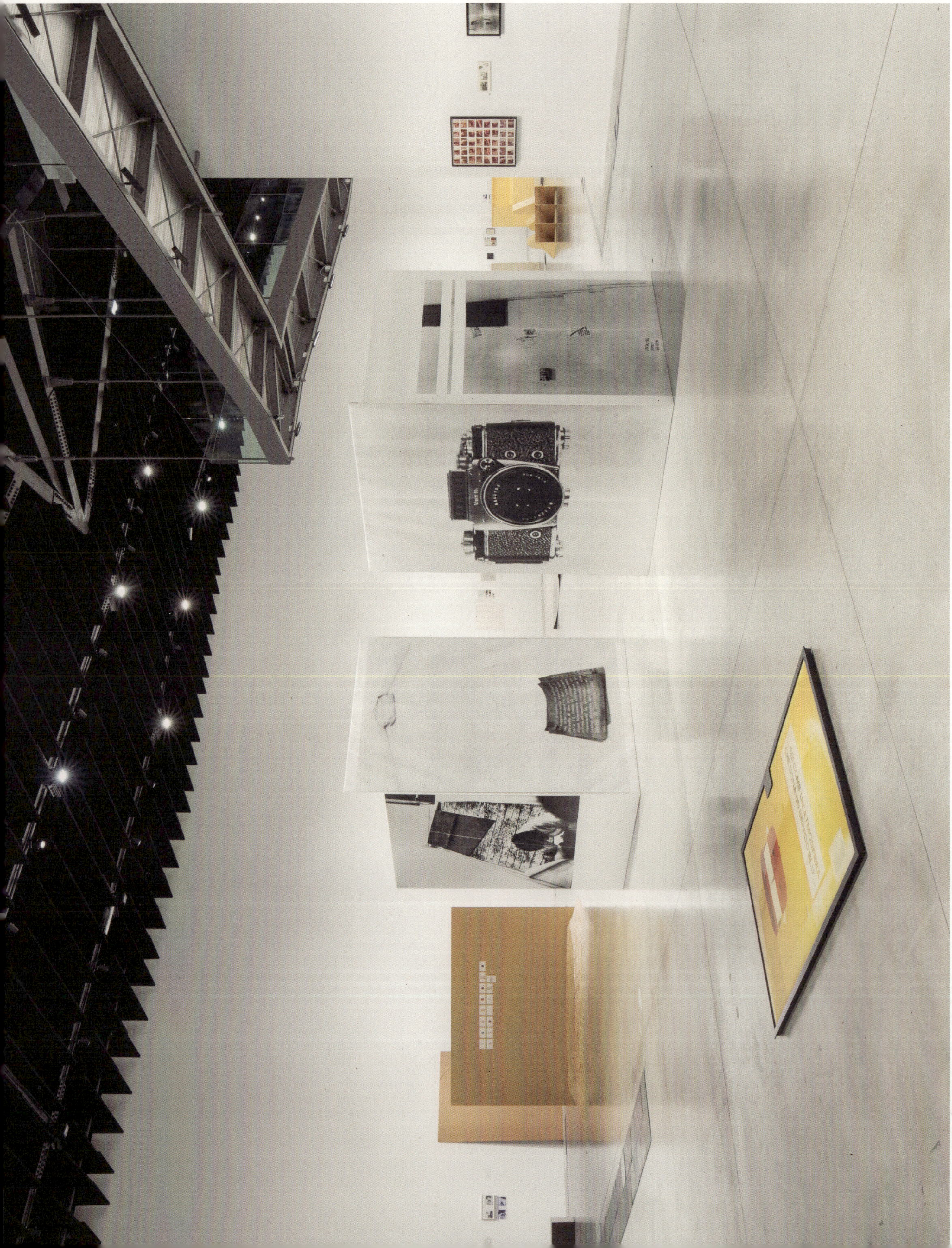

Exhibition view, *Emilio Prini, ...E Prini,* MACRO–Museo d'Arte Contemporanea di Roma, 2023–24

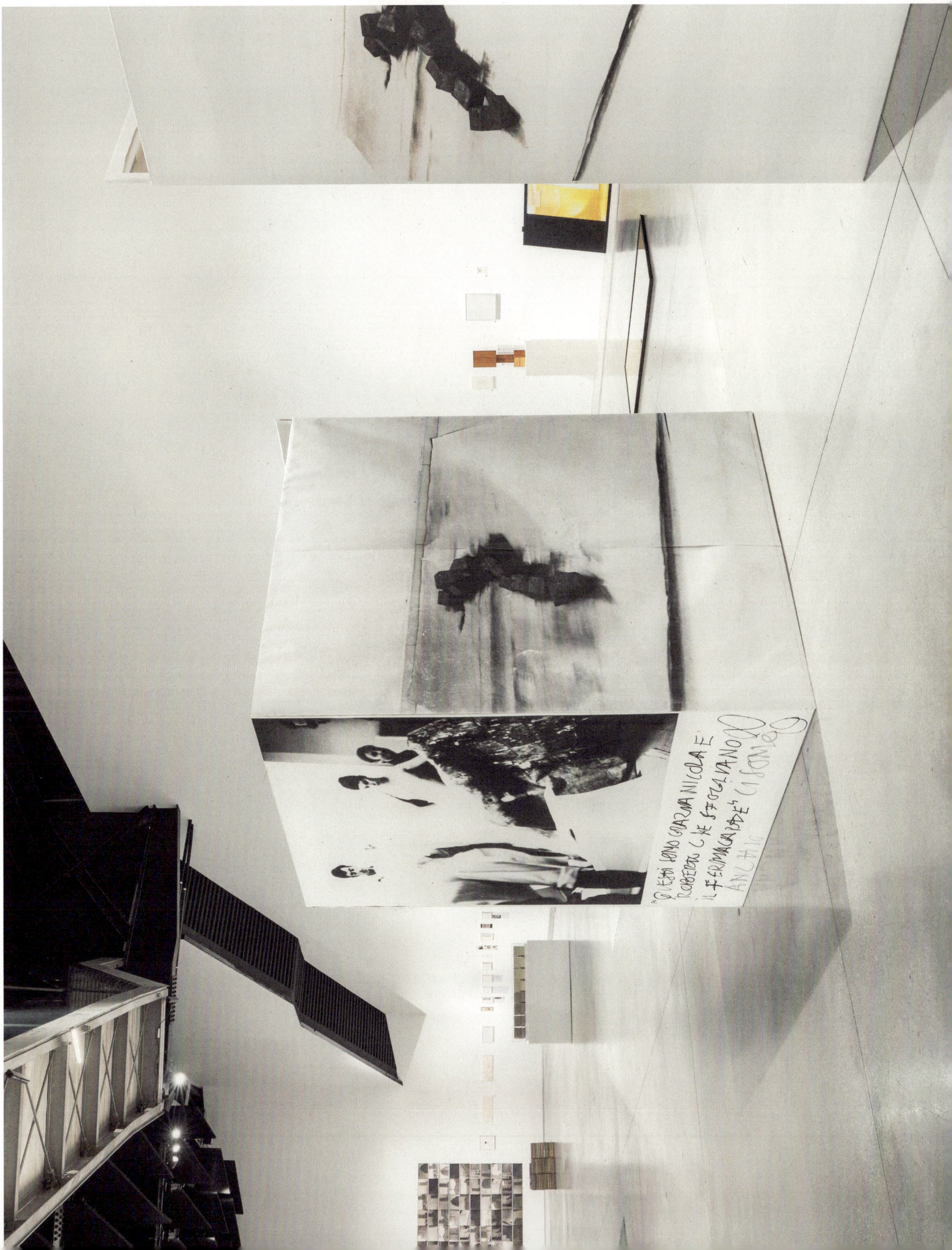

p. 398

Exhibition view, *Emilio Prini, … E Prini,* MACRO–Museo d'Arte Contemporanea di Roma, 2023–24

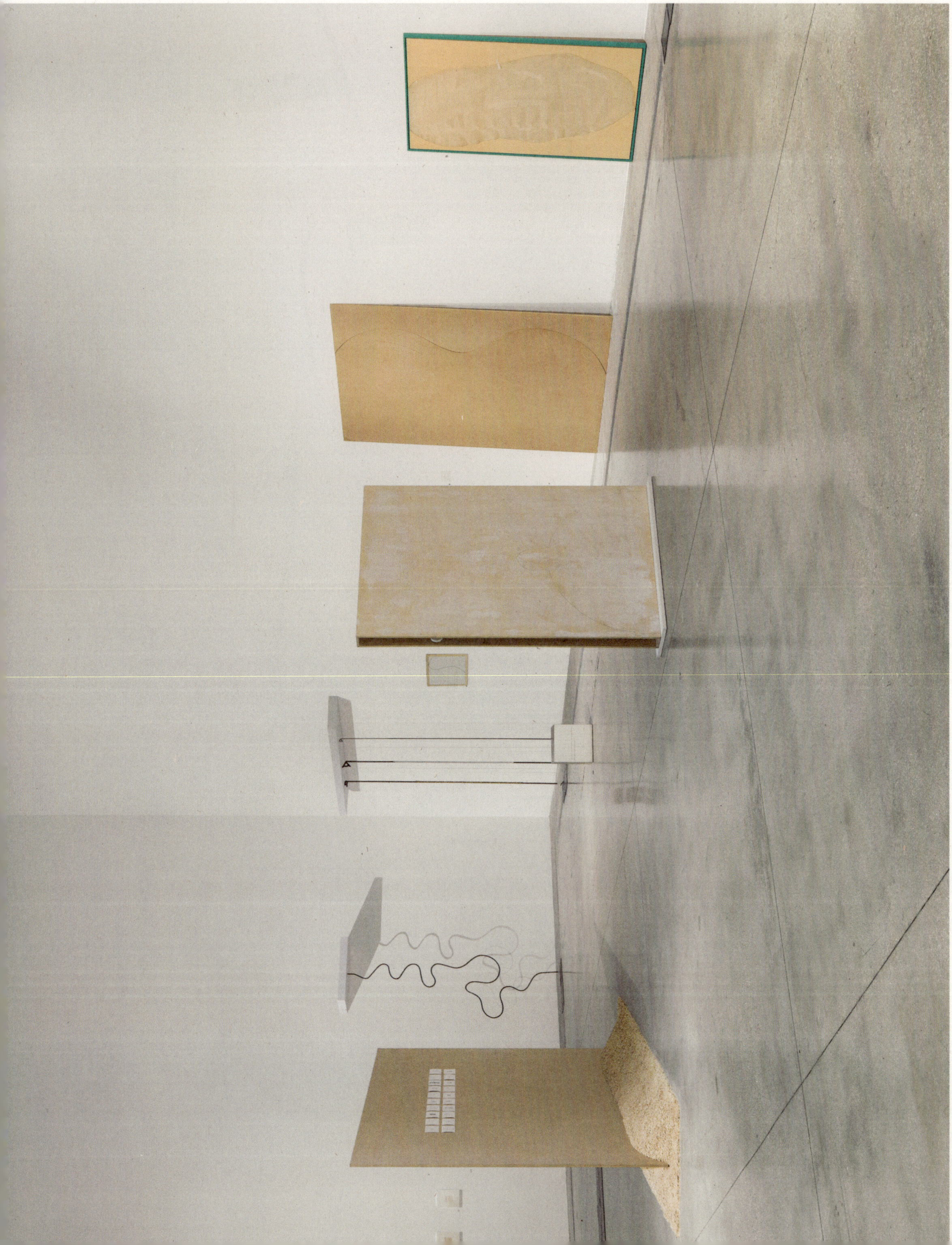

Exhibition view, *Emilio Prini, …E Prini,* MACRO–
Museo d'Arte Contemporanea di Roma, 2023–24

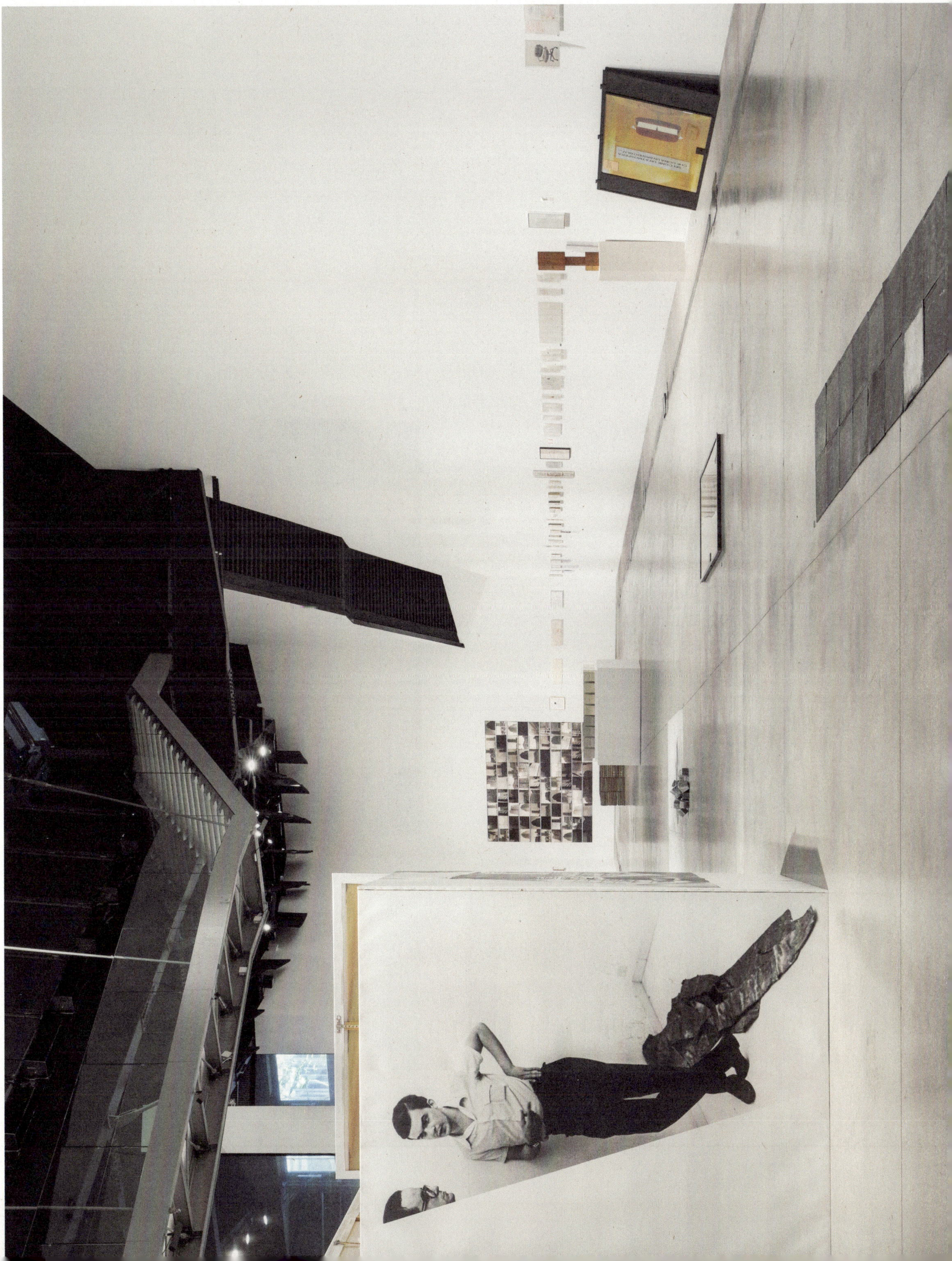

Exhibition view, *Emilio Prini, ...E Prini,* MACRO–Museo d'Arte Contemporanea di Roma, 2023–24

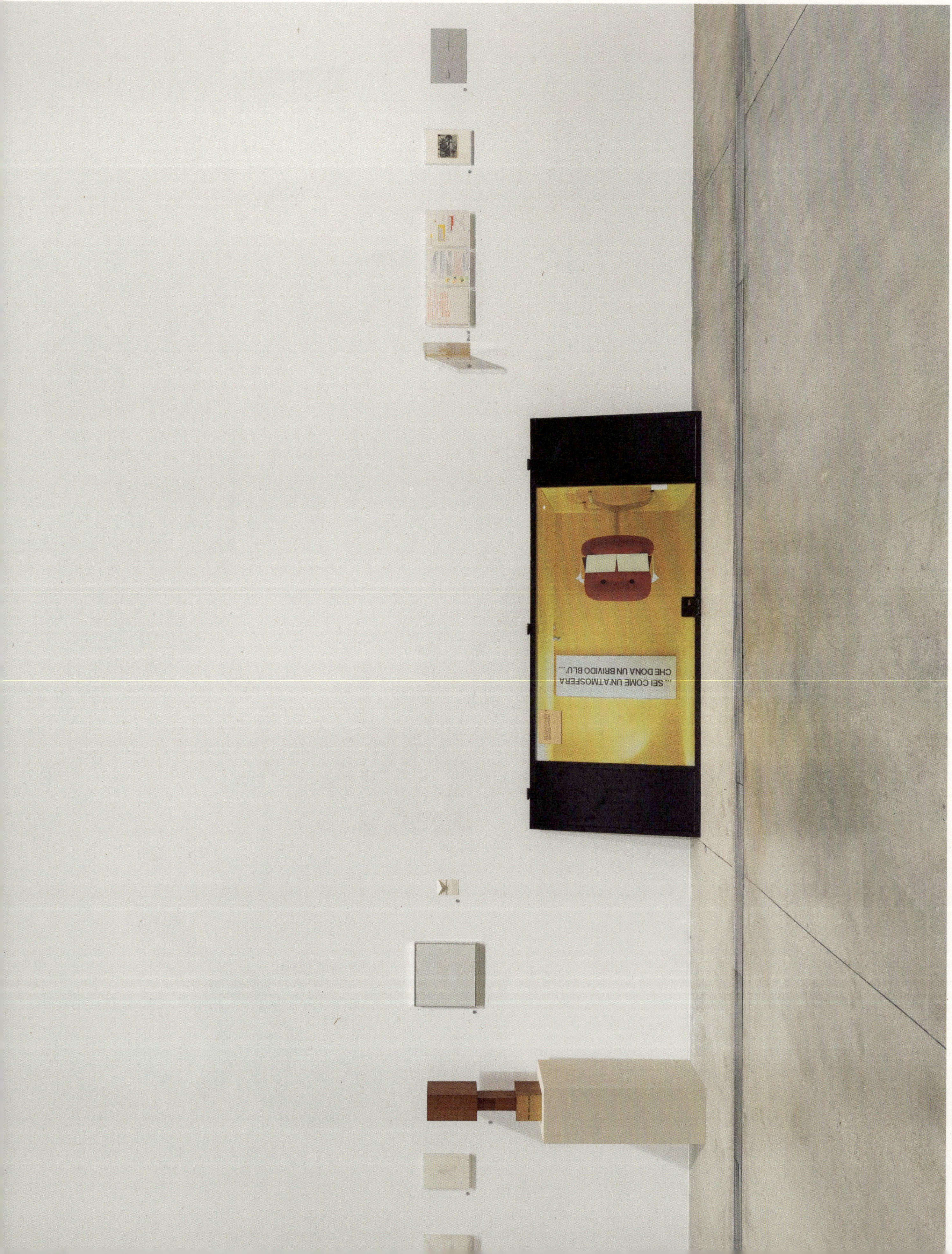

Exhibition view, *Emilio Prini, …E Prini,* MACRO–
Museo d'Arte Contemporanea di Roma, 2023–24

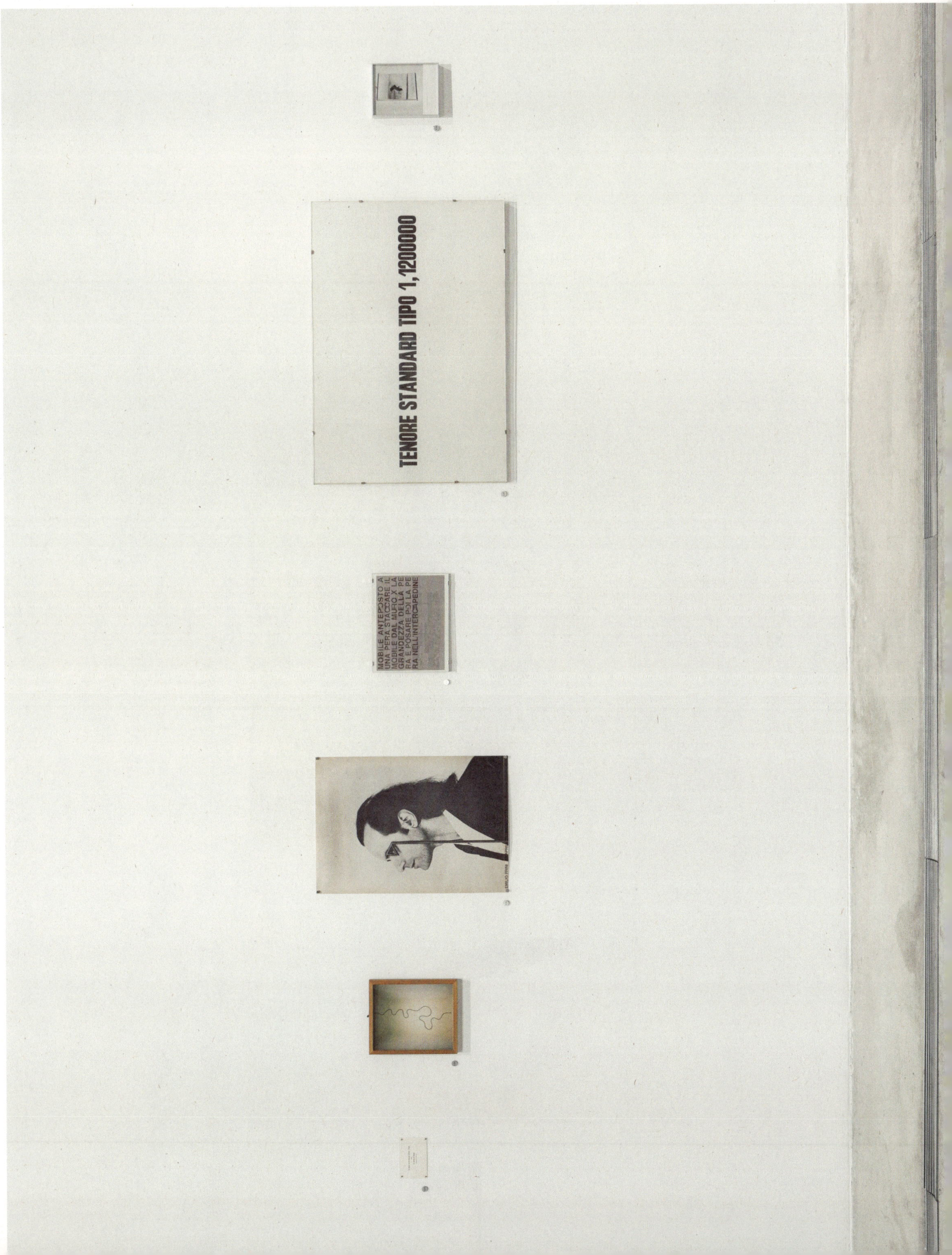

Exhibition view, *Emilio Prini, …E Prini,* MACRO–
Museo d'Arte Contemporanea di Roma, 2023–24

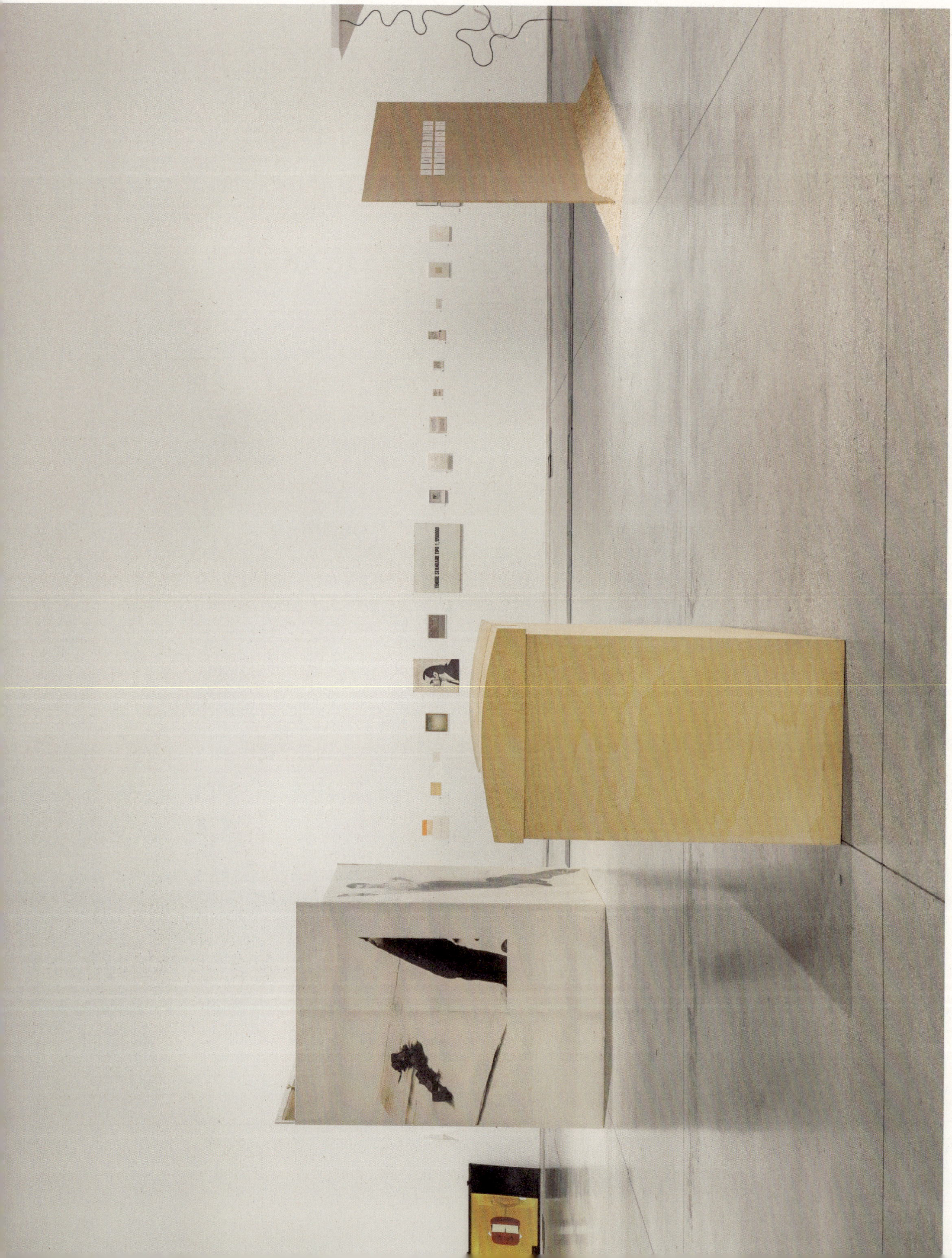

Exhibition view, *Emilio Prini, …E Prini,* MACRO–Museo d'Arte Contemporanea di Roma, 2023–24

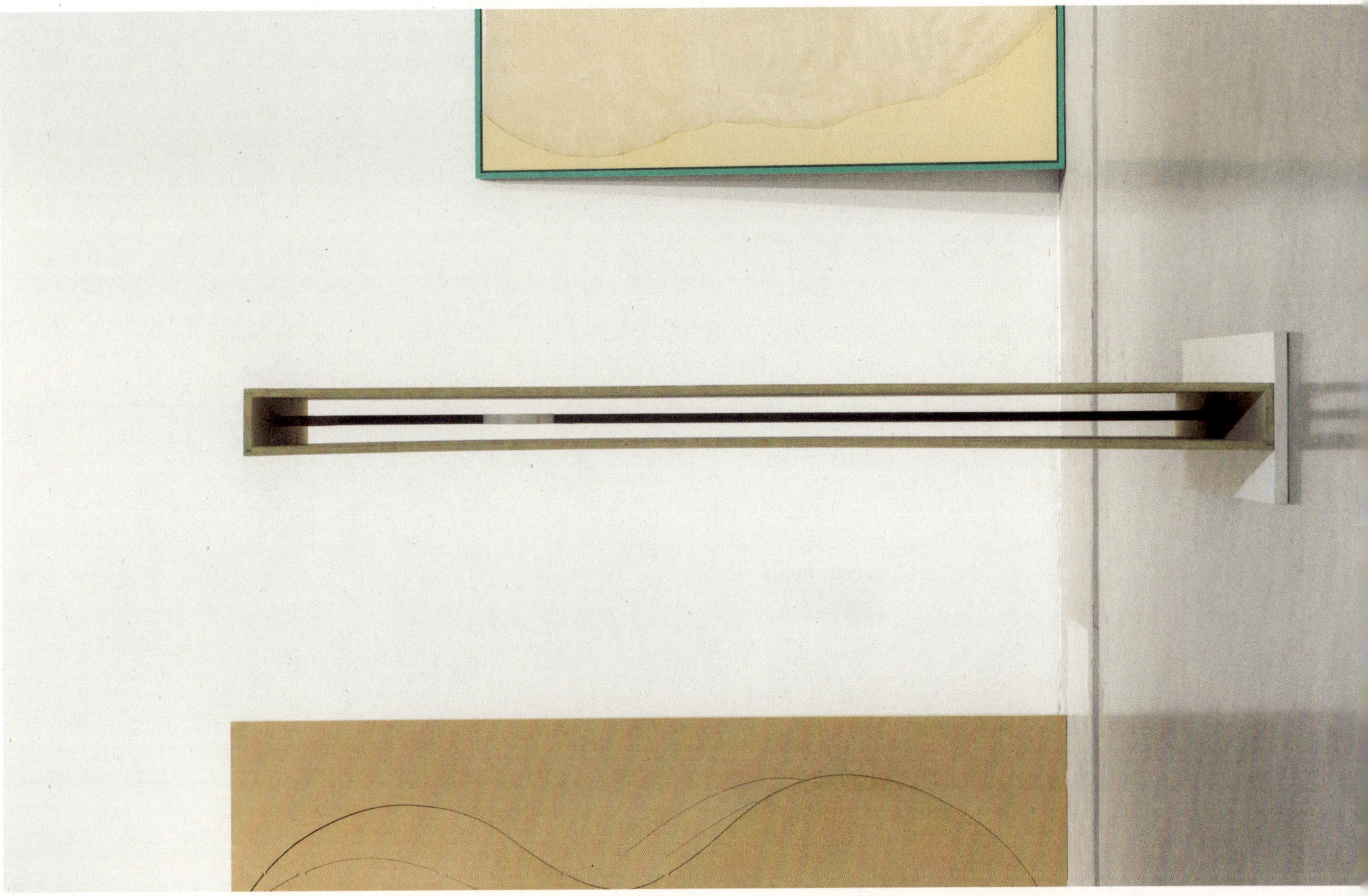

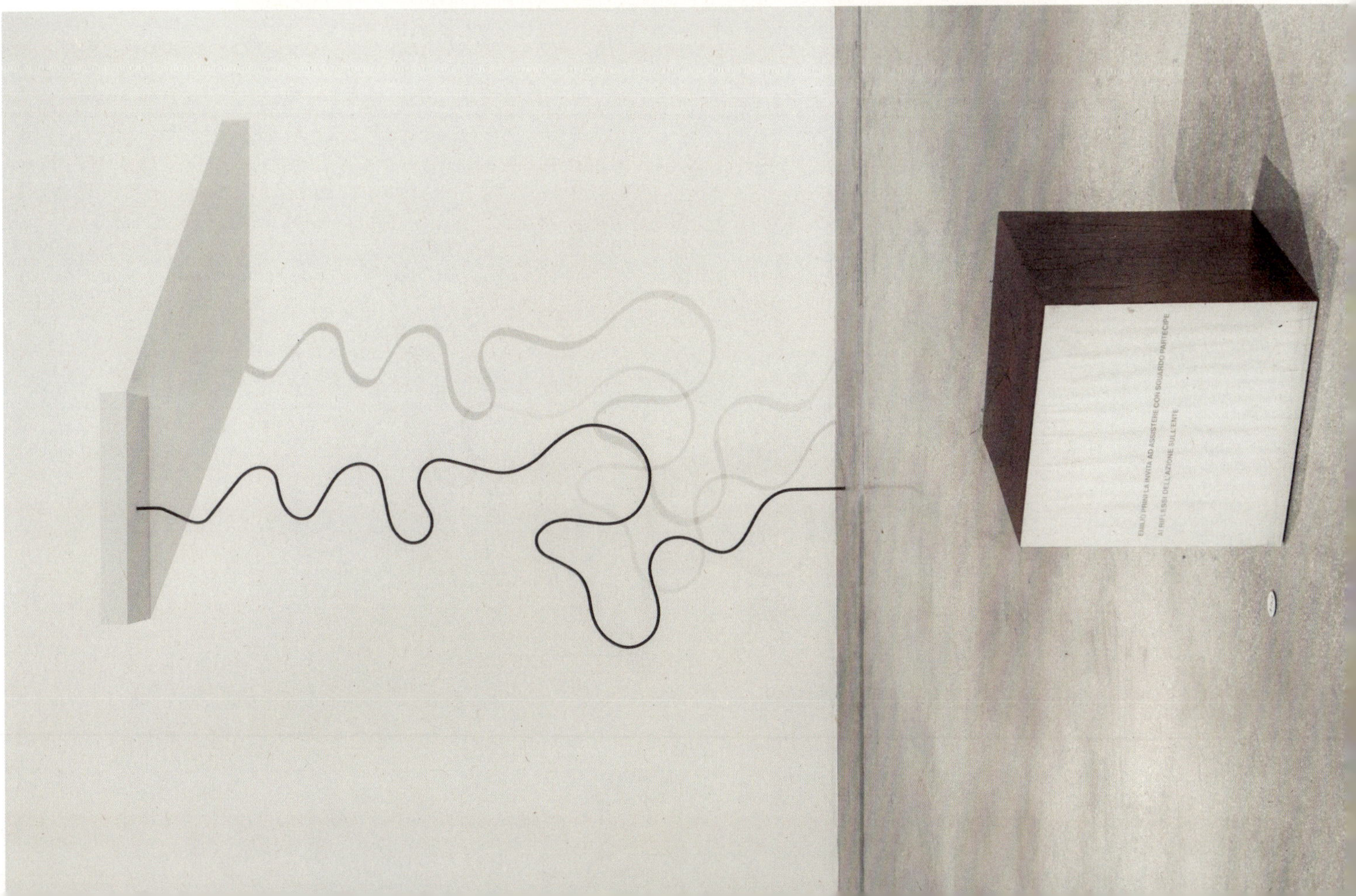

Exhibition view, *Emilio Prini, …E Prini,* MACRO–Museo d'Arte Contemporanea di Roma, 2023–24

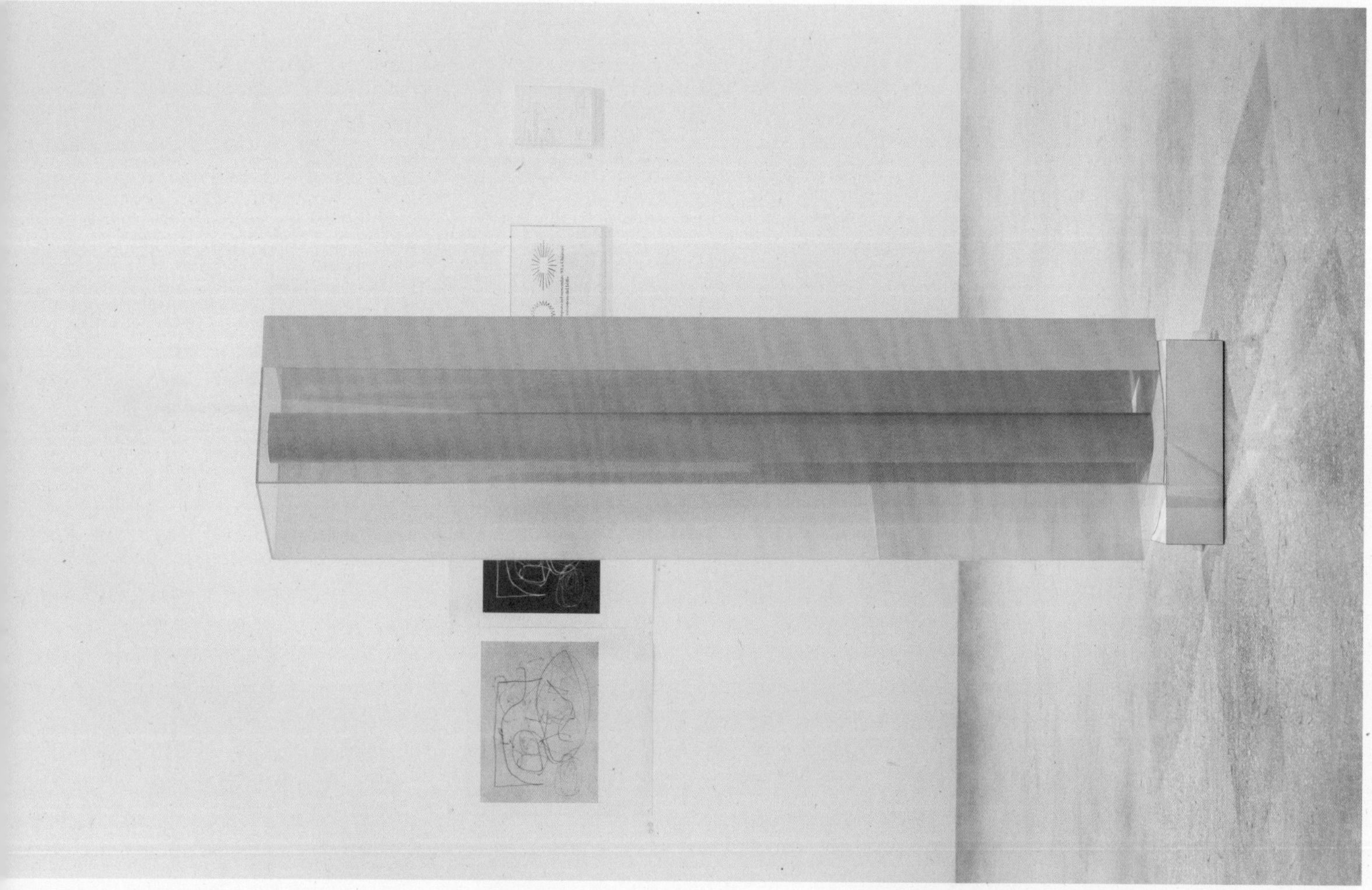

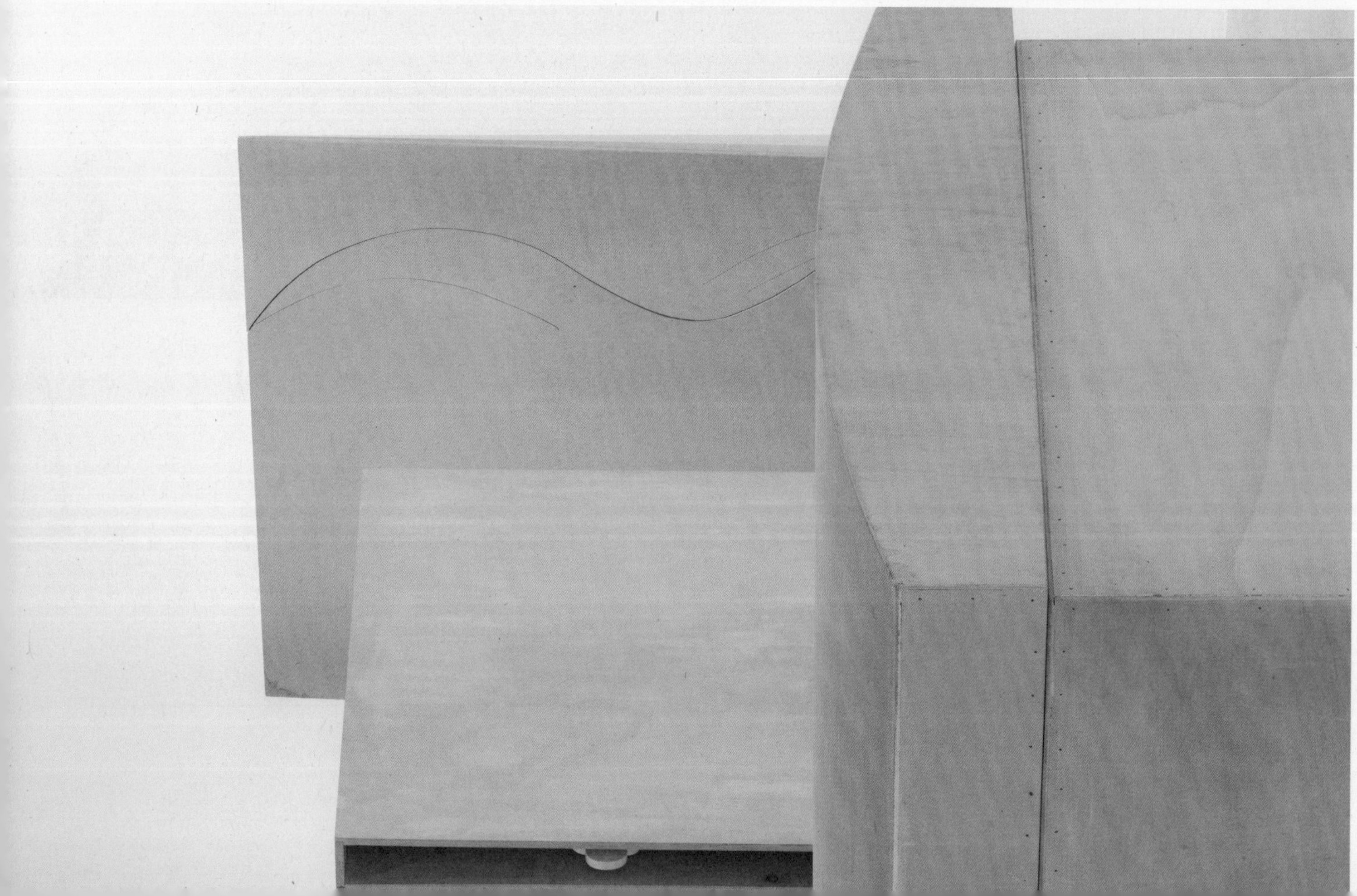

Exhibition view, *Emilio Prini, ...E Prini,* MACRO–
Museo d'Arte Contemporanea di Roma, 2023–24

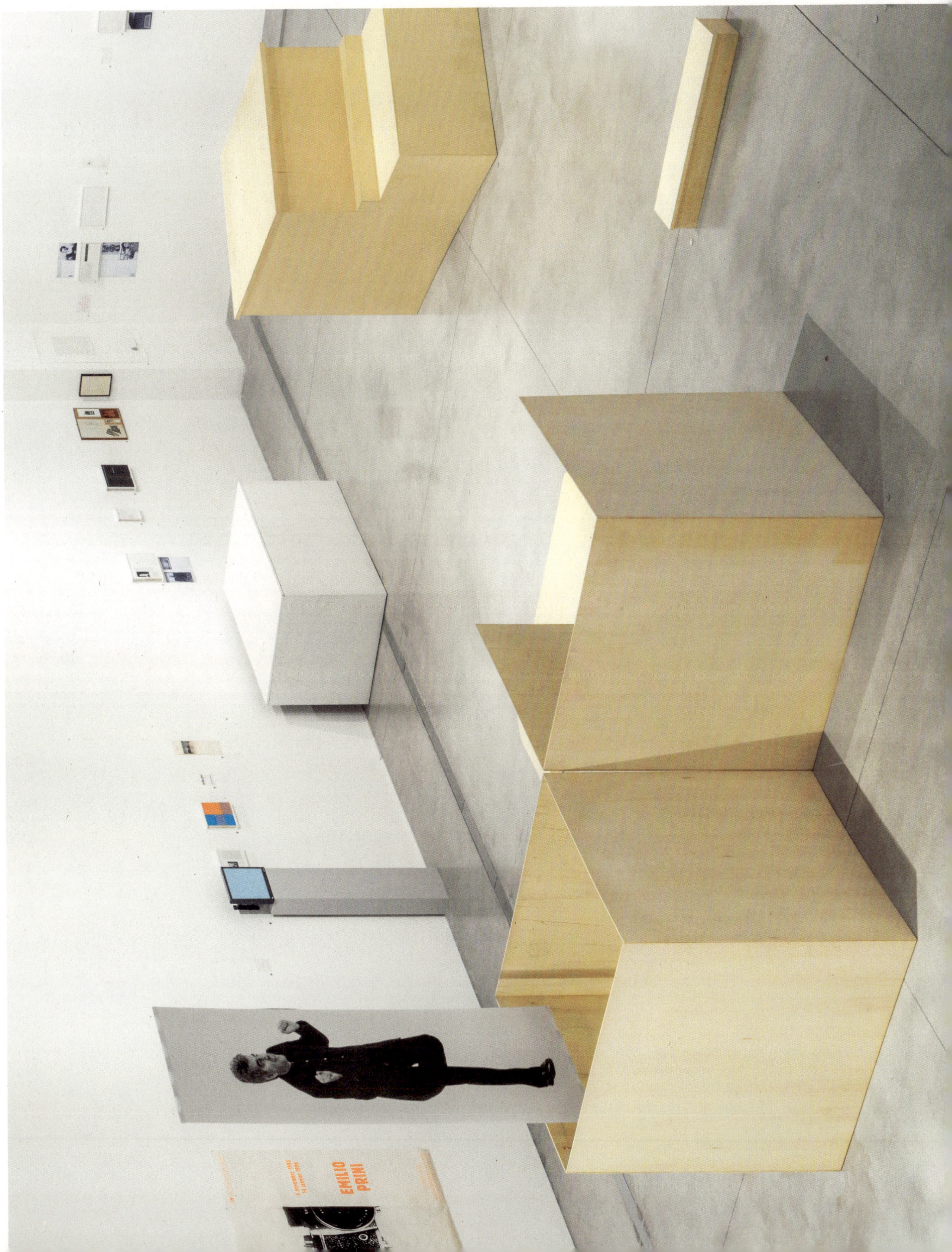

Exhibition view, *Emilio Prini, ...E Prini,* MACRO–
Museo d'Arte Contemporanea di Roma, 2023–24

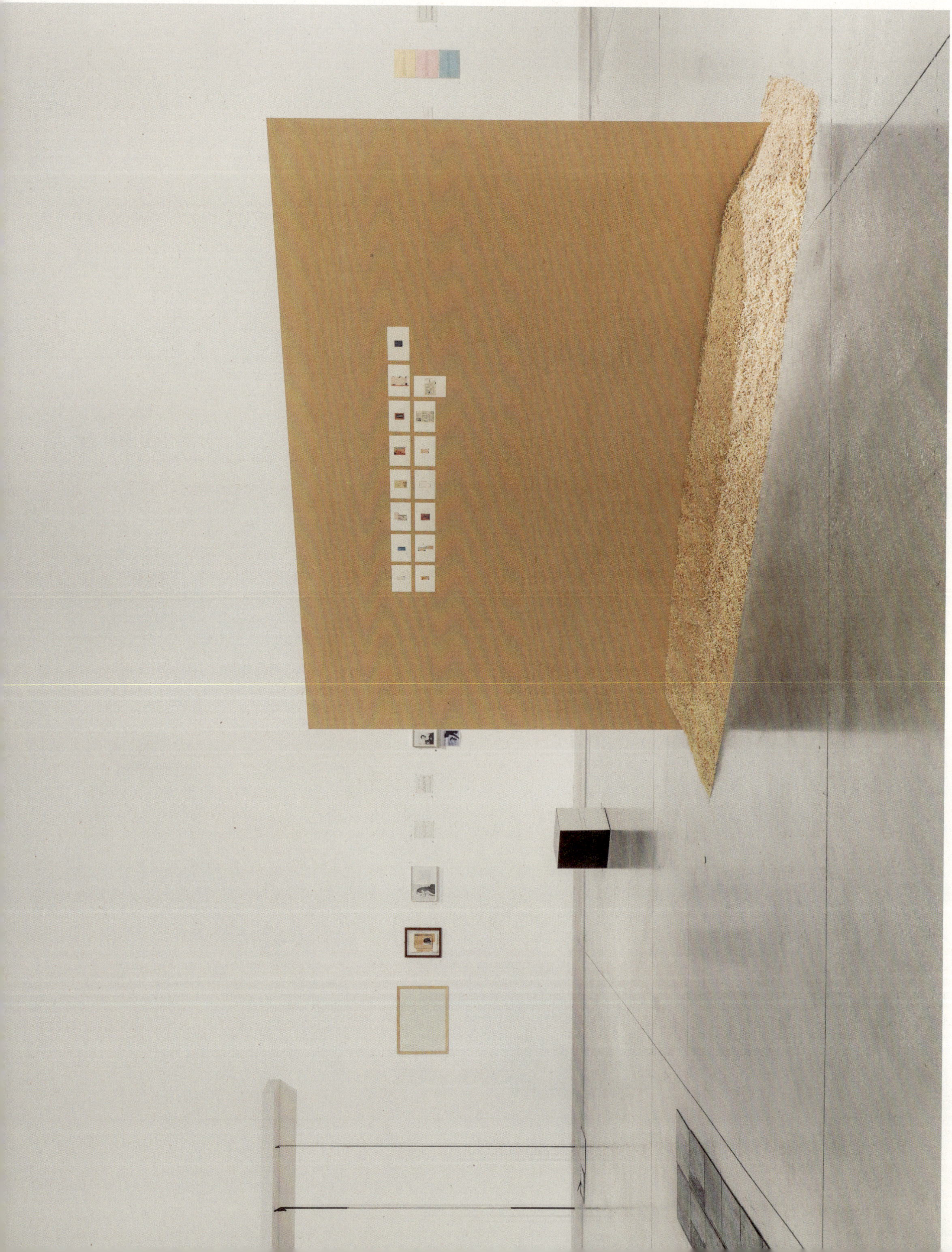

Exhibition view, *Emilio Prini, ...E Prini,* MACRO–
Museo d'Arte Contemporanea di Roma, 2023–24

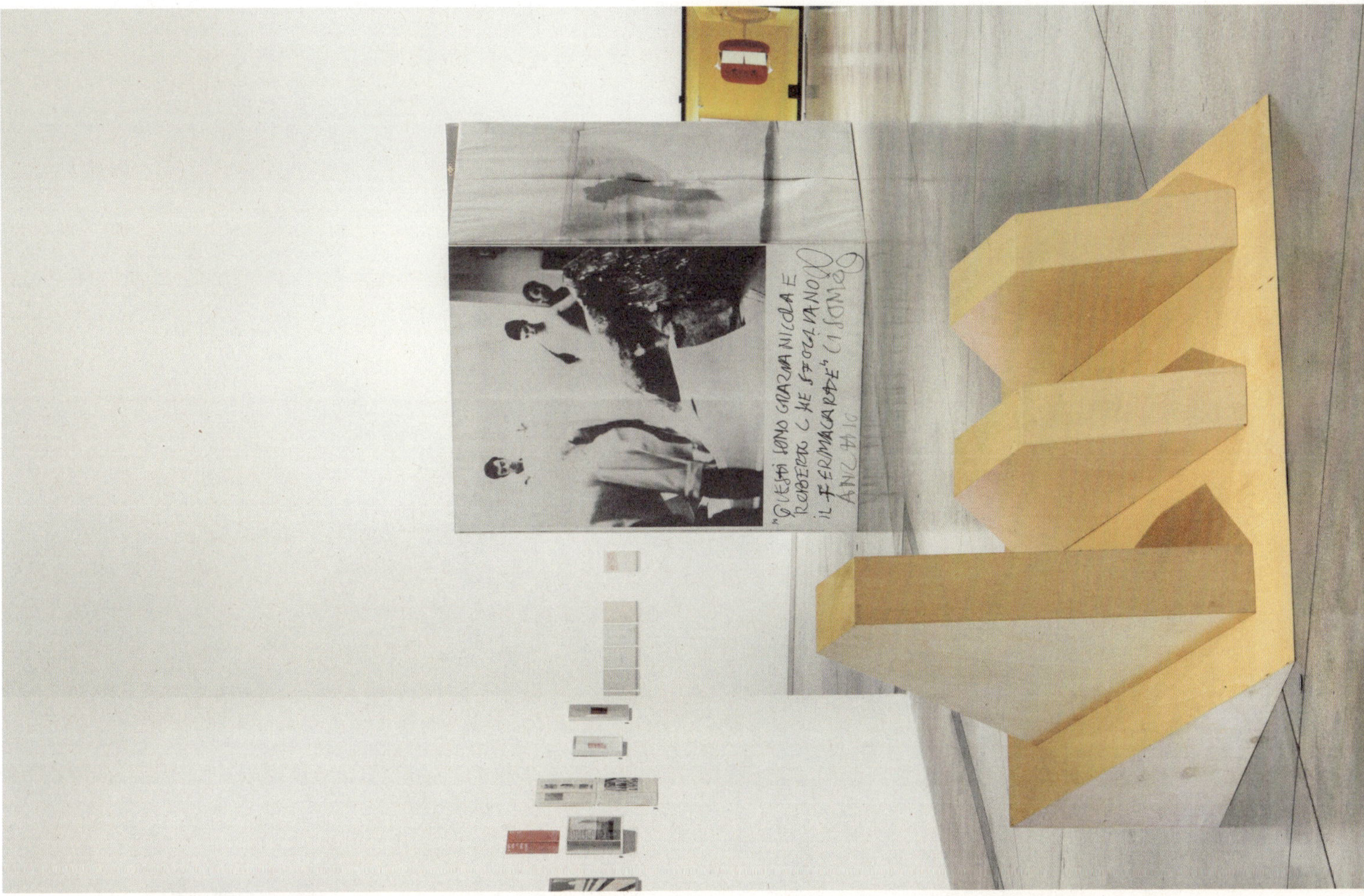

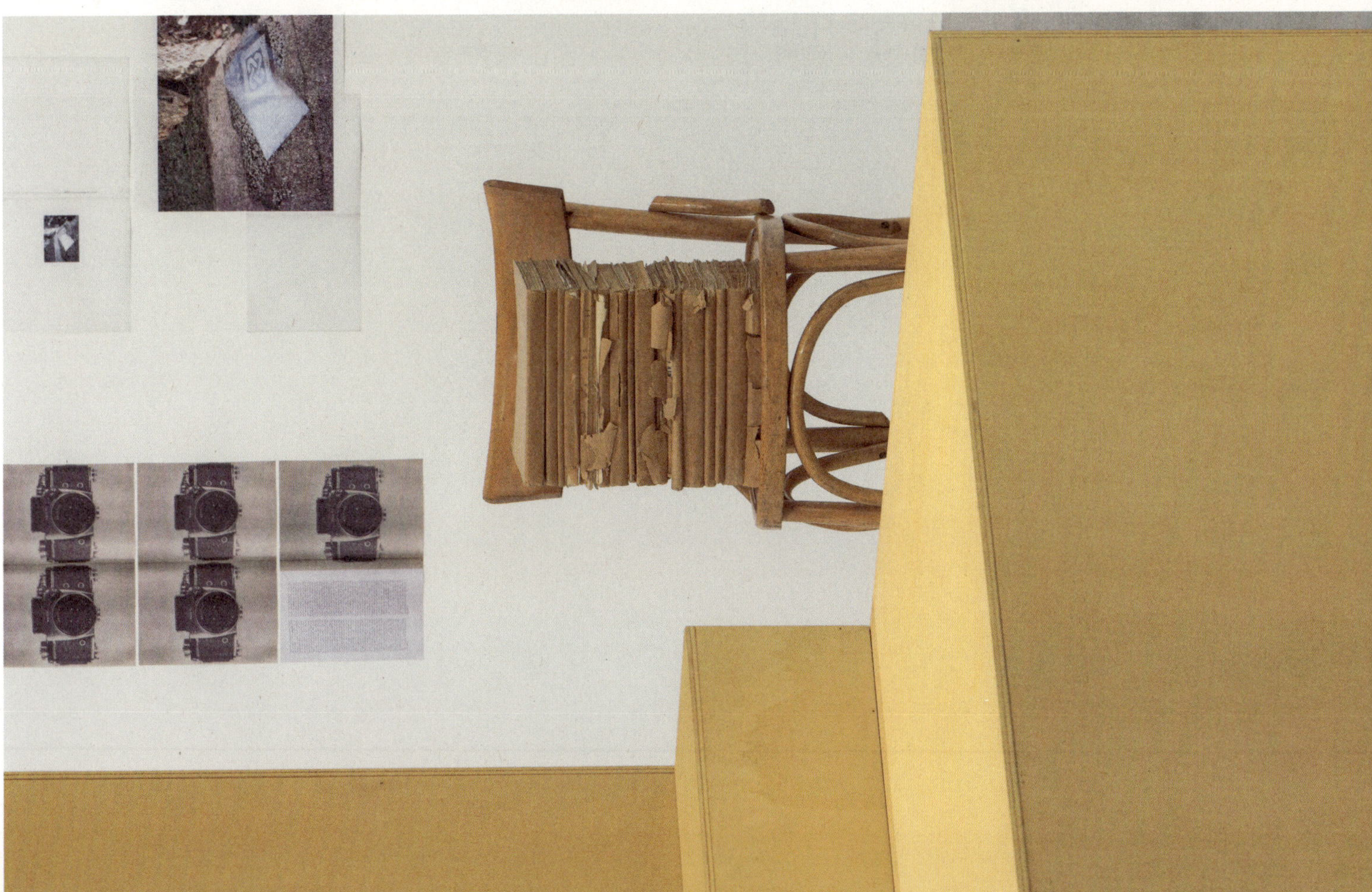

Exhibition view, *Emilio Prini, ...E Prini,* MACRO–Museo d'Arte Contemporanea di Roma, 2023–24

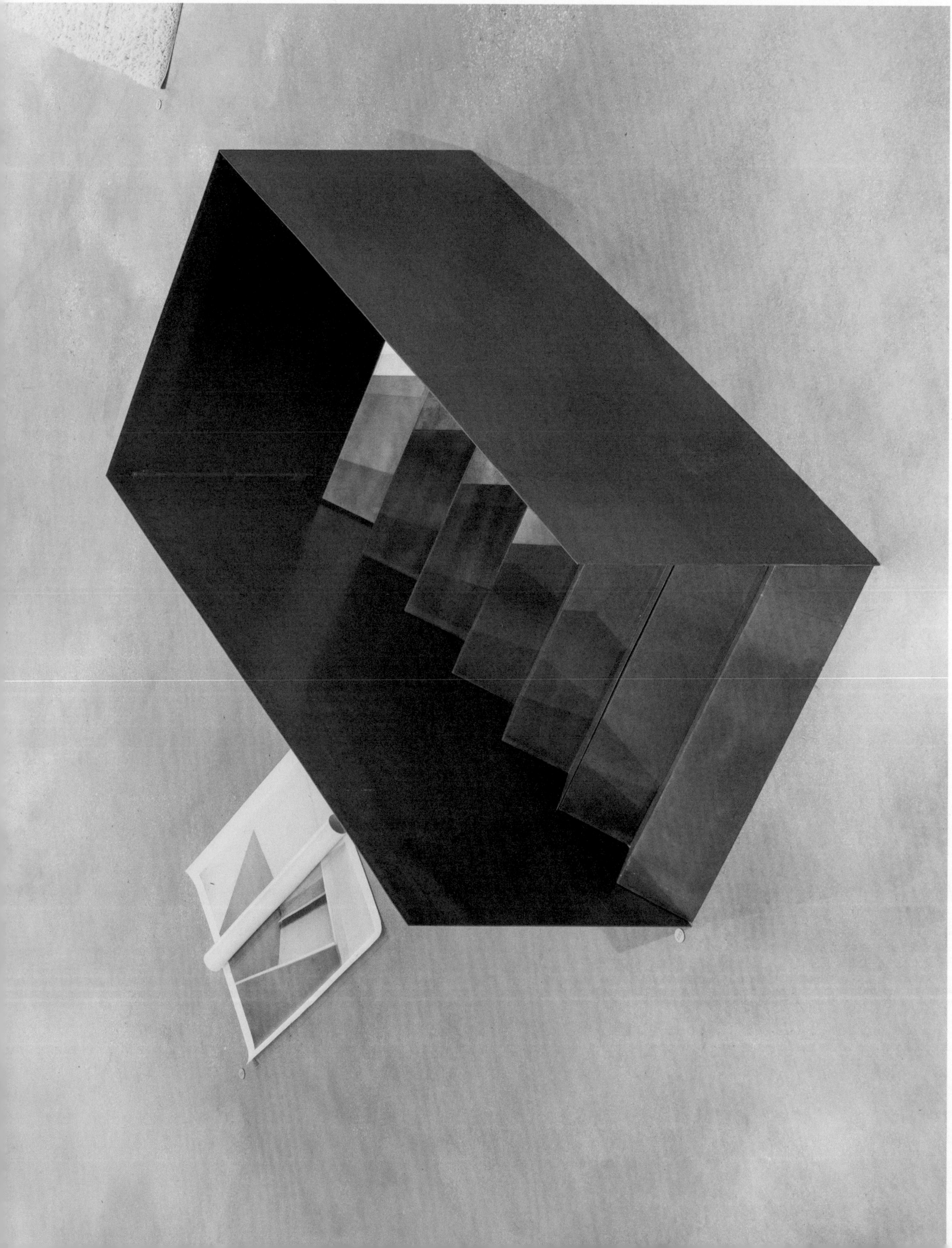

Exhibition view, *Emilio Prini, ...E Prini,* MACRO–Museo d'Arte Contemporanea di Roma, 2023–24

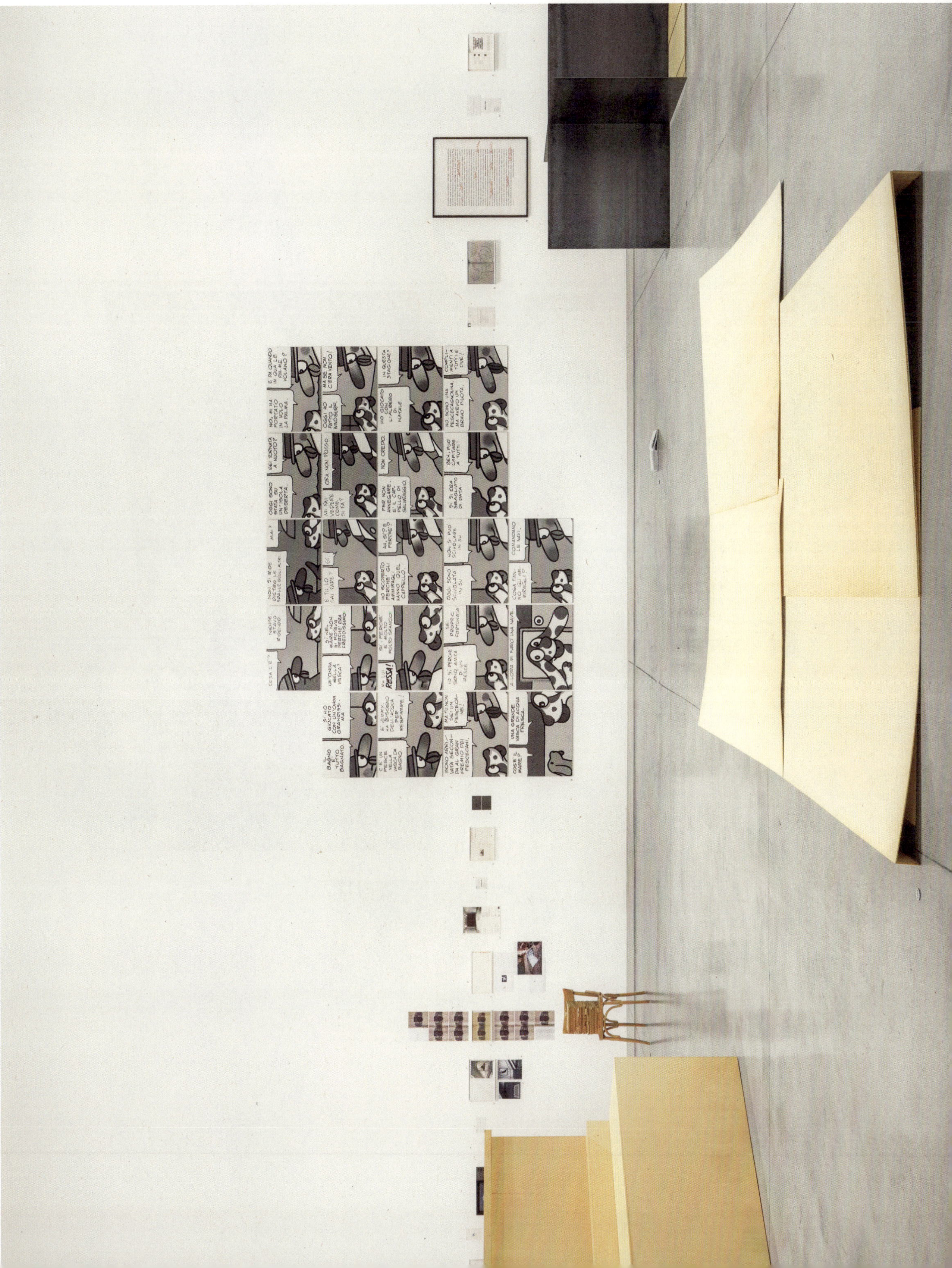

Exhibition view, *Emilio Prini, ...E Prini,* MACRO–Museo d'Arte Contemporanea di Roma, 2023–24

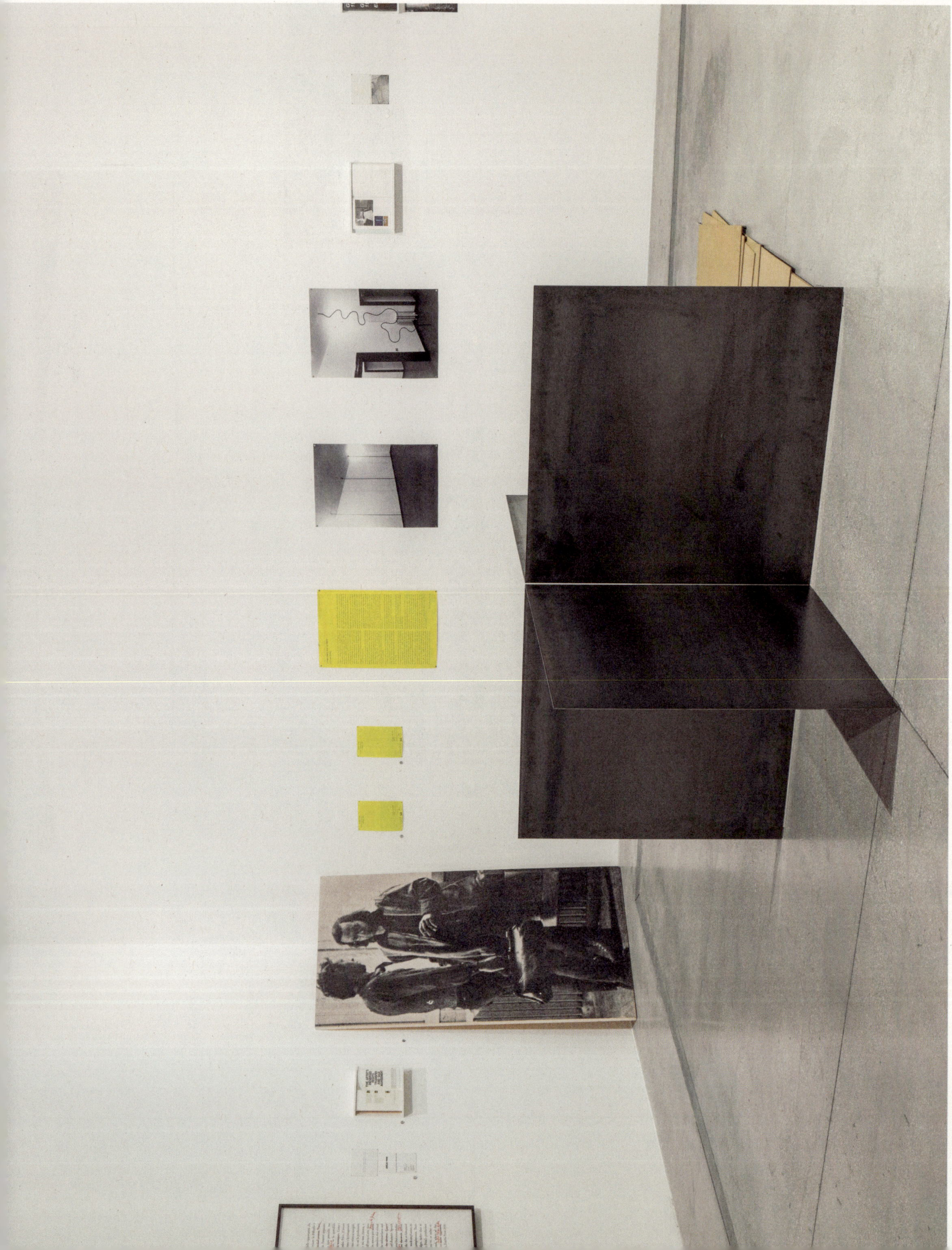

Exhibition view, *Emilio Prini, ...E Prini,* MACRO–Museo d'Arte Contemporanea di Roma, 2023–24

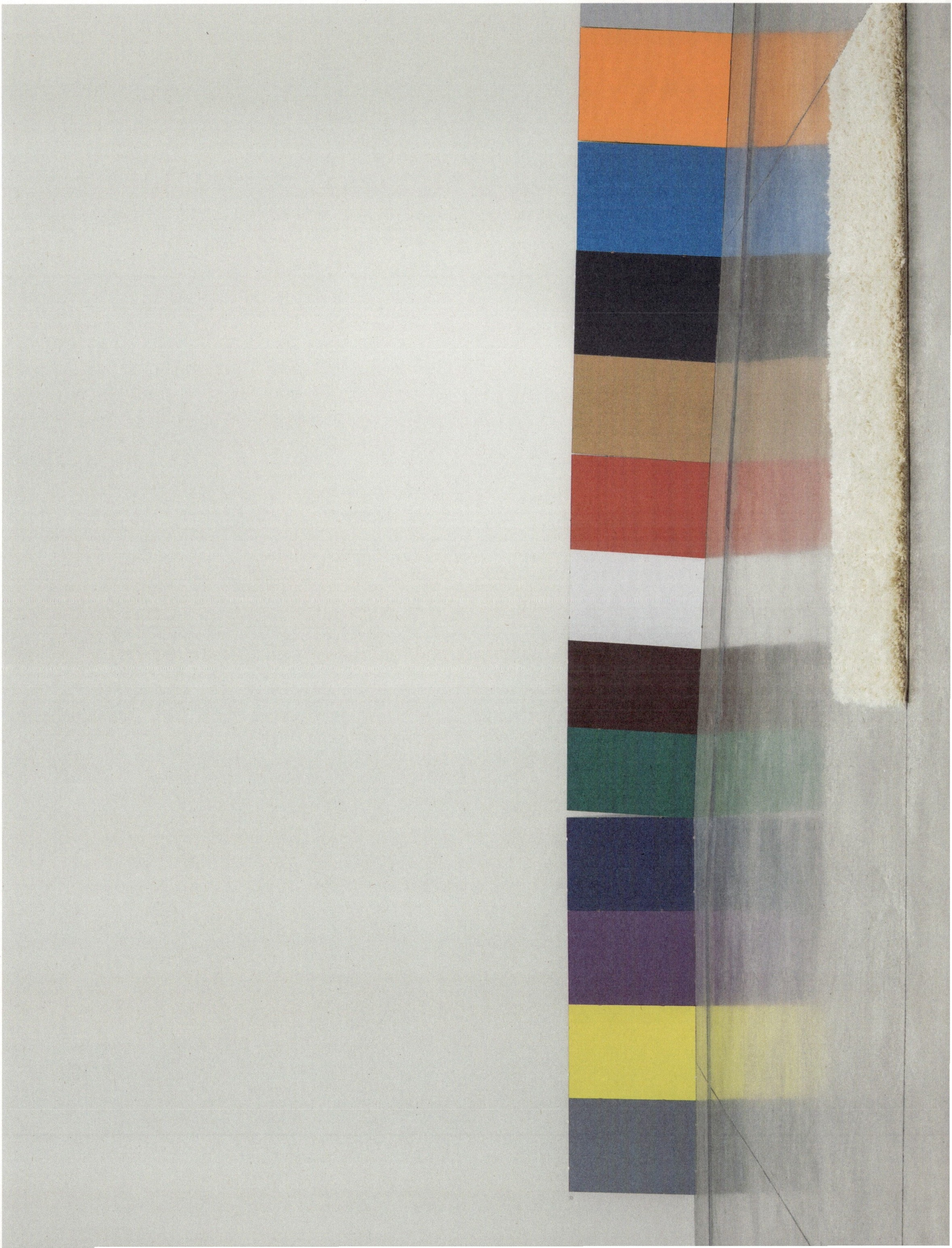

Colophon libro / Colophon Book

IT / EN

Pubblicato da MACRO–Museo d'Arte Contemporanea di Roma in occasione della mostra *Emilio Prini, ... E Prini* a cura di Luca Lo Pinto tenutasi presso il MACRO–Museo d'Arte Contemporanea di Roma (27 ottobre 2023–1 aprile 2024) / *Published by MACRO–Museum of Contemporary Art of Rome on the occasion of the exhibition* Emilio Prini, ... E Prini *curated by Luca Lo Pinto, held at MACRO–Museum of Contemporary Art of Rome (October 27, 2023 – April 1, 2024)*

A cura di / Edited by
Luca Lo Pinto
Coordinatore editoriale / Editorial coordinator
Matteo Binci
Produzione / Producer
Lorena Stamo
Assistente di ricerca / Research assistant
Javier Villanueva

Testi / Texts
Alexander Alberro
Stefano Chiodi
Hans Ulrich Obrist
Luca Lo Pinto
Timotea Prini
Andrea Viliani

Interventi d'artista / Artist contributions
Lara Favaretto
Adam Harrison
John Knight
Anri Sala

Traduzioni / Translation
Bennett Bazalgette-Staples
Progettazione grafica / Graphic design
Experimental Jetset
Stampa e rilegatura / Printing and binding
Wilco Art Books

Pubblicato e distribuito da / Published and distributed by
Sternberg Press
Stampato in / Printed in
2000 copie / copies
Prima edizione / First edition
December 2025
ISBN 978-1-915609-84-7

La pubblicazione è realizzata in stretto dialogo con / *The publication was created in close dialogue with* Archivio Emilio Prini, Genova / Genoa

italianCounCil
Bringing our Contemporary Art to the World

Direzione Generale
Creatività Contemporanea

La pubblicazione è realizzata grazie al sostegno dell'Italian Council (2024), programma della Direzione Generale Creatività Contemporanea del Ministero della Cultura / *This publication is supported by the Italian Council (2024), a program of the Directorate-General for Contemporary Creativity of the Italian Ministry of Culture.*

Ringraziamenti / Acknowledgments

A.A.M. Architettura Arte Moderna Roma, ArbiQ–Archivio Biblioteca Quadriennale di Roma, Grazia Austoni, Veronica Bellei, Edoardo Bonaspetti, Achille Bonito Oliva, Roberto Borgonovo, Eva Brioschi, Anna Butticci, Giuseppe Cascetta, Sergio Casoli, Castello di Rivoli Museo d'Arte Contemporanea, Giorgio Colombo, Emilio Corti, Antonio Dalle Nogare, Anna Daneri, Collezione La Gaia, Galleria Lorcan O'Neill, Galleria Giorgio Persano, Galleria P420, Gamec Bergamo, Giuseppe Garrera, Michele Giustozzi, Giuseppe Graziosi, Paolo Icaro, Ovidio Jacorossi, Kienzle Art Foundation, Kunstmuseum Liechtenstein, Daniela Lancioni, Cornelia Lauf, Andrea e Mauro Magnanini, Coralla Maiuri, MAMbo Museo d'Arte Moderna di Bologna, Emilio e Luisa Marinoni, Famiglia Mazzoli, Massimo Minini, ML Fine Art Gallery, Museo del 900, Museo e Real Bosco di Capodimonte, Giuliano Perezzani, Matteo Perini, Pietro Luigi e Valentina Pero, Galileo Persano, Mario Pieroni, Giulia Potaturo, Letizia Ragaglia, Lia Rumma, Sammlung Goetz, Fabio Sargentini, Giuliana e Tommaso Setari, Emilio Stabilini, Dora Stiefelmeier, Studio Bruno Tonini, Studio Celant, Franco Toselli

Colophon mostra / Colophon exhibition

IT / EN

EMILIO PRINI
...E Prini
MACRO–Museo D'Arte Contemporanea di Roma
27 ottobre 2023 – 1 aprile 2024

Curatore / Curator
Luca Lo Pinto
Coordinamento curatoriale / Curatorial coordinator
Matteo Binci
Coordinamento produzione / Production coordinator
Lorena Stamo
Giulia Caruso
Anna Mostardi
Assistente produzione / Production assistant
Livia Danese
Marco Lo Giudice
Ricerca / Research
Eloisa Magiera
Testi e didascalie / Texts and captions
Matteo Binci
Traduzioni / Translation
Chiara Siravo
Graphic design
Marco Campardo
Olivia Lynk
Conservazione e restauro / Conservation
Natalia Gurgone
Brunella Graziani
Claudia Ranieri
Allestitori / Art handlers
Nomade Arte
Fabio Pennacchia
Matteo Pompili
Carlo Giannone
Stefano Silvia

Roma Capitale

Sindaco / Mayor
Roberto Gualtieri
Assessore alla cultura / Councillor for cultural affairs
Massimiliano Smeriglio

Azienda Speciale Palaexpo

Consiglio di amministrazione / Board of directors:
Presidente / President
Marco Delogu
Vicepresidente / Vice president
Ivana Della Portella
Consiglieri / Board members
Mino Dinoi
Francesca Barbi Marinetti
Manuela Veronelli
Direttore generale / General director
Fabio Merosi
Direttore operativo e risorse umane / Operations and human resources director
Daniela Picconi
Direttore area affari legali / Legal office director
Andrea Landolina

Ufficio tecnico e progettazione / Technical department:
Responsabile / Head of department
Paolo Pezza
Silvia Albini
Luca Caselli
Marcello Fagnani
Cristina Piccione
Comunicazione / Communication
Maria Giulia Pavin
Anita Suppa
Ilaria Mutini
Amministrazione / Administration
Serena Bonanno
Libreria / Bookshop
Chiara Bandi
Marcello Pezza
Servizi di accoglienza / Visitor services
Ruggero Bruschi
Gianluca Piromalli
Andrea Scorza
Luca Serratore
Fernando Zucchi
Segreteria / Secretariat
Letizia Renzi

MACRO–Museo D'Arte Contemporanea di Roma

Direttore artistico / Artistic director
Luca Lo Pinto
Coordinamento generale attività museali / General coordination of museum activities
Lorena Stamo
Ufficio curatoriale ed editoriale / Curatorial and editorial office
Matteo Binci
Vasco Forconi
Assistente curatoriale e al direttore artistico / Curatorial assistant and assistant to the artistic director
Eloisa Magiera
Ufficio produzione mostre ed eventi / Exhibition and event production office
Maria Elena Ciullo
Marco Lo Giudice
Assistente al coordinamento generale attività museali / General coordination of museum activities assistant
Livia Danese
Assistente produzione mostre ed eventi / Exhibition and event production assistant
Giulia Corti
Coordinamento Public Program / Public program coordinator
Caterina Taurelli Salimbeni
Coordinamento Eventi Esterni / External activities coordinator
Vittoria Agrò

Colophon mostra / Colophon exhibition

IT / EN

Art direction, progettazione grafica e allestimenti / Art direction, graphic design, exhibition display
Marco Campardo Studio
Allestitore / Art handler
Matteo Pompili
Responsabile ufficio stampa e comunicazione / Head of press office and communication
Maddalena Bonicelli
Redazione contenuti online / Digital content editor
Nicoletta Graziano
Social media manager
Elena Fortunati
Web manager / Digital marketing
Andrea Pergola
Sviluppatore web / Web developer
Andrea Serrani
Attività educative / Educational activities
Senza Titolo
Raccolta fondi / Fundraising
Lison D'Houwt
Traduzioni / Translations
Stephen Piccolo

Roma Capitale / Azienda Speciale Palaexpo / MACRO– Museo D'Arte Contemporanea di Roma

ROMA azienda speciale PALAEXPO MACRO MUSEO D'ARTE CONTEMPORANEA ROMA

NOTE

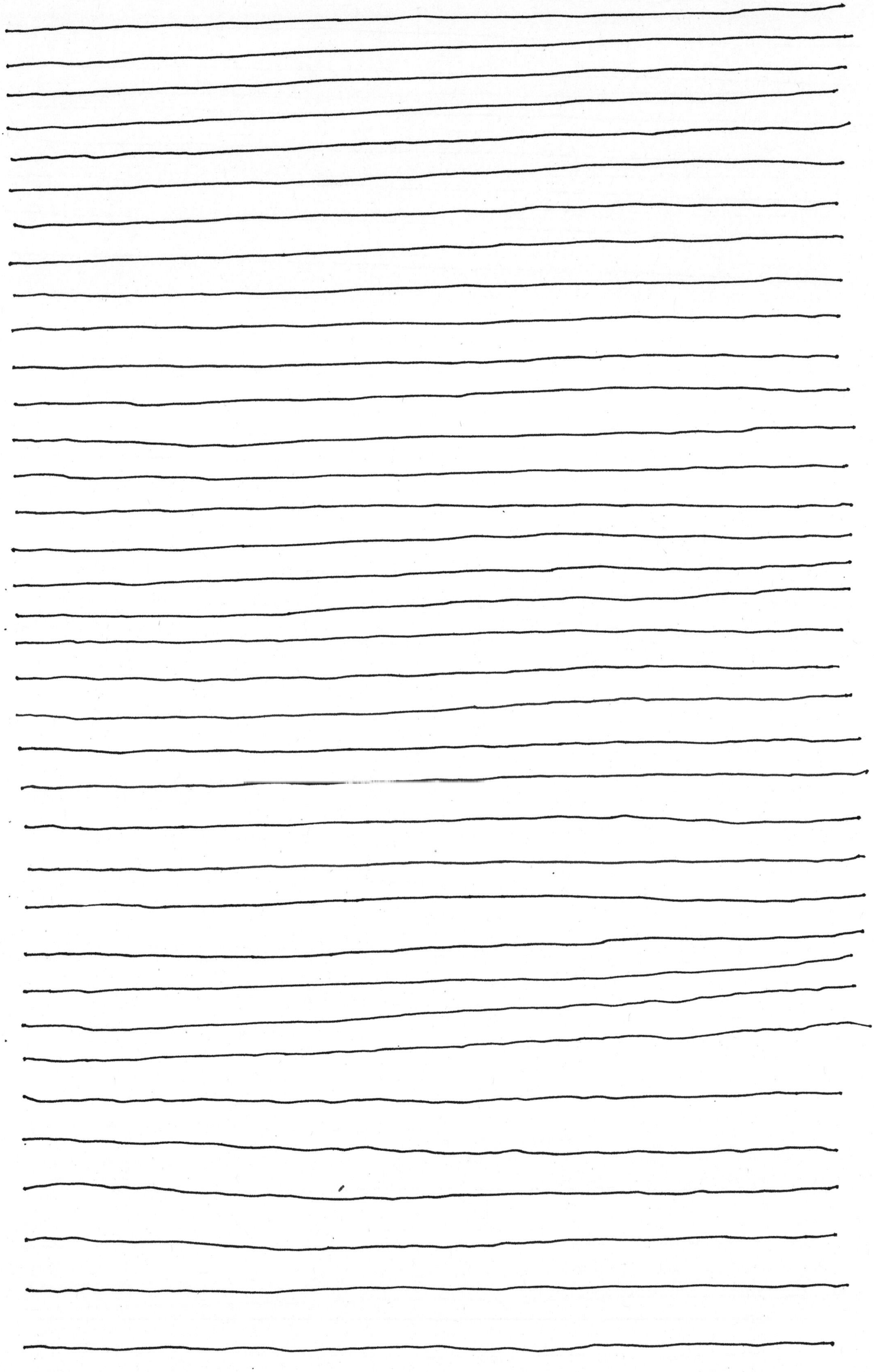